Eberhard Stahl
Dynamik in Gruppen

Eberhard Stahl

Dynamik in Gruppen

Handbuch der Gruppenleitung

Mit einem Geleitwort von
Friedemann Schulz von Thun

Anschrift des Autors:
Dipl. Psych. Eberhard Stahl
Hamfelder Straße 11
22929 Köthel
EberhardStahl@t-online.de

Jokers Sonderausgabe

1. Auflage 2002

© Verlagsgruppe Beltz, Weinheim, Basel, Berlin 2002
Programm PVU Psychologie Verlags Union
http://www.beltz.de

Lektorat: Sabine Obergfell
Herstellung: Uta Euler
Umschlaggestaltung: Federico Luci, Köln
Umschlagbild: Image Bank, Frankfurt
Zeichnungen: Eberhard Stahl
Satz: TypoStudio Tobias Schaedla
Druck und Bindung: Beltz Druckpartner, Hemsbach
Printed in Germany

ISBN 978-3-868-00496-0

Eine chassidische Geschichte

Ein Rabbi hatte eine Unterhaltung mit Gott über den Himmel und die Hölle. Ich werde dir die Hölle zeigen, sagte Gott und führte den Rabbi in einen Raum, in dem ein großer Tisch stand. Die Menschen, die am Tisch saßen, waren ausgehungert und verzweifelt. Mitten auf dem Tisch stand eine gewaltige Kasserolle mit einem Eintopf, der so köstlich roch, dass dem Rabbi der Mund wässrig wurde. Jeder am Tisch hielt einen Löffel mit einem sehr langen Griff. Obwohl die langen Löffel gerade eben die Kasserolle erreichten, waren die Griffe länger als die Arme der potenziellen Esser: Da die Menschen die Nahrung nicht an den Mund führen konnten, konnte niemand etwas essen. Der Rabbi sah, dass ihr Leiden tatsächlich schrecklich war.

Jetzt werde ich dir den Himmel zeigen, sagte der Herr, und sie begaben sich in ein anderes Zimmer, das genauso aussah wie das erste. Dort standen der gleiche große runde Tisch und die gleiche große Kasserolle mit Eintopf. Die Menschen hielten wie die nebenan die gleichen langstieligen Löffel – aber hier waren alle wohlgenährt und rundlich, lachten und unterhielten sich. Der Rabbi verstand gar nichts. Es ist einfach, erfordert aber eine gewisse Fähigkeit, sagte der Herr. In diesem Zimmer, musst Du wissen, haben sie gelernt, einander zu füttern.

Aus: Irving D. Yalom, „Die Reise mit Paula"

Inhalt

Teil II Der Prozess

9 Die Orientierungsphase: Re-Forming

Teil III Die Struktur

Anhang

Geleitwort
von Friedemann Schulz von Thun

„Gruppendynamik": als Schüler (1951–65) habe ich das Wort nie vernommen, obwohl ich unter ihr in manchen Jahren schwer zu leiden hatte. Aber dann, als Student (1967–1971), begegnete mir dieser Begriff immer wieder, und er übte eine zunehmende Faszination auf mich aus. Ich verdiente mein Geld mit Volkshochschulkursen. Die spannende und bange Frage unter den Dozenten war immer: kommen und bleiben genug Teilnehmer, so dass der Kurs stattfinden kann und bezahlt wird? Oft stand das auf der Kippe. Damals erschien von Tobias Brocher „Gruppendynamik in der Erwachsenenbildung" – mit einer aufregenden These: Ob Teilnehmer kommen, wiederkommen oder wegbleiben, das hänge nicht nur an der thematischen Qualität, sondern auch und vor allem daran, ob das zwischenmenschliche Geschehen in der Gruppe den unbewussten Sehnsüchten hinreichend entgegenkomme bzw. den unbewussten Befürchtungen hinreichende Beruhigung biete.

Wir waren verblüfft und gruslig fasziniert. Verblüfft, weil wir bei der Kursvorbereitung und -durchführung vor allem vom Thema und seiner Stoffdarbietung beseelt gewesen waren; die Teilnehmer hatten wir als Empfänger des Inhaltes vor Augen, aber nicht als Menschen mit Sehnsüchten und Ängsten, und schon gar nicht mit Kontakt- und Beziehungswünschen. Fasziniert, weil diese Erkenntnis von der Relevanz der Beziehungsebene unsere Rolle als Dozenten anspruchsvoller, reicher und aufregender machte: sahen wir uns doch nun auch dafür zuständig, die Qualität der menschlichen Begegnung zu gestalten. Wie interessant, aber auch wie gruselig: was wird denn passieren, wenn unsere Teilnehmer nicht nur zuhören und mitschreiben, sondern auch miteinander in Kontakt und aneinander geraten? Wenn Sympathie und Antipathie nicht nur spürbar werden, sondern womöglich sogar offen ausgesprochen („thematisiert") werden, mit „Feed-back" und „Encounter"? Würden wir die neuen Geister, die wir riefen, auch beherrschen können?

Auf dieser Ebene waren wir Zauberlehrlinge, und da wir Zaubermeister werden wollten, besuchten wir Kurse, die damals aufkamen und die das, was normalerweise unterschwellig läuft, nun oberschwellig werden ließen. „Gruppendynamik ist, wenn es hoch hergeht" – von dieser Trivialdefinition geleitet wurden viele Übungen erfunden, um das zwischenmenschliche Drama zu entfesseln. Erlebnishungrig, wie wir waren, vermissten wir anfangs kaum die seriöse Fundierung des Geschehens: Was braucht eine Gruppe, wann, zu welchem Zweck, bei welcher Ausgangslage und in welcher Form, um sich neuen Herausforderungen erfolgreich stellen zu können?

Eine solche Fundierung erhalten wir nun, dreißig Jahre später, in Eberhard Stahls Buch „Dynamik in Gruppen". Das Thema ist jetzt aus den Kinderschuhen herausgewachsen und hat eine wirklich lebenstaugliche Reife erlangt. Abermals bin ich fasziniert, aber diesmal eher von dem Reichtum der Erkenntnisse über all das, was in Gruppen mit unplanbarer Gesetzmäßigkeit geschieht, geschehen kann, geschehen sollte; und von den Möglichkeiten, gezielt und konstruktiv Einfluss zu nehmen. Das Thema ist inzwischen aktueller denn je: Überall, im beruflichen, im politischen, im privaten Leben hängt viel davon ab, ob das Mannschaftsspiel gelingt. Mehr noch als früher muss die Gruppe dabei heute mit dem Individuum rechnen, einem eigensinnigen Wesen mit bewussten Interessen und einem ausgeprägten Eigenprofil. Gleichzeitig unterliegen Gruppen in unserer Zeit einem gestiegenen Anpassungsdruck, den eine sich rasch wandelnde Welt ihren „Leistungsträgern" im scharfen Wettbewerb auferlegt. Dadurch ist das Leben in Gruppen, die Entwicklung von Teams anspruchsvoller und spannungsvoller geworden, gewiss auch mehr vom Scheitern bedroht. Soll das gelingende Miteinander unter diesen Voraussetzungen nicht als reine Glückssache oder als eine Sache des „guten Willens" (miss-)verstanden werden, dann braucht die Gruppe ein richtiges Verständnis von den Stationen ihres Entwicklungsprozesses, von der Beschaffenheit ihres typischen Miteinanders und von den Dimensionen möglicher Veränderung in Abhängigkeit von der sich wandelnden Aufgaben- und Herausforderungsstruktur. Sie muss, wie es auf S. 26 heißt, eine „evolutionäre Betrachtungsweise" entwickeln und die Fähigkeit erwerben, ihren eigenen Prozess sowohl auszutragen als auch zu reflektieren und metakommunikatorisch zu bearbeiten.- Das klingt anspruchsvoll und ist es auch. Dafür braucht die Gruppe eine gute Anleitung. Wer kann ihr das bieten?

Eberhard Stahl wendet sich mit seinem Buch an den „Coach". Das kann jemand sein, der als Fachmann oder Fachfrau für Teamentwicklung von außen hinzugezogen wird. Tatsächlich ist dies eine häufige Praxis des Autors, wie aus den vielen eindrücklichen Beispielen ersichtlich ist. „Coach" kann und muss aber auch der Teamchef (oder in Lerngruppen: der Leiter) sein, welcher sich auch und nicht zuletzt als Entwicklungshelfer seines Teams begreift. Schließlich kann und sollte aber auch jedes Gruppenmitglied vorübergehend zum „Coach" werden, indem es anspricht, was in der Luft liegt und Ideen einbringt, was der Gruppe gut tun könnte – zur Steigerung ihrer Leistungsfähigkeit nach außen und ihrer konstruktiv-solidarischen Streitkultur nach innen.

So dürfen wir uns von diesem Buch alle angesprochen fühlen, die wir in Gruppen leben und arbeiten. Wenn wir die Mühe auf uns nehmen, werden wir reichlich belohnt! Mithilfe der Modelle, die der Autor zugrunde legt und (auch wissenschaftlich fruchtbar) weiterentwickelt, erwerben wir eine Brille mit ausgezeichneter Tiefenschärfe, um das Geschehen (und das Geschehen hinter dem Geschehen) wahrzunehmen und uns einen Reim drauf zu machen. Und wir erwerben ein Gefühl dafür, was jeweils Not tut und ansteht. Damit nicht genug, wir bekommen auch ein Repertoire an die Hand, um heilsame und verkraftbare Interventionen zu wagen.

Nicht, dass der Coach damit alles „im Griff" hätte und einen konstruktiven Verlauf mit Happy End garantieren könnte. Im Gegenteil, die große Kunst besteht manchmal darin, die Kontrolle zu lockern, das freie Spiel der Kräfte zu fördern und verdeckte Lebensgeister zu wecken. Erst in der gelungenen Balance von „Steuern" und „Geschehen lassen" zeigt sich hier die Meisterschaft. Wenn ich aber Geister, die ich rief oder jedenfalls nicht verhindern wollte, nicht als unheilvolle Dämonen fürchten muss, sondern wie gute alte Bekannte willkommen heißen, mit Namen ansprechen, würdigen und einordnen kann, dann erweisen sie sich nicht selten als Sendboten des Fortschrittes und als Kräfte, die ihn tragen.

Für diese große Kunst haben wir in Eberhard Stahl einen wunderbaren Lehrmeister, weil er Theorie und Praxis, Abstraktion und Konkretion, Modell und bunte Lebensfülle so eng miteinander verzahnt und so trefflich aufeinander zu beziehen versteht. Das Buch profitiert nicht nur von der wissenschaftlichen Stringenz, sondern auch vom gelebten Leben seines Autors: Von der Gummersbacher Quinta über die ergreifende Geschichte von studentischen Existenzgründern bis hin zu den hochprofessionellen Teams auf der oberen Etage unserer Leistungsgesellschaft erwarten uns reale Lebensdramen, die uns animieren, in den Archiven der eigenen Biographie nach analogen Erfahrungen zu stöbern – und sie plötzlich mit anderen Augen zu sehen. Ach, hätten wir doch damals das schon alles gewusst! Und wenn ich heute einen Wunsch offen hätte, dann den: dass dieses Buch hierzulande bald zur Allgemeinbildung gehören möge!

Einführung

Leben in Gruppen

Das Leben in Gruppen gehört zu unserer menschlichen Existenz so selbstverständlich und unausweichlich wie Geburt und Tod. Wir brauchen andere Menschen, um uns sicher zu fühlen, um produktiv arbeiten zu können und um zu wissen, wer wir selbst sind. Und so hängt unser Wohlbefinden auf dieser Welt nicht zuletzt davon ab, ob und wie es uns gelingt, in den Gruppenkonstellationen, in die wir eingebunden sind, ein Zuhause zu finden.

> Heutzutage wird unsere Fähigkeit und Bereitschaft, uns in immer wieder neue Gruppenzusammenhänge einzufügen und sie aktiv ertragreich zu gestalten, stärker gefordert als zu Lebzeiten unserer Großeltern.

Zum einen ist die lebenslange Zugehörigkeit zu einer Gruppe sowohl im familiären wie auch im beruflichen Bereich auf dem Weg, zur Ausnahme zu werden: Patchworkfamilien, berufliche Mobilität und die Tendenz der Wirtschaft, Arbeitszusammenhänge im Dienste der Flexibilität verstärkt in Form von kurzlebigen Projektteams zu organisieren – das alles sorgt dafür, dass wir uns im Verlauf unseres Lebens in immer neuen Konstellationen zusammen finden können und müssen.

Gleichzeitig wird es immer schwieriger, sich in Gruppen auf vorgegebene Regeln, Gebote und Rollenverteilungen zu berufen: Wie Eltern und Kinder, Mann und Frau in der Familie miteinander umzugehen haben, das können und müssen sie in unserer Zeit weitgehend selbst herausfinden. Das gleiche gilt für den beruflichen Bereich: Wie Rollen und Verantwortlichkeiten in so genannten „flachen Hierarchien", im Rahmen von Matrixorganisationen oder in teilautonomen Arbeitsgruppen zu verteilen sind – das können und müssen die Beteiligten vor Ort selbst bestimmen.

> Wo es immer weniger einengende und verlässliche Schablonen für das Miteinander gibt, müssen Gruppen sich weitgehend selbst erfinden.
> Auf dem Hintergrund dieser Entwicklungen hat die Frage nach dem Wesen und dem Funktionieren von Gruppen an Aktualität gewonnen – vor allem natürlich für jene von uns, die als Vorgesetzte, Lehrer oder in der Rolle des Supervisors und Coaches Verantwortung tragen für das Gelingen des Gruppengeschehens.

Für wen ist dieses Buch gedacht?

Natürlich ist jede Gruppe einzigartig: Dennoch gibt es allgemeine Prinzipien, nach denen alle Gruppen funktionieren – gleichgültig, ob sie im privaten oder beruflichen Umfeld angesiedelt sind, wie lange sie beisammen sind und ob sie geführt werden oder ob sie sich-selbst-bestimmend arbeiten. In diesem Sinn will dieses Buch in seinen theoretischen Teilen eine allgemeine Lehre des Gruppenlebens vermitteln und wendet sich damit an alle, die den Horizont ihres Erlebens, Begreifens und Handelns in Gruppen erweitern wollen – egal, ob sie es aus privatem Interesse, beruflicher Neugier oder in professioneller Verwertungsabsicht tun.

Entsprechend sind Aufbau und Sprache so gewählt, dass die theoretischen Inhalte auch für interessierte Nicht-Psychologen nachvollziehbar werden. Wer sich als Experte detaillierter mit dem wissenschaftlichen Hintergrund des hier vorgestellten Konzepts befassen möchte, findet Zusatzinformationen und Verweise in den „Anmerkungen" des Anhangs.

Das praktische Handwerkszeug ist gedacht für all jene, die Leitungsfunktionen in Gruppen inne haben und dadurch Verantwortung dafür übernehmen, diese Gruppen zu entwickeln und voran zu bringen – egal ob sie dies aus der Rolle eines externen Beraters heraus tun oder als jemand, der selbst Aktien im Gruppengeschehen hat – sei es als untergeordneter Mitarbeiter, als gleichberechtigtes Gruppenmitglied oder als übergeordneter Vorgesetzter. Mein Hintergrund ist zwar der eines Trainers, Klärungshelfers und Supervisors und dementsprechend entstammen viele meiner Beispiele dieser beruflichen Heimat, aber das Einsatzgebiet des Handwerkskoffers muss nicht auf sie beschränkt sein: So sehr sich gleichberechtigte von hierarchisch strukturierten Gruppen unterscheiden, so groß die Unterschiede zwischen einem Schützenverein und einer Bankfiliale sind und so wesentlich sich ein Dreitagesseminar von einer jahrelangen Kooperation abhebt – die grundlegenden handwerklichen Methoden und Techniken, die es braucht, um solche unterschiedliche Gruppen zu sich selbst zu führen und sie entwicklungsfähig zu halten, bleiben im Wesentlichen die gleichen.

Selbstverständlich wendet sich dieses Buch an weibliche wie männliche Leser. Wenn im Text der Einfachheit halber die männliche Form benutzt wird, wann immer vom „Coach", „Mitarbeiter", „Vorgesetzten" usw. die Rede ist, dann ist vorausgesetzt, dass jede dieser Rollen ebenso gut von einer Frau übernommen werden kann.

Ein Bezugsrahmen zum Thema „Dynamik in Gruppen"

Das vorliegende Buch bietet einen Bezugsrahmen, der es ermöglicht, die Dynamik in Gruppen – das meist verworrene und häufig verwirrende Durcheinander im Miteinander – zu verstehen und so weit wie möglich zu steuern. Ich habe diesen Rahmen ausgehend von praktischen Erfahrungen und theoretischen Überlegungen während der vergangenen zehn Jahre im Dialog mit Kollegen und Gruppenteilnehmern entwickelt. Er hat 4 Streben (s. Abb. 1), entsprechend ist das Buch gegliedert:

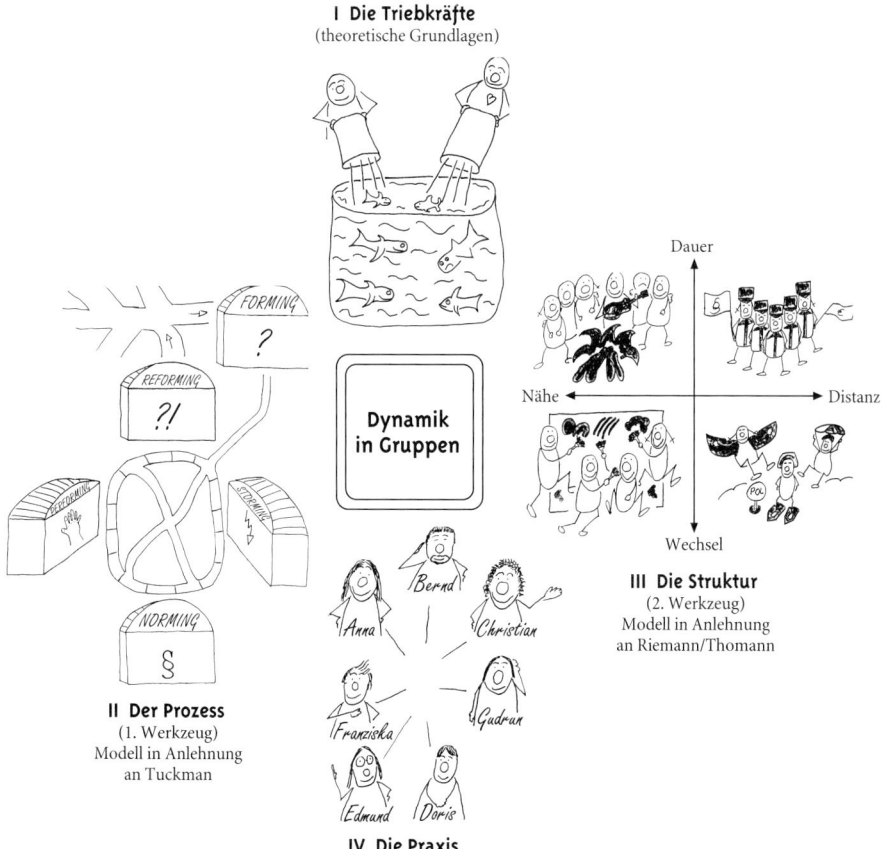

Abbildung 1. Triebkräfte der Gruppendynamik sind die – häufig einander widerstrebenden – Ziele der Gruppenmitglieder, die sich im „Zielpool der Gruppe" wie Fische im Aquarium tummeln. Geeignete Werkzeuge, um den Entwicklungs**prozess** von Gruppen und die **Struktur** bestehender Gruppen zu beschreiben, sind die Modelle von Tuckman und von Riemann

Die Triebkräfte. Die obere Strebe, an der der gesamte Rahmen aufgehängt wird, wird gebildet von grundsätzlichen Überlegungen zur Selbstorganisation und Evolution sozialer Systeme. Diese theoretischen Grundlagen helfen, das Wesen des Gruppengeschehens, das Warum und Wozu der Dynamik in Gruppen, zu begreifen und weiterführende Fragestellungen zu formulieren.

In Teil I „Triebkräfte" werden Gruppen als Systeme beschrieben, die sich selbst organisieren (müssen), um bestehen zu können. Was da organisiert sein will, sind die vielen – häufig einander widerstrebenden – Ziele, die die Gruppenmitglieder verfolgen und die sich im **Zielpool der Gruppe** (wie die Fische in Abb. 1) tummeln. Diese Ziele sind die Grundelemente der Dynamik in Gruppen, aus denen im Verlauf des Gruppenprozesses immer wieder neue Konstellationen und Formationen des Miteinanders entstehen. Nur, wenn es gelingt, sie so unter einen Hut zu bringen, dass ein für alle Beteiligten befriedigender **Gruppenvertrag** erwächst, besteht Aussicht auf ein erfolgreiches und befriedigendes Gruppenleben.

> In Teil I „Triebkräfte" behandeln wir die Fragen: Welche verschiedenen Arten von Zielen tragen wir Menschen in Gruppen hinein, wie entwickelt sich aus ihnen auf evolutionäre Weise ein Gruppenvertrag, welche Rolle kann ein Coach dabei spielen und was entscheidet darüber, ob Ziele für eine Gruppe bearbeitbar oder unverdaulich sind?

Der Prozess. Die linke Strebe des Rahmens steht für ein Werkzeug, mit dessen Hilfe wir den zeitlichen Verlauf der Selbstorganisation, den Gruppenprozess, beschreiben. Es basiert auf einem Modell von TUCKMAN (1965), das hier in modifizierter Form den evolutionären Verlauf des Gruppenprozesses beschreibt. Unterschieden werden fünf Phasen des Prozesses (analog zu den fünf Bahnhöfen in Abb. 1):
(1) Gründungsphase (Forming),
(2) Streitphase (Storming)
(3) Vertragsphase (Norming),
(4) Arbeitsphase (Performing) und
(5) Orientierungsphase (Re-Forming).

Diese Phasen müssen wie in einem Karussell immer wieder aufs Neue durchfahren werden, so lange eine Gruppe existiert. Das Modell leistet gute Dienste, wenn es darum geht zu bestimmen, wo es in einer Gruppe hakt, welches der nächste Schritt wäre, um sie wieder in Gang zu bringen und in welcher Rolle ein Entwicklungshelfer tätig werden sollte.

> In Teil II „Prozess" werden die Phasen dieses Prozessmodells genauer unter die Lupe genommen: Welche wesentlichen Schritte in der Entwicklung der Gruppe gehen in jeder einzelnen Phase vonstatten, welche seelischen und zwischenmenschlichen Erlebnisse und Erfahrungen vollziehen sich aus der Sicht der einzelnen Beteiligten, welche Komplikationen im Miteinander können auftreten, wie entwickelt sich das Gruppenklima und welches praktische Vorgehen erscheint aus Leitungssicht erfolgversprechend, um den Gruppenprozess in Gang zu halten?

Die Struktur. Die rechte Strebe des Rahmens steht für ein zweites Werkzeug, das hilft, die (Zwischen-)Ergebnisse des Gruppenprozesses zu beschreiben. Es basiert auf Überlegungen des Psychoanalytikers Fritz RIEMANN (1989), die Christoph Thomann (1988) für die Analyse von Zweierbeziehungen einsetzt. Beider Überlegungen sind aber auch hilfreich, um den Zustand von Gruppen zu beschreiben: Die Struktur bestehender Gruppen, das Gruppenfeld, lässt sich anhand der zwei grundlegenden Dimensionen „Nähe-Distanz" und „Dauer-Wechsel" grob umreißen, wodurch man zu begründeten Vorannahmen über Stärken, Schwächen, Ängste, Tabus und Ideologien in bestehenden Gruppen (vier Grundtypen zeigt Abb. 1) gelangt.

> In Teil III „Struktur" geht es darum, anhand des modifizierten Riemann-Thomann-Modells die strukturbedingten Qualitäten von Gruppen ebenso zu erfassen wie jenen Entwicklungsbedarf, der ihnen durch die zu bewältigenden Aufgaben vorgegeben ist. Welche „Gruppentypen" lassen sich unterscheiden? Mit welchen existentiellen Themen und Zwickmühlen haben sich Gruppen auseinander zu setzen, wenn die Wirklichkeit sie dazu zwingt, das Regelwerk ihres Miteinanders neu zu justieren? Wie stabilisieren und verändern Gruppen ihre Struktur durch die Vergabe **psychologischer** Rollen (Clown, Streber, Rebell, Nesthäkchen usw.) und **gruppendynamischer** Rollen (Führer, Mitläufer, Außenseiter, Sündenbock)?

Die Praxis. Die abschließende untere Strebe des Rahmens steht für die Praxis. Dieses Buch ist aus praktischen Erfahrungen erwachsen, und es will praktischen Nutzen stiften. Daher finden sich in allen Teilen entlang des Weges Praxisbeispiele bzw. konkrete Anregungen und Hinweise bis hin zu Formulierungsvorschlägen für jene, die Verantwortung in und für Gruppen tragen. (Bei allen Beispielen, die auf tatsächliche Begebenheiten zurückgehen, wurden die Namen der Beteiligten und die Umstände so verändert, dass ein Wiedererkennen ausgeschlossen ist.)

> Im Teil IV „Praxis" soll der bisher geerntete sachliche Ertrag zusätzlich seinen praktischen Nutzen unter Beweis stellen, indem wir zwei Praxisfälle – eine Projektgruppe (deren Gruppenbild Abb. 1 zeigt) und eine Trainingsgruppe – eine Zeit lang in ihrer Geschichte begleiten und hierbei das beschriebene begriffliche Werkzeug einsetzen, um die Entwicklung der Gruppe begreifen und beurteilen zu können.

Die Ziele als Triebkräfte der Gruppenevolution, die Phasen des Prozesses als Stationen ihres Verlaufes, das Gruppenfeld als Webrahmen der entstehenden Muster – diese drei Grundpfeiler tragen das hier vorgestellte Verständnis von Gruppen und bieten eine Grundlage, auf der sich das Tun und Lassen in Gruppen verstehen, planen und besprechen lässt.

Ob das vorliegende Konzept „wahr" ist? Sind Gruppen wirklich so? Funktioniert so das Miteinander? Vielleicht ließe sich die eine oder andere Annahme systematisch überprüfen. Allerdings sind die Zusammenhänge in so komplexen Systemen, wie Gruppen es nun einmal sind, so vielfältig und verwoben, dass die Frage „Stimmt das alles?" wahrscheinlich unbeantwortet bleiben muss[1].

Letztlich beschreibt dieses Buch ja lediglich eine Brille, durch die man die Wirklichkeit in Gruppen betrachten kann – nicht diese Wirklichkeit selbst. Und so ist die entscheidende Frage: Haben Sie das Gefühl, Ihre Gruppen klarer zu sehen, wenn Sie diese Brille aufsetzen? Hilft Ihnen dieses Buch, Ihren Blick zu schärfen? Wenn das gelingt, wäre ich sehr froh. Vielleicht haben Sie als Leser auch schon eine eigene Brille, die Ihnen gute Dienste leistet und mit der hier vorgestellten nicht vollständig zusammenpasst, so dass Sie nur Teile des Ganzen gebrauchen können. Auch das wäre „im Sinne des Erfinders".

Sie werden bei der Lektüre hoffentlich auf vieles stoßen, was Ihnen hilfreich und praktikabel erscheint. Gleichzeitig werden einige der Hinweise und Anregungen Sie wahrscheinlich seufzend fragen lassen: „Wie, um Himmels willen, soll ich das in meiner Gruppe unter unseren Voraussetzungen und angesichts meiner Rolle umsetzen?" An diesen Stellen sind Sie immer wieder gefordert, jene Übersetzungsarbeit für Ihren individuellen und speziellen Fall zu leisten, die das Buch in seinem Bemühen, Allgemeingültiges aufzuzeigen, schuldig bleibt. Deshalb wird das Lesen für Sie ein gutes Stück Arbeiten bedeuten. Ich hoffe, Sie haben dabei Freude und profitieren vom Ertrag.

Hamburg im Januar 2002   *Eberhard Stahl*

Teil I
Die Triebkräfte

Welche Ziele bringen die Gruppenmitglieder – als Elemente und Antriebskräfte der Gruppendynamik – mit in die Gruppe?

Im Kapitel 1 „Die Gruppe als Ort, ein Ziel zu erreichen" bringen wir mit Hilfe einiger Kategorien etwas Ordnung in die Vielfalt der Ziele.

Dann betrachten wir deren Zusammenspiel. Die Gruppe erscheint als ein System, in dem die Ziele miteinander reagieren und dabei eine unverwechselbare Struktur, den Gruppenvertrag, hervorbringen. Das Miteinander in Gruppen wird als evolutionärer Prozess der Selbstorganisation beschrieben, den es in Gang zu halten gilt, wenn die Gruppe arbeitsfähig werden und bleiben will. Daraus erwächst unser Verständnis von der Rolle eines Gruppencoaches (Kapitel 2: „Die Evolution des Gruppenvertrages").

Wie aber müssen Ziele beschaffen sein, damit die Gruppe sich gut entwickeln kann? Wir verdeutlichen die Konsequenzen unklarer Ziele und beschreiben Interventionen, mit denen ein Coach die Entwicklung der Gruppe angesichts unverdaulicher Ziele voranbringen kann (Kapitel 3: „Die Beschaffenheit der Ziele").

Die Gruppe als Ort,
ein Ziel zu erreichen

Jede Gruppe ist aus der Sicht ihrer Mitglieder ein Ort, an dem persönliche Ziele verfolgt werden. Um persönlicher Ziele willen schließen wir uns einer Gruppe an oder gründen eine neue. Die Gruppe soll uns „was bringen" und wir nehmen an, dass wir gemeinsam leichter an unsere Ziele kommen können als alleine.

Diese Ziele mögen banal erscheinen („Miteinander Kartenspielen und Spaß haben" – im Skatverein) oder hochbedeutend daher kommen („Die Welt verändern" – im revolutionären Studentenbund). Ziele können sehr konkret formuliert sein („Das neue Bürogebäude nach Plan hochziehen" – beim Bautrupp) oder schwammig bleiben („Wir möchten persönlich irgendwie weiterkommen" – beim Selbsterfahrungskurs der Volkshochschule). Manche Ziele gehen als selbstverständlich durch („Verhindern, dass der Transrapid gebaut wird" – bei der Bürgerinitiative), während andere Erstaunen bewirken („Meine Briefmarkensammlung herumzeigen und Bewunderung dafür einheimsen" – bei der Aufsichtsratssitzung).

In jedem Fall sind es persönliche Ziele, die uns den Schritt vom Ich zum Wir tun lassen – und wenn es uns nur darum geht, nicht allein zu sein[2].

Gruppe und Ansammlung

Das unterscheidet eine Gruppe von einer losen Ansammlung: Ihre Mitglieder treten zielgerichtet in Interaktion miteinander, sie stimmen ihr Handeln und die dahinter stehenden Ziele aufeinander ab[3]. Egal, ob es sich um die private Zwei-Personen-Gruppe „Ehepaar", das berufliche Arbeitsteam, eine Fußballmannschaft oder um die CDU-Bundestagsfraktion handelt – entscheidend bleibt: Die Leute haben miteinander zu tun und sie begegnen sich in der Absicht, eines oder mehrere ihrer Ziele in dem entstehenden Beziehungsgeflecht zu erreichen.

Das fehlt bei einer losen Ansammlung, die wir beispielsweise im Wartesaal des Flughafens vor uns haben. Natürlich verfolgen auch die hier Anwesenden Ziele („möglichst pünktlich und bequem von Frankfurt nach Ibiza zu gelangen"), aber sie gehen in der Regel keine Beziehungen zueinander ein, um diesen Zielen näher zu kommen. Vielleicht entstehen kurzlebige Kleingruppen, in denen einzelne sich plaudernd die Zeit vertreiben und dabei ihr Ziel erreichen, keine Langeweile aufkommen zu lassen. Aber nur in Ausnahmefällen (z.B. wenn der Flug storniert wird), werden die Anwesenden sich als Gruppe zusammenschließen, um miteinander ein Ziel („mit der Fluggesellschaft über einen

Ersatzflug zu verhandeln") zu verfolgen. Auf dem Weg von der Ansammlung zur Gruppe steht also für die Beteiligten die bewusste oder unbewusste Überlegung: „Das, was ich vorhabe, werde ich wohl eher erreichen, wenn ich mit den anderen in Kontakt trete und mich mit ihnen zusammenschließe." Umgekehrt steht vor dem Entschluss, eine Gruppe zu verlassen, die Überlegung: „Das, was ich mit den anderen erreichen wollte, habe ich erreicht bzw. ich habe eingesehen, dass ich es mit ihnen nicht erreichen kann."

DEFINITION

Gruppe. Das zielgerichtete Miteinander ist die wesentliche und hinreichende Voraussetzung, um von „Gruppe" sprechen zu können.

Natürlich sind wir daran gewöhnt, uns unter einer Gruppe in der Regel eine größere, aber nicht zu große Anzahl von Personen vorzustellen, die über einen längeren Zeitraum miteinander zu tun haben[4]. Tatsächlich gelten die Gesetze der Gruppendynamik aber auch für Dyaden und für kurzzeitige Zusammenschlüsse. Lediglich nach oben gibt es eine ungenaue Grenzziehung[5]. Wann immer die Anzahl der Beteiligten zu groß wird (Erfahrungswert: mehr als 18 Personen), um jeden mit jedem in Kontakt treten zu lassen, muss die Gruppe sich gliedern und wird zur Organisation[6].

1.1 Der persönliche Zielpool

Wer einer Gruppe beitritt oder ihr angehört, verfolgt dabei selten nur ein einziges wohldefiniertes Ziel, sondern bringt eine Vielzahl von Zielvorstellungen mit.

BEISPIEL

Der BWL-Student Nils aus Gummersbach kommt neu nach Hamburg und schließt sich dort einer Erstsemester-Freizeitclique an. Er hat dabei folgende Ziele im Auge: Spaß haben, Nicht-allein-sein, Sich-gemocht-und-bestätigt-fühlen sowie Hilfe erhalten bzw. selbst geben.
Natürlich müssen sich diese Ziele noch konkretisieren: Was heißt für ihn z. B. „Spaß"? Wann fühlt er sich nicht allein? Worin will er bestätigt und wofür gemocht werden? usw.[7]
Einige seiner Ziele wird er vielleicht sofort veröffentlichen, andere bleiben vorläufig im Dunkeln, wieder andere hält er entschieden geheim; einige sind für ihn von großer Wichtigkeit, andere erscheinen eher untergeordnet; manche mögen ihm bewusst sein, andere verfolgt er, ohne sich darüber im Klaren zu sein; manche seiner Ziele sind miteinander vereinbar, während andere einander widersprechen (s. Abb. 2).

Die Gesamtheit der individuellen Ziele, die ein Einzelner in einer Gruppe im Auge hat, bezeichnen wir als persönlichen Zielpool: Sachliches schwimmt darin neben Zwischenmenschlichem, Wichtiges neben Unwichtigem, Veröffentlichtes neben Unveröffentlichtem, Bewusstes treibt gut sichtbar an der Oberfläche und Unbewusstes „löst sich erst nach heftigem Rühren vom Boden".

Die Zusammensetzung des persönlichen Zielpools. Sie ist gruppenspezifisch: Wir alle sind in viele verschiedene Gruppen eingebunden und verfolgen nicht in jeder Gruppe die gleichen Ziele, sondern wählen bei der Zusammenstellung unserer persönlichen Zielpools für die jeweils in Frage stehende Gruppe nur solche Ziele aus, die uns in dieser besonderen Gruppe wichtig bzw. erreichbar erscheinen. Ob wir mit unserer gruppenspezifischen Vorauswahl richtig liegen, erfahren wir, sobald sich der Inhalt unseres persönlichen Zielpools in den großen Gruppenzielpool ergießt.

Zufriedenheit mit der Gruppe. Die Zusammensetzung des persönlichen Zielpools beeinflusst unmittelbar die Motivation und das Engagement, mit denen wir in eine Gruppe hineingehen: Je mehr Ziele der persönliche Zielpool umfasst und je bedeutungsvoller sie sind, desto ausgeprägter ist unsere Motivation, an einer Gruppe teilzunehmen.

Je mehr persönliche Ziele sich im Laufe der Zeit umfassend verwirklichen lassen, desto eher wächst unsere Zufriedenheit mit der Gruppe und die Bindung an sie. Umgekehrt verlieren wir die Lust an einer Gruppe, wenn entscheidende Ziele nicht oder nur unzureichend zu verwirklichen sind.

Es ist nun hilfreich, die Vielfalt der persönlichen Ziele nach vier Kriterien zu differenzieren: Art, Bedeutsamkeit, Vordringlichkeit und Bewusstheit von Zielen.

Art der Ziele: Sachlich und zwischenmenschlich
Sachliche Ziele beziehen sich auf die Inhalte der Gruppenaktivität: „Was wollen wir tun?", während zwischenmenschliche Ziele die Qualität des Miteinanders betreffen: „Wie gehen wir miteinander um?".[8] In unserer von wirtschaftlichen Sachzwängen dominierten Gesellschaft stehen sachliche Ziele häufig im Vordergrund, während zwischenmenschliche Ziele nur im Hinter- oder Untergrund wirksam werden dürfen.

> **!** Die offiziellen Ziele von Gruppen – jene, die in der Ausschreibung stehen und über die problemlos gesprochen werden darf – sind meist sachlicher Natur. Natürlich weiß aber jeder von uns, wie einflussreich zwischenmenschliche Ziele auf das Geschehen in Gruppen und die Zufriedenheit des Einzelnen wirken: Wie ertragreich eine Arbeitsgruppe sachlich auch arbeiten mag, wer sich dort nicht geachtet und respektiert fühlt, wird sich zurückziehen.

Häufig sind sachliche Ziele mit zwischenmenschlichen verkoppelt: „Ich möchte, dass wir die Jahresbilanz termingerecht fertig stellen (sachlich), weil ich mich dafür stark gemacht habe und mein Gesicht jetzt nicht verlieren will (zwischenmenschlich)". Diese Verkoppelung kann für den Einzelnen und seine Gruppe problematisch werden, wenn sie vorbewusst oder unbewusst bleibt. Dann werden sachliche Ziele mit unverständlicher Hartnäckigkeit und Vehemenz vertreten, die einer offenen Verhandlung im Wege steht: „Warum zum Teufel verbeißt er sich derart in diesen Termin? Wir stehen doch gar nicht unter Druck?"

Persönliche Bedeutsamkeit der Ziele
Natürlich sind nicht alle in einer Gruppe verfolgten Ziele gleich wichtig: Es gibt Kernziele, von denen man nicht lassen will. Müsste man sie aufgeben, würden Engagement und Zufriedenheit mit der Gruppe einen schweren Schlag erleiden. Ebenso gibt es nebensächlichere Ziele, deren Erreichen man sich zwar wünscht, auf die sich aber leichter verzichten lässt, solange die Kernziele nicht gefährdet sind.

Dringlichkeit von Zielen: Vordringlich und nachgeordnet
Es ist meist nicht möglich, all unsere vielfältigen persönlichen Ziele gleichzeitig aktiv zu verfolgen. Aus diesem Grund legen wir manche Ziele eine Zeit lang auf Eis und tauen sie bei Bedarf wieder auf. Vordringlich sind solche Ziele, die sich aktuell in den Vordergrund des Handelns, Denkens und Fühlens drängen; nachgeordnet sind jene, die (vorübergehend) weniger großen Einfluss auf das Verhalten haben.

Ein nachgeordnetes Ziel gewinnt an Dringlichkeit, wenn deutlich wird, dass es unter den gegebenen Bedingungen in Zukunft wahrscheinlich verfehlt wird.

BEISPIEL

Der Student Nils verfolgt das – aktuell nicht vordringliche – Ziel, im nächsten Jahr mit einigen der neuen Freunde seiner Erstsemesterclique in den Urlaub zu fahren. Zunächst will er sie aber kennen lernen, sich ihnen darstellen, von ihnen akzeptiert werden, kleinere Aktivitäten mit ihnen unternehmen usw. Erst dann würde das Ziel „Urlaub" für Nils vordringlich. Wenn nun aber kurz nach seinem Hinzukommen in der Gruppe Urlaubsverabredungen für den kommenden Sommer getroffen würden, würde sich seine persönliche Zielreihenfolge verändern, weil er befürchtet, den Anschluss zu verpassen, wenn er das Ziel „gemeinsamer Urlaub" nicht umgehend verfolgt.

Bewusstheit von Zielen: Bewusst, vorbewusst und unbewusst[9]
Bewusst ist uns ein Ziel immer dann, wenn wir es benennen und uns selbst gegenüber eingestehen können, dass wir dieses Ziel verfolgen: „Ja, das will ich!"

Vorbewusst ist ein Ziel, das wir nicht bzw. noch nicht genau benennen können: „Warum ich das tue? – Ich weiß es nicht!“. Selbst während wir uns im Sinne vorbewusster Ziele einsetzen, sind wir uns nicht oder nicht vollends im Klaren darüber, was wir eigentlich tun. Wir wundern uns vielleicht über die

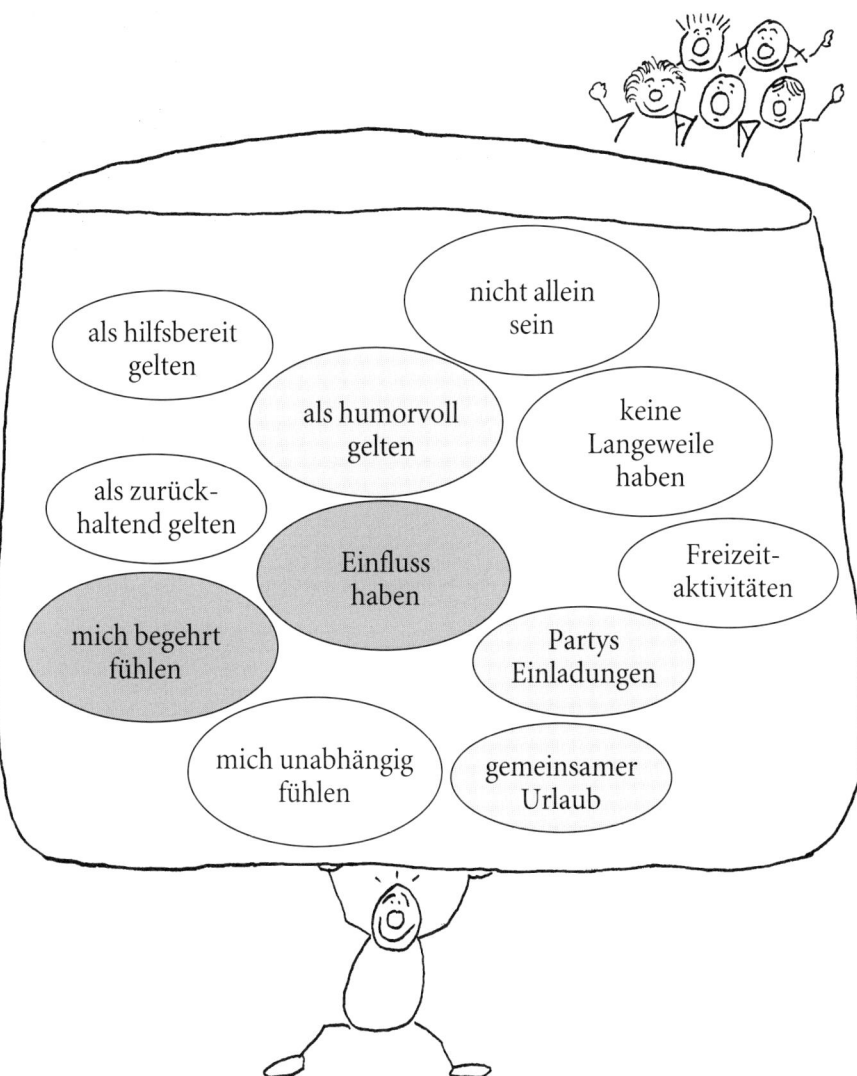

Abbildung 2. Der persönliche Zielpool (s. Beispiel S. 6): Sachliche Ziele (rechts) und zwischenmenschliche Ziele (links) schwimmen nebeneinander, oben die vordringlichen, unten die nachgeordneten. Es gibt bedeutsame (große) und weniger bedeutsame (kleine) Ziele, die teils bewusst (hell), teils vorbewusst (grau), teils unbewusst (schwarz) sind. Der Einzelne ist keineswegs dagegen gefeit, gleichzeitig nach Zielen zu streben, die zueinander im Widerspruch stehen – vor allem dann, wenn eines oder alle der am Zielkonflikt beteiligten Ziele unbewusst bleiben

scheinbar verschlungenen Pfade, die wir mit großer Beharrlichkeit intuitiv gehen und von denen wir nicht abzubringen sind. Wir sind aber (noch) nicht in der Lage, das Ziel zu benennen; manchmal wird es erst klar, wenn wir angekommen sind: „Genau das wars, worauf ich hinauswollte!"

> **!** Vorbewusste Ziele klären sich in der Regel leichter, wenn wir mit anderen zusammenarbeiten. Indem diese ihre Ziele verfolgen, zwingen und helfen sie uns, die unseren zu konkretisieren.

Unbewusste Ziele bleiben im Dunkeln, weil wir sie uns nicht eingestehen mögen: „Das soll mein Ziel sein? Nie im Leben! Ich doch nicht!". Vielleicht befürchten wir, mit diesem Ziel nicht gesellschaftsfähig zu sein, oder es würde unser Selbstbild gefährden, ein solches Ziel zu verfolgen. Im Dienste der Angstabwehr werden unbewusste Ziele verdrängt, und es baut sich ein seelischer Widerstand dagegen auf, sie ans Licht zu bringen.[10]

> **!** Unbewusste Ziele im persönlichen Zielpool sind für den Einzelnen (und später auch für die Gruppe) immer problematisch: Sie dürfen weder entschieden verfolgt, noch können sie entschieden verworfen werden. Über sie lässt sich nicht verhandeln oder streiten. Deshalb kosten sie alle Beteiligten viel Kraft. Unbewusste Ziele führen ein manipulatives Eigenleben und erschweren dadurch nicht selten das Erreichen bewusster Ziele.

> **ÜBUNG**
>
> Wenn Sie sich mit den Inhalten dieses Kapitels praktisch vertraut machen wollen, nehmen Sie sich 10 Minuten Zeit, um Ihren persönlichen Zielpool (auch in seinen weniger schmeichelhaften Aspekten) für eine Ihrer Gruppen zu Papier zu bringen!

1.2 Der Zielpool der Gruppe

Wenn wir uns zu Gruppen zusammentun, gibt jeder der Beteiligten den Inhalt seines persönlichen Zielpools in den großen gemeinsamen Topf, in den Zielpool der Gruppe.

Der Zielpool der Gruppe und die Ziele der Einzelnen sind einem Aquarium mit Fischen vergleichbar: In den Gruppenpool ergießt sich ein bunter, mitunter streitbarer Haufen unterschiedlichster Fische, die sich teils vertragen oder sogar unterstützen, teils achtlos aneinander vorbeischwimmen und gelegentlich aufeinander losgehen.

Abbildung 3. Zielpool der Gruppe: Die Ziele der einzelnen müssen sich im „Gruppentopf" miteinander arrangieren. Aus diesem Gewimmel einen Schwarm zu formen – das ist die Aufgabe des Gruppenprozesses

Gruppenzielpool: Ein komplexes und dynamisches System

Die im Gruppenzielpool schwimmenden Ziele bilden wie die Fische im Aquarium ein System, d.h. sie sind miteinander verbunden, wirken aufeinander ein und lassen so im Verlauf des Miteinandertuns ein einzigartiges, unverwechselbares Beziehungsgeflecht entstehen. Die Eigenschaften eines solchen Systems seien an einem Beispiel veranschaulicht.

Gruppenzielpool eines neu gegründeten Streichquartetts

Auf die Anzeige eines alten Cellisten namens Friedel Weimer hin („Cellist sucht Mitstreiter") finden vier einander bislang unbekannte Menschen, allesamt Freizeitmusiker, zusammen. Die vier bekommen es nun, auch wenn sie nur musizieren wollen, mit einem Zielpoolsystem zu tun, das es in sich hat.

Vielfalt und Widersprüchlichkeit der Ziele. Nicht alle Ziele im Gruppenzielpool sind miteinander vereinbar: Herr Weimer als Gründungsvater legt beim gemeinsamen Üben Wert auf Pünktlichkeit, während Herr Deng an der ersten Violine es mit der akademischen Viertelstunde hält. Die Bratschistin, Frau Niemeyer, möchte bei Sonnenschein im Freien proben, während Herr Napp an der zweiten Violine unbedingt abschließbare Räume braucht usw.

Auch hinsichtlich des Weges zu gemeinsamen Zielen kann es Meinungsverschiedenheiten geben, da jedes Gruppenmitglied aufgrund seiner Lebenserfahrung den „Weg nach Rom" zu kennen meint: Herr Napp schwört als passionierter Schnäppchenjäger darauf, die Partitur zu Haydns „Kaiser-Quartett" preisgünstig bei seinem Vetter, einem Grossisten, zu bestellen, während Frau Niemeyer die Bestellung lieber dem vom Konkurs bedrohten Einzelhändler in ihrem Stadtteil zukommen lassen möchte.

Überfülle an Gruppenzielen. Vieles, was gleichzeitig und gleich laut nach Beachtung schreit, kann nur nacheinander oder gar nicht bearbeitet werden: Die Gruppe muss deshalb eine Ziel-Auswahl treffen und eine Reihenfolge festlegen.

Dabei kommt es häufig zu Missstimmungen bei einzelnen Mitgliedern, wenn deren persönliche Rangfolge hinsichtlich Dringlichkeit und Bedeutsamkeit der Ziele nicht mit jener Rangfolge übereinstimmt, die sich in der Gruppe durchsetzt.

Vielleicht sind sich die vier Musiker im Streichquartett zwar grundsätzlich darüber einig, dass ihr musikalisches Repertoire sowohl Bewährtes als auch Experimentelles umfassen soll – die Meinungen darüber, mit welchem Stück begonnen werden soll, sind aber durchaus unterschiedlich.

Fluktuation im Gruppenzielpool. Es kommt immer wieder zu Veränderungen im Gruppenzielpool: Manche Ziele werden erreicht, andere verfehlt, umdefiniert oder aufgegeben. Mitglieder verlassen die Gruppe und nehmen ihre Ziele mit oder neue Mitglieder bringen neue Ziele mit. Einzelne verändern Dringlichkeiten ihres persönlichen Zielpools.

Während die Proben zum ersten Satz des Haydn'schen „Kaiser-Quartetts", auf das sich unser Streichquartett nach einigem Hin und Her schließlich einigen konnte, langsam vorankommen, schlägt Herr Weimer plötzlich vor, zunächst einmal jenen Satz aufführungsfähig zu machen, der die Melodie der deutschen Nationalhymne enthält: Zum Tag der Deutschen Einheit, so hat er gestern von seinem Schwager, dem Bürgermeister, erfahren, gibt es im Rathaus eine kleine Feierstunde, bei der man spielen könnte.

Wechselwirkungen der Ziele. Ziele reagieren miteinander; die Ziele der Einzelnen verändern sich dadurch, dass sie mit den Zielen anderer in Berührung geraten.

Wenn Herr Deng als erster Violinist unseres Streichquartettes die beiden Ziele hat, „den 2. Satz schneller spielen" (sachlich) und „mich von dem mir unsympathischen Herrn Napp an der zweiten Violine distanzieren" (zwischenmenschlich), gerät sein Zielpool in Wallung, sobald Herr Napp den Vorschlag macht, „den 2. Satz ein wenig flotter zu spielen"; vielleicht wird er plötzlich zum glühenden Verfechter eines getragenen Tempos.

ÜBUNG

Nehmen Sie ein Blatt Papier zur Hand und verschaffen Sie sich einen Überblick über den Zielpool einer Ihrer Gruppen. Machen Sie es sich leicht: Wählen Sie eine zahlenmäßig kleine Gruppe (3–4 Mitglieder) aus und beschränken Sie Ihre Untersuchung auf eine konkrete Situation (z.B. „Meine Bürogemeinschaft bei der Planung der Weihnachtsfeier"). Schreiben Sie jedes Ziel, das Ihnen einfällt in einen Kreis, und fügen Sie den Namen des „Ziel-Trägers" hinzu. Welche Konflikt- und Bündnispotentiale ergeben sich sachlich und zwischenmenschlich innerhalb des Gruppenzielpools? Was müsste geklärt werden, damit die Gruppe angesichts dieses Zielpools zu gemeinsamem Handeln fähig wird?

1.3 Der Gruppenvertrag

Der heterogene und dynamische Gruppenzielpool braucht Struktur: Damit eine Gruppe erfolgversprechend aktiv werden kann, muss geklärt sein,

▶ wann
▶ welches Ziel
▶ auf welchem Weg

verfolgt werden soll; sonst ist ein aufeinander abgestimmtes Vorgehen unwahrscheinlich, da die eine Hand nicht weiß, was die andere tut. Die notwendigen Absprachen und Bündnisse können stillschweigend, sozusagen wie von selbst entstehen – einfach dadurch, dass man miteinander zu tun hat und dabei aufeinander eingeht. Sie können auch bewusst ausgehandelt werden – wenn die Gruppe sich offen und explizit darüber verständigt, wie sie vorgehen will.

> **!** Jede Gruppe steht am Anfang und immer wieder von Neuem vor der Aufgabe, Klarheit über Ziele, Zielhierarchien und Wege zum Ziel zu schaffen: Sie muss ein ihrem jeweiligen Zielpool angemessenes sachliches und zwischenmenschliches Regelwerk entwickeln.

Im Streichquartett etwa muss geklärt sein: Welches Stück wollen wir spielen? Wie wird geprobt? Welche Umgangsformen sind erlaubt und verboten? Über welche Themen darf hier gesprochen werden? usw. Dieses sich nebenbei ergebende oder bewusst ausgehandelte Regelwerk nennen wir den Gruppenvertrag.[11]

Nur wenn die Entwicklung eines zum Gruppenzielpool passenden (kompatiblen) Gruppenvertrages gelingt, ist die Gruppe wirklich arbeitsfähig. Solange eine solche Struktur noch nicht vorliegt, sind die Mitglieder unterschwellig weitgehend damit beschäftigt, sich gegen unbefriedigende Regeln oder Ungeregeltheiten zu wehren: Sachliche und zwischenmenschliche Störungen behindern dann fortwährend die Arbeit.

Im Alltag wird solch ein Regelwerk natürlich nur selten schriftlich fixiert und es ist wesentlich umfassender. Dort sind Verträge auch mit Kleingedrucktem gespickt, beinhalten interpretationsfähige Klauseln und lassen manches

---

Gruppenvertrag

§ 1: Man siezt sich.

§ 2: Keine Witze auf Kosten anderer.
Ausnahme: Frau Niemeyer.

§ 3: Übungszeit: mittwochs, 17.00 Uhr.
Ausnahme: Herr Deng darf sich ungestraft bis zu 15 Minuten verspäten.

§ 4: Tabuthemen: Napps Toupet, Weimers Spielfehler, Dengs Abneigung gegen Napp.

§ 5: Konkurrenz ist unerwünscht! Selbst-Profilierung ebenso!
Ausnahme: Weimer darf ungestraft mit seiner Vergangenheit als Solist protzen.

§ 6: Repertoire-Entscheidungen werden einstimmig gefasst.
Ausnahme: Weimers „Nein" darf überhört werden.

§ 7: Konflikte werden sachlich ausgetragen.

Derschlag, den ...

Abbildung 4. Ein kleiner Ausschnitt aus dem Gruppenvertrag des Streichquartetts (siehe Beispiel, Seite 10) wie er sich nach einigen Proben unterschwellig herausgebildet hat

ungeregelt bzw. klammern all jene Punkte aus, die scheinbar selbstverständlich sind oder durch Gewohnheit, Treu und Glauben bzw. die guten Sitten vorgegeben erscheinen.[12]

> **ÜBUNG**
>
> Nehmen Sie eine Ihrer Gruppen unter die Lupe und stellen Sie deren Gruppenvertrag ansatzweise zusammen! Wo immer Sie sich schwer tun, eine Regel klar zu formulieren, liegt der Verdacht nahe, dass der betreffende Punkt in der Gruppe umstritten ist.

2   Die Evolution des Gruppenvertrages

Wie entwickelt sich der Gruppenvertrag? Wie gewinnt die Gruppe angesichts der vielen im Zielpool schwimmenden Ziele eine Ausrichtung, die ein aufeinander abgestimmtes Miteinander ermöglicht? Das ist die zentrale Frage der Gruppendynamik[13] als Lehre von den in Gruppen wirksamen Kräften.

> **!** Jede Gruppe bringt eine ihr eigene Form der Ordnung hervor, das sehen wir jeden Tag. Aber nur, wenn wir begreifen, wie das im Einzelnen geschieht, können wir den Gruppen weiterhelfen, die allein nicht zu einer dem Miteinander förderlichen Ordnung finden.

2.1   Zwei Rahmenbedingungen: Chaos und Selbstorganisation

Auf der Suche nach dem Ordnungsprinzip von Gruppen müssen wir zwei Rahmenbedingungen berücksichtigen: Der Zielpool der Gruppe ist sowohl ein chaotisches als auch ein sich selbst organisierendes System.

2.1.1   Der Gruppenzielpool — ein chaotisches System

Der Gruppenvertrag entsteht auf nachvollziehbaren, aber unkalkulierbaren Wegen; die Gruppendynamik entzieht sich wegen der komplexen Wechselwirkungen zwischen den im Pool der Gruppe schwimmenden Zielen der Formelbildung. Hierzu ein Beispiel:

BEISPIEL

Der Beliebteste im Quartett. Wenn im Streichquartett der zweite Violinist, Herr Napp, das Ziel verfolgen würde, der Beliebteste zu werden, dann hinge sein Erfolg ab von
- ▶ seinem eigenen Auftreten,
- ▶ den Charakteren und Bedürfnissen aller anderen,
- ▶ dem Verhalten seiner Konkurrenten um diesen Titel,
- ▶ den sachlichen Zielen, die sich in der Gruppe durchsetzen und
- ▶ vielen anderen Einflussgrößen, die ihm gar nicht in den Sinn kämen.

> Alle diese Faktoren wirken aufeinander ein: Wenn ihm in Herrn Deng ein Beliebtheitskonkurrent erwüchse, würde beider Werben um die anderen Mitglieder vielleicht dazu führen, dass man sich wechselseitig auszustechen und zu übertrumpfen trachtet. Diese Wechselwirkungen erfolgen unsystematisch: Während Herr Napp und Herr Deng sich zunächst gegenseitig antreiben und der Rest des Quartetts diesen Wettbewerb mit Vergnügen genießt – man wird von zwei Kavalieren umworben –, kann diese Entwicklung plötzlich kippen: Einer von beiden gibt auf, vielleicht weil sein Ziel „Selbstachtung behalten" vordergründig wird oder weil er glaubt, sein Pulver verschossen zu haben. Vielleicht ändert sich aber auch das Gruppenklima und die beiden werden als „Speichellecker" geächtet, wodurch der Wettbewerb zum Erliegen kommt.
>
> Beide Entwicklungen mögen uns rückblickend logisch und beinahe zwangsläufig erscheinen – sie sind vorausschauend niemals absehbar.

Der Zielpool entwickelt sich also weder zufällig noch berechenbar.[14] Selbst, wenn wir alle in ihm befindlichen Ziele kennen würden und wüssten, welches Gewicht jedes einzelne Ziel hat – das Gesamtsystem wäre zu komplex, um eine Vorhersage des entstehenden Gruppenvertrages zu erlauben. Zur Bezeichnung derartiger nichtlinearer Zusammenhänge hat sich in den letzten Jahren in der Wissenschaft der Begriff „Chaos" eingebürgert. Damit ist nicht das umgangssprachliche „große Durcheinander" gemeint, sondern das nicht vollständig in Formeln zu fassende und gleichzeitig alles andere als ungeordnete Zusammenwirken vieler Einflussgrößen. Dieses Chaos ist weder zufällig noch vollständig vorhersehbar.[15] Weil chaotische Systeme sich der Formelbildung entziehen, nähert man sich ihnen über Modellbildungen und Simulationen an: Man beschränkt sich bei ihrer Betrachtung auf einige Einflussgrößen und wenige überschaubare Zusammenhänge und hofft, dass die nicht in Betracht gezogene Dynamik sich ruhig verhält. Das führt dann zum „Wetterkarteneffekt": Alle schimpfen auf die unzuverlässige Vorhersage und die Metereologen, die im Nachhinein immer gut erklären können, warum es so und nicht anders kommen musste. Aber immerhin liefern sie eine Orientierung. Ähnliches dürfen wir erwarten, wenn wir uns daran machen, die Dynamik in Gruppen zu begreifen.

2.1.2 Der Gruppenzielpool
– ein sich selbst organisierendes System

Die Regeln ihrer Ordnung können einer Gruppe von außen vorgegeben oder von ihr selbst entwickelt worden sein (die Sitzordnung im Klassenzimmer etwa kann vom Klassenlehrer geplant oder von den Schülern selbst entwickelt worden sein).

Ebenso kann der Gruppenvertrag dem Miteinander als zu füllende Form zeitlich vorausgehen oder sich nach und nach aus dem Miteinander entwickeln.

Der Gruppenvertrag entwickelt sich – „aus sich selbst heraus"

Die Ordnung im komplexen System „Gruppe" entwickelt sich nun weitgehend anhand von Auseinandersetzungen zwischen den Beteiligten während ihres Tuns, auch wenn gelegentlich Rahmenbedingungen und Ziele vorab und von außen vorgegeben werden.

> **!** Es gibt stets zu viele sachliche und zwischenmenschliche Ziele, und vor allem zu viele Wechselwirkungen zwischen ihnen, als dass man einen Gruppenvertrag vorab am grünen Tisch vollständig entwickeln könnte.

Der Trainer oder die Mannschaft mögen sich beim Fußballspielen vorab eine Mannschaftsaufstellung ausdenken – sobald das Spiel läuft, folgt das Miteinander eigenen Gesetzen; mit Otto Rehagel: „Die Wahrheit liegt auf dem Platz".[16]

Die Gruppe, ein Wesen ohne eigene Wahrnehmungs- und Denkfähigkeit, bringt ihren Vertrag also im Wesentlichen selbst hervor. So, wie ein fallender Regentropfen bei Minusgraden aus sich heraus eine einzigartige, unvorhersehbare, komplexe und sinnvolle Struktur gewinnt, die ihn zur Schneeflocke kristallisieren lässt, organisiert die Gruppe sich selbst, ohne wissen zu müssen, was sie da tut. Für derartige Prozesse spontaner Strukturbildung, die in allen Bereichen der Wissenschaft zu beobachten sind, hat sich der Oberbegriff **Selbstorganisation**[17] eingebürgert.

Selbstorganisation vs. „Selbststeuerung" oder „Selbstbestimmung"

Um Verwechslungen vorzubeugen, wollen wir an dieser Stelle drei Begriffe unterscheiden:

Selbstorganisation. Der Begriff stammt aus den Natur- und Systemwissenschaften und bezeichnet den Prozess der unvorhersehbaren, aber (im Nachhinein) nachvollziehbaren Ordnungsbildung in Systemen. Damit Selbstorganisation stattfinden kann, braucht es nur Elemente, die in einem System miteinander reagieren können. In diesem Sinne findet in jeder Gruppe Selbstorganisation statt – ob das dabei entstehende Miteinander zweckdienlich im Sinne der Ziele aller Beteiligten ist, steht auf einem anderen Blatt. Jede Gruppe organisiert sich selbst.

Selbststeuerung. Der Begriff stammt aus der Regelungstechnik und bezeichnet die Fähigkeit eines Systems, die Ergebnisse seines Verhaltens ins Verhältnis zu einem Sollwert zu setzen und sodann zum Ausgangspunkt für neues Verhalten zu machen. Im Bereich der Gruppendynamik bezeichnen wir mit Selbststeuerung die Fähigkeit der Gruppe, einen internen Austausch über Vorgänge und Ergebnisse der eigenen Selbstorganisation zu führen und diese durch bewusste Entscheidungen aktiv und zielgerecht zu gestalten.

> **!** Gruppen können sich selbst steuern in dem Maße, wie sie ihr eigenes Verhalten reflektieren und zur Metakommunikation fähig sind.

Selbstbestimmung. Dies ist ein politischer Begriff, der die Freiheit von Menschen bezeichnet, ihre Ziele selbst zu wählen. Übertragen auf die Gruppendynamik sprechen wir von „Selbstbestimmung" immer dann, wenn Gruppen in Eigenregie über die von ihnen verfolgten Wege und Ziele entscheiden (s. Kapitel 3.1.2: Die Wählbarkeit von Zielen). Gruppen können sich in dem Maße selbst bestimmen, wie sie frei von äußeren Zwängen sind. Diese Selbstbestimmung muss allerdings keineswegs zwangsläufig mit Selbststeuerung einher gehen. Gruppen können frei in der Gestaltung ihres Gruppenvertrages sein, ohne gleichzeitig über die Fähigkeit zur Metakommunikation zu verfügen.

2.2   Das Prinzip der „Evolution"

Die Selbstorganisation im System „Gruppe" führt nicht allein dazu, dass angesichts eines vielschichtigen Gruppenzielpools einmalig ein Gruppenvertrag entsteht, der die Gruppe handlungsfähig werden lässt. Dieser Vertrag entwickelt sich im Laufe der Zeit auch ständig weiter, indem Veränderungen im Gruppenzielpool zu entsprechenden Anpassungen im Gruppenvertrag führen. Nur dank der ständigen Fortentwicklung ihres Vertrages kann die Gruppe auch in einer komplexen und sich verändernden Umwelt erfolgreich sein.

Diese Vertragsentwicklung verläuft nach dem Prinzip der Evolution. Es wurde erstmals Ende des 19. Jahrhunderts von Charles Darwin formuliert, der damit die Entstehung der Arten in der Natur erklärte. Im Lauf des 20. Jahrhunderts wurden Darwins Überlegungen weiterentwickelt und von vielen anderen Wissenschaftszweigen im Dienste der Beschreibung von Anpassungsprozessen importiert. Bei allen Evolutionstheorien geht es, in den Worten des Soziologen Niklas Luhmann „sehr vereinfachend gesagt, um die Erklärung von Strukturveränderungen" (Luhmann, 1997, S. 430).

Die Grundannahme aller Evolutionstheorien lautet: Es gibt ein sich selbst organisierendes System, das fortwährend neue Elemente und Strukturen produziert (Variation). Dieses System existiert in einer sich verändernden Umwelt, in der sich nicht alle Systeme bzw. nicht alle Veränderungen behaupten können. Das führt dazu, dass einige Variationen sich durchsetzen, während andere wegfallen (Selektion). Komplexe Ordnungen entfalten sich nun, indem das System immer wieder den Zweitakt „Variation-Selektion" wiederholt und sich dabei aus sich selbst heraus strukturiert und umstrukturiert. Es braucht dazu nicht die fördernde Hilfe einer „unsichtbaren Hand".[18]

Welches System und welche Umwelt meinen wir aber, wenn wir Gruppendynamik betrachten?

> **!** Das sich verändernde und unter Anpassungsdruck stehende System in Gruppen ist der durch den Gruppenvertrag geordnete Zielpool der Gruppe. Er bringt fortlaufend Variationen hervor, weil die Elemente des Systems, die im Pool schwimmenden Ziele, sich verändern.
> Die Umwelt der Gruppe wird durch ihre Mitglieder repräsentiert, die durch Unzufriedenheit mit den bestehenden Regeln des Miteinanders Druck auf den Gruppenvertrag ausüben und darüber entscheiden, ob er tragfähig ist oder nicht (Selektion).

Diese Feststellung mag zweierlei Widerspruch hervorrufen:
(1) Wie können die Einzelnen die Umwelt der Gruppe sein, wo doch die Gruppe aus ihnen besteht?
(2) Wenn aber die einzelnen Gruppenmitglieder die Umwelt repräsentieren, was ist dann mit der „wirklichen" Umwelt, welche Rolle spielen die materiellen, institutionellen, gesellschaftlichen und natürlichen Rahmenbedingungen der Gruppe?[19]

Das einzelne Gruppenmitglied in einer Doppelrolle. Das, was die Gruppe (im Gegensatz zur Ansammlung von Menschen) ausmacht, ist jenes „Wir", das seinen Niederschlag im Gruppenvertrag findet. Die Einzelnen versorgen die Gruppe zwar mit den lebensnotwendigen Elementen, den (persönlichen) Zielen; die Strukturierung dieser Elemente aber, das geregelte Miteinander, ist die eigentliche Leistung der Gruppe, die dann mehr ist als die Summe der Einzelnen.

Im System „Gruppe" haben die einzelnen Mitglieder nun zwei Rollen: Sie sind gleichzeitig die Träger von **Veränderungsbereitschaft** (Variation) und **Veränderungsdruck** (Selektion). Indem sie ihre Ziele verändern, liefern sie dem Zielpool einerseits sein, sich immer wieder veränderndes Rohmaterial und sorgen dadurch für Bewegung und Variation im System „Gruppe". Gleichzeitig treten sie als „Kunden" des geltenden Gruppenvertrages auf und verkörpern durch ihr (Un-)Zufriedensein mit ihm die veränderliche und eine Auslese treffende Umwelt. Die Gruppe ist ja nur dann „überlebensfähig", wenn es ihr gelingt, einen Gruppenvertrag hervorzubringen, der die weitgehende Zufriedenheit ihrer Mitglieder gewährleistet – andernfalls wird sie sich auflösen oder dahindümpeln. Und es ist die Unzufriedenheit Einzelner bzw. deren Versuch, den Gruppenvertrag zu ihrer Zufriedenheit umzugestalten, was den Gruppenprozess in Gang hält.

Die Außenwelt der Gruppe. Natürlich darf nicht geleugnet werden, dass es Umwelteinflüsse gibt, die jenseits der Zielpools der Einzelnen liegen: Gruppen haben Zeitvorgaben, Budgets, Verbündete, Gegner, Vorgesetzte, Räumlichkeiten, das Wetter, die Rechtslage usw. zu berücksichtigen, wenn sie erfolgreich arbeiten wollen. All diese Einflüsse kann die Gruppe „an sich" aber gar nicht verarbeiten, weil Gruppen weder hören, noch sehen, noch denken können – das können nur einzelne Mitglieder.

> **!** Die Außenwelt wirkt nur mittelbar über die persönlichen Zielpools der einzelnen Mitglieder auf den Gruppenvertrag ein. Nur über diesen Umweg ist die Gruppe mit der Welt verbunden und durch sie „irritierbar" (Luhmann, 1997, S. 789 ff.).

Dieser Umweg für Außenwelteinflüsse puffert die Gruppe nach außen ab, macht sie gleichermaßen unabhängig und dickfellig.[20]

Die Anpassung der Gruppe an die Außenwelt. Ereignisse „da draußen" müssen ja zunächst von einem Einzelnen wahrgenommen werden, müssen auf dessen persönlichen Zielpool einwirken, und erst wenn eine etwaige Veränderung des persönlichen Zielpools auf die ein oder andere Art (durch „schlüssiges Handeln" oder explizites Informieren) auf den Zielpool der Gruppe durchschlägt, wird diese sich damit auseinandersetzen. Auf diesem Weg kann einiges verloren gehen.
Die Anpassung der Gruppe an die Außenwelt misslingt,

▶ wenn niemand Veränderungen wahrnimmt oder
▶ wenn wahrgenommene Veränderungen vom Einzelnen für unbedeutend gehalten werden oder
▶ wenn für bedeutend gehaltene Veränderungen nicht so kommuniziert werden, dass sie für die Anpassung des Gruppenvertrages verfügbar sind.

Die Mannschaft der auf einen Eisberg zuschwimmenden „Titanic" kann ihren Kurs nur dann neu festlegen, wenn zumindest ein Matrose das Hindernis sichtet, seiner Beobachtung das Etikett „gefährlich und eine Kursänderung erzwingend" verleiht und sich dadurch dazu angetrieben sieht, die Mannschaft und den Kapitän so zu alarmieren, dass alle Bescheid wissen. Schließlich muss noch gewährleistet sein, dass der betreffende Matrose für glaubwürdig gilt und die Mannschaft und der Kapitän ein offenes Ohr für Eisbergwarnungen haben.

2.3 Der evolutionäre Viertakt

Evolutionäre Veränderungen, wie wir sie auch bei der Entwicklung des Gruppenvertrages beobachten, gehen vonstatten, indem sich aus schon bestehenden

Strukturen heraus fortlaufend und nach dem immer gleichen Schema neue Strukturen entwickeln. Der Prozess ist also

- ▶ rekursiv: jeder neue Gruppenvertrag baut auf dem vorherigen auf und
- ▶ iterativ: jede Neuformulierung bzw. „Modernisierung" des Gruppenvertrages verläuft nach dem gleichen „Muster".

Das Schema oder „Muster" der Evolution ist der unaufhörliche Viertakt von Variation, Amplifikation, Selektion und Restabilisierung. Indem diese vier „Taktschläge" immer wieder aufeinander folgen, wird die sich im Gruppenzielpool entwickelnde Ordnung fortlaufend überarbeitet und auf den neuesten Stand gebracht.[21]

2.3.1   Die vier Taktschläge im Einzelnen

Variation (Veränderung) des Zielpools. In jeder Gruppe gewährleisten die persönlichen Ziele der Einzelnen die Vielfalt und Veränderlichkeit des Zielpools. Verfügte eine Gruppe nur über ein einziges, von allen geteiltes Ziel, wäre der Gruppenvertrag ja nichts, was sich erst noch entwickeln könnte und müsste. Nur wenn im ersten evolutionären Schritt vielfältige Ziele zur Verfügung stehen, kann sich eine Gruppe fortentwickeln. Umgekehrt gilt: werden Vielfalt und Veränderungen von Zielen Einzelner niedergehalten oder nicht in der Gruppe kommuniziert, verliert die Gruppe ihre Anpassungsfähigkeit (vgl. S. 23, 172).

Amplifikation (Verstärkung und Zuspitzung) von unterschiedlichen Zielen. Es reicht aber nicht, dass die unterschiedlichen Ziele vorhanden sind und mitgeteilt werden – sie müssen auch aneinander geraten, damit Entscheidungsdruck und Wahlmöglichkeiten entstehen. Darum geht es beim zweiten Taktschlag, der Amplifikation der Gegensätze: Die Ziele treten zueinander in streitbare Konkurrenz. Nur wenn es gelingt, die bestehenden Widersprüchlichkeiten innerhalb des Gruppenzielpools so zu verstärken, dass sie sich auch konflikthaft zuspitzen, kann die Gruppe ihren Regelungsbedarf erkennen.

Wenn im Bundeskabinett angesichts einer Konjunkturflaute unterschiedliche Zielvorstellungen hinsichtlich der angemessenen Wirtschaftspolitik herrschen, braucht es dringend eine Abstimmung der Minister untereinander, damit nicht zum Schaden der Wirtschaft einander widersprechende Ziele zur gleichen Zeit verfolgt werden. Damit dieser Abstimmungsbedarf überhaupt deutlich werden kann, müssen die unterschiedlichen Auffassungen („Konjunkturprogramm!", denkt der Arbeitsminister; „Steuersenkung!", denkt der Wirtschaftsminister; „Sparpolitik!", denkt der Finanzminister) im Kabinett geäußert werden und aneinander geraten. Wo das nicht geschieht, besteht die Gefahr, dass in Unkenntnis der verborgenen Konfliktlinien jeder Minister seine eigene Politik macht, dadurch ungewollt die Maßnahmen seiner Kollegen zum Scheitern bringt und das Ansehen der Regierung ruiniert.

Dieses Aneinander geraten und Konkurrieren der Ziele ist in Gruppen keine Selbstverständlichkeit. Ähnlich wie der freie Markt im Wirtschaftsleben etwas ist, was immer wieder hergestellt und bewahrt werden will, ist die Konfliktfähigkeit der Gruppe selten naturgegeben.

Selektion (Auswahl) der Gruppenziele. Dieser dritte Taktschlag bringt die Entscheidung, welche Ziele und Regeln sich angesichts der bestehenden Konfliktlinien durchsetzen können und welche nicht. Wird ein Gruppenmitglied, das sich abweichend verhält, zur Ordnung gerufen, wird sein Verhalten toleriert oder wird es gar zur neuen Norm? Durch die Selektion werden zuvor zugespitzte Konflikte entschieden, und der Gruppenvertrag nimmt Gestalt an. Bleibt die Selektion von Gruppenzielen aus, werden Konflikte und Entscheidungsbedarf verewigt. An die Stelle einer erkennbaren Struktur tritt dann lähmende Beliebigkeit.

Restabilisierung der Gruppe und Bewährung des neuen Gruppenvertrages. Hat sich der Gruppenvertrag neu entwickelt bzw. verändert, muss er mit Leben gefüllt werden: Die Gruppe stellt sich unter neuen Vorzeichen ihren Aufgaben und unterwirft den neuen Gruppenvertrag dadurch einer Bewährungsprobe. In diesem vierten Schritt des evolutionären Viertakts erfährt die Gruppe nach Zeiten des Umbruchs eine Restabilisierung, indem sie den neuen Gruppenvertrag benutzt, um mit seiner Hilfe die anvisierten Ziele zu erreichen und eine Zeit lang davon absieht, Veränderungen im Vertragswerk vorzunehmen.

Aber sobald sich durch das Erleben von Erfolg und Misslingen Variationen in Form neuer Ziele abzeichnen, beginnt der evolutionäre Kreislauf von neuem.

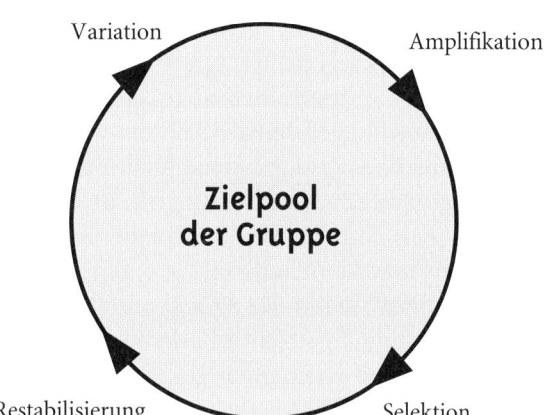

Abbildung 5. Der Zielpool der Gruppe im evolutionären Viertakt

2.3.2   Der Viertakt als Diagnoseinstrument

Solange die Gruppe sich in diesem evolutionären Kreislauf bewegt, ist ihre Anpassungsfähigkeit gewährleistet. Sobald sie allerdings aus ihm ausschert, funktioniert sie ebenso schlecht wie ein Vierzylindermotor, der nur noch auf zwei „Pötten" läuft. Dann gilt es, ihre Anpassungsfähigkeit wieder herzustellen. Zu diesem Zweck braucht es gelegentlich Hilfe von außen – einen Coach, der die Gruppe dabei unterstützt, zurück in den Takt zu finden. Das evolutionäre Viertakt-Muster erleichtert es dann, die vorliegenden Störungen treffsicher zu diagnostizieren.

Störungen der Variation. Mangelnde Variaton des Zielpools kann zu Veränderungsfeindlichkeit und Erneuerungsunfähigkeit der Gruppe führen. Das kreative Potential der Gruppe wird aus Angst vor Chaos und Zerfall durch Denkverbote und Konsensterror gelähmt. Gerät der Gruppencoach an solche Gruppen, deren Miteinander durch Konformismus, Engstirnigkeit und Dogmatismus geprägt ist, besteht seine Aufgabe darin, neue Impulse freizulegen, indem Abweichler und Dissidenten ermutigt und Tabus freigelegt werden.

Störungen der Amplifikation. Die unterschiedlichen Ziele geraten nicht in streitbare Konkurrenz, sondern gehen mit vermiedenen oder undurchsichtigen Konflikten einher und führen zu Verwirrung und unterschwelliger Aggressivität. Hier wird aus Angst vor einer Auseinandersetzung versäumt, Konfliktlinien herauszuarbeiten und Widersprüche so zuzuspitzen, dass sie entscheidbar werden. Solche Gruppen zeichnen sich entweder durch eine bis zur „Fried-Höflichkeit" (Schulz von Thun) gehende Scheinharmonie aus oder drohen an heftigen, aber ungelösten oder rätselhaften Konflikten zu zerbrechen. Der Gruppencoach wird sie dabei unterstützen, die notwendigen Konflikte auf den Punkt zu bringen.

Störungen der Selektion. Diese entstehen, wenn aus bestehenden Konflikten nichts erfolgt, wenn sich die Gruppe um anstehende Entscheidungen drückt, indem Widersprüche zugekleistert, vernebelt oder nur scheinbar gelöst werden. Die in Frage stehenden Konflikte werden dadurch unsterblich und beschneiden die Gruppe immer wieder aufs Neue in ihrer Produktivität. Der Gruppenvertrag verliert seine bindende Kraft, denn das Miteinander ist dann ungeregelt, beliebig und nicht mehr durch Erwartungen (an die Einhaltung von Regeln) steuerbar. Der Gruppencoach wird die Gruppe an jene Punkte führen, die zur Entscheidung drängen, und wird sie mit den Konsequenzen nicht sauber getroffener Entscheidungen konfrontieren.

Störungen der Restabilisierung. Solche Störungen treten immer dann auf, wenn die Gruppe sich ausschließlich mit sich selbst beschäftigt und eine endlose Nabelschau betreibt, ohne zur Tat zu schreiten. Dadurch vermeidet sie das Scheitern („wer nichts anpackt, dem geht auch nichts entzwei") und verhindert, dass ihr Miteinander auf den Prüfstand der Wirklichkeit kommt. Der Preis, der dafür zu zahlen ist, wenn die Gruppe auf diese Weise im Stadium des „einen neuen Gruppenvertragaushandelns" steckenbleibt, besteht in Unproduktivität und zunehmender Unzufriedenheit.

ÜBUNG

Greifen Sie auf Ihren Erfahrungsschatz zurück und führen Sie sich eine Ihrer Gruppen vor Augen, die nicht so recht von der Stelle gekommen ist. Können Sie feststellen, wo der Viertakt gestört war oder ist?

2.3.3 Der Gruppencoach als Katalysator des evolutionären Kreislaufs

Die Arbeit eines Gruppencoaches besteht darin, die Lern- und Anpassungsfähigkeit der Gruppe zu entwickeln und zu erhalten, indem er Rhythmusstörungen im Viertakt beheben hilft: Er ist der Katalysator des Gruppenprozesses. Anders als ein Lehrer vor seiner Schulklasse, ein Offizier vor seinen Rekruten, ein Abteilungsleiter vor seiner Abteilung oder ein Pastor vor seinen Konfirmanden verfolgt der Gruppencoach selbst kein bestimmtes Ziel mit der Gruppe außer jenem, Störungen in der Weiterentwicklung des Gruppenvertrages zu beseitigen und dessen Anpassung an veränderte Bedingungen zu gewährleisten.

Der Coach als Lotse. Ein Coach hat für Gruppen eine ähnliche Funktion wie der Lotse bei der Seefahrt: Er kommt an Bord, wenn es schwierige Gewässer zu durchfahren gilt. Dabei besetzt er nicht die Position des Kapitäns, gibt also keine Richtung vor, trifft keine Entscheidungen über Zielhäfen und hat auch keine Befehlsgewalt, sondern stellt lediglich sein Expertenwissen hinsichtlich der kritischen Fahrrinne zur Verfügung und hilft, das Schiff durch die Enge hindurch zu manövrieren.

Leitung vs. Führung. Der Coach übernimmt in Gruppen zeitweise die Leitung, niemals aber die Führung. Er gewährleistet, dass jene „Leitungsfunktionen" (Schattenhofer, 1997)[22] – z.B. das Sammeln von Informationen, das Klären von Konflikten, das Finden von Regeln – wahrgenommen werden, die für die Entwicklung des Gruppenvertrags unabdingbar sind, ohne dass er als hierarchisch Übergeordneter gleichzeitig Führungsfunktionen ausübt (Entscheidungen treffen, Regeln vorgeben, Bewertungen vornehmen, Strafen verhängen etc.). Weil die deutschen Begriffe „Leitung" und „Führung" im alltäglichen

Sprachgebrauch beinahe gleichbedeutend verwendet werden, bevorzugen wir den Begriff des „Coach", wenn wir den Leitungsfunktionen wahrnehmenden Lotsen meinen.

Der Chef als Coach? Von Lehrern, Offizieren, Abteilungsleitern, Pastoren und anderen Führungskräften, die ihren Gruppen hierarchisch übergeordnet sind, wird nun aber in der Regel (zu Recht) verlangt, dass sie neben den Führungs- auch Leitungsfunktionen wahrnehmen und sich zusätzlich zum Rollenhut des Chefs auch jenen des Coaches aufsetzen. Diese Doppelrolle ist nicht immer leicht zu bewältigen – nicht nur wegen des damit verbundenen seelischen Spagats (hier der Vorgesetzte als zielorientierter Chef, dort der Vorgesetzte als prozessorientierter Coach), der größte Disziplin und Transparenz nach innen wie nach außen verlangt. Hinzu kommt, dass die wenigsten Führungskräfte jemals als Coaches ausgebildet wurden und sich angesichts der damit verbundenen Anforderungen eher schlecht als recht gerüstet fühlen. Wenn die Doppelrolle aber kompetent und transparent gelebt wird, finden jene Gruppen, die in ihrem Vorgesetzten nicht nur einen Chef, sondern auch einen Coach haben, in der Regel leichter zu produktivem und menschlich tragfähigem Miteinander.

Wann immer der Chef allerdings bedingt durch seine Führungsverantwortung (als Lehrer, Offizier, Abteilungsleiter oder Pastor) zur fordernden, drohenden oder wertenden Partei in bestehenden Zielkonflikten wird (und das geschieht rasch), ist er gut beraten, die Rolle des Coaches vorübergehend an einen Externen abzutreten (s. Kapitel 3.2.4).

Der Coach verfolgt das Ziel, die Evolutionsfähigkeit der Gruppe zu erhalten. Dieses Ziel kann man im Unterschied zu den Zielen im Gruppenzielpool als ein **Ziel zweiter Ordnung**[23] bezeichnen. Wie der weiterentwickelte und gut angepasste Gruppenvertrag dann inhaltlich aussieht, ist dem Gruppencoach letztlich einerlei: Hauptsache, er entspricht der Wahrheit der Situation.

Trotz der „kontemplativen Interessenlosigkeit" des Coaches kann es durchaus zu Zielkonflikten zwischen ihm und der Gruppe kommen. Das geschieht immer dann, wenn die Gruppe an ihren eigenen Behinderungen festhalten will, also ebenfalls ein Ziel zweiter Ordnung verfolgt, das dann lautet: „Bloß keine weitere Evolution! Wenn wir den Nebel und die Hindernisse beiseite räumen wollten, kämen viele unangenehme Dinge zur Sprache, und viele unerwünschte Konflikte müssten ausgetragen werden – das wollen wir um Himmels willen vermeiden!" Solche Gruppen erwarten dann vom Coach, dass er sich als Wunderheiler erweisen möge: „Wir wollen handlungsfähig und erfolgreich gemacht werden, ohne dass wir mit den Hindernissen zu tun bekommen: Wasch' uns den Pelz, aber mach uns nicht nass!" Diesen Wunderglauben kann der Coach nur in sehr begrenztem Umfang bedienen, und er wird ein Echo aus Enttäuschung und Verärgerung hervorrufen, wenn das deutlich wird.

2.3.4   Die Evolutionsfähigkeit von Gruppen

Wenn sich die Regeln des Miteinanders evolutionär entwickeln, folgt daraus, dass die Qualität einer Gruppe, ihre Leistungsfähigkeit, sich nicht einfach danach bemessen lässt, über welche Fähigkeiten und Mittel zur Zielerreichung ihre einzelnen Mitglieder verfügen (Inhaltliche Kompetenz).

Die Summe der individuellen Qualitäten und Ressourcen der Gruppenmitglieder ist das eine – als zweiter Faktor, der über Wohl und Wehe der Gruppe entscheidet, tritt ihre „Evolutionsfähigkeit" hinzu. Wo sie unterentwickelt ist, bleibt die Gruppe unter ihren Möglichkeiten, wo sie vorhanden ist, kann die Gruppe über sich hinaus wachsen: Es kommt zu den im Zusammenhang mit Arbeitsgruppen häufig gefeierten und geforderten Synergieeffekten.

2.3.5   Die Ideologie des Guten Willens

In unserer Kultur hat die evolutionäre Betrachtungsweise des Geschehens in Gruppen einen immer noch eher geringen Einfluss, wenn es gilt, eine ungünstig verlaufende Zusammenarbeit zu verbessern.

> **!** Wann immer im Arbeitsleben der Output von Gruppen unbefriedigend ausfällt, fällt vielen Beteiligten das Eingeständnis „Wir haben uns nicht genug angestrengt" häufig leichter als die Vermutung „Vielleicht ist unsere Art des Miteinanders verbesserungswürdig". Man arbeitet dann lieber in der „bewährten" Art und Weise mit verdoppelter Anstrengung weiter, als dass man den Umgang miteinander zum Thema machen würde und dadurch den Gruppenvertrag zur Überprüfung freigäbe.

Gleiches gilt für den privaten Bereich: In vielen Familien und Freundeskreisen wird bei abnehmender Zufriedenheit der Beteiligten versucht, durch hart erarbeitete materielle Verbesserungen (ein größeres Haus, Auto, Fernsehgerät, Urlaubsbudget usw.) das Erreichen der Gruppenziele („Glück", „Erfüllung", „Liebe" usw.) zu gewährleisten, statt zu schauen, ob der Gruppenvertrag dafür überhaupt noch taugt.

Die Vernachlässigung einer entwicklungsorientierten Herangehensweise an das Geschehen in Gruppen wird meistens von einer unbewussten Ideologie des Guten Willens getragen. Diese geht von der Annahme aus, dass Gruppen nach natürlichen, allgemein gültigen und ewigen Regeln funktionieren und es nur durch Dummheit, Verrücktheit oder Bosheit der Beteiligten zu Abweichungen von dieser Norm kommen kann: „Wenn nur alle guten Willens sind und sich ein bisschen zusammenreißen, dann läuft's schon – auch ohne Konflikte und Rangeleien." Wo dieses Denken regiert, werden Entwicklungsmaßnahmen für Arbeitsgruppen im öffentlichen und privaten Bereich (Supervision, Teamentwicklung, Klärungshilfe, Ehe- und Familienberatung) in der Regel mit dem Argument „Dafür haben wir jetzt weder Zeit noch Geld und außerdem sind wir so tief ja wohl noch nicht gesunken!" vom Tisch gefegt.

Die Ideologie des Guten Willens ruht auf vier Säulen:

▶ Unwissenheit hinsichtlich des Funktionierens von Gruppen,
▶ Unkenntnis bezüglich des Handwerks der Gruppenleitung,
▶ Sprachlosigkeit bei der Beschreibung von Gruppenprozessen und
▶ Angst vor den Unwägbarkeiten des lebendigen Miteinanders.

Unwissenheit hinsichtlich des Funktionierens von Gruppen

Das Gruppenleben in unserer Gesellschaft hat bis weit ins 20. Jahrhundert hinein in fest gefügten Verhältnissen stattgefunden: In den Gruppen, die den Alltag prägten, war klar, wer das Sagen hatte (General, Pastor, Vorgesetzter, Ehemann, Vater), und die Gruppenleiter wussten, welche Ziele sie durchzusetzen hatten (Vaterlandstreue, Gottesfurcht, Pflichtgefühl, Arbeitsamkeit, Treue, Gehorsam). Darüber hinaus waren auch die Umweltbedingungen (Technologie, Mobilität, Bildung) vergleichsweise konstant, so dass das, was gestern funktioniert hatte, auch morgen noch Geltung beanspruchen konnte. Die Anforderung an Gruppen bestand deshalb im Wesentlichen darin, im Rahmen vorgegebener Strukturen vorgegebene Ziele auf vorgegebenen Wegen zu erreichen, während ihre Leiter die Ausführung überwachten. Das machte zielklärende Interaktionen weitgehend entbehrlich.

Mitbedingt durch die Zersplitterung sozialer Normen in unserer pluralistischen Gesellschaft ist die Anpassung an veränderte Bedingungen für Gruppen immer überlebenswichtiger geworden: Mehr und mehr erschließt sich den Beteiligten die Möglichkeit, in Gruppen persönliche Ziele zu formulieren und zu verfolgen. Gleichzeitig führen veränderte Lebensbedingungen (technische Neuerungen, erhöhte Mobilität, lebenslange Weiterbildung) dazu, dass sich die sachlichen und zwischenmenschlichen Ziele der Beteiligten fortlaufend verändern: Was der eine für angemessen hält, erscheint dem anderen als Zumutung und was gestern funktionierte, hilft schon heute nicht mehr weiter.

Nun, da in vielen Gruppen immer seltener von vornherein klar ist, wer das Sagen hat und wohin es gehen soll, müssten die Beteiligten eigentlich zielklärende Arbeit leisten. Da die Kunst der Metakommunikation aber in vielen Fällen weder in der Schule, noch im Elternhaus, noch am Arbeitsplatz gelehrt wird, tritt an ihre Stelle die Ideologie des Guten Willens. Ihr erscheinen Komplikationen nicht als gestaltbarer Normalfall, sondern als vermeidbare, peinliche Entgleisungen.

Unkenntnis bezüglich des Handwerks der Gruppenleitung

Wer weiß, dass Zielklärung und Vertragsgestaltung in Gruppen Not tun, verfügt deshalb noch nicht über das nötige Know-how, um diesen den Weg zu bahnen. In vielen Arbeitsgruppen, die ich als Supervisor kennen gelernt habe, herrscht ein Halbwissen über Gruppenprozesse mit Leitlinien wie: „Man muss sich auch mal sagen, wie es einem geht. Es sollte schon mal knallen. Gemeinsame Aktivitäten fördern das Zusammengehörigkeitsgefühl. Kooperation ist wichtig. Ein guter Leiter hat die Gruppe immer im Griff". Wenn diese Leitlinien noch mit einigen zusammenhanglos erlernten „Methoden der Gruppendynamik" angereichert werden, ist die Gefahr nicht gering, dass dadaistische Gruppendynamik betrieben wird nach dem Motto: „Hauptsache es passiert was". Wenn dann nichts oder nicht das Richtige passiert, bleibt wiederum nur der Appell an den Guten Willen der Beteiligten.

Sprachlosigkeit bei der Beschreibung von Gruppenprozessen

Das ist ganz wörtlich zu nehmen: Vielfach fehlen den Beteiligten einfach die Worte, um das auszudrücken, was sie intuitiv erspüren. Noch schwerer fällt es, als Coach einen gesamten Gruppenprozess in seiner Komplexität zu beschreiben, um dann geeignete Interventionsmethoden auszuwählen, wenn es kein Beschreibungsvokabular gibt.

So kommt es, dass die fachlichen Dialoge auch zwischen geschulten Coaches nicht selten in einer unkonkreten pseudo-psychologischen Verunklarung enden: „Ich glaube, in der Gruppe ist viel los!" – „Ja, vor allem Frau Henkels ist kurz davor, aus sich rauszugehen." – „Kein Wunder, die letzte Übung hat bei ihr mächtig was ausgelöst." – „Richtig! – Aber die anderen waren auch sehr betroffen!" – „Jetzt müssen wir nur am Ball bleiben!" – „Ja, und auch mal Schweigen aushalten. Da müssen die jetzt durch!" Wer, warum, wo und wie „durch" muss, bleibt hinter einer Nebelwand der Sprachlosigkeit verborgen. Ein Anliegen dieses Buches ist es, Unterstützung bei der Überwindung dieser Sprachlosigkeit zu bieten.

Angst vor den Unwägbarkeiten des lebendigen Miteinanders

Die Evolution der Gruppe ist immer eine aufregende, mitunter verunsichernde und manchmal beängstigende Reise. Wenn Gruppen sich weiterentwickeln, kann es geschehen, dass heiße Eisen angesprochen, heilige Kühe geschlachtet, angestammte Positionen gekündigt und Mitglieder entlassen werden. All diese Ergebnisse mögen von außen betrachtet notwendig sein, um die Arbeitsfähigkeit der Gruppe angesichts der Wahrheit ihrer Situation herzustellen. Wenn der Gruppenprozess aber von innen erlebt wird, braucht es Mut, um sich den immer wieder notwendigen Verunsicherungen zu stellen. Aus Angst vor den Unwägbarkeiten des Gruppenprozesses lenken viele Mitglieder, aber auch Leiter und Coaches (häufig unbewusst) von notwendigen Entwicklungsschritten ab. Man fürchtet einfach, zum Zauberlehrling zu werden, der die gruppendynamischen Geister zwar rufen, nicht aber wieder los werden kann. Diese Angst wächst natürlich noch, wenn Unwissenheit, Unkenntnis und Sprachlosigkeit hinzutreten.

Die Stunde des Coaches

Wo der gute Wille zwar vorhanden, aber nicht ausreichend ist, leidet irgendwann die Arbeitsfähigkeit. Häufig ist dann die Stunde des Coaches gekommen. Seine Aufgabe als Katalysator des Gruppenprozesses besteht dann darin, durch Wissen um die Notwendigkeit gruppendynamischer Vorgänge, methodische Kenntnisse, handwerkliches Geschick, sprachliche Ausdrucksfähigkeit und Unerschrockenheit dafür zu sorgen, dass die Gruppe sich vorübergehend darauf konzentriert, Überblick und Abstimmung hinsichtlich ihrer sachlichen und zwischenmenschlichen Differenzen zu gewinnen, um so den Weg zu ebnen, auf dem die Ziele anschließend leichter erreicht werden können.

3 Die Beschaffenheit der Ziele

3.1 Die Transparenz von Zielen

Solange das Miteinander störungsfrei verläuft, zerbricht sich in der Regel keiner der Beteiligten den Kopf über den geltenden Gruppenvertrag. Erst wenn Störungen der gemeinsamen Arbeit den Wunsch nach einer bewussten Überarbeitung des zwischenmenschlichen Regelwerks wach werden lassen, gerät der Zielpool der Gruppe ins Rampenlicht. Spätestens dann wird deutlich, dass die darin befindlichen Ziele eine Bedingung erfüllen müssen, damit die Gruppe sich gezielt über ihre vertragliche Einbindung auseinander setzen kann – sie müssen transparent sein. Was ist damit gemeint?

DEFINITION

Ein im Gruppenzielpool befindliches Ziel nennen wir **transparent**, wenn innerhalb der Gruppe über dieses Ziel gesprochen werden darf und gleichzeitig klar ist, ob die Gruppe überhaupt die Freiheit besitzt, eigenständig über das betreffende Ziel zu entscheiden.

Intransparente Ziele zeichnen sich demgegenüber dadurch aus, dass sie in der Gruppe nicht besprechbar sind und/oder nicht klar ist, ob die Gruppe überhaupt über sie zu entscheiden hat.

Im ersten Fall von Intransparenz beschleicht einen das Gefühl „Ich weiß nicht genau, was hier abläuft, aber irgendwer hat hier irgendwas vor und sagt nicht, was er will." Im anderen Fall von Intransparenz entsteht der Eindruck „Komisch, scheinbar zwingt uns niemand, das Ziel X zu verfolgen und trotzdem sieht es so aus, als dürften wir es nicht kippen."

Intransparente Ziele sind gruppendynamische „Kostentreiber". Sie machen es der Gruppe schwer, in ihrer Vertragsbildung voran zu kommen, weil über sie nicht vernünftig gestritten und entschieden werden kann. Wer als Coach dabei helfen will, die anfallenden „gruppendynamischen Kosten" zu senken, muss daher helfen, die Transparenz der im Gruppenzielpool befindlichen Ziele herzustellen. Dabei bekommt er es mit zwei Fragen zu tun:
(1) Sind die in Frage stehenden Ziele öffentlich oder verdeckt?
(2) Sind sie wählbar oder gesetzt?

3.1.1   Die Öffentlichkeit von Zielen

Die Öffentlichkeit eines Ziels gibt Auskunft darüber, inwieweit innerhalb der Gruppe über dieses Ziel gesprochen werden kann und darf. (Natürlich gibt es Grauzonen – halb-öffentliche Ziele, die einigen bekannt sind, von einigen erahnt werden und für den Rest der Gruppe im Dunkeln bleiben).

Öffentliche Ziele. Egal, ob sie von allen, von wenigen oder nur von Einzelnen verfolgt werden, ihr Vorhandensein und ihr Urheber (wer verfolgt dieses Ziel?) ist allen Mitgliedern bekannt oder kann zumindest auf Nachfrage bekannt werden. Auf dieser Grundlage kann jedes Gruppenmitglied eine Einstellung zu dem betreffenden Ziel entwickeln und sich dementsprechend verhalten. Eventuell auftretende Zielkonflikte können innerhalb der Gruppe offen ausgetragen und geregelt werden.

Verdeckte Ziele. Sie zeichnen sich dadurch aus, dass weder ihre Existenz noch ihr Urheber allseits bekannt sind bzw. nicht offen angesprochen werden dürfen. Deshalb kann über diese Ziele nicht öffentlich in der Gruppe gestritten werden, sondern nur unter der Hand.

Wenn die Elternversammlung einer 10. Klasse über das Ziel der Klassenabschlussfahrt debattiert, spielen neben vielen anderen Aspekten natürlich auch die Kosten der Reise eine wesentliche Rolle. Darf das Ziel „möglichst günstig verreisen" aber nicht offen angesprochen werden, weil man dann befürchten muss, entweder selbst als Geizhals oder Sozialfall dazustehen oder andere in diese Rolle zu drängen, wird es schwierig. Dann muss das angestrebte Ziel verfolgt werden, ohne benannt werden zu können. Man führt zwangsläufig eine Scheindebatte „um den heißen Brei herum" und gelangt höchstwahrscheinlich zu Absprachen, die den tatsächlichen Zielen der Beteiligten nur im Glücksfall Rechnung tragen: Vielleicht wird dem unausgesprochenen, aber vermuteten Ziel „Kostenbegrenzung" vorauseilend in einem Ausmaß Rechnung getragen, das keiner der Beteiligten je gewollt hat („Die Klassenfahrt fällt aus!"). Oder die finanziellen Möglichkeiten der weniger Betuchten finden unzureichende Berücksichtigung, so dass einige Kinder kurzfristig „aus familiären Gründen" absagen müssen. In jedem Fall verhindert die Nicht-Öffentlichkeit des betreffenden Ziels, dass die beteiligten Eltern zu einer optimalen Vereinbarung gelangen.

Verdeckte Ziele führen allgemein dazu, dass man die Absichten seiner Mitstreiter nicht wirklich kennt und daher auf Vermutungen und Phantasien angewiesen ist. Konflikte um verdeckte Ziele können daher nicht offen ausgetragen und verbindlich geklärt werden. Daher macht sich im Zusammenhang mit nicht-öffentlichen Zielen in Gruppen häufig Misstrauen und Manipulationsverdacht breit.

3.1.2 Die Wählbarkeit von Zielen

Die Wählbarkeit eines Ziels gibt Auskunft darüber, inwieweit die Gruppe die Freiheit besitzt, selbst darüber zu entscheiden, ob, wie und wann sie das betreffende Ziel anstreben und erreichen will.

Wählbare Ziele. Sie werden von einem oder mehreren der gleichberechtigten Mitglieder der Gruppe in den Zielpool eingebracht und im Verlauf des Gruppenprozesses entweder gewählt oder abgewählt. Es sind Ziele, über deren Verwendung und vorherige Bearbeitung die Gruppe in Eigenregie entscheidet.

Gesetzte Ziele. Sie werden nicht von (gleichberechtigten) Mitgliedern der Gruppe in den Zielpool eingebracht, sondern „von oben" vorgegeben: Der Mathematiklehrer und nicht die Schulklasse entscheidet, wann und wie die Trigonometrie durchgenommen wird. Damit setzt er der Klasse ein Ziel.

Konflikte über gesetzte Ziele sind nicht innerhalb der Gruppe regelbar, sondern nur zwischen Gruppe und „oben". Gesetzte Ziele werden im Verlauf der Auseinandersetzung mit „oben" entweder akzeptiert oder bekämpft bzw. boykottiert – aber nicht abgewählt.

3.2 Vier Typen von Zielen

Im Dienste der Zieltransparenz wird ein Coach in der Regel darauf hinarbeiten, die Öffentlichkeit von Zielen gemeinsam mit der Gruppe herzustellen und die Wählbarkeit von Zielen gemeinsam mit der Gruppe und den ihr vorgesetzten Instanzen abzuklären.

Um in diesem Prozess die Übersicht zu behalten, ist es hilfreich, jene vier Typen von Zielen zu unterscheiden, die sich ergeben, wenn die beiden bipolaren Eigenschaften „öffentlich-verdeckt" und „wählbar-gesetzt" miteinander kombiniert werden.

Im Folgenden betrachten wir die vier Zieltypen genauer:
▸ Wie wirkt sich ihr Vorhandensein auf den Fortgang des Gruppenprozesses aus?
▸ Welche Hilfen benötigt eine Gruppe, um eventuell auftretende Störungen abzustellen?

3.2.1 Wählbare, öffentliche Ziele

Wenn die Ziele öffentlich und nicht durch höhere Mächte vorgegeben sind, dann können Zielkonflikte frei ausgespielt werden: Ziele dieses Typs sind innerhalb der Gruppe bestreitbar. Das bedeutet nicht, dass Auseinandersetzungen um solche Ziele immer harmonisch verlaufen.

> **!** Wenn Konflikte um wählbare, öffentliche Ziele aber wirklich ausgefochten werden und sich die Beteiligten nicht ins „Vernebeln" flüchten, dann steht am Ende der Auseinandersetzung für alle ein Zugewinn an Klarheit: Was ist in dieser Gruppe um welchen Preis zu erreichen?

So können Vereinbarungen, Regeln und Beziehungsgeflechte entstehen, die der Wahrheit der Situation entsprechen. Diese Regeln gewährleisten dann, dass an der Sache, am Erreichen der Ziele, konzentriert gearbeitet werden kann, ohne dass die Hauptaufmerksamkeit aller Beteiligten ständig um die noch auszutragenden Zielkonflikte kreist.

Aufgabe des Coaches: Moderation. Bei Konflikten über wählbare, öffentliche Ziele sind Gruppen in der Regel zur Selbsthilfe fähig. Wenn sie sich in diesem Fall dennoch externe Unterstützung holen, dann besteht die Arbeit des Coaches darin, bestehende Konflikte und die damit einhergehende Klärung zu moderieren: Er achtet darauf, dass die strittigen Themen nacheinander herausgearbeitet, individuelle Standpunkte verdeutlicht, Konfliktlinien geklärt und klare Vereinbarungen getroffen werden.

3.2.2 Wählbare, nicht-öffentliche Ziele

Diese Ziele wären eigentlich frei (ab-)wählbar: Da sie aber nicht allen betroffenen Mitgliedern der Gruppe bekannt sind, bleiben sie unkommunizierbar und unbestreitbar. Solange unveröffentlichte Ziele nicht vordringlich sind und niemand aktiv an ihrer Verwirklichung arbeitet, ist das nicht weiter schlimm. Sobald aber an diesen Zielen gearbeitet wird, wird es für die Gruppe heikel. Die Geheimagenten werkeln im Verborgenen, die Nicht-Eingeweihten fühlen sich ausgeschlossen und manipuliert: Die Vergiftung des Gruppenklimas durch intransparente Ziele hat begonnen.

Wann werden wählbare Ziele nicht allgemein veröffentlicht?
Es gibt verschiedene Motive dafür, dass wählbare Ziele nicht veröffentlicht werden:

Flüchtigkeit. Man hat einfach nicht daran gedacht, seine Ziele mitzuteilen; sei es, dass

▶ „es noch nicht soweit ist"; das angestrebte Ziel steht noch gar nicht auf der Tagesordnung und man will noch nicht über ungelegte Eier reden; sei es, dass

▶ „es doch selbstverständlich ist"; man geht davon aus, dass dieses Ziel ohnehin von allen anderen geteilt, unterstützt oder toleriert wird.

Werden Ziele aus diesen Motiven heraus nicht veröffentlicht, ist kein großer Schaden für den Gruppenprozess zu befürchten. Spätestens dann, „wenn es soweit ist" bzw. wenn deutlich wird, dass „es nicht selbstverständlich ist", werden die Ziele durch ihre Urheber veröffentlicht: „Also, jetzt ist es an der Zeit, dass ich euch mal Folgendes mitteile..." bzw. „Ich dachte bisher, es wäre selbstverständlich, dass wir alle ... wollen; jetzt bin ich mir meiner Sache aber nicht mehr so sicher, darum will ich das jetzt klären." Und selbst, wenn der Betreffende es nicht bemerkt, wird er von anderen Gruppenteilnehmern angesprochen: „Wie du dich derzeit verhältst, vermute ich, dass du ... willst. Darüber haben wir aber noch gar nicht gesprochen." Dann kann die Gruppe die anstehenden Zielkonflikte austragen.

Ein **Coach** kann den Prozess u. U. ein wenig beschleunigen, indem er vorab – z.B. während einer Anfangsrunde – darum bittet, alle Ziele zu benennen, einschließlich der noch nicht relevanten und der vermeintlich selbstverständlichen.

Taktik. Man glaubt, seine Ziele besser im Verborgenen erreichen zu können; dahinter steht die Überlegung: „Was der andere nicht weiß, macht ihn nicht heiß!" Ich vermute, dass ich mit meinem Ziel auf Widerstand stoßen werde und versuche, unerkannt durchzukommen.

Unter dem Einfluss solcher Öffentlichkeitsscheu entstehen in Gruppen:

▶ Verwirrung: „Wer will hier eigentlich was?",
▶ Manipulationsverdacht: „Soll ich reingelegt werden?" und
▶ Kontaktvermeidung: „Solange ich bei ihm nicht weiß, woran ich bin, gehe ich ihm lieber aus dem Weg".

Ein **Coach** muss in solchen Fällen dafür sorgen, den Gewinn des Verschweigens kleinzuhalten, indem er dem sich unterschwellig entwickelnden Manipulationsverdacht zur Veröffentlichung verhilft. Das tut er entweder durch seinen eigenen „schamlosen" Umgang damit („Herr Meier, ich glaube, Sie arbeiten hier im Stillen daran, Ihre Vorstellungen durchzumogeln!") oder er wirbt für die Enttabuisierung des in Gruppen häufig schlecht angesehenen Manipulationsverdachtes, indem er diesen in den Rang eines wertvollen zwischenmenschlichen Warnsignals erhebt. Eine derartige Aufwertung gering geschätzter oder missverstandener Störungssymptome bezeichnen Thomann und Schulz von Thun (1988, S. 300) als „humanistische Reindoktrination". Sie kann z.B. in Form eines kleinen Vortrages erfolgen:

„Manchmal hat man in Gruppen unterschwellige Vorbehalte gegenüber Einzelnen. Man weiß nicht, woran man mit ihnen ist, was sie vorhaben, wohin sie wollen. Die meisten von uns sind dann höflich und behalten ihre Vorbehalte für sich: Niemand soll ungerechtfertigt angeklagt werden. Das dient dem Frieden, aber – es kostet auch einiges: Man ist ständig mehr oder minder unterschwellig mit diesen Vorbehalten beschäftigt und verhält sich entsprechend, indem man dem Betreffenden tunlichst aus dem Weg geht, seinen Einfluss in der

Gruppe zu begrenzen versucht und sich in kleinen Zirkeln (Klatsch) der eigenen Vorbehalte vergewissert. Das alles ist normal, aber nicht sehr förderlich. Meine Bitte an Sie: Holen Sie Vorbehalte unterm Tisch hervor. Das lässt Sie hier freier atmen, gibt den „Angeklagten" die faire Chance, Stellung zu beziehen und ermöglicht uns, einander wieder in die Augen zu schauen."

Solche Interventionen senken die Hemmschwelle für die Veröffentlichung von Verdachtsmomenten und signalisieren den Taktikern, dass ihre Öffentlichkeitsscheu weder grundsätzlich verwerflich noch besonders erfolgversprechend ist. In die gleiche Richtung zielt das zirkuläre Fragen (s. Kapitel 9.5.4).

Scham. Es ist einem unangenehm, mit den eigenen Zielen in Verbindung gebracht zu werden. Dahinter steht die Sorge: „Wie stehe ich dann da! Vielleicht ließen mich die anderen ja gewähren, wenn ich ihnen sage, wohin ich will, aber bestimmt finden sie mein Ziel lächerlich...".

Hier muss der **Coach** vor allem die Schamgrenze senken, indem er solche Ziele für erlaubt und normal erklärt, von denen er annimmt, dass sie bei Einzelnen oder in der gesamten Gruppe unter moralischer Acht stehen.

Das kann wiederum geschehen durch scheinbar verwerfliches Verhalten des Coaches: „Ich schlage vor, dass wir heute mal eine Stunde früher Schluss machen!" – dieser Satz kommt in einer Gruppe mit großer Arbeitsdisziplin einem Unding gleich und macht es jenen, die ähnliche Ziele haben, leichter, für sich einzutreten: „Wenn sogar der Leiter solch (verbotene) Wünsche hegt und dafür nicht verstoßen wird, dann kann ich es vielleicht auch wagen, die meinen zu äußern."

Weitere Ansätze zur Schwellensenkung bestehen in den bereits erwähnten enttabuisierenden Sachvorträgen („Selbstdisziplin als Tugendgebot in Gruppen – und was dabei herauskommt") oder im direkten Ansprechen des mutmaßlich geächteten Themas: „Wie verhält man sich in dieser Gruppe am besten, wenn man es sich ein bisschen bequem machen will?"

Verdrängung. Es ist einem selbst nicht bewusst, dass man ein Ziel verfolgt, weil das Ziel nicht mit dem eigenen Selbstbild zusammenpasst und deswegen abgewehrt bzw. verdrängt wird. (s. auch Kapitel 1.1, S. 7). Die Abwehr würde – könnte sie sprechen – so klingen: „Ich doch nicht! Es kann gar nicht sein, dass ich so etwas will, weil das nicht zu dem Menschen passt, für den ich mich halte!" Ein solches Ziel zu verfolgen, würde mein Selbstbild bedrohen.

Verdrängte Ziele können nur in dem Maße transparent werden, wie der Betreffende sein rigides Selbstkonzept lockert. Diesen Schritt wird er allerdings nur dann tun, wenn zur Gruppe bzw. zum Leiter eine vertrauensvolle und damit angstmindernde Beziehung hergestellt werden konnte. Das ist in vielen Gruppen gar nicht oder erst nach längerer Zeit der Fall.

Deshalb muss ein **Coach** immer darauf bedacht sein, die betreffenden Gruppenmitglieder nicht zu überfordern. Alles Drängen und Drohen („Geben Sie doch zu, dass Sie auf die besser aussehenden Frauen hier neidisch sind, Frau Gebhardt!") löst Angst aus, die dann ihrerseits mittels Verdrängung und Widerstand im Zaum gehalten wird („Das ist das Letzte, was mir einfallen würde, auf diese hochpolierten Zicken neidisch zu sein!"). Es kann nicht darum gehen, dem Betreffenden ein Geständnis zu entlocken. Erfolgversprechender ist es, ihn mit den Beobachtungen seiner Mitstreiter zu konfrontieren und die Auseinandersetzung von der Ebene der **verborgenen Ziele („Was willst Du?")** auf jene der **beobachtbaren Handlungen („Was tust Du?")** zu lenken. Dann ist es möglich, auch ohne ein Geständnis zu Absprachen zu gelangen: „Wann immer Sie, Frau Gebhardt, in Zukunft eine der drei fraglichen Kolleginnen attackieren, werden wir dafür keine Gruppenzeit mehr zur Verfügung stellen – es sei denn, Ihr Standpunkt wäre für uns inhaltlich nachvollziehbar."

Gleichzeitig kann die Schamgrenze durch „Reindoktrination" (vgl. S. 35) gesenkt und die Überprüfung des eigenen Selbstbildes durch humorvolle Konfrontation angeregt werden („Ich verlange nicht, dass Sie meine Auffassung teilen, Frau Gebhardt, aber auf mich wirkt Ihr Verhalten eifersüchtig – wobei Eifersucht aus meiner Sicht keine Todsünde darstellt.").

Von einer Radikaltherapie oder Gehirnwäsche ist dringend abzuraten: Natürlich kann man Menschen aus dem (Selbst-)Konzept bringen, indem man ihre Abwehr massiv attackiert. („Der Leiter hat sie erst 'geknackt' und dann wieder 'zusammengesetzt'" – so hören sich einschlägige Erlebnisberichte meistens an). Im Zusammenbruch unter der Last des Gruppendruckes können zwar scheinbare Erfolge erzielt werden, indem die vermeintlichen Neurotiker unter Heulen und Zähneklappern ihre schlimmen Taten und ihre noch verwerflicheren Absichten einräumen – es handelt sich aber wahrscheinlich um einen Pyrrhussieg: Die Betreffenden werden ihr in Schutt und Asche gelegtes Selbstbild in der Regel unverändert wieder aufbauen, sobald der Gruppendruck nachlässt, und das Klima in der Gruppe wird fortan von Angst und Scheinoffenheit geprägt sein: Man „outet" sich lieber gleich prophylaktisch (und sei es, dass man etwas erfindet) oder errichtet eine undurchdringliche Fassade, um nicht auf die gruppendynamische Folterbank zu geraten. Im besten Fall bildet sich in der Gruppe ein hart-aber-herzliches Gemeinschaftsgefühl von der Marke „Wir haben es uns wirklich gegeben!".

Gruppentabus. Das verfolgte Ziel ist mit (un-)ausgesprochenen und vermeintlich nicht bestreitbaren Kernzielen der Gruppe unvereinbar. Hinter dem Verschweigen des eigenen Ziels steht die Überlegung: „Wenn ich das veröffentliche, fliege ich raus! Mit meinen Vorstellungen verstoße ich gegen grundlegende Gruppenwerte und stelle dadurch den gemeinsamen Nenner in Frage. Man wird dann nicht nur mein Ziel zurückweisen, sondern mich ausschließen."

Gruppentabus haben die Funktion, die Mitglieder von einem naheliegenden aber vermeintlich zerstörerischen Verhalten abzuhalten. Durch sie werden die Grundwerte der Gruppe vor Veränderung durch die Gruppe geschützt – ähnlich dem Grundwertekatalog im Grundgesetz. Die Grundwerte gelten als gesetzte Ziele, die nicht in Frage gestellt werden dürfen. Gegenläufige Ziele werden darum nicht mehr kommuniziert. Das lässt sich sehr anschaulich an Gruppen beobachten, in denen das Dogma von unbedingter Gemeinschaftlichkeit, Solidarität und gegenseitiger Wertschätzung gilt. Es schützt die Gruppe einerseits vor öffentlichen Anzeichen von Egoismus, Konkurrenz und Ablehnung, andererseits führt es dazu, dass entsprechende Tendenzen nur noch im Verborgenen gedeihen – wo sie nicht selten wuchern (s. auch Kapitel 12.2.2).

Den **Coach** stellt der Umgang mit solchen Tabus vor eine heikle Alternative: Arbeitet er darauf hin, dass die Tabus öffentlich und bestreitbar werden, zieht er leicht den Zorn der Gruppe auf sich und gefährdet vielleicht tatsächlich ihren Zusammenhalt. Lässt er sie im Dunkeln, besteht die Gefahr, dass mehr und mehr Mitglieder mit ihren ketzerischen Gedanken in den Untergrund gehen und der Gruppe innerlich kündigen, so dass sie schließlich zerfällt wie morsches Holz.

Besonders fatal wird es für die Gruppe, wenn das Vorhandensein von Meinungsverschiedenheiten an sich bereits eine Tabuverletzung darstellt. Besteht der Grundwert der Gruppe in Einmütigkeit und Harmonie, dann bleiben Ziele immer häufiger unveröffentlicht, da jede Äußerung die Harmonie bedrohen kann. Die Gruppe verkommt zur Sekte.[24]

Das Ziel des **Coaches** darf es in solchen Fällen niemals sein, die Gruppe zum Tabubruch zu nötigen – er würde selbst umgehend vor die Tür gesetzt. Vielmehr muss er der Gruppe verdeutlichen, dass und wie sie ein Tabu errichtet und welche Auswirkungen das haben kann: „Tabuisierte Ziele bleiben unbesprechbar, wodurch diejenigen, die sie verfolgen, entweder in den Untergrund oder aus der Gruppe heraus gedrängt werden. Tabuisierte Regeln sind unabänderlich, auch wenn sie überholt und hinderlich für die Weiterentwicklung der Gruppe sind." Sobald Tabus als solche zum Thema werden dürfen, haben ketzerische Gedanken es leichter, Gehör zu finden.

3.2.3 Gesetzte, öffentliche Ziele

Sobald es innerhalb der Gruppe eine Hierarchie gibt oder die Gruppe Teil eines hierarchisch strukturierten Systems ist, besteht die Möglichkeit, dass Ziele „von oben" öffentlich vorgegeben werden (als Lehrplan, Erlass, Vorschrift, Arbeitsanweisung, Tagesbefehl usw.). Die Setzung von Zielen hat Auswirkungen auf den Gruppenprozess. Denn die Gruppe muss die gesetzten Ziele bei ihrer Selbstorganisation berücksichtigen, ohne sie selbst gewählt zu haben bzw. sie einfach abwählen zu können. Es wird gleichsam von außen ein Brocken in den Gruppenzielpool geworfen, der verarbeitet sein will.

Im besten Fall bedeutet diese Zielvorgabe eine Bereicherung, die begrüßt wird. Häufiger erscheint die Vorgabe einfach als Mehrarbeit, die zwar als Belastung empfunden, aber hingenommen wird („Wir haben ja wohl keine andere Wahl!"). In manchen Fällen stehen die gesetzten Ziele aber den gewählten entgegen und haben dann den Charakter einer Zumutung: „Das ist nun wirklich das Letzte, was wir anstreben!"

In jedem Fall fordert die Gestaltung des Gruppenvertrages bei gesetzten Zielen eine zweifache Auseinandersetzung:

(1) mit der zielsetzenden Instanz, ob sie über genügend Autorität verfügt, um das betreffende Ziel auch gegen den Willen der Gruppe durchzusetzen,

(2) innerhalb der Gruppe, ob und wie sie sich mit der Zielvorgabe unter den gegebenen Bedingungen arrangiert.

Zielsetzung und Autorität des Vorgesetzten

Die notwendige Autorität, die ein Vorgesetzter braucht, um Gruppen Ziele zu setzen, kann sich aus drei Quellen speisen: Überzeugung, Überredung, Zwang.

Überzeugung. Der Vorgesetzte versucht, die Gruppe mit guten Argumenten davon zu überzeugen, dass es in ihrem ureigenen Interesse liegt, das vorgegebene Ziel zu verfolgen. Wenn das gelingt, wird das öffentlich gesetzte als öffentlich gewähltes Ziel adoptiert und alle Widrigkeiten, die mit der Setzung einhergehen, werden gegenstandslos. Die Autorität des Vorgesetzten speist sich lediglich aus der Qualität seiner Argumente. Er wirft das gesetzte Ziel nicht einfach in den Zielpool der Gruppe, sondern legt es gewissermaßen daneben und wirbt bei der Gruppe um Aufnahme. Das Hereinholen in den Zielpool bleibt der Gruppe überlassen. Wer mit Argumenten überzeugen will, hofft auf freundliche Aufnahme, muss allerdings auch Skepsis und Ablehnung ertragen können.

Überredung. Die Gruppe wird „geködert"; es werden ihr mehr oder minder attraktive Preise (Anerkennung, Geld, Dienstwagen oder andere Privilegien) in Aussicht gestellt, wenn sie das Ziel akzeptiert. Auf diesem Weg soll sie zur Mitarbeit motiviert werden. Ist der Köder gut gewählt, wird es als wählbares Ziel adoptiert: Die Gruppe beißt an. In der Folge wird der Köder wie ein gewähltes Ziel behandelt und das gesetzte Ziel als unverrückbare Umweltbedingung auf dem Weg zum gewählten Ziel betrachtet. Es liegt bei der Gruppe, ob sie sich den Köder und mit diesem das gesetzte Ziel in ihren Zielpool holt. Will der Vorgesetzte seine Mitarbeiter überreden, muss er die Motive seiner Pappenheimer gut kennen, um attraktive Köder auswählen zu können – andernfalls winken diese dankend ab. Darüber hinaus muss er unmissverständlich deutlich machen, dass die versprochenen Belohnungen an das Erreichen des gesetzten Zieles gebunden sind und dass er eine Abkoppelung in keinem Fall tolerieren wird. Sonst ergeht es ihm wie einem Angler, der den Köder nachlässig auf den Haken gespickt hat: Die Fische nehmen den Wurm und schwimmen gesättigt weiter. Die Autorität des Vorgesetzten speist sich hier also aus seiner Verfügungsgewalt über Belohnungen, kombiniert mit seiner Geradlinigkeit.

Zwang. Die zielsetzende Instanz droht der Gruppe für den Fall der Zielverweigerung mit unangenehmen Konsequenzen (Entzug von Anerkennung, Geld, Dienstwagen oder anderen Privilegien). Die Autorität gründet hier in der Fähigkeit und Entschlossenheit zur Strafe. Hier wirft der Vorgesetzte sein Ziel in den Gruppenpool und umgibt es dabei gewissermaßen mit einer aus Macht gespeisten, für die Gruppe undurchdringlichen Schutzschicht. Wer zwingen will, muss seine Machtmittel demonstrieren und notfalls einsetzen. Wann immer er davor zurückschreckt, lädt er die Gruppe dazu ein, ihn zu testen. Für derartige Tests werden in vielen hierarchisch eingebetteten Gruppen enorme Mengen an Energie verschwendet.

In jedem der drei Fälle gilt: Wird die Autorität der zielsetzenden Instanz nicht rechtzeitig demonstriert und geklärt (bevor die Gruppe damit beginnt, ihre Ressourcen – Zeit, Geld, Nerven – für oder gegen ein Ziel einzusetzen), kommt es zu vermeidbaren Störungen im Gruppenprozess: Es geht viel Energie dafür verloren, die Autorität zu testen, indem die gesetzten Ziele schleppend verfolgt oder boykottiert werden. Die Gruppe kämpft auf diese Weise um ihre Autonomie und solange dieser Kampf nicht entschieden ist, steckt sie fest.

Die „Drei-Schritte-Strategie" der Führungskraft
Gelegentlich verfolgen Vorgesetzte bei der Durchsetzung öffentlich gesetzter Ziele eine „Drei-Schritte-Strategie":
(1) „Zunächst versuche ich mal, die Gruppe zu überzeugen. Wenn das gelingt, muss ich gar nicht als 'Vorgesetzter' auftreten – das wäre mir recht.
(2) Wenn das nicht fruchtet, überrede ich sie mit 'Prämien' und trete dabei immerhin noch als 'guter Vorgesetzter' auf.
(3) Und nur wenn alles nichts hilft, greife ich zu Zwangsmaßnahmen, die mich dann als 'strengen Vorgesetzten' erscheinen lassen."

Gegen ein derartiges Vorgehen ist gar nichts einzuwenden – solange es eindeutig ist. Eindeutig kann dabei nur der sein,
▶ der bereit ist, die gesetzten Ziele transparent – also: öffentlich – zu machen,
▶ der sich darüber im Klaren ist, auf welche Form der Autorität er sich nötigenfalls stützen kann und will,
▶ der fähig und willens ist, ein „Nein!" der Gruppe zu hören und darauf zu reagieren,
▶ der gegenüber der Gruppe die Folgen eines „Nein!" transparent machen und durchsetzen kann,
▶ der nicht gleichzeitig auf verschiedenen Hochzeiten tanzt, also die Autoritätsformen kreuz und quer einsetzt.

Sobald es aber an Eindeutigkeit fehlt – und das ist bei unsicheren Führungskräften nicht selten der Fall – weiß die Gruppe nicht mehr, woran sie mit dem Chef und dem von ihm gesetzten Ziel ist: Ist es nun tatsächlich gesetzt oder kann man es weich klopfen? Das führt dann zu unnötigen Konflikten innerhalb der Gruppe und zwischen Gruppe und Chef. Diese Konflikte haben weniger mit dem gesetzten Ziel zu tun, sondern vielmehr mit dem von Intransparenz geprägten Führungsstil des Chefs.

Wenn wir als Berater und Klärungshelfer hierarchisch eingebetteten Gruppen mit Arbeitsstörungen bei der Weiterentwicklung helfen wollen, besteht unsere erste Intervention deshalb häufig darin, die Führungskraft dabei zu unterstützen, ihren Stil in Richtung „Transparenz" zu entwickeln.

Der Chef als Umweltbedingung

Erst, wenn die Autorität der zielsetzenden Instanz zweifelsfrei geklärt ist, kann die Gruppe entscheiden, ob und wie sie sich dieser Autorität unterwirft:

- ▶ „Sind wir überzeugt und machen das gesetzte Ziel zu einem gewählten oder weisen wir es als Zumutung zurück?"
- ▶ „Lassen wir uns überreden, weil uns die versprochene Belohnung der Mühe wert erscheint oder verzichten wir lieber?"
- ▶ „Geben wir dem Zwang nach oder sind wir bereit, die negativen Auswirkungen einer Verweigerung zu ertragen?"

Für diese Entscheidung gelten die gleichen Regeln wie für gewählte, öffentliche Ziele: Nachdem die Karten der zielsetzenden Instanz offen auf dem Tisch liegen, entscheidet die Gruppe im Rahmen der ihr verbliebenen Wahlfreiheit eigenständig über die Annahme oder Ablehnung des fraglichen Ziels. Transparent gesetzte Ziele werden von Gruppen behandelt wie eine Umweltbedingung – das Wetter, Geldmangel oder Zeitknappheit. Über das Wetter selbst zu streiten, macht wenig Sinn. Was bleibt, ist die Frage: „Was tun angesichts dieses Wetters?"

Für den Gruppenprozess ist es entscheidend, dass diese gruppeninterne Auseinandersetzung erst im Anschluss an jene mit dem Vorgesetzten stattfindet. Sobald sich beides vermengt, kommt es zu heillosen, kraftraubenden Verstrickungen. Beide Seiten beginnen zu taktieren: Innerhalb der Gruppe werden verschiedene Szenarien durchdiskutiert („Zwingt er uns, will er uns bloß überreden oder sollen wir überzeugt werden?"), ohne dass es zu einem klaren Entscheid kommt. Der Vorgesetzte wartet ab, wie die Gruppe auf seine unklare Verwirrungsstrategie reagiert und dosiert dementsprechend seine Autorität. Es wird viel spekuliert und kaum noch gearbeitet.

Kollaborationsverdacht in der Gruppe

Auch wenn die Zielsetzung transparent verläuft, können gesetzte, öffentliche Ziele zwei unerfreuliche Auswirkungen auf das Klima in der Gruppe haben:

Kollaborationsverdacht in der Gruppe und Regression in der Beziehung zur zielsetzenden Instanz.

Wenn die von oben gesetzten Ziele gleichzeitig von einigen Mitgliedern der Gruppe als persönliches Ziel angestrebt werden, erhalten diese unverhofft machtvolle Schützenhilfe und geraten dadurch leicht in Verruf. Sie stehen da als „Profiteure", „Kollaborateure", „Verräter", „Papas Liebling", „Schleimer" usw.

Coaches, die in Gruppen mit einer derartigen Störung intervenieren, haben keinen Trick zur Verfügung, mit dem der Kollaborationsverdacht ausgeräumt werden könnte. Die Arbeit besteht darin, diesen Verdacht öffentlich werden zu lassen, das damit einhergehende Misstrauen zu Tage zu fördern und die Gruppe damit zu konfrontieren: „Aufgrund des Geschehenen stehen einige hier unter Kollaborationsverdacht; sie werden in nächster Zukunft von den anderen, die sich geschädigt fühlen, misstrauisch beäugt werden und es muss sich zeigen, ob die Gruppe darüber hinwegkommt oder nicht".

Regression

Was wir darüber hinaus als Reaktion auf Zielsetzungen „von oben" beobachten können, ist ein Regressionsphänomen. Unter dem der Psychoanalyse entlehnten Begriff verstehen wir den Rückfall in ein früheres Entwicklungsstadium. Gruppen, die mit gesetzten Zielen konfrontiert werden, tendieren dazu, ihre Verantwortung bzgl. der Gestaltung des Gruppenvertrages auf- und abzugeben, vor allem wenn sie überredet oder gezwungen wurden.

Dann stellt die Gruppe sich bei der Bewältigung der Arbeit am gesetzten Ziel hilflos bzw. dumm nach dem Motto: „Wenn du uns schon ein Ziel vorgibst, dann liefer' den Weg auch gleich mit! Warum sollen wir uns über den Weg zu einem Ziel streiten, das keiner von uns wirklich anstrebt?"

Für die Führungskraft bedeutet das: Will sie Ziele durch Preise oder Strafen durchsetzen, muss sie häufig auch die für das Erreichen eines Ziels notwendige Struktur gleich mitliefern: Es reicht nicht zu sagen, was man will, sondern man muss auch noch erklären, wie man es will. Das macht Überreden und Zwingen zu recht aufwendigen Autoritätsformen, die selten dazu taugen, komplexe Ziele zu erreichen. Wer immer als Lehrer oder Trainer den Spagat versucht hat, in Gruppen selbstbestimmtes Lernen bzgl. eines gesetzten Themas einzuführen, wird sich erinnern, auf wie viel Widerstand und scheinbare Unfähigkeit er dabei gestoßen ist!

 Die Einleitung: „Wir wollen jetzt … !" wird von vielen Gruppen als Aufruf zur Regression verstanden.

Will die Führungskraft darauf bestehen, dass die Gruppe sich hinsichtlich des gesetzten Themas selbst organisiert, muss sie dreifache Klarheit ausstrahlen:
(1) **Klare Forderung.** „Ich erwarte von euch, dass ihr dieses von mir gesetzte Ziel ohne meine Hilfe und ohne weitere Vorgaben meinerseits erreicht!"

(2) Klare Abstinenz. „Ich mische mich in keinem Fall in den Gruppenprozess ein, der zur Erreichung des von mir gesetzten Zieles notwendig wird – auch nicht, wenn ein Scheitern droht!"

(3) Klare Autorität. „Wenn ihr an der Strukturierung scheitert, werde ich mich so verhalten, als hättet ihr das Ziel nicht erreichen wollen – d.h. die Belohnung bleibt aus bzw. die Bestrafung findet statt!"

Als Coach treffen wir häufig auf Führungskräfte, die diese „anti-regressive" Klarheit nicht ausstrahlen. Aus dem Wunsch heraus, autoritär zu sein, ohne autoritär zu erscheinen, vermeiden sie es, ihre Autorität an den notwendigen Stellen einzusetzen, womit sie ihre eigene Enttäuschung und die Verwirrung der Gruppe vorbereiten.

Generalisierte Regression

Angesichts gesetzter Ziele besteht immer die Gefahr, dass die Regression generalisiert. Dann verweigert die Gruppe nicht nur die hinsichtlich der gesetzten Ziele notwendige Selbststeuerung, sondern erweist sich plötzlich sogar als unfähig, Zielkonflikte auch bezüglich gewählter Ziele auszutragen. Die Führungskraft steht dann vor einem Rätsel: „Dass ich das Ziel 'Mehrarbeit' gegen Widerstand durchsetzen musste, war mir klar. Dass die Gruppe die Verteilung der Mehrarbeit nicht in Eigenregie übernehmen wollte oder konnte, kann ich auch noch verstehen. Aber dass nun plötzlich noch nicht einmal die Absprache von Urlaubszeiten innerhalb des Teams gelingt, das begreife ich nicht!"

> **!** Bei generalisierter Regression geht scheinbar nichts mehr, ohne dass der Vorgesetzte eingreift, ganz so als würde die Gruppe denken: „Wenn wir uns nicht vollständig selbst bestimmen können, dann wollen wir uns gar nicht mehr bestimmen."

Wie ein Über-Vater soll der Chef nun alles regeln und für alle Unannehmlichkeiten gerade stehen. Dieser Rückfall mag einerseits als Ausdruck von Trotz ein letztes Aufbäumen im schwelenden Machtkampf mit dem Chef bedeuten. Das Verlockende an diesem Rückfall ist aber auch der damit einhergehende Frieden unter den „Geschwistern": „Wenn Mama (oder Papa) alles entscheidet, müssen wir uns untereinander gar nicht mehr streiten – nur ihr gegenüber wird gemeckert."

Zwangsgruppen

Besonders hoch sind die Anforderungen an die Führungskraft, wenn sie eigenverantwortliches Handeln in Zwangsgruppen erreichen möchte. Bei diesen Gruppen wird die Mitgliedschaft selbst unter Androhung von Strafen oft gegen den Willen der Betroffenen erzwungen (Schule, Armee etc.). Wann immer den

Einzelnen die freie Entscheidung über ihre Zugehörigkeit genommen wird, muss mit generalisierter Regression gerechnet werden, es sei denn, die Betroffenen erklären sich mit der erzwungenen Zugehörigkeit einverstanden.

Eine Gruppe, die aufgrund gesetzter Ziele regrediert, muss nicht notwendigerweise ineffizient arbeiten. Wenn sie nämlich autoritär geleitet wird und die Leitung die Organisation der Gruppe umfassend übernimmt, dann kann eine solche Gruppe durchaus effizient bzgl. der gesetzten Ziele arbeiten.

3.2.4 Gesetzte, nicht-öffentliche Ziele

Die Geheimhaltung oder Verunklarung gesetzter Ziele durch die Führungskraft geht auf die gleichen Motive zurück, die ein Gruppenmitglied davon abhalten, persönliche, wählbare Ziele zu veröffentlichen (vgl. Kapitel 3.3.2): Flüchtigkeit, Taktik, Scham, Verdrängung und Rücksichtnahme auf institutionelle Tabus. Hinzu kommt noch ein Motiv, das in der Führungsrolle problematisch werden kann: der Wunsch nach Zugehörigkeit und Gleichheit.

Metakomplementäre Führung

Wer immer einer Gruppe Ziele vorgibt, verdeutlicht dadurch ja seinen besonderen Status und entfernt sich damit aus der Gemeinschaft Gleicher. Er definiert die Beziehung zwischen sich und der Gruppe dadurch als komplementär[25]: „Ich führe, Ihr folgt." Will der Vorgesetzte sich gleichzeitig den Anschein der Zugehörigkeit bewahren, mithin die Beziehung scheinbar symmetrisch definieren („Meine Vorschläge sind genauso viel wert wie eure."), muss er die Gruppe unterschwellig dazu drängen, das gegebene Ziel scheinbar freiwillig zu verfolgen. Es entsteht in der Gruppe der zwiespältige Eindruck, eigentlich im Rahmen einer symmetrischen Beziehung (unter Gleichen) frei entscheiden zu können und dabei gleichzeitig auf einer höheren (Meta-) Ebene im Rahmen einer komplementären Beziehung (Chef-Mitarbeiter) gezwungen zu werden. Eine solche Beziehung nennen wir metakomplementär.

Diesen scheindemokratischen Führungsstil habe ich selbst noch als Abiturient miterlebt, als einige Lehrer uns Schüler dazu aufforderten, in einer Gruppendiskussion unsere Zeugnisnoten eigenverantwortlich zu vergeben. Gleichzeitig hatten sie schon Vornotierungen in ihrem kleinen Büchlein stehen und arbeiteten in der Diskussion scheinbar gleichberechtigt daraufhin, uns zu ihren Einsichten zu bringen. Diese manipulative Form der Führung bringt die Gruppe in eine verzweifelte Position: Sie muss sich selbst zumuten, was sie gar nicht will und wird um die Möglichkeit gebracht, sich gegen eine Zumutung zu wehren oder sie zumindest offen als solche zu benennen.

In jedem Fall ist die unterschwellige, nicht-öffentliche Setzung von Zielen Gift für das Gruppenklima und für die Beziehung zwischen Gruppe und Chef: In der irrigen Annahme, sie könne selbst entscheiden, reibt sich die Gruppe in internen Auseinandersetzungen auf, die vom Chef so lange angefacht werden, bis „sein" Ergebnis als Gruppenergebnis feststeht. Das schafft eine verlogene und verwirrende Atmosphäre (in der Sprache der Familientherapie würde man von einer Doppel-Bindung – double-bind – sprechen) und geht auf Kosten der Selbstachtung der Gruppenmitglieder: Ständig etwas gegen den eigenen Willen und die eigenen Überzeugungen zu tun, ohne offensichtlich dazu gezwungen zu werden, vermittelt den Betroffenen das Gefühl, Schleimer und Opportunisten zu sein.

Vorauseilender Gehorsam. Wenn der Chef nie sagt „Ich will", sondern sich immer hinter einem „Es wäre schön, wenn ..." verbirgt, muss jede seiner Äußerungen prophylaktisch als Befehl verstanden werden. Es ist für den Chef dann unmöglich, glaubhaft unverbindliche Anregungen zu geben, Vorschläge wahrhaft zur Debatte zu stellen, ehrliche Kritik einzufordern oder ernst gemeint um einen persönlichen Gefallen zu bitten – seine Mannschaft wittert hinter jeder Äußerung eine in Samtpapier gewickelte Anweisung und verhält sich dementsprechend. Sie kann entweder mit vorauseilendem Gehorsam oder mit prophylaktischem Widerstand reagieren – was auf der Strecke bleibt, ist der offene Diskurs.

BEISPIEL

Die freiwillig Geschickten. Die ungünstigen Auswirkungen des metakomplementären Führungsstils verdeutlicht ein Beispiel aus meinem Berufsalltag: Weiterbildungen zum Thema „Teamarbeit" für den Außendienst eines Unternehmens. Auf ausdrücklichen Wunsch des betroffenen Bereichsleiters sollte die Teilnahme an diesen Seminaren rein freiwillig sein: Er wollte seinen Leuten etwas Gutes tun und sie nicht zu ihrem Glück zwingen. Die Wahrheit vor Ort sah dann so aus, dass etwa ein Viertel der Anwesenden von Beginn an in Boykottlaune war, sich genötigt und gezwungen fühlte und die Zusammenarbeit feindselig verwehrte. Wie sich herausstellte, kamen die Widerspenstigen sämtlich aus ein und derselben Abteilung. Wenn ich sie fragte: „Wie hat Ihr Chef Sie gezwungen, hier zu sein?", war die Antwort zumeist: „Natürlich hat er nicht gesagt, dass wir her müssen. So würde er das nie sagen. Aber bei ihm weiß man schon, was er meint, wenn er sagt 'Ich habe da einen Vorschlag...'". Dieser Chef machte seine Zielsetzungen nicht öffentlich, und so geriet in den Augen seiner Mitarbeiter jede seiner Äußerungen zur unbedingten Zielvorgabe – mit der misslichen Konsequenz, dass die Betroffenen ihre Zeit und Energie ohne Not in einer Veranstaltung (und mit dem Widerstand gegen diese) vergeudeten, die ihnen niemand aufzwingen wollte.

Wer es daher als Coach mit Gruppen zu tun bekommt, die metakomplementär geführt werden, muss vor allem die Führungskraft dabei unterstützen, klar zu veröffentlichen, wo sie als Autorität Ziele setzt und wo sie als Diskussionspartner (ab-)wählbare Vorschläge macht. Es ist scheinbar paradox: Nur dann, wenn der Chef sehr klar verdeutlicht, wann und wie er auf seine Macht als übergeordnete Instanz zurückgreift, hat er die Chance, in seinem Bemühen um Zugehörigkeit und Partnerschaft ernst genommen zu werden. Er muss einen transparenten Umgang mit seiner Doppelrolle als Vorgesetzter und Mitstreiter seiner Mitarbeiter pflegen, um nicht in beiden Rollen beschädigt zu werden.

ÜBUNG

Verschaffen Sie sich einen Überblick über den Zielpool einer Ihrer Gruppen. Versuchen Sie, die Ziele einem der Zieltypen zuzuordnen und so einen Eindruck von deren Transparenz zu gewinnen. Falls Sie auf nichtöffentliche Ziele stoßen: Welche Motive für die Nicht-Veröffentlichung vermuten Sie?

Teil II

Der Prozess

Nun erhält die Evolution der Gruppe ihren zeitlichen Horizont, indem wir den **Prozess** der Entstehung und Weiterentwicklung des Gruppenvertrages unter die Lupe nehmen:

▶ Wie gelangt die Gruppe angesichts ihres Zielpools zur Arbeitsfähigkeit, und wie kann die Arbeitsfähigkeit angesichts einer sich ständig verändernden Umwelt aufrecht erhalten werden?

▶ Welche Störungen treten im Prozess der Selbstorganisation wann typischerweise auf, woran sind sie zu erkennen und wie beeinflussen sie die Leistungsfähigkeit der Gruppe?

▶ Durch welche konkreten Maßnahmen können wir als Coaches den Prozess im Fluss halten und Störungen vermeiden oder beheben helfen?

Wir beginnen mit einem Überblick über den „ewigen" Kreislauf der Strukturentwicklung, den jede Gruppe durchlaufen muss und stellen ihn uns als eine Bahnstrecke vor, die vom Gruppenzug befahren wird. Entlang dieser Bahnstrecke treffen wir auf fünf Bahnhöfe, die für die wesentlichen Phasen des Gruppenprozesses stehen.

Forming – die Gründungsphase. Wie entwickeln die Gründungsmitglieder einer neuen Gruppe angesichts von Fremdheit und Unsicherheit einen ersten gemeinsamen Nenner, der es ihnen gestattet, miteinander in Kontakt zu treten und zum „wir" zu werden (Kapitel 6)?

Storming – Streitphase. Wie gelingt es der Gruppe, den Unterschiedlichkeiten zwischen ihren Mitgliedern Raum zu geben und sie dabei so aufeinander treffen zu lassen, dass sich Alternativen für notwendige Entscheidungen herauskristallisieren, ohne dass es zu unnötigen Giftereien kommt (Kapitel 7)?

Norming – Vertragsphase. Wie gelangt die Gruppe angesichts drängender Entscheidungen zu klaren und tragfähigen Regelungen, auf deren Grundlage konzentriert gearbeitet werden kann (Kapitel 8)?

Performing – Arbeitsphase. Wie arbeitet die Gruppe auf der Basis des bestehenden Gruppenvertrages an ihren Zielen und integriert kleine Störungen und Irritationen so, dass der Arbeitsprozess fortlaufen kann (Kapitel 9)?

Re-Forming – Bilanzphase. Wie lernt die Gruppe aus den Ereignissen der zurückliegenden Arbeitsphase und wie verschafft sie sich angesichts veränderter Umweltbedingungen einen Überblick über ihren aktuellen Zielpool, bevor sie diesen in weiteren Storming- und Norming-Phasen neu strukturiert (Kapitel 10)?

4 Gruppenentwicklung – nach dem erweiterten Tuckman-Modell

4.1 Die Phasen des Gruppenprozesses

Damit eine Gruppe arbeitsfähig wird, muss sich der Gruppenzielpool ordnen und organisieren, muss sich ein Gruppenvertrag entwickeln.

Wir haben den Gruppenzielpool als sich selbst organisierendes System beschrieben, das einen **Gruppenvertrag** in einer Art „evolutionärem Viertakt" hervorbringt:

▶ **Variation** durch sich verändernde persönliche Ziele, die Gruppenmitglieder in den Zielpool bringen.

▶ **Amplifikation** von gegensätzlichen Zielen innerhalb des Gruppenzielpools; die unterschiedlichen Ziele treten – im Idealfall – in streitbare Konkurrenz zueinander.

▶ **Selektion** der Gruppenziele; die Gruppe entscheidet sich für bestimmte Ziele; der Gruppenvertrag nimmt Gestalt an.

▶ **Restabilisierung** der Gruppe (nach Zeiten des Umbruchs) und Bewährung des neuen Gruppenvertrages.

Um die Frage nach dem tatsächlichen Verlauf der evolutionären Gruppenentwicklung im Gruppenalltag nun etwas konkreter anzugehen, greifen wir auf ein Modell zurück. Es hilft, die Komplexität der Gruppendynamik soweit zu vereinfachen, dass handfeste Empfehlungen zur Teamentwicklung abgeleitet werden können. Die Grundidee des Modells geht auf Tuckman (1965)[26] zurück, der vier aufeinander folgende Entwicklungsschritte für Gruppen beschrieben hat:

▶ **Forming** – die Einstiegs- und Findungsphase (Kontakt),

▶ **Storming** – die Auseinandersetzungs- und Streitphase (Konflikt),

▶ **Norming** – die Regelungs- und Übereinkommensphase (Kontrakt),

▶ **Performing** – die Arbeits- und Leistungsphase (Kooperation).

Wir übernehmen dieses Modell und erweitern es um eine fünfte Phase, weil wir die immer wieder von der Gruppe zu leistende Anpassung des Gruppenvertrages in das Tuckman-Modell integrieren wollen. Aus dem linearen Ablauf Tuckmans wird so ein Kreismodell, in dem sich der evolutionäre Viertakt (s.o.) wieder findet. Wir erhalten auf diese Weise ein zirkuläres Modell, das dem evo-

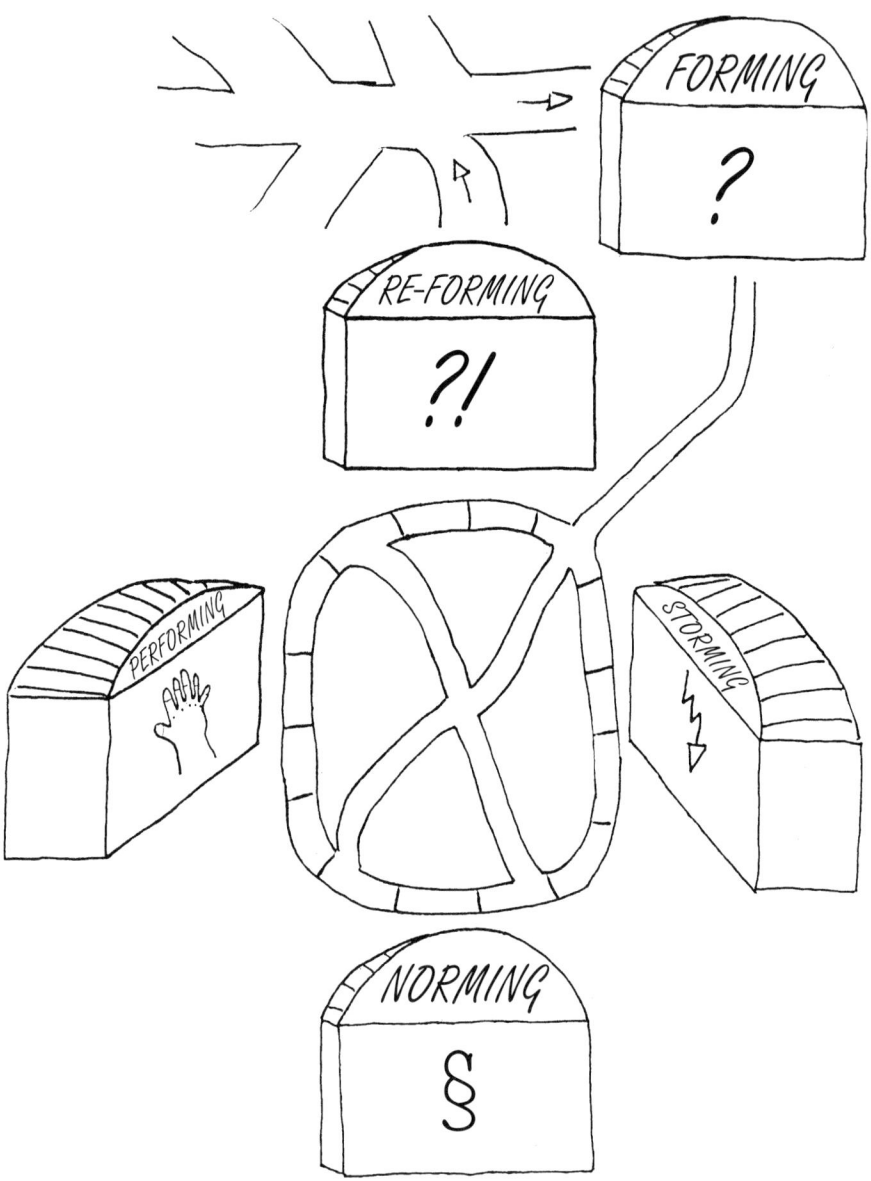

Abbildung 6. Der Gruppenprozess als Bahnstrecke mit den Bahnhöfen **Forming** (Gründungs-phase), **Storming** (Streitphase), **Norming** (Vertragsphase), **Performing** (Arbeitsphase) und **Re-Forming** (Bilanzphase)

lutionären Charakter des Gruppengeschehens eher entspricht als ein linearer Phasenverlauf.

Der Anschaulichkeit halber stellen wir uns den kreisförmigen Verlauf des Gruppenprozesses als Bahnstrecke (Gleisoval mit „Zubringergleis") vor (Abb. 6).

Entlang der Strecke finden wir die fünf Phasen als Bahnhöfe, wobei jeder Bahnhof für einen evolutionären Taktschlag steht.

Das Modell vermittelt auf den ersten Blick vielleicht einen eher entmutigenden Eindruck vom Entwicklungspotential einer Gruppe – es geht ja immer im Kreis herum an den gleichen Stationen vorbei und nicht nach vorne. Unserem Erleben von Veränderungs- und Wachstumsprozessen käme ein spiralförmiger, nach oben gerichteter Verlauf wohl näher. Wir beschränken uns der Einfachheit halber auf das Kreismodell – ähnlich wie wir zutreffend vom „Kreislauf der Jahreszeiten" sprechen, ohne damit zu meinen, dass sich die Natur alle zwölf Monate inhaltlich wiederholt. Im Kreis verläuft lediglich der (sich wiederholende) Prozess, der die (stets neue) Entwicklung voranträgt.

4.1.1 Forming: Sicherheit und Abgrenzung in der Gründungsphase

Die Bahnfahrt beginnt am Zubringerbahnhof: Aus allen Himmelsrichtungen und Lebenslagen strömen die bislang noch unverbundenen Gruppenmitglieder zum ersten Bahnhof, an dem die Gruppenreise beginnt. Es ist dies eine Zeit des Sich-Kennenlernens, Sich-Einschätzens, Sich-Einordnens, in der die Gruppe sich formiert, ohne bereits in die Auseinandersetzung um Zielkonflikte einzutreten. Vielmehr geht es zunächst darum, tragfähige Kontakte herzustellen und die Zugehörigkeit zur Gruppe abzusichern. Diese Geburtsstunde der Gruppe nennen wir Gründungsphase oder Forming. Sie zeichnet sich zunächst vor allem durch Unsicherheit und konventionellen Umgang miteinander aus. Die erste Gruppenstruktur, die sich jetzt bildet, bezeichnen wir als Konventionsstruktur: Die geltenden Regeln stehen im Dienste der Vorsicht und sind im Sinne eines kleinsten gemeinsamen Nenners vor allem von vermeintlichen „Benimm-Regeln" geprägt.

> **BEISPIEL**
>
> Wenn sich die SPD-Fraktion im Gemeinderat zu ihrer konstituierenden Sitzung trifft, muss vor allem anderen geklärt werden, wer wo sitzt, wie man sich anspricht, zu welchen Zeiten man tagt, wer den Vorsitz führt, über welche Themen man überhaupt miteinander sprechen darf und wofür die Fraktion zuständig ist. Bevor hier keine Klarheit herrscht, macht die inhaltliche Arbeit wenig Sinn.

Indem die Gruppe sich so nach innen bildet und nach außen abgrenzt, schafft sie die Grundvoraussetzung für die Gruppenevolution: Es entsteht ein umgrenztes System, das „evolutionsfähig" ist. In der Evolutionsbiologie spricht man von Separation (Abtrennung, Abgrenzung).

Sobald der gemeinsame Nenner gefunden ist, gelangt der Gruppenzug (mit dem Zielpool an Bord) über das Zubringergleis zum „Evolutionskarussell". Im Idealfall wird nun das Gleisoval mit den daran gelegenen Bahnhöfen im Uhrzeigersinn abgefahren.

4.1.2 Storming: Unterschiedliche Zielvorstellungen und Konflikt in der Streitphase

Nachdem der gemeinsame Nenner und eine sicherheitsspendende Konventionsstruktur entwickelt worden sind, wendet sich das Interesse der Beteiligten den Unterschieden zu, die zwischen ihnen bestehen: „Was will er, das ich nicht will? Und was will ich, das er nicht will?". Unterschiedliche Zielvorstellungen kristallisieren sich heraus und prallen mehr oder minder hart aufeinander. Dies ist eine Zeit des Sich-Zeigens, Sich-Vertretens und Sich-Auseinandersetzens, in der die Wahrheit der Situation Konturen gewinnt. Die Konflikt- und Konkurrenzlinien werden deutlich und das Spannungspotential des Zielpools entfaltet sich: Ziele sind nicht nur unterschiedlich, sondern konkurrieren miteinander. Dadurch werden die bestehenden Unterschiede herausgearbeitet und verstärkt. In Anlehnung an Luhmann (1997, S. 322 ff.) sprechen wir von Amplifikation (Verstärkung, Zuspitzung). Sie hilft, die vorhandene Unterschiedlichkeit auf jene Spitze zu treiben, an der sich Entscheidungen treffen lassen.

Wir nennen diese Phase darum Streitphase oder Storming. Die sich nun entwickelnde Struktur bezeichnen wir als Konfliktstruktur.

4.1.3 Norming: Kompromiss und Entscheidung in der Vertragsphase

Wenn die Zielkonflikte ausgetragen worden sind, muss als nächstes das Fazit aus den Auseinandersetzungen gezogen werden: „Auf was können wir uns jetzt einigen, wo klar ist, wer was mit wem unter welchen Bedingungen erreichen will?". Die Gruppe durchfährt eine Phase des Sich-Festlegens, Sich-Abfindens und Sich-Einigens, in der der Gruppenvertrag ausgehandelt wird und die Regeln der Gruppe formuliert werden. Wir nennen sie Vertragsphase oder Norming. Durch Zielvereinbarungen wird die Arbeitsfähigkeit der Gruppe angesichts bestehender Differenzen hergestellt. Wir bezeichnen die sich im Norming entwickelnde Struktur als Vereinbarungsstruktur. Im Vokabular der Evolution sprechen wir hier von Selektion (Auswahl): Aus den unterschiedlichen und konkurrierenden Zielen werden die für alle verbindlichen „überlebensfähigen" Ziele ausgewählt.

4.1.4 Performing: Leistung und Bewährung in der Arbeitsphase

Auf der Grundlage des bestehenden Gruppenvertrages kann es nun an die Arbeit gehen. Es folgt eine Zeit des Sich-Einbringens, Sich-Engagierens und Sich-Profilierens. Wir nennen sie Arbeitsphase oder Performing. Der Gruppenvertrag wird nun dem Wirklichkeitstest unterworfen und muss sich bewähren. Dabei kommt es zwangsläufig zu größeren oder kleineren Anpassungen des Gruppenvertrages, da im Norming (Vertragsphase) nicht alle Unwägbarkeiten berücksichtigt werden konnten. Die dabei entstehende Struktur nennen wir Kooperationsstruktur. Sie bildet jene Regeln ab, die sich während der Zusammenarbeit einpendeln und bewähren. Für die Evolution der Gruppe leistet diese Phase vor allem eines: Restabilisierung (Wiederherstellung eines inneren Gleichgewichtes), indem der Gruppenvertrag nun Gültigkeit gewinnt und behält. Nach all den im Storming (Streitphase) und Norming (Vertragsphase) durchlaufenen Veränderungen erreicht die Gruppe eine gewisse Beständigkeit.

4.1.5 Re-Forming: Bilanz und Veränderung in der Orientierungsphase

Der geltende Gruppenvertrag wird – bedingt durch gemeinsame Erfahrungen und aufgrund von Veränderungen im Zielpool der Gruppe – irgendwann hinfällig; früher oder später verlässt die Gruppe das Performing (die Arbeitsphase), spätestens dann, wenn der aktuelle Arbeitsabschnitt sein logisches Ende gefunden hat. Es folgt eine Zeit des Bilanzierens, Sich-Besinnens, Sich-Neuorientierens nach dem Motto: „Wo stehen wir nun, nachdem wir so viel geschafft und erlebt haben?". Ähnlich wie im Forming (Gründungsphase) ist das Klima von Unsicherheit geprägt. Lautete die Unsicherheitsfrage im Forming aber noch „Welche Regeln gelten hier?", so heißt sie nun „Gelten die alten Regeln noch?". Diese Zeit, in der die Gruppe sich ausgehend von dem bisher Erreichten neu formiert, nennen wir Orientierungsphase oder Re-Forming und die sich entwickelnde Struktur bezeichnen wir als Bilanzstruktur. Sie ist geprägt von den Erfahrungen im Miteinander. Ihre evolutionäre Aufgabe besteht darin, Veränderungen und Unterschiede (Variation) sichtbar werden zu lassen, die sich ergeben hinsichtlich der Bewertung des Vergangenen, der Reaktion auf das Bestehende und der Einschätzung des Anstehenden.

Die folgende Übersicht fasst die wesentlichen Merkmale der fünf Phasen zusammen:

Phase	vorherrschende Aktivitäten	evolutionäre Leistung	Entwicklung des Miteinanders durch
Gründungsphase (Forming)	Sich-Kennenlernen, Sich-Einschätzen, Einordnung	Abgrenzung (Separation)	Konventionen
Streitphase (Storming)	Sich-Zeigen Sich-Vertreten Auseinandersetzung	Zuspitzung (Amplifikation)	Konflikte
Vertragsphase (Norming)	Sich-Festlegen Sich-Abfinden Einigung	Entscheidung (Selektion)	Vereinbarungen
Arbeitsphase (Performing)	Sich-Einbringen Sich-Engagieren Zusammenarbeit	Bewährung (Restabilisierung)	Kooperation
Orientierungsphase (Re-Forming)	Bilanzieren Sich-Besinnen Erfahrungsaustausch	Veränderung (Variation)	Bilanzen

Perpetuum mobile

Wenn die Bilanzphase des Re-Formings abgeschlossen ist, werden die dann vordringlichen Zielkonflikte im Storming (erneute Streitphase) ausgetragen. Anschließend kann im Norming ein aktualisierter Gruppenvertrag formuliert werden, auf dessen Grundlage dann weitergearbeitet wird (Performing), bevor ein neues Innehalten (Re-Forming) ansteht usw.

Der Gruppenzug fährt also immer weiter im Gleisoval herum, während das Miteinander der von ihm beförderten Reisegruppe sich weiterentwickelt. Jede Durchfahrt ist von Variation, Amplifikation, Selektion und Restabilisierung innerhalb des Zielpools begleitet. Bilanzstruktur, Konfliktstruktur, Vereinbarungsstruktur und Kooperationsstruktur legen sich fortlaufend übereinander und bilden dabei ein sich immer mehr verdichtendes Strickmuster. In diesem Sinne ist der Gruppenprozess ein ewiges „Rad der Wiedergeburt", das bei jeder Umdrehung dafür sorgt, dass die Gruppe auf der Höhe der Zeit ist, ihren Vertrag fortlaufend aktualisiert und dadurch den sich ständig verändernden Umweltbedingungen optimal angepasst ist. Wann immer die Gruppe dieses Rad der Evolution anhält, verliert sie ihre Anpassungsfähigkeit und gefährdet damit über kurz oder lang ihre Arbeitsfähigkeit.

In unserem Modell ist der Re-Forming-Bahnhof gleichzeitig die Endstation des Gruppenzuges. Wenn sich während des Bilanzierens herausstellt, dass der Zielpool erschöpft ist (weil alle Ziele erreicht wurden oder keine Hoffnung auf das Erreichen mehr besteht), verlassen die Passagiere den Zug: die Gruppe löst sich auf. Das Ende der Gruppe verstehen wir also nicht als „Phase an sich" (wie z.B. Langmaack u. Braune-Krickau, 2000) sondern als Sonderfall des Re-Formings.

4.2   Die Phasenabfolge im Gruppenalltag

Das Modell der Bahnhöfe legt nahe, dass die fünf für die Gruppenentwicklung notwendigen Schritte fein säuberlich getrennt – nacheinander und jeder für sich – stattfinden. Ist das realistisch?

4.2.1   Schnelldurchfahrten, Umwegstrecken, Abkürzungen

Für die Evolution der Gruppe ist die Reihenfolge der Phasen zwingend: Separation, Variation, Amplifikation, Selektion und Restabilisierung müssen nacheinander abgearbeitet werden, damit Evolution stattfinden kann.

Auch die seelische Verarbeitung des Gruppengeschehens hält sich bei den einzelnen Beteiligten erfahrungsgemäß an diesen Ablauf: Nach jeder Arbeitseinheit folgt unwillkürlich ein inneres Bilanzieren, das uns erahnen lässt, welche Konfliktlinien sich abzeichnen. Diese Linien führen wir im Geiste fort und überprüfen innerlich, welche Regeln und Regelungen kompromissfähig sein könnten. Davon ausgehend machen wir uns schließlich eine Vorstellung vom Gelingen oder Misslingen des nächsten Arbeitsschrittes. Das Ergebnis dieser fortlaufenden seelischen Verarbeitung des Gruppengeschehens bestimmt unsere Erwartungen, unsere Einstellung und unser Handeln in der Gruppe.

Während der evolutionäre Anpassungsprozess als solcher und das Seelenleben der Beteiligten dem Nacheinander der Phasen unterworfen sind, kann die Gruppe im gelebten Miteinander aber durchaus Abkürzungen oder Umwege nehmen. (Die durch das Oval verlaufenden Gleise in Abb. 6 sollen das andeuten.)

Schnelldurchfahrten. Eine bilanzscheue Gruppe, die befürchtet, dass sich während des Re-Formings viel Unmut artikulieren könnte, kann beispielsweise mit einem solchen Höllentempo durch die Re-Formingphase „rasen", dass keiner der Beteiligten dazu kommt, seine Bilanz mitzuteilen. Eine Tempoverschärfung lässt sich u.a. durch manipulatives und tendenziöses „Ausrufen" des Bahnhofes bewirken: „Ich glaube, mit dem bisherigen Verlauf können wir zufrieden sein und uns ein unproduktives Nachkarten angesichts der anstehenden Aufgaben ersparen. Glaubt jemand, anderer Meinung sein zu müssen? Wunderbar – dann nichts wie ran an die Arbeit!".

Umgehungen. Gefürchtete Phasen (z.B. das Storming, die Streitphase) lassen sich auch umgehen: „Wir wollen uns nicht in sinnlosen, destruktiven und emotionalen Hakeleien ergehen, sondern – wie unter erwachsenen Menschen üblich – gleich nach sachlichen und rationalen Lösungswegen suchen!".

Bahnhofsumgehungen, die zur Vermeidung bzw. Verdrängung[27] wesentlicher Erfahrungen führen sollen, sind häufig von ideologischen Weichenstellungen begleitet:

▶ „Da wir alle sachkompetent sind und das zu lösende Problem wohl allen klar sein dürfte (oder gibt es hier ein paar Spätzünder?), brauchen wir kein langes Forming: Ran an die Arbeit!"

▶ „Da wir alle nur an der sachlichen Optimierung interessiert sind und persönliche Profilierung in unserem Kreis keine Rolle spielt (oder gibt es hier ein paar Profilneurotiker?), braucht's bei uns kein Storming!"

▶ „Wir sind dynamisch, kommunikativ und guten Willens (oder gibt es hier ein paar Zwangsneurotiker?)- was braucht es da ein Norming!"

▶ „Wir sind problembewusst und selbstkritisch. Wir diskutieren lieber zu lange als zu kurz (oder gibt es hier ein paar blinde Aktionisten?) – auch wenn wir dabei gelegentlich gar nicht ans Arbeiten kommen. Das Performing ist schließlich kein Selbstzweck!"

▶ „Unsere produktive Grundausrichtung (die doch wohl hoffentlich von allen geteilt wird!) verbietet es, sich lange im Re-Forming aufzuhalten!"

Abkürzungen und Schnelldurchfahrten führen zwangsläufig zu einem Verlust an Entwicklungsfähigkeit: Defizite können nicht erkannt und ausgebügelt werden. Gleichzeitig gehen bei derartigen Manövern die einzelnen Gruppenmitglieder innerlich von Bord. Da deren seelische Verarbeitung des Gruppengeschehens unaufhaltsam weiterläuft, sich aber keine Gelegenheit bietet, dieses innere Geschehen nach außen mitzuteilen und sich dadurch mit den anderen Mitgliedern zu synchronisieren, koppeln sich die Beteiligten mehr und mehr vom Gruppengeschehen ab und vereinzeln. Oder es bilden sich Klatschzirkel, in denen die versäumte Arbeit im Geheimen nachgeholt wird. Die Aufmerksamkeit versickert und sammelt sich unterirdisch, um im Verborgenen an der unerledigten Phase weiterzuarbeiten. Dieses Versickern zeigt sich dann in Arbeitsstörungen wie Lustlosigkeit, Unpünktlichkeit, Vergesslichkeit, zäher Stimmung, fruchtlosen Auseinandersetzungen usw. Derartige Störungen werden behandelbar, wenn die Gruppe jene Phasen ansteuert, in denen Unerledigtes auf Bearbeitung wartet.

4.2.2 Das „Verklumpen" von Phasen

Im Lebensalltag beobachten wir neben Schnelldurchfahrten oder Umleitungen häufig Situationen, in denen zwei oder mehrere Phasen zusammengezogen werden.

Orientierung und Streit. In vielen Arbeitsgruppen und Teams werden Re-Forming und Storming gleichzeitig durchgeführt. Jede Irritation, jede Kritik, jeder erstbeste Veränderungswunsch wird sofort hitzig durchdiskutiert, bevor überhaupt klar ist, welcher Stellenwert ihm in der Gesamtbilanz der Gruppe zukommt. Bevor die Variationen, die verschiedenen Zielvorstellungen der Gruppenmitglieder in ihrer ganzen Breite sichtbar geworden sind, wird bereits amplifiziert. Das führt auch und gerade bei jenen Gruppen, die wenig Zeit zur Verfügung haben, um sich zu besprechen, dazu, dass viel Zeit für zu früh ausgetragene, aber letztlich nebensächliche Konflikte vertan wird und die meist erst zuletzt offen gelegten „dicken Klopse" dann im Galopp bestritten werden müssen. Außerdem werden Abweichler, die ja der Motor der Variation sind, entmutigt, wenn jede unorthodoxe Meinung Gefahr läuft, sofort nach ihrer Veröffentlichung mit Kritik überzogen zu werden.

Streit und Vertrag. Auch Storming und Norming werden gern zusammengeworfen, indem bereits nach Konfliktlösungen gesucht wird, bevor die Konflikte sich überhaupt entfalten konnten. Die entwickelten Regeln können die in der Luft liegende Spannung dann nicht wirklich mindern: Es kommt entweder zu einem unfruchtbaren Flimmern im Gruppenprozess, indem ständig zwischen Storming und Norming hin und her gesprungen wird. Oder aber es wird mit Regeln weitergearbeitet, deren Verfallsdatum bereits überschritten ist.

BEISPIEL

Wenn während einer vorweihnachtlichen Abteilungssitzung von der langjährigen Sekretärin die Frage aufgeworfen wird, wer nach ihrer Pensionierung zum Jahreswechsel das Sitzungsprotokoll führen soll, gibt es dazu unter Umständen eine Vielzahl von Auffassungen:
„Das Protokoll sollte immer reihum geführt werden", denkt Abteilungsleiterin Neugebauer, die sich davon einen günstigen Einfluss auf das zwischenmenschliche Klima erhofft.
„Das Protokoll sollte von den Jüngsten geführt werden", denkt Sachbearbeiter Meyer, der mit fünfzig Jahren nicht noch einmal den Handlanger spielen möchte.
„Das Protokoll sollte immer von mir geführt werden", denkt der stellvertretende Abteilungsleiter Hammerschmidt, der darin ein Statussymbol sieht. Schlägt Frau Neugebauer nun im Dienste eines raschen Normings eine Regelung („Reihum!") vor, während die Beteiligten noch in der Auseinandersetzung sind, dann wird ihr gut gemeinter Vorschlag wahrscheinlich zerpflückt, indem bislang noch gar nicht genannte Aspekte in die Diskussion geworfen werden („Geht nicht, weil..."). Reagiert Frau Neugebauer darauf mit wachsender Ungeduld und einem zweiten verfrühten Vorschlag („Dann eben die Jüngsten!"), wiederholt sich das Schauspiel („Geht auch nicht, weil..."). Bevor die Auseinandersetzung nämlich nicht wirklich abgeschlossen ist, kann sich die für das Norming notwendige Kompromissbereitschaft gar nicht einstellen. Der Gruppenprozess flimmert zwischen Storming und Norming und kommt mit keiner der beiden Phasen wirklich zu Rande.

Hat niemand in der Gruppe den Mut, die vorschnelle Lösung zurückzuweisen, wird sie stillschweigend hingenommen – aber nicht umgesetzt. Die Regel taugt nicht dazu, den entstandenen Konflikt verbindlich zu klären; sie ist dann im Moment ihrer Vereinbarung hinfällig.

> **!** Ähnliche Verwaschungen und **Verklumpungen** sind für alle anderen Phasen denkbar. Das Ergebnis ist immer das Gleiche: die Evolutionsfähigkeit der Gruppe leidet. Besonders drastisch tritt diese Tendenz zu Tage, wenn Gruppen unter Zeitdruck ein Problem lösen müssen. Dann geht es häufig drunter und drüber: Die ersten machen sich an die Arbeit, bevor überhaupt geklärt ist, wie gearbeitet werden soll; Lösungsvorschläge werden akzeptiert oder verworfen, bevor sie überhaupt verstanden wurden; es werden hitzige Debatten geführt, bevor überprüft worden ist, ob wirklich alle die Aufgabe (gleich) verstanden haben; unterschiedliche Auffassungen werden nicht gegeneinander gestellt, sondern laufen nebeneinander her, so dass die eine Hand nicht weiß, was die andere tut; Erfahrungen werden nicht ausgewertet, sondern ein Fehlversuch folgt auf den nächsten usw.

4.2.3   Das Auseinanderziehen von Phasen

Evolution braucht das „Auseinanderziehen ihrer Funktionen" (Luhmann, 1997, S. 503), die Taktschläge des Entwicklungsprozesses müssen nacheinander und nicht gleichzeitig erklingen. Das Phasenmodell mit seinen auseinander liegenden Bahnhöfen stellt demnach nicht nur ein vereinfachtes Ablaufschema, sondern auch einen anzustrebenden Idealzustand dar. Teamentwicklung besteht demnach auch und vor allem darin, Verklumpungen im Gruppenprozess aufzulösen, indem die Phasen auseinander gezogen werden: Wie beim Hausbau das Erdgeschoss nicht eher hoch gezogen wird, als der Keller steht und das Dachgeschoss zuletzt gebaut wird, muss beim Gruppenprozess die eine Phase durchlaufen sein, bevor es überhaupt Sinn macht, in die folgende einzutreten.

Die Reihenfolge und weitgehend separate Erledigung der Phasen ist also zwingend, wenn der Gruppenprozess erfolgreich verlaufen soll.

4.2.4   Teamentwicklung als Phasenprüfung

Da in jeder der fünf Phasen je Eigenes für die Evolution der Gruppe geleistet wird, führt es auch zu spezifischen Störungen, wenn eine bestimmte Phase übersprungen, beschnitten oder überdehnt wird. Das ermöglicht dem erfahrenen Gruppencoach eine Differentialdiagnostik.

> **!** Die Störung selbst liefert Informationen darüber, wo der Hebel zu ihrer Beseitigung anzusetzen ist.

Diese Informationen sind allerdings selten so eindeutig, dass das komplexe Gruppensystem einfach auf Knopfdruck entstört werden könnte. Selbst der erfahrene Coach weiß niemals mit absoluter Sicherheit, wie lange, wie intensiv und mit welchen inhaltlichen Schwerpunkten eine Gruppenphase regelgerecht verlaufen sollte – dazu müsste er den Zielpool in allen Einzelheiten kennen. Aber er kann die Störungen intuitiv erspüren und sie anhand unseres Modells diagnostizieren.

Entscheidend für den effizienten Umgang mit Gruppen ist dabei weder die Unfehlbarkeit der Intuition noch die Perfektion der Theorie. Worauf es ankommt, ist vielmehr die unerschrockene Offenheit der Wahrnehmung gegenüber allem, was uns den Hinweis gibt: „Moment mal! Die Gruppe wirkt gestört. Ist sie vom Weg abgekommen? Lasst uns überprüfen, wo wir zu schnell (langsam, oberflächlich, intensiv) vorgegangen sind und anschließend eine entsprechende Kurskorrektur vornehmen!".

Insofern muss ein guter Coach weniger ein intuitives und theoretisches Genie sein, als vielmehr ein sensibler, experimentierfreudiger und lernfähiger Beobachter. Gute Teamentwicklung geschieht immer nach dem Prinzip „Versuch und Irrtum". Intuitiv und theoriegeleitet entwickeln wir einen Schlachtplan, der verändert wird, sobald er nicht funktioniert. Dabei wiegen zehn korrigierte Fehlversuche weniger schwer als ein ignorierter Irrtum.

Wer einer Gruppe in diesem Sinn zur Weiterentwicklung verhilft, hat das Menschenmögliche getan.

> **!** Wir führen als Coaches die Gruppe nicht dorthin, wo wir sie gerne hätten, sondern bringen sie nur zu sich selbst, zu der ihr angemessenen Struktur und verhelfen ihr dadurch zu effizienter Zusammenarbeit. Wer immer als Coach das Gegenteil versucht und die Gruppe in seinem Sinne verführen will, legt nur die Saat für zusätzliche Störungen und eine kränkelnde Arbeitsfähigkeit.

Da selbst der erfahrenste Coach niemals mit Sicherheit vorherzusagen weiß, wie viel Veränderungsbedarf sich innerhalb eines gegebenen Zeitraums im Miteinander ansammeln wird, empfiehlt sich als Störungsprophylaxe eine gewisse „Fahrplantreue" zum „evolutionären Viertakt". Man sorgt als Coach dafür, dass jeder Bahnhof regelmäßig angefahren wird, so dass die Gruppe immer wieder aufs Neue die Gelegenheit erhält, die einzelnen Phasen zu durchlaufen und bei Bedarf die jeweils anfallende Arbeit (Bilanzieren, Streiten, Regeln, Arbeiten) zu tun.

Häufig sind schon unsere alltäglichen Umgangsformen im Sinne dieser Prophylaxe angelegt, wie der folgende Dialog zeigt:

Montagmorgen, 6.30 Uhr: Die Arbeiter Willi, Ernst und Udo sitzen im Bauwagen und trinken Kaffee. Vorarbeiter Helmut betritt den Wagen.

Helmut: „Morgen Jungs!"

Alle drei: „Morgen, Helmut!"

Man guckt sich gegenseitig an und bekommt ein Gespür für die Stimmung der anderen.

Helmut: „Und? Alles startklar?"

Willi: „Jo!"

Die anderen schweigen einverständig. Damit ist das Re-Forming abgeschlossen.

Helmut: „Irgendwelche Unklarheiten?"

Willi: „Jo. Wann ist Wochenende?"

Die anderen grinsen. Der Storming-Bahnhof ist ereignislos abgefahren worden.

Udo: „Wer macht heute was?"

Helmut: „Wie immer: Du machst alles und wir passen auf!"

Alle grinsen. Das Norming ist abgeschlossen. Es gibt keinen Regelungsbedarf.

Ernst: „Na denn: Volle Kraft voraus!"

Das Performing kann beginnen.

Das Durchlaufen der fünf Phasen kann also, wenn nichts anliegt, sehr rasch erfolgen. Wesentlich ist, dass es regelmäßig zu Kurzhalten an allen Bahnhöfen kommt, damit das Anstehende bei Bedarf zur Sprache kommen kann. Heikel für die Anpassungsfähigkeit der Gruppe wird es immer dann, wenn ein Bahnhof dauerhaft gemieden oder komplett „stillgelegt" wird oder wenn sich das Anfahren in Ritualen erschöpft, deren einziger Sinn darin besteht, ein Anhalten zu vermeiden: z.B. beim Begrüßungsritual „Wie geht's?" – „Danke, muss ja". Hier dient die Re-Forming-Einleitungsformel („Wie geht's?") nur dazu, einen wirklichen bilanzartigen Austausch zu verhindern – eine ausführliche Antwort wird nicht erwartet. Für eine derartige Ritualisierung könnte sich auch die Kommunikation im Bauwagen anfällig zeigen.

Betrachten Sie den Prozess einer Ihrer Gruppen rückwirkend: Können Sie einzelne Begebenheiten den 5 Phasen zuordnen? Fallen Ihnen Komplikationen im Miteinander ein, die auf Schnelldurchfahrten, Umwege, Abkürzungen oder Phasenverklumpungen hindeuten?

4.3 Modelleinschränkung in der Wirklichkeit

Das Prozessphasenmodell versucht, Erfahrungen in eine schlüssige Form zu bringen und dient der vereinfachenden Beschreibung komplexer Zusammenhänge, ohne deren Komplexität umfassend abbilden zu können (es ist eine Landkarte und nicht die Landschaft selbst).

Die Wahrheit dieses Modells ist nicht experimentell gesichert. Die Phasen des Gruppenprozesses entstehen im Auge des Betrachters: Wir interpretieren sie in das Geschehen hinein, um Sinn zu erzeugen. Ob es die Phasen wirklich gibt, wird sich kaum feststellen lassen. Solange unsere Art der Sinnerzeugung uns aber zu erfolgreichem und plausiblem Handeln in Gruppen verhilft, können wir sie guten Gewissens anwenden.

In diesem Sinne sei im Folgenden auf einige in der Praxis gegebene Einschränkungen des Modells hingewiesen.

4.3.1 Fließende Phasenübergänge

Die Phasen des Gruppenprozesses folgen nicht stufenförmig aufeinander, sondern gehen fließend ineinander über. Gruppenprozesse funktionieren nicht wie Dramen im Theater, wo nach jedem Akt der Vorhang fällt und vor dem nächsten die Glocke ertönt. Wenn wir von Phasen sprechen, dann meinen wir damit Zeiten im Gruppengeschehen, in denen jeweils bestimmte Formen von Verhalten (Sich-Kennenlernen bzw. Sich-Austauschen, Sich-Streiten, Sich-Einigen und Miteinander-Arbeiten) dominieren, die wiederum bestimmten notwendigen Schritten eines Entwicklungsprozesses zuzuordnen sind. So geschieht z.B. der Übergang vom Forming ins Storming nicht immer per „Startschuss" (obwohl es das auch gibt), sondern die Gruppe tastet sich langsam in diese Phase vor. Dabei gibt es Zeiten des Übergangs, in denen das Verhalten einiger schon stark storming-geprägt ist, während andere noch im Forming verharren.[28]

4.3.2 Themenspezifische Ungleichzeitigkeit von Phasen

Die Phasen verlaufen nicht auf allen Ebenen synchron: Während die Gruppe sich allgemein in der Arbeitsphase (Performing) befindet, kann sie gleichzeitig für ein bestimmtes Thema im Forming sein, hinsichtlich eines zweiten streiten und für ein drittes Thema die Vertragsphase durchlaufen. Es gibt mitunter themenspezifische Subsysteme.

Deshalb muss sich zur Phasendiagnose die Themendiagnose gesellen: In Bezug auf das Thema „Welche Informationen muss der Chef ungefragt geben und welche müssen sich die Mitarbeiter bei Bedarf holen?" ist das Team vielleicht im Storming. Und die untergründig miese Stimmung mag daher rühren, dass es hinsichtlich der Frage „Wie werden Überstunden abgegolten?" noch nicht zu einem unterschriftsreifen Norming gekommen ist.

Die Erfahrung zeigt allerdings, dass es durchaus Ballungen gibt. Der Streit über das eine Thema bringt den über andere ins Rollen. Wenn Punkt A geregelt wird, entsteht das Bedürfnis, auch die Punkte B bis D zu regeln – es entsteht eine Kettenreaktion. Wird ein Bahnhof auf Wunsch eines Passagiers erst einmal angefahren, fällt vielen anderen, die bis dahin ruhig auf ihren Sitzen verharrt hatten, plötzlich ein: „Mensch, da hätte ich doch auch noch was zu erledigen!" Diese Ballung macht es ja überhaupt erst sinnvoll, von Prozessphasen zu sprechen. Andernfalls wäre es viel sinnvoller, für jedes Element des Zielpools getrennt zu bestimmen, ob es sich gerade im evolutionären Zustand von Variation, Amplifikation, Selektion oder Restabilisierung befindet. Dann hätten wir als Beobachter alle Hände voll zu tun.

4.3.3   Unvollständigkeit des Phasendurchlaufs

In allen Phasen wird die der (Weiter-)Entwicklung des Gruppenvertrages dienende phasenspezifische Arbeit (Kennen lernen, Streiten, Regeln, Arbeiten, Bilanzieren) meist nur in jenem Umfang geleistet, der unter den gegebenen Umständen sinnvoll erscheint: In einer konkreten Stormingphase streitet man nicht über alle Ziele und Themen, die überhaupt umstritten sein könnten. Man beschränkt sich vielmehr auf jene vordringlichen Zielkonflikte, die einer vernünftigen Weiterarbeit unmittelbar im Wege stehen. Bereits angelegte, zum gegebenen Zeitpunkt aber noch nachgeordnete Zielkonflikte werden erst in späteren Stormingphasen bearbeitet, wenn sie Aktualität besitzen: Während die Familie sich über das Ziel des nächsten Urlaubs auseinander setzt, stehen andere potentielle Konflikte (Wer kocht im Urlaub? Wie lange dürfen die Kinder dort abends aufbleiben?) zurück.

Dieses „unvollständige" Durchlaufen der Phasen ist durchaus sinnvoll, verhindert es doch, dass heute Energie in Auseinandersetzungen fließt, die sich morgen bereits ganz anders konstellieren können. Gleichzeitig braucht manches Thema eine Reifezeit, in der man sich mit den betreffenden Problemen herumschlägt, bevor man sie klar genug sieht oder ihrer überdrüssig genug ist, um etwas verändern zu können.

4.3.4   Unterschwelligkeit des Phasendurchlaufs

Häufig wird die prozessorientierte Arbeit nicht konzentriert und bewusst geleistet. Statt dass die Gruppe sich ausschließlich und ausdrücklich mit den einzelnen Phasen beschäftigt, werden die jeweils anliegenden Aufgaben implizit und nebenbei erledigt, ohne lange darüber zu reden.[29]

Wenn die Verkäufer und Verkäuferinnen der Abteilung „Damenoberbeklei-
dung" eines Kaufhauses am Montagmorgen feststellen, dass zwei Kolleginnen wegen Krankheit fehlen, wird in der Regel keine Teamsitzung einberu-
fen, um sich gezielt auf die neue Situation einzustellen.

Das Reforming erledigt dann jeder stillschweigend für sich („Das bedeutet wahrscheinlich verkürzte Pausen für uns alle...") oder im Austausch
innerhalb von Klatschzirkeln („Frau Wilkens fehlt erstaunlich häufig am
Montag...").

Die Auseinandersetzungen des Stormings finden kaum wahrnehmbar statt
(„Diese Kundin schicke ich jetzt zu Herrn Bär, der drückt sich sonst vor jeder Anstrengung...").

Und neue Regeln im Dienste der Bewältigung der nicht vorhergesehenen
Situation ergeben sich, ohne bewusst beschlossen zu werden (Die Schlüs-
selverantwortung für Kasse 10, die sonst bei der fehlenden Frau Wilkens
liegt, übernimmt vorerst stellvertretend Herr Bär – einfach deshalb, weil
er als erster von einem an Kasse 10 wartenden Kunden angesprochen
wird).

Solange die Gruppe funktioniert, ist das ein guter und wirtschaftlicher Weg,
denn es wird nicht viel Zeit für Gruppendynamik verbraucht. Je mehr Pro-
zessarbeit allerdings unter- und hintergründig geleistet wird, desto eher
kommt es auf die Dauer zu Missverständnissen, Scheinkompromissen, verdeckten Konflikten usw. und desto wahrscheinlicher werden Phasenverklumpungen. Im Falle von Störungen im Gruppenprozess wird der Coach deswegen meist auf bewusste Arbeit am Gruppenvertrag im Dienste der Selbststeuerung (s. Kapitel 2.1.2) und ein explizites Auseinanderziehen der Phasen
drängen: „Jetzt wollen wir uns mal ausschließlich und ausdrücklich nur damit
beschäftigen, wie Sie Ihre unterschiedlichen Vorstellungen verbindlich unter
einen Hut kriegen können."

4.3.5 Wahl des Zeithorizonts für die Phasenbetrachtung

Der Zeithorizont der Betrachtung wird vom Beobachter gewählt – er ist nicht
gegeben: Manchmal erscheint es sinnvoll, die Phasen in einem über Jahre laufenden Team grob zu umreißen, während wir ein andermal einen 90-minüti-
gen Arbeitsabschnitt untersuchen. Die Wahl des Ausschnittes wird von unserem Erkenntnisinteresse geleitet. Je breiter wir den Zeithorizont wählen, desto
grundsätzlicher gerät unsere Betrachtung.

4.3.6 Selbstähnlichkeit

Die Phasen treten niemals lupenrein auf. Jede große Phase, die wir ins Auge fassen, setzt sich wiederum aus allen vier (fünf) Phasen im Kleinen zusammen. So, wie bei den russischen Babuschka-Puppen in jeder Puppe wiederum eine Puppe steckt, finden wir in jeder einzelnen Phase wiederum den gesamten evolutionären Viertakt im Kleinen wieder: Der Phasenverlauf ist – in der Sprache der Naturwissenschaften – „selbstähnlich".[30]

BEISPIEL

Wer als Coach beispielsweise einen 2-tägigen Konfliktklärungsworkshop für eine restlos zerstrittene Abteilung leitet, will dadurch den Gesamtprozess der Abteilung („im Großen") in eine konzentrierte Stormingphase führen. Damit diese konzentrierte Konfliktbearbeitung gelingen kann, muss der Coach die Gruppe allerdings innerhalb des Teilprozesses „Workshop" („im Kleinen") durch alle Phasen führen: Es braucht unbedingt ein gutes Forming, in dem Sinn und Zweck des Workshops transparent werden, sonst hat man es mit einer orientierungslosen, verunsicherten Meute zu tun. Vielleicht braucht es ein „Storming über das Storming", in dem über die Art und Weise und die Rahmenbedingungen der anstehenden Konfliktklärung gestritten wird. Daran muss sich ein Norming anschließen, in dem verläßliche Spielregeln festgeschrieben werden, sonst wird die Gruppe dem Coach die Gefolgschaft verweigern. In der Performingphase des Workshops kann dann das „eigentliche Storming", die angestrebte Konfliktklärung „im Großen", stattfinden. Und zwischenzeitlich, in der Regel nach jedem behandelten Konfliktthema und bevor das nächste kommt, braucht es kleine Reformings, in denen man als Coach schaut, ob die einzelnen Gruppenmitglieder noch an Bord sind.

Wenn wir also von einer Stormingphase sprechen, dann wissen wir: Hier steht das Streiten zwar im Mittelpunkt, aber nebenbei, im Kleinen, finden auch noch Neu-Orientierung, Vertragsverhandlungen und Zusammenarbeit statt.

4.3.7 Variabler Zeitbedarf

Schließlich gibt es für die einzelnen Phasen keine festgelegte Dauer. Ein Storming kann zehn Sekunden dauern oder zehn Tage – je nachdem, wie viele und welche Zielkonflikte aktuell zur Austragung gelangen müssen.

Das Norming kann damit abgeschlossen sein, dass wir implizit feststellen: Es gibt nichts zu regeln – der alte Vertrag besteht weiter. Genau so gut können sich die Vertragsverhandlungen über Jahre erstrecken.

Es ist zwar notwendig, dass alle Phasen immer wieder in der genannten Reihenfolge durchlaufen werden, damit Defizite im Gruppenvertrag erkannt werden können. Das bedeutet aber nicht, dass auch bei jedem Durchlauf ein der Regelung bedürfendes Defizit zu Tage treten muss.

Betrachtung der Phasen im Einzelnen

In den folgenden fünf Kapiteln werden wir die einzelnen Phasen gesondert unter die Lupe nehmen. Dabei untersuchen wir jeweils fünf Aspekte:

Die Gruppe und ihre Struktur. Zunächst schauen wir nach der Funktion der jeweiligen Phase im Gruppenprozess. Wir fragen also:

▶ Welche für die Existenz und Evolution der Gruppe wesentlichen Vorgänge beanspruchen während einer Phase Zeit und Aufmerksamkeit?
▶ Welche Formen des Miteinanders haben Vorrang?

Bedeutung der Gruppenereignisse für die Einzelnen. Anschließend blicken wir vom Miteinander auf die seelischen Vorgänge bei den Einzelnen: Diese werden von den Ereignissen in der Gruppe beeinflusst und nehmen ihrerseits Einfluss auf die Gruppe. Uns interessiert:

▶ Wie erlebt das einzelne Gruppenmitglied die jeweiligen Phasen?
▶ Wie setzt es sich in Beziehung zur Gesamtgruppe und ihren Zielen?
▶ Welche seiner Bedürfnisse stehen im Vordergrund?

Phasenspezifische Komplikationen. Wenn in jeder Phase Spezifisches für die Struktur der Gruppe und ihre Evolution geleistet wird, dann kann es auch in jeder der fünf Phasen zu ganz eigenen Störungen und Komplikationen kommen:

▶ Welches sind die häufigsten Störungen?
▶ Wie wirken sie sich auf das Miteinander aus?

Das Gruppenklima. Das Gruppenklima ist eine problematische Größe: unscharf, nur intuitiv fassbar, schwer analysierbar – und unverzichtbar. Denn es liefert uns im Augenblick der Wahrnehmung eine Vielfalt von diagnostisch verwertbaren Informationen, für deren analytische Gewinnung wir ein Vielfaches an Zeit aufwenden müssten. (Zu den Klimafaktoren gehören: Energiepegel, (Un-)Lebendigkeit des Ausdrucks, Augenkontakt, Lautstärke, räumliche Nähe, Gesprächsthemen, Körperhaltungen, Geruch im Raum, Aufmerksamkeitsrichtung: konzentriert/unkonzentriert, themen- oder personenzentriert usw.). Uns interessiert:

▶ Wie entwickeln sich diese Faktoren in den einzelnen Phasen?
▶ Welches Klima braucht es, um die jeweiligen Phasen gut durchlaufen zu können?

Interventionsansätze. Abschließend fragen wir aus der Rolle des Coaches heraus nach konkreten Interventionsansätzen im Dienste der Entwicklung der Gruppe:

- ▶ Was unterstützt die Gruppe dabei, eine Phase optimal zu durchlaufen?
- ▶ Was hilft ihr, den Übergang zur nächsten leicht zu finden und so ihren Gruppenvertrag fortlaufend zu erneuern?

5 Die Gründungsphase: Forming

> ▶ Das **Forming** ist eine von Ungewissheit geprägte Situation, in der es der Gruppe an Regeln mangelt, die sie beinahe aus dem Nichts entwickeln muss.
>
> ▶ Die **wesentliche evolutionäre Leistung** der Gruppe besteht auf diesem Hintergrund in der Herausbildung einer ersten Sicherheit spendenden Struktur, durch die die Gruppe sich nach außen abgrenzen und nach innen finden kann.
>
> ▶ Für die **einzelnen Mitglieder** erweist sich das Forming als eine aufregende Phase, die von der seelischen Wiederbelebung der Vergangenheit geprägt ist und zunächst mit Hilfe der Übertragung alter Verhaltensmuster bewältigt wird.
>
> ▶ Das **Klima im Forming** wird als „gehemmt" beschrieben: Vorsichtige, wirkungsorientierte Kommunikation und Konformismus prägen das Miteinander.
>
> ▶ **Ziel des Formings** ist die Sättigung des Sicherheitsbedürfnisses der Gruppenmitglieder.

5.1 Die Gruppe im Forming

5.1.1 Die Stunde Null

Bevor der Gruppenzug in das Gleisoval einfahren kann, muss er zunächst einmal eingesetzt werden und ins Rollen kommen. Aus den lose Versammelten, die sich am Forming-Bahnhof treffen, soll eine Gruppe entstehen. Wie kommen sie „vom Ich zum Wir"?

Gruppen unterscheiden sich von losen Ansammlungen dadurch, dass die Beteiligten einen Gemeinsamkeit stiftenden Gruppenvertrag haben, der sich im Verlauf des Gruppenprozesses weiter entwickelt. Und in der Stunde Null? Woraus entwickelt sich der erste Gruppenvertrag, den die Gruppe braucht, um ihren Prozess überhaupt anfahren zu können?[31]

Zwei Voraussetzungen. Jedes der in der Formingphase versammelten Gruppenmitglieder bringt als Material für den ersten Gruppenvertrag zwei Dinge mit:
(1) Ein grundlegendes Situationsverständnis und damit zusammenhängende Erwartungen hinsichtlich der offiziellen sachlichen Ziele des Miteinanders: „Zu welchem Zweck sind wir zusammen gekommen?"

(2) Damit einhergehende Vorstellungen über die angemessene Art des Miteinanders: „Wie sollten wir angesichts dessen miteinander umgehen?"

Aus diesen beiden Bausteinen entwickelt sich im Verlauf des Formings ein erster locker geknüpfter Gruppenvertrag, der es den Einzelnen erlaubt, aufeinander zuzugehen.

5.1.2   Offizielle Ziele als sachliche Ausgangspunkte

Viele Gruppen verfügen zu Beginn über inhaltliche Zielvorgaben, die ihnen in Form von Ausschreibungen, Aufträgen, Anweisungen oder Anlässen vorgegeben sind: Die Schulklasse hat einen Lehrplan, die Filmcrew ein Drehbuch, der neue Betriebsrat eine Satzung und das Freizeitkammerorchester eine Partitur. Diese Vorgaben kann man im Verlauf des Miteinanders verändern, man kann sich sogar gegen sie auflehnen – aber sie geben zu Beginn inhaltlich festen Boden unter die Füße, auf dem man sich bewegen kann. In vielen Fällen ist sogar die Zusammensetzung der Gruppe von oben oder von außen vorgegeben (Projektgruppen, Schulklassen, Fußballmannschaften). Das erleichtert das Sich-Finden natürlich ungemein.

Offizielle Ziele sind gewissermaßen der Anlasser, ohne den keine Gruppe in Gang kommen kann. Je klarer offizielle Ziele formuliert worden sind, desto leichter fällt es der Gruppe, sachlich in Fahrt zu kommen.

Je unklarer aber die offiziellen Ziele bleiben, desto mehr Unsicherheit müssen die Beteiligten während des Formings ertragen und desto mehr Energie wird dafür verbraucht, einen ersten gemeinsamen (thematischen) Nenner zu entwickeln.

Die Ausschreibung „Suche Gleichgesinnte aus dem Raum Gummersbach, um mich einmal im Jahr zum Briefmarkentausch (Sammelgebiet DDR) zu treffen" eröffnet gute Aussichten auf eine inhaltlich homogene Gruppe, die sich rasch finden wird. Demgegenüber ist der Auftrag „Schnappen Sie sich fünf Kollegen und verbessern Sie die Unternehmenskultur" eher dazu angetan, ein mühevolles inhaltliches Forming zu garantieren.

Nicht mit der Tür ins Haus fallen. Die offiziellen Ziele müssen aus Sicht der Beteiligten mittelfristig kein großes Gewicht haben und in deren individuellem Zielpool nicht vordringlich sein – Hauptsache sie bieten den Anlass fürs erste Zusammensein.

Vielleicht erinnern Sie sich noch daran, wie Sie bei Ihren ersten Flirts (man kann ja nicht mit der Tür ins Haus fallen) versucht haben, unverfängliche offizielle Ziele bzw. Anlässe zu (er-)finden, anhand derer sich der Beziehungszug auf die Schiene bringen ließ: offiziell treffen wir uns, um ins Kino zu gehen, eine neue Platte zu hören oder gemeinsam Hausaufgaben zu machen. Natürlich geht es um ganz andere Dinge. Ohne die offiziellen Aufhänger wäre es aber nie zu Situationen gekommen, in denen man sich den inoffiziellen Zielen hätte annähern können.

ÜBUNG

Nehmen Sie sich eine offizielle Einladung oder Ausschreibung zu einer Gruppe zur Hand (z.B. eine Kursausschreibung aus einem Weiterbildungsprogramm): Welche offiziellen Ziele gehen daraus hervor?

5.1.3 Konventionen als zwischenmenschlicher Ausgangspunkt

Wenn sich zwei oder mehr Menschen zum ersten Mal unter dem Banner eines offiziellen Ziels begegnen („Sind Sie auch hier, weil Sie am Volkshochschulkurs 'Seidenmalerei' teilnehmen möchten?"), müssen sie miteinander umgehen, ohne zu wissen, wie man miteinander umzugehen hat, denn dazu müssten sie sich und die Situation bereits kennen. Zwischenmenschliche Ziele sind noch nicht veröffentlicht worden, dementsprechend fehlt es an Regeln.

In dieser Situation helfen Konventionen (scheinbare Selbstverständlichkeiten, Sitten und Regeln bzgl. Kleiderordnung, Anrede, Sprache und Gesprächsthemen) über den Mangel an zwischenmenschlicher Struktur hinweg und dienen dazu, Peinlichkeiten und vorzeitige zwischenmenschliche Betriebsunfälle während der Gründungsphase zu vermeiden.

Anfangsfragen. Die Unsicherheit hinsichtlich der ersten gültigen Konventionen kennt jeder, der schon einmal das Gründungstreffen einer Gruppe miterlebt hat. In welchem Ton redet man hier miteinander? Worüber kann man unverfänglich ins Gespräch kommen? Wie macht man sich hier beliebt und wie verscherzt man sich Sympathien? Welche Voraussetzungen muss man hier erfüllen, um dazuzugehören? Gibt es hier Regeln (z.B. Sitzordnung, Pausenordnung, Kleiderordnung, etc.), die sich offensichtlich allgemeiner Anerkennung erfreuen? Und gibt es Tabus, Verbote oder Konventionen, deren Verletzung zu peinlichen oder gar konflikthaften Situationen führen kann?

Natürlich werden all diese Fragen nicht ausdrücklich gestellt – das wäre zu Beginn viel zu risikoreich: Am Ende stellt sich noch heraus, dass eine Frage „daneben" war. An die Stelle des Fragens treten vorsichtige Erkundungen „Ich erzähl mal was über meinen Beruf und gucke, ob das Thema hier ankommt", die man bei Bedarf auch rasch wieder abbrechen kann. Gleichzeitig werden die Wortbeiträge und Handlungen der anderen vor allem im Hinblick auf die damit unterschwellig einhergehenden Selbstkundgaben und Beziehungsdefinitionen (Schulz von Thun, 1981)[32] abgeklopft: „Was sagt mir das über den anderen und darüber, wie er sich zu mir stellt?" Informationslücken werden durch Phantasien ausgefüllt.

Etikette. Ein rascher Verlauf der Formingphase wird möglich, wenn die geltenden zwischenmenschlichen Konventionen für alle Beteiligten erkennbar und von Beginn an eindeutig vorgegeben sind. Dazu wäre allerdings ein verbindlicher Verhaltenskodex vonnöten, wie er früher – klarer als heute – durch die sogenannte „Etikette" gegeben war: Vor der Audienz bei Ihrer Majestät findet eine Einweisung ins höfische Protokoll statt, damit Irritationen von vornherein ausgeschlossen bleiben. Vor dem großen Bankett besucht man noch einen Benimmkurs, um zu wissen, wer wen wie vorzustellen hat.

Wenn es aber keinen eindeutigen Verhaltenskodex gibt, müssen die Gruppenmitglieder durch Phantasie bzw. Versuch und Irrtum herausfinden, welche Konventionen in der aktuellen Situation Geltung erlangen könnte. Kommt es dann wegen unterschiedlicher Vorstellungen über die einzuhaltenden Konventionen trotz aller Vorsicht zu Zusammenstößen, werden die Betroffenen das als peinlich und verunsichernd erleben.

Leitung als Struktursatz. Wenn die Etikette im Forming nicht verlässliche Vorgaben macht, haben es geleitete Gruppen in der Regel leichter als ungeleitete: In geleiteten Gruppen können offizielle Ziele und zwischenmenschliche Konventionen durch die Leitung zunächst vorgegeben und verkündet werden „Ich schlage vor, dass wir uns beim Vornamen ansprechen und siezen!". Wenn die Gruppenleitung ihre diesbezüglichen Ziele öffentlich setzt (vgl. Kapitel 3.2.3), finden solche Gruppen im Forming leichter einen gemeinsamen Bezugspunkt.

Gruppen ohne Leitung müssen sich hingegen hinsichtlich offizieller Ziele und Konventionen zunächst vorsichtig vortasten, was ihre Gründungsphase in der Regel langwieriger und störanfälliger macht.

Am schwierigsten haben es jene Gruppen, die zwar geleitet werden, dabei aber nicht auf klare Vorgaben ihrer Leiter zählen können: Sie verharren meist wie gelähmt in der Formingphase, warten darauf, durch Vorgaben der Leitung abgeholt zu werden und kommen nicht in Gang (s. Kapitel 6.3).

Wie schwierig es sein kann, in Situationen, die nicht durch Etikette oder Leitung vorstrukturiert sind, die „richtige" Konvention zu finden, zeigen die Beispiele.

BEISPIEL

Die Platzwahl. Vor Beginn des Seminars; im Gruppenraum ist ein Stuhlkreis ohne (etwa durch Namenskärtchen) vorgegebene Sitzordnung.
Welche Gedanken gehen einem in den Minuten vor dem offiziellen Beginn durch den Kopf, wenn man den Raum betritt: „Aha, drei andere sind schon da. Keiner von denen sieht wie der Leiter aus. Wo setze ich mich hin? Es sind

---

noch viele Stühle frei. Ich sollte mich nicht direkt neben einen der Anwesenden platzieren, sondern mindestens einen Stuhl Zwischenraum lassen – sonst wirkt es aufdringlich. Auch nicht zu viel Zwischenraum, sonst denkt womöglich jemand, ich hätte was gegen ihn. Aber wie setze ich mich jetzt zu den dreien, ohne einen zu vergrätzen, indem ich von ihm den größten Abstand halte?"

Aus der Vorsicht des Anfangs heraus wird auch zu erklären sein, dass die Stühle neben dem Seminarleiter stets als letzte besetzt werden „Bloß nicht, dass mich jemand für aufdringlich oder einen Streber hält". Ist hingegen kein anderer Platz mehr frei, „habe ich keine Wahl und niemand wird mir die Leiternähe übel nehmen".

Du oder Sie? Wer zu Beginn die anderen siezt, läuft Gefahr, als steif, distanziert und unpersönlich dazustehen, wenn sich die Konvention des „Du" durchsetzt. Duzt er umgekehrt zu Beginn die anderen, schämt er sich u.U. als dummdreister, distanzloser Aufdrängler, wenn sich das „Sie" zunächst behauptet. Wird die Anrede durch den situativen Kontext nicht von vornherein für jeden ersichtlich festgelegt, sind kleine Betriebsunfälle beinahe unvermeidlich nach dem Motto: Wie man's macht, man macht's verkehrt. Es kann also schon während dieser Phase zu kleineren Stormings und Normings kommen, wenn sich die gesuchten Konventionen nicht eindeutig aus der Situation herleiten lassen.

Small-talk ist in seiner Unverbindlichkeit unersetzlich, wenn es gilt, sich im freien Raum über erste offizielle Ziele und Konventionen des Miteinanders zu verständigen und sich dadurch aufeinander einzustellen. Man muss einander gefahrlos kennen lernen können, ohne sich gleich festlegen zu müssen. Natürlich ist dieses erste Abtasten förmlich und steif. Aber der Weg zur Sicherheit führt durch dieses Nadelöhr.

5.1.4 Die Konventionsstruktur – das Produkt des Formings

Das im Sinne der Gruppenevolution wesentliche Produkt des Formings ist also ein erstes Regelgeflecht, ist eine Konventionsstruktur, geprägt aus offiziellen Zielen und überkommenen „Benimm-Regeln". Sie muss den Einzelnen genügend Sicherheit und Dazugehörigkeitsgefühl vermitteln, so dass sie anschließend bereit sind, sich für ihre persönlichen Ziele einzusetzen. Ausgehend vom ersten Gruppenvertrag, der noch als Auffangnetz wirkt, können riskantere Unternehmungen gewagt werden: Zielkonflikte benennen und austragen, Regeln hinterfragen und ggfs. verändern und schließlich erste gemeinsame Arbeitsschritte tun. Solange die Gruppe an der sicherheitsorientierten Urversion des Gruppenvertrages arbeitet, befindet sie sich in ihrer Gründungsphase.

Separation. Indem offizielle Ziele und Konventionen geklärt werden, grenzt die Gruppe sich nach außen ab. Es entsteht ein gemeinsamer sachlicher und zwischenmenschlicher Nenner, der es den Beteiligten erlaubt, sich als zugehörig zu begreifen. Die Gruppe gewinnt dadurch Konturen und Grenzen: Innerhalb sind „wir", die den gemeinsamen Nenner teilen, außerhalb sind „die anderen", für die das nicht zutrifft. Die Konventionsstruktur fungiert als erste Scheidewand zwischen innen und außen. Diese Abgrenzung (Separation) macht aus der losen Ansammlung von Menschen ein operativ geschlossenes System – eine Gruppe von Mitgliedern, die sich nun nach innen anhand der vordringlichen Ziele ausdifferenzieren kann. Damit ist die Grundvoraussetzung für die Evolution der Gruppe geschaffen und das Ziel der Gründungsphase erreicht. Der Zug kann abfahren.

Feindbilder. Wenn es gilt, sich als Gruppe ohne lange Umschweife zu finden, sind kurzfristig negative offizielle Ziele bzw. Feindbilder besonders effizient: Wir stellen klar, dass wir „nicht die" sind und „nicht das wollen". Dadurch können wir uns leicht ab- und eingrenzen, ohne zuvor auch nur im mindesten klären zu müssen, wer „wir" sind und was wir wollen. Schwierig wird es für so begründete Gruppen mittelfristig immer dann, wenn die grundlegenden Feindbilder ins Wanken geraten, ohne dass ein positives und über sie hinausgehendes gemeinsames Selbstverständnis entwickelt worden ist.

Gleichabständigkeit. Der erste Gruppenvertrag hat konventionellen Charakter und kann daher nicht sehr ausdifferenziert sein. Er beschränkt sich darauf, Unstrittiges zu vereinbaren und Gemeinsamkeiten sichtbar werden zu lassen. Gleichzeitig werden die vorhandenen Unterschiede und Konfliktpotentiale vorerst im Dienste eines gemeinsamen Fundaments „übersehen". In diesem Sinne entwickelt sich in den meisten Gruppen während des Formings eine gewisse freundliche Gleichabständigkeit: Man ist darum bemüht, mit allen gleich gut zu können und sich nicht durch vorschnelle Sympathie- und Antipathiekundgebungen in Schwierigkeiten zu bringen. Dieser anfängliche Friede ist für den Zusammenhalt der Gruppe sinnvoll: Fänden interne Auseinandersetzungen statt, bevor sich die Gruppe separiert hat und über eine Außengrenze verfügt, könnte jeder Konflikt zur raschen Auflösung führen. Wer zu schnell in Konflikte hineinrutscht und plötzlich vor Fremden mit anderen Fremden in einen Streit verstrickt ist, wird häufig schnellstens die Flucht ergreifen und die Gruppe verlassen.

> Kein Storming ohne Forming! Es braucht Vertrauen, um Konflikte miteinander bewältigen zu können.

5.2   Die Einzelnen im Forming

Wann immer sich Gruppen bilden, nehmen sie eine Abgrenzung nach außen vor. Damit steht für die einzelnen Beteiligten während der Gründungsphase eine Frage im Vordergrund: Gehöre ich dazu oder bin ich draußen?[33] Die mit dieser Frage einhergehende Unsicherheit macht das Forming für die meisten Menschen so aufregend.

5.2.1   Unbestimmtheit der Anfangssituation

Zu Beginn des Gruppenprozesses sieht sich der Einzelne einer Situation mit vielen Unbekannten gegenüber: Er kennt die anderen Menschen größtenteils nicht, weiß nicht, welche Ziele sie verfolgen, ob sie ihn mögen oder ablehnen werden und er hat unzureichende Informationen über die geltenden Regeln (die es ja eben noch nicht gibt).

Das vorgefundene Informations- und Strukturdefizit macht es ihm schwer, sein Verhalten mit Rücksicht auf die Konsequenzen zu kontrollieren: Er weiß nicht oder nur unzureichend, was er erwarten darf und was von ihm erwartet wird – es mangelt ihm an „Erwartungssicherheit" (Luhmann, 1984, S. 421ff.). Wie soll er sich „richtig" verhalten, wenn er nicht weiß, was „richtig" ist? Wie soll er sich schützen, wenn er nicht weiß, wer ihm vielleicht übel mitspielen will? Wie soll er abschätzen, ob ein Thema, das ihn interessiert, oder ein Ziel, das er hier verfolgen möchte, begeistert aufgenommen oder entrüstet vom Tisch gewischt wird, wenn er nichts über die Interessen und Ziele der anderen weiß?

Eine solche Situation, in der die Folgen des eigenen Verhaltens unkalkulierbar erscheinen, nennen wir „unbestimmt". Die unbestimmte Anfangssituation in Gruppen bringt jeden Einzelnen in eine Zwickmühle: Er will sich so verhalten, dass er einen guten Start in der Gruppe hat, weiß aber nicht genau, wie er das anstellen soll.

5.2.2   Nährboden für Übertragungsphänomene

Wir geraten in unbestimmten Anfangssituationen leicht in einen seelischen Spagat zwischen Neugier (Informationshunger) und Vorsicht (Angst vor Fehlern). Einerseits gibt es vieles, was wir zu Beginn der Gruppe sagen und wissen möchten, andererseits befürchten wir, durch übereiltes Handeln gleich schlecht dazustehen.

Die direkten körperlich-seelischen Begleiterscheinungen dieses Hin- und Hergerissenseins sind Anspannung und Unsicherheit: das hohe Maß an Erregung, das mit der neuen und aufregenden Situation einhergeht, kann sich nicht in befreiendem Handeln äußern, sondern wird durch vorsichtige Zurückhaltung gebremst: Wir werden nervös.

Dieser Spagat zwischen Informationshunger und Vorsicht ist ein idealer Nährboden für Übertragungsphänomene[34]: Wir sind zwar dringend auf Informationen über die aktuelle Gruppe angewiesen, halten es aber für zu riskant, uns diese Informationen im „Kontaktexperiment" zu verschaffen. Dann greifen wir gern auf unseren in vergleichbaren Situationen gewonnenen Erfahrungsschatz zurück, holen uns dort eine Gebrauchsanweisung für die aktuelle Situation: Anhand von Schlüsselreizen übertragen wir durch Erfahrung gewonnene Muster auf eine unbestimmte Situation.

Menschenkenntnis. Aus der sozialpsychologischen Forschung wissen wir, dass Menschen, wenn sie Entscheidungen bzgl. der Beziehungsgestaltung mit Unbekannten fällen müssen – „Soll ich mich annähern oder abwarten? Soll ich mich wehren oder noch aushalten? Soll ich hier und jetzt Stellung nehmen oder besser noch schweigen? Darf ich meinen Gedanken X hier äußern?" –, auf so genannte „implizite Persönlichkeitstheorien"[35] zurückgreifen: Das sind laienhafte Theorien, subjektive Annahmen über den Zusammenhang von Persönlichkeitsmerkmalen von Menschen. Man schließt von den leicht beobachtbaren Merkmalen wie Kleidung, Haarschnitt, Stimmlage, Blick, Verhalten im Gespräch auf die schwerer zugänglichen Eigenschaften, die aber von besonderem Interesse sind, will man sich auf den anderen einstellen (d.h. das Konfliktrisiko minimieren). Theorien wie „Vorsicht bei Menschen, die Hessisch sprechen! Die hauen Dich kaltlächelnd übers Ohr!" oder „Wer Hunde mag, der mag auch Menschen!" sind insofern implizit, als wir uns ihrer häufig gar nicht bewusst sind. In der Alltagssprache sprechen wir von „Menschenkenntnis".

Derartige Vorurteile sind ein zwischenmenschliches Backpulver, das die spärlichen, uns zugänglichen Informationen zu einem handlungsleitenden Fremdbild aufgehen lässt. Zwar treffen sie oft nur eingeschränkt zu, „ermöglichen" uns aber, aufgrund weniger konkreter Informationen sehr weitgehende Schlussfolgerungen über einen Menschen zu ziehen, und vermitteln uns damit das Gefühl, unser Verhalten gegenüber Unbekannten kontrollieren zu können; wir erhalten scheinbare (Erwartungs-) Sicherheit bei der Kontaktgestaltung, können Unbekannten dadurch allerdings auch nicht unbefangen begegnen.

Je größer der Wunsch nach Kalkulierbarkeit der Situation und Kontrolle des eigenen Verhaltens und der Reaktionen des anderen ist, desto ungehemmter kommen die impliziten Persönlichkeitstheorien zum Einsatz. In der Regel wächst die Intensität des Kontrollbedürfnisses mit dem seelisch empfundenen Maß an Unsicherheit, das wiederum von der Bedeutung einer Situation und dem Grad ihrer Unbestimmtheit abhängt: Je wichtiger mir die Dazugehörigkeit ist und je weniger ich über die geltenden Regeln weiß, desto unsicherer fühle ich mich und desto wahrscheinlicher greife ich auf meine „Menschenkenntnis" zurück.

Dieses für die Kontaktgestaltung während des Formings prägende Vorgehen führt zu quasi geisterhaften Beziehungen zwischen den Menschen: Nicht nur, dass ich die anderen mit Vorurteilen belege und es vermeide, sie im zwischenmenschlichen Experiment genauer kennenzulernen. Auch ich zeige von mir selbst nur jene Gedanken, Gefühle und Handlungen, die mir (auf der Grundlage meiner Vorurteile) adäquat im Sinne der Erfolgskontrolle erscheinen: „Herr Dr. Mühlenpeter ist Kunstgeschichtler und spricht Wienerisch – der legt bestimmt großen Wert auf klassische Bildung – also reaktiviere ich mal mein Kleines Latinum!"

Lebenserfahrung. Neben impliziten Persönlichkeitstheorien in Gestalt unserer „Menschenkenntnis" greifen wir in der unbestimmten Formingphase auch auf unsere „Lebenserfahrung" in Form naiver Situationstheorien zurück. Dabei schließen wir von einigen Schlüsselmerkmalen des situativen Kontextes, etwa Ort des ersten Zusammentreffens, Räumlichkeiten, Stil und Ton der Einladung, offizieller Anlass auf die offiziellen Ziele und Umgangsformen (Konventionen), die zu erwarten sind. Das aus Unsicherheit geborene Kontrollbedürfnis ist der Motor unserer diesbezüglichen Aktivitäten. So kann man anlässlich der Kleiderordnung bei einer Hochzeit ins Grübeln kommen: „Eigentlich sind Sven und Petra ja alternativ und legen keinen Wert auf Äußerlichkeiten. Andererseits ist die Einladungskarte aus Seidenpapier. Sven soll sogar seinen Chef eingeladen haben. Soll das nun eine Fete oder eine Feier werden – also: Jeans oder Anzug?"

Wiederbelebte Vergangenheit. Wenn wir einen Menschen in einer unbestimmten Formingsituation zu seiner Einschätzung der anderen und der Situation befragen, seine Gefühle erforschen und sein Verhalten in diesem Kontext beobachten, erfahren wir wahrscheinlich weniger über die „Wahrheit der Situation" als viel mehr über die „Wahrheit der Person": Seine Einschätzung des Kontextes, seine sich daraus entwickelnden Gefühle und sein daraufhin gezeigtes Verhalten spiegeln weniger die aktuelle Situation wider; vielmehr bieten sie Aufschluss über seinen Erfahrungshintergrund.

Diese Erfahrungen werden innerlich abgerufen und gleichzeitig wiederbelebt und -erlebt – inklusive der damit einhergehenden Gefühle. Die Übertragung früherer Erfahrungen auf die aktuelle Formingsituation weckt Erinnerungen und Gefühle, die nicht im Hier und Jetzt, sondern in früheren Gruppenerlebnissen verwurzelt sind. Und um keine Fehler zu machen, werden vor allem jene Episoden aus der Gruppenbiographie aktualisiert, in denen es zu Unfällen kam, nach dem Motto „Das darf sich auf keinen Fall wiederholen!"

Daher sind Gefühle und Verhaltensweisen vieler Gruppenteilnehmer im Forming durch frühere belastende Gruppenerlebnisse (mit-)geprägt. Wann immer Gruppen sich gründen, geraten bei vielen Beteiligten lebensgeschichtliche Erfahrungen zum Thema „Dazugehören – Ausgeschlossensein" in Schwingung. Diese Erfahrungen sind häufig schmerzhaft, beängstigend und unverarbeitet. Werden die Einzelnen zu lange in jener Ungewissheit gefangen gehalten, die diese Erinnerungen weckt, kann die damit einhergehende Angst übermächtig werden (s. Kapitel 5.3.2).

Verschärfend kommt noch hinzu, dass der Einzelne seine eigene Angst hautnah erlebt, ihm die Unsicherheit der anderen aufgrund von deren Zurückhaltung aber eher verborgen bleibt. Die subjektive Perspektive des Formings sieht dann häufig so aus „Ich scheine der einzige zu sein, der sich hier nicht richtig auskennt und unsicher durch die Gegend stakst. Die anderen wissen offensichtlich, wo hier der Hase lang läuft und fühlen sich auch ganz wohl. Hoffentlich merkt keiner, wie mir zumute ist".

Je stärker das zwischenmenschliche Klima von Übertragung, Angst und Phantasien geprägt ist, um so dringender benötigt die Gruppe ein gutes Forming; andernfalls schießt die Angst ins Kraut (s. Kapitel 5.3.2).

5.2.3   Ankommen im Hier und Jetzt

Der erste Rettungsanker in der unbestimmten Anfangssituation ist die Konventionsstruktur. Je mehr sich diese etabliert, um so entspannter kann man sich in der Gruppe bewegen. Diese Entspannung wiederum führt dazu, dass die seelische Aufmerksamkeit mehr und mehr von den lebensgeschichtlichen Vorerfahrungen abgezogen und dem aktuellen Geschehen zugewandt wird.

Für den Einzelnen ist das Forming demnach nicht eher beendet, als er dank der Konventionsstruktur in dreifacher Weise Gewissheit gewonnen hat.

(1) Gewissheit über zwischenmenschliche Grundregeln. Jene Gebote und Verbote, deren Respektierung die Zugehörigkeit zur Gruppe sichert und deren Übertretung sie gefährden oder Außenseiterstatus bedeuten könnten, sind bekannt. Dies können Regeln für den Umgang miteinander oder auch unausgesprochene Themendiktate oder -tabuisierungen sein. Auf der Suche nach derartigen Regeln ist der einzelne im Forming besonders dankbar, wenn er in der Gruppe „Vorbilder" findet – Menschen, die durch ihre Position (Leiter), ihre Vorerfahrung („alte Hasen", „Insider") oder die von ihnen ausgestrahlte Gewissheit („Ich weiß, wo's lang geht...") dazu prädestiniert erscheinen, hier und jetzt verlässliche Konventionen zu setzen. Solche Vorbilder haben großen Einfluss auf die sich im Forming bildenden Regeln und erfreuen sich deshalb in der Gründungsphase großer Beliebtheit und Autorität.

(2) Gewissheit über offizielle Ziele. Sachliche Ziele, die entweder selbstverständlich sind, weil sie als ausgeschriebene Ziele konstitutiv für die Gruppe waren, oder als konsensfähig gelten, weil sie von den Vorbildern benannt werden, geben eine inhaltliche Orientierung. Die Gewissheit über diese offiziellen Ziele ermöglicht dem Einzelnen eine erste Einschätzung, wie nahe oder weit seine persönlichen Ziele vom Konsens der Gruppe entfernt liegen. Damit ist für ihn erstmals das Konfliktrisiko abschätzbar, das er im Falle der Veröffentlichung seiner Ziele eingehen würde. Auf der Grundlage dieser Einschätzung kann er sich kalkuliert ins Storming begeben.

(3) Gewissheit über die Zugehörigkeit zur Gruppe. Sie drückt sich in einem Gefühl des Aufgenommenseins aus und wächst in dem Maße, wie eine tragende Beziehung zu den Vorbildern bzw. zum Leiter hergestellt werden kann und das eigene Verhalten entlang der Konventionen an Sicherheit gewinnt. Im Dienste des Zugehörigkeitsgefühls sind wir in der Gründungsphase gelegentlich bereit, auch unangenehme oder uninteressante Arbeiten zu erledigen, menschliche Zumutungen durch andere zu ertragen – Hauptsache, wir gehören dazu.

Unser Erleben und Verhalten im Forming ist von der Suche nach dieser dreifachen Gewissheit geprägt. Erst, wenn wir hier fündig geworden sind, können wir uns mit voller Aufmerksamkeit den anstehenden Aufgaben zuwenden.

5.3 Komplikationen im Forming

Die Gründung einer Gruppe kann auf viele verschiedene Arten und Weisen schwierig geraten oder misslingen. Fünf Komplikationen wollen wir hier genauer betrachten:
(1) Zerfall der Gruppe durch unklare offizielle Ziele,
(2) Blockade bei der Aufstellung von Konventionen,
(3) Unzufriedenheit durch unterschiedliche Ausprägungen des Sicherheitsbedürfnisses innerhalb der Gruppe,
(4) Fehlstart durch überhastetes Forming
(5) Langeweile durch überdehntes Forming.

5.3.1 Zerfall der Gruppe durch unklare offizielle Ziele

Wann immer man sich zusammenfindet, ohne eine geklärte Vorstellung von der offiziellen gemeinsamen Sache für die Gruppengründung zu haben, wird es schwierig. Denn es gibt in diesem Fall kein Thema und keine Aufgabe, über die man zueinander finden könnte. Entweder sitzt man tatenlos herum und langweilt sich oder es kommt zu inhaltlichen Auseinandersetzungen, bevor man überhaupt zueinander gefunden hat. Beides führt in der Regel zum raschen Zerfall der gerade entstehenden Gruppe. Diese Entwicklung nehmen beispielsweise viele Freizeitgrüppchen von Jugendlichen: Man trifft sich zu Beginn des Nachmittags, weiß nichts Rechtes miteinander anzufangen und geht schließlich schlecht gelaunt auseinander – „echt ätzend!".

Vor allem im beruflichen Bereich gibt es allerdings immer wieder Zusammensetzungen – häufig in so genannten Projektgruppen, die auf Weisung von oben zustande kommen, ohne mit klaren offiziellen Zielen ausgestattet zu sein, die sich aber auch nicht einfach auflösen dürfen. Sie sind dazu verdammt, im Forming zu schmoren, bis sie durch klare Zielvorgaben von oben arbeitsfähig gemacht werden oder es ihnen gelingt, sich selbst ein tragfähiges Ziel zu geben. Ähnlich frustrierende Erfahrungen lassen sich leider auch im Bereich der Erwachsenenbildung machen, wenn Lernende ohne klare Arbeitsaufträge in Kleingruppen geschickt werden.

5.3.2 Blockade bei der Aufstellung von Konventionen

Erst wenn sich die Einzelnen durch Konventionen abgesichert im Miteinander bewegen können, wird es fruchtbar, sich über persönliche Ziele auseinander zu setzen. Werden diesbezügliche Konflikte schon während des Formings ausgetragen, führt die große Unsicherheit aller Beteiligten nicht selten zu Überreaktionen (es wird wild um sich gebissen). Die ausgetragenen Konflikte bleiben unlösbar, da sie nur zum Teil von der realen Situation herrühren und statt dessen von Übertragungen der Einzelnen geprägt sind. Solche unangemessenen Auseinandersetzungen werfen die Gruppe eher zurück als sie weiterzubringen: Beziehungen werden belastet, bevor sie überhaupt zustande gekommen sind, und es bedarf langwieriger Aufräumarbeiten, um das zerschlagene Porzellan zu kitten.

Encountergruppen

Gerade die hohe emotionale Aufladung angesichts wiederbelebter früherer Gruppenerlebnisse kann für psychotherapeutische Gruppen ein fruchtbarer Boden sein: Zum einen sind die Mitglieder zu Beginn des Formings noch nicht souverän und kontrolliert genug, um sich bei Interventionen, die sie aus dem Konzept bringen, in ihren gewohnten „Charakter" zu flüchten, d.h. sie sind emotional sehr stark ansprechbar. Zum zweiten liegen prägende Gruppenängste und die mit ihnen einhergehenden neurotischen Beziehungsmuster greifbar nahe und können leichter bewusst gemacht und bearbeitet werden, indem sie durchlebt und anschließend auf ihren aktuellen Wirklichkeitsgehalt hin überprüft werden können. In einer psychotherapeutisch ausgerichteten Encountergruppe mag der Leiter also darauf bedacht sein, die neurotischen Beziehungsmuster „nach vorne" zu holen, statt ihnen im Sinne der Arbeitsfähigkeit der Gruppe möglichst rasch durch eine aus Konventionen geschneiderte Sicherheitsstruktur den Boden zu entziehen. Das Forming ist für den therapeutischen Prozess aber nur dann wirklich fruchtbar, wenn das Ausmaß an auftretender Angst nicht so groß wird, dass sie verdrängt werden muss.

Die bei Psychotherapien erwünschte Blockierung der Konventionsstruktur lässt sich am einfachsten durch größte Zurückhaltung („Abstinenz") des Leiters erreichen. Er ist zwar anwesend, so dass sich alle Beteiligten von ihm beobachtet und bewertet fühlen, gibt aber durch sein Verhalten nicht im geringsten zu erkennen, welche Ziele und Konventionen er setzen bzw. tolerieren wird „Verhaltet Euch so, als wäre ich nicht da und lasst mich sehen, was dabei herauskommt!". Es gilt die Konvention, dass es keine Konventionen gibt: Die Gruppe gerät in eine „unhaltbare Position" (Laing, 1977), vergleichbar dem bekannten „Seid spontan!!"-Paradoxon – der ideale Nährboden für die Wiederbelebung neurotischer Beziehungsmuster. Das folgende Beispiel soll den Zusammenhang veranschaulichen.

BEISPIEL

„Nikolaus, die Gruppe wartet auf den Leiter ...", ein Beispiel für ungeregeltes Forming: Während meiner Lehr- und Wanderjahre als Psychotherapeut hatte ich mich für ein gruppendynamisches Seminar bei einem mir unbekannten Gestalt-Therapie-Institut angemeldet. Fünf Minuten vor Beginn der Veranstaltung herrschte naturgemäß angespannte Formingstimmung im Raum. Ich selbst kannte niemanden und ging davon aus, dass es sich bei den anderen größtenteils um gestandene Gestalttherapeuten handelte. Da ich aus einer anderen „Schule" kam – ich machte gerade eine Ausbildung in Gesprächstherapie –, war mir unterschwellig daran gelegen, die „Gestalt-Konventionen" möglichst rasch zu erfassen, um nicht gleich als Außenseiter aufzufallen.

Um elf Uhr waren alle bereitgestellten Stühle besetzt, aber niemand ergriff das Wort, um das Seminar zu eröffnen. Da ich auf diese Konvention gesetzt hatte, war ich verblüfft und irritiert. Wo war der Leiter, von dem ich lediglich den Namen, Nikolaus Welsch (von der Redaktion geändert), wusste?

Es passierte rein gar nichts und dennoch war deutlich zu spüren, dass das Seminar begonnen hatte: Es wurde immer stiller, verhaltene Blicke huschten durch den Raum und mein Herzschlag wurde immer lauter und mahnender „Jetzt bloß nichts falsch machen!". Ich bemühte mich lebhaft, die der Situation zugrunde liegenden Regeln ausfindig zu machen: „Vielleicht will der Leiter deutlich machen, dass er im Sinne von Ruth Cohns themenzentrierter Interaktion keine Themen diktiert, sondern die Gruppe an der Entwicklung der Seminarstruktur beteiligt ... Vielleicht gehört es zur „Gestaltszene", dass man solche Situationen cool aushalten und hinter sich bringen muss ... Vielleicht ist der Leiter ja doch noch gar nicht da, vielleicht auch verhindert oder krank ... Die anderen kennen sich mit solchen Situationen sicher besser aus als ich ... überhaupt scheinen sie mich häufig anzuschauen ... ob man mir ansieht, dass ich hier fremd bin und mich unwohl fühle? Am Ende verhindert meine ängstliche Ausstrahlung, dass es losgehen kann ...".

Die Spannung im Raum stieg und stieg. Schließlich ergriff einer der Anwesenden das Wort „Nikolaus, " sagte er und jedes Wort schien widerzuhallen, „ich glaube, das hier ist jetzt der Moment, wo die Gruppe auf den Leiter wartet." Ich atmete auf: Hier war also ein „alter Hase", der den Leiter – der war demnach anwesend – kannte und duzte (war das die Regel hier?) und – wie ich – davon ausging, dass der Leiter den Anfang zu machen hatte. Nun stand der Appell des alten Hasen im Raum, aber niemand reagierte darauf. Das Schweigen wurde immer belastender. Galt hier vielleicht die Konvention, den Leiter keinesfalls direkt anzusprechen? Ich erinnerte mich ganz plötzlich lebhaft an meinen ersten Tag auf dem Gymnasium: Es war uns zehnjährigen Sextanern peinlich genau erklärt worden, wie wir einem Lehrer zu begegnen hatten, dem wir auf der Straße über den Weg liefen: Keinesfalls aufdringlich, in jedem Fall respektvoll, stets laut und deutlich grüßend.

Während diese unangenehmen Erinnerungen durch mich hindurchtrieben wie Bodennebel, ergriff Nikolaus Welsch das Wort, indem er sich an den alten Hasen wandte „Nein, Christopher", sagte er mit einer Ruhe, die nicht von dieser Welt war, „das ist der Moment, wo der Leiter auf die Gruppe wartet." Christopher wurde rot und senkte den Blick. Er hatte sich vor aller Augen als gruppendynamischer Anfänger gezeigt und war nun von höchster Stelle zurechtgewiesen worden.

Eins schien nach diesem Wortwechsel entschieden: Vom Leiter war nichts zu erwarten, er stand einfach zu weit über den Dingen und wer immer sich auf ihn würde beziehen wollen, lief Gefahr, vor der Gruppe beschämt zu werden. Die Stille war atemberaubend, die Zeit schien still zu stehen: ich wäre am liebsten rausgelaufen – aber war das erlaubt? Schließlich gingen den ersten die Nerven durch: Eine Frau attackierte den armen Christopher dafür, dass er so leiterfixiert sei; daraufhin wurde sie selbst zur Zielscheibe von Kritik, und es geriet eine Lawine ins Rollen. Wer immer sich vorwagte, bekam postwendend eins übergebraten. Ich war starr vor Angst und versuchte angestrengt, mich unsichtbar zu machen. Ich war erfüllt von fetzenhaften Erinnerungen, an meinen ersten Tag im Kindergarten, wie mich dort ein größerer Junge verhauen hatte, weil ich in absoluter Unwissenheit mit seinem Porsche-Polizeiauto gespielt hatte. Damals wollte ich nur noch weg, unsichtbar sein, niemandem auffallen, bloß nicht beschämt oder verhauen werden; hier und jetzt fühlte ich das gleiche: Erinnerung und Erleben durchtränkten sich wechselseitig.

Schließlich war auch ich dran: Eine dunkelhaarige Frau fand es unerträglich, dass ich mich zurückhielt, nichts sagte und dabei arrogant auf sie wirkte: „Was willst Du eigentlich hier?" Bei mir sprangen alle Notprogramme an, die ich seit frühester Kindheit benutzte, um Situationen zu überleben, in denen ich mich unwillkommen fühlte: Nach außen blieb ich kühl und sachlich (und muss dabei wirklich arrogant gewirkt haben), nach innen stellte ich mich ab. Kurz darauf verkündete Nikolaus Welsch, dass es nun Zeit für eine Pause sei. Gott sei Dank blieb es nicht bei diesem Horrorszenario. Der Leiter unterstützte uns im Folgenden einfühlsam und kompetent dabei, das Erlebte zu begreifen und zu verarbeiten. Damals habe ich viel über die Macht des ungeregelten Formings gelernt.

Macht und Machtmissbrauch

Wer immer in Gruppen seine Leitungsmacht dazu gebraucht, die Teilnehmer in unhaltbare Positionen zu drängen, verbaut ihnen das Forming. Neurotische Beziehungsmuster können ins Kraut schießen, und die Gruppe wird beinahe zwangsläufig in ein verfrühtes, selbstzerfleischendes Storming getrieben. Das Risiko ist beträchtlich:

Vertrauensmissbrauch. Der Leiter setzt das Vertrauen der Gruppe aufs Spiel, die sich von ihm verführt fühlen mag – vor allem dann, wenn sie das von ihm verfolgte therapeutische Ziel, alte Muster zu reaktivieren, nicht kennt bzw. nicht teilt und sich dementsprechend manipuliert fühlt. Da seine Vorgehensweise dank des bestehenden Machtgefälles zunächst schwer kritisierbar ist und deshalb gerade zu Anfang kaum jemand offen gegen ihn aufbegehren wird, kann ihm eine heftige Meuterei drohen, sobald die Gruppe ihr Forming (in der Pause oder nach Feierabend) nachgeholt hat. Nikolaus Welsch konnte darauf bauen, dass sein Verhalten im Rahmen einer professionellen Therapie-Weiterbildung im Nachhinein auf Zustimmung stoßen würde.

Überforderung. Der Leiter bringt die Beteiligten mit machtvollen und angstbesetzten Erfahrungen in Kontakt, die bei einigen den Rahmen des Bearbeitbaren sprengen können: Das führt schlimmstenfalls zu psychotischen Reaktionen. Hier braucht es eine geklärte Auftragslage, psychotherapeutisches Geschick und eine Menge an Erfahrung.

Destruktivität. Der Leiter riskiert die Arbeitsfähigkeit der Gruppe. Ob das im übereilten Storming zerschlagene zwischenmenschliche Porzellan überhaupt wieder zu kitten sein wird, ist fraglich. Der Leiter braucht die Fähigkeit, die Betroffenen durch die erlebte Angst hindurchzuführen und ihnen anschließend die Einsicht in die Übertragungsbedingtheit ihrer Auseinandersetzungen zu vermitteln. Nur so kann er die Gruppe auf Kurs halten.

Autoritäre Erfahrung. Der Leiter setzt die Gruppe einer „autoritären Erfahrung" aus: Durch den Mangel an sicherheitsstiftenden Konventionen, auf die man sich verlassen und berufen könnte, entsteht ein „vertragsfreier" zwischenmenschlicher Raum. Die nach Orientierung suchenden Teilnehmer füllen ihn mit dem, was sie für die vom Leiter gewünschten Regeln halten. Angesichts der empfundenen Abhängigkeit vom Leiter einerseits und der wahrgenommenen maximalen Intransparenz der von diesem vorgegebenen Ziele andererseits entwickeln die Teilnehmer einen „vorauseilenden Gehorsam": Während der Leiter unter Umständen einen gewissen „Guru-Status" erreicht, wird Opportunismus zur wahrscheinlichsten Haltung der Teilnehmer. Nur so glauben sie, die Akzeptanz des Leiter und damit die Zugehörigkeit zur Gruppe gewinnen und bewahren zu können.

Zum Konformismus nach innen gesellt sich in vielen Fällen – wie so häufig, wenn im Miteinander die Angst vor dem Ausschluss um sich greift – dann noch die „fremdenfeindliche" Abgrenzung nach außen: vermeintliche Abweichler und Dissidenten werden geächtet. Die Gnadenlosigkeit gegenüber jenen, die vermeintlich nicht dazu gehören, verleiht jenen, die sich „drinnen" wähnen, ein Gefühl größerer Sicherheit („Solange wir andere vor die Tür setzen können, sind wir in jedem Fall sicher, drinnen zu sein").

Im ungünstigsten Fall entsteht ein sektenhaftes Klima, in dem Sicherheit nur durch Unterwerfung unter die vermutlichen Wünsche des Leiters gewonnen werden kann. Die Teilnehmer verhalten sich mehr wie eil- und bußfertige Kinder angesichts einer überwältigenden Autorität denn wie eigenverantwortliche Erwachsene.

Es ist fraglich, ob es nach einer solchen Erfahrung noch möglich sein wird, ein von Offenheit und wechselseitigem Respekt geprägtes Klima unter Erwachsenen in der Gruppe herzustellen.

Aus diesen Gründen ist die Blockierung des Formings und das Arbeiten an sehr persönlichen Themen ohne Konventionsstruktur eine bedenkliche Intervention, deren Vorteile selbst im psychotherapeutischen Kontext die Nachteile kaum aufwiegen. In jedem anderen Kontext aber liegt ein klarer Machtmissbrauch vor.

5.3.3 Unterschiedliche Sicherheitsbedürfnisse innerhalb der Gruppe

Das Ausmaß an Sicherheit, das jeder Einzelne für die Bereitschaft zum nächsten Prozessschritt benötigt, variiert von Mensch zu Mensch und je nach Situation: Manche brauchen eine absolut reißfeste und langerprobte Konventionsstruktur, während anderen ein rasch geknüpftes Auffangnetz völlig ausreicht.

Das führt leicht dazu, dass es „formingsatten" Gruppenteilnehmern zu langsam vorangeht, während andere noch „forminghungrig" sind und die Prozessgeschwindigkeit als rasend erleben. Wenn die diesbezüglichen Bedürfnisse innerhalb einer Gruppe stark variieren, kommt es zu Störungen der Synchronisation und in der Folge entweder zu Auseinandersetzungen über das Tempo oder zur Bildung von in sich synchronisierten Kleingruppen. Als Gruppenleiter steht man dann irgendwann vor der Tatsache, dass es eine „Nesthocker-" und eine „Nestflüchter"-Fraktion gibt.

Es ist sinnvoll, während des Formings den Nesthockern entgegenzukommen (wenn sie nicht versuchen, grundsätzlich jedes Storming zu sabotieren): forminggesättigte Teilnehmer stehen ein Storming besser durch und die investierte Zeit zahlt sich später aus. Kommt es innerhalb der Gruppe zu Konflikten über das Prozesstempo, ist das erste Storming (über die Dauer des Formings) unvermeidlich geworden. Dann heißt es „Karten auf den Tisch" und die Unterschiedlichkeiten im Sinne eines konstruktiven Stormings (s. Kapitel 6.3) zu bearbeiten.

Sobald die Konventionsstruktur soweit ausgebildet ist, dass eine qualifizierte Mehrheit von Teilnehmern sich abgesichert, weil dazugehörig fühlt, neigt sich das Forming dem Ende zu und geht allmählich ins Storming über.

5.3.4 Überhastetes und überdehntes Forming

Wie lange eine Gruppe für das Forming braucht, hängt davon ab,
▶ wie klar der situative Kontext definiert ist,
▶ wie sicherheitsbedürftig die einzelnen Teilnehmer sind und
▶ wie viel Unterstützung sie seitens der Leitung erhalten.

Das Forming dauert so lange, bis aus Sicht einer hinreichenden Anzahl von Teilnehmern eine hinlänglich belastbare Konventionsstruktur entstanden ist, so dass sich die Gruppe intuitiv im Prozess weiterbewegt. Der Leiter tut gut daran, ihr zu folgen. Aber woran soll er die „hinreichende" Anzahl von Beteiligten festmachen? In die „Gleichung" für die Formingdauer fließen so viele beobachtbare und unterschwellige, atmosphärische Faktoren ein; sie kann nicht mathematisch berechnet, sondern muss intuitiv gelöst werden. Drei Faktoren in dieser Gleichung sind allerdings aus Sicht des Leiters beobachtbar und verdienen besonderes Augenmerk.

Das Verhalten der Teilnehmer. Sobald ein Teilnehmer genug hat von der Zurückhaltung und Vorsicht des Formings, wird er von sich aus aktiv: Die Ausdrucksorientiertheit seines Verhaltens nimmt zu, Appelle werden deutlicher vorgebracht und die eigene Individualität beginnt sich zu zeigen. Vielleicht gibt es aus seiner Sicht inhaltliche oder zwischenmenschliche Konfliktpotentiale, und er wird diese mehr oder weniger offen thematisieren (durch Worte, Handlungen oder Unterlassungen). Vielleicht braucht es aus seiner Sicht lediglich eine klare Absprache hinsichtlich eines unklaren Punktes, und er wird diese einfordern. Vielleicht aber stehen bei ihm nun alle Ampeln auf „Grün", und er will „endlich mal zur Sache" kommen. Dieses Mitglied signalisiert, dass es bereit ist, voranzuschreiten; darüber hinaus lassen sich die Reaktionen der anderen beobachten: wie reagiert die Gruppe auf den impliziten Appell zur Beendigung des Formings? Folgt betretenes Schweigen, oder fühlen sich andere Mitglieder ermutigt und treten ebenfalls hervor? Daraus lässt sich schließen, ob es sich um einen isolierten „Nestflüchter" handelt, der die Gruppe eher unter Druck setzt, oder ob er als Sprachrohr der Gruppe einzuschätzen ist.

Die Stimmung in der Gruppe

Nicht alle Mitglieder einer Gruppe sind in der Lage, ihre Bedürfnisse klar zu artikulieren. Nicht wenige vertrauen sich der Leitungskunst des „Chefs" mit solcher Rückhaltlosigkeit an, dass sie gar nicht auf den Gedanken kämen, zu drängeln, zu bremsen oder Forderungen zu stellen. Ob das Forming schon zu lange dauert oder zu früh beendet worden ist, lässt sich dann auch am Klima in der Gruppe erkennen:

Ein abgeschnittenes Forming. Es drängt die Gruppenmitglieder zu früh in Auseinandersetzungen, Absprachen oder selbstverantwortliches Handeln, schürt ihre Ängste und ruft ihren (passiven) Widerstand hervor: Die Stimmung ist von Unsicherheit („Wie genau war die Aufgabenstellung?"), Zurückhaltung (Schweigen), Vermeidung („Ich hab Kopfschmerzen – darf ich früher gehen?") und „Boykott aus Unvermögen" („Wir wussten nicht, wie wir das genau lösen sollten und haben uns statt dessen übers Wetter unterhalten") geprägt.

Ein „überdehntes" Forming. Es schont die Mitglieder zu lange und erspart bzw. enthält ihnen Auseinandersetzungen, Absprachen und zielorientiertes Arbeiten zu lange vor, führt entweder (der bessere Fall) zu Auseinandersetzungen (Storming) zwischen Leiter und verbliebenen „Nesthockern" einerseits und der „formingmüden", tatendurstigen Mehrheit der Gruppe andererseits. Oder – falls die Auseinandersetzung mit dem Leiter nicht gewagt wird – verfestigt sich das formingspezifische Klima zu einem fried-höflichen Gruppenklima, in dem für keinen etwas Bedeutungsvolles geschieht. Beobachtet man als Coach eine solche Entwicklung, wird es Zeit, die Gruppe weiterzuführen. Es kann allerdings passieren, dass die Gruppe zwar vorwärts drängt, aber nicht vorwärts kann, dass der drängende Wunsch nach produktiver Arbeit und die Angst vor zuvor notwendigen Auseinandersetzungen sich gegenseitig in Schach halten. Dieses Phänomen ist häufiger bei alteingesessenen Gruppen zu beobachten, die einige „Leichen im Keller" haben. Solche Gruppen nehmen den Coach gern in die Zange: Er bekommt den ganzen Frust der Unproduktivität ab und wird für den Verweis auf die „Leichen" und die notwendigen Auseinandersetzungen andererseits als „Miesmacher" oder „Bürokrat" tituliert (zum Umgang mit solchen Situationen s. Kapitel 6).

Die Stimmung des Coaches. Die innere Resonanz des Coaches kann ein aussagekräftiger Indikator für die rechte Dauer des Formings sein: Erlebe ich die Mitglieder und das Miteinander eher als sicherheitsbedürftig und irritiert oder als sicherheitsübersättigt und gelangweilt? Allerdings sollte nur der, der sein eigenes „Strickmuster" (seine Ängste, Bestrebungen, Zeitempfinden, Zielvorgaben usw.) kennt und einschätzen kann, ob er selbst gerade z.B. eher den Nesthockern oder den Nestflüchtern nahe steht, seine intuitive Bewertung als Barometer nutzen, ohne sie gleich für das Maß aller Dinge zu halten.

5.4 Das Gruppenklima im Forming

Das Klima im Forming ist von jenen Einflüssen geprägt, die wir bisher als formingtypisch kennengelernt haben: Suche nach Konventionen und Übertragung früherer Erfahrungen in einer unbestimmten, verunsichernden Situation.

5.4.1 Wirkungsorientierung und Konformität

In unserem Verhalten gegenüber anderen Menschen stellt sich immer wieder die Frage „Will ich mich so verhalten, dass ich meiner 'inneren Wahrheit' gerecht werde oder achte ich mehr darauf, dass ich in Anbetracht der 'äußeren Wahrheit' gut ankomme?" Schulz von Thun (1981) unterscheidet entsprechend Ausdrucks- und Wirkungsaspekt von Kommunikation. Wenn ich mir mit dem Hammer versehentlich auf den Finger haue, kann ich laut aufschreien, um den Schmerz (ausdrucksorientiert) „rauszulassen" oder die Zähne (wirkungsorientiert) zusammenbeißen, um vor eventuellen Beobachtern nicht als Schwächling dazustehen.

Im Forming ist das Verhalten der meisten Menschen vorwiegend wirkungsorientiert: man richtet sich weniger an inneren Maßstäben und Befindlichkeiten aus, sondern versucht sich mit den Augen der anderen zu beurteilen.

Nun ist es schwer, sich erwartungskonform zu verhalten, wenn man zu Beginn der Gruppe die Erwartungen der anderen bestenfalls erahnen kann. Während des Formings sind die Gruppenmitglieder weder richtig bei sich (weil wirkungsorientiert) noch richtig bei den anderen (weil man deren Erwartungen nicht wirklich kennt). Durch dieses Zwischen-allen-Stühlen-Sitzen fühlt man sich in Anfangssituationen häufig „heikel" und erscheint sich selbst fremd, komisch und verquer: „Oh Gott, wie ich rede, gehe, lache – das ist ja völlig verkrampft!". Es fehlt ein zuverlässiger innerer bzw. äußerer Maßstab für stimmiges Verhalten. Wir verlieren an Selbst-Sicherheit und fühlen uns gehemmt.

 Selbst-Unsicherheit, Wirkungsorientierung, Gehemmtheit und Zurückhaltung prägen das Klima im Forming.

Der Verzicht auf Individualität macht sich im Miteinander auch dadurch bemerkbar, dass Wünsche, Forderungen, Erwartungen – alles, was in der Kommunikation unter „Appell" (Schulz von Thun, 1981) firmiert – nicht oder nur verdeckt geäußert wird. Statt eines gut ausgebildeten Appell-Schnabels, mit dem wir unsere eigenen Erwartungen äußern könnten, verfügen wir im Forming lediglich über riesengroße Appell-*Ohren*, die uns Informationen über an uns gerichtete Erwartungen liefern: „Ich will hier nicht mehr wollen, als mir zugestanden wird, um keine Zurückweisung riskieren zu müssen".

Dieses Klima ergreift auch den Coach, auch er „flattert" innerlich und braucht Zeit, um zu sich zu finden – zumal er sich von Gehemmtheit umgeben weiß. Er muss in dieser Phase die Situation auf seine Art gestalten, ohne zu wissen, wie diese Art ankommt. Er muss sich dem Risiko des Abgelehntwerdens ungeschützt aussetzen. Für viele Coaches ist deshalb das Forming die anstrengendste Gruppenphase.

Je sicherer sich die Teilnehmer in der Gruppe fühlen, desto eher sind sie zu ausdrucksorientiertem Verhalten bereit, verzichten zugunsten von Authentizität auf Wirkungskontrolle. Wenn wir erst mal wissen, wie man sich „artig" verhält, verliert die Artigkeit an Bedeutung. Damit fällt von allen Beteiligten viel Zurückhaltungsanstrengung ab und die zunächst in den Hintergrund getretenen Unterschiedlichkeiten zwischen den Menschen werden sichtbarer.

BEISPIEL

Konventionen in der Anfangsrunde. Das Formingklima zeigt sich prägnant in Anfangs- und Vorstellungsrunden. Als Coach beginne ich Gruppen i.d.R. mit der Aufforderung, etwas zu sich und zu den Erwartungen an die Gruppe zu sagen. Wenn ich es bei der unverbindlichen Aufforderung belasse und damit wenig Außenorientierung gebe, beschränkt sich der erste Teilnehmer in seiner Vorstellung auf das, was ihm konventionell hinlänglich abgesichert erscheint „Mein Name ist Bertha Sawatzki, ich arbeite in der Personalabteilung der Firma 'Hi-Tech' und sitze hier voller Erwartungen, dass mir das Seminar etwas bringt".

Frage ich nicht weiter nach, dann gilt diese Form der Vorstellung als „abgesegnet" und dient den Nachfolgenden als Richtschnur, man erfährt von allen lediglich Namen, Arbeitsstelle und freundliche Unkonkretheiten hinsichtlich der Erwartungen. Natürlich gilt Watzlawicks (1969) Postulat „Man kann nicht nicht kommunizieren!" auch für Coaches und Leiter und ganz besonders während des Formings. Die Gruppenmitglieder sind hellhörig hinsichtlich aller sich im Leiterverhalten manifestierenden offenen und verdeckten Appelle (Regeln, Vorschriften usw.). Jede Nicht-Reaktion des Leiters wird zumindest als „Durchgehenlassen" interpretiert „Er sagt nichts – also darf man das hier!". Vielleicht äußert sich aber auch als erster ein „alter Hase", der sich mit detaillierteren Informationen heraustraut und ein paar Worte seiner inneren Verfassung sagt („Na ja, aufgeregt bin ich natürlich auch – ein neues Thema und so viele Unbekannte"), dann kann ich mich darauf verlassen, Entsprechendes auch von den Anderen zu erfahren.

Um stärkeren Einfluss auf die Inhalte der Vorstellung zu nehmen, muss ich mit Leiterautorität aktiv Konventionen setzen, sei es, dass ich beispielhaft mit der Runde beginne oder vor Beginn der Runde die Punkte nenne, zu denen ich etwas hören möchte, und nachfrage, wenn etwas ausgelassen wird.

Nettigkeit. Im Forming herrschen Sympathiekundgaben vor; alles, was zu diesem frühen Zeitpunkt Konflikte bedeuten könnte, wird zurückgehalten bzw. ignoriert. Solange es nicht klar ist, dass man dazugehört, will man sich halt niemandes Sympathie verscherzen. Es könnte ja sein, dass man sich unversehens mit einem Insider oder jemandem, den man später noch nötig haben könnte, angelegt hat.

Aus dem gleichen Grund werden Grenzverletzer während des Formings stillschweigend geduldet: Vielredner, Aufschneider, Aufdrängler usw. werden zwar als störend empfunden, aber nicht zur Ordnung gerufen. Deshalb muss der Coach während des Formings Grenzverletzer einfangen – und zwar möglichst so taktvoll, dass nicht alle Beteiligten in Angst und Scham verfallen „Ich freue mich, Herr Gerdes, dass Sie bereit sind, etwas von sich mitzuteilen. Gleichzeitig habe ich die Sorge, dass wir zu viel Zeit für die Anfangsrunde verbrauchen, wenn jetzt schon alle ins Detail gehen. Aus diesem Grund würde ich jetzt gern zum nächsten weitergehen – einverstanden?" (s. auch Kapitel 5.5.3).

5.4.2 Arbeiten im Forming

Natürlich wird auch im Forming gearbeitet, d.h. es gibt ein eingeschachteltes Performing im Forming (s. Kapitel 4.3.6), denn die Konventionsstruktur kann sich natürlich nur in der Interaktion, im Miteinander, entwickeln. So wird also bereits miteinander gearbeitet, während die Gruppe noch ihre Regeln sucht. Das Arbeitsklima während des Formings ist autoritätsorientiert (mit Blick auf den Leiter, „alte Hasen" usw.) und von Zurückhaltung geprägt: Jeder Arbeitsauftrag, der nicht bis in Einzelheiten klar definiert ist, droht an Verantwortungsscheu, Kooperationsscheu und Darstellungsscheu zu scheitern.

Verantwortungsscheu. In einer Phase der Regelunklarheit sind die meisten Teilnehmer mit Aufgaben überfordert, die viel Eigenverantwortlichkeit verlangen („Teilen Sie sich nach Gutdünken in Viergruppen auf!" „Legen Sie selbst fest, was Sie hier lernen möchten!"). Solche Aufgaben werden dann nur notdürftig erfüllt.

Kooperationsscheu. Da die Regeln für das Miteinander im besten Fall konventionell und insofern undifferenziert sind, können komplexere Kooperationen (in Paaren oder Kleingruppen) kaum durchgeführt werden. Denn Kleingruppenarbeiten verlangen von Gruppenmitgliedern neben der inhaltlichen Arbeit immer auch Strukturierungsarbeit: es müssen Fragen geklärt werden „Wie ist die Aufgabe zu verstehen?", „Welches Anspruchsniveau für die gestellte Aufgabe geben wir uns?", „Darf die Zusammenarbeit einseitig dominiert werden oder arbeiten wir gleichberechtigt?", „Wann holen wir uns Unterstützung vom

Leiter?" Um diese Fragen bearbeiten zu können, müssten sich die Teilnehmer weiter herauswagen, als sie das angesichts der unzureichenden Struktur im Forming in der Regel tun.

Darstellungsscheu. Wann immer die Gruppe ins Performing eintritt, sind die Einzelnen aufgefordert, sich zu zeigen. Sie müssen sich mit ihrem Wissen, ihrer Gestaltungsfähigkeit, ihren Ansichten und ihren Schwachpunkten einbringen. Das erfordert von ihnen Risikobereitschaft, da es durchaus passieren kann, dass ihr Wissen als „Besserwisserei", ihr Unwissen als „Dummheit", ihre Ansichten als „untragbar" und ihr Gestaltungswille als „Dominanz" verstanden werden. Diese Risikobereitschaft wächst im gleichen Maße wie die Reißfestigkeit der Konventionsstruktur zunimmt, ist also im Forming eher gering zu veranschlagen.

Leitung als Strukturersatz. Die Gruppe ist im Forming besonders anleitungsbedürftig, wenn sie arbeiten soll. Der Coach muss in aller Regel selbst Leitungsfunktionen übernehmen und seinerseits verantwortungs-, darstellungs- und verpflichtungsfreudig sein, um das Eis zu brechen. Schwer haben es im Forming Gruppen, die keine Führung haben bzw. die vorübergehende Wahrnehmung der Leitungsfunktion durch Mitglieder nicht dulden; sie brauchen in der Regel lange, um wirklich arbeitsfähig zu werden.[36]

Damit sind wir aber schon beim nächsten Punkt: Was kann (seitens der Leitung) getan werden, um die Gruppe im Forming zu unterstützen?

5.5   Interventionsansätze im Forming

In allen Phasen des Gruppenprozesses, auch im Forming, ist es die Aufgabe des Coaches, Katalysator der Gruppenvertragsentwicklung zu sein: Die Entwicklung einer Konventionsstruktur zu ermöglichen oder voranzubringen. Er muss der „Appellohrigkeit" (Schulz von Thun, 1981) des Beginns entgegenkommen und Konformität ermöglichen, indem er hilft, offizielle Ziele zu klären und Konventionen zu entwickeln. Gleichzeitig muss er Individualität, Ausdrucksorientierung und „Appell-Schnabeligkeit" ermutigen.

Gerade, wer es als Leiter mit seiner Gruppe eilig hat, tut gut daran, in dieser Phase langsam voranzugehen, denn eine Gruppe, die ohne primäre Konventionsstruktur arbeiten soll und muss, tut dies in aller Regel ineffizient. Aus Leitungssicht sind vier Aspekte besonders wesentlich, wenn es gilt, der Gruppe einen guten Start zu ermöglichen:
(1) Gewissheit vermitteln,
(2) Wahrheit der Situation veröffentlichen,
(3) Konflikte verschieben und
(4) Scheu und Zurückhaltung akzeptieren.

5.5.1 Gewissheit vermitteln

Der Coach unterstützt die einzelnen Mitglieder dabei, Gewissheiten (vgl. Kapitel 5.2.3) zu erlangen:

▶ Gewissheit über zwischenmenschliche Grundregeln,
▶ Gewissheit über offizielle Ziele und
▶ Gewissheit über die Zugehörigkeit zur Gruppe.

Konventionen setzen. Der Coach macht der Gruppe zu Beginn deutlich, welche Regeln er zunächst setzen will (z.B. in Bezug auf Arbeitszeiten, Anrede, Zwischenfragen etc.) und welche dieser Regeln mit seinem Einverständnis in Frage gestellt und geändert werden dürfen. Damit nimmt er der Gruppe eine große Last ab.

Offizielle Ziele vorgeben. Der Coach sollte seinen inhaltlichen „Fahrplan" offenlegen (z.B. durch Aushängen eines Übersichtsplanes), so dass jeder Teilnehmer abzuschätzen vermag, inwieweit er angesichts der offiziellen Ziele auf seine Kosten kommen wird.

Akzeptation vor Konfrontation. Der Coach sollte für seinen Kontakt zu den Teilnehmern die Regel „Akzeptation vor Konfrontation" beherzigen. Konzentrieren Sie sich bei allen auf jene Ausschnitte der Persönlichkeit, die Sie mehr oder minder vorbehaltlos annehmen können und tolerieren Sie in dieser Phase andere Aspekte, die Sie auf Dauer nicht werden hinnehmen können. Jede Kritik an Teilnehmern wird im Forming seitens der Betroffenen als Zurechtweisung erlebt und von den anderen als „typische Kostprobe des Leiterverhaltens" gewertet.

5.5.2 Wahrheit der Situation veröffentlichen

Die Gruppenmitglieder sollten vom Coach möglichst rasch möglichst viele Informationen zur Wahrheit der Situation erhalten. Dadurch nehmen Angst und Unsicherheit beträchtlich ab, so dass die Beteiligten sich nicht länger als nötig in einer „unbestimmten" Situation wähnen, die sie zum Einsatz von – teilweise Angst schürenden – Übertragungen zwingt.

Kontextdefinition anbieten. Der Coach sollte anfangs von sich aus seine Sicht des situativen Kontextes bekannt machen. Von Friedemann Schulz von Thun stammt die „Standard-Situations-Eröffnung", die dieser Anforderung gerecht wird „Warum und wozu bin ausgerechnet ich in dieser Rolle, ausgerechnet heute, ausgerechnet hier, ausgerechnet mit Ihnen und ausgerechnet zu diesem Thema zusammen?". Dabei ist es durchaus angebracht, auch heikle Punkte anzusprechen, die die Aufmerksamkeit der Betroffenen ohnehin beanspruchen und einer produktiven Zusammenarbeit im Wege stehen könnten, z.B. „Ich weiß, dass einige von Ihnen hier nicht unbedingt aus eigener Initiative sitzen, sondern von Ihren Vorgesetzten geschickt wurden". Es empfiehlt sich allerdings, solche Punkte als Angebote in den Raum zu stellen mit dem (unausgesprochenen) Zusatz „Ich weiß um diesen Punkt, er muss hier nicht verheimlicht werden und von mir aus darf dieser Punkt gerne thematisiert werden, ohne dass ich jetzt darauf bestehe". Sonst werden die Teilnehmer gleich zu Beginn dazu gezwungen, sich mit (vom Leiter definierten) Störungen zu beschäftigen, die für sie generell oder zum jetzigen Zeitpunkt noch irrelevant sind. Unwille und Frustration („Das bringt hier doch nix!") sind meist die Folge.

Anfangsrunde. Es empfiehlt sich, den Gruppenmitgliedern anschließend Gelegenheit zu geben, ihre Wahrheit der Situation zu veröffentlichen, z.B. in einer Anfangsrunde. Subjektivität sollte dabei ausdrücklich ermutigt werden: „Es darf hier zu Beginn gern allen unterschiedlich gehen". Zweifelhaft erscheinende Themen sollen ausdrücklich willkommen geheißen werden. Eine Möglichkeit ist es, bei Seminarbeginn nach den widerstreitenden inneren und äußeren Kräften zu fragen, die letztlich dazu geführt haben, dass man nun hier sitzt: „Kann sein, dass Sie sich darum gerissen haben, hier dabei sein zu dürfen; kann aber auch sein, dass Sie von Ihrem Chef einen „Einberufungsbescheid" bekommen haben, dem Sie murrend nachkommen. Vielleicht sind Sie ein Mensch, der in Gruppen aufblüht und froh ist, dass es losgeht; vielleicht sind Sie aber eher so gestrickt, dass Gruppen Sie erdrücken, so dass Sie jetzt schon das Ende herbeisehnen." Diesen thematischen Freifahrtschein nutzen die Teilnehmer erfahrungsgemäß aus, um unaufschiebbare heikle Themen bereits im Forming anzusprechen.

Einfache Kontaktmöglichkeiten. Der Coach sollte den Gruppenmitgliedern anfangs Kontaktmöglichkeiten bieten, ohne sie in peinliche Situationen zu drängen. Je intensiver die Teilnehmer sich untereinander real begegnen, desto unwichtiger werden Vorurteile als Handlungsleitfaden. Gleichzeitig dürfen die Themen, über die man miteinander in Kontakt tritt, weder zu tiefgehend (so dass Intimitätsgrenzen verletzt werden) noch zu unstrukturiert sein (so dass viel Strukturarbeit durch die Teilnehmer erforderlich ist). Ich habe die Erfahrung gemacht, dass es am hilfreichsten ist, den Teilnehmern eine klare Form (z.B. Gespräch in Paaren) vorzugeben und ihnen einen abgestuften „Inhaltekatalog" anzubieten, anhand dessen sie die für sie angemessene „Tiefe" ausloten können: „Tauschen Sie sich darüber aus, welche Arbeit Sie tun, vielleicht auch schon darüber, wie zufrieden Sie mit Ihrer Arbeit sind und – wenn's passt – darüber, welche Schwierigkeiten, die mit Ihrer Person und Ihrem Strickmuster zusammenhängen, Sie mit sich herumschleppen".

5.5.3   Konflikte verschieben

Der Coach sollte den Teilnehmern während des Formings unnötige Konflikte ersparen.

Moderierendes Verschieben. „Unnötig" sind im Forming all jene Konflikte, die sich nicht direkt behindernd auf das Forming auswirken.

Wenn sich z.B. gleich zu Beginn eines viertägigen Seminars Meinungsverschiedenheiten über die genaue Uhrzeit des Seminarendes manifestieren, dann nimmt der Leiter diese Störung explizit auf, damit die Teilnehmer sie bei ihm aufgehoben wissen und sich innerlich wieder auf das Hier und Jetzt des Formings einlassen können „Die Frage, wann genau wir hier aufhören, ist für viele offensichtlich bedeutsam und es gibt durchaus unterschiedliche Auffassungen in dieser Frage. Für mich ist es auch wichtig, da zu einer klaren und für möglichst alle befriedigenden Übereinkunft zu kommen". Der Leiter greift die Störung auf, verschiebt deren Klärung auf einen späteren Zeitpunkt, da sie auf der Grundlage einer tragfesteren Struktur behandelt werden kann „Ich schlage vor, dass wir uns morgen früh, wenn wir uns alle hier eingelebt haben, darüber austauschen, die Vor- und Nachteile abwägen und zu einer Entscheidung kommen".

Nun gilt es noch zu überprüfen, ob die Intervention im Sinne der Gruppe ist („Sind Sie mit diesem Vorgehen einverstanden? Wenn nicht, sagen Sie jetzt Bescheid"). Falls es sich um eine verschiebbare Störung handelt, wird die Intervention in aller Regel begrüßt; umgekehrt regt sich Widerstand („Ich muss es aber jetzt gleich wissen, weil ich den Rückflug buchen will und kaum noch Plätze frei waren!"), wenn die Störung das laufende Forming blockiert – vorausgesetzt, die „Einladung" des Leiters zum Widerspruch war mehr als eine rhetorische Floskel.

Unaufschiebbare Konflikte müssen auch während des Formings ausgetragen werden, da sie sonst „unterirdisch" an der Aufmerksamkeit zumindest der Betroffenen zehren und damit das Forming behindern. Bei Themen, die keinen Aufschub dulden, muss der Leiter den Konflikt stark strukturierend moderieren, um die fehlende Gruppenstruktur zu kompensieren und dabei Dauer und thematische Breite des Konfliktes auf das Unumgängliche begrenzen.

Störenfriede integrieren. Während des Formings muss der Leiter „Störer", die sich durch ihr Verhalten den Unwillen der anderen (einschließlich des Leiters) zuziehen, integrieren, Teilnehmer etwa, die endlos lange Redebeiträge machen oder solche, die von Beginn an gegen jeden und alles zu Felde ziehen. Der Leiter kann das Störverhalten „vergolden" „Ich bin froh, dass wir mit Ihnen auch einen besonders kritischen Geist unter uns haben. Das wird uns davor bewahren, zu sorglos und selbstgefällig in harmonischen Gewässern zu dümpeln". Dieses „Vergolden" hat in der Regel einen mehrfach positiven Effekt: Nicht nur, dass der Störer sich gesehen und gehört fühlt und damit eine wesentliche Ursache seines Verhaltens ausgeräumt sieht, zusätzlich etabliert sich eine gute Beziehung zum „Störer" einerseits, zur Gruppe andererseits, die dafür dankbar ist, von der Störung befreit zu sein und einen Konflikt vermieden zu haben.

Ein derartiger Umgang mit „Störern" ist natürlich nur solange möglich, als er seitens des Coaches innerlich gedeckt ist. Wann immer Sie sich als Leiter selbst so massiv gestört fühlen, dass Freundlichkeit nur noch aufgesetzt wäre, bleibt nichts anderes, als dem Störenfried mit Leiterautorität Grenzen zu setzen, und dies solange sich der Unmut noch im erträglichen Bereich bewegt. Wer sich so lange zurückhält, bis er „platzt", richtet damit mehr Schaden an als durch eine rechtzeitige Konfrontation.

Feed-back vermeiden. Der Leiter sollte den Teilnehmern während des Formings unnötige Beziehungsklärungen ersparen. Das Beziehungsklima während des Formings ist unverbindlich und sympathieorientiert. Alles, was darüber hinaus geht, findet ohne hinlängliche Struktur statt, vergrößert damit die Unsicherheit der Teilnehmer und belastet den Arbeitsbeginn. Insofern gehören Interventionen mit Feed-back-Charakter nicht ins Forming. Hierzu zählen auch „Partnerwahl"-Interventionen: Wer Teilnehmer im Forming auffordert, sich Partner zu wählen („Bilden Sie bitte Dreiergruppen!") zwingt sie zu einem Feedback, fordert in gewissem Sinne ein kleines Soziogramm ein: Die Wahl eines anderen wird als risikoreiche Sympathiekundgebung erlebt („Und wenn er nun 'Nein' sagt?"), die Nichtwahl als Ausdruck von Antipathie empfunden („Hoffentlich denkt er nicht, ich hab' was gegen ihn, bloß weil ich ihn jetzt nicht gewählt habe") und das Übrigbleiben als „peinliche Schande" und Bloßstellung erlebt.

Kommt es noch während des Formings zu Klärungsbedarf unter den Teilnehmern („Ihnen, Herr Dasser, kann ich nicht vertrauen. Sie haben schon mehrfach hinter meinem Rücken über mich geklatscht. Solange Sie im Raum sind, bringe ich kein Wort heraus") gilt wiederum die Regel „Möglichst moderierend verschieben und notfalls strukturierend moderieren". Da frühzeitiger Beziehungsklärungsbedarf in der Regel nur zwischen Teilnehmern entsteht, die eine gemeinsame Vorgeschichte und damit bereits etablierte Regeln für ihre Beziehung haben, ist es aus Sicht der Betroffenen durchaus möglich, den Konflikt gleich zu bearbeiten. Dann muss lediglich darauf geachtet werden, dass der Rest der Gruppe nicht überfordert wird und „an Bord bleibt".

5.5.4 Scheu und Zurückhaltung akzeptieren

Der Leiter sollte die Teilnehmer zu Beginn nicht (über-)fordern, nach dem Motto „Sie sind alle alt genug, Ihre Interessen selbst zu vertreten. Erwarten Sie nicht von mir, dass ich Sie an die Hand nehme und Ihnen sage, wo's lang geht".

Autorität wahrnehmen. Akzeptieren Sie den Autoritätskredit, der Ihnen als Coach oder Leiter im Forming gewährt wird und nutzen Sie ihn, um Konventionen und Strukturen zu etablieren. Klagen Sie in dieser Phase nicht darüber, alles selbst bewegen zu müssen, weil die „Leute so lahm" sind. Früher oder später, wenn die Teilnehmer sich sicher genug fühlen, ist Ihr Kredit ohnehin aufgebraucht und die Teilnehmer vertreten ihre eigenen Interessen.

Verantwortung übernehmen. Übernehmen Sie als Leiter im Forming Verantwortung für Inhalte und Strukturen, um die Gruppe nicht durch „selbstgeleitetes Arbeiten" zu überfordern. Lassen Sie sich zum jetzigen Zeitpunkt nicht auf Methodendiskussionen ein; falls es während des Formings zu Störungen durch „Methodenkritiker" kommt, gilt wiederum die Regel „moderierend aufschieben und vergolden": „Ich bin sicher, dass wir noch Zeit und Gelegenheit für interessante Methodendiskussionen unter Kollegen haben werden, möchte Sie aber bitten, erst einmal mitzumachen, um dann anschließend anhand des Erlebten reflektieren zu können".

Die Vorgabe von Inhalten und Strukturen sollte allerdings nicht diktatorisch erfolgen, sondern den Charakter fachlich begründeter Vorschläge haben, damit sich nicht gleich Widerstand in der Gruppe gegen Bevormundung von oben regt.

Zeiten einhalten. Die Gruppe darf in dieser Phase nicht sich selbst überlassen bleiben. Dazu gehört auch, die Anfangszeiten pünktlich einzuhalten und nicht die strukturlose Gruppe wartend einer unbestimmten Situation auszusetzen. Der Raubtierdompteur im Zirkus wird auch nicht während des Einmarsches der Tiere in die Arena einen Kaffee trinken gehen.

Klare Arbeitsaufträge. Falls die Teilnehmer zu Beginn Arbeitsaufträge (allein, zu zweit oder in Kleingruppen) erhalten sollen, müssen die Arbeitseinheiten kurz und eindeutig strukturiert sein. Die Einteilung der Gruppen sollte vom Leiter vorgenommen worden sein, um die Teilnehmer von der Wahlverantwortung zu entlasten.

Verzicht auf Präsentation. Ergebnisse von Kleingruppenarbeiten im Forming sollten möglichst nicht anspruchsvoll präsentiert werden, weil damit sofort das Konkurrenzthema und damit verbundene Versagensängste wach werden, was in einer Gruppe ohne entwickelte Konventionsstruktur lediglich zu gesteigerter Zurückhaltung führt.

Verzicht auf Ausdrucksorientierung. Verzichten Sie während des Formings auf Interventionen, die den Teilnehmern eine allzu große Bereitschaft abverlangen, sich darzustellen und auszudrücken. („Stellen Sie sich den anderen Teilnehmern vor, indem Sie sich als das Tier, das in Ihnen wohnt, durch den Raum bewegen!")

6 Die Streitphase: Storming

> ▶ Das **Storming** ist die Phase, die der Klärung von Zielkonflikten in der Gruppe dient.
>
> ▶ Die **wesentliche evolutionäre Leistung** der Gruppe besteht darin, bestehende Widersprüche zwischen Gruppenmitgliedern aufzudecken, und die Möglichkeiten und Grenzen der Zusammenarbeit ebenso wie Alternativen für später zu treffende Entscheidungen zu klären. Die Gruppe differenziert sich nach innen aus und entfaltet ihr Konfliktpotential.
>
> ▶ Für die **einzelnen Mitglieder** ist das Storming eine Zeit des Farbe-Bekennens; sie müssen sich in der Gruppe als Individuum mit eigenen (auch abweichenden) Bedürfnissen abgrenzen und den Kontakt zu den anderen Mitgliedern entlang dieser Grenzen gestalten.
>
> ▶ Wir beschreiben fünf Voraussetzungen für den konstruktiven Verlauf des Stormings und stellen **Interventionen** vor, die diese Voraussetzungen erfüllen helfen.

6.1 Die Gruppe im Storming

Nach dem Forming verfügt die Gruppe über eine Sicherheit spendende Konventionsstruktur, über einen gemeinsamen Nenner nach innen und eine Abgrenzung nach außen. Das erste große Ziel „Dazugehören" ist für alle Beteiligten vorläufig erreicht. Als nächstes steht eine weitergehende Differenzierung nach innen an, die dadurch vorankommt, dass Unterschiede deutlich hervortreten.

Hier stoßen wir auf ein Darstellungsproblem. Wir hatten bereits auf die selbstähnliche Struktur des Gruppenprozesses hingewiesen: jede „große" Phase beinhaltet alle Phasen im Kleinen (vgl. Kapitel 4.3.6): Wir müssten demnach über jede der fünf Phasen bereits im Bilde sein, um die erste genauer ins Auge fassen zu können.

Schon bei der Darstellung des Formings hätten wir eigentlich die Kapitel über Storming und Norming voraussetzen müssen, da das Forming selbst ja von jenen kleinen Stormings und Normings durchsetzt ist, die mit der Suche nach geltenden Konventionen einhergehen.

Auch wird während des Formings bereits gearbeitet, das Performing im Forming ist unverzichtbar: Nur wenn auf der Grundlage des ersten Gruppenvertragsentwurfes praktische Erfahrungen miteinander gesammelt werden, können die Grenzen dieser Konventionsstruktur deutlich hervortreten. Das erste strukturelle Auffangnetz der Gruppe muss „in der Wirklichkeit" strapaziert werden und Risse bekommen – sonst gäbe es für ein Storming ja gar kein Material: Solange sich das Miteinander durch Konventionen bestens regeln lässt, gibt es keine Konflikte.

Schließlich muss vor dem ersten „richtigen" Storming ein rudimentäres Re-Forming stattgefunden haben: Die einzelnen müssen zumindest im Stillen und auf die Schnelle eine erste innerliche Bilanz ihrer Performing-im-Forming-Erfahrungen gezogen haben. Nur dann wissen sie, wo und wie sie sich von anderen unterscheiden, und ohne dieses Wissen lässt sich schwerlich streiten.

Wir können daher bei der Schilderung des Storming davon ausgehen, dass die Differenzen, die im Storming ausgetragen werden, zuvor entstanden und bemerkt worden sein müssen.

6.1.1   Vom Gemeinsamen zum Trennenden

Mit dem Storming beginnt eine aufregende, manchmal im Wortsinne „stürmische" Zeit des Sich-Abgrenzens, Sich-Auseinandersetzens, Sich-Unterscheidens.

 Auf die Zeit des Sich-Kennenlernens im Verbindenden folgt eine häufig konflikthafte Zeit des Sich-Kennenlernens im Trennenden.

Es ist so, als ob die Einzelnen dank der Konventionsstruktur den Rücken freibekommen und sich erinnern: „Moment mal! Ich bin hier ja nicht nur, um einfach dabei zu sein, sondern auch, um auf meine Art und im Sinne meiner Ziele vom Gruppengeschehen zu profitieren. Damit das geschehen kann, muss hier aber noch vieles geklärt und einiges anders werden." Der individuelle Zielpool tritt wieder in den Vordergrund; und da die individuellen Ziele gegenüber dem das Forming dominierenden kollektiven Thema des „Dazugehörens" meist eine erhebliche Heterogenität aufweisen, kommt es unvermeidlich zu Zielkonflikten, sobald die Einzelnen daran gehen, am Erreichen ihrer persönlichen Ziele zu arbeiten.

Um es in der Sprache der Mengenlehre auszudrücken: Die im Forming erarbeitete Sicherheitsstruktur umfasst die „Schnittmenge" der einzelnen Zielpools, den kleinsten gemeinsamen Nenner; im Storming werden diejenigen Elemente der individuellen Zielpools vom Strukturierungsprozess erfasst, die nicht Element dieser Schnittmenge sind.

6.1.2   Die Konfliktstruktur

Diesen Dissens kann man herunterspielen, ignorieren oder verteufeln – aber nicht abschaffen. Solange der Zielpool der Gruppe heterogen ist, verfügt die Gruppe über ein Lebendigkeits- und Störungspotential, das die fruchtbare Zusammenarbeit (auch im „Konsensbereich") beflügeln oder lähmen kann. Dieses Potential wird im Storming nach oben gespült: Die Bedürfnisse der Einzelnen werden in ihrer Unterschiedlichkeit deutlich, und die Struktur dieser Unterschiedlichkeit gewinnt Konturen. Die im Zielpool der Gruppe angelegten Konflikt- und Bündniskonstellationen entfalten sich im Storming und werden manifest.

Wie aus dem „Mengenbild" in Abb. 7 zu ersehen ist, steht A nicht mit allem, was ihn vom Konsens unterscheidet, alleine da: Ein Teil seiner „abweichenden Ziele" wird von B, ein anderer von C und der Rest von keinem geteilt. In jeder Gruppe gibt es eine Konfliktstruktur, die das Verhältnis der individuellen Zielpools zueinander spiegelt und dabei nicht nur die Diskrepanzen und Gemeinsamkeiten, sondern auch die „Überschneidungsverhältnisse" (Mehrheiten, Minderheiten, Bündnisse und Konkurrenzverhältnisse) umfasst. Diese Konfliktstruktur muss sich entfalten können, damit das Miteinander gelingen kann.

Im Mittelpunkt des Stormings stehen also Fragen wie: Wer verfolgt welche inhaltlichen Ziele? Auf welchen Wegen? Wer lehnt welche Ziele oder Wege ab? Wer will/kann gut mit wem? Wer stört sich an wem? Wer setzt oder bricht welche Regeln? Wem wird wie viel inhaltlicher, zwischenmenschlicher Einfluss gewährt?

Diese Fragen und die ihnen zugrunde liegenden Themen müssen kommunizierbar werden: Erst, wenn wir darüber im Bilde sind, wie unsere inhaltlichen, zwischenmenschlichen, regelbezogenen und ideologischen Wünsche (nicht) zusammenpassen, wissen wir wirklich, woran wir miteinander sind und kön-

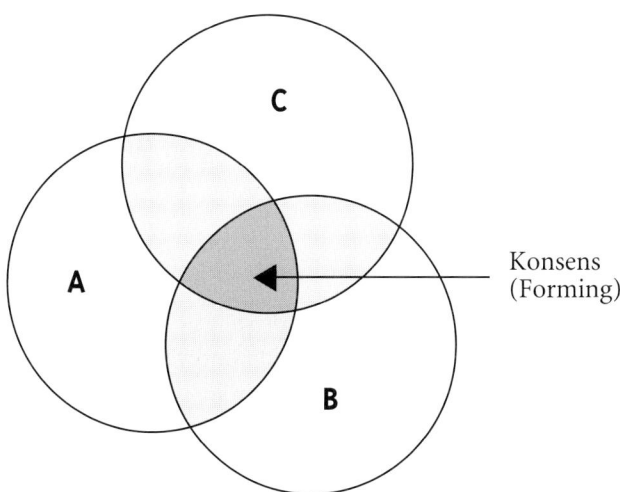

Abbildung 7. In jeder Gruppe gibt es eine **Konfliktstruktur**, die das Verhältnis der individuellen Zielpools zueinander spiegelt: Das Formingthema „Dazugehören" bildet die gemeinsame Schnittmenge der persönlichen Zielpools von A, B und C.
Darüber hinaus teilen A und B, A und C, B und C jeweils gemeinsame Ziele. Aus diesen Überschneidungen können Koalitionen erwachsen. Alles, was jenseits des Konsens liegt, birgt Konfliktstoff.

nen uns (im Norming) der „Wahrheit der Situation" entsprechend organisieren. Und erst, wenn das geschehen ist, können wir (im Performing) fruchtbar zusammenarbeiten. Diese Erfahrung hat jeder von uns nicht zuletzt in Liebesbeziehungen gemacht. Auf die Flitterwochen, in denen man auf „Wolke 7" schwebte und sich der Illusion hingegeben hatte „wir sind wie füreinander geschaffen" folgt zwangsläufig eine Zeit der Ernüchterung, in der man feststellt, dass die „Passung" durchaus nicht gegeben ist, sondern erst hergestellt werden muss.

Unterschiede fruchtbar machen. Im Storming entwickelt die Gruppe die Fähigkeit, Unterschiede zwischen ihren Mitgliedern zuzulassen und zueinander in (zunächst konflikthafte) Beziehungen zu setzen. Abgrenzung voneinander und Kritik aneinander werden als Bestandteile der Gruppenkultur etabliert. Dabei entsteht eine wesentliche Voraussetzung für Lebendigkeit und Effizienz des Miteinanders:

▸ Themen werden bearbeitbar, die auf Grundlage der Konventionsstruktur noch tabuisiert waren (z.B. Hierarchien und Konkurrenzverhältnisse innerhalb der Gruppe),

▸ Beziehungen innerhalb der Gruppe werden vertieft, wenn die Einzelnen Individualität gewinnen und aus der Gleichabständigkeit im Forming nun Beziehungen mit unterschiedlichen Abstufungen von Nähe und Distanz hervorgehen,

▸ die emotionalen Bindungen der Einzelnen an die Gruppe werden verstärkt, wenn Teilnehmer jenseits der sozialen Freundlichkeitsfassade ihren Charakter und ihre den Konflikt begleitenden Gefühle zeigen,

▸ Partnerschaften, Bündnisse, Koalitionen und Mehrheitsverhältnisse werden transparent,

▸ Störungen, die die Arbeitsfähigkeit der Gruppe einschränken, werden aus dem Nebel des scheinbar Unbegreiflichen herausgelöst und auf bearbeit- und lösbare Zielkonflikte zurückgeführt,

▸ umstrittene Ziele, die nicht alle teilen, werden benannt und unter geklärten Bedingungen verfolgt.

Mit anderen Worten: die Leistungsfähigkeit der Gruppe steigt.

Das Storming beinhaltet natürlich auch Risiken, die beim Eintritt in diese Phase niemals vollständig auszuschalten sind – selbst dann nicht, wenn alle Beteiligten ihr Bestes geben, um einen konstruktiven Verlauf zu gewährleisten: Vielleicht zeigt sich im Verlauf des Stormings, dass das positive Selbstbild der Gruppe („eine große Familie") oder einzelner („ein beliebter und offener Zeitgenosse") mit den zu Tage tretenden Wahrheiten nicht übereinstimmen. Vielleicht wird deutlich, dass Einzelne mit ihren Zielvorstellungen einfach nicht hineinpassen und ihren Abschied nehmen wollen oder müssen. Oder es stellt sich heraus, dass die Gruppe als Ganze nicht zusammenpasst und sich besser in Fraktionen aufteilt. Vielleicht wird deutlich, dass manche Ziele auf Grund der

„Wahrheit der Situation" unerreichbar bleiben müssen und damit der Sinn und die Existenzberechtigung der gesamten Gruppe fraglich werden.

Vordringliche und nachgeordnete Konflikte. Natürlich werden nicht alle im Zielpool der Gruppe angelegten Konflikte gleich zu Beginn und mit einem Mal ausgetragen. In einer funktionierenden Gruppe beschränkt sich jede Stormingphase auf die jeweils vordringlichen Zielkonflikte; es entfaltet sich nur jener Ausschnitt der Konfliktstruktur, der gerade auf der Tagesordnung steht, was entschärfend wirkt, weil nicht mit einem Schlag der gesamte Gruppenzündstoff zur Explosion gelangt (vgl. Kapitel 4.3.3). Nur Gruppen, die über zu lange Zeit das Storming umgangen haben, laufen Gefahr, dass es irgendwann zu einer ungeregelten Explosion kommt.

6.1.3 Amplifikation der Spannungen

Im Storming werden die im Gruppenzielpool vorhandenen Spannungen verstärkt (amplifiziert) und auf den Punkt gebracht, so dass Konfliktlinien deutlich hervortreten und jener Entscheidungsdruck entsteht, der die Evolution der Gruppe voranbringt. Wie ein Bildhauer aus dem formlosen Marmor eine klar konturierte Skulptur heraushaut, formt das Storming aus den latent vorhandenen Widersprüchen des Zielpools entscheidbare Alternativen: Du oder ich, dieser Weg oder jener, unser Ziel oder eures. So unangenehm und schmerzhaft diese Amplifikation des Trennenden erlebt werden mag – sie ist unerlässlich, um voranzukommen. Denn nur auf dieser Grundlage können im anschließenden Norming Entscheidungen getroffen werden, die ein erfolgversprechendes Miteinander ermöglichen.

Beim ersten Storming wird häufig schon das bloße Vorhandensein von Unterschiedlichkeiten als eiskalte Dusche erlebt und deren konflikthafte Verstärkung dann eher verweigert. Bei späteren Stormingphasen ist die desillusionierende Einsicht in die Heterogenität des Gruppenzielpools bereits gewachsen, das Erschrecken über Konfliktpotentiale als solche behindert nicht mehr deren Abklärung.

6.1.4 Vorbeugendes und störungsbezogenes Storming

Die Gruppe steht angesichts ihres störungsanfälligen Zielpools vor der Wahl, prophylaktisch oder störungsbezogen zu stormen.

Bei der prophylaktischen Störungsbearbeitung wird in regelmäßigen Abständen im Sinne einer Vorsorgeuntersuchung geschaut, welche Ziele die Einzelnen vordringlich verfolgen und wie diese zusammenpassen. Wo immer sich Konfliktlinien abzeichnen, können diese dann „bestormt" werden, so dass notwendige Entscheidungen treffbar werden, bevor es im Miteinander knallt. Dieses vorbeugende Storming setzt allerdings voraus, dass es in der Gruppe eine „Kultur des expliziten Re-Formings" bzw. der „Metakommunikation" (Schulz von Thun, 1981) gibt. Dann ist es üblich, die anderen über den eigenen Stand der Dinge und die Variationen des persönlichen Zielpools auf dem Laufenden zu halten. Dadurch wird verhindert, dass Gruppenmitglieder sich während der Arbeit in die Quere kommen, sich gegenseitig das Wasser abgraben und „die eine Hand nicht weiß, was die andere tut". Prophylaktisches Konfliktmanagement (vorbeugendes Storming) ist insofern ressourcenschonend, als der Preis fehlender Zielklarheit – Verschwendung von Zeit, Geld und guter Laune – begrenzt wird. Außerdem sind Auseinandersetzungen über Konflikte in der Regel weniger heftig, wenn es noch nicht zu destruktiven Reibereien gekommen ist, die für zusätzliche Spannungen sorgen. Die Gruppe tut daher gut daran, durch Metakommunikation Raum für vorbeugendes Storming zu schaffen.

Die Störungsprophylaxe kann jedoch niemals umfassend gelingen, sondern immer nur die veröffentlichbaren Ziele der Beteiligten erfassen. Vorbewusste und unbewusste Ziele sind nicht kommunizierbar und fließen nicht in die Konfliktprophylaxe mit ein. Zielkonflikte aufgrund von nicht-öffentlichen Zielen werden also immer erst störungsbezogen deutlich, wenn es zu Pannen oder Unfällen kommt.

6.2   Die Einzelnen im Storming

6.2.1   Individualität wird sichtbar

Durch Abgrenzung und Auseinandersetzung werden im Storming die Mitglieder der Gruppe als Individuen sichtbar: Die Einzelnen erobern sich im „Wir" ein Stück „Ich" zurück. Die Auseinandersetzung hilft allen Beteiligten, die eigenen Ziele abzuklären: Nachdem wir uns gestritten haben, weiß ich genauer als zuvor, was ich will, weil ich es dir gegenüber erklären und vertreten musste. Ein gut verlaufener Konflikt belohnt die Einzelnen in der Regel mit jenem Zuwachs an Selbsterkenntnis und Entscheidungsfähigkeit, ohne den in der Normingphase (s. Kapitel 7.3.3) Vereinbarungen schwer zu treffen sind.

Grundsätzlich gilt, dass das Storming für den Einzelnen nur dann Gewinn bedeutet, wenn er es nicht nur – von Angst gelähmt – übersteht, sondern tatsächlich offen für seine Bedürfnisse einzutreten vermag. Dann bewirkt das Storming, dass der Einzelne

▶ sich in der Gruppe vollständiger, lebendiger, freier und mit sich selbst in Übereinstimmung (kongruent) fühlen kann,

▶ die anderen Teilnehmer ebenso erlebt und dadurch in lebendigen (statt nur konventionellen) Kontakt zu ihnen treten kann,

▶ Klarheit über seine Position in der Gruppe und die Mehrheitsverhältnisse bezüglich der von ihm verfolgten Ziele gewinnt.

> **!** Insgesamt kann sich nach durchstandener Aufregung am Ende des Stormings also ein Gefühl der Erleichterung breit machen: „Auch wenn nicht alle meine Auffassungen teilen und ich selbst durchaus einigen anderen widerspreche, habe ich hier mit meinen Ecken und Kanten meinen Platz." Durch das Storming gewinnt der Einzelne eine differenziertere Sicht der Gruppenwirklichkeit, kontakt- und aktivitätsverhindernde Phantasien verlieren an Gewicht.

6.2.2 Angst im Storming

Die unvermeidliche Beunruhigung, die das Storming als „Stunde der Wahrheit" mit sich bringt, kann in massive Angst übergehen, wenn diese Phase destruktiv verläuft: Die Einzelnen erleben dann, wie sich lang aufgestauter Ärger bislang friedlicher Mitstreiter massiv entlädt und man rücksichtslos aufeinander losgeht. Daher wird es ihnen innerlich eng und sie sehen sich vor jener Wahl, die man typischerweise in angstüberfluteten Situationen hat: explodieren oder implodieren – entweder ich platze jetzt heraus und stürze mich ohne Rücksicht auf Verluste ins Getümmel oder ich verkrampfe innerlich vollständig bis zur Gefühllosigkeit und werde stumm.

Wie auch immer die Wahl ausfällt – das Ergebnis ist meist ungünstig, denn Panik ist im Storming ein schlechter Ratgeber. Sie geht fast immer mit dem Verlust von Sensibilität nach innen und außen einher. Genauso wie der Körper bei einem Zuviel an Schmerzen den Ausweg in Schock oder Ohnmacht wählt, zieht sich die Seele bei einem Zuviel an seelischer Belastung in die Empfindungslosigkeit zurück. Das äußert sich in Gefühllosigkeit, die dazu führen kann, dass der Betroffene scheinbar „ohne mit der Wimper zu zucken" immer mehr Prügel einsteckt oder seinerseits „ohne Rücksicht auf Verluste" austeilt. In diesem Fall hat er seine Sensibilität für eigene und fremde Schmerzgrenzen ausgeblendet.[37] Dieser Verlust an Empfindsamkeit heizt nun den destruktiven Konflikt weiter an, es entsteht ein Teufelskreis aus Angst und Destruktivität: Je destruktiver es zugeht, desto ängstlicher werde ich und je mehr mir die Angst zusetzt, desto destruktiver werde ich.

Der befreiende Aspekt des Stormings geht unter diesen Voraussetzungen verloren: Wer das Geradestehen für seine Ansichten, Wünsche und Bedürfnisse nur noch wie unter Betäubung erlebt, kann dieses Erlebnis im seelischen Ausnahmezustand kaum in seinen Erfahrungsschatz integrieren. Erlebnisse unter großer Angst werden abgespalten, „wie im Film" erlebt und sind ohne seelischen Nährwert. Daher sind auch die im Rahmen von Encounter-Gruppen oder gruppendynamischen Laboratorien gelegentlich inszenierten Gefechtsphasen von geringem Nutzen: Man ist stolz oder erleichtert, sie überlebt zu haben – mehr bleibt im günstigen Fall nicht von ihnen übrig.[38]

6.2.3 Angst vor dem Storming

Angst kann jedoch nicht nur als Reaktion auf ein tatsächlich schlecht verlaufendes Storming auftreten, sondern auch als seelische Mitgift aus der Vergangenheit importiert werden und ist dann bereits virulent, bevor es in der Gruppe hoch hergeht. Wer in seiner persönlichen Geschichte einschneidende schlechte Erfahrungen mit Auseinandersetzungen in Gruppen gemacht hat, dem wird schnell eng ums Herz, sobald ein Hauch von Konflikt die Gruppe streift. Die „Angst von Gestern" gewinnt heute großen Einfluss. Die importierte Angst ist naturgemäß dann am einflussreichsten, wenn der Einzelne mit der aktuellen Gruppe noch keine konkreten Stormingerfahrungen machen konnte. Dies ist in „jungen" Gruppen und in Gruppen, die das Storming lange Zeit vermieden haben, der Fall.

Einschlägige negative Stormingerfahrungen führen leicht dazu, dass sich im Seelenleben über die Jahre hinweg ein Wach- und Schließdienst aufbaut, der uns vor unangenehmen Auseinandersetzungen bewahren soll. Sobald sich entsprechendes Konfliktpotential regt, marschieren die inneren Friedenswächter auf und halten mit Sätzen wie „Muss das wirklich sein?" oder „Du hast ohnehin keine Chance!" oder „Man muss sich auch mal dreinfügen können!" das innere Munitionsdepot unter Kontrolle. Außerdem schüren sie zusätzliche Angst vor Auseinandersetzungen, indem sie die eigenen Bedenken und Warnungen nach außen projezieren: man vermeint die Sätze aus den Mienen der anderen Gruppenteilnehmer herauszulesen, die man doch kaum kennt.

Um zu verhindern, dass sich bei Einzelnen Munitionsdepots aufbauen und schließlich explodieren oder in Resignation und Depressivität implodieren, sind spezielle Stormingeinladungen bei Gruppenmitgliedern ratsam, die besonders zurückhaltend auftreten: „Bei Ihnen, Herr Stiller, weiß ich gar nicht, wo Sie stehen, wie es Ihnen hier ergeht, was Sie anspricht oder abstößt; und für mich wäre es wichtig, darüber etwas zu erfahren, damit ich mir keine Phantasien machen muss".

Vorreiter und Nachzügler. Die Angst vor dem Storming führt bei Gruppenmitgliedern oft dazu, dass sie sich erst kritisch äußern mögen, nachdem ein „Vorreiter" eine Schneise in die Phalanx der inneren und vermeintlichen äußeren Ablehnungsarmeen geschlagen hat. Wenn sie dank des Pioniers erfahren, dass sie mit ihrer (abweichenden) Meinung nicht allein dastehen und erleben, dass Dissidenten toleriert werden, wagen sie sich selbst heraus und schließen sich dem Vorreiter an: „Ganz meine Meinung, Frau Krause!". Diese Nachzügler mag man für feige oder opportunistisch halten – auf dem Hintergrund der persönlichen Angst vor dem Storming wird ihr Verhalten nachvollziehbar. Um ihren eigenen Pioniergeist zu wecken, kann der Gruppenleiter sie immer wieder zum Storming ermutigen: „Mir ist es wichtig, die Meinung jedes Einzelnen kennen zu lernen – im Guten wie im Schlechten. Das heißt auch, dass abwei-

chende und zunächst unbequem erscheinende Meinungen willkommen sind –
es kann eigentlich gar nicht sein, dass alle stets umfassend zufrieden sind".

> **!** Als Gruppenleiter bekommt man es im Storming mit den Konfliktbio-
> graphien aller Beteiligten zu tun, und diese sind meist alles andere als er-
> baulich. Es ist daher in der Regel viel Ermutigung vonnöten, bevor die Tür
> zum Storming durchschritten ist.

6.3   Komplikationen im Storming

Zum Storming gibt es unter Gruppenteilnehmern und -leitern geteilte Meinung:

Die einen sind (meist aufgrund einschlägiger Erfahrungen) eingeschüchtert
und abgestoßen, wenn sich Konflikte abzeichnen; sie tun in ihren Gruppen
alles, um (durch rigide Normen und luftabschnürende zwischenmenschliche
Vorsicht) ein Storming zu verhindern. Sie erleben sich, die Gruppe oder den
Coach als Versager, wenn es nicht gelingt; ihre Gruppenkritik lautet dann: „Das
war keine Gruppe, sondern ein Guerilla-Krieg. Wir haben vor lauter Streit gar
nicht zueinander gefunden!"

Die anderen sind (auch aufgrund einschlägiger Erfahrungen) elektrisiert und
fasziniert; dementsprechend beeilen sie sich (häufig durch Provokationen und
betont konfliktfreudiges Auftreten), in ihren Gruppen keinen Storminganlass
ungenutzt verstreichen zu lassen. Sie erleben sich selbst, die Gruppe oder den
Coach als Versager, wenn es nicht irgendwann richtig „knallt"; ihre Gruppenkritik lautet: „Diese Gruppe war ein anthroposophischer Friedhöflichkeitspark, in
dem es vor lauter Vorsicht gar nicht zur wirklichen Begegnung gekommen ist".

Beide – „Stormingphobiker" und „Stormingsüchtige" haben recht und zugleich unrecht. Um das zu verstehen, müssen wir unterscheiden zwischen kon-
struktivem und destruktivem Storming.

Konstruktives und destruktives Storming. Während das zweifelhafte und schillernde Image des Stormings meist auf Erfahrungen mit destruktivem Storming
beruht, ist konstruktives Storming ein unverzichtbarer Bestandteil des Gruppenprozesses.

> **!** Konstruktives Storming zeichnet sich im Idealfall dadurch aus, dass zur
> rechten Zeit das rechte Thema am rechten gruppendynamischen Ort
> mit der rechten Haltung bearbeitet wird und die rechten Konsequenzen
> hervorbringt.
> Wann immer einer dieser fünf Pfeiler des konstruktiven Stormings nicht
> tragfähig ist, kommt es zu Komplikationen und ggf. zu einem Abgleiten ins
> destruktive Storming

6.3.1   Der rechte Zeitpunkt

Ein Zielkonflikt sollte dann Inhalt des Stormings werden, wenn er vordringlich wird. Die betreffenden Ziele sind bei den Gruppenteilnehmern innerlich aktuell, weil gerade eben oder in absehbarer Zeit entscheidende Weichenstellungen für diese Ziele vorgenommen werden. Zu diesem Zeitpunkt sind alle Teilnehmer, die „Aktien" im Zielkonflikt haben, innerlich mit diesem beschäftigt und an einer Klärung interessiert. Dem Klärungsbedarf steht die Angst davor gegenüber, den Kürzeren zu ziehen oder sich in unkalkulierbaren Auseinandersetzungen zu verlieren. Sind solche Bedenken übermächtig, werden selbst die kleinsten Stormingfeuer hastig ausgetreten. Gerade in Gruppen mit größerem Zielkonfliktpotential wird dann Ruhe zur ersten Bürgerpflicht erklärt. Gelingt es nicht, Zielkonflikte rechtzeitig (prophylaktisch oder störungsbezogen) zu thematisieren, leidet das Miteinander unter Aufmerksamkeits-, Energie- und Kontaktverlust.

Aufmerksamkeitsverlust. Wenn Gruppenteilnehmer innerlich mit einem Zielkonflikt beschäftigt sind, der nicht zum öffentlichen Thema der Gruppe werden kann oder darf, lassen sie keineswegs von der Beschäftigung mit dem Zielkonflikt, sondern widmen sich ihm im Verborgenen weiter und tragen die entsprechenden Auseinandersetzungen verdeckt aus. Für die öffentlichen Gruppenthemen steht nur ein eingeschränktes Maß an Aufmerksamkeit und Konzentration zur Verfügung.

Energieverlust. Die Leistungsfähigkeit der Gruppe steht und fällt mit dem emotionalen Engagement, das die in der Gruppe behandelten Themen wecken können. Wann immer Teilnehmer emotional durch ein Thema in Anspruch genommen werden, das nur unterschwellig behandelt werden kann, fehlt die dort gebundene Aufmerksamkeit im Miteinander – die Atmosphäre in der Gruppe ist verstopft, depressiv und von Müdigkeit und Langeweile geprägt. Ein Ansatz zur Selbsthilfe für die Mitglieder besteht dann immer noch darin, die verbotenen Themen im Verborgenen miteinander auszutragen. Auch Tuscheleien, kursierende Briefchen, kurzum alles, was zum „Klatschkanal" gehört, hat hier seinen gruppendynamischen Sinn. Aus der Sicht des Coaches wirkt die Gruppe dann undiszipliniert, abgelenkt und albern. Im besten Fall wird das unterschwellige Thema in verschwörerischen Geheimsitzungen ohne die Themenvermeider (häufig der Coach) auf die Tagesordnung gesetzt und anschließend im Stile eines Staatsstreiches („Sie haben sich gegen mich zusammengerottet!" seufzt der Coach) in die Gruppe hineingetragen.

Kontaktverlust. Wann immer das intellektuelle und emotionale Engagement der Teilnehmer in den Untergrund wandert, weil die wirklich bewegenden Themen gedeckt werden, erleidet die Qualität des Miteinanders einen Rückfall in längst überwunden geglaubte Forming-Zeiten: Man kommuniziert brav und gesetzt, mit angezogener Handbremse über das Uneigentliche; man beschränkt sich auf den kleinsten gemeinsamen Nenner und ist auf übertragungs- und projektionsgespeiste Phantasien angewiesen, um zu einem Bild der Wahrheit der Situation in dieser Gruppe zu gelangen. Kurzum: Keiner weiß vom anderen, wo man wirklich steht. Dieser Kontaktverlust wird im besseren Fall durch die Bildung von „Verschwörerzirkeln" kompensiert; im schlechteren Fall führt er zur Schwächung des Gruppenzusammenhaltes bis hin zum Zerfall.

6.3.2 Das rechte Thema

Entscheidend für ein gelungenes Storming ist, dass die Themen, über die gestritten wird, auch wirklich die strittigen sind. Gelingt es der Gruppe (oder dem Leiter) nicht, diese Themen zu formulieren, dann werden die mit dem wahren Zielkonflikt einhergehenden Gefühle zu einem Stellvertreterkonflikt umgeleitet. So lässt sich beispielsweise wunderbar verdeckt über die Machtverteilung in einer Beziehung streiten, indem offiziell über die rechte Art des Mülleimersäuberns, Brotschneidens oder Einkaufens gestritten wird. Der Stellvertreterkonflikt geht zumeist mit Eskalation und Frustration einher: Eskalation, weil die ausgedrückten Gefühle ihr „Ziel", die Kenntlichmachung und Beeinflussung des wahren Zielkonfliktes, verfehlen, und es den Beteiligten dann ergeht wie einem unerhörten Rufer, der immer lauter schreit, solange er auf taube Ohren stößt. Frustration, weil Stellvertreterkonflikte den Gruppenprozess nicht einen Schritt voran bringen. Es knallt, brennt, raucht und stinkt, ohne dass die Konfliktstruktur auch nur in Umrissen erkennbar geworden wäre.

Die Formulierung des wahren Themas kann aus drei Gründen misslingen: Vordergründigkeit, Ebenenverwechslung und Tabuisierung:

Vordergründigkeit. Mancher Streit entzündet sich an Nebensächlichkeiten, die aber nur den vordergründigen Anlass für die Auseinandersetzung abgeben. Dahinter stehen grundsätzlichere Zielkonflikte, die unterschwellig mit aller Macht ausbrechen, sobald eine für sich besehen eher belanglose, aber mit ihnen thematisch verbundene öffentliche Meinungsverschiedenheit die Lunte am Konfliktpulverfass entzündet. Wenn sich zum Beispiel zwei Vereinsmitglieder in einem Kegelclub grundsätzlich uneinig über den Umgang mit der Vereinskasse sind, kann sich diese Meinungsverschiedenheit an einer Kleinigkeit, etwa der Frage, wie teuer ein aus der Kasse bezahltes Geburtstagsgeschenk sein darf, entzünden. Nur wenn es gelingt, das grundsätzlichere Thema „Finanzpolitik" auf den Tisch zu bringen, kann die Diskussion fruchtbar, weil zielgenau verlaufen. Andernfalls besteht die Gefahr, dass mit Kanonen auf Spatzen geschossen wird und die losgetretene Aufregung dem behandelten Thema unangemessen ist. Dann muss der Coach unter Hinweis auf dieses Missverhältnis die Suche nach dem rechten Thema einleiten: „Wir stehen noch vor einem Rätsel. Fest steht, dass Sie, Herr Weihrauch, empört, aufgebracht und wütend sind und dafür Ihre guten Gründe haben. Ebenso sicher ist, dass die hier behandelte Meinungsverschiedenheit – fünf Mark mehr oder weniger für ein Geburtstagsgeschenk – soviel Erregung kaum erklären kann. Welches grundsätzlichere Thema, welche tiefer gehende Kränkung, welcher Kernkonflikt geht mit dem bisherigen Streitthema einher? Das müssen wir herausfinden!"

Verwechslung von Sach- und Beziehungsebene. Wann immer Sach- und Beziehungsebene im Storming durcheinander geraten, wird es schwierig, zu einer wirklichen Klärung zu kommen. Zielkonflikte auf der Beziehungsebene ergeben sich, wenn deine Eigenheiten, deine Art, mit mir umzugehen oder dein Bild von mir meinen Absichten zuwiderlaufen. Der dabei entstehende Groll wird in vielen Fällen aber anhand sachlicher Themen entladen: Wenn in einem Arbeitsteam Herr Weininger seine Kollegin Rademacher als zu dominant empfindet, kommt eben nicht das Beziehungsthema „Dominanz" auf den Tisch, sondern man streitet sich über die Qualität der inhaltlichen Vorschläge Frau Rademachers. Diese Form der Ebenenverwechslung scheint besonders in der Wirtschaft verbreitet zu sein, weil es in vielen Unternehmen als ein Zeichen von Versagen gilt, Zielkonflikte auf der Beziehungsebene zu haben. Den umgekehrten Fall findet man häufig in der Politik: Hier werden sachliche Zielkonflikte gerne auf die Beziehungsebene gezerrt, indem der andere als Person („undemokratisch, betrügerisch, inkompetent") in Frage gestellt wird. Wann immer eine Ebenenverwechslung vorliegt, muss der Gruppencoach als „Entflechtungshelfer" (Thomann u. Schulz von Thun, 1988) aktiv werden.

Tabuisierung. In jeder Gruppe und für jeden Leiter gibt es Tabuthemen, „heilige Kühe" und „heiße Eisen". Diese Themen irren durch das Gruppengeschehen, als wären sie dank einer Tarnkappe unsichtbar. Die Unsichtbarkeit entsteht durch eine unausgesprochene Übereinkunft unter den Beteiligten „Dieses Thema hat eine große Sprengkraft für uns. Wir müssen befürchten, dass uns die konflikthafte Auseinandersetzung darüber derartig überfordern könnte, dass die Gruppe auseinanderreißt". Wann immer ein Konfliktinhalt einen Punkt auf der unveröffentlichten Liste der „konfliktgeschützten Themen"[39] berührt, muss die Gruppe nicht nur die normale, mit jedem Konflikt einhergehende Storminghemmung überwinden, sondern muss darüber hinaus die Grenzen des Tabus und der eigenen Angst vor Zerfall und Chaos überschreiten. Das kann nur gelingen, wenn zumindest einer der Anwesenden durch das Tabu nicht eingeschüchtert oder geblendet ist und er gleichzeitig in der Gruppe über so viel Autorität verfügt, dass er nicht sofort für krank, böse oder verrückt erklärt wird, wenn er das heiße Eisen anpackt. Aus diesem Grund ist es für Gruppen, die zur ergebnislosen Selbstzerfleischung neigen, häufig ein letzter Ausweg, einen externen Coach zu Rate zu ziehen. Umgekehrt ist dieser gut beraten, mit unvoreingenommenem Blick die konfliktgeschützten Themen aufzuspüren und dabei folgende Hypothese im Hinterkopf zu haben: „Wenn sie mich als Außenstehenden dazuholen, dann weil sie allein nicht mehr weiterkommen. Das wird wohl kaum daran liegen, dass sie zu dumm oder einfach böswillig sind. Vermutlich schaffen sie es nicht, sich über das Thema zu streiten, das strittig ist. Wenn es mir – trotz aller Ablenkungsversuche, die die Gruppe unternehmen wird – gelingt, dieses Thema aufzuspüren und bearbeitbar zu machen, habe ich wahrscheinlich ein Gutteil meiner Arbeit getan".

6.3.3 Die rechte Haltung

Rechtzeitig über das Strittige zu streiten – damit ist schon viel gewonnen. Wirklich fruchtbar wird die Auseinandersetzung aber nur dann, wenn sie von einer Grundhaltung getragen wird, die zwischen Verständnis und Einverständnis zu unterscheiden weiß.

Verständnis bedeutet: „Ich begreife, welche Ziele du verfolgst und welchen Stellenwert sie für dich haben. Ich kann nachvollziehen, dass du zu ganz anderen Vorstellungen über unser Miteinander kommst als ich. Ich kann und will dir deshalb ein offenes Ohr leihen, damit du deine Beweggründe darlegen kannst; und ich bemühe mich meinerseits, dir einen nachvollziehbaren Eindruck von der (Psycho-)Logik meiner Vorstellungen zu ermöglichen".

Bei vielen Menschen, mit denen wir es in Gruppen zu tun bekommen, grassiert das Missverständnis, dass man sich eine solche Haltung im Streit gar nicht leisten darf, „weil man dann schon verloren hat". Sie verwechseln Verständnis mit Einverständnis und glauben: „Je weniger Verständnis ich dir signalisiere, um so leichter wird es mir fallen, deine Vorstellungen abzulehnen und die meinen durchzusetzen". (Diese Haltung könnte man „egozentrisch" nennen).

Wobei in dem letzten Satz ein Körnchen Wahrheit steckt: Der seelische Aufwand, den es braucht, sich gegen Wünsche, Vorstellungen und Meinungen zu behaupten, die man nachvollzogen hat, ist groß. Zu sehen, dass jemand gute Gründe für seine Position hat und dennoch bei der eigenen Meinung zu bleiben, erfordert eine gesunde Abgrenzungsfähigkeit. Außerdem weiß ich nun ja auch, was ich dir antue, wenn ich mich durchsetze: Sobald ich dich verstehe, trage ich mehr Verantwortung als zuvor. Einen Konflikt mit jemandem auszutragen, den ich verstehen kann, ist deshalb für viele Menschen ein Unding – daher die irrige Gleichsetzung von Verständnis und Einverständnis: „Ich darf dich nicht verstehen, weil ich sonst sofort nachgeben müsste".

Wegen mangelnder Abgrenzungsfähigkeit und aus Angst vor der drohenden Verantwortung meiden viele Menschen Verständnis in Konfliktsituation. Sie befürchten, die Kraft zum Konflikt zu verlieren, wenn sie eine egozentrische Perspektive aufgeben. Das ist zwar kurzfristig entlastend, birgt aber mittel- und langfristig große Gefahren.

Eskalation. Zum einen tendieren Konflikte zur Eskalation, wenn die streitenden Parteien beieinander kein Gehör finden: Je weniger du mich begreifen willst, desto lauter muss ich schreien und desto schneller muss ich reagieren, um nicht unterzugehen.

Substantielle Beschädigung. Die Beziehung nimmt durch egozentrisch geführte Konflikte zwangsläufig Schaden. Wenn wir uns gegenseitig signalisieren, dass die Meinung des anderen nicht zählt, bedrohen wir wechselseitig ein Ziel, das wohl jeder Mensch in Gruppen verfolgt: respektvoll behandelt zu werden. Ist dieses Ziel gefährdet, ziehen sich Menschen aus Beziehungen zurück. Der Sieg im Konflikt wäre teuer erkauft: Ich habe mich zwar gegen dich durchgesetzt, aber du willst nichts mehr mit mir zu tun haben.

Unbeabsichtigte Ergebnisse. Egozentrisch geführte Konflikte führen häufig zu unerwünschten Ergebnissen: Wer überhaupt nicht versteht, was für den anderen auf dem Spiel steht, tut ihm möglicherweise etwas an, das er so gar nicht will. Anschließend steht er dann vor einem Scherbenhaufen.

Verhärtung. Egozentrisch geführte Konflikte führen meist zu verhärteten Positionen, die sich unvereinbar gegenüberstehen: Das Trennende wird über- und das Gemeinsame unterschätzt. Wie sollte man auch wissen, in welchen Punkten man vielleicht einer Meinung ist, solange die Haltung des anderen gar nicht wirklich verstanden worden ist?

Um diese destruktiven Folgen zu vermeiden, muss die egozentrische Sichtweise aufgegeben werden. Dies erfordert jedoch eine gereifte Abgrenzungsfähigkeit, die nicht jeder mitbringt. Daher braucht es häufig die vorübergehende Unterstützung eines Coaches. Dessen Aufgabe besteht darin, die Parteien dabei zu unterstützen, die jeweilige Gegenmeinung mit liebevoller Gründlichkeit zu studieren, ohne die bestehenden Gegensätze zu verwischen.

Vor allem wenn langgehegte Konflikte aufplatzen und in der Explosionsphase zunächst einmal „Rein-Tisch-gemacht" werden muss, ist es häufig nicht möglich, neben dem Zorn (dessen egozentrische Wucht es braucht, um die konfliktverhindernden Verkrustungen aufzubrechen) auch noch Verständnis zu entwickeln. Dann muss der Coach zunächst stellvertretend sein offenes Ohr den streitenden Parteien leihen, um eine vermeidbare Eskalation zu verhindern. Anschließend wird er daran arbeiten, das Verständnis füreinander zu entwickeln.

6.3.4   Der rechte gruppendynamische Ort

Auch wenn es klappt, rechtzeitig das strittige Thema zu formulieren und die Auseinandersetzung mit offenen Ohren zu führen, ist ein konstruktiver Verlauf des Stormings noch nicht unbedingt gewährleistet. Eine weitere Klippe lauert, wenn es nicht gelingt, den in Rede stehenden Zielkonflikt im jeweiligen Beziehungsnetz richtig zu verorten. Wer muss sich hier mit wem streiten?

▶ Betrifft der Konflikt zwei oder mehrere Einzelne aus der Gruppe, die die widerstreitenden Ziele verfolgen und dadurch Aktien im Geschehen haben, sprechen wir von einem **zwischenmenschlichen Zielkonflikt**.

▶ Betrifft das strittige Thema die gesamte Gruppe, dann sprechen wir von einem **Gruppenzielkonflikt**.

▶ Wird in der Gruppe über ein Thema gestritten, das auf widersprüchlichen Vorgaben (z.B. nicht-öffentlich gesetzte Ziele) durch äußere Instanzen oder auf unzulänglicher Organisation des institutionellen Umfeldes der Gruppe beruht, dann sprechen wir von einem **aus der äußeren Umwelt importierten Zielkonflikt**.

▶ Wurzelt der Streit aber ursächlich in einer seelischen Ambivalenz eines Gruppenmitgliedes, dann handelt es sich um einen **aus der inneren Umwelt importierten Zielkonflikt**.

Vier Brandherde. Viele Konflikte in Gruppen ereignen sich auf allen vier Ebenen gleichzeitig und sind nur unter Kontrolle zu bekommen, wenn sie auf allen vier Ebenen geklärt werden.

BEISPIEL

Aktenträger und Entfesselte. Bei der dritten Sitzung eines Projektteams geraten sich zwei Mitglieder in die Haare: Herr Klein ist über die chronische Unpünktlichkeit von Herrn Klick erbost, und der wiederum fühlt sich durch Kleins Pünktlichkeitsforderungen in seiner Freiheit beschnitten. Die beiden haben einen **zwischenmenschlichen Zielkonflikt**, der bearbeitbar erscheint. Gleichzeitig fällt auf, dass sich ständig andere Gruppenmitglieder in den Streit mischen und dadurch Öl ins Feuer gießen: Das Ganze erscheint nach Umfang und Intensität dem zwischenmenschlichen Konflikt nicht mehr angemessen. Jetzt gilt es, das Team ins Spiel zu bringen, um zu verhindern, dass Klick und Klein als Stellvertreter einen **Gruppenkonflikt** austragen. Es zeigt sich nämlich, dass das Thema Pünktlichkeit in der Gesamtgruppe umstritten ist und sich zwei Zielkonfliktfraktionen bilden: Die pünktlichkeitsfreundlichen „Aktenträger" und die freiheitsliebenden „Entfesselten". Nun müsste der Konflikt zwischen diesen Fraktionen amplifiziert, d.h. bis zur Entscheidungsreife geklärt werden.

Dem steht im Wege, dass die Gruppe „von außen" widersprüchliche Vorgaben erhält: Der Vorgesetzte von Herrn Klein misst der Projektgruppe große Bedeutung zu und stellt seine Mitarbeiter für die Teamsitzungen stets rechtzeitig ab. Demgegenüber hält Herr Klicks Chef das gesamte Projekt für eine Farce, die er murrend erduldet. Meistens setzt er kurz vor Beginn der Projektteamsitzungen noch wichtige Besprechungen an, so dass seine Leute vor der Wahl stehen, den Chef oder die Projektkollegen zu brüskieren. Ein Gutteil des in der Gruppe gezündeten Konfliktpotentials ist mithin **aus der äußeren Umwelt importiert** worden und müsste eigentlich zwischen den Chefs zur Austragung gelangen. Diese Erkenntnis nimmt dem Geschehen in der Gruppe jede Dramatik.

Erstaunlicherweise bleibt Herr Klein als Einziger weiterhin „geladen": Er versucht immer wieder, den Streit vom Zaun zu brechen. Jetzt muss vermutet werden, dass der Zielkonflikt, der auf den ersten drei Ebenen bereits geklärt erschien, zusätzlich noch in Herrn Klein selbst tobt. Unter Umständen ist er im Innersten hin- und hergerissen zwischen einem peniblen und einem großzügigen Verständnis von Pünktlichkeit. Schulz von Thun (1998) spricht von **Konflikten**, die **im „Inneren Team"** der Beteiligten toben und in die Gruppe exportiert und dort ausgetragen werden können.[40] Gefragt, was ihn denn jetzt immer noch so auf die Palme bringe, würde Herr Klein im Beispiel vielleicht antworten „Ach, wissen Sie, eigentlich bin ich gar kein solcher Pünktlichkeitsfanatiker. Im Gegenteil – ich würde auch gerne mal alles weniger eng sehen. Aber das ist gar nicht so einfach, wenn man ständig unter Druck steht".

Der Konflikt sackt nun spürbar zusammen: Die unterschiedlichen Bedürfnisse sind in ihren tatsächlichen Dimensionen deutlich geworden, nun kann man nach Lösungen suchen.

Der Export seelischer Konflikte

Seelische Konflikte können auf verschiedene Art und Weise mit zwischenmenschlichen oder Gruppenkonflikten verzahnt sein. Drei Exportwege betrachten wir hier genauer:

Übertragung. Der Streitpartner weckt (meist unbewusst) Erinnerungen an lebensgeschichtlich zurückliegende Erfahrungen mit anderen Menschen, die in der aktuellen Situation gar nicht anwesend sind. Die aufgeweckten Erinnerungen lassen einen so handeln, als wäre der Streitpartner mit den Gestalten aus der Vergangenheit identisch. Deshalb überträgt man in vergangenen Beziehungskonstellationen erworbene Verhaltensmuster auf die aktuelle Beziehung. Der aktuelle Streitpartner wird zum Pappkameraden, an dem man sich abarbeitet, ohne jemals zu einer befriedigenden Lösung kommen zu können. Erst wenn mir bewusst wird, an wen er mich erinnert, welche unerledigten Geschäfte ich aus der Vergangenheit mit mir herumtrage und wie ich sie im Hier und Jetzt mehr schlecht als recht zu erledigen trachte, kann ich die unangemessene Erregung in der aktuellen Situation herunterfahren.

Projektion. Der Streitpartner vertritt eine Position, für die ich „anfällig" bin – vielleicht sogar in viel extremerer Weise als mein Gegenüber. In meinem Inneren gibt es deshalb einen „Verbannten" (Schwartz, 1997), den ich zum Wohle meines seelischen Gleichgewichtes (auch vor mir selbst) unter Verschluss halte. Dieser Verbannte wird nun, da er im Inneren meist nicht verlässlich dingfest zu machen ist, nach außen projiziert und dort bekämpft: Ich nehme das in mir Verleugnete bei anderen Menschen doppelt scharf wahr und bekämpfe es bei ihnen mit übersteigerter Intensität. Das gibt mir die Sicherheit, derartige Strebungen wirklich im Griff zu haben. Erst wenn diese Projektion bewusst wird, kann man sie vom anderen ablösen und die aktuelle Auseinandersetzung in angemessener Form weiterführen.

Ambivalenzexternalisierung. Vielleicht bin ich hinsichtlich des Stormingthemas noch unentschlossen, so dass sich zwei Mitglieder des Inneren Teams in einem Patt befinden (etwa ein innerer Aktenträger und ein innerer Entfesselter). Dieses Patt droht durcheinander zu kommen, wenn sich mein Streitpartner eindeutig auf die eine Seite der Ambivalenz schlägt. Um das Gleichgewicht nicht zu verlieren, gebe ich vorübergehend jene Seite des Zwiespaltes in meinem Inneren auf, die durch meinen Kontrahenten schon bestens vertreten wird und verdopple meine Anstrengungen auf dem anderen Pol, der durch die äußere Übermacht überwältigt zu werden droht. Für den anderen (und manchmal sogar für mich selbst) sieht es nun so aus, als wäre ich hinsichtlich der strittigen Frage deutlich entschieden. Die innere Ambivalenz (ein Konflikt innerhalb meines persönlichen Zielpools) findet sich nun in einem zwischenmenschlichen Konflikt (innerhalb des Gruppenzielpools) wieder.

Die Ambivalenzexternalisierung entlastet, da man sich nun nicht mehr so zerrissen fühlt. Deshalb werden Konflikte, denen eine Ambivalenzexternalisierung zugrunde liegt, häufig künstlich am Leben gehalten: sobald der andere nachzugeben droht, gieße ich wieder Öl ins Feuer. Erst, wenn mir mein innerer Zwiespalt bewusst wird und ich bereit bin, diese Zerrissenheit auszuhalten und den inneren Konflikt zu klären, kann ich mich mit dem Gegenüber in angemessener Form auseinandersetzen.

Konfliktdelegation

Solange ein Zielkonflikt nicht am rechten Ort ausgetragen wird, ist die Chance der Klärung gering und die Gefahr von Eskalation, Verwirrung und Enttäuschung groß. Der Coach muss immer darauf hinwirken, dass sich die richtigen Leute auseinandersetzen und dass „konfliktproduzierendes" und „konfliktaustragendes" System identisch sind.

Wann immer Zielkonflikte dort ausgetragen werden, wo sie nicht hingehören, können wir in Anlehnung an Stierlin (1982) von „Delegation" sprechen. Im oben skizzierten Fallbeispiel delegieren die Chefs von Klein und Klick ihre Meinungsverschiedenheit über den Stellenwert des Projektteams an ihre Mitarbeiter.

Delegierte Zielkonflikte sind kaum lösbar und stürzen das konfliktaustragende System in große Turbulenzen. Dennoch sollte man als Coach nicht erwarten, auf ungeteilte Begeisterung zu stoßen, wenn man eine Delegation aufdeckt. Das konfliktproduzierende System ist nämlich häufig ganz damit einverstanden, dass sich andere in der Hitze des Gefechtes tummeln, während die eigentlichen Kontrahenten die Hände in den Schoß legen: „Wunderbar, wenn ich mich mit dir streite und dabei meine eigene Zerrissenheit in den Hintergrund tritt; herrlich, wenn sich zwei aus unserer Gruppe stellvertretend über ein Gruppenthema in der Wolle haben und wir anderen im Publikum sitzen; großartig, wenn sich deine und meine Mitarbeiter bekriegen und wir beiden sauber dastehen."

Die Delegation von Zielkonflikten verschiebt in vielen Fällen die mit Konflikten einhergehende Belastung und bringt dem konfliktproduzierenden System einen scheinbaren Gewinn,[41] der von den Beteiligten nur dann geopfert wird, wenn es entweder keinen anderen Ausweg gibt oder ihnen etwas Besseres in Aussicht gestellt wird.

Der Umgang mit Delegationen stellt jeden Coach vor eine nicht unbeträchtliche Herausforderung und verlangt neben gruppendynamischen Kenntnissen auch Wissen über die (seelische und organisationale) Umwelt von Gruppen.[42]

6.3.5   Die rechte Konsequenz

Wenn es zur rechten Zeit am rechten gruppendynamischen Ort über das rechte Thema und mit der rechten Haltung zum Storming kommt, ist schon viel gewonnen. Damit dieser Gewinn nicht verspielt wird, müssen aus den im Storming deutlich hervorgetretenen Konflikten auch die notwendigen Konsequenzen gezogen werden: Die Gruppe muss ihre Verabredungen und Verträge auf die im Storming hervorgetretene Konfliktstruktur gründen. Wenn das versäumt oder vermieden wird, wenn nach dem Storming so getan wird, als wäre die Auseinandersetzung ein bedauerlicher Unfall, aus dem nichts folgt, dann schlittert die Gruppe sehenden Auges in die nächste Arbeitsstörung.

Wenn den Beteiligten im Verlauf des Stormings klar wird, wie die zu Tage tretenden Differenzen beschaffen sind und welche Konsequenzen sie im Norming erforderlich machen könnten, greift innerlich der „Norming-Check". Es wird überprüft, „ob wir uns diesen Konflikt, der offensichtlich zwischen uns besteht, überhaupt leisten können" oder „ob wir angesichts der sich daraufhin aufdrängenden unerwünschten Konsequenzen lieber rechtzeitig das Ganze vernebeln". Kommen Einzelne oder der Coach zu diesem letzteren Schluss, dann wird noch während des Stormings die Notbremse gezogen: Verwischende „Vermittler" schalten sich ein („Ich glaube, so weit liegen die Ansichten gar nicht auseinander..."), Ablenkungsmanöver werden gestartet („Eine kleine Pause würde jetzt wohl allen Anwesenden gut tun..."), entlastende Stellvertreterkonflikte werden vom Zaun gebrochen („Ich habe noch einen ganz anderen Punkt, der mir nicht passt") oder der Konflikt wird künstlich auf die Spitze getrieben („Wir können gar nicht mehr miteinander reden!"), so dass man ohne Ergebnis auseinandergehen und beim nächsten Zusammentreffen so tun kann, als wäre nichts geschehen („Tut mir leid, mir sind die Pferde durchgegangen"). Auch wer nur wenig Gruppenerfahrungen zu haben meint, kennt diese Vernebelungstechniken aus Partnerschafts- und Familienkonflikten nur zu gut: Wann immer sie zum Einsatz kommen, nachdem die Konfliktinhalte sauber herausgearbeitet wurden, ist zu vermuten, dass sie im Dienste der Normingabwehr stehen. „Schlichtung", „Ablenkung" und „Eskalation" sollen verhindern, dass aus der entwickelten Konfliktstruktur die „rechten Konsequenzen" gezogen werden. Wenn die Normingabwehr gelingt, ist die nächste Auseinandersetzung um das gleiche Thema schon vorprogrammiert.

Die Normingabwehr vollzieht sich meist unbewusst, d.h. die Betreffenden setzen ihre Vernebelungstechniken ein, ohne zu wissen, was sie tun und was ihre Beweggründe sind. Es geschieht einfach aus einem unreflektierten Unwohlsein heraus, und keiner versteht so recht, warum es immer wieder zu den immer gleichen heftigen Auseinandersetzungen um die immer gleichen Themen kommen muss.

> **!** Für den Coach gilt es also zu unterscheiden zwischen der Vermeidung, die der Bearbeitung des zu behandelnden Zielkonfliktes vorausgeht und jener, die ihr folgt.

Während er im ersten Fall das rechte Thema benennen und die sich daran festmachenden Differenzen herauszuarbeiten hat, muss er im zweiten Fall – nach getaner Stormingarbeit – verhindern, dass die Differenzen wieder verwischt werden: „Mir scheint, dass deutlich geworden ist, um was es in dieser Auseinandersetzung geht, nämlich … . Außerdem sind die unterschiedlichen Standpunkte und Bedürfnisse zu diesem Thema anscheinend hinreichend klar geworden, nämlich … . Jetzt sollten wir schauen, wie unser weiteres Vorgehen auf der Grundlage dieser 'Wahrheit der Situation' aussehen könnte". Damit hilft er der Gruppe, eine gefährliche Stromschnelle zu durchschiffen: den Übergang vom Storming zum Norming.

6.3.6 Konstruktives Storming

Wenn konstruktiv um Zielkonflikte gestritten wird, stellt sich eine von wechselseitigem Verständnis geprägte Klarsicht bei den Beteiligten ein: „Ich weiß jetzt, woran ich mit dir bin. Und obwohl du andere Ziele hast als ich, ist mir nachvollziehbar, warum du so handelst, fühlst, denkst, wünschst … wie du es tust, weil ich einen Einblick in deinen persönlichen Zielpool gewonnen habe, der deine Sicht der Dinge verständlich macht. Nicht, dass ich sie teile, aber ich kann sie respektieren".

Klarheit und Verständnis als Ziel. Diese Mischung aus Klarsicht und Verständnis ist das Ziel des Stormings: Es geht im Verlauf eines konstruktiven Stormings immer weniger darum, wer Recht hat oder wer auf der Seite der Wahrheit steht. Im Idealfall stehen sich schlussendlich nicht unvereinbare und festgemauerte Positionen gegenüber, sondern Parteien mit ihren nachvollziehbaren Interessen, die in den Normingverhandlungen respektvoll gegeneinander abgewogen werden können.

Das Herausarbeiten der Interessen (Ziele) hinter den Positionen (Forderungen) (Fisher et al., 1995) setzt voraus, dass die Beteiligten sich ihrer „Zielgeflechte" weitgehend bewusst sind und die Bereitschaft haben, sie zu veröffentlichen: Sachliche, zwischenmenschliche und persönliche Ziele sind ja in der Regel im persönlichen Zielpool so miteinander vernetzt, dass bei Gefährdung des einen Zieles stets andere mit bedroht werden.

Wenn ich mich beispielsweise in meiner Supervisionsgruppe dafür einsetze, dass während der Treffen nicht geraucht wird, geht es mir ja in der Regel nicht einfach nur ums Prinzip, sondern auch darum, dass meine Konzentrationsfähigkeit nicht beeinträchtigt wird, dass ich keine Kopfschmerzen bekomme und ich nicht mit den langfristigen Gefahren des Passivrauchens konfrontiert werde. Außerdem will ich mit meinen Bedenken ernst genommen werden und nicht als „Meckerer" dastehen. Erst wenn dieses Geflecht aus Zielen und Interessen sichtbar wird, ist das „rechte Thema" vollständig formuliert, und ich kann Respekt für meine Forderung erwarten; nur dann kann unser Streit der „Wahrheit der Situation" gerecht werden.

Die streitenden Parteien im Storming dazu zu bringen, sich der eigenen Zielgeflechte bewusst zu werden und sie offenzulegen, verlangt vom Coach viel Einfühlungsvermögen und handwerkliches Geschick. Denn die meisten von uns sind gerade im Streit darum bemüht, sich vor allzu viel Offenheit zu schützen, weil das ja auch verletzlich macht.[43]

Klarsicht und Verständnis können natürlich nicht verhindern, dass es im Zielpool der Gruppe Unvereinbarkeiten gibt. Nicht jeder Zielkonflikt ist durch Kompromisse lösbar und so darf vom konstruktiven Storming realistischerweise nicht erwartet werden, „dass es schön wird – wohl aber, dass es klar wird" (Christoph Thomann).

Konfliktklausur. Mittlerweile ist es für manche Beteiligte im Privatleben (Ehe, Familie) oder im beruflichen Bereich (Teams, Abteilungen, Gremien) naheliegend, einen Coach einzuschalten, sobald das Storming destruktiv läuft bzw. das Performing unproduktiv wird. Dann werden Stunden oder Tage für die Klärung und Auseinandersetzung reserviert, um zu verhindern, dass sich das Storming über Wochen, Monate und Jahre hinquält und zur Arbeitsunfähigkeit führt. Da in unserem Kulturkreis die Ideologie des Guten Willens allerdings weit verbreitet und tief verwurzelt ist, wird das Hinzuziehen Dritter von den Beteiligten selbst bzw. von der sie prägenden Umwelt häufig noch als Armutszeugnis und Eingeständnis des Scheiterns erlebt und bewertet. Dass sich das (Fehl-)Funktionieren eines Systems manchmal besser von außen begreifen und damit zielgerichtet verändern lässt, ist längst noch nicht zum gedanklichen Allgemeingut geworden.

Abkippen in destruktives Storming. Wann immer es der Gruppe (bzw. ihrem Coach) misslingt, das Storming zur rechten Zeit, am rechten Ort, anhand des rechten Themas, begleitet von der rechten Haltung und mit den rechten Konsequenzen durchzuführen, besteht die Gefahr des Abkippens in destruktives Storming: Die Konfliktenergie staut sich zu lange auf, entzündet sich an Stellvertreterthemen, verwickelt die falschen Menschen in Auseinandersetzungen und verraucht folgenlos. Wann immer dies der Fall ist, vollzieht sich das destruktive Storming wie eine unheilvolle Explosion.

Wenn Gruppen in destruktives Storming verstrickt sind, bleiben ihnen in ihrer Hilflosigkeit häufig nur zwei Möglichkeiten, sich mit ihrem vermeintlichen Schicksal zu arrangieren:

▶ phobische Konfliktvermeidung um jeden Preis bis hin zur Friedhöflichkeit oder

▶ kontraphobische Konfliktsuche um jeden Preis bis hin zur Selbstzerfleischung.

Beide Haltungen erwachsen aus „einschlägigen Erfahrungen" mit destruktivem Storming und verhindern eine konstruktive Auseinandersetzung. Beide Haltungen ersparen es den Beteiligten, die „Wahrheit der Situation" auszuhalten und sich entsprechend zu strukturieren. Die nicht leichte Aufgabe des Coaches besteht immer darin, der Gruppe genau dies (aushalten und strukturieren) zuzumuten und dabei sowohl die phobische wie die kontraphobische Abwehr der Gruppe zu ertragen.

Unvermeidlicher Kontrollverlust. Der Coach sollte eine Grundwahrheit der Gruppendynamik immer im Kopf behalten: Jedes Storming – auch das konstruktivste – ist für alle Beteiligten (die Einzelnen, die Gruppe, den Leiter) immer mit einem gewissen Maß an Aufregung verbunden, die von vielen als Angst erlebt wird.[44] „Stormingangst" ist deshalb zunächst einmal nicht besorgniserregend, sondern angebracht. Wer sich in den Fluss (des Stormings) begibt, weiß vorher nie, wie er nachher heraussteigen wird. Wer in der Gruppe das lohnenswerte Wagnis des „Farbe-Bekennens" eingeht, gibt immer auch ein Stück seiner Kontrolle über das Gruppengeschehen auf, da er die Reaktionen der anderen auf sein Bekenntnis niemals vollständig vorausberechnen kann. Das Risiko, durch einen losgetretenen Stein eine Lawine auszulösen, ist immer gegeben. Das

Storming verlangt von allen Beteiligten, vorübergehend die Zügel zu lockern und sich auf ein Abenteuer einzulassen. Das ist für kaum ein Gruppenmitglied ein ungebrochenes Vergnügen und für viele Coaches (vor allem für jene, die von sich erwarten, die Gruppe stets in der Hand zu haben) eine regelrechte Rosskur.

> **ÜBUNG**
>
> Führen Sie sich je eine geglückte und eine missglückte Auseinandersetzung in einer Ihrer Gruppen vor Augen. Überprüfen Sie für beide Situationen, inwieweit die fünf Voraussetzungen für eine konstruktives Storming gegeben waren.

6.4 Das Gruppenklima im Storming

Wer einer Gruppe im Storming begegnet, wird sich unwillkürlich „warm anziehen", denn er begibt sich in ein Reizklima – die Luft ist voller Konfliktthemen. Je nachdem, wie die Gruppe mit diesen Themen umgeht, entfalten sich innerhalb des Reizklimas unterschiedliche Wetterlagen:

6.4.1 Wetterleuchten

Ist die Gruppe gerade beim Übergang vom Forming zum Storming (Phase des „Aufheizens"), ist die Luft mehr oder weniger erfüllt von „Testballons" – kleinen Sticheleien („Das schönste am gestrigen Tag waren die Pausen"), Regelverstößen („Ich habe mir die Freiheit genommen, die Schulungsunterlagen an einem sicheren Ort zu deponieren – im Papierkorb"), ironischen Zwischenrufen („Auf diese Frage bekommst du hier in hundert Jahren keine klare Antwort") und verdeckten Beschwerden („Es ist schon bitter, wie wenig Unterstützung einige hier erfahren").

6.4.2 Gewitter

Ist das Storming in vollem Gange (Phase der Explosion), wird das Klima bestimmt von den ausgedrückten ärgerlichen, trotzigen, gekränkten und ängstlichen Gefühlen, die sich (vor allem bei destruktivem Storming) bis hin zu rasender Wut, tiefer Verbitterung, persönlicher Verletztheit und lähmender Angst steigern. Hinzu tritt nicht selten eine Prise vorwurfsvoller Enttäuschung darüber, „dass man es so weit hat kommen lassen, wo wir es doch eigentlich ganz schön hatten, vorher". Wenn die Gruppe einen Leiter hat, wird diese vorwurfsvolle Enttäuschung meist bei ihm abgeladen.

6.4.3 Tiefdruck

Wenn das Storming unterdrückt wird (Phase der Implosion), herrscht eine unheilsschwangere Ruhe, begleitet von aggressivem Desinteresse. Das Miteinander mutet an wie Freiübungen in vermintem Gelände, gleichzeitig umfängt alle Anwesenden eine kaum abzustreifende Müdigkeit und Mattigkeit. Die Arbeit schleppt sich dahin. Die Gruppe droht im kalten Konflikt zu erstarren oder wird von Auflösungserscheinungen heimgesucht.

Unterschwellige Konflikte machen es unmöglich, sich im Dienste der Sache vernünftig abzustimmen. Dadurch kommt es zu unkoordinierten oder gar gegenläufigen Aktivitäten, die Zeit, Geld und Energie kosten. Das Arbeitsklima ist geprägt von rätselhaften Abstimmungsfehlern, unverständlicher Lustlosigkeit, passiver Verweigerung und stillem Boykott.[45]

Vermiedene Kontakte. Einzelne „können nicht mehr miteinander" und beschränken ihren Austausch auf das Unumgängliche („Wir grüßen uns noch"). Das Miteinander ist geprägt von kommunikativen Umwegen („Sag du ihm das. Auf mich hört er nicht!"), eingeschränkter Kooperationsfähigkeit („Er und ich können nicht die gleiche Aufgabe bearbeiten") und „Samthandschuhen" („Sprich sie nicht auf unser letztes Projekt an – sonst explodiert sie!)" Gleichzeitig verlieren die offiziellen und offenen Kommunikationskanäle an Bedeutung zugunsten des Klatschkanals.

Wann immer wir als Coaches auf derartige Arbeitsstörungen treffen, dürfen wir davon ausgehen, dass es in der Gruppe ein Storming nachzuholen gilt.

6.5   Interventionsansätze im Storming

Die Rolle des Coaches. Manche Auftraggeber und viele Gruppenmitglieder erwarten, dass eine tüchtige Gruppe ohne Storming auskommt. Ebenso erwarten sie von einem kompetenten Leiter, dass er der Gruppe Scherereien erspart. Zusätzlich haben nicht wenige Gruppenleiter das inoffizielle Ziel, die Gruppe jederzeit im Griff zu haben.

Wer immer derartige Erwartungen hegt, fällt einem Missverständnis zum Opfer, das wir als „Ideologie des guten Willens" (vgl. Kapitel 2.3.5) beschrieben haben: Jede Gruppe, die nicht vollständig autoritär geleitet wird, indem ihr alle Ziele gesetzt und alle Wege vorgegeben werden und deren Verfolgung überwacht wird, muss sich selbst organisieren. Und das bedeutet: Sie braucht das Storming zu ihrer Entwicklung so notwendig wie eine Pflanze die Sonne zum Wachstum.

Deshalb ist ein „hilfreicher" Leiter, der die Gruppe konsequent befriedet, ein Hemmschuh der Gruppenentwicklung. Die Rolle des Coaches ist im Storming (wie in allen anderen Phasen) die eines Katalysators: Er bringt den notwendigen Prozess voran, ohne Einfluss auf den Inhalte auszuüben.

Wenn der Coach „Aktien" im Gruppengeschehen hat – Ziele, die er in und mit der Gruppe erreichen möchte – geschieht dies aus einer anderen Rolle heraus, z.B. als Vorgesetzter, Teilnehmer oder Lehrer der Gruppe. In diesem Falle tut er gut daran, seine Rollenvielfalt und seine Rollenwechsel transparent zu machen. Andernfalls gerät er bei den Teilnehmern zu Recht unter Manipulationsverdacht und ist damit als Katalysator des Gruppenprozesses kaum noch tauglich.

Wie ein Sprengmeister sich Gedanken darüber machen muss, auf welche Art und Weise er eine Fliegerbombe aus dem Zweiten Weltkrieg unschädlich macht, wird der Gruppenleiter darauf hinarbeiten, das Storming in konstruktive Bahnen zu lenken. Auf Lage und Ausmaß des „Sprengstoffes" haben jedoch beide keinen Einfluss. Und beide würden im Sinne ihres Auftrages fahrlässig handeln, wenn sie dieses Ausmaß ignorieren oder verniedlichen würden.

> **!** Die folgenden Hinweise für Interventionen im Storming sind deshalb immer darauf gerichtet, konstruktives Storming zu fördern und destruktiven Entgleisungen vorzubeugen.

Sie wenden sich an Leiter, die sich in dieser Phase als „Klärungshelfer" (Thomann u. Schulz von Thun, 1988), nicht als „Friedensengel" oder „Feuerwerker" verstehen.

6.5.1 Dem Raum geben, was im Raum ist

Zunächst geht es immer darum, den Betroffenen genügend Raum für die Entwicklung ihrer Zielkonflikte und den Ausdruck der damit einhergehenden Gefühle zu gewähren. Jede Tempoverschärfung begünstigt eine Eskalation.

Moralische Unterstützung bieten. Sie können die Teilnehmer von den bestehenden seelischen oder zwischenmenschlichen Konfliktverboten entlasten, indem Sie (z.B. durch einen kurzen „wissenschaftlichen" Vortrag) auf die Notwendigkeit, Normalität, Fruchtbarkeit und Unvermeidlichkeit von Zielkonflikten und der damit einhergehenden Gefühle hinweisen. Wenn Sie das Konfliktklima nicht explizit entmoralisieren, breitet sich höchstwahrscheinlich die „Ideologie des guten Willens" aus.

Klimatische Hinweise aufgreifen. Greifen Sie Hinweise auf unterschwellige Konflikte auf und teilen Sie der Gruppe Ihre Wahrnehmungen und Einschätzungen mit „Irgendwas kann hier nicht stimmen, dass wir alle so zerstreut, lustlos und vereinsamt zur Sache gehen. Für sachdienliche Hinweise wäre ich sehr dankbar, denn ich tappe im Dunkeln". Häufig braucht es – wie in Andersens „Des Kaisers neue Kleider" – jemanden, der das Spürbare formuliert und die Illusion zerstört, dass niemand etwas merkt.

Stormingventile schaffen. Geben Sie der Gruppe immer wieder Gelegenheit zu prophylaktischer und störungsbezogener Konfliktbearbeitung, indem Sie Stormingventile schaffen. Das kann durch „große" Interventionen „Wir machen eine Runde, in der jeder mal sagt, was aus seiner Sicht gut oder schlecht läuft" oder „kleine" Zwischenfragen „Muss irgendetwas geklärt werden, bevor wir inhaltlich weitermachen?" geschehen. Durch solche wiederholten Einladungen erhöht sich die Wahrscheinlichkeit, dass Konflikte rechtzeitig ausgetragen werden können.

Testballons beachten. Lassen Sie „Testballons" nicht ungenutzt an sich vorbeiziehen. Beispiel: „Mit einigen der Beteiligten hier fühle ich mich wohl, andere stören mich eher durch ihr Imponiergehabe" – Aufgreifen des Ballons: „Mögen Sie dazu Ross und Reiter nennen oder möchten Sie das zunächst einmal so anonym stehen lassen?" Halten Sie die Tür zum Storming offen, ohne die Mitglieder hindurchzuzwingen.

Präzisierungshilfe leisten. Helfen Sie denjenigen, die sich vorwagen, indem Sie sie im Ausdruck ihrer Gedanken und Gefühle unterstützen (s. auch Kapitel 9.5.4), etwa durch Aktives Zuhören: geben Sie in Ihren Worten und ohne Wertung zusammenfassend wieder, was der Betreffende nach Ihrem Verständnis auf und zwischen den Zeilen gemeint hat „Ich habe bis jetzt verstanden, dass Sie, Herr Hungerdübel, Herrn Schmadtke – vor allem wegen dessen lauter Stimme und seines Desinteresses an Ihrer Meinung – als dominant und herablassend empfinden. Und dass Sie sich dadurch einerseits so eingeschüchtert fühlen, dass Sie verstummen, innerlich aber durchaus aufgebracht sind. Stimmt das?"

Sie können Ungesagtes und Unausgedrücktes auch durch Doppeln zur Sprache bringen, indem Sie (quasi als „Double") an Stelle des Betreffenden sprechen: „Ich sag jetzt mal was an Ihrer Stelle, so als wäre ich Ihr Stellvertreter, und Sie schauen, ob ich richtig liege – einverstanden? Also: 'Diese Art von Herrn Schmadtke, dieses selbstgewisse und selbstherrliche Auftreten, das schüchtert mich, Sven Hungerdübel, ein. Seiner Verachtung möchte ich mich nicht ausliefern. Gleichzeitig würde ich mich ihm gerne entgegenstellen und nehme es mir übel, dass ich klein beigebe.' Stimmt das so?"

Aktives Zuhören und Doppeln sind Methoden, durch die der Coach seine Einfühlung in die Sprechenden als Werkzeug der Klärung zur Verfügung stellt. Als „Konflikthebamme" helfen Sie so, das Storming in konstruktive Bahnen zu leiten: Die Präzisierungshilfe sorgt dafür, dass das „rechte Thema" auf den Tisch kommt. Gleichzeitig hilft das den Vorreitern entgegengebrachte Verständnis, den Konflikt zu entgiften. Wesentlich für das gute Gelingen ist dabei die Grundhaltung „Es geht mir als Coach nicht im Geringsten darum, mit meinem Verständnis und meinen Sätzen Recht zu haben. Sie sollen Dir lediglich helfen, etwas zu klären und auszudrücken. Wann immer ich mit meinen Beiträgen daneben liege, fühl' dich frei, mich zu korrigieren und meine Auffassung zurückzuweisen."[46]

Adressieren. Auf der Schwelle vom (Re-)Forming zum Storming werden angelegte Zielkonflikte häufig verallgemeinernd und ungerichtet – sozusagen ohne „Adressat" – geäußert: „Ich habe den Eindruck, dass einige hier Vorrechte für sich in Anspruch nehmen". Bei dieser Gelegenheit kann sich leicht ein unbewusstes Vermeidungsbündnis entwickeln. Die unadressierte Kritik findet dann keinen Empfänger und verpufft, wenn der Leiter nicht eingreift: „Mögen Sie sagen, wen Sie damit meinen und an welche Vorrechte Sie denken?". Durch diese Frage schwingt der angelegte Konflikt eine Zeit lang deutlich spürbar im Raum und alle Anwesenden beginnen zwangsläufig, sich damit auseinanderzusetzen. Natürlich kann der Angesprochene immer noch antworten „Nein, das möchte ich nicht sagen", aber es ist unübersehbar deutlich geworden, dass er etwas zu sagen hätte. Dadurch hallt der Zielkonflikt bzw. die ihn u.U. tragende Thematik in der Gesamtgruppe wider, alle Beteiligten nehmen innerlich dazu Stellung, und es kann jetzt gut sein, dass ein anderer, der sich dem Thema eher gewachsen fühlt, das Wort ergreift. „Na, dann will ich mal sagen, wer aus meiner Sicht Vorrechte für sich reklamiert!". Wohlgemerkt: Es geht darum, Resonanzraum zu bieten und nicht darum, ein Thema mit Gewalt auf den Tisch zu zerren. Da der Leiter nicht hundertprozentig weiß, welche Themen sich hinter unklaren Stormingansagen verbergen und nicht sicher sein kann, ob diese Themen an der Reihe sind, bzw. die Gruppe sich in der Lage sieht, das Thema jetzt zu bearbeiten, wird er nicht insistieren. Unwesentliche und unzeitgemäße Themen müssen auch wieder verklingen oder unterschwellig reifen dürfen, sonst kommt es dazu, dass die Gruppe sich überfordert, indem sie ein Thema zu früh angeht.

Mit gutem Beispiel vorangehen. Seien Sie selbst ein Vorbild, indem Sie Ihre eigenen Störungen so klar wie möglich veröffentlichen und auf Stormingangebote der Teilnehmer reagieren. Ein stets und mit allem zufriedener Coach gibt den unzufriedenen Gruppenmitgliedern leicht ein Gefühl der Unzulänglichkeit, während ein Leiter, der selbst Störungen hat, bei den Teilnehmern eher die Haltung weckt „Was der sich herausnimmt, steht auch mir zu!". Seien Sie bei Ihren eigenen Veröffentlichungen allerdings sensibel hinsichtlich der Belastbarkeit der Gruppe: Konflikte, die die Gruppe vor bislang ungeahnte Zerreißproben stellen, sollten immer aus der Gruppe heraus entstehen und möglichst nicht vom Coach hereingetragen werden.

6.5.2   Dem einen Rahmen geben, was sich Bahn bricht

Sobald der Konflikt „geboren" ist, geht es darum, ihn in konstruktive Bahnen zu lenken und dem unter Umständen wild wuchernden Konfliktgeschehen einen Rahmen zu geben, um einen konstruktiven Verlauf zu gewährleisten. Auch das ist nicht jedermanns Sache und auch dafür gibt es durchaus nicht immer Applaus seitens der Beteiligten, die – nachdem sie ihre inneren Konflikthemmschwellen einmal überwunden haben – nicht selten ungestört drauflos streiten möchten.

Der Rahmen soll den Beteiligten jederzeit das Gefühl vermitteln, dass die Auseinandersetzung – wie hitzig sie auch verlaufen mag – unter Kontrolle (zumindest des Leiters) geschieht. Sobald die Teilnehmer sich dessen nicht mehr sicher sind, geht es ihnen wie einer Raubtiergruppe, die ohne Dompteur dasteht: Es wird leicht um sich gebissen. Um es so weit nicht kommen zu lassen, hier einige Empfehlungen:

Thematische Genauigkeit. Unterstützen Sie die Gruppe darin, das Thema des Konflikts genau zu formulieren. Helfen Sie, inhaltliche und zwischenmenschliche Themen zu entflechten und thematische Tabus zu lüften. Andernfalls zerfasert die Auseinandersetzung, und ihr Tempo nimmt zu.

Die richtigen Partner. Verhindern Sie, dass sich die falschen Leute streiten, indem Sie zwischenzeitlich immer wieder klären, ob die Auseinandersetzung am rechten gruppendynamischen Ort stattfindet (vgl. Kapitel 6.3.4).

Themenspeicher. Häufig ergießt sich ein ganzer Schwall von Themen, sobald die Konflikthemmschwellen gebrochen sind. Achten Sie darauf, dass alle Themen erfasst werden, z.B. indem Sie sie gut sichtbar für alle notieren. Andernfalls werden die Träger der „vergessenen" Themen immer wieder und mit zunehmender Aggressivität auf sich aufmerksam machen.

Ein Thema zur Zeit. Achten Sie darauf, dass jeweils nur ein Thema zur Zeit behandelt wird und dass es zu Ende gebracht ist, bevor ein neues aufgerollt wird. Ein thematisches Durcheinander schafft unnötige Hektik.

Allparteilichkeit. Seien Sie allparteilich und unterstützen Sie alle Beteiligten dabei, sich – auch und gerade mit ihren „unpassenden" Meinungen und Gefühlen – auszudrücken und verstanden zu fühlen. Sobald dies einer Konfliktpartei gelungen ist, verändert sich sofort ihr inneres Klima, indem die durch den inneren Stau aufgeschäumten Gefühle sich wieder setzen: Die Wut verraucht, die Vorwurfshaltung schmilzt, die Empörung wandelt sich zu echter Enttäuschung – wenn sie denn gehört worden sind.

Aktives Zuhören und Visualisieren. Gerade dann, wenn die Aufregung groß ist, bewährt sich das Aktive Zuhören (Gordon, 1977). Dabei fasst der Coach unter Einbezug auch des nur Angedeuteten die Äußerungen der Streitparteien so zusammen, dass die Betroffenen sich verstanden und bei der Präzisierung ihrer Gedanken und Gefühle unterstützt fühlen. Jene destruktive Heftigkeit und Giftigkeit, die in Auseinandersetzungen aus der Verzweiflung des Sich-nicht-Ausdrücken-Könnens und Nicht-Verstanden-Werdens erwächst, kann dann nicht die Oberhand gewinnen.

Zur Unterstützung des Aktiven Zuhörens kann es hilfreich sein, die Sichtweise der beteiligten Parteien zusätzlich mittels einer Stegreifvisualisierung festzuhalten. Dabei dürfen Sie allerdings nicht eher ruhen, als das Bild beim Betreffenden auf ungeteilte Zustimmung stößt. Geschieht das Aktive Zuhören oder Visualisieren aus der Haltung „Nun sag schon endlich „ja". Wir wollen vorankommen!" heraus, dann fühlt sich der Sprecher gedrängt und missverstanden. Das erhöht den Stresspegel und wirkt sich eher schädlich aus.

Ein Sprecher zur Zeit. Setzen Sie Ihre gesamte Autorität ein, um zu gewährleisten, dass stets nur einer zur Zeit spricht. Je hektischer es hin- und hergeht, desto weniger können die Beteiligten auf Verständnis hoffen und desto mächtiger wird ihr Gefühl, in die Defensive gedrängt zu sein: Der Ton wird aggressiver, die Auseinandersetzung eskaliert.

Feed-back-Regeln. Ruth Cohn (1980) hat im Rahmen der von ihr entwickelten Gruppenleitungsmethode der „Themenzentrierten Interaktion" (TZI) Vorschläge gemacht, wie Aussagen, die wir über andere Menschen machen, formuliert sein sollten, um für die Angesprochenen verdaulich und entwicklungsfördernd zu sein: „Sprich per Ich und nicht von 'man'!", „Benenne Verhaltensweisen und nicht Charakterzüge", „Beschreibe, statt zu bewerten!" etc. Diese Vorschläge haben während der letzten 30 Jahre im Bereich der Erwachsenenbildung den Rang von Geboten erhalten und werden häufig als „Feed-back-Regeln" in Gruppen eingeführt, um notwendige Auseinandersetzungen zu zivilisieren. Wenn diese Vorschläge dogmatisiert werden und als Wohlverhaltensregeln das Miteinander dominieren, ist es allerdings des Guten zuviel. Ein „sauberes", den Regeln entsprechendes Feedback steht häufig am Ende eines konstruktiven Stormings, nachdem der Rauch des ersten Knalls verzogen ist und (häufig mit Hilfe von außen) die Ursachen der Explosion genauer untersucht worden sind. Wer „Sauberkeit" zur Bedingung für Auseinandersetzungen macht, setzt die Schwelle für das Storming zu hoch an. Zu Beginn einer Auseinandersetzung wissen wir häufig noch gar nicht genau, was wir sagen wollen und werden von uns selbst überrascht: Was da alles an Themen und Gefühlen nach oben gespült wird! Wenn dieser Moment der Selbstüberraschung wegzensiert wird, bleiben für das Storming nur noch jene Inhalte übrig, die vorab bekannt sind und innerlich wohl abgewogen wurden, bevor sie sozialverträglich formuliert auf die Goldwaage gelegt werden. Weil wir den wahren Umfang eines Konfliktes häufig viel früher und umfassender erfühlen als verstandesmäßig begreifen können, gehören Gefühle und auch „unsaubere" Formulierungen zum Storming. Es ist gut, wenn zumindest der Coach die Cohnschen Postulate als Zielmarkierungen für die Entwicklung der rechten Haltung berücksichtigt: Wo sie als Glaubensbekenntnis heruntergebetet werden, ist allerdings Skepsis angebracht. Dann besteht die Gefahr, dass sie weniger im Dienste des konstruktiven Stormings stehen, als vielmehr eine tiefgreifende Auseinandersetzung verhindern sollen. In der Gruppe entwickelt sich eine unheilvolle Dynamik, wenn (notwendige) Konflikte dadurch abgewürgt werden, dass einer der Beteiligten die Feed-back-Moralkeule vorgehalten bekommt „So darfst du das nicht sagen!"; die Form dominiert bzw. erdrückt dann den Inhalt. Aus diesem Grund braucht es bei allzu friedhöflichen Gruppenkonstellationen (s. Kapitel 11.2.1 und 11.1.3) und konfrontationsscheuen Persönlichkeiten eine regelrechte „Rehabilitation" des ungefilterten Feedbacks (Schulz von Thun, 1990).

6.5.3   Die Verkraftbarkeit im Auge behalten

Grundsätzlich werden Auseinandersetzungen um einen Zielkonflikt um so eher als befreiend erlebt, je weniger sich die Beteiligten zurückhalten müssen. Die „Hitze des Gefechtes" dient dann auch dazu, den Konflikteisberg an der Basis abzuschmelzen. Werden jedoch Gefühle zurückgehalten oder Themen zensiert, besteht die Gefahr, dass sie als Konfliktreste in den Untergrund wandern und dort destruktiv wirken.

Optimale Konfliktbearbeitung bedeutet demnach, dass der Konflikt in seiner ganzen Intensität Raum gewinnt, bevor er einen Rahmen erhält. Es kommt jedoch durchaus häufig vor, dass die Voraussetzungen für dieses optimale Vorgehen, aufgrund situativer Rahmenbedingungen oder weil die Belastbarkeit der Beteiligten oder des Leiters sonst überstrapaziert würde, nicht gegeben sind. Dann muss der Coach frühzeitig einen bremsenden Rahmen setzen.

Rahmenbedingungen. Wenn sich herausstellt, dass ein zu Tage getretener Konflikt nicht hinlänglich bearbeitet werden kann – aus Zeitmangel oder weil ein wesentlicher Beteiligter fehlt oder die Gruppe nicht die Entscheidungsgewalt über diese Konflikte besitzt oder weil der Coach keinen entsprechenden Auftrag hat oder selbst verwickelt ist – liegt es in der Verantwortung des Leiters, sowohl den Konflikt als auch die Wahrheit der Situation zu benennen „Mir scheint, dass wir hier ein wesentliches Thema am Wickel haben (nämlich: ...), das bei vielen einiges an Engagement freisetzt. Wir haben hier allerdings nicht die Zeit (die Menschen, den Auftrag, die Freiheit), diesen Konflikt auszutragen. Wie können wir angesichts dessen weitermachen?" Diese metakommunikatorische Intervention klärt das Ob und Wie der Auseinandersetzung, bevor es inhaltlich zur Sache geht.

Belastbarkeit der Beteiligten. Sobald der Leiter den Eindruck gewinnt, dass einer der Konfliktbeteiligten oder ein anderes Gruppenmitglied durch Tempo, Thema oder Intensität des Konfliktes derart überfordert wird, dass er mit Erstarrung, Panik oder zielloser Aggressivität reagiert, muss er dafür sorgen, dass Intensität, Tempo oder Thematik auf ein erträgliches Maß heruntergefahren werden; denn die Spätfolgen einer Überlastung könnten verheerend sein. Seelische und zwischenmenschliche Substanz wird heillos zerstört.

In einem solchen Fall ist es zunächst notwendig, eine Auszeit im aktuellen Konfliktgeschehen zu nehmen: „An dieser Stelle schlage ich mal den Pausengong – nicht, weil wir fertig wären, sondern um zu schauen, ob unser derzeitiges Vorgehen für alle Beteiligten erträglich ist". Dann müssen die Betreffenden durch geeignete Interventionen (Feedback, Doppeln, Aktives Zuhören) dabei unterstützt werden, ihre Vorbehalte gegen das Geschehen auszudrücken: „Mir ist aufgefallen, dass Sie seit einiger Zeit fortwährend den Kopf schütteln, so als wollten Sie sagen: 'Das kann so doch kein gutes Ende nehmen!'. Liege ich mit dieser Vermutung richtig?" Schließlich muss metakommunikatorisch über das weitere Vorgehen beschlossen werden: „Ich schlage vor, dass Sie sich jedes Mal, wenn Sie das Gefühl haben 'Jetzt hetzt dieser Leiter die Parteien wieder sinnlos aufeinander!', zu Wort melden und die Betroffenen selbst fragen, ob es ihnen nicht längst zu viel wird. Sind Sie einverstanden?".

Belastbarkeit des Coaches: Natürlich kann es auch dem Coach zu heiß werden. Sei es, dass der Konflikt ihn zu überrollen droht; sei es, dass die zu Tage tretenden Gefühle ihn beängstigen; sei es, dass er das Thema selbst heikel findet. Wann immer Sie Derartiges erleben, müssen Sie sich selbst gut kennen, um zwischen Resonanz und Reaktion unterscheiden zu können.

Im Fall der Resonanz empfinden Sie lediglich die unterschwellig im Raum vorhandenen Stimmungen der Gruppenmitglieder nach: „Ich spüre zwar Angst – aber nicht die meine". Dann können Sie mit Hilfe Ihrer Wahrnehmung die Gruppe besser verstehen bzw. sie sich selbst besser verstehen lassen, wenn Sie den Mitgliedern Ihre Resonanz mitteilen.

Im Fall der Reaktion sind es Ihre ureigenen Gedanken und Gefühle, die Sie bewegen: „Ich spüre Angst – und zwar die meine". Dann müssen Sie aktiv werden, um Ihre Störung zu beheben, denn die erste Regel im Storming lautet „Der Coach muss innerlich jederzeit an Bord sein". Es ist Ihre oberste Verantwortung als Leiter (auch wenn Sie als Lehrer „eigentlich" nur für fachliche Themen zuständig sind), das Storming in einem für Sie erträglichen Rahmen zu halten und die Grenzen dieses Rahmens mit aller Macht zu verteidigen: Nur so ist gewährleistet, dass sich die Gruppe während des Stormings jederzeit unter Ihrem Schutz befindet. Eine Gruppe, die sich in Anwesenheit ihres Leiters ins Storming begibt, riskiert diesen Schritt immer – wenn auch nicht immer bewusst – unter Berücksichtigung der Leiterpräsenz: „Er sieht und akzeptiert, was hier passiert". Die Gruppe delegiert immer ein Gutteil der Verantwortung für das konstruktive Gelingen der Auseinandersetzung an den Leiter: „Er wird's schon richten; da kann ich mich ja mal vorwagen!" Wenn eine Gruppe sich nun im Vertrauen auf den Leiter in unsicheres Gelände vorwagt, dieser aber innerlich längst den Abschied genommen hat („Nach mir die Sintflut!"), eskaliert der Konflikt aufs Schlimmste. Die an Sie delegierte Verantwortung müssen Sie entweder wahrnehmen oder offen zurückgeben. Das bedeutet, dass Sie die Interventionen, die Sie für notwendig halten, unbedingt – auch gegen Widerstand – durchführen müssen. Sie müssen notfalls Ihre gesamte Autorität und (Stimm-)Gewalt einsetzen, um dafür zu sorgen, dass der Konflikt in dem von Ihnen gesteckten Rahmen verläuft „Es tut mir leid: Entweder sind Sie, Herr Wilhelmsen, jetzt wirklich mal still, damit ich Herrn Röpkes Sicht der Dinge ungestört in Erfahrung bringen kann – oder Sie müssen sich ohne mich weiterstreiten!". Und Sie sollten offen eingestehen, wenn Sie sich überlastet fühlen. Das offene Eingeständnis macht es für alle Beteiligten deutlich: Der Dompteur will/kann nicht mehr. Das weckt bei den Beteiligten wieder jene Beißhemmungen, die durch die Anwesenheit des Dompteurs in den Hintergrund getreten waren; die Gefahr der „ungeleiteten Eskalation im leiterlosen Raum" ist gebannt. Natürlich ist es für jeden Coach eine Übung in Demut, die eigene Überforderung zuzugeben. Alles andere wäre jedoch fahrlässig.

6.5.4   Das Ende finden

Wenn die anstehenden Zielkonflikte umfassend deutlich geworden sind, die Beteiligten nichts mehr hinzuzufügen haben und der Coach das Gefühl hat, dass alles gesagt ist – dann ist das Storming zu Ende gebracht (vorausgesetzt es handelt sich nicht um den denkbaren Fall, dass alle Beteiligten gleichzeitig nur flüchten wollen).

Wenn Gruppen an dieser Stelle trotz konstruktiven Verlaufs der Auseinandersetzung die „Kurve ins Norming" nicht kriegen, dann liegt das entweder daran, dass sie die Illusion nähren, eine Fortsetzung des Streits würde die eine oder andere Meinungsverschiedenheit vielleicht doch noch in Luft auflösen oder daran, dass sie die sich abzeichnenden Konsequenzen fürchten.

Überleitung ins Norming. Beenden Sie deshalb offiziell das Storming und leiten Sie offen zum Norming über, sobald Sie den Eindruck gewinnen, dass alles gesagt ist und die Gruppenmitglieder aus Angst vor den absehbaren Konsequenzen damit beginnen, den Konflikt zu verwischen, zu vernebeln oder bis zur Unkenntlichkeit plattzureden. Es gilt nun, den Übergang von der Konflikt- zur Kontraktphase so zu gestalten, dass er als Scharnier zwischen beiden fungieren kann, indem er die eine Phase beschließt und die andere eröffnet: „Ich habe den Eindruck, dass zu allen in der Luft liegenden Auseinandersetzungen von allen Beteiligten alles Wesentliche gesagt worden ist. Standpunkte und Hintergründe sind transparent geworden. Wenn Sie das ähnlich sehen, schlage ich vor, dass wir jetzt einmal schauen, wie Sie angesichts der zu Tage getretenen Unstimmigkeiten weitermachen können".

Dissens festhalten. Halten Sie den mit Mühe erstrittenen Dissens fest und sorgen Sie dafür, dass er weder verniedlicht noch dramatisiert wird. Andernfalls ginge die Gruppe ohne geklärte Ausgangslage ins Norming: „Ich habe den Eindruck, dass die wesentlichen Konfliktlinien nun deutlich geworden sind: Ein Teil der Gruppe wünscht sich eine opulente Weihnachtsfeier, ein anderer Teil möchte keine. Weiterhin haben Sie, Herr Friedenburg aus Ihrem Herzen keine Mördergrube gemacht und gefordert, dass Ihr Vorgesetzter, Herr Maschweski, nicht mehr an dieser Gruppe teilnimmt, damit Sie offen sprechen können. Dieses Ansinnen weist nun Herr Maschewski aufs Schärfste zurück, weil er sich ausgegrenzt fühlen würde. Sagen Sie bitte sofort Bescheid, falls ich irgendwo schief liege oder etwas unterschlagen habe. Schauen Sie abschließend bitte bei sich nach, ob noch etwas Unausgesprochenes im Raum ist, das heraus will".

Durch diese Einladung zur Ergänzung und zum Widerspruch werden die Beteiligten in die Verantwortung eingebunden: Wer hier und jetzt seine Zustimmung gibt, hat es schwerer, fünf Minuten später während der Vertragsverhandlungen einen neuen Streit vom Zaun zu brechen. Deshalb bedarf es auch beim Übergang vom Storming zum Norming der Sorgfalt.

7 Die Vertragsphase: Norming

> ▶ Das **Norming** ist die Phase der Vertragsbildung, in der die Vereinbarungsstruktur der Gruppe Gestalt gewinnt.
>
> ▶ Die **wesentliche evolutionäre Leistung der Gruppe** besteht in der Selektion tragfähiger Ziele. Der Zielpool der Gruppe erhält dadurch eine Ausrichtung, die gemeinsames Handeln ermöglicht.
>
> ▶ Für die **einzelnen Mitglieder** ist das Norming eine Phase der Ernüchterung, geprägt durch ein „erwachsenes" Klima. Erwartungen werden hinsichtlich des in der Gruppe Möglichen und Machbaren überprüft und geklärt; von Illusionen kann und muss Abschied genommen werden.
>
> ▶ Wir beschreiben **Interventionen**, die der Coach als „Moderator", „Notar" und „Schlichter" einsetzen kann, um der Gruppe durch diese Phase zu helfen.

7.1 Die Gruppe im Norming

7.1.1 Vom Trennenden zum Überbrückenden

Ist das Storming konstruktiv verlaufen, herrscht anschließend in der Gruppe eine Stimmung wie nach einem Sommergewitter: Die Luft ist rein, die Sicht ist klar, die Atmosphäre entspannt sich. Diese nachgewitterliche Stimmung ist geprägt von Erleichterung: die heiklen Punkte sind angesprochen worden, nun ist vorerst das Schlimmste vorüber. Dieses Empfinden mündet bei den Beteiligten häufig in den Wunsch „Lasst uns jetzt das Kriegsbeil begraben, die Friedenspfeife rauchen und wieder an die Arbeit gehen!". Diesem Wunsch lässt sich aus gruppendynamischer Sicht allerdings noch nicht vollends entsprechen: Zwischen dem Rauchen der Friedenspfeife und dem Arbeitsbeginn müssen erst einmal die Lehren aus den vorangegangenen Konflikten gezogen werden.

Im Storming hat sich die Konfliktstruktur der Gruppe entfaltet. Die Formingillusion „Wir wollen alle dasselbe" ist zerbrochen, statt dessen ist deutlich geworden, welche sachlichen, zwischenmenschlichen und persönlichen Ziele der Beteiligten nicht zusammenpassen oder einander zuwiderlaufen. Nachdem das Trennende benannt ist, müssen wir als nächstes schauen, ob und wie wir die bestehenden Gräben überbrücken können. Erst nach einem entsprechenden **Brückenschlag** kann störungsfrei miteinander gearbeitet werden.

Die Gruppe braucht nun eine Zeit des Einandersehens ohne Illusionen, des Miteinanderverhandelns angesichts unterschiedlicher Ziele, des Kompromisseschließens, Konsequenzenziehens und Sichverpflichtens auf getroffene Absprachen.

 Die Gruppe muss Vereinbarungen darüber treffen, wie sie unter Berücksichtigung des Trennenden am Gemeinsamen weiterarbeiten kann.

Wenn dieser Schritt ausbleibt, besteht die Gefahr, dass die offenliegenden Gräben einfach ignoriert oder hastig zugeschüttet werden und man in die scheinharmonischen Umgangsformen des Formings zurückfällt. Dann stehen die nächsten Störungen und Auseinandersetzungen um dieselben alten Themen unweigerlich ins Haus.

7.1.2   Die Vereinbarungsstruktur

Gefragt sind nun Absprachen, Ordnungsversuche, Regeln. Sie bilden den Gruppenvertrag (vgl. Kapitel 5.1.4 und 6.1.2), die Vereinbarungsstruktur. Sobald ein verlässliches Netz von (schriftlichen, mündlichen, impliziten oder expliziten) Absprachen geknüpft worden ist, kann die Gruppe von der Beschäftigung mit sich selbst ablassen und sich dem zuwenden, was sie darüber hinaus erreichen will.

Öffentlich oder verdeckt. Die Vereinbarungsstruktur entwickelt sich im Idealfall in öffentlicher Verhandlung. Sie kann aber auch im Verborgenen entstehen, wenn jedes Gruppenmitglied für sich oder Teilcliquen in ihren Nischen die ihnen plausibel erscheinenden Konsequenzen aus den bestehenden Konfliktlinien ziehen. Dann ist allerdings weder gewährleistet, dass die Konsequenzen der Einzelnen auch zueinander passen, noch ist zu erwarten, dass das auf chaotische Weise entstehende Regelwerk den größten gemeinsamen Nenner wirklich abschöpft und eine optimale Vertragsbildung in der Gruppe ermöglicht.

Selbstbildklärung. Die Vereinbarungsstruktur als Ausdruck des größten gemeinsamen Nenners einer Gruppe ist die solide Basis eines realistischen Selbstbildes: „Wir sind die Gruppe, in der folgende Abmachungen gelten und auf Grund dessen folgende Ziele erreichbar erscheinen". So gewinnt die Gruppe im Norming an Identität: Das „Wir" bleibt nicht länger eine leere Leinwand, auf die jeder nach Belieben seine Idealvorstellungen projizieren kann, sondern die Leinwand verwandelt sich dank der vertraglichen Pinselstriche zum unverwechselbaren Gemälde, das mit jeder weiteren Normingphase an Konturen gewinnt.

7.1.3 Selektion der „überlebensfähigen" gemeinsamen Ziele

Wurden im Storming die Widersprüche soweit amplifiziert, dass Konfliktlinien und Entscheidungsbedarf deutlich hervortreten konnten, so findet im Norming die für den evolutionären Viertakt unverzichtbare Selektion der „überlebensfähigen" Ziele statt. Dadurch reduziert die Gruppe die Menge der in ihr möglichen Verhaltensweisen drastisch.

BEISPIEL

Die Raucher-Frage: Stellen wir uns eine Projektarbeitsgruppe vor, in der es Raucher und Nichtraucher gibt und man sich (immerhin!) darüber einig ist, dass nur außerhalb des Sitzungsraumes geraucht werden soll. Unterschiedliche Auffassungen herrschen allerdings darüber, wie viele Rauchpausen gemacht werden und ob sich jeder Raucher seine Auszeiten in Eigenregie nimmt oder ob es kollektive Pausen gibt. Ein Blick in den Zielpool der Gruppe zur Frage des Rauchens ergibt folgendes Bild der Konfliktstruktur:

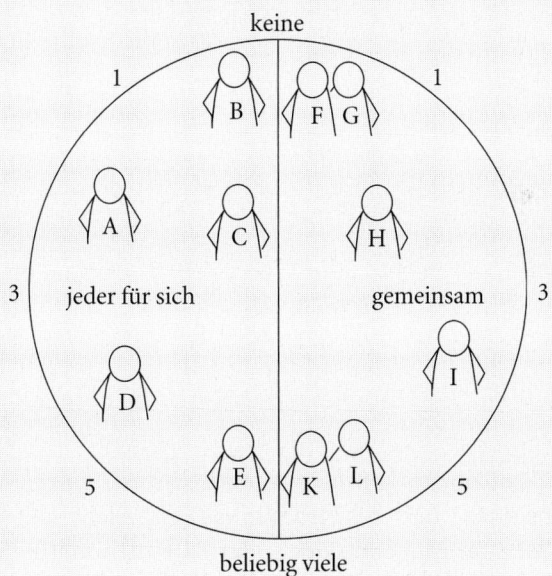

Abbildung 8a. Ein Zielpool vor dem Norming: Die Gruppenmitglieder **A–L** haben unterschiedliche Auffassungen zu Art und Anzahl genehmigter Raucherpausen. In der **linken Hälfte** halten sich jene auf, die individuelle Pausen bevorzugen, in der **rechten Hälfte** finden sich die Vertreter gemeinsamer Pausen. Je weniger Pausen ein Mitglied gewähren will, desto weiter **oben** ist es positioniert. Die Zahl gewünschter Pausen ist **außen im Kreis** abgetragen.

Im Norming wird die Vielfalt an Zielvorstellungen zu diesem Thema nun drastisch reduziert: Man einigt sich auf drei gemeinsam gehaltene Raucherpausen.

Die Selektion trifft natürlich nicht alle Beteiligten gleich hart. Manche (A) sind mit der Anzahl der Pausen zwar hoch zufrieden – nicht aber damit, dass sie den Zeitpunkt nicht nach Lust und Laune wählen können. Einige denken, dass drei Pausen zuviel des Schlechten sind (B, F, G). Und schließlich fühlen sich die Kettenraucher (E, K, L) in ihrer Freiheit beschränkt. Die inneren Wege, die zur gefundenen Vereinbarung zurückgelegt werden müssen, sind unterschiedlich weit.

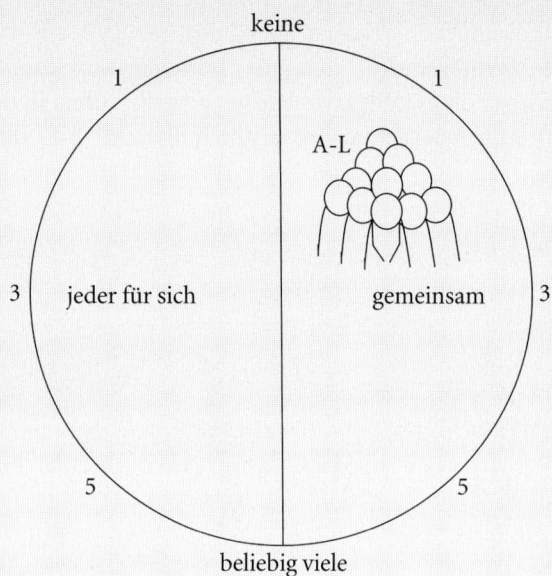

Abbildung 8b. Ein Zielpool nach dem Norming: Die Gruppenmitglieder A-L haben sich am „Ort der Übereinkunft" versammelt

Die im Norming stattfindende Selektion bildet immer einen Punkt des Abschieds (von Illusionen) und des Neuanfangs (angesichts der Wahrheit der Situation). Dies ist zwar nicht von der äußerlichen Dramatik des Stormings geprägt, kann aber bei den Beteiligten mit schmerzhaften Gefühlen einhergehen.

Vergleicht man den Gruppenprozess mit dem menschlichen Lebenszyklus, entspricht das Norming dem Erwachsenwerden: Der sicherheitsorientierten, auf Zusammengehörigkeit gerichteten Kindheit (Forming) und der sich durch trennende Schärfe auszeichnenden Pubertät (Storming) folgt die Ernüchterung und Klarheit der Volljährigkeit.

7.2 Die Einzelnen im Norming

7.2.1 Erwartungssicherheit

Jeder Einzelne gewinnt im Norming jene Erwartungssicherheit (Luhmann, 1984), ohne die er sich in der Gruppe nicht sicher bewegen könnte. Im günstigen Fall weiß jeder Einzelne in der Gruppe nach der Vertragsverhandlung, welche seiner vordringlichen inhaltlichen und zwischenmenschlichen Ziele er derzeit mit dieser Gruppe erreichen kann und welche nicht. Und er weiß, welche Kröten er zu schlucken hat, welche fremden Ziele er aufgrund der getroffenen Vereinbarungen mitverfolgen oder zumindest tolerieren muss. Dieses Wissen setzt ihn in den Stand, Vertragsbrüche von anderen zu benennen und die Folgen eigener Vertragsverletzungen abzuschätzen. Letztlich kann somit jeder bei Abschluss des Normings eine vorläufige persönliche Gruppenbilanz ziehen.

7.2.2 Fragen im Norming

Im Mittelpunkt des Normings stehen für den Einzelnen Fragen wie:
▶ Worauf kann ich verzichten und welche Ziele sind für mich unverzichtbar?
▶ Welche Einschränkungen bin ich bereit hinzunehmen?
▶ Welche Zusicherungen kann ich machen, welche muss ich verlangen?
▶ Mit wem werde ich in Zukunft verstärkt zusammenarbeiten und wem gehe ich lieber aus dem Weg?
▶ Welche Rolle und Position kann und will ich in dieser Gruppe ausfüllen?
▶ Welche Ziele lassen sich in dieser Gruppe gut erreichen, welche verfolge ich besser in Teilgruppen oder außerhalb der Gruppe?
▶ Was bringt mir die Gruppe letztendlich noch?
▶ Wer kann und will weiterhin Gruppenmitglied sein, wer will oder muss gehen?

Wenn diese Fragen geklärt sind, weiß man, woran man mit den anderen ist und wie der eine Strang beschaffen ist, an dem man gemeinsam ziehen kann.

7.3 Komplikationen im Norming

Das Norming ist weder von der freundlichen Vorsicht des Formings noch von der Erregtheit (und Feindseligkeit) des Stormings geprägt: Die Wahrheit der Situation kann offen und ruhig besprochen werden. In Übertragungen und Projektionen wurzelnde Ängste und Phantasien weichen ebenso wie von Wunschdenken hervorgebrachte Illusionen einer realistischen Betrachtung – falls die vorhergehenden Phasen gut gelaufen sind. Dadurch wird das Norming von vielen Beteiligten als eher problemlose Phase des Miteinanders erlebt.

Dennoch kann es auch in dieser Phase zu Komplikationen kommen, die wir unter vier Überschriften behandeln werden: Regeln und Metaregeln, Stormingüberhänge, Widerstand, Normingtabus.

7.3.1 Regeln und Metaregeln

Gruppen, die erstmals die Normingphase durchleben, sehen sich mit einem zweifachen Regelungsbedarf konfrontiert: Zum einen müssen bestehende Zielkonflikte geregelt werden, indem man entsprechende Regeln entwickelt. Diese der Klärung von aktuellen Zielkonflikten dienenden Absprachen nennen wir **Regeln 1. Ordnung**. Damit Regeln 1. Ordnung überhaupt gefunden werden können, braucht es Regeln 2. Ordnung: übergeordnete Metaregeln, die festlegen, wie die Gruppe zu Regeln 1. Ordnung gelangt bzw. wie diese beschaffen sein müssen: Wie verständigen wir uns beispielsweise, wenn im Storming deutlich geworden ist, dass ein Teil der Gruppe sich gerne einmal wöchentlich treffen möchte, während ein anderer Teil einen monatlichen Rhythmus bevorzugt? Gelten einfache Mehrheitsentscheidungen, braucht es eine Zweidrittelmehrheit oder müssen Konsensvereinbarungen gefunden werden? Gibt es Minderheiten- und Vetorechte? Sind Kungeleien („Wenn du bei Punkt A für meinen Standpunkt stimmst, unterstütze ich dich bei Punkt D.") erlaubt? usw.

Es müssen viele Verfahrensfragen durch Regeln 2. Ordnung geklärt sein, bevor die bestehenden Konflikte 1. Ordnung vertraglich geregelt werden können. Wie der Gesetzgeber Gesetze braucht, die das Gesetzgebungsverfahren regeln, benötigt die Gruppe Metaregeln, Vereinbarungen für das Norming, die das Treffen von Vereinbarungen im Norming regeln.

Entsprechend gibt es Zielkonflikte 1. Ordnung darüber, welchen Weg die Gruppe einschlägt und Zielkonflikte 2. Ordnung darüber, wie mit Zielkonflikten 1. Ordnung umzugehen ist. In unserem gesellschaftlichen Alltag stehen die Regeln 1. Ordnung in den Gesetzestexten des Bürgerlichen Rechts, des Sozialrechts usw., während die Regeln 2. Ordnung in der Verfassung zu finden sind.

Kuddelmuddel. Solange Gruppen noch nicht über ihre Verfahrensregeln verfügen, kommt es im Norming leicht zu einem Kuddelmuddel. Konflikte 1. Ordnung, die eines Normings bedürfen, werden vermischt mit Konflikten 2. Ordnung, die das Norming betreffen:

> **BEISPIEL**
>
> Clara: „Ich glaube, wir sollten uns bei Punkt A für Peters Vorschlag entscheiden!"
> Erwin: „Moment mal, ich habe noch gar nicht gesagt, wo ich stehe!"
> Clara: „Das ist doch egal, die Mehrheit steht auf Peters Seite!"
> Erwin: „Seit wann gilt denn hier das Mehrheitsprinzip?" usw.

Während die Gruppe einen geklärten Zielkonflikt 1. Ordnung regeln will, bricht parallel die Auseinandersetzung um die Regeln 2. Ordnung auf. Ein solches Durcheinander von Norming erster und Storming zweiter Ordnung ist unfruchtbar und verwirrend.

> **!** Die Gruppe steckt in einer Zwickmühle: Um eine vernünftige Vereinbarungsstruktur entwickeln zu können, müsste sie schon eine funktionierende haben.

Viele Gruppen haben in dieser Situation das Glück, sich auf der Grundlage der Formingstruktur oder aufgrund gegebener Rahmenbedingungen auf unumstrittene konventionelle Metaregeln berufen zu können, die im gesellschaftlichen Umfeld der Gruppe gelten. Wenn dieser Import aus dem gesellschaftlichen Umfeld nicht gelingt, muss es um die Frage des Normings erst zu einem Storming kommen. Aber auch daraus lassen sich die Konsequenzen wiederum nur dann ziehen, wenn es Einigkeit über das Verfahren gibt.

Wenn die Gruppe nicht in der glücklichen Lage ist, einer Meinung über den Umgang mit Meinungsverschiedenheiten zu sein, bleibt sie in ihren Zielkonflikten zweiter Ordnung gefangen und ist überfordert, die Konflikte erster Ordnung vertraglich zu regeln.[47] In Ermangelung funktionierender Regeln herrscht dann entweder gesetzgeberisches Chaos oder der Zwang zur Einstimmigkeit selbst in kleinsten Dingen. Beides beeinträchtigt natürlich die Entscheidungsfähigkeit der Gruppe und führt dazu, dass die Vereinbarungsstruktur mehr schlecht als recht gedeiht. Solche Lähmungserscheinungen im Norming schwächen das Vertrauen der Gruppe in ihre Fähigkeit zur Selbststeuerung und lassen den Wunsch nach dem „starken Mann" gedeihen.[48]

Coaching im Kuddelmuddel. Wer Gruppen zu coachen hat, die nicht über funktionsfähige Metaregeln verfügen, muss sich darauf einstellen, dass die Unzufriedenheit über die im Norming „verplemperte Zeit" zunächst einmal ihn treffen wird: „Sie sind doch der Moderator. Haben Sie denn keine Methoden zur Hand, um das Ganze ein bisschen zu beschleunigen?". Wer sich durch diese Kritik dazu verleiten lässt, der Gruppe Metaregeln („Es gilt das Mehrheitsprinzip!") vorzuschreiben, wird meist damit konfrontiert, dass eben keine Einigkeit bzgl. dieser Regel herrscht („Das Mehrheitsprinzip finde ich ja grundsätzlich in Ordnung. Aber zumindest in dieser Frage müsste es doch wohl ein Vetorecht für alle geben!").

Auch sollte man als Coach darauf gefasst sein, dass einem die Rolle des starken Mannes angetragen wird: „Sprechen Sie doch mal ein Machtwort! So geht das hier doch nicht weiter!". Mit dieser Stimmung konstruktiv umzugehen, ist keine leichte Übung: Soll man die Gruppe frustrieren und im eigenen Sud schmoren lassen? Das birgt die Gefahr, dass die Beteiligten das Vertrauen in die Gruppe oder zumindest in den Coach verlieren. Oder soll man die angebotene Führungsrolle annehmen? Das hieße vielleicht, die Selbststeuerungsfähigkeit

der Gruppe bis hin zur generalisierten Regression (vgl. Kapitel 3.2.3) zu schwächen: Wenn Metaregeln nur durch einen mächtigen Coach gesetzt werden können, gerät die Gruppe in kindliche Abhängigkeit von diesem Anführer.

> **!** Eine gute Möglichkeit, der Gruppe weiterzuhelfen, ohne sie aus der
> Selbstverantwortung zu entlassen, besteht darin,
> - ihr zunächst das eigene Dilemma bewusst zu machen,
> - dann Vorschläge für eine Verfassung zu unterbreiten und
> - schließlich bei Bedarf eine zeitlich befristete Regelvorgabe als Krücke
>   anzubieten:
>
> „Solange ihr nicht darüber einig werdet, wie ihr zu gemeinsam getragenen
> Regeln kommt, werdet ihr kaum effizient arbeiten können, da ihr so lange
> auf Einstimmigkeit angewiesen seid. Das ist nun nicht euer persönliches
> Versagen, sondern das ist ein Dilemma, mit dem sich alle selbstbestimm-
> ten Gruppen herumschlagen müssen. Die Abkehr von der Einstimmigkeit
> bedeutet für alle Beteiligten ein Risiko – ihr könntet schon bei der nächs-
> ten Entscheidung zur Minderheit gehören. Beides zusammen – Entschei-
> dungsfähigkeit und umfassender Minderheitenschutz – ist gleichzeitig
> nicht zu haben. Ihr müsst euch entscheiden. Wenn ihr nichts tut, entschei-
> det ihr euch für die Beibehaltung des Einstimmigkeitsprinzips. Ich schlage
> euch vor, während der nächsten vier Tage (Wochen, Monate) verbindliche
> Entscheidungen mit der absoluten Mehrheit der Anwesenden zu treffen
> und anschließend zu schauen, ob ihr mit den Ergebnissen zufrieden seid.“
>
> In jedem Fall gilt: Ohne gültige Metaregeln lohnt es nicht, über Regeln 1. Ord-
> nung zu verhandeln.

7.3.2   Stormingüberhänge

Wenn die Gruppe die Stormingphase zu früh verlassen hat, erhält sie im Norming die Quittung: Differenzen, die nur unvollständig herausgeschält worden
sind, lassen sich nämlich nicht tragfähig überbrücken. Hier rächt sich ein überhastetes Storming, der verbliebene „Differenznebel“ wabert ins Norming hinü-
ber, wo nebulöse Formelkompromisse geschlossen werden, die meist bei der
ersten Nagelprobe zerbersten wie morsches Holz. Im weniger schlimmen, aber
immer noch ungünstigen Fall flammt der ungeklärte Konflikt bereits während
des Normings wieder auf. Dann kommt es zu einer frustrierenden Vermen-
gung von Konfliktklärung und Vertragsverhandlung: Bereits erzielte Kompromisse müssen wieder umgestoßen werden, denn es eröffnet sich bislang unzulänglich bearbeitete Konfliktfelder.
    Diese gruppendynamische „Aquarelltechnik“ des Ineinanderverlaufens von
Norming und Storming wird weniger wahrscheinlich, wenn der Übergang vom

Storming ins Norming vom Coach sauber und prägnant gestaltet wird (wie sich das in wörtlicher Rede anhören kann, s. Kapitel 6.5.4 und Kapitel 7.5.1).

7.3.3   Widerstand

Eigentlich sollten die Gruppenmitglieder froh sein, dass aufgrund der im Storming zu Tage getretenen Differenzen im Norming eine tragfähige Vereinbarungsstruktur verhandelt werden kann. Die Dankbarkeit hält sich gelegentlich allerdings in Grenzen, wenn sich Wahrheit und Klarheit nicht mit liebgewonnenen Illusionen vertragen, die wir hinsichtlich der Durchsetzbarkeit unserer persönlichen Ziele und der vermeintlichen Einmütigkeit der Gruppe gehegt haben. Diese Unverträglichkeit gebiert vielfältige Formen des Widerstandes gegen das Norming, von denen wir an dieser Stelle fünf detaillierter betrachten wollen:
(1) taktisch bedingter Widerstand,
(2) charakterlich bedingter Widerstand,
(3) Widerstand aufgrund seelischer Ambivalenzen,
(4) Widerstand aufgrund von Differenzen innerhalb von Teilgruppen und
(5) Widerstand aufgrund bestehender Tabus.

(1) Taktischer Widerstand. Die Ernüchterung des Normings stößt auf Zurückhaltung, wenn ein Gruppenmitglied damit rechnen muss, zu erheblichen Zugeständnissen gezwungen zu werden. Das Storming mag einzelnen mit schmerzhafter Eindringlichkeit verdeutlicht haben, dass bestimmte Themen, Inhalte oder Umgangsformen keine Aussicht auf Durchsetzung in der Gruppe haben. Das bedeutet aber längst nicht, dass diese Mitglieder ihre Zielvorhaben aufgeben: „Zwar weht mir der Wind im Moment rau ins Gesicht, aber vielleicht kriege ich die Gruppe ja doch noch dahin, wo ich sie hinhaben will. Es ist weder sicher, dass die anderen mit ihren Plänen Erfolg haben werden, noch dass ich in Zukunft tatsächlich zurückgepfiffen werde, wenn ich mich für meine Ziele einsetze. Und im übrigen sieht morgen ohnehin alles ganz anders aus."

Wer mit dieser Haltung ins Norming eintritt, hat natürlich wenig Interesse an transparenten und überprüfbaren Absprachen. Im Gegenteil, aus taktischen Erwägungen wird ihm eher daran gelegen sein, das Norming ausfallen zu lassen oder durch unklare Absprachen viel Auslegungsspielraum zu gewinnen.

Als Coach kann man sich durch taktischen Widerstand leicht provoziert fühlen, weil er sich meist in Zweifeln am Sinn der Normingprozedur und am Vorgehen des Moderators äußert: „Wir sind doch alle erwachsene Menschen und haben verstanden, aus welcher Richtung der Wind weht; ich glaube nicht, dass wir unsere kostbare Zeit jetzt noch mit kleinkrämerischer Paragraphenreiterei vergeuden müssen". In solchen Fällen macht es wenig Sinn, den Betreffenden mit seinen dunklen Absichten zu konfrontieren und diese moralisch zu geißeln („Sie wollen doch nur verhindern, dass hier gegen Ihre Interessen entschieden wird. Wo bleibt Ihr demokratisches Grundverständnis?!"). Günstiger ist es, den Widerstand als Kritik ernst zu nehmen und ihn als einen unter vielen denkbaren Vorschlägen zur Veränderung der Metaregeln zur Debatte zu stellen: Der Coach spricht die der Kritik zugrunde liegenden, unausgesprochenen Vorannahmen aus und stellt sie der Gruppendiskussion anheim: „Wenn ich Sie recht verstehe, sind aus Ihrer Sicht alle Punkte hinreichend geklärt. Sie sind überzeugt, dass es – so, wie die Dinge stehen – hierüber nicht mehr zu Missverständnissen und Störungen kommen kann. Darum halten Sie weitergehende Verabredungen für überflüssig und plädieren verständlicherweise für ein Ende der Debatte. Bevor ich Ihrem Vorschlag nachkomme, möchte ich überprüfen, ob das von den anderen ähnlich gesehen wird. Wenn nicht, möchte ich Ihnen zumuten, noch ein wenig Geduld aufzubringen."

(2) Charakterlicher Widerstand. Selbst Teilnehmer, die durch transparente Regeln scheinbar nichts zu verlieren hätten oder sogar davon profitieren könnten, wenden sich gelegentlich gegen ein klares Norming, „weil ich es einfach unerträglich finde, dass wir uns hier gegenseitig festnageln, so als könne man niemandem vertrauen" bzw. „weil dieses ganze Kleinklein von 'Wer macht was mit wem, wie, wo, bis wann?' ja schlimmste Planwirtschaft ist, von der doch sowieso jeder weiß, dass sie nicht funktioniert". Der so begründete Widerstand hat charakterliche Hintergründe (s. zur Beschreibung von Charakterstrukturen auch Kapitel 10): Die Betreffenden sind seelisch so gebaut, dass sie Harmonie und Flexibilität als Lebenselixier brauchen und sich wie ein Fisch im falsch temperierten Wasser fühlen, wenn ihnen dieses Elixier entzogen wird. Sobald ein Wust an Differenzen gesetzgeberische Filigranarbeit verlangt, werden sie unruhig und schlagen scheinharmonische Lösungen vor, die die kritischen Punkte hinter wolkigen Formulierungen verschwinden lassen.

Wie lässt sich mit solchem Widerstand arbeiten? Wieder geht es darum, ihn als Kritik ernst zu nehmen – ohne sich mit dieser Kritik einverstanden erklären zu müssen: „Die von Ihnen angesprochene Gefahr der Überreglementierung ist natürlich immer gegeben, wenn man – wie wir jetzt – Absprachen miteinander trifft. Umgekehrt gibt es allerdings auch die Gefahr der Unterreglementierung im Sinne von Unverbindlichkeit, und es ist mein Ziel, beide Extreme zu vermeiden. Ich selbst sehe uns derzeit noch im gesunden Mittelbereich und möchte Sie deswegen um ein wenig Geduld bitten. Gleichzeitig bitte ich Sie, sich mit Ihrer Sensibilität für bürokratische Entgleisungen in den Dienst unserer Sache zu stellen und bei der nächsten Gelegenheit Alarm zu schlagen, wenn aus Ihrer Sicht eine Frage „überregelt" wird. Dann können wir gemeinsam schauen, ob wir uns bei diesem konkreten Punkt nicht mit weniger Kleinkariertheit zufrieden geben wollen. Darf ich Ihnen das zumuten?".

(3) Seelische Ambivalenzen. Damit es im Norming zu tragfähigen Absprachen zwischen den Beteiligten kommen kann, müssen die Einzelnen zuvor innerlich reinen Tisch gemacht haben, sonst behindert ihre innere Widersprüchlichkeit die Klarheit der Kommunikation nach außen (vgl. Kapitel 3.2.2).

Widersprüche innerhalb der individuellen Zielpools vermitteln den Betroffenen das Gefühl des Hin- und Hergerissenseins. Sie können sich auf die im Norming verhandelten Inhalte oder auf den Verhandlungs- und Entscheidungsprozess selbst beziehen.

Gibt es innere Widersprüche um die Inhalte, dann klingen (häufig unbewusste) innere Dialoge beispielsweise so:

„Ich möchte auf keinen Fall, dass wir uns in dieser Gruppe „Siezen" und ich möchte auf keinen Fall, dass sich jemand zum „Du" gezwungen fühlt".

„Ich habe Angst davor, dass in dieser Gruppe über Privates gesprochen wird und gleichzeitig sehne ich mich danach".

„Ich möchte auf jeden Fall, dass in dieser Gruppe die Ziele A und B erreicht werden und gleichzeitig möchte ich auf keinen Fall, dass wir so viel Zeit miteinander verbringen, wie das erfordern würde".

„Ich möchte, dass Herr Schmiedt nicht mehr teilnimmt und ich möchte nicht, dass er sich ausgegrenzt fühlt".

Wenn ich in solchen Fällen nicht weiß, was ich in Bezug auf eine strittige Entscheidung eigentlich will und mir meiner inneren Ambivalenz gleichzeitig nicht bewusst bin, besteht die Gefahr, dass ich die Gruppe lähme. Aufgrund der eigenen Unklarheit kann ich mich wahrscheinlich mit keiner sich abzeichnenden Lösung wirklich einverstanden erklären. Gleichzeitig fehlt mir die Bewusstheit, die es bräuchte, um die Gruppe um Bedenkzeit zu bitten oder mich der Stimme zu enthalten. Unter diesen Umständen wird während der Verhandlungen häufig die Position gewechselt (Schlingerkurs) und zwar bevorzugt dann, wenn sich gerade eine Entscheidung abzeichnet. Indem man auf diese Art das Norming blockiert, wird verhindert, dass sich die Gruppe in der betreffenden Frage schneller entscheidet als man selbst.

Bezieht sich die innere Ambivalenz auf den Prozess des Verhandelns selbst, dann könnte der innere Dialog so klingen:

„Ich habe Forderungen, will aber nichts fordern müssen".

„Ich möchte mich gegenüber Forderungen anderer abgrenzen, ohne „Nein" sagen zu müssen".

„Ich will mich durchsetzen, ohne als jemand dazustehen, der anderen einen Verzicht zumutet".

„Ich möchte mit der Gruppe zu tragfähigen Kompromissen kommen und dabei keinesfalls an irgendeiner Stelle mein Gesicht verlieren, indem ich vor aller Augen nachgeben muss".

Wenn ich keine Forderungen stellen, keine Grenzen ziehen, keinen Verzicht zumuten und keine Kompromisse eingehen kann, dann bin ich verführt, das Norming so lange manipulativ zu blockieren, bis eine mir genehme Gestaltung des Gruppenvertrages von anderen durchgesetzt und verantwortet wird.

Um aus der Sackgasse der inneren Ambivalenzen herauszukommen, brauchen solche Gruppenmitglieder einen Coach, der sie zunächst freundlich auf ihr zwiespältiges Auftreten hinweist, ihnen hilft, sich der inneren Zwiegespaltenheit bewusst zu werden und sie schließlich dabei unterstützt, den Preis einer inneren Klärung und Entscheidung in Form von Angst, Wut, Trauer, Enttäuschung usw. zu zahlen.

(4) Differenzen innerhalb von Teilgruppen. Dass innere Ambivalenzen die Verhandlungs- und Entscheidungsfähigkeit behindern, kann auch passieren, wenn im Norming Verhandlungen zwischen Teilgruppen (Cliquen oder Koalitionen) geführt werden.

Sobald sich eine Einigung mit dem „äußeren Gegner" abzeichnet, werden die teilgruppeninternen Differenzen „unter uns" virulent, die bislang durch den Konflikt „mit denen" verdeckt waren.

Man kennt diese Dynamik aus den Verhandlungen der Tarifparteien: Sobald dort das Storming („Die Forderungen der Gewerkschaft/der Unternehmerseite sind unsozial/wachstumsfeindlich/überzogen!") zwischen Arbeitgebern und Arbeitnehmern vorüber ist und man im Norming die Positionen der beiden Lager einander annähert, bekommen die Verhandlungsführer plötzlich Probleme mit dem eigenen Subsystem (Tarifkommission). Dort brechen plötzlich die internen Differenzen zwischen Konsens- und Streik-Orientierten auf – und zwar umso mehr, je leichter es mit der Gegenseite wird.

Das scheinbar paradoxe gruppendynamische Prinzip lautet: Die Entwicklung einer tragfähigen Vereinbarungsstruktur für die Gesamtgruppe stellt die tragende Vereinbarungsstruktur innerhalb der Untergruppe in Frage. Da äußere Konflikte für (Teil-)Gruppen eine befriedende Wirkung nach innen haben, werden Vereinbarungen mit „denen" blockiert.[49] Das geschieht in der Regel natürlich nicht offen und bewusst. Vielmehr äußert sich der Widerstand darin, dass gegenüber jedem sich abzeichnenden Kompromiss eine Ja-aber-Haltung eingenommen wird und stets neue Zusatzforderungen ins Spiel gebracht werden, die eine Einigung erschweren.

Aus Sicht des Coaches muss in solchen Fällen das Gesamtgruppennorming nach Möglichkeit unterbrochen werden („Auszeit!"). Es gilt, die beteiligten Untergruppen zur Selbstklärung aufzufordern, um ihnen eine interne Neuorientierung zu ermöglichen: „Bevor wir im Großen weiter nach Lösungen suchen, möchte ich Sie bitten, im Kleinen mal zu schauen: Wie eindeutig ist Ihre interne Meinung in dem aktuellen Konflikt und zu den sich abzeichnenden Lösungsansätzen? Sind Sie intern auf einem Nenner oder gibt es auch dort Differenzen, weil ja nie alles nur schwarz oder weiß ist und sich immer auch Graustufungen ergeben? Wollen Sie als Teilgruppe in dieser Frage mit einer Zunge sprechen – dann klären Sie Ihre Haltung bitte intern vor, bevor wir in der Gesamtgruppe weiterarbeiten. Oder wollen Sie in dieser Frage den Fraktionszwang aufgeben?".

7.3.4 Normingtabus

Die Fähigkeit, ein der Wahrheit der Situation entsprechendes Norming durchzuführen, ist bei vielen Gruppen von vornherein durch Tabus eingeschränkt – ungeschriebene, unausgesprochene, häufig unbewusste und damit nahezu unabänderliche Verbote hinsichtlich Verlauf und Ergebnis der Vertragsverhandlungen.

Beispiele für solche das Norming beeinflussende Tabus sind:

„Es darf keine Gewinner oder Verlierer geben!".

„Unter keinen Umständen darf Sympathie/Antipathie ein Rolle bei der Wahl von Kooperationspartnern spielen!".

„Es darf nicht deutlich werden, dass jemand (inhaltlich oder zwischenmenschlich) allein dasteht".

„Es darf niemand auf etwas verpflichtet werden, das er nicht von sich aus wählt".

„Es darf keine Schwäche/keine Stärke gezeigt werden".

„Es dürfen keine Unterschiede hinsichtlich Leistungsfähigkeit, Attraktivität, Bildung etc. deutlich werden".

Welche Normingtabus in einer Gruppe gelten, hängt von ihrer Struktur ab; wir erörtern dies in Teil III genauer.

Der gruppendynamische Gewinn von Normingtabus liegt darin, dass sie den einzelnen Mitgliedern Sicherheit und der Gruppe Identität bzw. Stabilität verleihen: „Ich brauche keine Sorge zu haben, dass ich überstimmt werde; wir sind eine Gruppe, in der niemand von der Mehrheit zu etwas genötigt werden darf!" Der Preis ist ein Mangel an Bewegungsfreiheit während der Normingphase: Selbst wenn zuvor deutlich geworden ist, dass die Lösung vorhandener Zielkonflikte „rechte Konsequenzen" erfordern würde, die unter Wahrung der Tabus nicht gezogen werden könnten, nehmen viele Gruppen lieber die ständige Neuinszenierung der immer gleichen Konflikte oder deren Verdrängung in Kauf als an ihren Tabus zu rühren (vgl. Kapitel 6.3.5). Die Gruppentabus sind ein so fester Bestandteil des Selbstverständnisses der Gruppe (aus der Sicht aller oder einzelner), dass sie in eine Identitätskrise geriete, wenn an diesen Grundpfeilern gesägt würde.

Da über Normingstabus nicht wirklich gestritten werden kann und darf, wirken sie gruppendynamisch wie gesetzte nicht-öffentliche Ziele (vgl. Kapitel 3.2.4). Sie werden als gegebener Bestandteil der Gruppenkultur stillschweigend akzeptiert, bis sie durch wiederholte Kollisionen mit der „tabulosen" Außenwelt oder einen inneren Tabubrecher ins Blickfeld rücken und damit besprechbar bzw. hinterfragbar werden. Wenn das geschieht, neigen Gruppen in der Regel zunächst dazu, ihre Tabus vehement zu verteidigen, den sie bedrohenden Veränderungsdruck zu ignorieren, den Tabubrecher zu verstoßen und darauf zu vertrauen, dass es auch ohne Tabubruch weitergehen wird.

Normingtabus erfordern eine hoch entwickelte Kultur des Verschweigens und Übergehens innerhalb der Gruppe. Eine wunderbare Allegorie für dieses

Problem liefert das Märchen „Des Kaisers neue Kleider" von Hans Christian Andersen. Der Tabubrecher ist – natürlich – ein Kind, das die geltenden Regeln noch nicht bis zur vollständigen Unbewusstheit verinnerlicht hat.

Charakteristisch für Tabus ist, dass sie nicht ausformuliert werden. Sobald sie schwarz auf weiß vorliegen, würde deutlich, dass es auch anders gehen könnte – und das soll vermieden werden.[50] Die machtvollste Form des Verschweigens ist gegeben, wenn Normingtabus den Mitgliedern einer Gruppe gar nicht bewusst sind. Dann fällt nur den Außenstehenden auf, dass an einer bestimmten Stelle im Norming überraschenderweise ein Bogen um naheliegende Konsequenzen gemacht wird.

In solchen Fällen ist es nicht die Aufgabe des Coaches, die Gruppe zum Tabubruch zu nötigen – er würde ohnehin nur Empörung und Widerstand ernten. Vielmehr besteht seine Lotsenarbeit darin, das Tabu als „Hindernis in der Fahrrinne der Gruppe" zu benennen und der Gruppe die Zwickmühle, in der sie steckt, aufzuzeigen: „Mir scheint, dass Sie die deutlich gewordenen Konflikte zukünftig nur dann werden vermeiden können, wenn Sie die Konsequenz X ziehen. Gleichzeitig würde das ein Prinzip außer Kraft setzen, dem sich viele oder alle von Ihnen verpflichtet fühlen. So haben Sie derzeit nur die Wahl zwischen Pest oder Cholera: Entweder Sie entscheiden sich fürs Prinzip – und damit für dauerhafte Störungen; oder Sie opfern das Prinzip dem ungestörten Arbeiten.".

BEISPIEL

Der Paarurlaub — die Wirkung von Normingtabus. Hubert und Susi sind ein Paar. Sie haben sich mit Jan und Ulla befreundet. Traditionell verbringen die vier seit sechs Jahren ihren Sommerurlaub gemeinsam, und niemand käme mehr auf die Idee, es anders zu machen. Insgeheim würden Hubert und Susi gern mal wieder zu zweit losfahren, sie befürchten aber, dass die Freundschaft dadurch gefährdet werden könnte: „Das nähmen die uns krumm!" Bei der Urlaubsplanung für das siebte Jahr stellt sich heraus, dass ein Paar gerne nach Südtirol, in die Berge, möchte, während das andere gern nach Rimini, ans Meer, will. Weil ein getrennter Urlaub vermeintlich gar nicht in Erwägung gezogen werden kann, ohne dass die Paarfreundschaft gefährdet würde, einigt man sich auf einen faulen Kompromiss „Wir fahren nach Schweden; dort gibt's ein paar Hügel und ein paar Seen – für jeden etwas!". Dort sind dann alle enttäuscht, und jeder fragt sich im Stillen, ob diese Freundschaft noch ertragreich ist.

Hätte über getrennten Urlaub gesprochen werden können, dann wären auch die sich daraus eventuell ergebenden Konsequenzen für die Freundschaft zur Sprache gekommen, und man hätte sich angesichts geklärter Alternativen offen entscheiden können. So fühlen sich alle genötigt, die Stimmung ist dahin. Alles deutet darauf hin, dass es noch Krach geben wird.[51]

Trennungstabu. Ein Normingtabu besteht in den meisten Gruppen unabhängig von ihrer Struktur und ist wegen seiner Macht von enormer Bedeutung: „Niemand darf aus der Gruppe verstoßen werden".

Die Tatsache, dass ein Mensch mit seinen Zielen und seiner Art nicht in eine Gruppe passt, ist ja an und für sich weder ungewöhnlich noch ehrenrührig. Dennoch scheuen viele Gruppen im Norming die Konsequenz einer Trennung wie der Teufel das Weihwasser. Das hat seine Gründe:

▶ Eine Trennung durchlöchert das im Forming geknüpfte Sicherheitsnetz; dies ruft bei vielen Mitgliedern erneut die Angst vorm Ausgeschlossenwerden wach: „Wenn es ihn/sie trifft, dann kann es genauso gut mich treffen." Das Dazugehören ist kein unveräußerliches Teilnehmerrecht mehr, das Ausgeschlossenwerden wird wieder zu einer latenten Bedrohung für alle, dem Anderssein kommt erneut eine beunruhigende Bedeutung zu. Das Trennungstabu schützt also nicht nur die akut Gefährdeten vor dem Ausschluss, sondern erspart der gesamten Gruppe die Angst vorm Ausgeschlossenwerden.

▶ Trennungen an sich sind für die meisten von uns mit Schuld- und Schamgefühlen verbunden: Jemandem das Ausscheiden aus der Gruppe nahe zu legen, heißt ja stets auch, ihm die Vorteile der Gruppenmitgliedschaft zu entziehen, um selbst umso ungehinderter von diesen Vorteilen profitieren zu können. Dieses Vorgehen widerspricht oftmals dem Selbstideal der Beteiligten, die sich ungern als Egoisten sehen.

Angst und Schuldgefühle sind natürlich berechtigt: Scheiden tut weh. In manchen Gruppen erreichen sie allerdings ein Ausmaß, das nur gerechtfertigt erschiene, wenn die Zugehörigkeit zur Gruppe überlebensnotwendig wäre. Das Erlöschen der Mitgliedschaft in einer Gruppe (Ehe, Freundeskreis, Verein oder Abteilung) führt in der Regel aber schlimmstenfalls zu vorübergehender Einsamkeit, finanziellen Engpässen, Selbstzweifeln und Orientierungslosigkeit. Dies sind keine Kleinigkeiten, aber Zumutbarkeiten unter Erwachsenen, wenn man feststellt, dass es keine hinlänglichen gemeinsamen Ziele mehr gibt. Schließlich kostet das Festhalten an überholten Gruppenzugehörigkeiten die Lebenskraft und Lebenszeit aller Beteiligten, auch die des „Opfers".

Als Coach bekommen wir es immer wieder mit den jeweiligen persönlichen Ängsten und Schuldgefühlen der Betroffenen (und unseren eigenen) zu tun, sobald es in Gruppen um das Thema Trennung geht.

Dennoch verhindern Trennungstabus natürlich nicht, dass man sich trennt; verhindert wird lediglich, dass die Möglichkeit einer Trennung zur Lösung bestehender Konflikte frühzeitig erwogen wird bzw. im Fall des Falles offen, ehrlich und von Angesicht zu Angesicht auseinander gegangen wird. Trennungen, die im Einflussbereich des Trennungstabus vollzogen werden, verlaufen meist handstreichartig, bei Nacht und Nebel, um den Tabubruch zu verschleiern und so die Angst unter den Verbleibenden zu dämpfen: „Wir haben es kurz und schmerzlos hinter uns gebracht. Kein Grund zur Panik! Weiter im Tagesgeschäft!" Und sie gehen häufig mit der Entwürdigung des Ausgeschlossenen einher, um die Schuldgefühle der Täter und die Ängste der Verbliebenen zu besänftigen „Er war mit seiner unvergleichlichen Bosheit, Verrücktheit, Dummheit einfach nicht mehr tragbar".[52] Bietet der Betreffende nicht genügend Angriffsfläche für einen selbstverschuldeten Ausschluss, dann wird gelegentlich – wenn auch häufig unbewusst – darauf hingearbeitet, ihn untragbar werden zu lassen.

Wenn Trennungsangst das Gruppenklima prägt, ist es natürlich nicht einfach, zwischen Gruppensolidarität einerseits und Selbstverantwortung andererseits ein ausgewogenes Verhältnis zum Miteinander- oder Auseinandergehen zu entwickeln. Außerdem bringen die meisten von uns dank langjährigen Lebens und Arbeitens im Bereich des Trennungstabus eine ausgeprägte Leidensfähigkeit mit; wir haben dann einen so großen Gleichmut gegenüber Störungen und Störern entwickelt, dass wir häufig den Preis, den wir für die Vermeidung überfälliger Trennungen zahlen, gar nicht mehr bemerken. Es wird als normal empfunden, „jemanden mit durchzuschleppen" (wohlgemerkt: es geht nicht um die im Sinne der Mitmenschlichkeit gebotene Rücksicht und Unterstützung für behinderte und abhängige Gruppenmitglieder, sondern um gesunde, selbstverantwortliche Erwachsene!). Der Preis des unseligen Beisammenseins ist hoch und muss von allen Beteiligten entrichtet werden: Die Gruppe verschleißt sich im Umgang mit dem vermeintlichen Störer, und dieser vertut seine Lebenszeit in Zusammenhängen, die er ablehnt. Dass solche Störenfriede in vielen Gruppen allerdings auch eine stabilisierende Funktion haben, werden wir in Teil III unter dem Stichwort „Sündenbock" sehen (s. Kapitel 13.4.2).

Der Coach im Umgang mit Trennungstabus. Gruppen, in denen das Trennungstabu tiefe Wurzeln hat, gewinnen Bewegungsfreiheit, wenn es ihnen gelingt, das Tabu zu erkennen und zu hinterfragen, bevor es an die Entscheidungen geht. Und da es immer problematisch ist, Tabus aus den eigenen Reihen heraus zu thematisieren, ist ein Coach, der sie benennbar und besprechbar machen kann, ohne selbst Aktien im Norming zu haben, eine große Unterstützung.

Wichtig bei der Bearbeitung des Trennungstabus ist, dass die Gruppe Hintergrundinformationen über sich selbst erhält: „Ihr steht am Scheideweg und seid von folgenden Gedanken, Gefühlen und Ängsten geprägt: ..." und dadurch wieder in die Lage versetzt wird, der Wahrheit der Situation entsprechend zu entscheiden.

Nicht zuletzt ist das rechtzeitige Thematisieren einer möglichen Trennung u.U. eine heilsame Konfrontation für den Wackelkandidaten: „Deine Ziele sind mit den unseren so sehr über Kreuz, dass wir über Trennung nachdenken. Sind Dir diese Ziele wichtiger als die Zugehörigkeit zur Gruppe?" Umgekehrt kann es eine rechtzeitige Warnung des Betreffenden an die Gruppe sein: „Wenn Ihr es mir hier so schwer macht, lohnt sich das Bleiben für mich nicht mehr".

ÜBUNG

Stellen Sie für eine Ihrer Gruppen eine Liste der wirksamen **Normingtabus** auf: Welche Konsequenzen dürften nie gezogen werden? Welche Regeln dürfen nicht abgeändert werden? Welche Regeln sind noch nicht einmal besprechbar?

7.4 Das Gruppenklima im Norming

Wenn es keine Stormingüberhänge, keine Unklarheit hinsichtlich der bestehenden Metaregeln und keinen Normingwiderstand gibt, dann ist das Klima nachgewitterlich. Umgekehrt sind gruppendynamisches Donnergrollen und Wetterleuchten im Norming als Hinweis auf die oben beschriebenen Komplikationen zu verstehen. Dann müssen Coach und Gruppe in der Regel zurück ins Storming! Absprachen, die in Gewitteratmosphäre getroffen werden, sind die Zeit nicht wert, die auf sie verwendet wird.

7.4.1 Erleichterung und Ernüchterung

In der Regel wird die Arbeit am Gruppenvertrag im Norming von Erleichterung und Ernüchterung begleitet: Erleichterung, weil eine arbeitsfähige Gruppe entsteht; Ernüchterung, weil jeder Einzelne nun hautnah zu spüren bekommt, von welchen seiner Ziele er sich in dieser Gruppe ganz oder teilweise verabschieden muss. Der Konfliktklärung folgt nun die Konfliktlösung, die entgegen der Sehnsucht vieler Beteiligter nicht mit Auflösung der Widersprüche verwechselt werden darf!

7.4.2 Versöhnung

Die Stimmung ist erwachsen: Unterschiedliche und gegenläufige Ziele werden toleriert, aus Desillusionierung geborene Enttäuschung wird akzeptiert, die Notwendigkeit von Kompromissen eingesehen. Die einzelnen Mitglieder sind in der Lage und bereit, in der Gruppe eine „bezogene Individualität" (Stierlin, 1982) zu leben: In ihnen reift ein abgegrenztes Gemeinschaftsgefühl – aus dem unabgegrenzten Gemeinschaftsgefühl des Formings und dem unverbundenen

Individualitätsstreben des Stormings. Stierlin (1982) nennt diese Integration treffend eine „Versöhnungsleistung"[53]. In versöhnlichem Klima ist gut verhandeln: Es geht fair und ehrlich zu, man ringt um Überprüfbares („Darf ich an Ihnen, Chef, Kritik üben, wenn mich etwas stört?"), nicht um Metaphysisches („Kann ich mich hier als Mensch geben?"), um Kompromisse und nicht um Absolutheitsansprüche.

Zum nachgewitterlichen Klima gehört unabdingbar, dass die Temperatur nur langsam steigt und die Pfützen nur nach und nach austrocknen. Bei Klimasprüngen, die angesichts der vorhandenen Zielkonflikte eigenartig anmuten, ist der Coach gut beraten, vorsichtshalber auf Widerstand (vgl. Kapitel 7.3.3) zu tippen und die so überraschend schnell gefundenen Vereinbarungen auf ihre Reißfestigkeit hin zu untersuchen.

7.5   Interventionsansätze im Norming

Der Leiter als Moderator. Im Norming hat der Leiter in erster Linie die Rolle eines Moderators inne, der die Gruppe dabei unterstützt, für die bestehenden Zielkonflikte einen angemessenen Gruppenvertrag zu entwickeln. Die Rolle des Gruppendynamikers und Sprengmeisters (Storming) muss nur noch eingenommen werden, wenn es zu Komplikationen kommen sollte. Die Interventionen im Norming beschränken sich daher weitgehend auf das klassische Moderatorenhandwerk: Themen formulieren, Ideen sammeln und strukturieren, Ergebnisse zusammenfassen (s. dazu Klebert et al., 1985). Zusätzlich ist gelegentlich die Kunstfertigkeit des Verhandlungsführers gefragt (s. dazu Fisher et al., 1995).

Ein wichtiger Grundsatz lautet: „Moderator kann nur sein, wer den Auftrag dazu hat". Wer im Norming die Oberhand behalten will, muss allen Beteiligten etwas zumuten dürfen, deshalb braucht er das Vertrauen der Gruppe in seine Allparteilichkeit. Wenn dieses Vertrauen angeknackst erscheint, muss zunächst die Beziehung der Gruppe zum Moderator geklärt werden, bevor an den Regeln der Gruppe gearbeitet werden kann.

Die Moderatorenzwickmühle. Jeder Coach, der es der Gruppe recht machen möchte (und wer will das nicht?), gerät als Normingmoderator leicht in eine Zwickmühle aus sich widersprechenden Erwartungen:
▶ er soll „das endlose Gefeilsche" möglichst rasch über die Bühne bringen und
▶ er soll vorschnelle Lösungen verhindern.

Sobald sich die Verhandlungen in der Gruppe zäh und schwierig gestalten, werden meist Stimmen laut, die vom Coach fordern, er möge „jetzt mal auf den Tisch hauen und einfach entscheiden". Kommt er dieser Aufforderung nach, kann er sich der darauf folgenden Vorwürfe beinahe sicher sein, der Gruppe Kompromisse oder Entscheidungen gegen ihren Willen aufgenötigt zu haben.

Dahinter steckt der verständliche Wunsch der Betroffenen, zu einem tragfähigen Gruppenvertrag zu kommen, ohne die zunächst im Wege stehenden Schwierigkeiten bearbeiten zu müssen.

Ich persönlich verzichte bei der wenig attraktiven Wahl in der Regel auf die angebotene Richterrobe oder Führungsrolle: Wenn ich der aus Enttäuschung geborenen Unzufriedenheit schon nicht entgehen kann, dann soll wenigstens die Gruppe in ihrer Fähigkeit, sich selbst zu steuern, maximal profitieren.

Aufgrund dieses Rollenverständnisses stehen die folgenden Interventionen im Vordergrund.

7.5.1   Norming einleiten

Wahl des Zeitpunkts. Bestimmen Sie den aus Ihrer Sicht geeigneten Zeitpunkt für das Norming und machen Sie eine deutliche Zäsur gegenüber der vorangehenden Konflikt- oder Bilanzphase. Allerdings sollte nicht eigenmächtig ins Norming übergeleitet werden (z.B. aus der Angst heraus, die Kontrolle zu verlieren); überlassen Sie der Gruppe die letzte Entscheidung: „Ich habe den Eindruck, dass die bestehenden Konflikte und anstehenden Entscheidungen jetzt so deutlich geworden sind, dass wir uns daran machen können, nach Lösungen zu suchen. Sehen Sie das ähnlich?" Nur, wenn die Gruppe bewusst und entschlossen ins Norming eintritt, schalten die Betroffenen innerlich wirklich um und stehen den Anforderungen dieser neuen Phase dann offen gegenüber.

Prägnanter Übergang. Sorgen Sie für einen klaren und prägnanten Übergang vom Storming ins Norming:

▶ benennen Sie die herausgearbeiteten Zielkonflikte „Ist es richtig, dass es um folgende Punkte geht ...?",
▶ notieren Sie sie für alle sichtbar,
▶ lassen Sie die Auflistung auf Vollständigkeit überprüfen „Ist das alles oder habe ich was vergessen?" und
▶ überprüfen Sie den Abschluss des Stormings „Haben wir alle Meinungen und Gefühle zu diesen Punkten ausreichend gehört oder sitzt jemand noch auf etwas?".

In vielen Fällen ist es günstig, den Übergang durch eine kurze Pause deutlich zu markieren. (vgl. auch Kapitel 6.5.4).

Sorgfalt. Verzichten Sie lieber auf das Norming, als es unter Zeitdruck mit der heißen Nadel zu stricken. Überhastete Lösungen sind nicht nur wenig tragfähig, sie verderben zusätzlich die bereits in der Konfliktphase geleistete Arbeit, indem sie die dort herausgearbeiteten Differenzen zukleistern. Für die Gruppe (und langfristig auch für den Ruf des Coaches) ist es günstiger, in dem Bewusstsein auseinander zu gehen, dass ein angemessenes Norming noch folgen muss, als mit einem rasch zusammengeschusterten Gruppenvertrag ins Performing zu stolpern.

7.5.2 Struktur vorgeben

Reihenfolge. Wenn im Norming mehrere Punkte behandelt werden müssen, machen Sie der Gruppe einen Vorschlag hinsichtlich der Reihenfolge. Anhand dieses Vorschlages können die Beteiligten ihre Vorstellungen über den Ablauf des Normings leichter konkretisieren. Ihr Vorschlag ist als Strukturidee zu verstehen, die gerne verändert werden darf und sich nicht als beste Lösung auf jeden Fall behaupten muss. Nur wenn das Norming klar und übersichtlich strukturiert ist, kann verhindert werden, dass sich bei den Beteiligten innere Unruhe breit macht: „Bei welchem Punkt sind wir denn jetzt eigentlich? Wann wird endlich 'mein' Punkt behandelt?"

Faustregel. Gestalten Sie Ihren Strukturvorschlag so, dass Punkte, die besonders viel Aufmerksamkeit beanspruchen, als erste behandelt werden können. Dabei gilt als Faustregel:
▸ Metaregeln vor Regeln 1. Ordnung,
▸ vordringliche vor nachgeordneten Zielkonflikten,
▸ Beziehungsthemen vor Sachthemen,
▸ Grundsatzfragen vor Detailarbeit,
▸ Konflikte auf/mit höherer Hierarchieebene vor solchen auf/mit untergeordneter Hierarchieebene.

Natürlich können Sie die Gruppe auch entscheiden lassen, indem die Reihenfolge an der Metaplanwand „ausgepunktet" wird.

Zeitrahmen. Geben Sie der Gruppe am Anfang des Normings eine zeitliche Orientierung, die gleich zu Beginn deutlich werden lässt, ob alle Punkte in der zur Verfügung stehenden Zeit behandelt werden können. Wenn viele Punkte zu klären sind, sollte jeder Punkt vorab ein Zeitbudget zugeteilt bekommen, so dass die Gruppe jederzeit entscheiden kann, ob sie ihr Zeitbudget überziehen will. Es ist ungünstig, sich zu Beginn des Normings alle Zeit der Welt zu lassen, um gegen Ende Wesentliches nur noch unter Zeitdruck besprechen zu können. Verhindern Sie, dass von Ihnen das Kunststück erwartet wird, den Zeitplan einzuhalten, ohne dabei jemandem das Wort abschneiden zu müssen. Lassen Sie dazu im Zweifelsfall immer wieder die Gruppe selbst über das Zeitbudget entscheiden. Dadurch zwingen Sie die Beteiligten in die Mitverantwortung. Wenn Sie die Gruppe im Norming vor sich hertreiben, wird sich der unvermeidlich auftretende Unmut gegen den Treiber richten.

7.5.3   Komplikationen bearbeiten

Metaregeln klären. Helfen Sie der Gruppe, sich selbst zu verstehen, wenn die Klärung sachlicher oder zwischenmenschlicher Konflikte an unklaren oder umkämpften Metaregeln zu scheitern droht: „Sie haben es im Moment schwer, weil Sie sich noch nicht darüber geeinigt haben, wann ein Beschluss ein Beschluss ist. Um zu Entscheidungen kommen zu können, muss man zuvor geklärt haben, wie viel man einander zumuten will.

▶ Soll es hier demokratisch zugehen, indem die Mehrheit entscheidet?
▶ Oder wollen Sie es harmonisch, indem Einstimmigkeit zum Prinzip erhoben wird?
▶ Oder ziehen Sie die absolutistische Variante vor: Einer sagt, wo's lang geht?

Je handlungsfähiger Sie als Gruppe sein möchten, desto mehr müssen Sie einander zumuten dürfen. Je harmonischer Sie es haben wollen, desto aufwendiger gestaltet sich die Kompromisssuche. Einstimmigkeit und Handlungsfähigkeit zur gleichen Zeit – das ist die Ausnahme, nicht die Regel."

Stormingüberhänge bearbeiten. Wenn im Norming deutlich wird, dass ein Thema noch nicht endgültig bestritten worden ist, ersparen Sie der Gruppe ein Sich-Verfransen und machen Sie ihr einen Vorschlag für den Umgang mit dem Störungsüberhang: „Mir scheint, die Frage XY kann noch gar nicht geklärt werden, weil es dazu noch Auseinandersetzungsbedarf gibt. Können und müssen wir diese Auseinandersetzung auf der Stelle führen oder können und dürfen wir sie aufschieben und zunächst die klärbaren Punkte A, B und C behandeln?" Wiederum gilt: Treffen Sie derartige Entscheidungen nicht eigenmächtig, sondern zwingen Sie die Gruppe diesbezüglich in die Verantwortung. Nur dann werden die Beteiligten sich an das beschlossene Vorgehen halten.

Widerstand einbinden. Behandeln Sie taktischen oder charakterlichen Widerstand gegen das Norming als ernst zu nehmende Kritik, die eingebunden sein will, wenn das Norming Ertrag bringen soll. Zudem wird die Gruppe entstehenden Widerstand als zweifachen Prüfstein für Ihre Vertrauenswürdigkeit betrachten:

▶ „Geht er auf Bedenken ein, oder zieht er seine Linie durch, egal, was wir davon halten?",
▶ „Ist er dem Widerstand gewachsen oder kippt er gleich aus den Latschen, wenn jemand quer schießt?".

Ambivalenzexport beenden. Sobald Sie den Eindruck gewinnen, dass Einzelne oder Teilgruppen interne Spannungen in die Gruppe exportieren, dann sprechen Sie das so an, dass es ohne Gesichtsverlust akzeptiert werden kann: „Mir scheint, dass dazu zwei Seelen in Ihrer Brust schlagen – kann das sein?"

Machen Sie deutlich, dass zunächst die interne Ambivalenz geklärt sein muss, bevor es in der Gruppe zu einem Norming kommen kann.

Normingtabus ansprechen. Denkverbote sollten so angesprochen werden, dass die Gruppe über Tabus reflektiert, ohne sich zum Tabubruch genötigt zu sehen. Ihr Ziel sollte darin bestehen, der Gruppe jenen ungenutzten Entscheidungsfreiraum zu verdeutlichen, der durch das Tabu verstellt wird. „Solange es bei Ihnen nicht erlaubt ist, dass einer mehr verdient als der andere, kann sich natürlich auch niemand dafür entscheiden, die von der Gruppe gewünschte Mehrarbeit im Dienste des persönlichen Einkommenszuwachses zu leisten. Die Wahrscheinlichkeit, dass die Arbeit liegen bleibt oder unter Murren getan wird, ist dann recht groß." Lässt sich die Gruppe trotz Einladung nicht auf eine Tabuüberprüfung ein, dann gilt es, diese Zurückhaltung zu akzeptieren und gleichzeitig deren Wahlcharakter zu verdeutlichen: „Verstehe ich Sie richtig, dass Sie eine Diskussion der Regel 'Hier soll niemand mehr verdienen dürfen als der andere' im Augenblick nicht wollen und bereit sind, die im Zusammenhang mit dieser Regel auftretenden Konflikte um Mehrarbeit deshalb weiterhin zu akzeptieren? Dann könnten wir diesen Punkt abhaken und zum nächsten Punkt kommen."

7.5.4 Tragfähige Regeln vereinbaren

Klärungsbedarf eingrenzen

Unterstützen Sie die Gruppe dabei, zunächst nur die vordringlichen Zielkonflikte zu strukturieren. Es gibt in jeder Gruppe Mitglieder, die sich am wohlsten fühlen, wenn inhaltlich und zwischenmenschlich alles aufs Genaueste geregelt ist. Für sie kann es gar nicht genug Erwartungssicherheit geben. Die Vereinbarungsstruktur lässt sich aber nur kurz- oder mittelfristig festlegen, es sei denn, die Gruppe will einer ungewissen Zukunft mit vorgefertigten Strukturen begegnen. Aus diesem Grund ist der Coach gut beraten, die Gruppe zu bremsen, wenn sie in der Planungseuphorie des Normings dazu ansetzt, einen detaillierten Fünfjahresplan zu diskutieren.

Bedenken herausarbeiten

Der die Vereinbarungsstruktur regelnde Gruppenvertrag ist wie jeder Vertrag nur dann einwandfrei, wenn er von allen im Vollbesitz ihrer geistigen und seelischen Kräfte in einer für alle gleichen Version verabschiedet wird. Aus diesem Grund ist es notwendig, dass Bedenken der Beteiligten gegen sich anbahnende Regeln ernst genommen werden.

Bedenken, die übergangen oder nie geäußert wurden, wandern als unsichtbare „kleingedruckte" Vorbehalte in den Vertrag.

Die kleingedruckten Zusätze sind Sollbruchstellen in der gerade festgezurrten Vereinbarungsstruktur, sind mittelfristig Garanten für Störungen, Enttäuschungen und gegenseitige Vorwürfe. Um der Gruppe solche vermeidbaren Rückschläge zu ersparen, empfiehlt es sich, allen Bedenkenträgern einen roten Teppich auszurollen.

Ruhen Sie bei Anzeichen von Unmut, Rückzug oder Gleichgültigkeit im Norming nicht eher, als der dahinter liegende Unmut umfassend ausgedrückt worden ist: „Verstehe ich Ihr Kopfschütteln, Herr Förster, richtig, dass Sie voller Skepsis bzgl. der gerade verabredeten Arbeitszeitregelung sind? Und trifft es zu, dass Ihre Skepsis sich vor allem an Frau Buttgereit verdichtet, weil Sie nicht glauben, dass die sich dran halten wird?" Das Ausrollen des roten Teppichs macht aus unterschwelligen Bedenken ausgedrückte (und damit kalkulierbare) Vorbehalte: Was offen ausgedrückt wurde, muss sich nicht im Verdeckten zu Wort melden, etwa als Boykotthaltung.

Genau das wird von Gruppen und ihren Coaches gelegentlich vermieden, wenn sie in der von Versicherungsvertretern bekannten „Abschluss-Mentalität" um den unterschriftsreifen Vertrag fürchten: „Ich merke ja, dass die Hälfte der Gruppe diese Absprache nicht gerade unterstützt. Aber jetzt will ich bloß keine schlafenden Hunde wecken, die mir alles wieder durcheinanderbringen. Wenn ich als Coach die Gruppe verlasse, soll es hübsch ordentlich und geregelt aussehen!"

Sie tragen als Coach zum Gelingen des Normings bei, indem Sie den Beteiligten bei der Formulierung von Zumutungen, Überforderungen, Enttäuschungen und Einwänden helfen und damit der Differenziertheit der Ansichten Rechnung tragen. Im Zweifelsfall ist es besser, konkrete Absprachen festzuhalten, die für einzelne eine offensichtliche Zumutung beinhalten, als sich auf windige Formelkompromisse zu einigen, die den harmonischen Anschein wahren und zu nichts weiter taugen. Viele Menschen sind bereit, Zumutungen in Kauf zu nehmen, wenn sie als solche deutlich werden dürfen – man bringt der Handlungsfähigkeit der Gruppe ein Opfer. Über den Tisch ziehen lässt sich hingegen kaum jemand, ohne sich zumindest nachträglich der getroffenen Vereinbarung zu verweigern.

Kompromisse vorschlagen

Häufig ist es für Gruppenmitglieder, die miteinander über die Vereinbarungsstruktur verhandeln, leichter, einen Kompromissvorschlag seitens des Leiters anzunehmen, als sich auf Modelle der Gegenseite einzulassen: Man muss sich nicht als Verlierer fühlen.

Deshalb ist das im Storming kontraproduktive Schlichten im Norming durchaus förderlich – vorausgesetzt der Leiter zwingt nicht zwei Streithähne, die sich gar nicht einigen wollen, in einen Kompromiss. Im Zweifelsfall gilt: Bedenken herausarbeiten!

Außerdem kann sich im Laufe des Normings eine gewisse Betriebsblindheit bei den Beteiligten einstellen: Man übersieht die naheliegende, unkomplizierte und kostengünstige Lösung.

Machen Sie in diesem Sinne Lösungsvorschläge, wann immer Sie den Eindruck haben, dass die Parteien sich unnötig verrennen, und seien Sie bereit, Ihren Vorschlag jederzeit zurückzuziehen: „Wenn Sie eine Lösung suchen, die die Interessen beider Seiten berücksichtigt und beiden Seiten etwas zumutet, habe ich eine Idee: ... Prüfen Sie diesen Vorschlag und nehmen Sie ihn nicht mir zuliebe an: Sie müssen anschließend damit leben – ich nicht!"

Absprachen festhalten

Wenn die Gruppe Absprachen erzielt hat, kann der Leiter das Erreichte absichern helfen, indem er die Rolle eines Notars einnimmt, der Verabredungen (inklusive aller Vorbehalte) festhält. Das kann mündlich oder schriftlich geschehen, in jedem Fall wird dadurch noch einmal jeder Teilnehmer in die Verantwortung gezwungen. Häufig werden durch explizite notarielle Formulierung noch Unklarheiten, Ungereimtheiten und Doppeldeutigkeiten („Was heißt: 'bis zum nächstmöglichen Zeitpunkt' – für Dich nächstmöglich oder für mich nächstmöglich?") transparent, die Nachbesserungen erfordern und damit die Reißfestigkeit der Absprachen erhöhen.

Sollbruchstellen benennen

Es gehört zur handwerklich sauberen Notarsarbeit im Norming, die Gruppe auf uneinhaltbare, unüberprüfbare oder interpretationsfähige Klauseln in ihren Absprachen hinzuweisen: „Wenn Sie jetzt beschließen, dass nicht jeder der Beteiligten das Gleiche verdienen soll, sondern nach Leistung bezahlt wird, dann müssen Sie noch festlegen, wie die Leistung gemessen und überprüft werden soll. Andernfalls gibt es im Nachhinein lange Gesichter!"

Leiten Sie die Gruppe im Norming mit der Grundhaltung: „Jede Minute, die wir jetzt durch sorgloses Dahinwursteln einsparen, müsst ihr später zu einem Wucherzins zurückzahlen."

7.5.5   Norming beenden

Deutliche Markierung. Das Ende des Normings sollte vom Coach deutlich markiert werden, um die Gruppe hinsichtlich der Gültigkeit der erzielten Ergebnisse in die Verantwortung zu nehmen: „Ich habe den Eindruck, dass wir für alle aktuellen Meinungsverschiedenheiten und organisatorischen Probleme Lösungen gefunden haben, die tragfähig sind, nämlich: ... Wer noch Regelungsbedarf sieht, bevor wir uns an die Arbeit begeben, der möge jetzt unbedingt Bescheid geben!"

Norming abbrechen. Es gibt allerdings Situationen, in denen auch mit einem unvollständigen Norming gearbeitet werden muss: Dann nämlich, wenn der Widerstand der Gruppe gegen notwendige Klärungen und Absprachen so groß wird, dass sie die Bearbeitung von Komplikationen nicht zulässt. In diesem Fall muss der Coach die Gruppe unfertig ins Performing entlassen und das aus seiner Sicht absehbare Scheitern im Sinne eines Lernschrittes in Kauf nehmen: „Ich selbst bin eher skeptisch, ob sich Ihre Zusammenarbeit angesichts der genannten ungeklärten Themen erfolgreich gestalten wird. Wenn Sie aber anderer Auffassung sind und nun loslegen möchten, will und kann ich Sie nicht aufhalten!"

7.5.6 Gruppenbilanz ermöglichen

Am Ende des Normings werden sich Erleichterung und Ernüchterung bei allen Beteiligten in unterschiedlichen Verhältnissen mischen. Vielleicht gibt es auch Mitglieder, die ausgehend von den getroffenen Absprachen schon das Ende ihrer Gruppenmitgliedschaft erwägen. Damit die Gruppe von derartigen Entwicklungen nicht überrascht wird, wenn es zu spät ist, empfiehlt es sich, nach der Vertragsunterzeichnung jedem die Möglichkeit zur öffentlichen inneren Bilanz zu geben: „Nachdem wir uns durch viele Auseinandersetzungen durchgeackert und jetzt konkrete Vereinbarungen getroffen haben, wüsste ich (als Coach) gern von jeder und jedem: Mit welcher Stimmung sitzt ihr jetzt hier in dieser Gruppe?" Dieses Bilanzieren ist nichts anderes als ein zwischengeschaltetes Re-Forming. Wie immer geht es auch hier darum, die ungeschminkte Wahrheit der Situation zu erfahren – nicht darum, sich Lob und Dank abzuholen.

8   Die Arbeitsphase: Performing

▶ Das **Performing** ist die Arbeitsphase der Gruppe, in der sich durch das Miteinandertun aus der Vereinbarungsstruktur die Kooperationsstruktur entwickelt.

▶ Die **wesentlichen evolutionäre Leistung der Gruppe** besteht in der Restabilisierung der Gruppe. Der bestehende Vertrag gilt und wird weitgehend eingehalten. Unkalkulierbare Veränderungen, die den Arbeitsablauf durchkreuzen, werden durch kurzfristige Anpassungen im Geiste des bestehenden Gruppenvertrages abgefedert.

▶ Für die **einzelnen Mitglieder** bringt diese Phase Klarheit, wie nützlich der Einzelne für die Gruppe und umgekehrt die Gruppe für ihn ist.

▶ Wesentliche **Komplikationen** des Performings sind Prozessüberhänge, Versagensangst und Aktionismus.

▶ Wir beschreiben zwei **Interventionen**, die der Coach in der Rolle des „Urlaubers" einsetzen kann.

8.1   Die Gruppe im Performing

8.1.1   „Endlich wird gearbeitet"

Nachdem die vordringlichen Zielkonflikte im Rahmen der Vereinbarungsstruktur geregelt worden sind, kann sich die Gruppe nun daran machen, den verabredeten Zielen auf den vereinbarten Wegen einen Schritt näher zu kommen „Es wird endlich gearbeitet!" – dieser Seufzer ist zu Beginn des Performings von den meisten Mitgliedern zu hören.

Natürlich war auch die Entwicklung der Vereinbarungsstruktur ein schönes Stück Arbeit. Die meisten Gruppen erleben diese strukturbildende Anstrengung aber als leidiges, im besten Falle notwendiges Übel. Nun müssen die im Norming gebauten Brücken zwischen den Beteiligten ihre Tragfestigkeit unter Beweis stellen. Jetzt kommt die „wirkliche" Arbeit – eine Zeit des Miteinandertuns, des Einanderunterstützens, des Voneinanderlernens und des Gemeinsam-etwas-Schaffens. Die Gruppe erlebt Erfolge und Misserfolge, Engpässe und Durchbrüche, Möglichkeiten und Grenzen der Kooperation angesichts anstehender Aufgaben. Die Gruppenstruktur wird im Performing einem Erfolgstest ausgesetzt, der den Beteiligten ein Feedback hinsichtlich der Effizienz ihres Miteinanders liefert: „Sind wir so, wie wir uns organisiert haben, in der Lage, unsere Ziele zu erreichen?"

8.1.2　Die Kooperationsstruktur

Während der Zusammenarbeit muss auch die beste Vereinbarungsstruktur fortlaufend an Unvorhergesehenes und Unvorhersehbares angepasst werden. Im Verlauf des Performings entwickelt sich durch Anpassungen der Vereinbarungsstruktur die Kooperationsstruktur als „gelebter Gruppenvertrag". Ausgebessert wird vor allem durch Durchführungsbestimmungen, Erlasse und Aktualisierungen.

Durchführungsbestimmungen. Auch wenn während des Normings die Regelung des Miteinanders gut durchdacht wurde, gibt es immer wieder Fälle, in denen eine Regel nachträglich durch Durchführungsbestimmungen konkretisiert werden muss.

Hat eine Bürogemeinschaft beispielsweise nach heftigen Auseinandersetzungen beschlossen, die Geburtstage ihrer Mitglieder zukünftig nicht mehr – wie traditionell üblich – durch Geschenke an die Betreffenden zu würdigen, dann ist anlässlich des nächsten anstehenden Geburtstages vielleicht noch nachzuklären, ob ein kleines Blumensträußchen auch als – verbotenes – Geschenk gilt oder als statthafte „Aufmerksamkeit" durchgeht.

Erlasse. In jeder Gruppe tun sich während des Performings Lücken auf, für die es noch gar keine Regeln gibt. Diese Freiräume müssen während des Performings provisorisch gefüllt werden, damit die Arbeit ungehindert weitergehen kann. Es werden bis auf Widerruf vorübergehende Regeln (Erlasse) festgelegt, die Bestand haben, bis die Gruppe sich in der nächsten Normingphase dezidiert mit der betreffenden Lücke auseinandersetzt.

Wenn sich eine neu gegründete Bergsteigergruppe zur ersten Fahrt ins gemeinsame Wochenende verabredet hat und bei Abfahrt des Zuges nur 8 von 12 Mitgliedern anwesend sind, entsteht eine unvorhergesehene Situation: Sollen die 8 nun losfahren oder muss auf die 4 Verspäteten gewartet werden? Eine intensive Auseinandersetzung über diese Frage verbietet sich angesichts des abfahrenden Zuges. Eine geordnete gemeinsame Beschlussfassung ist wegen der Abwesenheit eines Drittels der Gruppe ohnehin unmöglich. Per Erlass wird nun im Dienste der Arbeitsfähigkeit der Gruppe durch die Mehrheit der Anwesenden eine vorläufige Regel etabliert: „Auf zu spät Kommende wird nicht gewartet". Ob diese Regel auf Dauer tragfähig sein wird, muss sich noch herausstellen.

Aktualisierungen. Nichts steht still – auch nicht der Zielpool der Gruppe im Performing. Während man arbeitet, bleibt die innere und äußere Umwelt im Fluss, und sobald die damit einhergehenden Veränderungen auf den Zielpool der Gruppe durchschlagen, ergibt sich Entwicklungsbedarf.

Einflüsse aus der äußeren Umwelt können darin bestehen, dass sich eine Aufgabe als langwieriger und kostspieliger erweist, als man zunächst angenommen hatte, oder dass der Gruppe ungeahnte Konkurrenz durch andere Gruppen erwächst oder dass es neue Entwicklungen im Bereich der Arbeitstechniken gibt usw.

Einflüsse aus der inneren Umwelt können darin bestehen, dass einzelne Mitglieder während des Performings die Lust an einem vereinbarten Ziel verlieren und ein anderes favorisieren oder bei der Zusammenarbeit feststellen, dass ihnen manche zwischenmenschliche Regeln nicht mehr entsprechen.

Auch der Erfolg der Gruppe verändert zwangsläufig den Zielpool: Ziele, die erreicht worden sind, treten in den Hintergrund und schaffen Platz für neue, die unter Umständen in der Vereinbarungsstruktur noch gar nicht berücksichtigt wurden.

Schließlich kann es jederzeit geschehen, dass sich die Zusammensetzung der Gruppe ändert.

BEISPIEL

Das Lehrerkollegium – kurzfristige Regelanpassungen. Das Lehrerkollegium eines Gymnasiums hat fürs neue Schuljahr unter Berücksichtigung aller Wünsche und Vorlieben einen Stundenplan erarbeitet, in den sogar Puffer für Krankenvertretungen eingearbeitet wurden. Es kann jedoch niemand den Ausbruch der Englischen Grippe vorausahnen, die im Februar das halbe Kollegium ans Bett fesselt. Genauso wenig war abzusehen, dass der Kollege Buscher heiratet und mit seiner Frau nach Nordfriesland zieht, um dort als Bauer zu leben. Und wer hätte ahnen können, dass Herr Rädel und Frau Burkhard, die zu Schuljahresbeginn darum gefleht hatten, die Unterprima gemeinsam im Fach Sozialkunde unterrichten zu dürfen, sich nach dem Kollegiumsausflug im März nicht mehr ausstehen können? Diesen und weiteren Veränderungen muss durch kurzfristige Regelanpassungen begegnet werden, will man nicht den gesamten Stundenplan während des laufenden Schuljahres über den Haufen werfen.

Vereinbarungs- und Kooperationsstruktur in Gruppen verhalten sich ähnlich zueinander wie Taktik und Spielweise beim Fußballspiel: aus der vor dem Anpfiff ausgeklügelten Taktik erwächst in der Auseinandersetzung mit den Bodenverhältnissen, dem Wetter, dem Gegner, den Zuschauern und dem Schiedsrichter die tatsächliche Spielweise. Dass die sich entwickelnde Kooperationsstruktur selten eine einfache 1:1-Umsetzung der gegebenen Vereinbarungsstruktur ist, entwertet die taktischen Vorüberlegungen keinesfalls. Die Vereinbarungsstruktur gewährleistet eine Ausgangsordnung zu Spielbeginn, ermöglicht während des Spiels gezielte Korrekturen der Spielweise und erlaubt es, nach dem Spiel Fehler und Versäumnisse zu benennen und nach Ursachen zu forschen.

> **!** Während die Vereinbarungsstruktur das geplante Vorgehen der Gruppe festlegt, ist die Kooperationsstruktur das Substrat ihrer tatsächlichen Arbeitsweise.

Da sie sich im Miteinandertun entwickelt, ohne dass viel darüber gesprochen wird, ist sich die Gruppe ihrer häufig gar nicht bewusst: Wenn man Menschen, die miteinander arbeiten, nach den dabei gültigen Kooperationsregeln fragt, lautet die Antwort häufig: „Regeln – haben wir nicht. Brauchen wir nicht. Geht auch so." Oder aber man bekommt die Regeln in der Version der Vereinbarungsstruktur zu hören und wundert sich, dass sie nicht zu dem passen, was tatsächlich geschieht. So kann es beispielsweise in einer gemischtgeschlechtlichen Arbeitsgruppe die von allen akzeptierte Regel geben „Männer und Frauen sind gleichberechtigt". Schaut man sich die Kooperationsstruktur daraufhin an, inwieweit diese Regel die tatsächliche Arbeitsweise prägt, stellt man mitunter fest, dass sie dort durch die Durchführungsbestimmung "... außer, wenn die Männer laut und viel und gescheit sprechen" ergänzt worden ist.[54]

8.1.3   Restabilisierung

Die Evolution der Gruppe kommt während des Performings voran, weil auf die Konflikte des Stormings und die Zielselektion im Norming nun eine Phase der Restabilisierung folgt, in der die Gruppe ihre innere Balance angesichts neuer Regeln wiederfindet. Die im zurückliegenden Norming aufgestellten neuen Regeln können Wurzeln im Geflecht der Gruppe schlagen und dort mit den weiterhin bestehenden verwachsen. Der überarbeitete Gruppenvertrag wird in seiner Gültigkeit dadurch bekräftigt, dass man ihn benutzt, während man arbeitet.

Einpassung und Benutzung der neuen Regeln führen dazu, dass sich das Miteinander nach den Erschütterungen und Veränderungen von Storming und Norming wieder beruhigt. Das ist unabdingbar, um produktiv zu arbeiten und später einmal beurteilen zu können, ob der Gruppenvertrag in der bestehenden Fassung auch wirklichkeitstauglich ist.

Die Gruppengeschichte. Die Gruppe erlebt im Performing ihre Erfolge und Misserfolge bzw. den Sinn und Unsinn des Miteinanders. Es entstehen eine Gruppengeschichte und ein gemeinsames Identitätsgefühl. Sätze vom Typ „Weißt Du noch ..." werden jetzt möglich.

Im guten Fall macht die Gruppe in dieser Phase Fortschritte in Richtung auf die angestrebten Ziele: Diese Fortschritte schweißen die Beteiligten zusammen, indem sie sie ihre Leistungsfähigkeit erleben lassen. Dass auch gemeinsames Scheitern zusammenschweißen kann, erklärt sich aus dem Gemeinschaftserleben: Auch wenn wir an inhaltlichen Zielen scheitern, können wir dabei unsere zwischenmenschlichen Ziele gut erreichen – vielleicht sogar besser als im Erfolgsfall, weil wir im Scheitern Anlass haben, uns besonders solidarisch zu verhalten und dadurch viel gegenseitige Unterstützung erleben.

Mangel an Restabilisierung. Gruppen, die sich um die Restabilisierung im Performing bringen oder denen sie nicht vergönnt ist, verlieren irgendwann den Mut und die Kraft zum Handeln. Wenn neue Regeln immerfort in Frage gestellt, umkämpft und geändert werden, bevor zwischenzeitlich eine Atempause zum Arbeiten genutzt werden kann, stellen sich über kurz oder lang Resignation und Misstrauen hinsichtlich der Fähigkeit zur Selbststeuerung ein: „Wozu überhaupt anfangen, wenn morgen sowieso alles wieder anders ist?"
Ein solcher Mangel an Restabilisierung lässt sich beispielsweise beobachten

▶ **in Organisationen,** in denen immer wieder neue Strategien, Strukturen und Zuständigkeiten eingeführt werden, ohne dass Neuerungen ihre Praxistauglichkeit unter Beweis stellen können;
▶ **in der Rechtsprechung,** wenn Gesetze immer wieder geändert werden, bis letztlich nur noch Experten wissen, was gerade gilt;
▶ **in Familien,** wenn täglich neue Erziehungsgrundsätze gelten.

Ein Mangel an Restabilisierung beraubt Gruppen (und andere Systeme auch) der Möglichkeit, mit einer bestehenden Struktur Erfahrungen zu machen, aus diesen zu lernen und sich weiterzuentwickeln. Umstrukturierungsprozesse ohne Restabilisierung führen dazu, dass Erfolg und Misserfolg keiner Struktur mehr zugerechnet werden können und dadurch unkalkulierbar werden. Hier greift wieder das Beispiel Fußball: Wenn wir während des Spiels zehnmal die Taktik verändern und am Ende 0:5 verlieren, kann niemand mehr sagen, welche Taktik denn nun die falsche war.

Gruppen, die im Performing wiederholt ohne Fortschrittserlebnis bleiben oder gar nicht erst zum Performing kommen, lösen sich früher oder später auf oder verfallen in Apathie, wenn sie durch äußeren Druck zusammen gehalten werden.

8.1.4   Variation im Performing

Obwohl die Restabilisierung und Beruhigung der Gruppenstruktur im Vordergrund steht, nagt im Performing untergründig schon wieder der Zahn der Zeit an der gerade gefundenen Vereinbarungsstruktur. Veränderungen durch Durchführungsbestimmungen, Erlasse und Aktualisierungen greifen Raum – im idealtypischen Sinne würden sie gar nicht ins Performing gehören. In der Wirklichkeit fallen Restabilisierung und Variation im Performing „wie in einem

Kurzschluss" (Luhmann, 1997) zusammen. Während sich der Zielpool restabilisiert, mutiert er schon wieder.

Assimilation und Akkomodation. Diesen Kurzschluss muss die Gruppe reparieren, sonst ist es um ihre Arbeitsfähigkeit geschehen. Wenn jede kleine Zielpoolveränderung während des Performings Anlass für eine Neuorientierung gäbe, käme man vor lauter Debatten nicht mehr zum Arbeiten. Diesem Dilemma entgeht die Gruppe, indem sie die während des Performings auftretenden Veränderungen lediglich als Irritationen zur Kenntnis nimmt, die im Geiste der bestehenden Struktur in sie eingearbeitet werden, ohne zu grundlegenden Neuausrichtungen zu führen.

Jean Piaget (1983; 1992) liefert uns in seiner Entwicklungspsychologe zwei hilfreiche Begriffe zur Beschreibung dieses evolutionären Kunststücks. Anpassung an Umweltveränderungen (Adaptation) kann in Systemen demnach auf zweierlei Art vor sich gehen:

▶ durch **Assimilation:** neue Elemente werden in die bestehende Struktur integriert,
▶ durch **Akkomodation:** die Struktur verändert sich, so dass die neuen Elemente hineinpassen (ausführlicher zu diesen Begriffen in Kapitel 11.4.1).

Entsprechend kann die Gruppe auf Veränderungen während des Performings entweder assimilativ reagieren: Sie arbeitet weiter und ergänzt den fortbestehenden Gruppenvertrag um „Fußnoten" (Durchführungsbestimmungen, Erlasse und Aktualisierungen). Veränderungen sind dann Ausnahmen, die die Regel bestätigen: kleinere Reparaturen am Gefährt werden in diesem Fall während der Fahrt vorgenommen. Andernfalls reagiert die Gruppe akkomodativ: Sie unterbricht die Arbeit, um sich dem Unvorhergesehenen durch Neuformulierung des Gruppenvertrages anzupassen. Dazu müssen explizit Re-Forming, Storming und Norming durchlaufen werden, bevor es wieder an die Arbeit geht. Veränderungen sind in diesem Fall Ausnahmen, die die Regel in Frage stellen: Das Gefährt wird zwecks Reparatur vorübergehend stillgelegt.

Die restabilisierende Wirkung des Performings bleibt erhalten, wenn man assimilativ auf Veränderungen reagiert: Wenn wir gemeinsam Monopoly spielen und eine Situation auftritt, die in den Regeln nicht vorgesehen ist (z.B. fehlt die Grundstückskarte „Schlossallee", weil Ihr kleiner Sohn sie in einem Wutanfall zerrissen hatte ...), dann werden wir uns rasch eine passende Ersatzregel ausdenken (vielleicht basteln wir eine Ersatzkarte oder erklären die „Schlossallee" für gesperrt oder ...) und dann weiterspielen, statt ein neues Spiel zu kaufen und von vorne anzufangen.

Fußnoten im Gruppenvertrag. Die vielen kleinen Ausbesserungsarbeiten, die im Performing am Gruppenvertrag vorgenommen werden, machen den Unterschied zwischen Vereinbarungs- und Kooperationsstruktur aus. Kommt es zu Irritationen im Arbeitsablauf, dann wird die gültige Vereinbarungsstruktur so (um)interpretiert, dass die Irritationen sich auflösen.

Diese Ausbesserungsarbeiten werden meist en passant und implizit vorgenommen, sie werden in der Gruppe nicht explizit und öffentlich debattiert – das würde den Arbeitsprozess lahm legen – sondern die gerade am betreffenden Punkt arbeitenden Mitglieder der Gruppe nehmen nach bestem Wissen und Gewissen eine Anpassung der Vereinbarungsstruktur vor. Alle anderen müssen sehen, wie sie damit zurechtkommen – wenn sie von der Ausbesserung überhaupt erfahren.

Die Fußnoten zur Vereinbarungsstruktur trägt nun jeder der Beteiligten während der Arbeit gewissermaßen „handschriftlich und nebenbei" in sein Exemplar des Gruppenvertrages ein, ohne die anderen Gruppenmitglieder explizit zu informieren. Ob sie seine Auslegung des Gruppenvertrages im konkreten Fall billigen würden, ob er bei seiner Interpretation vielleicht von bisher unveröffentlichten oder bereits abgelehnten persönlichen Zielen geleitet wurde und ob die entstehenden Fußnoten miteinander harmonieren – das zu überprüfen wird während des Performings in der Regel unterlassen, um den Arbeitsfluss nicht ins Stocken zu bringen.

Würde man alle Ausbesserungsarbeiten an der Vereinbarungsstruktur zusammentragen, ergäbe sich bald ein unüberschaubares und unlesbares Durcheinander von Eintragungen unterschiedlichster Handschrift im Gruppenvertrag, die einander teils ergänzen, teils widersprechen würden.

Diese Entwicklung ist beispielhaft anhand eines kleinen Ausschnitts aus der Kooperationsstruktur der fiktiven Musikgruppe „Wouldyoulovemewithfoginmyeyes" veranschaulicht (Abb. 9).

Grenzen der Assimilation. Für jede Gruppe kommt früher oder später der Zeitpunkt, an dem die Kooperationsstruktur in einem solchen Ausmaß durch widersprüchliche Fußnoten geprägt ist, dass das produktive Weiterarbeiten behindert wird: Die der Stabilisierung des Gruppenvertrages dienenden Ausbesserungsarbeiten lassen diesen gleichzeitig immer brüchiger werden. Irgendwann ist der im Norming erzielte Konsens über das gemeinsame Vorgehen verbraucht.

Mehr und mehr Zeit, Kraft (und ggf. Geld) müssen dann dafür aufgewendet werden, die immer gravierender werdenden Folgen von Missverständnissen, unterdrückten Konflikten und internen Widersprüchen abzupuffern. In diesem Fall ist es an der Zeit, den Zielpool der Gruppe neu auszutarieren und den Gruppenvertrag von Grund auf zu überarbeiten. Die Grenzen der Anpassung durch Assimilation sind erreicht, jetzt braucht es eine Akkomodation des Systems.[55] Im günstigeren Fall reagiert die Gruppe auf die Zeichen der Zeit durch ein Re-Forming. Andernfalls kommt es früher oder später zu scheinbar unerklärlichen Arbeitsstörungen.

Bandvertrag Hassos Version	Bandvertrag Britts Version
§ 49: Bei den Proben sind dabei: Hasso, Britta, Ole und Jens *und probeweise Benno als Tontechniker*	§ 49: Bei den Proben sind dabei: Hasso, Britta, Ole und Jens *und mein Freund Benno (Saxofon)*
§ 50 Neue Stücke werden nur ins Repertoire aufgenommen, ~~wenn sie allen gefallen~~. *wenn keiner was dagegen hat*	§ 50 Neue Stücke werden nur ins Repertoire aufgenommen, wenn sie allen gefallen. *und zu unserem Stil passen*
§ 51 Die Einnahmen aus unseren Konzerten werden zu gleichen Teilen geteilt. *meine Unkosten ziehe ich vorher ab*	§ 51 Die Einnahmen aus unseren Konzerten werden zu gleichen Teilen geteilt. *inklusive Benno*
§ 52 Wer zu Proben nicht kommen kann, putzt bis zum nächsten Termin den Übungsraum *oder stiftet 1 Kiste Bier*	§ 52 Wer zu Proben nicht kommen kann, putzt bis zum nächsten Termin den Übungsraum *(außer bei Krankheit)*

Abbildung 9. Ausschnitt aus der Kooperationsstruktur einer fiktiven Musikgruppe. Der seit dem letzten Grundsatzgespräch der vier Musiker gültige Band-Vertrag (gedruckt) wird während des Performings angesichts unterschiedlich erlebter und bewerteter Ereignisse von allen Beteiligten unterschiedlich interpretiert und (handschriftlich) ausgebessert

8.1.5 Dauer des Performings

Die Dauer des Performings hängt zunächst von jenem Zeitaufwand ab, der für das Erreichen der gesetzten Ziele anzusetzen wäre, wenn alle relevanten Informationen vorlägen. „Also: Wir wollen gemeinsam ein Haus bauen. Bei der vorgesehenen Größe und der angestrebten Ausstattung bedeutet das erfahrungsgemäß einen Aufwand von 10.000 Arbeitsstunden. Da wir zehn Leute sind und jeder von uns vierzig Stunden in der Woche zur Verfügung steht, dürfen wir mit einer Bauzeit von sechs Monaten rechnen."

Zusätzlich zu dieser Kalkulation der „betriebswirtschaftlichen" Größen muss als „gruppendynamischer Faktor" die (hinreichende oder unzulängliche) Qualität der Vereinbarungsstruktur in Rechnung gestellt werden.

Je besser die Vereinbarungsstruktur dem Zielpool der Gruppe angepasst wurde und je elastischer sie ist, desto weniger Zeit wird für Missverständnisse, Beziehungsstörungen, Konflikte usw. verbraucht. Je schlechter sie entwickelt ist, desto hinfälliger sind alle gut gemeinten Zeitkalkulationen – sie werden durch Störungen im Arbeitsprozess einfach über den Haufen geworfen. Wer mit mangelhafter Vereinbarungsstruktur ins Performing startet, der findet sich schon bald im Getümmel wieder oder er verfällt in Aktionismus.

Schließlich führen alle nicht einkalkulierten zwischenzeitlichen Veränderungen dazu, dass sich die Arbeitsphase wegen der Notwendigkeit von Ausbesserungsarbeiten verlängert.

8.2 Die Einzelnen im Performing

Im Performing kann ich als einzelnes Mitglied erleben, ob ich „richtig oder falsch" bin in der Gruppe.

Ich erlebe hautnah, inwiefern ich der Gruppe mit meinen Stärken weiterhelfen kann und inwieweit ich sie durch meine Schwachpunkte behindere. Dadurch gewinne ich Klarheit über meine Nützlichkeit für die anderen. Gleichzeitig entscheidet sich im Performing, welche meiner sachlichen und zwischenmenschlichen Ziele in welchem Umfang erreicht werden, so dass ich die Nützlichkeit der Gruppe für mich einschätzen kann.

Wer diese wechselseitige Nützlichkeit über längere Zeit hinweg nicht erlebt, ist für die Gruppe über kurz oder lang verloren. Auch wenn er nach außen hin zunächst weiter mitarbeitet, mag er innerlich längst gekündigt haben, weil er spürt, dass die Gruppe ihm „nichts bringt" bzw. „es den anderen eh' Wurst ist, ob ich dabei bin". Besonders gefährdet sind hier jene Menschen, die als disziplinierte Arbeitstiere oder leidgeprüfte Opfer in der Lage sind, mit zusammengebissenen Zähnen auch gegen größten inneren Widerwillen anzuarbeiten, ohne sich offen zu beklagen. Sie ertragen dann ein für sie unbefriedigendes Performing zu lange und stellen ihre Quälerei der Gruppe später – zu spät – umfassend in Rechnung.

8.3 Komplikationen im Performing

8.3.1 Prozessdefizite

Im Performing muss sich die bis dahin entwickelte Gruppenstruktur bewähren. Das bedeutet im Umkehrschluss: Alles, was in den drei vorhergehenden Phasen ungut und unvollständig gelaufen ist, macht sich nun in Form von Arbeitsstörungen bemerkbar. Dieser Zusammenhang ist so zwingend, dass sich daraus geradezu eine Methode ableiten lässt: Wer als Coach wissen möchte, wo die Gruppe steht, braucht sie nur bei der Arbeit zu beobachten: schon hat er erste Hinweise auf mögliche Defizite im Gruppenprozess. In diesem Sinne lassen sich gruppendynamische Übungen (s. z.B. Weber, 1986) hervorragend zu diagnostischen Zwecken nutzen.

Formingüberhänge. Sie drücken sich vor allem in Zögerlichkeit, übertriebener Vorsicht, Umständlichkeit, Förmlichkeit und Orientierungslosigkeit im Performing aus: Die Gruppe hatte nicht genügend Zeit, sich kennen zu lernen, es gibt noch nicht einmal ein konventionelles Sicherheitsnetz, so dass jeder Schritt im Performing ein Schritt ins Ungewisse ist. Unterschiedliche Auffassungen über das Vorgehen auch in kleinsten Fragen sind nicht kommunizierbar oder klärbar und müssen durch umständliche Lösungen, die jedes Anecken vermeiden, aufwändig umschifft werden.

Stormingüberhänge. Sie machen sich durch atmosphärische Störungen deutlich bemerkbar. Die Stimmung ist vorgewitterlich gereizt und tendenziell kontaktvermeidend. Konfliktgeladene Beziehungen werden gemieden. Entscheidungen nur schwer getroffen oder umgangen. Unterlegene Minderheiten reagieren mit nachträglichem Boykott statt mit rechtzeitigem Widerspruch.

Normingüberhänge. Sie führen dazu, dass bereits bekannte, aber unzureichend geregelte Konflikte in kürzester Zeit neu entflammen, was dem Außenstehenden den Eindruck vermittelt: „Kaum werden sie aufeinander losgelassen, schon knallt es!" Unklare Vereinbarungen und Formelkompromisse mit Interpretationsspielraum werden sofort durch individuelle Auslegungen verwässert, verlieren dadurch ihre Verbindlichkeit und taugen nicht mehr dazu, Zielkonflikte zu überbrücken. Folglich werden die fraglichen Zielkonflikte unmittelbar wiederbelebt, und schlagen sich als Widersprüche in der Kooperationsstruktur nieder, noch bevor die Tinte trocken ist, mit der der Gruppenvertrag unterzeichnet wurde.

Wann immer eine Phase unzulänglich durchlaufen wurde, startet die Gruppe gewissermaßen mit Altlasten ins Performing, und das führt recht schnell zu Arbeitsstörungen. Dann ist es angeraten, dorthin zurückzukehren, wo die Altlasten deponiert wurden, um sie zu entsorgen.

8.3.2   Versagensangst

Wenn die Lust zu arbeiten (bei Einzelnen oder in der Gesamtgruppe) durch die Angst vor dem Scheitern überschattet wird, vermeiden die Betroffenen das Performing (z.B. durch Erkrankung) oder durchleiden es voller Angst – in jedem Fall stehen sie für das Performing der Gruppe nicht mit voller Kraft zur Verfügung.

Versagensangst kommt immer dann ins Spiel, wenn es in der Gruppe Leistungsnormen gibt, von deren Erfüllung das Ansehen oder gar die Gruppenzugehörigkeit der Mitglieder abhängt. Diese Normen müssen als Ziele irgendwie in den Zielpool der Gruppe gelangt sein, und für den Gruppencoach geht es darum, die Herkunft dieser Ziele zu begreifen, um sie bei Bedarf überprüfbar machen zu können. Leistungsnormen können als Ziele unterschiedlichen Typs (vgl. Kapitel 3.2) auftreten.

Gewählte öffentliche Ziele. Die Gruppe hat sich offen dafür entschieden, von ihren Mitgliedern ein bestimmtes Mindestmaß an Leistung zu fordern. Das ist zum Beispiel der Fall, wenn eine studentische Arbeitsgruppe festlegt, welche Literatur bis zum nächsten Treffen von allen zu lesen ist. Alle, die hinter dieser Vorgabe zurückbleiben, müssen mit Kritik rechnen. Tritt in diesem Fall Versagensangst auf, gilt es zu überprüfen, ob das vereinbarte Leistungsziel angesichts der damit einhergehenden Komplikationen wirklich noch gelten soll. Wenn ja, gehört Versagensangst unvermeidlich zum Gruppenklima – das Ausmaß hängt dann wesentlich davon ab, wie Versager behandelt werden und wie erschütterungsanfällig das Selbstwertgefühl der Betroffenen ist.

Gewählte, nicht-öffentliche Ziele. Ein bestimmter Leistungsstandard hat sich unausgesprochen eingeschlichen. Das ist zum Beispiel in den Führungsetagen der Wirtschaft der Fall, wenn unausgesprochen darum konkurriert wird, wer abends als letzter das Büro verlässt – bis niemand mehr vor 19.00 Uhr das Haus verlassen kann, ohne sich als Paria zu fühlen. Beobachten wir als Coach in solchen Fällen Versagensangst, geht es vor allem darum, das Ziel öffentlich und damit stormingfähig zu machen. Die Gruppe kann dann entscheiden, ob sie sich diesem vermeintlichen Leistungsstandard wirklich unterwerfen will.

Gesetzte öffentliche Ziele. Hier werden Leistungsnormen durch vorgesetzte Stellen etabliert, beispielsweise in der Schule, wo der Lehrer (bzw. Lehrplan oder Eltern) festlegt, wie hoch gesprungen werden muss. Tritt in diesem Fall Versagensangst im Performing auf, muss mit diesen Stellen geklärt werden, ob der Standard gehalten werden soll.

Gesetzte, nicht-öffentliche Ziele. Wenn Vorgesetzte von der Gruppe Leistung erwarten, ohne sie fordern zu wollen, schwebt das Damokles-Schwert des Versagens unsichtbar im Raum. Hier gilt es, zwischen der Gruppe und der zielsetzenden Instanz eine Erwartungsklärung herbeizuführen und dabei dem Vorgesetzten keine Unverbindlichkeiten durchgehen zu lassen.

Übertragung. Obwohl die Gruppe keinem Leistungsstandard unterliegt, macht sich Versagensangst breit, weil Mitglieder aufgrund einschlägiger Vorerfahrungen erwarten, dass es „hier nicht anders zugeht als überall". Hier ist das Forming (zumindest was einzelne Mitglieder und was das Thema „Leistung" angeht) noch nicht abgeschlossen. Es braucht vor allem klärende Worte, die deutlich machen, welche Leistungsstandards aktuell nicht gelten.

Projektion. Manche Mitglieder erliegen einem hausgemachten Leistungsdruck. Sie erwarten von sich selbst Besonderes, verlagern diese Erwartungshaltung aber auf die Gruppe nach dem Motto „Ihr werdet mich sicher ebenso streng beurteilen, wie ich mich selbst". In diesem Fall eines exportierten Leistungsdrucks muss der Betreffende dazu angehalten werden, mit sich selbst ins Reine zu kommen.

Als Gruppencoach sollte man im Dienste eines produktiven Performings dafür sorgen, dass keine ungewollten oder untransparenten Leistungsziele im Zielpool der Gruppe schwimmen, um überflüssige bzw. übersteigerte Versagensangst zu vermeiden. Es kann aber auch nicht Aufgabe des Coaches sein, der Gruppe, ihrer vorgesetzten Instanz oder den Einzelnen Leistungsnormen zu vergällen: „Sie schaffen hier ja wirklich ein Klima, in dem kein Mensch arbeiten kann. So werden Sie nicht weit kommen!" Wann Leistung wünschenswert ist und wie Ansehen und Gruppenzugehörigkeit von ihr abhängen sollen, das liegt im Ermessen der Betroffenen. Wenn der Gruppencoach eine andere Leistungsmoral hat als die Gruppe oder deren Vorgesetzte, sollte er sie dort umsetzen, wo er selbst Gruppenmitglied ist.

8.3.3 Katastrophen

Jede Gruppe kann in Situationen geraten, die alle gültigen Abmachungen mit einem Schlag fraglich werden lassen: Ein Mitglied stirbt, ein neues kommt unerwartet hinzu, die vorgesetzte Instanz wechselt von einem Tag auf den anderen, die fest eingeplanten Gelder versiegen überraschend usw. Dadurch geraten die Grundlagen des bisherigen Miteinanders ins Wanken, es ist, als würde man die Vereinbarungsstruktur mit einem Mal derartig überlasten, dass sie reißt. Dieses Reißen nennen wir in Anlehnung an Luhmann (1997) eine Katastrophe: die Strukturen des Systems ändern sich plötzlich so grundlegend, dass Ausbesserungsarbeiten nichts mehr ausrichten können.[56] Natürlich können auch erfreuliche Ereignisse in diesem Sinne katastrophale Auswirkungen auf die Evolution der Gruppe haben. Man denke nur daran, wie eine erwünschte Schwangerschaft das Geflecht einer Paarbeziehung belastet. Katastrophen jeder Art sollten mit einem möglichst umgehenden Ende des Performings beantwortet werden: Jetzt muss man sich im Re-Forming besinnen, wie es unter neuen Vorzeichen weitergehen soll.

8.3.4 Aktionismus

Viele Gruppen richten sich im Performing ein und verlassen diese stabilisierende Arbeitsphase höchst ungern. So verständlich es ist, dass alle Beteiligten möglichst lange produktiv sein möchten – irgendwann ist unweigerlich die

Luft raus: Die Vereinbarungsstruktur hat sich überlebt, so dass fortgesetztes Ausbessern und Flicken schließlich eher Probleme schafft als sie zu lösen. Das Weiterarbeiten gerät dann zur Zeit- und Energieverschwendung.

In Gruppen, die erfolgreich arbeiten, ergeben sich Verschnaufpausen, die der Neuorientierung dienen, meist wie von selbst. Anders bei Gruppen mit Arbeitsstörungen: Die Frustration darüber, dass wesentliche Ziele (wieder mal) verfehlt wurden, sorgt bei vielen dafür, dass sie „jetzt erst recht in die Hände spucken" wollen, um „verlorene Zeit aufzuholen". Gleichzeitig erwächst aus dem untergründigen Wissen darum, dass der Misserfolg seine Ursachen hat und vielleicht die Fetzen fliegen werden, wenn sie zur Sprache kämen, eine innere Haltung von: „Bloß weiter so! Jetzt innehalten, hieße dem Scheitern ins Auge zu blicken". Dann verhält sich die Gruppe wie die Besatzung eines Ruderbootes, die mitten auf dem See ein Leck bemerkt und immer schneller rudert, um dem eindringenden Wasser zu entkommen. Natürlich säuft das Boot ab. Aktionistisches Performing, in dem nur noch das Ziel verfolgt wird „Jetzt nicht innehalten!", ist das Symptom einer überlasteten Kooperationsstruktur und führt zu fortwährendem Scheitern im Performing. In diesem Fall hilft nur noch der möglichst rasche Ausstieg und der Übergang ins Re-Forming.

8.4 Das Gruppenklima im Performing

Wenn es nicht zu Komplikationen kommt, ist das Klima im Performing von konzentrierter, zielorientierter Aktivität und persönlichem Verantwortungsgefühl geprägt.

Es ist sachlich, wenn sachliche Ziele verfolgt werden; es ist persönlich, wenn zwischenmenschliche Ziele verfolgt werden. Es findet aber keine manipulative Verflechtung von Sach- und Beziehungsebene statt. Die Einzelnen übernehmen offen die Verantwortung für ihr Tun und Lassen, ohne sich benutzen zu lassen oder sich herauszureden. Die individuellen Fähigkeiten werden ohne Zurückhaltung in den Dienst der Gruppe gestellt. Die Grenzen der individuellen Belastbarkeit werden wahrgenommen und im Arbeitsprozess berücksichtigt. Misserfolge werden ohne Vermeidungstendenzen auf ihre Ursachen hin untersucht, Fehler umgehend beseitigt. Kleine Unzulänglichkeiten der Vereinbarungsstruktur werden im Geiste des Gruppenvertrages rasch und flexibel ausgebessert.

Die zwischenmenschlichen Beziehungen sind offen und solidarisch: man schaut einander an und hört aufeinander, ohne in Süßlichkeiten und falsche Rücksichtnahme zu verfallen: Man arbeitet rational, energiegeladen und offen zusammen. Die Arbeitsweise ist entsprechend effizient, d.h. mit den eingesetzten Kräften wird das Optimum erreicht. Wann immer Rationalität, Energie oder Offenheit absinken, ist dies der klimatische Indikator für das Re-Forming.

8.5   Interventionsansätze im Performing

Die Rolle des Coaches. War der Coach in seiner Funktion als Katalysator des Gruppenprozesses mal väterlicher Pate (Forming), mal Klärungshelfer und Sprengmeister (Storming), mal Moderator, Schlichter und Notar (Norming), so ist er jetzt – arbeitslos. Sobald die Gruppe über eine adäquate Vereinbarungsstruktur verfügt und solange die sich daraus entwickelnde Kooperationsstruktur hält, braucht sie den Coach so wenig wie ein Pkw zwischen den Inspektionsterminen den Mechaniker. Vielleicht bleibt der Coach in einer anderen Rolle (Teilnehmer, Vorgesetzter) an Bord. Vielleicht wird er gelegentlich als Fachmann oder Referent in inhaltlichen Fragen gebraucht. Wenn nicht, dann hat er jetzt Urlaub.

Wer als Coach unbedingt eine Rolle braucht, des Urlaubs überdrüssig ist und sich um seine Existenzberechtigung sorgt, kann sich während des Performings bestenfalls noch als zurückhaltendes Frühwarnsystem verdingen und die Gruppe rechtzeitig auf die nachlassende Tragfähigkeit der Kooperationsstruktur und aufkeimende Komplikationen hinweisen – das ist aber wirklich das mögliche Maximum an Coachaktivität. Dementsprechend schlank bleibt der Interventionskatalog.

8.5.1   Zurückhaltung

Damit die Beteiligten den wechselseitigen Nutzen des Performings wirklich erleben können, muss der Coach klar und deutlich das Feld räumen und sich fortan zurückhalten. Sonst besteht die Gefahr, dass die Gruppe sich weniger auf das Gelingen als auf die Vermeidung des Misslingens konzentriert „Hat unser Coach nicht eben sanft den Kopf geschüttelt? Sind wir etwa im Begriff uns zu vergaloppieren? Was ist denn jetzt schon wieder schiefgelaufen?". Das Beste, was der Coach jetzt für die Gruppe tun kann, ist, ihr sein Vertrauen durch Rückzug zu beweisen. Das ist für viele Coaches keine leichte Übung. Konnten sie während der vorhergehenden Phasen glänzen und sich profilieren, so sind sie jetzt abgemeldet. Die Arbeitsphase der Gruppe ist halt nicht die Arbeitsphase des Coaches. Der nutzt diese Zeit besser, um sich innerlich zu sammeln, damit er als Coach wieder zur Verfügung steht, wenn sich das Gruppenperforming dem Ende zuneigt. Wer diese Weisheit nicht besitzt, läuft Gefahr, zum Hemmschuh der Gruppe zu werden.

8.5.2   Re-Forming einleiten

Das Verweilen der Gruppe im Performing ist so lange stimmig, wie
▶ die Einzelnen nach außen keine Störsignale senden (z.B. Desinteresse, Langeweile, Unmut, Unzuverlässigkeit etc.),

- das Gruppenklima als rational, energiegeladen und offen erlebt wird und die Arbeitsweise entsprechend effizient ist,
- der Coach intuitiv erfasst, dass die Teilnehmer bei der Sache sind.

Sobald einer dieser drei Indikatoren abweichende Informationen liefert, muss der Coach hellhörig werden und gegebenenfalls das Re-Forming einleiten. Eine Häufung von Störungssignalen ist ein untrügliches Zeichen dafür, dass bisher nicht vorhandene oder ungelöste Zielkonflikte vordringlich werden. Wird dieser Schritt der Beendigung des Performings aus Unachtsamkeit, Angst, Hast oder ideologischen Bedenken (Ideologie des „Guten Willens": „Wenn sich nur alle ein bisschen am Riemen reißen, dann stehen wir das hier schon durch") nicht getan, droht zwar nicht gleich der Weltuntergang, aber die Gruppe läuft Gefahr, notwendige strukturelle Anpassungen zu verschleppen und dadurch Zeit und Energie zu verschwenden.[57]

Wenn die Gruppe sich in der Arbeit verliert oder es zu gehäuften Störungen kommt, ist der Urlaub des Coaches beendet. Jetzt gilt es, das Performing (nicht selten gegen Widerstand der „aktionistischen Kräfte") zu beenden. Das kann dadurch geschehen, dass der Coach der Gruppe ein Feedback über den Stand der Dinge gibt: „Soweit ich sehe, haben Sie in der Zwischenzeit folgendes erreicht: ... . Hinsichtlich Ihres Vorhabens XY scheinen Sie sich im Kreise zu drehen. Gleichzeitig kommt es hinsichtlich der Aufgabenverteilung zunehmend zu Missverständnissen und namentlich Sie, Herr Förster, werden offenkundig immer unzufriedener, während Herr Broich immer stiller wird und geradezu zu verschwinden droht. Ich glaube, es ist an der Zeit, mal innezuhalten und eine Standortbestimmung vorzunehmen".

9 Die Orientierungsphase: Re-Forming

> ▶ Das **Re-Forming** ist die Bilanz- und Lernphase, in der die Erlebnisse der Einzelnen sich zum Erfahrungsschatz der Gruppe verdichten.
>
> ▶ Die sich entfaltende **Bilanzstruktur** ist geprägt von den Variationen in den Zielpools der Einzelnen; das während der Arbeitsphase eingefahrene Gruppengefüge destabilisiert sich wieder.
>
> ▶ **Für die einzelnen Mitglieder** beginnt das Re-Forming mit einer vorübergehenden Lösung aus dem Korsett der Gruppe, die es ihnen ermöglicht, mit dem nötigen Abstand ein persönliches Fazit der bisherigen Arbeit zu ziehen. Auf diese Auszeit folgt eine kritische, von Unsicherheit und Veränderungswünschen begleitete Wiederannäherung an die Gruppe.
>
> ▶ Ungünstige **Komplikationen** in dieser Phase sind Hast, Vermeidung, Verflachen und frühzeitiges Verengen beim Erstellen der Gruppenbilanz.
>
> ▶ Wir beschreiben **Interventionen**, die der Coach in den Rollen eines Zeremonienmeisters, einer Hebamme und eines Moderators einsetzen kann, um jene öffentliche Entfaltung der Bilanzstruktur zu gewährleisten, die sich ohne seine Hilfe meistens nicht vollzieht.

9.1 Die Gruppe im Re-Forming

9.1.1 Vom Erfahrungenmachen zum Erfahrungenauswerten

Während der Zusammenarbeit im Performing hatten alle Beteiligten Gelegenheit, Erfahrungen zu sammeln: persönliche, sachliche und zwischenmenschliche Ziele wurden erreicht oder verfehlt, so dass die Gruppe, die ins Re-Forming eintritt, nicht mehr die ist, die sich einst an die Arbeit machte.

Will die Gruppe aus ihren Erfahrungen lernen, muss sie sich nach getaner Arbeit die Frage stellen: „Wo stehen wir jetzt – nach allem, was passiert ist?" Wenn auf diese Frage verzichtet wird, besteht die Gefahr, dass das Vergangene weitgehend folgenlos für die Zukunft bleibt und die Gruppe die Chance verschenkt, sich durch Lernen weiterzuentwickeln.

Nach der gelegentlich hektischen Zeit des Miteinandertuns braucht es nun einen Moment des Innehaltens, Zurückschauens und Sichneuorientierens, des Miteinanderbilanzierens und Sichaustauschens angesichts gemachter Erfahrungen und eingetretener Veränderungen.

9.1.2 Die Bilanzen der Einzelnen

Die Gruppe selbst kann natürlich keine Erfahrungen machen und auswerten; sie ist dazu auf die Sensibilität und Lernbereitschaft ihrer Mitglieder angewiesen.

Bei diesen beginnen die Enttäuschungen und Erfolge, die Irritationen und Bestätigungen des Performings nach Arbeitsschluss zu sacken. In der Mittagspause, auf dem Weg nach Hause oder im Urlaub – wann immer die Gruppenmitglieder sich innerlich und äußerlich aus der Gruppe entfernen – besinnen sie sich unwillkürlich darauf, wo sie in und mit der Gruppe stehen und verdauen das Vergangene auf ihre Weise:

▶ „Was ist zwischenzeitlich eigentlich alles geschehen?"
▶ „Was konnten wir erreichen, was nicht – und warum?"
▶ „Ist meine Beziehung zu den anderen eigentlich noch so, wie sie vorher war? Mit wem hätte ich ein Hühnchen zu rupfen?"
▶ „Stimmen unsere Absprachen noch, und haben sich alle daran gehalten?"
▶ „Kann ich mich in dem bei uns herrschenden Klima wohl fühlen?"
▶ „Komme ich hier auf meine Kosten?"
▶ „Was sind meine aktuellen Ziele?"
▶ „Welche Konfliktfelder haben sich aus meiner Sicht aufgebaut?"

Indem diese und ähnliche Fragen bewusst und vorbewusst beantwortet werden, verdichten sich die Erinnerungen, Bewertungen, Gefühle und Gedanken der einzelnen Mitglieder zu einer intuitiven Bilanz.

Eine „naive" Theorie des Miteinanders. Wenn Erfolge und Misserfolge vor dem inneren Auge vorüberziehen, wird unwillkürlich versucht, sie zu erklären und ihnen damit Sinn zu verleihen. Die Bedingungen und Ursachen des Erlebten werden erwogen und verdichten sich zu Annahmen darüber, „warum es unter diesen Bedingungen und bei unserer Art des Miteinanders so und nicht anders kommen musste." Aufgrund dieser Theorien kommen die Beteiligten zu begründeten Vorstellungen davon, wie sich der Gruppenvertrag weiterentwickeln müsste, um bestehende Störungen im Miteinander zu beheben.

Eine Neuausrichtung des eigenen Zielpools. Der Einzelne macht seine Gruppenrechnung auf, stellt die seelischen und sachlichen Kosten des Gruppendaseins dem Ertrag gegenüber, überprüft, wer seine Schuldner und wer seine Gläubiger in der Gruppe sind, hakt Ziele ab, die erreicht wurden, kalkuliert den inneren Stellenwert der noch nicht erreichten, gewichtet sie nach ihrer aktuellen Dringlichkeit, registriert neu hinzugetretene Ziele und schätzt ab, wie gut sie in der Gruppe erreichbar sein werden.

Häufig folgt auf die Bestandsaufnahme früher oder später eine innere Neuorientierung, ein Gefühl dafür, „was ich jetzt will". Diese Neuausrichtung ist natürlich keine rein intellektuelle Veranstaltung: Zunächst sind meist nur die sie begleitenden Gefühle (Verwirrung, Ärger, Misslaune etc.) spürbar.

Ein Drehbuch für die Zukunft. Sobald der Zielpool innerlich neu ausgerichtet ist, ergeben sich fast zwangsläufig Gedanken, Vorstellungen davon, wie man in Zukunft in der Gruppe auftreten möchte und muss, um die neu gesteckten Ziele zu erreichen: Vielleicht komme ich gar nicht zum nächsten Treffen, weil ich beleidigt bin, dass auf meine Vorstellungen zu wenig Rücksicht genommen wurde. Oder ich gehe einigen Gruppenmitgliedern aus dem Weg, weil sie mich enttäuscht, gekränkt oder provoziert haben. Oder ich bestehe darauf, dass ein bestimmtes Ziel noch einmal auf den Prüfstand kommt, weil ich es unter den gegebenen Umständen für unerreichbar halte. Oder ich suche verstärkt den Kontakt zu jenen Mitgliedern, die mir während des Performings besonders angenehm aufgefallen sind.

Ebenso wird erwogen, wie sich die anderen wohl verhalten werden, wenn man sich wieder sieht.

Dieses Drehbuch enthält meist auch eine Prognose der weiteren Dramaturgie des Gruppenprozesses: „Es wird Stunk geben." oder „Wir werden uns sputen müssen!" oder „Wir werden scheitern."

Nicht alle genannten Aspekte müssen in einer individuellen Bilanz zum Tragen kommen, und die Bilanzen werden nicht oder nur teilweise bewusst gezogen. Sie prägen aber die Haltung der Einzelnen zur Gruppe und entscheiden darüber, mit welcher Einstellung er sich wieder ins Gruppengeschehen einfügt, wenn man sich wiedersieht.

9.1.3   Die Bilanzstruktur

Sobald man die Einzelbilanzen der Gruppenmitglieder kennt und sie zusammenträgt, ergibt sich ein verwickeltes Netzwerk unterschiedlichster Beschreibungen, Bewertungen und Erklärungen der Vergangenheit, die den Erfahrungsschatz der Gruppe ausmachen. Dieses Netzwerk ist die Bilanzstruktur der Gruppe. Sie vermittelt einen Eindruck vom aktuellen Zustand des gemeinsamen Zielpools – davon, wie die Gruppenmitglieder nun zueinander stehen, was ihnen derzeit am Herzen liegt, welche Entwicklungen sie unbedingt voranbringen oder verhindern möchten. Wenn dieses Muster aus deckungsgleichen, sich ergänzenden und widersprüchlichen Zielen bekannt ist, lässt sich abschätzen, welche Auseinandersetzungen anstehen und welche Absprachen zu treffen wären, bevor die Arbeit weitergehen kann.

Die Qualität der Gruppenbilanz. Für den weiteren Verlauf des Gruppenprozesses ist nun entscheidend, ob die Einzelbilanzen veröffentlicht werden und ob sich die Bilanzstruktur öffentlich entfalten kann oder ob jeder seine Bilanz für sich behält.

Werden die Bilanzen veröffentlicht, hat die Gruppe die Chance zur bewussten, aktiven und koordinierten Selbststeuerung:

▸ die individuellen Gruppenbeschreibungen der Einzelnen verdichten sich zu einem differenzierten Selbstverständnis,
▸ aus den gesammelten Erfahrungen erwächst eine differenzierte Theorie des Miteinanders,
▸ der Zielpool der Gruppe wird gemeinsam neu ausgerichtet.

Bleiben die Bilanzen hingegen unter Verschluss, besteht die Gefahr, dass die Selbstorganisation unbewusst, unterschwellig und unkoordiniert abläuft:

▸ jeder sieht die Gruppe so, wie sie ihm aufgrund seines beschränkten Blickwinkels erscheint, ohne dass ein gemeinsames, Identität stiftendes Bild entstehen kann,
▸ jeder lernt für sich (und jeder anderes),
▸ die Gruppe startet mit einem chaotisch anmutenden und konfliktbeladenen Zielpool ins nächste Performing.

Ob sich die Bilanzstruktur öffentlich entfaltet, hängt weitgehend davon ab, wie differenziert die Bilanzen der Einzelnen ausfallen und inwieweit diese veröffentlicht werden. Vier „Schicksalsverläufe" wollen wir unterscheiden.

Undifferenziert und privat. Jeder Beteiligte zieht für sich eine nicht bewusst differenzierende Bilanz, z.B. indem er beim Wiederzusammenkommen bemerkt: „Eigentlich habe ich gar keine Lust!" (ohne die Ursachen der Lustlosigkeit benennen zu können) und sich anschließend in der Gruppe zurückhält. Er erspürt lediglich die grundsätzliche Qualität seiner Gruppenbilanz (motivierend oder demotivierend), ohne ihre Bestandteile zu erkennen und behält das Ganze für sich. Dadurch lernt der Einzelne wenig, die Gruppe lernt nichts. Sie arbeitet als Hühnerhaufen weiter. Ob es zu einer gelingenden Kooperation kommt, bleibt dem Zufall überlassen.

Differenziert und privat. Der Betreffende zieht im Stillen eine mehr oder minder explizite Bilanz des bisher Erreichten und kommt zu differenzierenden Ergebnissen, die sein weiteres Verhalten im Verborgenen prägen: „Das mir unwichtige Ziel A haben wir erreicht, aber mein Ziel B ist dabei auf der Strecke geblieben. Herr Petermann hat sich als Vorreiter der Gruppe exponiert, und das passt mir ganz und gar nicht. Meine Beiträge hat kaum jemand zur Kenntnis genommen. Ich hätte am liebsten enger mit Frau Hirse zusammengearbeitet, die aber ständig mit Herrn Dr. Rutter herumflirtet; das enttäuscht mich. Insgesamt bin ich soweit eher frustriert und unzufrieden. Bevor mein Ziel B nicht erreicht worden ist, mache ich hier keinen Finger mehr krumm – da stehen die anderen in meiner Schuld. Herrn Petermann werde ich boykottieren und Frau Hirse links liegen lassen. Für Herrn Dr. Rutter muss ich mir noch was einfallen lassen." Hier lernt der Einzelne viel, die Gruppe bleibt unwissend. Jeder verfolgt geheime Ziele, die mit denen der anderen nicht abgestimmt wurden.

Undifferenziert und öffentlich. Die Einzelnen teilen der Gruppe ihre noch wenig differenzierten Stimmungen mit, so dass sich ein Gesamtstimmungsbild der Gruppe ergibt. Dieses weist vielleicht auf Veränderungsbedarf oder Unstimmigkeiten in der Gruppe hin, kann aber nicht weiter dabei helfen, sie genau zu verorten. Die Gruppe ist dann zwar gewarnt, aber ratlos, und weiß sich nicht zu helfen.

Differenziert und öffentlich. Die Einzelnen tragen ihre Bilanzen differenziert in die Gruppe, so dass sich die Bilanzstruktur öffentlich entfalten kann. Veränderungsbedarf und Unstimmigkeiten werden lokalisierbar. Die Gruppe kann sich bei Bedarf ins Storming bzw. Norming begeben und sich dadurch zielgerichtet verändern, bevor sie den nächsten Arbeitsschritt tut. Sie ist in der Lage, sich selbst bewusst zu steuern und zu optimieren.

Solange Gruppen erfolgreich arbeiten und ihr einmal erarbeiteter Gruppenvertrag sich bewährt, braucht es keine ausführliche Gruppenbilanz. Die Gruppe passiert immer wieder ereignislos und in kürzester Zeit Re-Forming („Alles beim Alten!"), Storming („Nichts zu klären!") und Norming („Weiter wie bisher!"), bevor sie wieder ins Performing eintritt. Das ist vor allem in jenen Gruppen möglich, die mit stabiler Rollenverteilung in stabilen Umwelten an gleichförmigen Aufgaben arbeiten.

Wenn sich aber Veränderungen ergeben haben oder die Arbeit stockt, braucht es eine öffentliche und differenzierte Gruppenbilanz. Dann ist es die Aufgabe des Gruppencoaches, dafür zu sorgen, dass sich die Bilanzstruktur entfalten kann.

In die Breite gehen. Will die Gruppe ihre Bilanz öffentlich ziehen, steht sie vor der Aufgabe, die unterschiedlichen und teilweise widersprüchlichen Bilanzen der Beteiligten zu Tage zu fördern. Es entsteht dabei ein Nebeneinander von Erfahrungen und Zielen, Bewertungen, Sichtweisen, Befindlichkeiten und Vorschlägen, das die Beteiligten in den Stand versetzt,

▶ **sich Überblick zu verschaffen** über die Erfahrungen und Ziele der Einzelnen und damit über den Stand der Dinge und die Wahrheit der Situation in der Gruppe.

▶ **sich wechselseitig anzuregen,** indem meine Stimmung deine lebendig werden lässt, deine Erfahrungen bei mir zu Erkenntnissen führen und meine Schlussfolgerungen dich dazu bringen, deine zu ziehen. Diese wechselseitige Anregung steigert die Variationsbereitschaft im Zielpool der Gruppe und stellt für die nachfolgenden Schritte ein größeres Innovationspotential bereit, als allein durch die Summe der Einzelbilanzen zur Verfügung stünde.

- **sich über Konfliktlinien zu verständigen,** indem sie sehen können, welche neuen Zielkonflikte sich abzeichnen, wenn sie ihre Bilanzen im Überblick betrachten.
- **vorschnelle Lösungen zu verhindern,** indem vermieden wird, dass die erstbeste oder am lautesten proklamierte Variation sich durchsetzt und damit alle anderen niederhält.

Während des Re-Formings geht es nicht voran, sondern in die Breite. Es werden (noch) keine Konflikte ausgetragen und schon gar keine Entscheidungen gefällt – von Weiterarbeiten ganz zu schweigen. Es wird lediglich gesammelt, die Grundhaltung ist eher meditativ-betrachtend als wertend oder vorwärtsdrängend. Die dabei gezeigte Variationstoleranz, die Bereitschaft, unterschiedliche Erfahrungen, Schlussfolgerungen und Bedürfnisse und die damit verbundene Destabilisierung der Gruppe vorübergehend zu ertragen, ist ein zuverlässiger Indikator für die Stärke der Gruppe und maßgeblich für ihre Anpassungsfähigkeit. Nur, wenn sich die Unterschiedlichkeit der individuellen Bilanzen und die damit einhergehende Variationsbreite wirklich entfalten darf, besteht berechtigte Hoffnung, dass die Gruppe ihren Erfahrungsschatz weitgehend ausschöpft und den Zielpool erfolgversprechend umstrukturiert, bevor sie die nächste Arbeitsphase ansteuert.

9.1.4 Variation der Ziele

In einer sich verändernden Welt bleiben Gruppen nur dann leistungsfähig, wenn sie in der Lage sind, auf neue Anforderungen und Bedingungen in der Außenwelt bzw. auf veränderte Ziele und Bedürfnisse ihrer Mitglieder mit Veränderungen des Gruppenvertrages zu reagieren. Die Gruppe muss sich infizierbar, irritierbar, erneuerbar halten, um anpassungsfähig zu bleiben. Während des Re-Formings kommt die evolutionäre Selbstorganisation der Gruppe voran, indem der bestehende Gruppenvertrag hinterfragt wird. Veränderungsbedarf und Veränderungsvorschläge, die Variation der Ziele, stehen jetzt im Mittelpunkt.

Strukturelle Kopplung. Die Einzelnen sind dabei der Transmissionsriemen zwischen jener äußeren Umwelt, die es zu gestalten gilt, und der Struktur der Gruppe, die den in dieser Umwelt bestehenden Verhältnissen angemessen sein soll. Nur indem die Ziele der Einzelnen als Reaktion auf ihre Erfahrungen variieren, werden diese Erfahrungen für die Gruppe überhaupt relevant: Sie gerät angesichts eines veränderten Gruppenzielpools als Ganzes unter Anpassungsdruck.

Man kann hier von einer „strukturellen Kopplung" (Luhmann, 1997, S. 92) zwischen Umwelt und Gruppenstruktur sprechen, wobei die Zielpools der Einzelnen eine Übersetzungsarbeit leisten: Sie transformieren die für das System „Gruppe" unverdaulichen Umweltereignisse in für die Gruppe verarbeitbare

Ziele ihrer Mitglieder. Dieser Umweg über die individuellen Zielpools bei der strukturellen Kopplung von Gruppe und Umwelt fungiert als Dämpfungsmechanismus, der verhindert, dass Umweltveränderungen unmittelbar ins Gruppengeschehen eingreifen. Damit sichert er die Geschlossenheit des Systems „Gruppe" und dessen Stabilität. Andernfalls würde die Gruppenstruktur bei jeder kleinen Überraschung ins Wanken geraten. Der verzögerte Anpassungsprozess ist allerdings störungsanfällig: Umweltereignisse müssen zunächst von Einzelnen registriert werden und deren Zielpool destabilisieren, bevor sie für die Gruppe bedeutsam werden können. Dabei kann es passieren, dass die Einzelnen etwas übersehen oder dass sie die Umwelt fehlinterpretieren und unangemessen reagieren. Zusätzlich besteht die Möglichkeit, dass Variationen in den persönlichen Zielpools der Einzelnen in der Gruppe untergehen und damit die in ihnen gespeicherte Erfahrung verloren ist. Es ist Aufgabe des Gruppencoaches im Re-Forming, den Informations- und Erfahrungsverlust möglichst gering halten zu helfen.

BEISPIEL

Der Sparclub – Veränderungen in den individuellen Zielpools. Herr Both ist Mitglied in einem Skat- und Sparclub. Jeden Freitagabend trifft er sich mit Frau Hetz, Herrn Lücke und Herrn Möbius zum Skat. Sie spielen um Geld (1 Cent pro Punkt). Der Erlös jedes Abends wandert in eine gemeinsame Spardose und soll zur Finanzierung eines Clubwochenendes in Holland dienen.
Zu Beginn des zurückliegenden Clubabends tummelten sich (neben vielen anderen) folgende drei Ziele in Herrn Boths Zielpool:
(1) Harmonie mit den anderen drei,
(2) Hollandwochenende,
(3) Skat spielen.

Diese Ziele harmonierten gut mit denen seiner Mitstreiter. Nun hatte Herr Both an diesem Abend drei einschneidende Erlebnisse: Frau Hetz machte einen anzüglichen Witz auf seine Kosten, über den er zwar gequält mitlachte, der aber doch heimliche Rachegelüste in ihm weckte. Herr Lücke berichtete in seiner Funktion als Festkomitee, dass das Hollandwochenende mit einer Zuzahlung von 150 Euro für jeden verbunden sein würde. Und Herr Möbius schlug vor, zur Abwechslung mal Doppelkopf zu spielen – mit dem Ergebnis, dass Herrn Both der Kopf rauchte und er an diesem Abend knapp zehn Euro verlor. Diese Erfahrungen bringen Herrn Boths Zielpool in Schwingung.[58] Nachdem sich die Ereignisse des Abends innerlich gesetzt haben, sieht Herrn Boths Zielpool so aus: Das Ziel „Skat spielen" ist als Reaktion auf die unguten Doppelkopferfahrungen änderungsresistenter geworden, seine Harmoniewünsche sind mutiert in „Harmonie mit allen außer Hetz" und das Ziel „Hollandfahrt" ist instabil geworden, d.h. er ist für Alter-

> nativvorschläge offen, ohne selbst einen ausgegorenen zur Hand zu haben. Gelingt es Herrn Both, seine Zielpoolveränderungen in der Runde publik zu machen, dann besteht die Chance, dass man sich unter Berücksichtigung seiner Erfahrungen neu ausrichtet. Andernfalls muss Herr Both unterschwellig aktiv werden, indem er Frau Hetz ignoriert, sich beim Doppelkopf unglaublich dumm anstellt und den Hollandausflug miesmacht. Das wird ihm den Ruf eines launischen Gesellen eintragen und die Gruppe nicht weiterbringen.

Destabilisierung. Im Re-Forming werden die bestehenden Regeln, Absprachen und Gepflogenheiten der Gruppe zur Überprüfung freigegeben. Dadurch gerät die Gruppenstruktur (in ihrer Vereinbarungs- und Kooperationsversion) ins Schwimmen – alles steht in Frage. Die noch unveröffentlichten Erfahrungen und Erlebnisse aus dem Performing (Arbeitsphase), die bislang unangesprochenen Irritationen und Enttäuschungen und die noch ungenannten inneren Konsequenzen lassen das zwischenmenschliche Terrain zu Beginn des Re-Formings – ähnlich wie im Forming – unsicher und heikel erscheinen.

Diese Instabilität muss ertragen werden: Wo immer bestehende Strukturen unantastbar sind, da können abweichende Erfahrungen nicht einfließen. Wo immer sie aber einfließen, wird der bestehende Gruppenvertrag unweigerlich aufgeweicht.

Viele Menschen erleben den Stabilitätsverlust als belastend, nach dem Motto: „Jetzt haben wir doch gerade einen modus vivendi gefunden – lasst uns den um Himmels willen nicht wieder hinterfragen!" Die Angst vor dem Ungewissen führt dann zu Abwehr- und Vermeidungstendenzen (s. Kapitel 9.3.2), die im Dienste des „Nur weiter so!" lebendig werden.

9.1.5 Umgehen des Re-Formings

Während die einzelnen Gruppenmitglieder gar nicht anders können, als immer wieder eine (zumindest unbewusste) innere Bilanz des Gruppengeschehens zu ziehen, ereignet sich die öffentliche Gruppenbilanz nur in Ausnahmefällen wie von selbst: In der Regel muss sie initiiert werden, sonst fällt sie aus oder findet nur bruchstückhaft statt. Dann erwächst aus der Vergangenheit nicht die gemeinsame und geteilte Geschichte der Gruppe, sondern die unterschiedlichen und unbekannten Einzelbilanzen bilden eine undurchsichtige Nebelwand zwischen allen Beteiligten. Eine Selbststeuerung der Gruppe ist so unmöglich.

Die Bilanzstruktur ist zunächst nur latent gegeben, die Einzelnen haben keinen Zugang zu ihr – wenn, dann höchstens ausschnittweise im Rahmen von Klatsch-Zirkeln, in denen sich Cliquen innerhalb der Gruppe austauschen (und nicht selten hochschaukeln).

Wenn über Erfahrungen nicht gesprochen werden kann, fallen diese aber keineswegs unter den Tisch, sondern führen zu unveröffentlichten Veränderungswünschen, die in der nächsten Performingphase (Arbeitsphase) versuchsweise in die Tat umgesetzt und ausgelebt werden. Das, was sich im Re-Forming in Gestalt unterschiedlicher Ansichten, Bewertungen und Absichten nebeneinander gestellt hätte, trifft dann in Form von Handlungen aufeinander, die nicht zueinander passen. Ich erfahre in diesem Fall erst dadurch etwas über deine Einschätzung unserer Situation, indem ich erlebe oder erleide, wie du dich neuerdings verhältst. In diesem Fall überschattet das Re-Forming die nächste Arbeitsphase, indem Variationen erst dort sichtbar werden und aufeinanderprallen. Das Re-Forming zu umgehen, heißt Erfahrungen zu vermeiden, die die Gruppe doch wieder einholen.

9.2 Die Einzelnen im Re-Forming

9.2.1 Wieder zu sich finden

In der Pause zwischen zwei Arbeitsschritten löst sich das einzelne Gruppenmitglied vorübergehend aus der Gruppe heraus, gewinnt Abstand und beginnt, das Geschehen mit den Augen eines Außenstehenden zu betrachten. Er entfremdet sich von der Gruppe und findet wieder zu sich. Das Bild der Gruppe, das er aus dem Abstand heraus gewinnt, ist nicht mehr gefiltert durch die Regeln, scheinbaren Selbstverständlichkeiten und Tabus der Gruppe. Was sich nun vor seinem inneren Auge entfaltet, ist seine ganz persönliche Sicht des Miteinanders, ungetrübt von Gruppendruck, Gruppenideologie, Gruppenmoral – von all dem, was in der Sozialpsychologie auch als „Groupthink" (s. Sader, 2000)[59] bezeichnet wird. Häufig tauscht er sich über die Gruppenereignisse zusätzlich mit Außenstehenden oder mit ihm nahestehenden Gruppenmitgliedern aus: „Ich muss dir mal was erzählen. Und du sagst mal, was du davon hältst." Durch die Unvoreingenommenheit Ihres Urteils können Sie ihn darin unterstützen, Komisches, Merkwürdiges, Verqueres und Fragwürdiges in seiner Erzählung wahrzunehmen: „Wie – und dann haben die anderen einfach weitergemacht, obwohl du deutlich gesagt hast, dass du so nicht arbeiten kannst? Das ist ja eine Frechheit!"

Der Gruppenhorizont des Einzelnen weitet sich in der Rückzugsphase des Re-Formings. Dabei entsteht die persönliche Gruppenbilanz.

9.2.2 Unbestimmtheit, Unsicherheit, Phantasien

Jedes Re-Forming destabilisiert die Gruppe. An die Stelle der im Norming erreichten und im Performing bekräftigten Erwartungssicherheit tritt für den Einzelnen im Re-Forming wieder jene Unsicherheit, die schon das Forming charakterisiert: „Wie werden die anderen auf meine Bilanz reagieren und wie sind ihre Bilanzen ausgefallen? Wo stehen wir nun – nach allem, was passiert ist?" Ob die alten Regeln bekräftigt werden oder neue an ihre Stelle treten – das bleibt solange ungewiss, bis es definitiv zum Austausch kommt oder definitiv sicher ist, dass er nicht stattfindet. Solange die Gruppe sich beim Wiedersehen in einem Schwebezustand befindet, müssen die Einzelnen die unbestimmte Situation – wie im Forming – mit Phantasien auffüllen. Dadurch gerät das Innenleben während des Re-Forming in Aufruhr: Der Wunsch, sich mitzuteilen, kämpft mit der Angst vor Zurückweisung.

Obwohl alle Beteiligten bereits einen Phasendurchlauf hinter sich haben und damit über sehr viel mehr Informationen bezüglich der geltenden Gruppenregeln verfügen als im Forming, sehen sie sich doch einem Berg von neuen Ungewissheiten gegenüber, der sich im Verlauf des Performings aufgeschichtet hat:

▸ „Das Ziel X ist klammheimlich unter den Tisch gefallen – sind damit alle außer mir glücklich oder traut sich nur keiner mit seiner Unzufriedenheit heraus?
▸ Herr Görlich hat sich während der Arbeit vornehm zurückgehalten – stört das nur mich oder geht es anderen ähnlich?
▸ Ich hatte einen heftigen Streit mit Frau Beck- trägt sie mir das noch nach und was denken die anderen darüber?
▸ Mir ist deutlich geworden, dass wir das Ziel V gar nicht mehr erreichen können, weil sich die Rahmenbedingungen geändert haben – bin ich der Einzige mit dieser Auffassung?
▸ Mir scheint, dass Herr Sobotka, Frau Beck und Herr Petermann sich zu einer Koalition gegen mich zusammengefunden haben – stimmt das oder sehe ich Gespenster?
▸ Frau Baderich sieht richtig deprimiert aus – was ist mir ihr los?"

Es gibt also wiederum eine Menge Fragezeichen, auch wenn diese nicht – wie im Forming – im beziehungslosen Raum entstehen, sondern sich auf der Grundlage mehr oder minder geklärter Beziehungen entwickeln.

9.2.3   Einander neu begegnen

Mit dieser Bilanz und diesen Gefühlen kehren die Einzelnen dann zurück zur Gruppe. Auf die Entfremdung und die Besinnung folgt die Wiederbegegnung. Der Wiedereinstieg in die Gruppen wird nach der seelischen Weitung durch den Rückzug immer dann als einengend und niederdrückend empfunden, wenn der Einzelne vermutet, dass seine Wahrheiten keinen Platz in der Gruppe finden werden. Umgekehrt wird das Wiedersehen als beflügelnd erlebt, wenn wir hoffen dürfen, dass wir unsere zwischenzeitlich gewonnenen Einsichten in der Gruppe umsetzen können. Und schließlich empfinden wir Aufregung, wenn wir entschlossen sind, die Gruppe in unserem Sinn zu verändern, ohne abschätzen zu können, auf welche Resonanz wir stoßen werden.

9.2.4 Für sich einstehen

Je nach Verlauf des Performings steht das Re-Forming für die Einzelnen unter sehr unterschiedlichen Vorzeichen: Ist es gut oder phantastisch gelaufen, dann werden bei der Wiederbegegnung mit den anderen Gefühle von Freude und Begeisterung geweckt und das Zueinanderfinden ist ein Kinderspiel. Ist das Performing aber enttäuschend, problematisch und konflikthaft verlaufen, dann werden Unmut und Widerspruch wach, sobald man sich wiedersieht.

Hat der Einzelne während des Performings (Arbeitsphase) Anpassungsmängel der Gruppe, Vertragsbrüche seiner Mitstreiter oder Unzufriedenheit bei sich selbst registriert, muss er nun, im Re-Forming (Orientierungsphase), Farbe bekennen. Er kann nicht nicht Stellung beziehen: Wenn er Dinge, die ihn stören, schweigend erträgt und durchgehen lässt, signalisiert er damit seine Akzeptanz und hat einen scheinbar unbelasteten Wiedereinstieg. Dafür zahlt er den Preis der Resignation und Entfremdung von der Gruppe. Wenn er seine Erfahrungen mitteilt, läuft er Gefahr, mit den anderen aneinander zu geraten und riskiert einen belasteten Wiedereinstieg in die Gruppe.

Er muss sich entscheiden: Steht er für sich ein oder ordnet er sich vorschnell unter?

Gruppen, in denen viele Mitglieder für sich einstehen, haben es kurzfristig schwer und langfristig leichter: sie müssen zunächst viel Bilanzmaterial bearbeiten, verfügen anschließend aber über geklärte und effiziente Strukturen. Darüber hinaus stärkt das Für-Sich-Einstehen den Selbstwert der Beteiligten und – falls die Meinungen der Einzelnen respektiert werden – die Wertschätzung für die Gruppe und die Identifikation mit ihr. Demgegenüber handelt man sich im Falle des Verschweigens vermeintlich problematischer Erfahrungen für eine kurzfristige Leichtigkeit langfristige Probleme ein: Die Gruppe schreitet zwar rasch zur Tat, muss dann aber festzustellen, dass sie schlecht vorbereitet war und daher unkoordiniert arbeitet. Zusätzlich schlägt das „Schlucken" auf das Selbstwertgefühl der Betroffenen und führt auf längere Sicht zu einer Geringschätzung für die Gruppe.

9.3 Komplikationen im Re-Forming

9.3.1 Hast

Wann immer Gruppen unter Zeitdruck stehen, neigen sie zu der Einschätzung, dass man sich einen Erfahrungsaustausch nicht leisten könne. Dieser Widerwille gegen ein Re-Forming wurzelt nicht in Vermeidungstendenzen, sondern in dem verständlichen Wunsch, angesichts der knappen Zeit allen Ballast über Bord zu werfen. Und der Erfahrungsaustausch firmiert in vielen Gruppen unter der Überschrift „einsparbarer Luxus".

Der Wunsch, möglichst schnell weiterzumachen, ohne „kostbare Zeit für endlose Diskussionen und Befindlichkeitsrituale zu verschwenden", wächst paradoxerweise mit der Notwendigkeit einer differenzierten und öffentlichen Bilanz: Je mehr zwischenzeitlich schief gelaufen ist, desto dringlicher erscheint vielen Beteiligten das Weiterarbeiten, „um verlorenen Boden gutzumachen"; gleichzeitig ist es sehr wahrscheinlich, dass auch die Aufholjagd kein gutes Ende findet, solange die für das Schieflaufen ursächlichen Arbeitsstörungen nicht thematisiert und behoben werden können. Daran ändern auch Durchhalteparolen und Appelle vom Schlage des „Wir müssen uns jetzt am Riemen reißen!" nichts.

Die Ungeduld der Beteiligten ist nachvollziehbar. Der Coach muss sie aushalten und einbinden, um ein gutes Re-Forming zu ermöglichen: „Ich weiß wohl, dass Sie auf heißen Kohlen sitzen und dass es Ihnen als Zumutung erscheinen muss, jetzt innezuhalten, während Ihnen die Zeit im Nacken sitzt. Aber im Augenblick müssen wir nach dem Motto verfahren 'Wenn Du in Eile bist, gehe langsam vor'!"[60]

9.3.2   Vermeidung

Da im Re-Forming mit Destabilisierung, d.h. Unerwartetem, Unerfreulichem und Unpassendem zu rechnen ist, geht die Gruppe häufig mit einem mulmigen Gefühl an die Entfaltung der Gruppenbilanz heran. Dem damit verbundenen seelischen Stress kann sie zunächst am einfachsten entgehen, indem sie den Erfahrungsaustausch vermeidet und nach Arbeitspausen die alten Regeln wieder in Kraft setzt, bevor sie hinterfragt werden können. Wurde die Unsicherheit im Forming durch Konventionen gebannt, so bieten sich dafür im Reforming die alten Vereinbarungs- bzw. Kooperationsstrukturen der Gruppe an. Diese Flucht ins Gewesene kann vor allem auf zwei Wegen vonstatten gehen.

Nostalgie. Hierbei verlegt man sich beim Wiedersehen darauf, die Vergangenheit durch eine goldene Brille zu betrachten und versichert sich wechselseitig „wie schön es doch war". Schulterklopfend werden Anekdoten zum Besten gegeben, Witze erzählt und Photos herumgereicht, die folgende Botschaft transportieren: „So schön ist es gewesen und wer jetzt etwas anderes behaupten wollte, stünde alleine da." Die Nostalgie mit ihrem verklärenden Klima errichtet gewissermaßen ein kommunikatives Bollwerk der Harmonie gegen das im Re-Forming drohende Klima von Fremdheit und Unterschiedlichkeit. Wenn dieses Bollwerk steht und damit die goldene Sichtweise der Vergangenheit zur Regel geworden ist, können die Einzelnen Fremdheit, Enttäuschung und Ärger nur noch unter größtem seelischen Aufwand zum Thema des Re-Formings machen. Wer sich dieser Stimmung entgegenstellt und unangenehme Wahrheiten an- und ausspricht, begibt sich in die Gefahr, von den anderen, die sich bereits in die Nostalgie geflüchtet haben, ausgegrenzt zu werden: „Wer so etwas wie du behauptet – und wissen wir nicht alle, dass es einfach nicht stimmen kann, was er da sagt? – muss dumm, bösartig oder verrückt sein. Mein Lieber, es ist dein Problem, dass du so empfindest. Mit uns oder der Wirklichkeit dieser Gruppe haben deine Ketzereien nicht das Geringste zu tun!" Im nostalgischen Klima wird die Unsicherheit des Re-Formings dadurch gebannt, dass Vergangenheitsbewältigung nicht nur vermieden, sondern regelrecht tabuisiert wird. Das Re-Forming verkommt dann zum Kameradschaftstreffen.

Flucht ins Performing. Man begegnet sich hierbei nach dem Motto „Bei uns gibt es nichts zu klären, aber viel zu tun: Augen zu und durch!". Auch durch dieses Verhalten wird die Destabilisierung des Re-Formings verhindert. Das Miteinander ist meist von Tempo und aufgabenorientierter Kommunikation geprägt. Beides zusammen verhindert, dass sich im Miteinander zeitliche oder thematische Lücken auftun, durch die sich der unerwünschte persönliche Erfahrungsaustausch einschleichen könnte. Und wenn es doch einmal geschieht, dass ein Einzelner zaghaft Klärungsbedarf anmeldet „So ganz optimal ist das gestern aber nicht gelaufen; ich habe die ganze Nacht wachgelegen und gegrübelt, was hier eigentlich schiefläuft.", dann wird er mit einem „Hilft ja alles nichts, die Arbeit muss getan werden!" zurückgepfiffen.

Dennoch fällt der Austausch von Bilanzen in diesem Fall leichter als bei Nostalgie, weil das Bilanzieren lediglich vermieden und nicht tabuisiert wird. Wer immer auf einem Erfahrungsaustausch besteht, mag sich damit in die Rolle des Störenfriedes bringen, ein Ketzer ist er deswegen noch nicht.

9.3.3 Verflachen

Selbst wenn es zum Erfahrungsaustausch in der Gruppe kommt, ist noch nicht gesichert, dass das Wesentliche besprochen wird. Man kann sich auch oberflächlich oder nur pro forma austauschen. Das Ergebnis ist dann Verwirrung: „Wir haben doch gemeinsam Bilanz gezogen und dennoch wissen wir nicht, wo wir stehen."

Die folgenden vier Arten des Verflachens sind die häufigsten:

Oberflächlichkeit. Zu Beginn des Re-Formings kennt jedes Gruppenmitglied den Inhalt seiner persönlichen Bilanz, kann sich aber nur Phantasien über die der anderen machen. Diese Ungewissheit und die mit ihr einhergehende Vorsicht lassen es aus der Sicht manches Beteiligten angeraten erscheinen, die eigenen Bilanzbeiträge oberflächlich und harmlos, bei kritischen Punkten andeutend zu halten: „Also ich bin im Großen und Ganzen zufrieden – doch, doch.

Natürlich hat nicht alles geklappt – aber so ist nun mal das Leben. Natürlich hat man sich dann und wann auch geärgert – aber seien wir nicht päpstlicher als der Papst. Insgesamt sind wir doch 'ne ganz akzeptable Truppe."

Solche Alibibeiträge sind zu Beginn des Re-Formings nahezu unvermeidlich: wer als erster das Eis betritt, will natürlich zunächst einmal die Belastbarkeit des Untergrundes testen und nicht gleich einbrechen. Wenn ich mich als Gruppencoach mit derartigen Gemeinplätzen zufrieden gebe bzw. die darin eingearbeiteten Andeutungen überhöre, dann verbünde ich mich mit der Verharmlosungstendenz der ängstlichen Teilnehmer und trage dazu bei, dass sich in der Gruppe die Regel „Lasst uns einander nicht wehtun!" etabliert. Dann wird nur die Oberfläche der persönlichen Bilanz berührt, während die wichtigen persönlichen Erfahrungen unberücksichtigt bleiben.

Konformismus. Wann immer man das Re-Forming in Form einer Runde mit Redebeiträgen durchführt, muss einer beginnen, dann kommt der nächste usw. Im günstigen Fall führt dieses Nacheinander dazu, dass die Gruppenbilanz immer vollständiger, differenzierter und tiefgehender wird: Durch meine Vorredner bin ich zu Zustimmung, Widerspruch oder Konkretisierung angeregt worden, so dass die Gruppenbilanz mit der Zeit immer dichter, wahrer und tiefer wird.

Im ungünstigen Fall setzen die ersten Sprecher mit ihrer Bewertung des Vergangenen einen Maßstab, der nun von allen anderen übernommen wird, nach dem Motto: „So, wie die anderen gesprochen und geschwiegen haben, scheint die Mehrheit zu denken und zu empfinden. Wenn ich hier nicht unangenehm auffallen möchte, sollte ich mich an diese Schablone halten." Eine solche konformistische Tendenz verhindert den Erfolg des Re-Formings. Ihr gilt es aus Leitungssicht entgegenzuwirken, indem immer wieder ausdrücklich darauf hingewiesen wird, dass Konsens nicht das Ziel des Re-Formings ist und Dissidenten herzlich willkommen sind.[61]

> **ÜBUNG**
>
> Tragen Sie Ihre Erfahrungen mit Konformitätsdruck und „Dissidententum" zusammen. In welchen Situationen und bei welchen Themen waren oder sind Sie besonders anfällig für Konformitätsdruck? Welches Verhalten von anderen Gruppenmitgliedern bzw. von Vorgesetzten und Leitern erleichtert bzw. erschwert es Ihnen, eine abweichende Meinung offen zu vertreten?

Versachlichung. Auch wenn die nicht-sachlichen Ziele bislang unveröffentlicht geblieben sein sollten, so prägt ihr Schicksal die persönliche Gruppenbilanz wesentlich mit. Es reicht deshalb nicht aus, dass wir uns rein sachlich austauschen, sondern wir müssen im Re-Forming auch über das Miteinander und uns persönlich sprechen: Ganz im Sinne von Ruth Cohn (1980) sind ICH (meine Person), WIR (Miteinander) und ES (sachliche Ziele) die gleichberechtigten Pfeiler des Gruppengeschehens. Das ist für all jene Gruppenmitglieder, die sich vor persönlichen Themen scheuen, eine unangenehme Wahrheit. Der Coach muss sie ihnen vermitteln, damit sie bereit sind, sich allen Themen zu stellen.

Die Gruppenbilanz liegt zu Beginn des Re-Formings häufig in Form von Empfindungen, Ahnungen, Gefühlen und Phantasien vor, die wie ein Hologramm auf kleinstem Raum eine Vielzahl von Informationen verdichten, aber erst entschlüsselt sein wollen, bevor sie ihr Geheimnis preisgeben: Man hat ein komisches Gefühl im Bauch, spürt eine unerklärliche Lustlosigkeit, ist auf jemanden ärgerlich, ohne es begründen zu können oder fühlt sich zu neuen Zielen hingezogen, ohne die dahinterstehenden Motive benennen zu können. Auch dies erscheint jenen Gruppenmitgliedern als Zumutung, die sich mit Gefühlen schwer tun und fürchten, dass das Gruppengeschehen in Betroffenheitsrituale, Selbstentblößungskult und Zwangstherapie abgleitet, sobald es ans Re-Forming geht. Diese Skeptiker können sich auf den persönlichen Austausch einlassen, wenn ihre Befürchtungen ernst genommen werden und ihnen mit nachvollziehbaren Argumenten begegnet wird.

Die Aufgabe des Coaches besteht darin, durch eine gute Leitung im Re-Forming den Beweis für die Stichhaltigkeit der vermeintlichen „Gefühlsduselei" nachzuliefern. Er muss in seiner Rolle als Bilanz-Hebamme dafür sorgen, dass die hinter den Befindlichkeiten stehenden Erfahrungen, Beweggründe, Empfindungen und Wünsche ans Licht kommen. Gelingt es hingegen der „Sachfraktion" ihren Anspruch durchzusetzen, dass jede Wortmeldung im Re-Forming „sachlich, durchdacht, konkret und zielgerichtet – mit anderen Worten konstruktiv" zu sein habe, dann ist es um das Re-Forming geschehen.[62]

Ergebnisse statt Erlebnisse. Viele Gruppenmitglieder haben die Quintessenz aus ihrer persönlichen Bilanz bereits gezogen, wenn es ins Re-Forming der Gruppe geht. Sie haben ihren Zielpool unter Berücksichtigung ihrer Erfahrungen und aktuellen Bedürfnisse bereits neu ausgerichtet und tragen nun ihre Schlussfolgerungen vor: „Ich will, dass wir wichtige Themen in Zukunft nicht mehr in Kleingruppen vorbereiten, sondern dass Einzelne sich schlau machen und ihre Expertise dann vortragen. Außerdem möchte ich das Büro wechseln und in Zukunft mit Herrn Klick zusammensitzen." Solche Schlussfolgerungen stellen Positionen dar, die unverrückbar im Raum stehen. Der Coach muss im Sinne von Fisher (1995) darauf hinarbeiten, dass die persönlichen Erfahrungen und Ziele hinter den Positionen wieder sichtbar werden: „Die letzte Kleingruppenarbeit war total frustrierend. Herr Wichtig hat zunächst stundenlang darauf beharrt, dass seine Meinung die richtige sei und schließlich gekniffen, als es ans Anfertigen einer schriftlichen Vorlage ging.

Letztendlich ist alles an mir hängen geblieben. Die Bürogemeinschaft mit Herrn Paffer kann ich nicht länger aufrechterhalten. Er ist ein Kettenraucher und ich kann den Qualm nicht mehr ertragen."

Die Erfahrungen müssen im Detail deutlich werden, weil es sein kann, dass der Einzelne zu Fehlschlüssen gelangt ist und nun Positionen vertritt, die seinen Interessen nicht oder nur unzulänglich gerecht werden. Genauso kann es vorkommen, dass es andere als die von ihm ins Auge gefassten Möglichkeiten gibt, seine Erfahrungen beim weiteren Vorgehen zu berücksichtigen. Um vorschnelle Schlussfolgerungen, Festlegungen und unsinnige Konflikte zu vermeiden, muss der Coach jene Teilnehmer, die sich im Re-Forming auf das Vortragen von Positionen beschränken, dazu auffordern, einen Schritt zurückzugehen und ihre inneren Beweggründe offenzulegen. Der seelische Prozess, der von der Erfahrung zur vertretenen Position geführt hat, muss nachvollziehbar werden.

9.3.4 Verengen

In vielen Gruppen wird der Variation des Zielpools und damit der Innovation zu wenig Raum gegeben, indem die individuellen Bilanzen dem kalten Wind des Stormings bzw. dem einengenden Korsett des Normings ausgesetzt werden, bevor sie sich richtig entfalten konnten. Das Re-Forming muss in erster Linie die individuellen Bilanzen zu Tage fördern und gewährleisten, dass sie gehört werden – erst dann machen Amplifikation und Selektion einen evolutionären Sinn.

Vorschnelles Storming. So kommt es während Re-Formingrunden in Gruppen häufig dazu, dass der erste gerade mit seiner Bilanz beginnt – und umgehend kritisiert, widerlegt und bekämpft wird, bevor er ausgesprochen hat: „Was du da sagst, stimmt doch gar nicht! Das sehe ich ganz anders." Ein derart überstürztes Storming verhindert, dass weitere Bilanzen veröffentlicht werden – zum einen, weil die Aufmerksamkeit der Gruppe durch den Konflikt beansprucht wird; zum anderen, weil sich manche Mitglieder entmutigt fühlen, ihre Erfahrungen mitzuteilen, „weil man hier ja gleich zerfetzt wird." Vor allem in Gruppen, die sich unter Zeitdruck wähnen oder ins Performing flüchten wollen, wird der Prozess dadurch zu früh verengt.

Vorschnelles Norming. Ein vorschnelles Norming hat ganz ähnliche Effekte: Kaum hat der erste seine Veränderungsvorschläge gemacht („Die Arbeitszeiten sind wirklich ungünstig für mich; ich bräuchte eine längere Mittagspause."), schon wird darüber abgestimmt, noch bevor der Antragsteller sein Anliegen hinter dem Antrag erläutern konnte oder andere ihre Sicht der Dinge veröffentlicht haben.

Wenn der Gruppenprozess durch überhastete Amplifikation von Gegensätzen oder Selektion von Zielen zu früh in die Enge geführt wird, besteht die Gefahr, dass über Unwesentliches gestritten und vorschnell entschieden wird. Die streitbaren und entscheidungsfreudigen Gruppenmitglieder übernehmen dabei die Führung. Es ist die Aufgabe des Gruppencoaches, sie zu stoppen und dafür zu sorgen, dass in die Breite gegangen wird.

9.4 Das Gruppenklima im Re-Forming

9.4.1 Anspannung

Jedes Gruppenmitglied erhofft sich zu Beginn des Re-Formings Hinweise darauf, wie die anderen die Dinge sehen und was sie vorhaben, um dann das Risiko des eigenen Beitrages besser kalkulieren zu können. Solange unklar ist, ob ein substantieller Austausch stattfinden kann, wird sich niemand vorschnell eine Blöße geben. Und selbst, wenn ein solcher Austausch stattfindet, möchte man dennoch mit der eigenen Sicht der Dinge möglichst nicht ganz allein und schon gar nicht allein gegen alle dastehen. Und niemand möchte sich massiven Angriffen aussetzen, falls das Re-Forming unmittelbar ins Storming übergehen sollte.

All diese Unsicherheiten lassen zu Beginn des Re-Formings in der Regel ein angespanntes Klima entstehen. Wenn es dem Coach gelingt, die daraus erwachsenden Vermeidungs-, Verflachungs-, Verengungs- oder Versachlichungstendenzen klein zu halten, entspannt sich das Klima rasch. Mit jedem ehrlichen Beitrag nimmt die Unsicherheit ab und die Bereitschaft zur Offenheit wächst: Die Bilanzstruktur kann sich entfalten.

9.4.2 Beklemmendes Schweigen

Aufgrund der vorherrschenden Anspannung kann es dauern, bis ein erstes Mitglied sich soweit abgesichert fühlt, dass es das Wort ergreift. Solange befindet sich die Gruppe in der Warteschleife des Schweigens. Dieses Schweigen kann besinnlich sein: man sammelt sich innerlich, und sucht die Worte, mit denen man sich mitteilen möchte.

Das Schweigen kann aber auch drückend werden, wenn die Beteiligten sich im Dienste der Vorsicht zurückhalten: Man weiß schon längst, was man zu sagen hätte, aber je länger das Schweigen andauert, desto unsicherer wird man, ob man überhaupt den Mund aufmachen soll. Während der Stille laufen dann die inneren Phantasien heiß: „Herr Petermann schaut die ganze Zeit gelangweilt zur Uhr, der will das Ganze möglichst schnell hinter sich bringen. Frau Beck ist ganz unruhig, von ihr kommt wahrscheinlich etwas Wesentliches; Herr Görlich schaut mich immer so misstrauisch an, wahrscheinlich hat er Angst, dass ich unseren Konflikt hier anspreche; Frau Tiefenbach verwickelt den Coach in eine Diskussion um Sinn und Unsinn dieses Erfahrungsaustausches, sie möchte das Ganze am liebsten kippen."

Ein solches Schweigen wirkt beklemmend: Je länger es dauert, desto belastender wird es. Während die Befürchtungen zu Beginn des Schweigens noch konkret und begrenzt waren („Vielleicht wirft mir Herr Görlich vor, dass ich auf seine Vorschläge nicht eingegangen bin."), werden sie mit zunehmender Dauer der Warteschleife immer allgemeiner und umfassender („Wahrscheinlich finden mich hier alle unmöglich und ich muss die Gruppe verlassen.") Je länger das Schweigen auf der Gruppe lastet, desto unerträglicher wird die zurückgehaltene Anspannung. Es entwickelt sich eine ungünstige Eigendynamik, bei der die Zurückhaltung ins Unermessliche wachsen kann.

Ähnlich wie im Forming kann der Coach die emotionale Aufgeladenheit im beklemmenden Schweigen als emotionale Brutkammer nutzen, in der die persönlichkeitsspezifischen Gruppenängste und die neurotischen Beziehungsmuster der Beteiligten sich verdichten.

Hat er es jedoch nicht mit einer Therapie- oder Selbsterfahrungsgruppe zu tun, ist es günstiger, für eine Entlastung der Gruppe zu sorgen, indem er das Schweigen mit geeigneten Interventionen (s. 9.5) bricht.

Wenn dann die ersten Vorreiter etwas gesagt und damit das Eis gebrochen haben, nimmt die Beklemmung ab und es entwickelt sich das eigentliche Re-Formingklima.

9.4.3 Vermeidungsklima

Wenn die Vorreiter vermeidend zu Werke gehen, setzen sie damit eine Regel, der sich die Nachfolgenden meistens unterwerfen: Die Gruppe drückt sich um den Erfahrungsaustausch durch Nostalgie und Flucht ins Performing. Das Klima ist betont euphorisch oder geschäftig. Gleichzeitig herrschen unterschwellig Vorsicht und Anspannung, solange noch nicht geklärt ist, ob die Vermeidung des Re-Formings gelingt: „Aha, die Mehrzahl scheint ganz aufgeräumt und zufrieden zu sein – da will ich mich mit meiner Kritik nicht ins Abseits stellen. Wie ich sehe, geht Herr Petermann ganz freundlich und höflich mit mir um, da will ich mit meinem „Koalitionsverdacht" keine schlafenden Hunde wecken. Allem Anschein nach bedauert niemand außer mir das klammheimliche Verschwinden des Zieles X – da will ich mich mal lieber nicht zum lamentierenden Außenseiter machen." usw.

Nostalgie. Durch die Aneinanderreihung von unverbindlichen Nettigkeiten, vielleicht gespickt mit Anekdötchen und Schrulligkeiten („Wir sind alle kleine Sünderlein") werden die Weichen umgehend auf Nostalgie gestellt. („Ich bin mit dem gestrigen Tag in großen Teilen einverstanden und habe auch die Hoffnung, dass noch Fehlendes heute nachgeholt werden kann. Ich habe wunderbar geschlafen nach dem herrlichen gemeinsamen Ausklang des Tages, auch wenn mein Kopf mir das vierte Glas Wein noch übel nimmt (Schmunzeln). Ich bin erfreut, von so vielen hellen Köpfen umgeben zu sein, frage mich allerdings warum niemand außer mir mitschreibt – aber ich kenn das schon, ich bin halt ein „Zwangi" (erneutes Schmunzeln)." Nach einer derartig massiven Gutwetterfront noch Wolken aufziehen zu lassen, erfordert einiges an Mut.

Flucht ins Performing. Durch „Kurz- und Geizbeiträge" („Mir geht es gut und ich bin gespannt darauf, wie es – hoffentlich bald – weitergeht.") lässt sich im Handumdrehen ein Klima der Flucht schaffen.

Im Vermeidungsklima hat es der Coach nicht leicht, da die Gruppe ihm das Gefühl vermittelt, überflüssig zu sein: „Was willst du überhaupt hier? Wir hatten eine dermaßen schöne Zeit bzw. haben so viel zu tun, dass wir dich und deine Interventionen nun überhaupt nicht gebrauchen können."

Ähnlich schwer haben es neue Gruppenmitglieder, die in ein Vermeidungsklima hineinkommen: Durch Nostalgie und Flucht ins Performing wird ihnen gleich signalisiert: „Wenn du hier dabei sein willst, dann ordne dich rasch und unauffällig ein! Hier gelten bereits Regeln – und glaub' bloß nicht, dass sich durch dein Hinzukommen Veränderungen ergeben dürfen! Wir sind ein derartig wunderbarer Club bzw. haben so viel Wichtiges zu tun, dass wir keine Zeit haben, inne zu halten!"

9.4.4 Laues Klima

Wenn die Vorreiter einen verflachenden Stil vorgeben und sich der Rest der Gruppe dem anschließt, gerät das Re-Forming lau und langweilig: Man erfährt nichts von dem, was die Einzelnen innerlich umtreibt.

Durch Oberflächlichkeit in Form von „Armutsbeiträgen" („Das Wetter ist nun wirklich nicht der Hit!") fällt die Gruppe auf das konventionelle Niveau des Formings zurück.

Durch Versachlichung werden Gefühle, Stimmungen, Empfindungen, Ahnungen – alles, was sich jenseits des objektiv Messbaren bewegt und deswegen häufig als unkalkulierbar gefürchtet wird – ausgeklammert.

Durch die Verkündung von Schlussfolgerungen und Forderungen, deren Entstehungsgeschichte im Dunkeln bleibt, entsteht eine regierungsamtliche Atmosphäre, in der die Einzelnen wie ihr eigener Pressesprecher auftreten.

Durch Konformismus („Ich schließe mich meinen Vorrednern an!") entsteht der Anschein, als hätten alle das Gleiche erlebt.

Gleichzeitig wächst untergründig die Spannung, weil die Beteiligten spüren, dass das nicht alles gewesen sein kann und man mit dem seichten Geschwätz

nur Zeit vertut. Die angespannte Beklemmung des Anfangs schlägt um in Lust-losigkeit und Resignation: „Wir kommen (mal wieder) nicht zu Potte!"
Als Coach fürchtet man dieses Klima aus zwei Gründen:
(1) Ein solcher Alibiaustausch lähmt die Gruppe.
(2) Der Ärger über die vertane Gelegenheit wird sich wahrscheinlich gegen denjenigen richten, der den Austausch vorgeschlagen hatte – den Coach.

Deshalb muss der Coach der Verflachung begegnen, indem er durch geeignete Interventionen für einen substantiellen, differenzierten und persönlichen Aus-tausch sorgt – auch und gerade dann, wenn die Betroffenen zunächst nicht mit Dankbarkeit reagieren.

9.4.5 Hektisches Klima

Ein gutes Re-Forming verlangt von allen Beteiligten Geduld und Selbstdiszi-plin. Natürlich reagiert man innerlich auf alles, was gesagt wird, und am liebs-ten möchte man diese Reaktionen auch sofort veröffentlichen. Durch vorzeiti-ge Kommentare, Gegenmeinungen, Bewertungen und Lösungsvorschläge driftet das Re-Forming aber voreilig in Richtung Storming und Norming ab, der Austausch verengt sich und das Klima wird hektisch: Ähnlich wie in jenen „Berliner Runden", in denen Parteipolitiker im Fernsehen Wahlergebnisse kommentieren (auch dies ein Re-Forming nach geschlagener Schlacht), gera-ten die einzelnen Redebeiträge zum unentwirrbaren Gemisch aus Verteidi-gungsrede, Attacke, Erklärungsversuch, Selbstdarstellung und Problemlösung. So bleibt die Vielfalt der Erfahrungen und Meinungen auf der Strecke, das zwischenmenschliche Klima leidet, und man stellt nach Ablauf der vorgegebe-nen Zeit ernüchtert fest, dass die wirklich bedeutsamen Themen noch gar nicht angesprochen worden sind.

Weil Selbstdisziplin und Geduld von den Betroffenen in vielen Fällen nicht erwartet werden können und weil die Verengung des Austausches eine schnel-le Eigendynamik entfaltet, bedeutet ein Re-Forming ohne Leitung beinahe ei-nen Widerspruch in sich. Der Coach muss allen Verengungstendenzen sofort entgegen treten. Lässt er es dem einen durchgehen, meldet sich sofort ein zwei-ter: „Das kann so nicht stehen bleiben. Dazu muss ich nun aber etwas sagen dürfen. Mein Vorredner durfte es ja auch."

9.4.6 Austauschklima

Wenn die Widerstände gegen das Re-Forming gering sind oder bewältigt wur-den, kann die Gruppe zum Eigentlichen kommen und sich konzentriert dem Austausch der Erfahrungen widmen. Das Austauschklima ist von Ernsthaftigkeit, Toleranz, Tiefe und Ruhe geprägt. Die Wahrheit der Situation, die Bilanz-struktur der Gruppe entfaltet sich im Nebeneinander der persönlichen Bilanzen. Der Respekt vor den persönlichen Erfahrungen und Erlebnissen überwiegt die Angst vor Destabilisierung und die Sehnsucht nach geklärten Verhältnissen. Die Atmosphäre ist hoch konzentriert und zunehmend erleichtert, da mit jeder Äußerung ein wenig Beklommenheit abfällt. Das heißt nicht, dass es beschaulich zugeht: Einzelne können durch das Gesagte durchaus aufgewühlt sein. Da diese Erregung aber nicht versteckt werden muss oder sich in hektischen Gefechten austobt, sondern ausgedrückt bzw. ausgehalten wird, kann sich keine unterschwellige Anspannung aufbauen.

In einem solchen Klima häuft die Gruppe ihren Reichtum an Erfahrungen und Variationsmöglichkeiten an, aus dem sie anschließend schöpfen kann.

9.5 Interventionsansätze im Re-Forming

Die Rolle des Coaches. Die Aufgabe des Coaches im Re-Forming besteht darin, den für eine gelingende Selbststeuerung notwendigen Erfahrungsaustausch zu ermöglichen. Er tritt dabei nacheinander auf als Zeremonienmeister, der dafür sorgt, dass Kriegsrat gehalten wird, als Hebamme, die dafür zuständig ist, den persönlichen Bilanzen ans Licht zu helfen und als Moderator, der aufpasst, dass es weder hektisch noch flach wird.

Wie in allen anderen Phasen hat der Coach wiederum keinen Einfluss darauf, welche Inhalte und Themen zu besprechen sind und wie die Erfahrungen der Beteiligten miteinander harmonieren. Sein Handeln kann lediglich dafür sorgen, dass der Austausch offen und damit optimal im Sinne eines Gruppenlernprozesses verläuft. Dazu stehen ihm im Verlaufe des Re-Formings einige Interventionsmöglichkeiten zur Verfügung:

9.5.1 Dem Re-Forming einen Rahmen geben

Wenn Gruppen nicht aus sich heraus bereits das Re-Forming institutionalisiert haben (z.B. als Meckerrunde, Kriegsrat oder Teamsupervision), ist die Wahrscheinlichkeit groß, dass diese Phase übersprungen oder auf viele Einzelkontakte zerstreut wird. Bevor es zu einem Erfahrungsaustausch kommen kann, muss dieser zunächst einmal als Punkt auf der Tagesordnung der Gruppe erscheinen. Das zu beantragen (und durchzusetzen), fällt einzelnen Mitgliedern häufig schwer – vor allem dann, wenn sie einiges mitzuteilen hätten und befürchten müssen, gerade deshalb mit ihrem Antrag abgeschmettert zu werden. In Gruppen und Teams, die scheinbar lediglich sachliche Ziele verfolgen, wird der Antrag auf Erfahrungsaustausch gern mit einem mitleidigen Lächeln bedacht.

Aus diesem Grund tut der Coach gut daran, von sich aus das Re-Forming einzuleiten und eine dafür geeignete Form vorzuschlagen. Damit entlastet er die Einzelnen.

Der konzentrierte Erfahrungsaustausch kann in vielfältiger Form vonstatten gehen und hinsichtlich Themenumfang und Dauer an die Notwendigkeiten und Möglichkeiten der Situation angepasst werden. Folgende Formen stehen zur Verfügung:

Metakommunikatorische Runden. Wann immer Gruppenprozesse sich über einen längeren Zeitraum erstrecken, die einzelnen Beteiligten sehr stark fordern und/oder ein gehöriges Maß an Selbststeuerung von der Gruppe verlangen, braucht es in regelmäßigen Abständen einen institutionalisierten Erfahrungsaustausch in Form metakommunikatorischer Runden: Man verlässt mit den Worten von Schulz von Thun (1981, S. 91 ff) das gruppendynamische „Getümmel" des Performings und begibt sich auf den „Feldherrenhügel" des Re-Formings. Dieser hat oft die Form eines Stuhlkreises. Von dort aus wird das bisherige Miteinander gewürdigt.

Alle Gruppenmitglieder sind aufgerufen, ihre persönlichen Gruppenbilanzen ohne thematische Eingrenzungen zu veröffentlichen. Die Einstiegsfrage lautet: „Wo steht ihr nach allem, was inzwischen passiert ist?" Mittels dieser Frage wird der Re-Forming-Bahnhof ausgerufen. Wenn die Bilanzen dann auf dem Tisch liegen, müssen Storming und Norming anschließend in jedem Fall prophylaktisch angefahren werden, bevor es wieder an die Arbeit geht. Wenn sich aus dem Erfahrungsaustausch kein Auseinandersetzungs- und Klärungsbedarf ergibt – um so besser. Die Möglichkeit, diesen Bedarf zu überprüfen, muss der Gruppe aber unbedingt eingeräumt werden.

Metakommunikatorische Runden brauchen Zeit, erfahrungsgemäß 5–7 Minuten pro Teilnehmer. Dafür gewährleisten sie bei regelmäßiger Durchführung ein ungestörtes und konzentriertes Performing. Die Gruppenmitglieder können sich darauf verlassen, dass sie regelmäßig und in absehbarer Zeit Gelegenheit zum kritischen Rückblick auf das Geschehen haben werden. Diese Gewissheit macht es ihnen leichter, Irritationen und Störungen des Getümmels solange auszuhalten, bis der Feldherrenhügel wieder erklommen wird. In diesem Sinne dienen metakommunikatorische Runden der seelischen und gruppendynamischen Hygiene.

Sharing. Wann immer es im Verlauf des Prozesses zu erlebnisreichen Zwischenfällen kommt, braucht es im Anschluss einen Austausch (engl. Sharing) über diese Erlebnisse.

Durch ein Sharing wird verhindert, dass die Einzelnen sich mit ihrem Erleben ausklinken, jeder den Zwischenfall im Stillen für sich verarbeitet und dadurch die Konzentration der Gruppe auf die gemeinsame Arbeit leidet. Im Sharing sammelt sich die Gruppe nach einschneidenden Erlebnissen wieder und kann anschließend weiterarbeiten – falls das Sharing keinen offenkundigen Storming- oder Normingbedarf geweckt hat.

Beispiele für derartige Zwischenfälle sind:

▶ Eine heftige Auseinandersetzung unter Teilnehmern oder zwischen Gruppe und Coach;

▶ beunruhigende oder schockierende Nachrichten aus der Umwelt, die ein Weiterarbeiten unmöglich erscheinen lassen;

▶ Selbsterfahrungssequenzen, die zu aufwühlenden Erlebnissen geführt haben;

▶ längere Einzel- oder Kleingruppenarbeiten, deren Ergebnisse mitgeteilt werden müssen.

Der thematische Fokus beim Sharing ist eng gefasst: es geht lediglich um das gerade zurückliegende Ereignis und die Einstiegsfrage muss dementsprechend formuliert werden: „Wo steht Ihr und was bewegt Euch innerlich nach dem, was gerade passiert ist?"

Der Zeitrahmen für ein Sharing kann mit 1–3 Minuten pro Teilnehmer kalkuliert werden.

BEISPIEL

Die drei Kerne – Sharing nach einer Einzelarbeit. Im Rahmen einer fünftägigen Weiterbildung zum Thema „Gesprächsführung" für 16 Lehrerinnen eines Gymnasiums war Zeit für die Bearbeitung persönlicher Praxisfragen reserviert. Eine Teilnehmerin, Kathrin, schilderte dabei ihre Sprachlosigkeit im Kontakt mit älteren, dominanten Schülervätern, denen sie sich im Rahmen von Elterngesprächen nicht gewachsen fühlte. Es wurde rasch deutlich, dass hinter den Vätern der Vater stand – das aktuelle Problem war mit Erfahrungs- und Verhaltensmustern verwoben, die die Teilnehmerin sich als Kind angeeignet hatte. Es kam schließlich in der Gruppe zu einem bewegenden fiktiven Dialog der Teilnehmerin mit ihrem Vater, in dem sich Kathrin gegenüber den väterlichen Gehorsamsgeboten abgrenzte und sich den ihr als erwachsener Frau zustehenden Freiraum erstritt.

Diese Einzelarbeit hatte ca. 45 Minuten gedauert und es musste sich zwingend ein Sharing anschließen: Zum einen waren die anderen Gruppenteilnehmer zwischenzeitlich passiv gewesen, und der Coach brauchte von ihnen ein Lebenszeichen. Zum zweiten waren sie Zuschauer und Beobachter bei der Selbstklärung ihrer Kollegin gewesen und Kathrin musste erfahren, wie die anderen zu ihr standen, nachdem sie etwas Persönliches von sich gezeigt hatte. Zum dritten war dies die erste Einzelarbeit im Rahmen des Seminars gewesen und die Gruppe brauchte Gelegenheit, sich darüber zu verständigen, ob diese neue Arbeitsweise von ihr getragen werden konnte.

Ein großer Teil der Gruppe zeigte sich bewegt und erfreut, „dass wir hier auch über so etwas reden können". Einige Teilnehmer fühlten sich unbehaglich, „wie Voyeure" und mussten sich von Kathrin bestätigen lassen, dass sie keinen Schaden genommen hatte, bevor sie weiterarbeiten konnten. Der Schuldirektor Karl, Senior der Gruppe, war grundsätzlich befremdet: „Es gibt im Leben drei Kerne, an die der Mensch nicht rühren darf: Den Atomkern, den Zellkern und den seelischen Kern. Hier haben wir uns schuldig gemacht." Diese Fundamentalkritik im Gewand einer alttestamentarischen Predigt seitens des formellen Gruppenführers machte es zwingend, die Frage „Darf es hier auch um Persönliches gehen, soweit es die Arbeit beeinflusst?" zu behandeln. Im Storming klärten Karl und der Coach ihre vordergründigen und hintergründigen Motive und Bedenken. Dabei wurde deutlich, dass Karl zum einen befürchtete, selbst und gegen seinen Willen zum Opfer einer therapeutischen Sitzung zu werden. Zum zweiten fühlte er sich als Direktor für die Arbeitsstörungen seiner Kollegiumsmitglieder verantwortlich und sah sich überfordert, auf einer so persönlichen Ebene Hilfestellung zu leisten. Das führte zu Kontroversen mit einigen Gruppenmitgliedern, die sich von Karl bevormundet und eingegrenzt fühlten und selbst entscheiden wollten, was für sie gut sei. Im Norming einigte sich die Gruppe darauf, dass die Arbeit an persönlichen Praxisfragen weiterhin stattfinden solle, wobei allen ein vierfaches Rückzugs- bzw. Einspruchsrecht eingeräumt wurde: Zum ersten sollte niemand verpflichtet sein, eine Praxisfrage im Plenum zu bearbeiten. Wer es dennoch tat, hatte zum zweiten jederzeit die Freiheit zu sagen: „So weit und keinen Millimeter weiter!" Jedes Gruppenmitglied hatte drittens jederzeit die Möglichkeit, warnend einzugreifen: „Ich glaube, dass ist jetzt nicht mehr im Sinne des Betroffenen bzw. der Gruppe!" Bei derartigen Warnungen war umgehend die Meinung der Angesprochenen einzuholen und nur weiterzuarbeiten, falls diese grünes Licht gaben. Und viertens wurde jedes Gruppenmitglied verpflichtet, sich zu melden, wenn es ihm persönlich zu weit ging. In diesem Fall würde geschaut, was für den Betreffenden zu tun war. Nach diesem Norming konnte die Arbeit in geklärter Atmosphäre weitergehen. Das gesamte Sharing hatte etwa eine Stunde in Anspruch genommen.

Blitzlicht. Wann immer während des Performings klimatische Störungen wie Unruhe, Müdigkeit, unterschwellige Spannung usw. auftreten und man sich unsicher ist, ob der Arbeitsprozess einfach weitergehen kann, braucht es ein Kurz-Re-Forming. Wollte man in solchen Fällen jedes Mal eine ausführliche Runde machen, käme man vor lauter Metakommunikation gar nicht zur Arbeit. Dennoch lohnt es sich, derartige Irritationen ernst zu nehmen. Falls sie Substanz haben und übergangen werden, ist der Arbeitsertrag der laufenden Performingphase häufig gleich Null.

Wenn ein Trainer mit einer Gruppe am Ende der vereinbarten Arbeitszeit angekommen ist, ohne das Arbeitsziel vollständig erreicht zu haben, steht er vor der Wahl, zeitgemäß aufzuhören oder zielgemäß weiterzumachen. Beides erfüllt ihn mit einem Gefühl von Unsicherheit, weil er nicht weiß, inwieweit die Teilnehmer bereit sind abzubrechen oder weiterzumachen. Da nun aber eine oberste Leitungsregel lautet „Dem Trainer muss wohl sein in seiner Haut.", kann er in dieser und ähnlichen Situationen ein Blitzlicht einschalten: „Ich muss jetzt einmal von jedem hier in einem Satz wissen, ob Sie sich noch arbeitsfähig fühlen und weitermachen wollen oder lieber nicht."

Das Blitzlicht zeichnet sich dadurch aus, dass es die einzelnen Beiträge inhaltlich auf einen wesentlichen Punkt und umfangmäßig auf äußerste Kürze begrenzt. Ein solches Kurz-Re-Forming während des Performings erlaubt es, die Arbeitsweise zu überprüfen, ohne dabei den Arbeitsfluss zu unterbrechen. Gleichzeitig gewährleistet es, dass substantielle Störungen, die ein umfangreicheres Re-Forming (gefolgt von Storming und Norming) erfordern würden, nicht unerkannt bleiben.

Kurzfeedback. Wann immer jemand über einen gewissen Zeitraum die inhaltliche Führung des Gruppengeschehens in der Hand hatte – z.B. dadurch, dass er ein Referat hält, Übungen anleitet etc. – stellt sich bei ihm gelegentlich ein Gefühl der Abgehobenheit ein:

▶ „Sind die anderen eigentlich noch dabei?
▶ Ist das, was ich biete, überhaupt von Interesse?
▶ Drücke ich mich verständlich aus?
▶ Über- oder unterfordere ich die Gruppe?"

Solche Gedanken gehören nicht ins stille Kämmerlein, sondern an die Öffentlichkeit. Wem es in dieser Situation zu zeitraubend oder unangebracht erscheint, ein Blitzlicht oder gar ein Sharing durchzuführen, kann statt dessen ein Kurzfeedback einholen: „Ich habe jetzt einige Zeit lang geredet (bzw. diese Übung angeleitet) und weiß gar nicht, ob Sie noch interessiert sind. Ich brauche einmal drei Stimmen dazu, bevor es weitergeht. Wer kann mir mal seinen Stand der Dinge mitteilen?" Diese Aufforderung führt dazu, dass jeder Anwesende innerlich eine Zwischenbilanz zieht („Was hätte ich jetzt zu sagen, wenn ich etwas sagen würde?") und dass sich massive Störungen äußern. Entweder unmittelbar, indem die Gestörten sich zum Feedback melden oder verzögert, indem sie sich nach den drei erbetenen Feedbacks melden: „So wunderbar und positiv, wie das hier geklungen hat, kann es unmöglich stehen bleiben..."

Klärungsfrage. Wenn der Gruppenleiter problemlos im Performing bleiben könnte, er der Gruppe aber die Möglichkeit eröffnen will, Störungen und Stolpersteine wenn nötig anzusprechen, bietet sich dafür die schlichte Frage an: „Gibt es etwas zu klären, bevor wir weitermachen?" Wenn alles in Ordnung ist, gibt es auf diese Frage ein allgemeines Kopfschütteln und es ist nichts verloren. Liegen aber Störungen vor, ist vieles gewonnen, da den betreffenden Gruppenmitgliedern durch diese Frage die Tür zum Re-Forming geöffnet wird. Selbst wenn die Antwort nur lautet: „Ja, ich hätte gerne eine Pause", ist dies ein wichtiger Hinweis. Falls es anderen ähnlich geht, hat der Leiter die Chance, durch eine kurze Unterbrechung für ein weiterhin produktives Performing zu sorgen.

Indikationsstellung. Jede dieser fünf metakommunikatorischen Interventionen eröffnet der Gruppe die Möglichkeit, aus dem Performing aus- und ins Re-Forming einzusteigen. Gleichzeitig wird dabei die Verantwortung für das Gelingen des Miteinanders an die Gruppe zurückgegeben: Sie hat es in der Hand, Störungen zu benennen. Das zwingt die Einzelnen zu einer inneren Entscheidung („Will ich dieses Thema jetzt ansprechen?"), die beruhigend und klärend auf das Gruppengeschehen wirkt: Störungen werden entweder durch Aussprechen entsorgt oder durch Zurückstellung zwischengelagert. Es wird jene Unruhe vermieden, die entsteht, wenn die Beteiligten ungeduldig auf eine Lücke im Arbeitsfluss warten, in der sie Raum hätten, ihre Störungen endlich vorzutragen.

Die fünf Interventionen unterscheiden sich hinsichtlich des erforderlichen Zeitaufwandes und der seelischen Anforderung an die Beteiligten:

Ein Leiter, der zehn Teilnehmer in einer Gruppe hat, kann eine metakommunikatorische Runde kaum unter fünfzig Minuten kalkulieren. Gleichzeitig macht er es allen Beteiligten relativ leicht, sich zu äußern, indem er dem Austausch einen Freiraum schafft und den Einzelnen Zeit lässt, ihre Beiträge zu erwägen und zu formulieren. Der Gruppenprozess wird im Re-Forming angehalten und jeder kann in Ruhe die aus seiner Sicht fälligen Dinge erledigen: Themen können gären, reifen und sich verdichten.

Ein Leiter, der hingegen lediglich eine Klärungsfrage stellt, verliert dadurch wenige Minuten, mutet den Betroffenen aber eine andere Anforderung zu: Sie müssen umgehend Farbe bekennen, ohne zu wissen, ob sie die anderen mit ihrem Anliegen stören. Der Gruppenzug biegt zwar kurzfristig ins Re-Forming ein, es liegt aber in der Verantwortung der Einzelnen, ihn dort per Notbremse zum Stehen zu bringen.

Die Kunst des Coaches besteht darin, die Tür zum Re-Forming und damit zur Strukturanpassung immer wieder zu öffnen, ohne den Arbeitsfluss unnötig zu unterbrechen. Nur wenn dieser Balanceakt gelingt, ist gewährleistet, dass notwendige Ausbesserungsarbeiten an der Gruppenstruktur rechtzeitig vorgenommen werden können, ohne dass die Gruppe in endloser Selbstbetrachtung versinkt.

> **!** Die Fähigkeit zur richtigen Dosierung von Metakommunikation ist eine Frage der Sensibilität bzw. von Erfahrung und Souveränität:
> - Ein Coach muss erfahren und unabhängig genug sein, sich scheinbaren Zeitverlust leisten zu können:
> - Ein Coach muss für die eigene Stimmung und das Klima der Gruppe empfänglich sein, um intuitiv die richtige Dosis zu wählen.
> - Ein Coach, der so voller Angst vor der Gruppe steckt, dass er jedes Augenzwinkern als Störung deutet, läuft ständig Gefahr, unter- oder überzudosieren, je nachdem ob er seine Ängste zulässt oder verdrängt.

9.5.2 Ein Austauschklima schaffen

Bei den größeren Re-Formingformen (metakommunikatorische Runde bzw. Sharing) braucht es eine Einstimmung. Die Gruppenmitglieder müssen sich auf den kommenden Erfahrungsaustausch einstellen – andernfalls wird das Re-Forming schnell und oberflächlich erledigt. Die Einstimmung umfasst

- ein paar Worte seitens des Gruppencoaches zu Sinn und Zweck der Runde,
- eine Erläuterung der Vorgehensweise,
- vorbeugendes Widerstandsmanagement und
- inhaltliche Hinweise.

Dafür sind nicht mehr als 5 Minuten zu veranschlagen. Diese Zeit brauchen die Beteiligten um ein fruchtbares Austauschklima entstehen zu lassen.

Widerstand einbinden. Widerstand gegen das Re-Forming zeigt sich – wenn er nicht offen als Kritik geäußert wird – in Vermeidungsverhalten (Flucht ins Performing und Nostalgie) oder in verflachenden Beiträgen (Oberflächlichkeit, Versachlichung, Konformismus, Schlussfolgerungen). Widerstand ist ein seelisches Phänomen, das am besten gedeiht, wenn es im Verborgenen wuchern kann und sich im Anrennen gegen verschlossene Türen trainieren darf. Der Coach kann ihm diesen Nährboden entziehen, indem er ihn prophylaktisch thematisiert: „Vielleicht werden sich einige angesichts dieser Runde unwohl fühlen. Sei es, weil sie Sorge haben, zuviel Zeit mit „Psychokram" zu vertun, sei es, weil sie befürchten, das bisher erfreuliche Arbeitsklima werde zerredet. Wenn Sie diese Bedenken teilen, möchte ich Sie um einen Vertrauensvorschuss bitten: Die Zeit, die wir hier investieren, um möglichen Störungen rechtzeitig begegnen zu können, holen wir anschließend doppelt und dreifach wieder rein. Und ein wirklich gutes Klima lässt sich gar nicht zerreden; wohl aber kann es dazu kommen, dass „der Lack angekratzt wird" und darunter liegende Unebenheiten zu Tage treten. Wenn es also in unserem Sinne wäre, Hals über Kopf in Scheinharmonie weiterzumachen – dann wäre diese Runde ein grober Fehler. Wenn wir aber verhindern wollen, dass wir uns „vergaloppieren" und einander lediglich mit der sozialen Fassade begegnen, dann ist es sinnvoll, einmal innezuhalten und Bilanz zu ziehen. In diesem Sinn bitte ich Sie, sich in dieser Runde weder etwas aus den Fingern zu saugen, noch sich selbst den Mund zu verbieten. Beides bringt uns nicht weiter. Falls Sie eine solche Runde aber partout nicht wollen, sagen Sie bitte jetzt Bescheid." Durch solches Reden wird der Widerstand benannt und ans Licht geholt, gleichzeitig wird ihm die Tür geöffnet. Meistens löst er sich umgehend in Luft auf.

Das thematische Netz auswerfen. Ein gehaltvolles Re-Forming, in dem die Gruppe ihre Entwicklungspotentiale ausschöpft, kann nur gelingen, wenn zuvor die Regel in Kraft gesetzt wird: „Alle Themen, die die Gruppe aus der Sicht der Beteiligten betreffen, dürfen angesprochen werden."

Um diese Regel zu etablieren, wirft der Coach ein thematisches Netz aus, das so gestrickt sein muss, dass sich alle bedeutsamen thematischen Fische darin fangen können. Das kann so klingen: „Für das, was in der folgenden Runde inhaltlich passiert, gibt es keine Vorschriften. Es kann und darf sein, dass Sie vor allem Zufriedenheit und Begeisterung angesichts des Geleisteten empfinden – dann ist das willkommen. Es kann und darf auch sein, dass Sie verärgert, verstört oder verschüchtert sind – dann ist das willkommen. Vielleicht empfinden Sie das Miteinander hier als förderlich und unterstützend, vielleicht aber auch als kraftraubend und behindernd – beides ist möglich und erlaubt. Vielleicht gibt es in der Gruppe auch Einzelne, die im Guten wie im Schlechten besonders wichtig geworden sind oder mit denen es etwas zu klären gibt." Damit ist das thematische Netze ausgeworfen worden: Es darf einmal um Inhaltliches und um Zwischenmenschliches gehen; zum anderen ist Kritik ebenso willkommen wie Lob.

Der Coach muss durch das Auswerfen eines engmaschigen thematischen Netzes verhindern, dass wesentliche Erfahrungen der Beteiligten aus Rücksicht auf tatsächliche oder phantasierte Gruppenregeln verschwiegen werden. In diesem Sinn wird durch die ausdrückliche Erlaubnis, auch vermeintlich heikle Themen anzusprechen, an die Stelle zensurmächtiger Gruppenregeln die Regel gesetzt, dass eine Zensur nicht stattfindet.

Dazu reicht es im Allgemeinen nicht, eine Generalvollmacht auszusprechen, etwa: „Hier darf alles gesagt werden!" Das glaubt sowieso kein Mensch. Günstiger ist es, zumindest jene Themen, die man als Coach für heikel oder tabuisiert hält, ausdrücklich zu benennen und damit zu erlauben. Solche Themen variieren von Gruppe zu Gruppe: Dennoch gibt es einige „Klassiker", die immer wieder auftreten:

▸ Sich-verletzt- oder -gestört-fühlen durch andere,
▸ Kritik aneinander und an der Leitung,
▸ Über- und Unterforderung im Performing,

- Unsicherheit über oder Kritik an vermeintlich herrschenden Regeln,
- Irritationen durch unklare hierarchische Strukturen in der Gruppe,
- Vertragsbrüche durch andere Gruppenmitglieder.

Wenn diesen Themen rechtzeitig die Tür geöffnet wird, fällt es der Gruppe leichter, sie frühzeitig und ohne langfristig angestaute Konfliktladung zu besprechen.

Das Ansprechen von Themen durch den Coach wirkt seelisch wie das Aufsetzen einer Stimmgabel auf einen Resonanzkörper: Die themenspezifischen Erfahrungen der Einzelnen geraten in Schwingung und werden geweckt.[63] Diese innere Resonanz gilt es zu Beginn des Re-Formings hervorzurufen, so dass alle relevanten Erfahrungen den Gruppenmitgliedern zugänglich werden, bevor es an den Austausch geht.

Themenvorgaben für das Re-Forming sollten immer offen sein. Auch der kompetenteste Coach kann nicht überblicken, welche Erfahrungen die Beteiligten in der Gruppe machen. Und ob eine persönliche Erfahrung für den Gruppenprozess von Bedeutung ist, lässt sich meist erst feststellen, wenn der gesamte Erfahrungsschatz der Gruppe vorliegt – also im Nachhinein.

Musik. Wenn die Zeit und der situative Rahmen es erlauben, kann der Coach vor der Reformingrunde zwei Musikstücke vorspielen. Ein erstes, das bewegt ist und zu dem sich die Gruppenmitglieder bewegen sollen, dient der Aktivierung. Körper und Seele sollen aufgewirbelt und von ihrer Zurückhaltung befreit werden. Dadurch steigt die Wahrscheinlichkeit, dass wesentliche Erfahrungen mitgeteilt werden. Ein zweites, das ruhiger ist und bei dem die Gruppe sitzt oder liegt, dient der Besinnung. Das Bilanzgefühl soll sich verdichten und spürbar werden, der emotionale Untergrund der eigenen Befindlichkeit klärt sich.

Manche Menschen fürchten, dass sie zu einer weihevollen Messe oder einer ekstatischen Schüttelmeditation genötigt werden sollen, sobald die Musik spielt. In vielen Fällen legen sich diese Bedenken durch eine kurze Erklärung. Wenn nicht, sollte auf die Musik verzichtet werden.

Bilder, Symbole, Überschriften, Metaphern. Gelegentlich erscheint es ratsam, den Gruppenmitgliedern den Schritt von der angedachten und empfundenen persönlichen Bilanz zum sprachlich veröffentlichten Re-Formingbeitrag zu erleichtern. Ganzheitlich Empfundenes in den digitalen Code unserer Sprache zu übersetzen ist nicht jedermanns Sache und nicht immer möglich. Vor allem Zwischentöne, Schattierungen und Ahnungen gehen dabei rasch verloren. Dann können ganzheitliche Ausdrucksmedien hilfreich sein, die dem Charakter der Bilanzempfindung gerechter werden.

- Bilder: Eine Möglichkeit besteht darin, die Teilnehmer aufzufordern, ihren Re-Formingbeitrag ins konkrete oder abstrakte Bild zu setzen: Mit Farben und Formen lässt sich vieles im Überblick darstellen, was sprachlich nur nacheinander und weniger prägnant ausgedrückt werden könnte.

▶ Symbole: Man kann die Teilnehmer auch bitten, einen kurzen Spaziergang zu unternehmen und von unterwegs einen Gegenstand mitzubringen, der ihre Bilanz symbolisiert – zerbrochene Steine, blühende Blumen, abgefressene Tannenzapfen, eine Glasscherbe usw.

▶ Überschriften: Das Formulieren und Sammeln von Überschriften weist in eine ähnliche Richtung. Man bittet die Teilnehmer, sich als Zeitungsredakteur zu sehen, der einen Artikel über den zurückliegenden Arbeitsabschnitt verfassen will. Welche prägnante Überschrift soll der Gruppenprozess bekommen: „Die Glorreichen Sieben", „Untergang der Titanic", „Manche mögen's heiß"?

▶ Metaphern: Weiter kann mit Metaphern gearbeitet werden: „Stellen Sie sich vor, wir wären die Besatzung eines Forschungsschiffes: Welche Funktion im Team hätten Sie? Was wollen wir erforschen und wie weit sind wir damit gekommen? In welchem Fahrwasser befinden wir uns gerade? Wie ist das Wetter?"

Diese Medien dienen als Besinnungs- und Einstiegshilfen und dürfen nicht unkommentiert im Raum stehen bleiben. Sie müssen anschließend mit Hilfe des Coaches in eine für alle verständliche Sprache übersetzt werden.

Neben ihrer Ganzheitlichkeit bieten sie noch einen weiteren Vorzug: Die Beteiligten, können ihre Bilanz unbeeinflusst vom Rest der Gruppe ziehen. Der Konformitätsdruck, der sich gelegentlich in Re-Formingrunden entwickelt, kann sich während der Einzelarbeit mit den Medien noch nicht aufbauen. Dadurch erhöhen sich die Chancen für ein differenziertes Re-Forming.

„Negative" Gefühle umdeuten. Für Kurskorrekturen und Strukturanpassungen der Gruppe sind vor allem Fehlermeldungen wertvoll. Gleichzeitig befürchten viele Menschen, sich durch das Ausdrücken vermeintlich negativer Gefühle (Ärger, Unsicherheit, Enttäuschung, etc.) ins Abseits zu manövrieren. Als Coach lohnt es sich, solche Gefühle durch positive Umdeutung besonders willkommen zu heißen: „Wenn – so wie hier – zehn Menschen zusammen arbeiten – gibt es mindestens zehn verschiedene Vorstellungen davon, wie es optimal laufen sollte. Gleichzeitig gibt es in unserer Gruppe 45 Zweierbeziehungen, die jeweils förderlich oder störend verlaufen können. Unter diesen Voraussetzungen wäre es ein höchst unwahrscheinliches Wunder, wenn Sie alle rundum begeistert wären. Über dieses Wunder würde ich mich freuen, jedoch erwarte ich es nicht. Gleichzeitig bin ich jedem von Ihnen, der auch seine kritischen Beiträge nicht zurückhält, dankbar, denn dadurch machen Sie es uns möglich, unser Vorgehen zu verbessern und 'Schnitzer' auszumerzen. Schließlich gilt die eherne Regel: 'Negative Gefühle, die heute zurückgehalten werden, führen morgen zur Inneren Kündigung'. Ersparen Sie also bitte sich und uns das Schlimmste, indem Sie das Unangenehme beim Namen nennen."

9.5.3   Das Eis brechen

Vor allem in Gruppen, die noch nie ein konzentriertes Re-Forming erlebt haben, herrschen zu Beginn Unsicherheit und Beklommenheit. Man findet es „albern", fühlt sich „komisch" und erwartet ein „hohles Ritual".

Hier braucht das Reforming eine Starthilfe, um das Eis der Beklommenheit zu schmelzen.

Reihenfolge vorgeben. In unerfahrenen Gruppen ist es günstig, für die ersten drei bis fünf Re-Formingbeiträge eine Reihenfolge vorzugeben (z.B. jeder Dritte im Uhrzeigersinn oder zunächst die Chefs, dann die Mitarbeiter oder die Ältesten zuerst oder durch das Zuwerfen eines Balles etc.). Dadurch fällt es den Beteiligten leichter, sich zu äußern. Die Angst vor dem eigenen Redebeitrag drückt manche Gruppen so schwer, dass niemand den ersten Schritt wagt. Die Einzelnen werden von Bedenken gelähmt („Halten mich die anderen jetzt für einen Streber?" „Sieht das aus, als ob ich mich vordrängeln will?" „Je später ich drankomme, desto besser kann ich mich einstellen." usw.), die nicht die inhaltliche Bilanz des bisherigen Gruppengeschehens betreffen, sondern sich lediglich aus der Unerfahrenheit mit dem „Ritual" des Bilanzziehens an sich erklären. Solchen Lähmungserscheinungen während der ersten Re-Formingrunden einer Gruppe kann der Coach durch die Vorgabe klarer Verfahrensregeln begegnen. Nur dann, wenn es – z.B. in Selbsterfahrungsgruppen – zu den ausgemachten Zielen der Gruppe gehört, dass genau diese Bedenken erlebt werden, gibt man natürlich keine Reihenfolge vor.

Mit Schweigen umgehen. Wann immer das Re-Forming außerhalb einer vorgegebenen Reihenfolge stattfindet, („Wer beginnen mag, fängt an und dann in beliebiger Abfolge...") gibt es zu Beginn und zwischen den Beiträgen gelegentlich längere Schweigepausen. Diese Pausen sind notwendig und wertvoll, weil sich die Teilnehmer währenddessen sammeln können. In diesen Schweigephasen verdichtet sich für die Einzelnen ihr Bilanzgefühl und gerade dann steigen die eigenen substantiellen Erfahrungen ins Bewusstsein und werden innerlich auf ihre Veröffentlichbarkeit hin erwogen. Die bisher unausgesprochenen, nur erahnten oder befürchteten Themen geraten in der Stille besonders gut in Schwingung. Genau deshalb werden Schweigephasen von vielen als belastend und bedrohlich empfunden und genau deshalb sind sie für den Gehalt des Re-Formings förderlich.

Es kann sich allerdings auch um ein abwartendes, ratloses oder trotziges Schweigen handeln. Wann immer der Coach den Eindruck gewinnt, dass er es mit einer der letzteren Varianten zu tun hat und die Pause eher lähmend als vertiefend wirkt, kann er eine der folgenden Möglichkeiten wählen:

▶ Er kann Einzelne ansprechen, wenn er den Eindruck hat, dass sie wissen, was sie zu sagen hätten, sich aber nicht vordrängeln wollen: „Vielleicht können Sie uns mal als Anschieber aushelfen und beginnen, Herr Schmadtke. Ich glaube, wenn erst mal einer das Wort ergreift, wird es für alle leichter."

▶ Wenn mehr als Zögerlichkeit und Höflichkeit Ursache der großen Zurückhaltung ist, dann sollte der Coach intervenieren, um dieses „Mehr" an die Oberfläche zu bringen: „Mein Eindruck ist, dass es für Sie im Moment in dieser Runde ganz schwer ist, sich mitzuteilen. Darum möchte ich mal von jedem hören, was Sie im Moment daran hindert zu sprechen. Ich habe jetzt nur Phantasien: Ist Ihnen das Ganze zu dumm und Sie möchten mir so zu verstehen geben, dass Sie diese Runde für Unsinn halten? Sind Sie unsicher, ob das, was Sie zu sagen hätten vielleicht zu banal, zu schwerwiegend, zu persönlich, zu sachlich, zu kurz, zu lang, zu... ist? Oder sind Sie einfach höflich und lassen anderen den Vortritt? Oder...?" Diese Intervention leitet quasi eine Metakommunikation über die metakommunikatorische Runde ein und holt verborgene Widerstände ans Licht. Die Teilnehmer werden um ein Kurzfeedback gebeten und die u.U. „quer" liegenden Themen werden dadurch eingefangen. Gleichzeitig wird der Widerstand positiv umgedeutet in „das, was mich hindert zu sprechen". Je mutiger der Coach in dieser Situation dabei ist, heiklen Themen ein Netz entgegenzuwerfen, („Vielleicht wollen Sie mir auch zu verstehen geben, dass Sie mir oder einander misstrauen."), desto sicherer wird das lähmende Schweigen ein Ende finden.

▶ Eine elegante Art des Umgangs mit Schweigen besteht darin, einen Kurzvortrag zu halten über die „Typologie des Schweigens" von Schulz von Thun (Bönsch und Poplutz 1998). Diese beinhaltet sieben Schweigeanlässe und die hinter ihnen stehende seelische Dynamik:
(1) meditatives Schweigen,
(2) Schweigen wegen innerer Unklarheit,
(3) Schweigen wegen überhöhten Anspruchs an den eigenen Wortbeitrag,
(4) Schweigen wegen innerer Blockiertheit,
(5) Schweigen wegen vermeintlich unpassender Beiträge,
(6) Schweigen als Intimitäts-Schutz und
(7) Schweigen als passiver Widerstand.

Nach diesem Kurzvortrag werden die Beteiligten gefragt, um welches Schweigen es sich bei ihnen handelt – meistens ergibt sich einiger Austausch.

Der Trick bei diesem Vorgehen besteht darin, auf wohlwollende Art und Weise das Schweigen umzudefinieren. Es wird als „stille, mehrdeutige" Äußerung verstanden, die von den Betreffenden konkretisiert werden muss, wenn sie nicht falsch verstanden werden wollen. Dies ist ein Anwendungsfall der These „Man kann nicht nicht kommunizieren" (Watzlawick, Beavin, Jackson 1969)

9.5.4   In die Breite gehen

Wenn die Re-Formingrunde begonnen hat, muss dafür gesorgt sein, dass ein jeder das sagen kann, was er zu sagen hat. Der Coach ist als Moderator gefragt, der das Wort erteilt und entzieht und dafür sorgt, dass die unterschiedlichen und widersprüchlichen Erfahrungen der Beteiligten nebeneinander stehen können. Weiter wird er als Hebamme aktiv, indem er die Einzelnen dabei unterstützt, ihre Botschaften ans Licht zu bringen.

Das Wort erteilen. Jeder muss ausreden können. Erfahrungsgemäß reden sich viele Gruppenmitglieder zunächst ein paar Sätze lang warm, bevor sie zum Kern ihres Beitrags kommen. Deshalb sollten sie nicht unter Zeitdruck gesetzt werden, indem sofort der nächste spricht, wenn sie auch nur eine kurze Pause einlegen. Es ist Aufgabe des Coaches, darauf zu achten, dass es erst weitergeht, wenn der Sprechende deutlich erkennbar einen Punkt setzt.

Darüber hinaus muss der Coach intervenieren, wenn es während des Redebeitrags eines Gruppenmitglieds bereits ins Storming oder gar Norming geht, d.h. wenn sich zwei wegen einer Äußerung streiten oder Lösungsvorschläge für angesprochene Probleme diskutiert werden. Durch dieses vorschnelle Weitergehen im Prozess gehen die Re-Formingbeiträge aller noch nicht Drangewesenen verloren und es wird nicht geklärt, ob es wichtigere Themen gibt.

Vorschnelles Weitergehen im Prozess kann man mit folgendem Vorgehen vermeiden: Wer in der Runde direkt angesprochen wird – und nur der – darf kurz reagieren; jeder weitere zwischenmenschliche und sachliche Klärungsbedarf wird für alle sichtbar schriftlich festgehalten und auf die Zeit nach der Bilanzrunde vertagt.

Aktives Zuhören. Sich im Re-Forming zu erklären, ist ein schwieriges Geschäft: Den Betroffenen beschäftigen viele Gedanken und Empfindungen, so dass es ein Kunststück ist, sich geordnet und vollständig auszudrücken. Der Coach muss durch einfühlsames Aktives Zuhören helfen, das Gesagte auf den Punkt zu bringen. Noch wichtiger ist es, dem zwischen den Zeilen (häufig nonverbal) Mitschwingenden und dem Geschwärzten, Ausgelassenen, Verschluckten Worte zu verleihen. Wann immer die Beteiligten aus dem Mund des Coaches noch einmal hören, was sie gesagt, angedeutet und ausgelassen haben, fällt es ihnen erstaunlich leicht, durch Korrekturen und Ergänzungen das zu konkretisieren, was sie wirklich meinen. Und erst, wenn das Gemeinte und Gefühlte ausgedrückt wurde, ist ein Re-Formingbeitrag abgeschlossen. Dann erlebt der Betreffende jene Erleichterung, auf die es in dieser Phase ankommt: „Alles ist gesagt. Jetzt kann es weitergehen." (s. auch Kapitel 6.5.2)

Dazu gehört auch, dass der Coach die Betreffenden bei Gelegenheit auf Erlebnisse anspricht, die sie von sich aus nicht thematisieren: „Sie, Herr Schlecht, sind gestern mit Frau Wasmer über die Frage der Telefonbereitschaft aneinander geraten. Hat sich das erledigt oder gibt es noch einen inneren Widerhall dazu – vielleicht Ressentiments oder Klärungsbedarf?"

Dissidenten unterstützen. Vor allem jene Teilnehmer, die „Ketzerisches" (Unpopuläres, Kritisches, negative Gefühle) von sich geben, brauchen und verdienen Unterstützung. Sie wagen sich vor, machen sich angreifbar, brechen Tabus und leisten dadurch Wesentliches für die Gruppe. „Ketzerei" ist für die Betroffenen (und dazu kann auch der Coach gehören) selten angenehm. Für die Gruppe ist sie nützlich, weil sie Denkverbote aufhebt, verdeckte Mängel und Zielkonflikte offen legt und damit Verbesserungen in der Gruppenstruktur ermöglicht.

Dissidenten lassen sich unterstützen, indem man ihnen hilft, ihre Kritik so klar und deutlich vorzubringen, wie nur möglich („Habe ich das richtig verstanden: „Sie sind enttäuscht, dass..., werfen mir vor, dass..., bemängeln, dass..., sehen keinen Sinn darin, dass...").

Manchmal ist es hilfreich, das Gesagte ein wenig drastifiziert zu formulieren, um zu signalisieren: „Auch so pointiert wäre deine Kritik immer noch willkommen!" Je mehr Unterstützung Dissidenten zuteil wird, desto weniger verletzend werden ihre Äußerungen in der Regel ausfallen. Ein Gutteil jener Schärfe und Wucht, die ihre Äußerungen häufig begleiten, erwächst nämlich lediglich aus der Sorge, sich mit der abweichenden Meinung gegen eine Wand von Unverständnis und Ablehnung behaupten zu müssen. Unterstützen von Dissidenten bedeutet nicht, ihnen inhaltlich Recht zu geben. Als Coach diene ich dem Gruppenprozess am besten, wenn ich Kritikern mit der Haltung begegne: „Das, *was* du sagst, mag mir nicht gefallen; dennoch bin ich froh, *dass* du es sagst!"

Abwiegler bremsen. Sobald eine aufwiegelnde Äußerung gefallen ist, betreten gelegentlich Abwiegler die Bühne, um das Feuer zu ersticken: „So schlimm meint er das gar nicht. Er ist halt ein alter Haudrauf!" Solche Gruppenmitglieder fungieren im Sinne des „Group-Think"-Konzeptes von Janis (Sader 2000) als „selbsternannte 'mind-guards', die die Gruppe vor Konflikten und Irritationen schützen wollen". Hinter dem Abwiegeln steht der Wunsch, die gestörte Harmonie wieder herzustellen. Das würde allerdings den Ertrag des Re-Formings gefährden. Es würde eine Bilanzstruktur entwickelt, die beschönigend und nicht wirklichkeitsgemäß ist. Jeder erfolgreich abgeschlossene Abwiegelungsversuch entmutigt außerdem zukünftige Dissidenten, die einen Vorgeschmack auf die Harmoniesoße bekommen, die sie selbst bei „Ketzereien" erwarten würde.

Aus diesen Gründen tut der Coach gut daran, abwiegelnde Neutralisierungsversuche zu unterbinden: „Wenn ich es richtig verstehe, Herr Sorgsam, sind Sie anderer Meinung als Frau Kläger. Weil es hier und jetzt gar nicht darauf ankommt, einer Meinung zu sein, möchte ich Ihre beiden Auffassungen zunächst einmal nebeneinander stehen lassen. Einverstanden?"

Konkretisieren, Präzisieren, Adressieren. Im Re-Forming klingen Kritik und Unzufriedenheit häufig leise, verdeckt, unklar und ungerichtet an – teils weil sie innerlich noch unreif sind, teils weil die Urheber Vorsicht walten lassen. Wenn solche Anklänge nicht aufgegriffen und zum Klingen gebracht werden, verhallen sie ungehört oder Gruppe und Sprecher schließen nach dem Motto „War da was?" ein unbewusstes Vermeidungsbündnis.

Hier ist der Coach gefordert,

▸ das Leise durch Aktives Zuhören zu verstärken,
▸ das Verdeckte durch Konkretisierungsangebote ans Licht zu holen,
▸ das Unklare zu präzisieren und
▸ das Ungerichtete zu adressieren.

Dadurch bietet er Themenanklängen verstärkende Resonanz und hebt sie damit über die Wahrnehmungsschwelle der Gruppe (s. Kapitel 6.5.1 „Präzisierungshilfe leisten" und „Adressieren").

BEISPIEL

Die folgende Äußerung aus der Morgenrunde eines Teamtrainings verdeutlicht die Aufgaben des Coaches: „Mit Einigen komme ich gut aus, mit anderen weniger; manches kann ich verwerten, anderes erscheint mir fraglich; die Zeiteinteilung hier ist gewöhnungsbedürftig; man wundert sich schon, dass einige endlose Wortbeiträge abliefern, ohne sich darum zu scheren, wer ihnen noch zuhört." Wann immer derartige Beiträge geliefert werden, schwingt die unausgesprochene Botschaft mit: „Ich weiß natürlich genau, wen und was ich meine, mag/kann/darf Ross und Reiter aber (noch) nicht nennen." Hier braucht es „Geburtshilfe", die sich so anhören kann: „Wenn Sie mögen und das veröffentlichbar ist, dann sagen Sie gerne, mit wem Sie gut und weniger gut auskommen – dann muss niemand herumphantasieren; es wäre für mich auch hilfreich, wenn Sie genauer sagen könnten, wovon Sie profitieren konnten und was aus Ihrer Sicht unverdauliche Ballaststoffe sind. Darüber hinaus höre ich, dass Sie die Zeiteinteilung aus noch ungeklärten Gründen befremdet: Können Sie mir genauer sagen, wo der Schuh drückt? Und schließlich scheint es unter uns jemanden zu geben, der sich aus Ihrer Sicht gerne kürzer fassen sollte; bevor wir uns vielleicht alle mit Ausnahme des Gemeinten angesprochen fühlen und entsprechend beleidigt verstummen – ist es vielleicht möglich, diesen Antrag mit Name und Anschrift zu versehen?"

Wichtig ist, dass der Coach Angebote macht und nicht in „inquisitorische Drohgebärden" verfällt („Wer A sagt, muss auch B sagen!"). Wann immer der Betreffende zu verstehen gibt: „Ich will es nicht deutlicher sagen", ist es günstiger, ihn zu lassen. Als Coach kann ich nie mit Sicherheit wissen, welche (schwerwiegenden) Konsequenzen in dieser Gruppe mit dem „Farbe Bekennen" verbunden wären. Aus diesem Grund muss die Verantwortung in jedem Fall beim Betreffenden bleiben.

Wenn ich als Coach aber noch einen Schritt weitergehen möchte, kann ich fragen: „Was müsste in dieser Gruppe geschehen, bevor Sie deutlicher werden könnten?" Die Antwort auf diese Frage gibt mir und der Gruppe zusätzliche Hinweise darauf, welche Befürchtungen der Betreffende hegt und wie ihnen beizukommen wäre.

Spiegeln. Gruppenthemen, die unterschwellig bleiben, beeinflussen das Gruppenklima. Sie drücken auf die Stimmung, indem Vorsicht und Ängstlichkeit an die Stelle von Spontaneität und Lebendigkeit treten oder unterschwellige Gereiztheit und Feindseligkeit die Luft verpesten. Wenn ich als Coach solche Stimmungen wahrnehme, habe ich die Möglichkeit, sie der Gruppe zu spiegeln. Die Stimmung wird dadurch zum Thema, mit dem sich jeder innerlich auseinandersetzt („Hat er recht?" „Was trage ich dazu bei?"). Durch diese innere Auseinandersetzung wächst die Chance, dass einer der Beteiligten innere Klarheit gewinnt, sich ein Herz fasst und das Unausgesprochene äußert. Zum Spiegeln braucht der Coaches Sensibilität für Stimmungen und ein „poetisches Talent", um sie in Worte zu fassen: „Es ist merkwürdig, aber wann immer wir als Gruppe zusammenkommen, scheint sich ein schwerer, grauer Schleier über jeden Einzelnen von Ihnen zu legen, so als wären wir auf einer Trauerfeier. Man schaut einander nicht an und bleibt bemüht unauffällig, als liefe derjenige, der als erster auffällt, Gefahr, irgendeiner Untat angeklagt zu werden. Haben Sie ähnliche Eindrücke?"

Ich-Botschaften. Unterschwellige Stimmungen wirken sich auch auf den Coach aus. Er wird angesteckt und fühlt sich einsam, inkompetent, aufdringlich, müde usw., ohne sich recht erklären zu können, wie er zu diesem Empfinden gekommen ist. „Wenn's schwierig wird, sag' was mit dir ist" – dieser Rat von Ruth Cohn ist in solchen Fällen hilfreich. Indem der Coach seine eigene Befindlichkeit und Ratlosigkeit zum Ausdruck bringt, regt er die Gruppenmitglieder an, ihrer eigenen Stimmung Resonanz zu geben („Geht es mir ähnlich?" „Warum?") und vielleicht fühlt sich einer hinreichend ermutigt und lüftet das Geheimnis um seine Stimmung. Für diese Intervention braucht es nicht nur Sensibilität und Poesie sondern auch Mut und Erfahrung. Der Coach geht dabei das Risiko ein, dass er sein Empfinden anschließend vorgehalten bekommt: „Wenn Sie sich inkompetent fühlen, sind Sie hier wohl der Falsche!" Der Coach braucht daher Erfahrungen mit sich selbst, die ihn unterscheiden lassen zwischen solchen Stimmungen, die mit ihm als Person zu tun haben („Ich fühle mich häufig inkompetent. Ich zweifle schnell an mir") und anderen, die er als Resonanz auf unterschwellige Gruppenthemen deuten kann („Ausgerechnet in dieser Gruppe fühle ich mich inkompetent. Wie vermittelt mir diese Gruppe dieses Gefühl?")

Zirkuläres Fragen. Mit erfahrenen Gruppen kann man metakommunikatorische Runden aufregender und mit erhöhtem Feedbackanteil gestalten. In Anlehnung an Arist von Schlippe und Jürgen Kriz (1993) lässt sich das aus der Familientherapie bekannte zirkuläre Fragen während des Re-Formings nutzen. Durch „Tratschen über Anwesende" (ebd. S. 227) kann man die Phantasien und Bewertungen, welche die Gruppenmitglieder übereinander entwickelt haben, in den Erfahrungsaustausch mit einbeziehen.

BEISPIEL

Zirkuläres Fragen. Der Coach fragt nicht Herr Petermann selbst, wie er den Stand der Dinge sieht, sondern er wendet sich statt dessen an Frau Beck: „Was meinen Sie, Frau Beck, von welchen Gedanken und Empfindungen Herr Petermann wohl bewegt wird?!" Der Coach hofft nicht, dass Frau Beck von sich aus ihre Sympathien und Antipathien offenlegt, sondern er fordert Herrn Petermann auf: „Was vermuten Sie, wen Frau Beck hier im Kreis eher sympathisch und wen eher unsympathisch findet?!" Die gleiche Frage kann er anschließend noch an Herrn Görlich stellen.

Diese Form der Intervention legalisiert den gruppeninternen „Klatsch" und nutzt die in ihm verborgenen Informationen. Gleichzeitig werden Unterschiede zwischen den Sichtweisen der Beteiligten sehr deutlich.

Arist von Schlippe und Jürgen Kriz (1993, S. 227) merken dazu an: „Auf diese Weise wird Information sowohl gesammelt als auch sichtbar gemacht ... Das Gemeinsame an allen Fragen ist zudem, dass sie der Herstellung und Verdeutlichung von Unterschieden dienen. Gerade in Familien (und natürlich auch in Gruppen – E.S.), in denen jede Art von Unterschiedlichkeit angstbesetzt ist, kann bereits dies ein wichtiger therapeutischer Schritt sein, indem vermittelt wird, dass Unterschiede und Veränderungen akzeptierbar und zu erwarten sind."

Das zirkuläre Fragen setzt voraus, dass die Gruppe mit dieser Intervention einverstanden ist. Andernfalls werden die Teilnehmer die Fragen als unverschämt und manipulativ empfinden und durch die offengelegten Informationen überfordert sein.

9.5.5 Engführung

Wenn das Re-Forming fruchtbar verlaufen ist, liegt die Bilanz der Gruppe vor. Sie muss nun noch auf den Punkt gebracht werden, damit die hinter den vielen unterschiedlichen Erfahrungen stehende Bilanzstruktur hervortritt:
▶ Wie verhalten sich die Bilanzen der einzelnen Gruppenmitglieder zueinander?
▶ Welches Muster ist in dem Gewebe aus Einzelbilanzen zu erkennen?

Das geschieht, indem ein Fazit der Runde gezogen und zentrale Konfliktpotentiale benannt bzw. Regelungsbedarf formuliert wird. Dann weiß die Gruppe, welche Hausaufgaben im Storming und Norming noch auf sie warten, bevor sie sich wieder ins Performing begeben kann.

Ein Fazit formulieren. Während des Re-Formings hat sich die Gruppe destabilisiert, sie ist in die Breite gegangen, um sich den Erfahrungen der Einzelnen zu öffnen. Das Ergebnis ist häufig ein Nebeneinander heterogener Erlebnisse und Bewertungen.

▶ Fügen sich diese Mosaiksteine zu einem Bild?
▶ Findet sich ein Sinn hinter den gesammelten Erfahrungen?
▶ Gibt es übergreifende Themen, Strömungen und Tendenzen?
▶ In welchem Licht erscheint nach dem Re-Forming die Geschichte der Gruppe?

Diese Fragen beantwortet einerseits jeder der Beteiligten für sich selbst. Gleichzeitig braucht es nach dem Nebeneinander der Einzelbilanzen und dem in die Breite gehen nun eine gemeinsame Engführung, die die Einzelbilanzen so zueinander in Beziehung setzt, dass deutlich wird,

▶ welche Erfahrungen und Erlebnisse prägend für die zurückliegende Arbeitsphase waren,
▶ welche Lehren aus der Vergangenheit sich abzeichnen,
▶ welche Ziele sich aktuell im Zielpool der Gruppe befinden,
▶ welche Themen das Miteinander derzeit dominieren,
▶ welchen Herausforderungen die Gruppe sich aus Sicht ihrer Mitglieder wird stellen müssen.

Indem die unverbundenen Einzelbilanzen durch ein Fazit des Re-Formings in einen sinnvollen Zusammenhang gestellt werden, gewinnt die Gruppe Einsicht in die Struktur ihrer gesammelten Erfahrungen: „So passt das alles zusammen!" Die Gruppenmitglieder kommen dadurch in die Lage, den „Sinn" ihres eigenen Erlebens im Kontext des Gruppengeschehens zu begreifen. Die „Wahrheit der Situation der Gruppe" gewinnt Gestalt.

Das Formulieren eines sinnstiftenden und Überblick schaffenden Fazits zum Ende des Re-Formings ist Aufgabe des Coaches. Er bringt als „Dokumentar der Gruppe" das Gesagte auf den Punkt, ohne es zu werten, zu beschönigen oder Wesentliches zu unterschlagen. Das kann so klingen: „Der Grundtenor der Runde klang nach Erschöpfung. Viele hier sind müde, fühlen sich ausgepumpt und sind lustlos. Die Zufriedenheit mit den Arbeitsergebnissen ist sehr unterschiedlich verteilt. Vor allem Sie, Herr Lauer, als Abteilungsleiter haben deutlich gemacht, dass Sie das Arbeitstempo für zu langsam halten, während einige Ihrer Mitarbeiter Ihnen vorwerfen, keinen Überblick über das Arbeitsvolumen zu haben. Einige haben das zwischenmenschliche Klima als kalt und abweisend bezeichnet. Vor allem Sie, Frau Grätsch, werden von manchen als arrogant und distanziert empfunden."

Das Fazit steht unter dem gleichen Motto wie die Runde zuvor: Wahrheit vor Schönheit. Es ist nicht die Aufgabe des Coaches, alles wieder nett herzurichten, sondern den wahren Ertrag der Runde zu sichern.

Es geht auch nicht darum, als Coach recht zu behalten: Wenn sich Mitglieder zu Wort melden, die das Fazit für korrekturbedürftig halten, ist das durchaus erwünscht. Dann wird das Fazit im Dialog formuliert. Der Coach achtet dabei darauf, dass Widersprüche und Konfliktlinien nicht verschleiert werden, sondern sich im Fazit wiederfinden: „Die Erschöpfung scheint vor allem die jüngeren Mitglieder der Gruppe zu betreffen, während die älteren sich frisch fühlen."

Konfliktlinien aufzeigen. Wenn die Bilanzstruktur Defizite im Miteinander erkennen lässt, muss die Gruppe sich diesen Schwachstellen widmen, um den nächsten Arbeitsschritt bewältigen zu können. Dazu müssen die unterschiedlichen Bedürfnisse und Bewertungen als Konflikte deutlich herausgearbeitet und bis zur Entscheidungsfähigkeit geführt (amplifiziert) werden. Um der Gruppe die Tür zum Storming zu öffnen und zu verhindern, dass sie über Sollbruchstellen einfach hinweggeht, kann der Coach im Anschluss an sein Fazit die bestehenden Konfliktlinien aufzeigen: „Herr Lauer, Ihre Ansprüche an die Gruppe empfinden viele Ihrer Mitarbeiter als Überforderung. Einige haben den Eindruck, dass Sie gar nicht überblicken, was Sie Ihren Leuten zumuten. Hier scheint es noch Klärungsbedarf zu geben. Außerdem geraten Sie, Frau Grätsch, innerhalb der Gruppe in eine schwierige Position. Dahinter stehen die Fragen: Warum verhalten Sie sich so, wie Sie's tun und lässt die Gruppe Ihnen das durchgehen? Schließlich scheint es ein Belastbarkeitsgefälle zwischen Älteren und Jüngeren zu geben. Auch hier sind die Hintergründe noch im Dunkeln, ebenso wie die Frage: Was tun damit?"

Die Formulierung der Konfliktpotentiale ist bereits ein Stück Stormingarbeit. Sie verlangt vom Coach sehr viel Einfühlungs- und Einschätzungsvermögen. Gilt es doch an dieser Stelle bereits, die „rechten Themen" für anstehende Auseinandersetzungen möglichst treffsicher zu formulieren und dadurch ein konstruktives Storming zu gewährleisten. (s. Kapitel 6.3.2)

Auch hier muss der Coach nicht Recht haben: Wenn die Gruppe sich durch seine Anmerkungen angeregt fühlt, ihre Konfliktpotentiale anders zu akzentuieren – umso besser. Man kann diesen Arbeitsschritt auch gänzlich an die Gruppe delegieren, indem man alle Beteiligten auffordert, potentielle Konfliktthemen auf eine Tafel zu schreiben und durch Ankreuzen der Themen zu verdeutlichen, wie viele Mitglieder hier Auseinandersetzungsbedarf sehen.

Haben sich im Re-Forming keine Zielkonflikte oder Regelungswünsche herauskristallisiert (was erfreulich ist – wenn es denn der Wahrheit entspricht), lohnt es sich, auch das explizit festzuhalten: „Ich habe in dieser Runde gehört, dass alle rundum zufrieden mit dem sachlich und zwischenmenschlich Erreichten sind und es keiner Klärungen, Veränderungen oder Absprachen bedarf, bevor wir weiter an die Arbeit gehen können." Wenn es bisher zurückgehaltene Unzufriedenheiten oder Bedenken gab, werden sie sich jetzt als Widerspruch gegen zu viel heile Welt artikulieren.

Regelungsbedarf aufzeigen. Falls während des Re-Formings Defizite im Miteinander deutlich geworden sind, die nicht umstritten sind, kann der Coach bereits im Fazit den sich abzeichnenden Regelungsbedarf formulieren und dem Norming vorgreifen: „Unabhängig von den anstehenden Konflikten scheint mir eine Frage im Raum zu stehen: Wie können Sie alle gemeinsam verhindern, dass sich Unzufriedenheiten und Überarbeitung auftürmen und erst im Nachhinein zur Sprache kommen?"

Empfehlungen aussprechen. Abschließend kann es hilfreich sein, wenn der Coach eine Empfehlung ausspricht, welche Konflikte unbedingt ausgetragen und welche Entscheidungen auf jeden Fall getroffen werden sollten, bevor es wieder an die Arbeit geht. Gerade dann, wenn die Bilanzstruktur der Gruppe viele Brüche und Risse aufweist, sieht die Gruppe selbst gelegentlich den Wald vor lauter Bäumen nicht.

Häufig drängen sich Prioritäten für die Konfliktbearbeitung und -klärung auf. Außerdem muss nicht jeder Konflikt (sofort) bearbeitet werden:

▶ Manche Ziele sind nicht vordringlich.
▶ Es kann abgewartet werden, bis sie größeren Stellenwert im Gruppengeschehen gewinnen werden.
▶ Wieder andere Spannungen müssen noch gären, bevor sie bearbeitbar sind, z.B. weil sie die Gruppe noch nicht hinlänglich behindern, um sie zu ernsthafter Auseinandersetzung motivieren zu können.
▶ Schließlich gibt es unlösbare Konflikte, die einfach ausgehalten werden müssen.

Hier kann der Coach als Berater der Gruppe tätig werden, indem er ihr Vorschläge für das weitere Vorgehen macht: „Ich denke, dass das Thema „Ansprüche des Abteilungsleiters an die Gruppe" vordringlich behandelt werden muss. Auch Frau Grätschs Position in der Gruppe sollte geklärt sein, bevor Sie weiterarbeiten. Alles Weitere kann und soll meines Erachtens erst noch einmal gären. Wären Sie mit einem derartigen Vorgehen einverstanden?"

9.5.6 Interventionen im Überblick – Die Morgenrunde

Um die genannten Interventionen im Zusammenhang zu veranschaulichen, folgt an dieser Stelle das Protokoll einer fiktiven aber wirklichkeitsgetreuen metakommunikatorischen Runde aus einem Workshop mit Führungskräften zum Thema „Dynamik in Gruppen":

Zeitpunkt des Re-Formings. Erstreckt sich die gemeinsame Arbeit über mehrere Tage, dann bietet es sich an, metakommunikatorische Runden jeweils zu Tagesbeginn durchzuführen, weil dies der natürliche Zeitpunkt des Re-Formings ist. Über Nacht hatte jedes Gruppenmitglied Zeit und Gelegenheit, in sich zu gehen, Abstand von der Gruppe und ihren Normen zu gewinnen und das am Vortag Erreichte an den eigenen Erwartungen zu messen. Vielleicht ist es im Anschluss an das zurückliegende Performing (z.B. auf dem Heimweg oder abends beim Essen) noch zu Gesprächen in kleinen Zirkeln gekommen, die es den Einzelnen ermöglicht haben, sich in kritischen Fragen rückzuversichern (Motto: „Seht Ihr das ähnlich wie ich?"). Das nachfolgende Alleinsein oder Zusammensein mit Gruppenfremden (Freunden, Familie) gibt Gelegenheit dazu, das Gruppengeschehen gewissermaßen von außen zu betrachten und auch solche Gedanken und Gefühle zuzulassen, die im Zusammensein mit der Gruppe tabu wären. Schließlich führt der Nachtschlaf dazu, dass die Geschehnisse des Vortages sacken können und ihren wahren persönlichen Stellenwert erhalten. Alles in allem werden dadurch günstige Voraussetzungen für ein gehaltvolles Re-Forming geschaffen.

Selbstverständlich können metakommunikatorische Runden zu jeder beliebigen Tageszeit durchgeführt werden (manchmal müssen sie es),

▶ wenn massive Arbeitsstörungen aufgrund aktueller Zwischenfälle ein „Weiter so"! gar nicht zulassen, muss die Runde ohne Aufschub stattfinden – wahrscheinlich als thematisch eingegrenztes Sharing,

▶ wenn die Gruppe nur einen Tag beisammen ist, wird man erste Bilanzen vielleicht schon nach dem Mittagessen einholen, um den Nachmittag noch entsprechend umgestalten zu können – wahrscheinlich als zeitlich begrenztes Blitzlicht,

▶ wenn die Gruppenleitung bzw. der für den Ertrag des Miteinanders Verantwortliche (Referent, Lehrer, Vorgesetzte usw.) unbedingt die Bilanz der Runde kennen muss, um den nächsten Arbeitstag vorbereiten zu können, wird er bei Arbeitsschluss um Rückmeldungen bitten – wahrscheinlich in begrenzter Form, z.B. als Kurz-Feedback.

Rahmenvorgabe. Den Rahmen für das Re-Forming setzt der Leiter im vorliegenden Fall, indem er bereits zu Beginn des Seminars ankündigt: „Dass zehn Menschen über längere Zeit an einem Thema arbeiten und alles wie geschmiert läuft – das ist die Ausnahme. Deshalb beginnen wir jeden Tag mit einer Morgenrunde, um zu schauen, wie es den Einzelnen ergeht, wie Sie inhaltlich auf Ihre Kosten kommen, wie gut oder schlecht das Miteinander gelingt und welche Veränderungen wir in unserem Fahrplan vornehmen müssen, um unsere Ziele auch wirklich zu erreichen. Solche Runden dauern zwischen 30 und 90 Minuten – je nachdem, wie viel es zu besprechen gibt." Dadurch haben alle Beteiligten die Gewissheit, dass und wann ein Re-Forming stattfinden wird. Diese Vorgabe gewährleistet in der Regel, dass in der Zeit zwischen den

Morgenrunden gearbeitet werden kann, da sich alle innerlich darauf einstellen und ihre Bilanzen für den angekündigten Zeitpunkt aufsparen. Das Nebeneinander individueller Verarbeitungsgeschwindigkeiten wird dadurch synchronisiert, so dass sich ein gemeinsamer Verarbeitungsrhythmus für die gesamte Gruppe entwickelt.

Das thematische Netz auswerfen. Zu Beginn der Morgenrunde hängt am Flip-Chart ein Bild, das die Inhalte der Morgenrunde vorstellt.

Anhand dieses Bildes wird das Re-Forming initiiert und das thematische Netz ausgeworfen: „Nachdem wir einen Arbeitstag hinter uns haben, lassen Sie uns – bevor wir weiterarbeiten – einen Blick auf Gestern werfen um herauszufinden, ob wir einfach so weitermachen können, oder ob wir Veränderungen vornehmen sollten, damit hier alle auf ihre Kosten kommen. Das Quadrat im Bild steht mit seinen vier Seiten (Schulz von Thun, 1981) für vier wesentliche Aspekte im Gruppengeschehen:

(1) Die Befindlichkeit der Einzelnen (Selbstkundgabeseite),
(2) der sachliche Ertrag (Sachseite),
(3) die Art des Miteinanders (Beziehungsseite) und
(4) die von uns verfolgten Ziele (Appellseite).

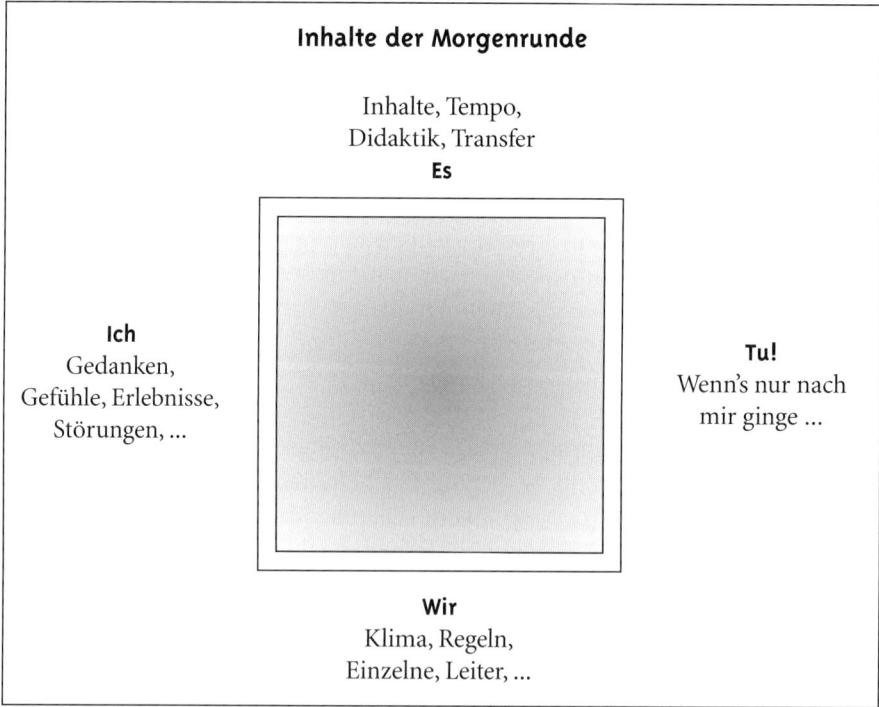

Abbildung 10. Vier wesentliche Aspekte des Gruppengeschehens können in der Morgenrunde thematisiert werden: **Ich** – die Befindlichkeit des Einzelnen, **Es** – der sachliche Ertrag, **Wir** – das Miteinander und **Tu!** – die verfolgten Ziele

Nehmen Sie das Quadrat als inneren Kompass, mit dem Sie den gestrigen Tag erforschen können:

- ▷ Wie erging es Ihnen gestern?
- ▷ Was haben Sie gedacht, gefühlt, erlebt?
- ▷ Was war bemerkenswert – im Guten, wie im Schlechten?

- ▷ Wie sind Sie mit den Inhalten klargekommen?
- ▷ Und Mit dem Tempo, der Art und Weise der Vermittlung?
- ▷ Was davon glauben Sie, im Sinne eines Transfers in Ihrem Alltag für sich verwerten zu können?
- ▷ Was waren für Sie unverwertbare Ballaststoffe oder schlicht Müll?

- ▷ Wie ist es Ihnen bislang in dieser Gruppe ergangen?
- ▷ Ist das hier für Sie ein Wachstums- oder eher ein Wüstenklima?
- ▷ Gibt es hier (unausgesprochene) Regeln, die Sie einführen oder abschaffen möchten?
- ▷ Sind einzelne Beziehungen für Sie besonders (un-)angenehm hervorgetreten?
- ▷ Welche Phantasien machen Sie sich über die anderen?
- ▷ Wie kommen Sie mit mir als Coach (Trainer, Chef, Moderator...) zurecht?

- ▷ Wenn Sie all das innerlich abwägen, ergeben sich vielleicht Veränderungswünsche nach dem Motto 'Wenn's nur nach mir ginge...'. Natürlich geht's nicht nur nach Ihnen, aber es geht auch nach Ihnen. Wenn wir die Veränderungswünsche aller kennen, können wir daraus wahrscheinlich einen guten Kompromiss zimmern.

Natürlich müssen Sie diese Punkte jetzt nicht alle gewissenhaft abarbeiten. Schauen Sie, wozu aus Ihrer Sicht etwas zu sagen ist, und teilen Sie es den anderen im Verlauf der Runde mit."

Widerstandprophylaxe. Falls ich mit Widerstand gegen die Runde rechne, nehme ich diesen auf, bevor es losgeht. Dazu gibt es ein zweites Bild (s. Abb. 11) mit folgender Erläuterung:

„Manche von Ihnen mögen sich vielleicht fragen, ob so eine Runde nicht pure Zeitverschwendung ist. Vor allem jene mit leidvollen Gruppenerfahrungen misstrauen der ganzen Angelegenheit vielleicht, weil sie erwarten, aufeinander gehetzt zu werden.

Ich möchte, dass wir hier Zeit sparen und nicht mehr (aber auch nicht weniger!) an Auseinandersetzungen haben, als der Wahrheit unserer Situation entspricht. Und es ist meine Erfahrung, dass eine ernsthafte Runde dazu dienen kann, inhaltliche, zwischenmenschliche und persönliche Arbeitsstörungen sichtbar und damit behebbar zu machen, bevor sie sich zerstörerisch und zeitraubend auswirken. Darum geht es mir. Tragen Sie dazu bei, dass die Gruppe

Morgenrunde als Störungsprophylaxe

Sache (1)
Die unausgedrückten Sachfragen, -kommentare, -kritiken von heute
sind das Unverständnis und die Generalkritik von morgen

Selbstkundgabe (2)
Die unausgedrück-
ten Selbstkundgaben
von heute sind die
Zurückhaltung von
morgen

Appell (4)
Die unausgedrück-
ten Appelle von heu-
te sind die Vorwürfe
von morgen

Beziehungen (3)
Die unausgedrückten Beziehungsbotschaften von heute
sind die Kontaktlosigkeit von Morgen

Abbildung 11. Störungen des Gruppengeschehens können in vier Bereichen auftreten (1) auf der Sachebene, (2) der Selbstkundgabeebene, (3) der Beziehungsebene und (4) der Appellebene. Werden Störungen in diesen Bereichen rechtzeitig thematisiert, steigt die Wahrscheinlichkeit eines eines gelingenden Miteinanders

sich auch in Ihrem Sinne entwickelt, indem Sie die aus Ihrer Sicht wesentlichen Punkte ansprechen.

Natürlich kann man so eine Runde auch durchziehen. Aus einer dementsprechenden Haltung erwachsen dann 'Armutsbeiträge', die sich so anhören: 'Ich habe gut geschlafen; der gestrige Tag war sehr aufschlussreich und ich bin voller Hoffnung auf den heutigen.' Solche 'Armutsrunden' sind tatsächlich Zeitverschwendung.

▶ Wenn Sie aber heute mitteilen können, was in Ihnen vor sich geht in dieser Gruppe, verhindern Sie, dass Sie morgen bereits den 'innerlichen Rückzug' angetreten haben.

▶ Wenn Sie heute mitteilen, wie es Ihnen in Beziehung zu den anderen geht, verhindern Sie, dass kleine Meinungsverschiedenheiten oder Enttäuschungen zu Dramen hochkochen bzw. zu Kontaktabbrüchen führen.

▶ Wenn Sie heute mitteilen, wo Sie sachlich stehen, ersparen Sie es sich und uns, morgen eine enttäuschte Generalkritik vom Stapel lassen zu müssen.

▶ Und wenn Sie heute Ihre Änderungswünsche mitteilen, brauchen Sie mir oder anderen morgen hoffentlich keine Vorwürfe zu machen.

Diese Runde fordert Mut zur Offenheit, besonders dann, wenn man vermuten muss, mit seiner Auffassung neben dem Trend zu liegen. Sorgen Sie dafür, dass diese Runde für alle aufregend und interessant wird, indem Sie Ihren Mut aktivieren und etwas riskieren.

Wenn Sie mit allem einverstanden sind, zögern Sie nicht, das mitzuteilen, auch wenn Sie befürchten, als Opportunist dazustehen. Wenn Sie Kritik haben, halten Sie sie nicht zurück, auch wenn Sie sich sorgen, als Querulant zu erscheinen. Egal, ob die anderen und ich Ihre Meinung nun teilen oder nicht, ich werde dafür sorgen, dass Sie sie hier äußern können."

Vorzeitige Engführung verhindern. Bevor der Erste spricht, erläutere ich die Struktur der Runde: „Ich möchte gern, dass wir das Ganze in zwei Phasen gliedern. Zunächst einmal geht es in der „Kraut und Rüben-Phase" darum, dass jeder sagt, was zu sagen ist. Was immer sich daraus an Klärungs- und Regelungsbedarf ergibt, verschieben wir auf Phase zwei. Sollte sich viel Stoff ansammeln, werde ich die Inhalte auf dem Flip-Chart notieren, damit nichts verloren geht."

Variation, Amplifikation und Selektion dürfen nicht kunterbunt durcheinander geraten. Die erste Phase umfasst das eigentliche Re-Forming, während in Phase zwei die Storming- und Normingarbeit erledigt wird.

Reihenfolge vorgeben. Wenn es sich um eine Gruppe ohne Reformingerfahrungen und -regeln handelt, schalte ich als „Eisbrecher" noch eine „Vorreiterphase" vor: „Zunächst einmal brauchen wir ein bisschen Hilfe, um den Motor der Gruppe auf Touren zu bringen: Das sollen die Vorreiter tun. Sie sollen mit methodischer Disziplin zu jeder der vier Seiten des Nachrichtenquadrates mindestens einen Satz sagen, damit wir inhaltlich Boden unter die Füße bekommen. Vorreiter ist heute jeder vierte von uns, mich eingeschlossen. Wir bräuchten lediglich einen Freiwilligen, der die Vorreiterrunde in Gang bringt"

All diese Präliminarien erübrigen sich, wenn das Re-Forming in der Gruppe bereits institutionalisiert ist. Dann beginnt ohne viele Umschweife einfach derjenige, der soweit ist.

BEISPIEL

Morgenrunde im Workshop. Frau Katzmarek: „Also, inhaltlich bin ich ganz zufrieden, ich konnte einiges mitnehmen ... obwohl – ich hatte eigentlich mehr Gruppendynamik erwartet ... dass es auch hoch hergeht. Wir gehen hier ja sehr vorsichtig miteinander um ... Mir persönlich geht es gut und in der Gruppe fühle ich mich wohl, so weit man bisher von Gruppe sprechen kann. Von mir aus kann's so weiter gehen."

Coach (hört aktiv zu): „Wenn ich Sie recht verstehe, dann hatten Sie ein konflikthafteres Klima erwartet und Sie sind sich noch nicht sicher, ob Sie jetzt erleichtert oder enttäuscht sein sollen. In jedem Fall empfinden Sie den Um-▸

gang miteinander als zurückhaltend. Mögen Sie sagen, wo und wie Sie sich gestern zurückgehalten haben?"

Frau K: „Na ja, am ersten Tag beschnuppert man sich ja immer und will nicht gleich andere vor den Kopf stoßen. Aber dass gestern so viel Zeit damit vertan worden ist, die Dauer der Mittagspause zu diskutieren – das hat schon genervt."

Coach (konkretisierend): „Diese Diskussion fand vor allem auf Antrag von Herrn Wolters statt. Fanden Sie, dass er dabei zu viel Raum eingenommen hat? Oder haben Sie sich mehr über mich geärgert, dass ich das habe ausufern lassen?"

Frau K: „Ja ... beides. Wenn hier jeder die Pausen individuell zugeschnitten haben möchte, dann kommen wir auf keinen grünen Zweig."

Coach: „Soviel erst mal?"

Frau K: „Ja."

Herr Wolters: „Also, dass einem hier gleich der Mund verboten werden soll – das finde ich ein starkes Stück."

Coach (in die Breite gehend): „Dass Sie das nicht einfach auf sich sitzen lassen mögen, begreife ich. Lassen Sie uns aber erst einmal schauen, was die anderen Vorreiter erlebt haben – geht das? Danke! Als nächster wäre Herr Bertram dran.

Herr Bertram: „Oh, ich hasse solche Runden. Wenn's nur nach mir ginge, würden wir sofort inhaltlich weiter machen. Die Inhalte gestern waren mir bekannt. Ich bin sehr skeptisch, ob man den Vorgängen in Gruppen mit solchen Modellen gerecht werden kann. Die Gruppe ist ganz nett – sehr viele junge Leute hier; für die war gestern sicher einiges dabei. Mehr habe ich nicht zu sagen."

Coach (aktiv zuhörend und drastifizierend): „Sie sind bisher überhaupt nicht auf Ihre Kosten gekommen, Herr Bertram. Entsprechend ungeduldig erleben Sie diese Runde hier: Wann springt für Sie endlich etwas heraus? In der Gruppe sehen Sie sich als alten, erfahrenen Hasen und haben die Sorge, dass wir uns hier auf Anfängerniveau bewegen. Stimmt das?"

Herr Bertram: „Nicht ganz so drastisch, aber die Tendenz ist richtig. Ich meine, wann kommen wir endlich zu den haarigen Situationen, wo es knallt und raucht – darum geht es doch eigentlich?"

Coach (aktiv zuhörend): „Und Ihr Appell ist: Tu du, Seminarleiter, mal ein bisschen was, damit es hier auch konflikthaft zur Sache geht! Ist das Ihr Hauptwunsch für heute?"

Herr Bertram: „Ich weiß gar nicht, ob man dafür viel tun muss. Hier gibt es genug Konfliktpotentiale."

Coach (präzisierend): „Stell du, Leiter, dich nicht dem in den Weg, was sich sonst entwickeln würde!"

Herr Bertram: „Exakt!"

Coach (konkretisierend): „Sie sagten, dass es hier genug Potentiale gäbe. Mögen Sie das eine oder andere ansprechen?"

Herr Bertram: „Nein, nein. Das soll alles gären, bis es reif ist!"

Coach: „Danke. Als nächste Vorreiterin sind Sie dran, Frau Dubek."

Frau Dubek: „Also, zunächst einmal bin ich kurz vorm Platzen. Wie kann man nur derartig aufgeblasen daher kommen..."

Coach (adressierend): „Sie schauen dabei Herrn Bertram an...?"

Frau Dubek: „Wen sonst? Wenn der eh schon alles kann und alles weiß, dann soll er das hier reinbringen und sich nicht in jovialen Andeutungen ergehen. Auf derartige Besserwisser habe ich gerade gewartet. Und wenn Sie hier Streitpunkte sehen, Herr Bertram, dann nennen Sie Ross und Reiter. Sitzen Sie nicht wie ein distanzierter Insektenforscher mit süßlichem Lächeln herum. Wenn Sie das Getümmel suchen, dann begeben Sie sich hinein, verflixt nochmal."

Coach (konkretisierend): „Sie wollen ihm sagen: Wenn du hier Streit haben willst, dann tu was dafür?"

Frau Dubek: „Na klar! (atmet tief durch) Ansonsten bin ich mit dem Tag gestern sehr zufrieden und von mir aus kann's hier nach Plan weitergehen, wenn die Bertrams von ihrem hohen Ross herunter steigen."

Coach (adressierend): „Die Bertrams? Wer gehört aus Ihrer Sicht noch zum Club?

Frau Dubek: „Ach, das weiß doch jeder. Es gibt hier einige, die nur da sind, um zu zeigen, dass sie mit allen Wassern gewaschen sind. Frau Siemers, zum Beispiel."

Coach: „Die gehört auch zu den 'Bertrams'?"

Frau Dubek: „Klar. Von Ihnen, Frau Siemers, habe ich noch keinen Satz gehört, der nicht anfängt mit: 'Nachdem ich fünfundvierzig gruppendynamische Ausbildungen, achtunddreißig Jahre Selbsterfahrung und zwölf Semester Führungserfahrung hinter mir habe ...' Und dann kommt nichts. Von Ihnen erfährt man tatsächlich nichts."

Coach (aktiv zuhörend): „Sie haben es schwer, mit Frau Siemers warm zu werden, weil Sie ihr Verhalten angeberisch finden und es ablehnen?"

Frau Dubek: „Allerdings."

Coach: „Was würde Sie interessieren, wenn diese Wand nicht da wäre?"

Frau Dubek: „Welche Schwierigkeiten Sie trotz all Ihrer Diplome in Gruppen haben, Frau Siemers ..."

Coach: „So viel für den Augenblick ...?"

Frau Dubek: „Eins noch: Ich würde heute gerne mal in anderen Kleingruppen arbeiten als gestern. Damit ich alle kennen lerne."

Coach (in die Breite gehend): „Gut. Ich notier' das und im Anschluss an die Runde schauen wir, wie wir uns heute organisieren."

Nachdem die Vorreiter gesprochen haben, werden die anderen eingeladen, ihre Bilanzen vorzustellen: „Was gibt es von jenen, die noch nicht sprechen durften bzw. mussten zu ergänzen oder zu bekräftigen?"

Bilanzstruktur umreißen. Die Beiträge der Gruppenmitglieder werden aneinander gereiht wie Perlen auf einer Kette. Vieles klärt und erledigt sich dadurch, dass es benannt wird: Die alten Hasen merken deutlich, dass sie mehr tun müssen, als sich kommentierend zurückzulehnen, um in der Gruppe Fuß zu fassen. Gleichzeitig kommen die Freunde des konfrontativen Umgangs während der Runde durchaus auf ihre Kosten. Es entwickelt sich die Bilanzstruktur, die abschließend umrissen wird:

Coach: „Mir scheint, dass es zwei Lager in der Gruppe gibt: Jene, die etwas über Gruppen lernen möchten und jene, die in der Gruppe etwas erleben möchten. Frau Dubek und Herr Bertram sind derzeit die Protagonisten dieser beiden Auffassungen. Sie beide müssten einmal sagen, wie Sie diese Runde empfunden haben. Vielleicht gibt es auch zwischen Ihnen noch etwas zu klären, Sie haben einander ja auch persönlich angegriffen. Ich selbst muss auch noch einmal Farbe bekennen, wie ich mir das Ganze hier denke: eher als Lehrveranstaltung oder als gruppendynamisches Laboratorium. Im Großen und Ganzen besteht der Wunsch, im Sinne unseres Seminarplans weiterzumachen, wobei es gern dazu kommen darf, dass wir das Gelernte hier auch vor Ort erleben. Eine gute Mischung zu finden – das scheint unsere Hauptaufgabe für den heutigen Tag zu sein. Ich habe den Eindruck und die Hoffnung, dass wir es hier sehr lebendig haben werden, wenn jeder Störungen offen anspricht. Wir alle sind unterschiedlich genug, um reichlich Reibung und Dynamik zu erzeugen, mit der wir dann im Sinne des Themas umgehen könnten. Da braucht man gar nichts künstlich aufzuheizen."

Anschließend werden die noch anstehenden Auseinandersetzungen geführt und notwendige Regelungen getroffen.

Nach einer solchen Runde, die keinen unausgesprochenen Ballast zurücklässt, gehe ich guten Mutes in den Tag. Wir haben als Gruppe eine gemeinsame Ausrichtung gewonnen, auf deren Grundlage wir neue Erfahrungen machen können. Vielleicht ist nicht alles zur allgemeinen Zufriedenheit gelöst, aber wir können uns so verabreden, dass unsere Vereinbarungsstruktur für den neuen Tag auch den bestehenden Meinungsverschiedenheiten Rechnung trägt. Da alle Mitglieder wissen, dass die nächste Morgenrunde bestimmt kommt, fällt es jetzt leicht, sich auf die Arbeit zu konzentrieren. Das Miteinander ist vorläufig geklärt.

Teil III Die Struktur

Was macht den Charakter, die Befindlichkeit, die Eigentümlichkeit einer be-
obachteten Gruppe aus? Wodurch und worin unterscheidet sich das Strickmuster diese Gruppe von dem einer anderen? Passt die Struktur der Gruppe zu
jener der sich ihr stellenden Aufgaben? Wie müsste sich das Miteinander verändern, um anstehende Aufgaben angemessen bewältigen zu können? Was
können wir als Coaches tun, um Gruppen zu einem vertieften Selbstverständnis zu verhelfen und sie bei der Anpassung an ihre Aufgaben zu unterstützen?

Um diese Fragen zu beantworten, stellen wir im Folgenden dem Modell der
fünf Bahnhöfe zur Beschreibung des Gruppen-Prozess-**Verlaufes** ein Modell
zur Beschreibung der Gruppen-**Struktur** an die Seite.

Nähe-Distanz und Dauer-Wechsel. Zunächst betrachten wir ein zweidimensionales Instrument, dessen beide Achsen entlang der grundlegenden (zwischen-)
menschlichen Polaritäten „Nähe-Distanz" und „Dauer-Wechsel" verlaufen.
Wir verschaffen uns in Kapitel 10 „Dimensionen der Gruppenstruktur" einen
Überblick über Begriffe und Erkenntnisse, die zu diesem Struktur-Modell bereits vorliegen.

Charakterisierung von Gruppen. Anschließend beschreiben wir die Qualität
des Miteinanders von Gruppen anhand der Dimensionen Nähe-Distanz bzw.
Dauer-Wechsel und bezeichnen die sich dabei herauskristallisierende Struktur
als „Gruppenfeld". Das Gruppenfeld gibt uns Aufschluss darüber, welche Werte
und Regeln sich in einer Gruppe behaupten können und zu welchen Umgangsformen die Beteiligten dementsprechend (un-)fähig sind. Orientierungshalber
entwickeln wir vier idealtypische Gruppenfelder (Gemeinschaft, Truppe, Team
und Haufen), auf deren Hintergrund sich konkrete Gruppen leichter begreifen
lassen.

Dem Gruppenfeld stellen wir dann das „Aufgabenprofil" gegenüber; es be-
schreibt die sich der Gruppe stellenden Herausforderungen. Das Verhältnis von
Gruppenfeld und Aufgabenprofil hilft dem Coach, die Leistungsfähigkeit der
Gruppe angesichts konkreter Anforderungen abzuschätzen (Kapitel 11 „Das
Gruppenfeld").

Konkurrenz, Fürsorge, Freiheit ... . In das noch grob gerasterte Instrument zur
Gruppenfelddiagnose fügen wir (in Kapitel 12 „Themen im Gruppenfeld") eine
Vielzahl existentieller zwischenmenschlicher Themen ein (Konkurrenz, Fürsor-
ge, Freiheit, Emanzipation, Sicherheit etc.). Dadurch entsteht eine „thematische

Landkarte". Sie erlaubt es dem Coach, begründete Prognosen darüber abzugeben, welche Themen sich einer Gruppe mit einem gegebenen Feld stellen werden, wenn sie sich entwickeln will oder muss. Wir tragen Interventionen zusammen, die Gruppen bei der Entwicklung ihre Feldes durch die Bearbeitung anstehender Themen weiterhelfen.

Rollenverteilung in Gruppen. Wie lässt sich im Rahmen des Konzepts vom Gruppenfeld die Rollenverteilung in Gruppen begreifen? Wir unterscheiden dazu psychologische Rollen (Streber, Clown, Rebell, Einzelgänger) von gruppendynamischen Rollen (Führer, Mitläufer, Außenseiter, Sündenbock) und fragen nach der Funktion der Rollenverteilung für Entstehen, Stabilisierung und Weiterentwicklung des Gruppenfeldes.

Die in Kapitel 13 „Rollen im Gruppenfeld" vorgestellten Interventionen zielen vor allem darauf ab, problematische Rollenverteilungen bewusst zu machen und überforderte Rollenträger zu unterstützen, indem die Last der von ihnen allein getragenen Themen auf die Schultern aller Beteiligter zurück verteilt wird.

10 Dimensionen der Gruppenstruktur

▶ Das **Riemann-Thomann-Kreuz** mit seinen Dimensionen „Abgegrenztheit" und „Berechenbarkeit" wird als Modell zur Beschreibung von Gruppenstrukturen vorgestellt.

▶ Die vier Pole des Kreuzes – „Nähe", „Distanz", „Dauer", „Wechsel" – beschreiben existentielle Lebensanforderungen, denen sich alle Menschen im Verlauf ihrer Entwicklung stellen müssen. Jedem der vier Pole werden im ersten Schritt spezifische Werte, Zielvorstellungen und Weltsichten zugeordnet.

▶ Die unverwechselbare Charakterstruktur des Einzelnen mit ihren spezifischen Stärken und Schwächen, Ängsten und Sehnsüchten beschreiben wir im zweiten Schritt als „**seelisches Heimatgebiet**" innerhalb des zweidimensionalen Modells.

▶ Im dritten Schritt nutzen wir das Modell, um die Beziehungsstruktur in Gruppen darzustellen. Wir erläutern zwei beziehungsdynamische Grundprinzipien:

– Die „komplementäre Gegenbewegung", mittels derer Beziehungspartner sich im Dienste der wechselseitigen Verkraftbarkeit aufeinander einstellen, und

– die „konflikthafte Polarisierung", die zur Eskalation von Auseinandersetzungen zwischen Beziehungspartnern führt.

10.1 Das Riemann-Thomann-Kreuz

Mit dem Prozess-Phasen-Modell können wir Entstehen und Weiterentwicklung von Gruppenstrukturen beschreiben und uns im Einzelfall der Frage nähern: Wie verläuft hier der Gruppenprozess? Wir verfügen über ein fundiertes Sortiment an Interventionen, um den Gruppenprozess phasengerecht voranzubringen.

Dies alles gehört zu einer allgemeinen Theorie der Gruppenevolution, die nun eine differentielle Ergänzung erfahren soll.

Dazu stellen wir dem Längsschnitt-Modell der Prozessphasen ein Querschnitt-Modell der Strukturdimensionen an die Seite, das uns in die Lage versetzt, den Ist- bzw. Soll-Zustand einer Gruppe zu beschreiben.

Zwei Dimensionen der Gruppenstruktur: „Abgegrenztheit" und „Berechenbarkeit"

Die Suche nach treffenden, differenzierenden und greifbaren Dimensionen der Struktur von Gruppen beschäftigt die Psychologie seit langer Zeit, ohne dass die diesbezüglichen Bemühungen bislang zur Entwicklung eines allgemein anerkannten Modells geführt hätten (s. auch Sader 2000, S. 53ff).

Meine Kollegen vom Hamburger Arbeitskreis „Kommunikation und Klärungshilfe" und ich haben deshalb zur Beschreibung von Gruppenstrukturen, mit denen wir es im Seminar-Alltag zu tun bekamen, intuitiv auf ein bewährtes Persönlichkeitsmodell zurückgegriffen. Die vorliegende ausdrückliche „Übersetzung" dieses Modells in die Sphäre der Gruppe ist dann im Austausch mit Kollegen, Studenten und Seminarteilnehmern während der letzten zehn Jahre entstanden.[64]

Fritz Riemann (1989) beschreibt in seiner tiefenpsychologischen Studie „Grundformen der Angst" vier Hauptformen seelischer Erkrankung: schizoide, depressive, zwanghafte und hysterische Persönlichkeiten. Christoph Thomann (Thomann und Schulz von Thun 1988) hat Riemanns Typologie für die Beschreibung von gesunden, „normal-neurotischen" Charakteren angepasst. Dabei entstehen aus Riemanns Typen die 4 Pole des Riemann-Thomann-Kreuzes: Depressivität wird zu „Nähe", Schizoidie zu „Distanz". Aus Zwanghaftigkeit wird „Dauer", aus Hysterie „Wechsel".

> **!** Die beiden Dimensionen, anhand derer wir im Folgenden Gruppenstrukturen beschreiben, heißen „Abgegrenztheit" (mit den Polen „Nähe" und „Distanz") und „Berechenbarkeit"[65] (mit den Polen „Dauer" und „Wechsel").

Wir untersuchen das Miteinander in Gruppen daraufhin, welche je eigene Mischung von „Nähe – Distanz" bzw. „Dauer – Wechsel" durch die geltenden Regeln hergestellt, ermöglicht, gefordert und verhindert wird (Abb. 12).

Das Riemann-Thomann-Modell gewährleistet sowohl eine gewisse Einfachheit an der Oberfläche (indem wir einer zu beschreibenden Gruppe nur zwei Merkmalsausprägungen zuordnen müssen) als auch den Zugang zu komplexen Tiefendimensionen in Gruppen (Hierarchie und Machtverteilung, Homogenität und Heterogenität, Rollenverteilung und Bearbeitung unterschwelliger Gruppenthemen, Außenseiter- und Sündenbockphänomene, Widerstand und Verdrängung etc.), wie wir in den nächsten Kapiteln sehen werden.

Ein weiterer entscheidender Vorteil ist, dass das Modell sich bei der Beschreibung von seelischen und dyadischen Strukturen bereits bewährt hat. Mit ihm lassen sich Individuum und Gruppe zueinander in Beziehung setzen. Wir können mit dem Riemann-Thomann-Kreuz persönliche Zielpools ebenso beschreiben wie zwischenmenschliche Zielkonflikte und die Qualität des Miteinanders in Gruppen (Sucht dieser Mensch eher von Nähe oder von Distanz geprägte Beziehungen? Ist dies eher ein Nähe-Distanz- oder ein Dauer-Wechsel-

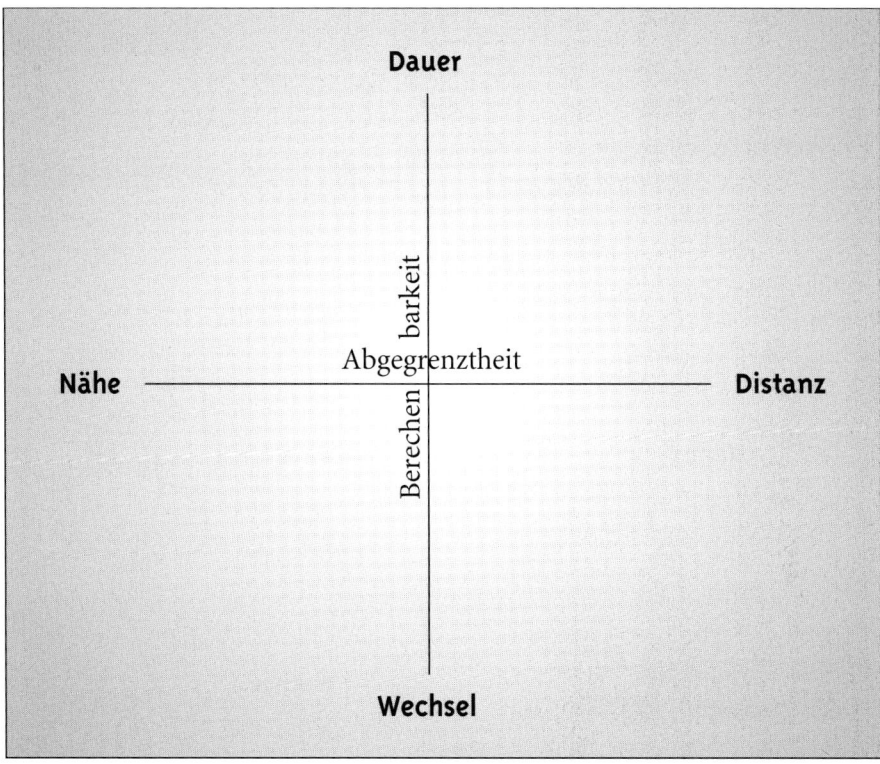

Abbildung 12. Im Riemann-Thomann-Kreuz bildet sich das Achsenkreuz aus den zwei Dimensionen der Gruppenstruktur: Die Dimension **Abgegrenztheit** reicht vom Pol „Nähe" bis zu „Distanz", die Dimension **Berechenbarkeit** reicht von „Dauer" bis „Wechsel"[66]

Konflikt? Verlangt und ermöglicht der Gruppenvertrag eher ein von Nähe oder von Distanz geprägtes Verhalten?)

10.2 Charakterstruktur und seelische Dynamik

10.2.1 Die Ausgangssituation: Abgegrenztheit und Berechenbarkeit

Jeder Mensch sieht sich Zeit seines Lebens mit zwei existentiellen Bedingungen konfrontiert, denen nicht zu entkommen ist: Raum und Zeit (Abb. 13).[67]

Leben im Raum. Wir alle erleben die Welt räumlich, wodurch wir hinsichtlich unserer Umwelt eine Wahlfreiheit bzw. Wahlpflicht haben: Wollen wir den uns umgebenden Menschen und Dingen nahe sein, oder gehen wir auf Distanz?

Abbildung 13. Die menschliche Existenz ist von zwei Grundtatsachen und vier Wahlmöglichkeiten geprägt: Zum einen leben wir im Raum als Mensch unter Menschen. Dadurch stehen wir im unauflöslichen Spannungsfeld von Nähe und Distanz. Zum anderen leben wir im Fluss der Zeit inmitten von Veränderungen. Dadurch stehen wir im unauflöslichen Spannungsfeld von Dauer und Wechsel

Diese Frage stellt sich uns und wir müssen uns ihr stellen – es gibt keinen Ausweg. Wohl aber gibt es Grenzen unserer Entscheidungsfreiheit: Egal, wie viel Nähe wir zur Außenwelt ersehnen, wir bleiben mit dem Moment der Geburt dennoch von ihr getrennt und können nicht mit ihr verschmelzen. Und egal, wie viel Distanz wir zur Außenwelt suchen, wir können sie nicht aus unserem Leben entfernen.

- Angesichts dieser Situation stellt sich lebenslang die Frage: „Annäherung oder Abgrenzung?".
- Sollen wir Menschen an uns heranlassen oder uns vor ihnen zurückziehen?
- Wollen wir angesichts einer Situation erlebend in ihr aufgehen oder sie betrachtend auf Abstand halten?
- Lassen wir uns von Ereignissen unmittelbar berühren oder halten wir uns ihnen reflektierend fern?

Fritz Riemann sieht uns durch diese erste existentielle Zwickmühle mit zwei grundlegenden Forderungen und zwei grundlegenden Ängsten konfrontiert:

Distanz. Erstens „dass wir ein einmaliges Individuum werden sollen, unser Eigensein bejahend und gegen andere abgrenzend... Damit ist aber alle Angst gegeben, die uns droht, wenn wir uns von anderen unterscheiden und dadurch aus der Geborgenheit des Dazugehörens und der Gemeinsamkeit herausfallen, was Einsamkeit und Isolierung bedeuten würde." (Riemann, 1989, S. 13). Dieser Forderung bzw. Angst entspricht der Pol „Distanz".

Nähe. Zweitens „dass wir uns der Welt, dem Leben und den Mitmenschen vertrauend öffnen, uns einlassen sollen mit dem Nicht-Ich, dem Fremden... Damit ist aber verbunden alle Angst, unser Ich zu verlieren, abhängig zu werden, uns auszuliefern, unser Eigensein nicht angemessen leben zu können, es anderen opfern und in der geforderten Anpassung zu viel von uns selbst aufgeben zu müssen" (ebd. S. 13f). Dem entspricht der Pol „Nähe".

Leben in der Zeit

Wir alle leben im Fluss der Zeit und sind Veränderungen und Überraschungen unterworfen: Wir altern, wir verändern unsere Bedürfnisse, Haltungen und Werturteile, wir müssen uns angesichts neuer Herausforderungen bewähren. Dadurch stehen wir beständig vor der Frage:

- Wollen wir uns selbst, unsere Umgebung und unsere Beziehungen angesichts des stetigen Veränderungsdruckes absichern, planen, ordnen und bewahren oder sie ungefiltert auf uns zukommen lassen und uns ihnen hingeben?"
- Durchschiffen wir den ungewissen Fluss der Zeit so wie er ist, oder versuchen wir, ihn durch Dämme und Wehre zunächst unter Kontrolle zu bringen?
- Setzen wir eher auf Kontinuität oder auf Veränderungsbereitschaft?

Auch dieser Zwickmühle begegnen wir täglich in vielen Situationen. Setzen wir auf Beständigkeit oder Veränderung, wenn wir eine neue Stelle angeboten bekommen? Wählen wir das Wohlbekannte oder das Exotische, wenn wir den Urlaub planen? Entscheiden wir uns beim Kauf einer CD für das schon Gehörte oder das Ungehörte?

Mit diesem zweiten existentiellen Dilemma verbinden sich wiederum zwei grundlegende Forderungen und Ängste:

Dauer. Einmal „dass wir die Dauer anstreben sollen. Wir sollten uns auf dieser Welt gleichsam häuslich niederlassen und einrichten, in die Zukunft planen, zielstrebig sein … als ob wir mit Bleibendem rechnen könnten … mit dieser Forderung sind alle Ängste gegeben, die mit dem Wissen um die Vergänglichkeit, um unsere Abhängigkeiten und um die irrationale Unberechenbarkeit unseres Daseins zusammenhängen…" (Riemann, 1989, S. 14). Dem entspricht der Pol „Dauer".

Wechsel. Zum anderen „dass wir immer bereit sein sollen, uns zu wandeln, Veränderungen und Entwicklungen zu bejahen, Vertrautes aufzugeben, Traditionen und Gewohntes hinter uns zu lassen, uns immer wieder vom gerade Erreichten zu lösen… Mit dieser Forderung… ist nun die Angst verbunden, durch Ordnungen, Notwendigkeiten, Regeln und Gesetze, durch den Sog der Vergangenheit und Gewohnheit… begrenzt zu werden in unseren Möglichkeiten und unserem Freiheitsdrang." (ebd. S. 15). Dem entspricht der Pol „Wechsel".[68]

Jeder Mensch muss sich im Verlauf seines Lebens mit allen vier Forderungen

▶ nach Abgrenzung,
▶ Beziehungsfähigkeit,
▶ Dauerhaftigkeit und
▶ Wandlungsbereitschaft

und den ihnen entsprechenden existentiellen Grundängsten

▶ vor Einsamkeit,
▶ Selbst-Verlust,
▶ Unbeweglichkeit und
▶ Chaos

immer wieder auseinandersetzen. Die Art und Weise, wie es ihm gelingt bzw. misslingt, die vier Pole als seelische Grundströmungen in sein Leben zu integrieren und sich den mit den Grundströmungen unauflöslich verbundenen Ängsten zu stellen, prägt seine Art in der Welt zu sein und ihr zu begegnen: Wir entwickeln Stärken und Neigungen hinsichtlich jener Anforderungen und Ängste, deren Bewältigung uns gut gelingt und Schwächen und Abneigungen hinsichtlich jener Anforderungen und Ängste, denen wir uns weniger gewachsen fühlen und gestalten unser Leben in der Regel so, dass wir unseren Stärken und Neigungen Raum geben und gleichzeitig all das meiden, was unsere Schwächen und Abneigungen zur Geltung bringen würde.[69]

Vier Grundströmungen: Nähe, Distanz, Dauer, Wechsel

Das Seelenleben des Menschen wird von allen vier Polen geprägt. Er erlebt sie als individuell unterschiedlich ausgeprägte Bedürfnisse nach Nähe, Distanz, Dauer und Wechsel. Jeder gesunde Mensch hat die Fähigkeit und das Bedürfnis, alle vier seelischen Grundströmungen in sein Leben einfließen zu lassen. Allerdings unterscheiden wir uns durch die jeweils bevorzugte Mischung.

Jede der vier Grundströmungen bringt spezifische Qualitäten hervor

▶ Verhaltensweisen,
▶ Einstellungen,
▶ Wertvorstellungen,
▶ Kompetenzen und
▶ Begrenzungen

Diese sind für jene Menschen prägend, bei denen diese Strömung (vorübergehend oder dauerhaft) dominiert.

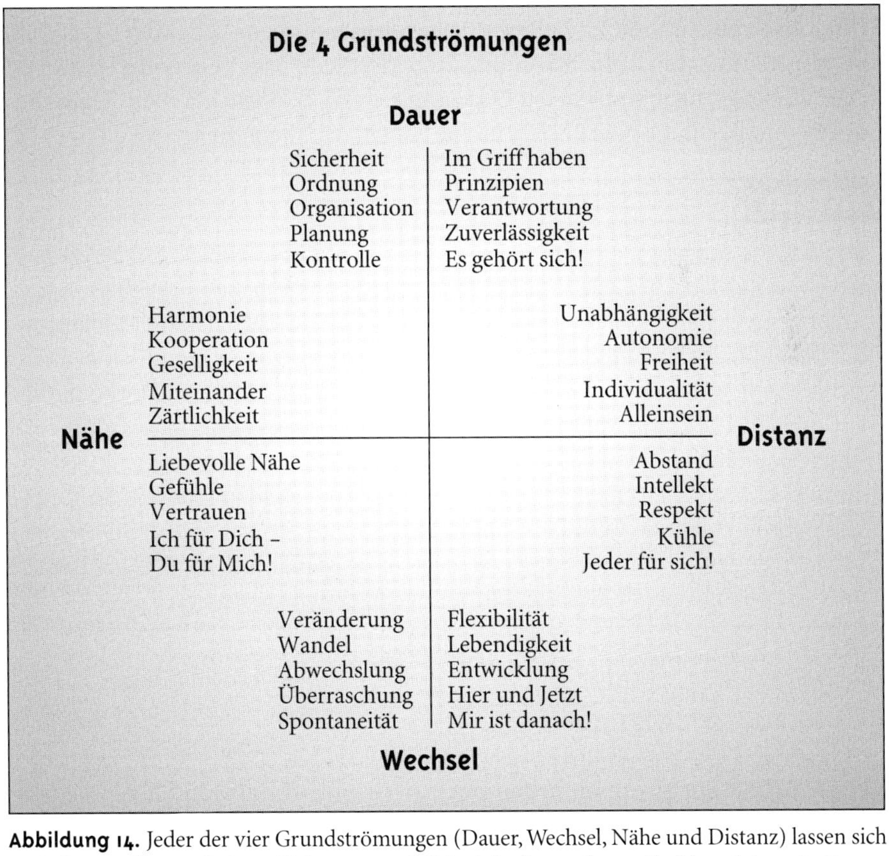

Die 4 Grundströmungen

Dauer

Sicherheit	Im Griff haben
Ordnung	Prinzipien
Organisation	Verantwortung
Planung	Zuverlässigkeit
Kontrolle	Es gehört sich!

Harmonie	Unabhängigkeit
Kooperation	Autonomie
Geselligkeit	Freiheit
Miteinander	Individualität
Zärtlichkeit	Alleinsein

Nähe ————————————— **Distanz**

Liebevolle Nähe	Abstand
Gefühle	Intellekt
Vertrauen	Respekt
Ich für Dich –	Kühle
Du für Mich!	Jeder für sich!

Veränderung	Flexibilität
Wandel	Lebendigkeit
Abwechslung	Entwicklung
Überraschung	Hier und Jetzt
Spontaneität	Mir ist danach!

Wechsel

Abbildung 14. Jeder der vier Grundströmungen (Dauer, Wechsel, Nähe und Distanz) lassen sich typische Qualitäten (Werte, Haltungen und Prinzipien) zuordnen, die hier stichwortartig zusammengetragen sind

> **!** Die dominanten Grundströmungen durchdringen als
>
> ▶ Vorlieben,
> ▶ Grundwerte,
> ▶ Prinzipien,
> ▶ Kontaktstile,
> ▶ Ängste,
> ▶ Ideale usw.
>
> sämtliche Lebensbereiche, so dass davon Beruf wie Privatleben, Lebensentscheidungen wie Alltägliches beeinflusst werden.

Verschiedene Vorlieben. Die grundlegenden charakterlichen Vorlieben und Grenzen spiegeln sich im konkreten Verhalten wider, das dann als ausdrucks- und zielgerichtet zugleich verstanden werden kann. Mein Verhalten hat nämlich einerseits seinen Ursprung in der bei mir dominanten Strömung: Weil bei mir die Dauerströmung überwiegt, ist es mir selbstverständlich, meinen Schreibtisch aufgeräumt zu halten. Gleichzeitig zielt mein Verhalten darauf ab, eine aktuell unterversorgte Strömung zu befriedigen bzw. eine vorherrschende Angst zu besänftigen: Indem ich Ordnung schaffe, bediene ich mein Dauerbedürfnis und beruhige gleichzeitig meine Angst, im Chaos zu ertrinken.

> **BEISPIEL**
>
> So wird die Aufgabe „Suchen Sie eine Musik aus, die zur Entspannung geeignet ist" von Menschen mit unterschiedlichen charakterlichen Vorlieben unter unterschiedlichen Gesichtspunkten betrachtet. Während „Dauer" vielleicht auf bekannte, sich wiederholende Melodien zurückgreift („Darauf kann man sich einstellen"), wählt „Wechsel" eher unbekannte Melodien, die fortlaufend aus dem Nichts kommen und dorthin verschwinden („Damit man sich nicht fixiert"). „Nähe" greift wahrscheinlich auf warme, harmonische Klangwelten zurück, während „Distanz" zu kühlen, abstrakten Gebilden tendiert. So sorgt jedes vorherrschende Bedürfnis dafür, während der Entspannung mit der es befriedigenden Grundströmung versorgt zu werden, ohne in unangenehme oder gar beängstigende fremde Stimmungen geraten zu müssen.

10.2.2 Vier Typen

Bei der Arbeit mit Gruppen helfen die vier Grundströmungen dabei, die persönlichen Zielpools der Mitglieder grob zu beschreiben: Verfolgt ein Mitglied eher Ziele, die Nähe oder Distanz fordern und fördern? Bewegt er sich mit seinen Zielen eher auf die Werte und Prinzipien von Dauer oder Wechsel hin?

Dauer

dogmatisch	zuverlässig
kontrollierend	treu
unflexibel	ordentlich
pedantisch	systematisch

kontaktfreudig	eigenständig
warmherzig	intellektuell
ausgleichend	konfliktfähig
verständnisvoll	entschieden

Nähe — — — — — — — — — — — — **Distanz**

abhängig	*kontaktscheu*
konfliktscheu	*kühl*
selbstlos	*unbeholfen i. N.*
nie Nein!	*verschlossen*

unzuverlässig	kreativ
ego-troph	improvisierend
oberflächlich	charmant
chaotisch	dynamisch

Wechsel

Abbildung 15. Je nach dominanter Strömung (Dauer, Wechsel, Nähe oder Distanz) ergeben sich typische charakterliche Stärken und Schwächen (*kursiv*), die ein von dieser Strömung vorwiegend geprägter Mensch aufweisen würde

Um die vier Strömungen in ihrer Bedeutung für das Verhalten und Erleben in Gruppen anschaulich und lebendig werden zu lassen, treten im Folgenden typische Vertreter jeder Strömung auf. Diese fiktiven Teilnehmer eines gruppendynamischen Seminars vertreten in ihrem inneren Monolog bei der Rückschau auf das Gruppengeschehen je eine Strömung überwertig. Dies ist eine unzulässige, aber realistische Vereinfachung: unzulässig, weil menschliche Charaktere sich nicht nur aus einer Strömung speisen; realistisch, weil der Gruppenprozess häufig zu Polarisierungen führt, die den Einzelnen dann eindimensional erscheinen lassen.

 **Nähe.** „Was mich gleich zu Beginn der Gruppe gefreut hat, war der Raum: helle, warme Farben und ein Stuhlkreis – Gott sei Dank keine Tische, hinter denen sich dann alle ängstlich verschanzen. Ich kannte zwar niemanden, aber wir hatten ja ein wenig Zeit, bei einer Tasse Kaffee zusammenzustehen und miteinander warm zu werden. Mit Klaus habe ich gleich ein prima Gespräch über unsere gar nicht so unähnlichen Bezie-

hungsprobleme geführt; wir haben uns dann auch nebeneinander gesetzt. Ich finde es immer schön, Vertraute an meiner Seite zu wissen – vor allem in so einer großen Gruppe. Bei sechzehn Teilnehmern ist es wirklich schwer, sich heimisch zu fühlen. Die Leiterin fand ich erst mal ein wenig kühl, aber wahrscheinlich war sie nur ein bisschen unsicher und das ist ja wirklich verständlich. Dass wir mit einer Vorstellungsrunde begonnen haben, finde ich gut und richtig; aber die Themenvorgaben durch die Leiterin – Beruf, Erwartungen und „gruppendynamischer Hintergrund" – waren viel zu unpersönlich, so dass ich zwar ein paar Informationen von allen bekommen habe, aber kein wirkliches Bild von den Menschen dahinter gewinnen konnte. Was mich richtig verstört hat, ist das „Siezen" am Anfang. Wie soll man sich bitte schön näher kommen, wenn schon die Anrede so unpersönlich ist? Bloß gut, dass Gerda dann einfach gesagt hat: „So, ich duz' euch jetzt alle. Wer's nicht mag, kann das ja sagen." Es war richtig zu spüren, wie Erleichterung sich im Raum breit machte und alle etwas näher zusammenrückten. Ein bisschen komisch wurde mir dann schon, als die Leiterin gar nichts unternahm, um das Ganze in Gang zu bringen – da hab' ich halt einfach angefangen, davon zu erzählen, wie es mir geht und auch welche Ängste ich in Gruppen hab' – das hat mir und allen einfach unglaublich gut getan. Dass dieser Edmund dann gesagt hat, ihn interessiere diese „Sozialpädagogenromantik" nicht die Bohne, er sei hier, um etwas über Gruppendynamik zu lernen und nicht, um in Selbstmitleid zu versinken, hat mich erst mal reichlich eingeschüchtert. Ich wollte mich nicht mit ihm anlegen, aber ich glaub schon, er hat Probleme sich einzulassen. Wirklich befremdlich fand ich die erste Übung, wo wir uns in Paaren sagen sollten, welche Vorurteile wir aufgrund des ersten Eindrucks voneinander haben. Dadurch werden doch nur Gräben zwischen den Einzelnen aufgetan, die im Normalfall schnell überbrückt wären, wenn man sich nur ein bisschen kennen lernt. Ich hab mich dann auch darauf beschränkt, meinem Partner Helmut zu sagen, dass er mich an meinen Vater erinnert – wofür er ja nichts kann – und dann haben wir einfach ein bisschen gequatscht: Das war viel intensiver, als über Vorurteile zu sprechen. Merkwürdig finde ich, dass die Leiterin sich so auf Abstand hält. Selbst in den Pausen verschwindet sie meistens. Ob die überhaupt Interesse an uns hat?"

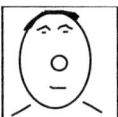 **Distanz.** „Die Minuten vor Seminarbeginn sind immer heikel: Was soll man miteinander reden, wenn man sich gar nicht kennt? Dieses Rumstehen bei Kaffee erschöpft sich doch in einem Austausch von Belanglosigkeiten. Ich hab' mir halt eine Zigarette angezündet, mich noch mal in die Seminarausschreibung vertieft und dabei die anderen Leute beobachtet. Mein erster Eindruck: Viel zu viel aufgesetzte Freundlichkeit. Als die Leiterin kam, hab ich aufgeatmet: Die sah wenigstens so aus, als hätte sie was zum Thema zu sagen – nicht so eine Selbsterfahrungstante mit Betroffenheitsautomatik und Theoriellergie. Ich glaube nicht, dass sie diesen unvermeidlichen Stuhlkreis wollte: Es hat sich zwischenzeitlich ja wohl rumgesprochen, dass

professionelle Fortbildung und Kindergartenbestuhlung nicht zwangsläufig zusammengehen müssen – wo bitte soll ich mir denn Notizen machen, wenn es nicht mal ein Tischchen gibt? Die Einführungsrunde war okay; einige Teilnehmer kommen aus interessanten Berufszusammenhängen. Gewundert hat mich, dass nur drei, vier Leute außer mir sich vorab in die Literatur eingearbeitet haben. Wie wollen die anderen denn ihre Erfahrungen hier reflektieren: aus dem hohlen Bauch? Dass sich gleich irgendjemand meldet, der das Duzen zwangsweise einführen will – Gerda heißt sie –, war ja zu erwarten. Es gibt immer ein paar Heilsarmisten, die Gruppendynamik mit Kaminfeuerromantik verwechseln: Ich hab' mich rausgehalten, aber um diese Gerda mache ich einen Bogen – sonst bekomme ich am Ende noch selbstgestrickte Strümpfe geschenkt. Sehr interessant und geschickt fand ich, dass die Leiterin sich zu Beginn ganz rausgehalten hat: Man konnte förmlich spüren, wie bei allen Angst und Verunsicherung wuchsen und wir hätten sicher eine spannende Situation bekommen, wenn nicht Marita mit ihrem Betschwestern-Gerede über ihre Ängste alles aufgeweicht hätte. Da ist mir dann wirklich der Kragen geplatzt und ich hab' sie mal über Sinn und Zweck der ganzen Veranstaltung und den Unterschied zwischen einer Therapiegruppe und einer Weiterbildungsveranstaltung aufgeklärt. Ich denke, das war notwendig an dieser Stelle, auch wenn diese Klarstellung eigentlich von der Leitung hätten kommen sollen. Die hat dann immerhin eine wirklich knallharte Übung vorgeschlagen: Wir sollten uns in Paaren (warum nicht in der Gruppe!?) über unsere gegenseitigen Vorurteile austauschen: Ich hab mir dann schnell Volker, der neben mir saß, als Partner gesichert, um nicht von irgendjemand ausgesucht zu werden, von dem ich dann nur süßliche Freundlichkeiten zu hören bekomme. Volker war wenigstens glaubwürdig, hat mir auch ein paar dicke Dinger an den Kopf geworfen („Du bist kalt wie ein Fisch!") – aber ich glaube, der weiß, was er an Übertragungen mit sich rumschleppt. Andererseits war ich auch nicht zimperlich und hab ihm alles, was er ausstrahlt, schonungslos rückgemeldet (z.B. „du trägst einen Ohrring, um vor dir selbst deine eigene Kleinbürgerlichkeit zu kaschieren."). Das war wirklich intensiv und kontaktstiftend. Wir wissen jetzt wenigstens, woran wir miteinander sind. (Im Gegensatz zu dieser Marita, die den armen Helmut – natürlich – in den Arm nehmen und mundtot machen musste.) Was mir jetzt noch fehlt, sind die Diagnostik der Vorurteilsschemata und ihre theoretische Einordnung durch die Leitung."

 **Dauer.** „Der Anfang war aus meiner Sicht ein Fiasko: Da standen wir beim Kaffe zusammen (es gab nicht mal genügend Tassen!) und ich merkte sofort, dass ich völlig falsch angezogen war. Wenn auf der Seminarbeschreibung wenigstens gestanden hätte „Freizeitkleidung" – aber so... Dann der Seminarraum: Zwar ganz hübsch eingerichtet, aber erstens war dieser sogenannte Stuhlkreis ein Ei, zweitens gab es überhaupt keine abgesprochene Sitzordnung, so dass ich mich genötigt sah, irgendeinen freien Stuhl zu besetzen und drittens hatte die Leitung noch nicht einmal Namens-

kärtchen dabei – unmöglich! Man sollte einander wenigstens korrekt ansprechen können! Na ja, diese Nachlässigkeit scheint hier Methode zu haben. Die Leitung (nichts gegen junge Leute, aber ein bisschen mehr Lebenserfahrung hätte ich mir bei dem Thema schon gewünscht!) gab bei der Anfangsrunde zwar akzeptable Leitfragen vor, achtete aber nicht darauf, dass sich alle darauf bezogen – dann kann man sich solche Fragen auch gleich sparen. Und dann die Du-Sie-Regelung – ein Witz. Dass man sich zu Anfang siezt, ist ja wohl ganz normal; und meinetwegen kann man dann irgendwann, wenn's angemessen ist, auch zum „Du" übergehen – aber doch nicht so. Spätestens als diese Gerda sagte „Ich duz' euch einfach alle!", hätte die Leitung ein klärendes Wort zu Regelentstehung in Gruppen von sich geben müssen. Die aber schaute nur sprachlos vor sich hin. Dann dieser überflüssige Konflikt zwischen Marita und Edmund. Ich kann den beiden keinen Vorwurf machen – sowohl Maritas Bedürfnis, über ihre Ängste zu sprechen als auch Edmunds Wunsch nach Theorie sind ja verständlich – aber wenn seitens der Leitung keine Themenvorgaben kommen, muss man sich nicht wundern, wenn es ein heilloses Durcheinander gibt! Das Chaos scheint durchaus gewollt zu sein: Weder gab es am Anfang eine Seminarübersicht – wahrscheinlich hat die Leiterin überhaupt keinen Ablaufplan vor Augen – noch haben wir uns über Pausenzeiten verständigt. Offensichtlich wird hier „Gruppendynamik" als „Anarchie des Augenblicks" verstanden. Wenigstens hat sich die Leiterin dann herabgelassen, eine Übung vorzugeben, aber die Anleitung war dilletantisch. „Findet einen Partner!" Wie und nach welchen Kriterien soll ich am Anfang, wo ich noch niemanden kenne, einen Partner finden? „Tauscht Euch über Euren ersten Eindruck voneinander und die entstandenen Vorurteile aus!" Welchen Eindruck: Kleidung, Haarfarbe, Sprachmelodie, Alter? Welche Vorurteile: Ich mach' mir doch kein Bild vom anderen, bevor ich ihn kenne! Ich musste mir von diesem Rudolf mit seinem Klassenkasper-Gehabe anhören, dass er mich für „verknöchert" hält – der Mann kennt mich doch überhaupt nicht! Ich hab' ihm gesagt, dass ich mich mangels Hintergrund weigere, ihn zu beurteilen. Wenn das hier so weiter geht, dann gute Nacht! Das einzige, was hier bisher seine Ordnung hatte, war das Anmeldeverfahren inklusive Teilnehmergebührenrechnung."

 **Wechsel.** „Na ja, viel ist bisher noch nicht passiert. Der vorläufige Höhepunkt war diese nette kleine Auseinandersetzung zwischen Edmund und Marita. Auch wenn ich nicht ganz verstanden hab, worum es den beiden dabei ging, so war doch zumindest einen Moment lang 'was los in der Gruppe. Wenn ich der Leiter gewesen wäre, hätte ich das Ganze noch ein bisschen angeheizt, aber unsere Leiterin übt sich eher in Zurückhaltung. Nicht, dass ich gern einen Vorturner hätte, aber so eine Gelegenheit nicht beim Schopfe zu ergreifen! Hier geht es sehr vorsichtig zu – von Gruppendynamik keine Spur. Das zeichnete sich schon beim Kaffeetrinken ab: Da standen sie alle wie die Lämmer beieinander, wühlten verstohlen in ihren Unterlagen oder unterhielten sich über die Anfahrtswege: Sechzehn erwachsene Menschen haben

nichts Aufregenderes zu besprechen als die Zugverbindungen in dieses Kaff! (Mir ist übrigens schleierhaft, wie und wo man hier einen anregenden Abend verbringen soll!) Der Anfang war dann auch hübsch gesittet: Ordentliche Anfangsrunde anhand ordentlicher Fragen im ordentlichen Stuhlkreis – ich bin fast eingeschlafen! Leider ist nicht eine wirkliche attraktive Frau im Seminar, so dass ich nicht 'mal die unterhaltsame Ablenkung eines Flirts in Aussicht habe. Das heißt, mit der Leiterin könnte es prickelnd werden, die muss ich nur mal ein bisschen aus der Reserve locken. Ausgerechnet zu dem Zeitpunkt, als die Dynamik ein bisschen hochzukochen versprach, und die ersten Beamtennaturen anlässlich der Du-Sie-Verwirrung ins Schwitzen gerieten, würgte die Leiterin das sich regende Leben folgerichtig mit einer Übung ab. Zuerst dachte ich „Kann ja ganz spannend werden!", als sie uns aufforderte, unsere Vorurteile offenzulegen. Aber dieser Herbert oder Heribert oder wie er heißt, war ja schon beleidigt, als ich ihm sagte, er sei verknöchert. Und dann weigert er sich, selbst was zu riskieren, weil er angeblich keine Vorurteile hat, dieser scheinheilige Heilige. Wenigstens hätten wir zwischendurch ein bisschen Bewegung gebraucht – ein paar Theaterübungen oder ein bisschen Tanzen, wenn sich sonst schon alles so dahinschleppt. Also, hier gilt das Prinzip „Vorsicht ist die Mutter der Porzellankiste" – ich hab wirklich schon bessere gruppendynamische Seminare erlebt, wo die Post mit Heulen und Zähneklappern abging und anschließend die Euphorie hohe Wellen schlug."

10.2.3   Seelische Heimatgebiete

Auch wenn die meisten Menschen im Laufe ihres Lebens mehr oder minder beständige Vorlieben hinsichtlich der beiden bipolaren Dimensionen „Abgegrenztheit" (Nähe-Distanz) und „Berechenbarkeit" (Dauer-Wechsel) ausbilden, haben wir es selten mit „reinen Typen" (wie in Kapitel 10.2.2 vorgestellt) zu tun. Der „Normalneurotiker" verfügt über Bedürfnisse und Fähigkeiten aus allen vier Richtungen – allerdings im festgelegten Rahmen seiner charakterlichen Struktur.

Wir haben es also im Normalfall nicht mit einer einseitigen (Selbst-)Beschränkung auf jeweils einen oder zwei der vier Pole des Riemann-Thomann-Kreuzes zu tun (Nähe- oder Distanz-Typ und/oder Dauer- oder Wechsel-Typ), sondern mit einem individuellen Toleranzbereich entlang jeder der beiden Dimensionen bzw. Achsen des Kreuzes (diese persönliche Bandbreite von Nähe-Distanz, kombiniert mit jener persönlichen Bandbreite von Dauer-Wechsel). Diesen individuellen Toleranzbereich im Rahmen des Riemann-Thomann-Kreuzes nennen wir das „seelische Heimatgebiet"(Thomann u. Schulz von Thun, 1988).[70] Innerhalb seines seelischen Heimatgebietes liegen die für einen Menschen seelisch verkraftbaren Kombinationen von „Abgegrenztheit" (Nähe-Distanz) und „Berechenbarkeit" (Dauer-Wechsel). Solange er im Leben nur mit solchen Situationen konfrontiert wird, die ihm nicht weniger (an Nähe-Distanz bzw. Dauer-Wechsel) bieten, als er für sein seelisches Wohlbefinden braucht und ihm gleichzeitig nicht

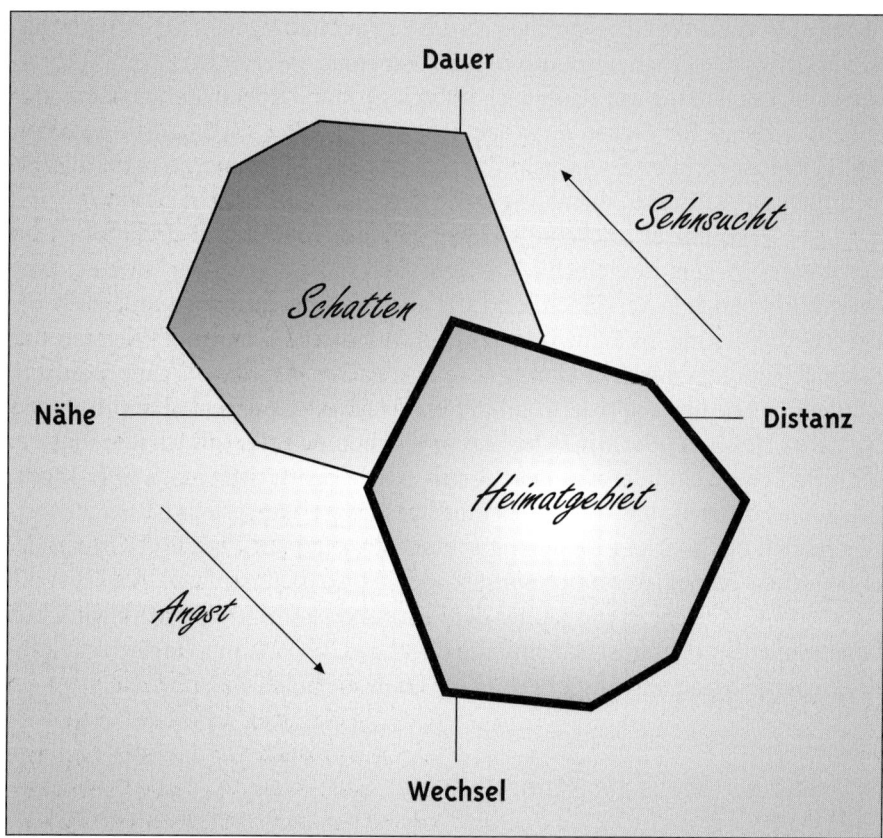

Abbildung 16. Die hellgraue Fläche stellt das Heimatgebiet dar. Die innerhalb dieses Heimatgebiets liegenden Ausprägungen von Nähe-Distanz und Dauer-Wechsel werden von der betreffenden Person angstfrei bewältigt. Der helle Schwerpunkt ist das Gebiet, in dem diese Person entspannt ist. Je weiter sie sich in Richtung dunkler werdenden Rand hin bewegt, desto geringer die erlebte seelische Sicherheit. Das Überschreiten der Grenze des Heimatgebiets ins „seelische Ausland" wird als verunsichernd empfunden. Die dunkle Fläche wird als „Schatten" bezeichnet. Er liegt punktsymmetrisch zum Heimatgebiet und umfasst jene Ausprägungen von Nähe-Distanz bzw. Dauer-Wechsel, die von der betreffenden Person nicht nur als „mir fremd", sondern als „mir entgegengesetzt" empfunden wird.
Dem Schatten wird gleichermaßen mit Angst und Sehnsucht begegnet: Man kann sich zum persönlichen Schatten hingezogen fühlen (das Überschreiten der Grenze zum Schatten wird als stimulierend und bereichernde Verunsicherung erlebt); man kann sich ebenso vom Schatten zurückgestoßen fühlen (das Überschreiten der Grenze zum Schatten wird als lähmende und beängstigende Verunsicherung erlebt)

mehr an (Nähe-Distanz bzw. Dauer-Wechsel) abverlangen, als er angstfrei ertragen kann, befindet er sich innerhalb seines seelischen Heimatgebietes und fühlt sich ausgeglichen. Sobald das für ihn verkraftbare Ausmaß an Nähe-Distanz bzw. Dauer-Wechsel unter- oder überschritten wird, gerät er aus dem Gleichgewicht und befindet sich außerhalb des seelischen Heimatgebietes (Abb. 16).

Im Abbildung 16 haben wir es mit einem Menschen (nennen wir ihn Robert) zu tun, der vorwiegend den Polen Distanz und Wechsel zuneigt, dabei aber auch eine gewisse Toleranz hinsichtlich der Gegenpole (Dauer und Nähe) mitbringt. Der umgrenzte hellgraue Bereich beschreibt die Struktur jener Lebenssituationen, die für ihn tolerabel sind und von ihm aufgesucht werden. Innerhalb dieses Bereiches ist er beweglich: Er kann Nähe (in vergleichsweise geringer Dosierung) herstellen und ertragen und (in vergleichsweise geringer Dosierung) auch Anforderungen aus dem Dauer-Bereich gerecht werden. Weitaus häufiger hält er sich im Bereich Distanz-Wechsel auf und fühlt sich dort auch in vergleichsweise hoch dosierten Situationen wohl.

Schwerpunkt und Rand

Innerhalb des seelischen Heimatgebietes gibt es für Robert ein Gefälle vom Schwerpunkt hin zum Rand (zunehmend dunkler), das auch seelisch empfunden wird. Situationen, die schwerpunktnahe Anforderungen stellen, sind für ihn ein Kinderspiel, da er sich in ihnen entspannt fühlen kann: Solche Situationen sucht er am häufigsten auf und in einem derartigen Klima tankt er sich seelisch auf. Je weiter sich die an ihn gestellten Anforderungen vom Schwerpunkt weg und hin zum Rand bewegen, desto außergewöhnlicher erscheinen sie. Er empfindet in solchen Situationen mehr innere Erregung als in Schwerpunktnähe. Der Schwerpunkt ist also gleichsam der Ausgangs- und Ausruhpunkt im seelischen Revier, von dem aus Ausflüge bis zu der Grenze unternommen werden können, wenn das durch innere oder äußere Beweggründe angeregt wird. Von diesem Ruhepunkt aus wird die Welt mit ihren Menschen, Dingen und Situationen gesehen, erlebt und bewertet.

Wie die meisten Menschen, empfindet auch Robert sich selbst und sein Erleben als „normal". Von außen gesehen, zeichnet sich seine „Normalität" allerdings durch eine relativ ausgeprägte Wechsel-Distanz-Toleranz aus. Da sein seelisches Heimatgebiet somit vor allem den rechten unteren Quadranten des Riemann-Thomann-Kreuzes berührt, kommt es nur selten vor, daß er andere Menschen als auffallend distanziert oder unkalkulierbar erlebt. Es gibt einfach nicht so viele, die – gemessen an seinen Maßstäben – distanzierter oder unkalkulierbarer als er selbst wären.

Ebenso selten hält er solche Situationen für unzumutbar, die von ihm ein Übermaß an Wechsel-Distanz-Toleranz erfordern würden. Umgekehrt schätzt er von seinem Schwerpunkt aus viele Menschen als ungewöhnlich sicherheits- und zuwendungsbedürftig ein, da von seinem Schwerpunkt aus gesehen bereits mittlere Dosierungen von Nähe und Dauer als extrem erscheinen. Situationen, die ihn in diese Gefilde zwingen, erlebt er als starke Anforderungen.

Die Grenze

Die (in Abb. 16 schwarzgezogene) Begrenzung des Heimatgebietes trennt den gesuchten vom gemiedenen Bereich. Menschen, deren Verhalten jenseits der

Grenze liegt, und Situationen, die eine Grenzüberschreitung abverlangen, erscheinen Robert (abgestuft je nach Grenzferne) als ungewöhnlich, komisch, befremdlich oder unzumutbar. Die Grenzüberschreitung wird seelisch erlebt als Umschlagen der Erregungsqualität. Was sich grenznah aufregend oder erregend anfühlte, wird jenseits der Grenze als beängstigend oder verwirrend erlebt.

Beim Grenzübertritt werden jene weniger gut bewältigten Ängste und (Über-) Forderungen wiederbelebt, deren Vermeidung ein Ziel der Begrenzung war.

An der Grenze des Heimatgebietes wird folgerichtig die seelische Abwehr als Grenzschutz aktiviert. Panik, Wut, Trotz, Rationalisierung, Ohnmacht werden aufgeboten, um der Anforderung, „nach draußen" zu gehen, zu widerstehen. Dieser Widerstand mag einem Außenstehenden mit anderen seelischen Grenzen unnötig oder übertrieben erscheinen – vom eigenen Schwerpunkt aus gesehen, ist er gerechtfertigt und legitim.

Der Schatten

Innerhalb jenes von den zwei Dimensionen aufgespannten Bereiches, der als „seelisches Ausland" jenseits der Grenzen des Heimatgebietes liegt, sticht eine Fläche besonders hervor, die punktsymmetrisch zum Heimatgebiet liegt. Diesen Bereich bezeichnen wir in Anlehnung an C.G. Jung als „Schatten" (Thomann u. Schulz von Thun, 1988). Der Schatten ist nicht nur einfaches seelisches Ausland, sondern „Antiheimat". Wenn das Heimatgebiet ein Hort der seelischen Sicherheit ist, steht der Schatten dem gegenüber als das Reich maximaler Unsicherheit. Das führt bei den meisten Menschen zu einer ambivalenten Haltung ihm gegenüber:

Angst. Menschen, Situationen, Empfindungen, Konzepte und Theorien, die im Schattenreich beheimatet sind, werden als unzumutbar, fremd und inakzeptabel empfunden. Ein Gutteil unserer seelischen Energie fließt in Bestrebungen, unsere diesbezügliche Intoleranz zu rechtfertigen und den Kampf gegen das vermeintlich Böse zu führen. So erlebt Robert in unserem Beispiel (Abb. 16) Menschen, die eher weiche emotionale Klänge anschlagen und/oder prinzipiengeleitet durchs Leben gehen, als übertrieben rührselig bzw. engstirnig. Er wird häufig versuchen, sie zu „heilen" („Ist ja nicht schlimm, dass du so bist – wenn nur die Einsicht da ist, dass du dich verändern musst."). Entsprechend hängt er ihn bestätigenden psychologischen und philosophischen Konzepten an, die Distanz zu den eigenen Gefühlen und Prinzipienlosigkeit predigen – vielleicht ist Robert Zen-Buddhist. Anlässlich von Gruppenkonflikten wird er immer dann missionarisch, wenn es gilt, sich (und die Welt) vor den Gefahren des Schattenreiches zu bewahren („Wohin hat uns eure ganze Solidaritäts- und Absicherungspolitik gebracht: Keiner fühlt sich mehr für sich selbst verantwortlich. Niemand ist bereit, neuen Herausforderungen aktiv zu begegnen!"). Situationen und Institutionen, die schattenhafte Anforderungen an ihn stellen, begegnet er mit aggressiv getönter Ablehnung („Wenn ich sehe, wie all diese Idioten, die mal meine Freunde waren, nichts Eiligeres zu tun haben, als rasch eine Familie zu gründen, in deren ofenwarmen Schoß sie sich den Rest ihrer Tage wie die Küken flüchten können und wo sie vor allen Überraschungen sicher sind, wird mir ganz anders."). Und schließlich jätet er rigoros eigene Strebungen, Bedürfnisse und Gefühle, die im Schattenreich wurzeln, wie ein Gärtner, der das Unkraut bekämpft. („Gestern habe ich in einem Anfall geistiger Umnachtung den Versuch unternommen, meine Rentenansprüche durchzurechnen; Gott sei Dank ist diese Zwangsattacke jetzt vorüber!").

Sehnsucht. Andererseits wird der Schatten aus sicherer Entfernung häufig sehnsuchtsvoll betrachtet: Menschen, die das leben, was mir durch meine Begrenztheit unmöglich erscheint; Situationen, in denen das erlaubt ist, was ich mir nie gestatten könnte; Philosophien, die das postulieren, was unerreichbar erscheint. So üben zartbesaitete und zuverlässige Menschen auf Robert durchaus eine gewisse Faszination aus – solange sie ihm nicht zu nahe treten.

Ambivalenz. Das Verhältnis zum Schatten ist also von Angst und Sehnsucht, von Anziehung und Abwehr gleichzeitig bestimmt. Sehnsucht und Anziehung erwachsen aus dem latenten Wissen um die eigene Begrenztheit und Eingeschränktheit. Angst und Abwehr resultieren aus der latenten Befürchtung, beim Übertritt ins Schattenreich den Verstand zu verlieren. Wie die aus dem Paradies Vertriebenen schwanken wir angesichts des Schattens zwischen verklärender und herzerwärmender Nostalgie einerseits und verteufelndem „Blick zurück im Zorn" andererseits. Diese Ambivalenz zwischen Angst und Sehnsucht beansprucht einen großen Platz im Seelenleben:
Je sicherer wir uns in unserem Heimatgebiet fühlen,
▶ desto mehr Raum darf die Sehnsucht einnehmen,
▶ desto toleranter und neugieriger können wir Schattenhaftem begegnen und
▶ desto leichter geraten wir ins Schwärmen und Idealisieren angesichts von Menschen, Situationen, Institutionen und Gedankengebäuden, die anders sind als wir selbst. (Denken wir nur daran, wie wir Spanier, Italiener, Griechen, Türken um deren vermeintlich gelassenere, lebensfrohere und traditionsverbundene Mentalität beneiden, wenn wir in ihren Ländern Urlaub machen).

Je bedrohter wir uns fühlen,
▶ desto intoleranter und abwertender treten wir Vertretern des Schattenreiches gegenüber und
▶ desto leichter fühlen wir uns gedrängt, andere zu dämonisieren und zu bekämpfen (so erscheint uns die südeuropäische Mentalität vor allem von Schmarotzertum, Faulheit und Fanatismus geprägt, wenn unsere Arbeitsplätze scheinbar von Ausländern bedroht werden).

Dabei ist das, was wir im Schatten ersehnen und fürchten, vor allem die Erlösung aus der eigenen seelischen Fixierung und Unfreiheit – nach außen werden lediglich Stellvertreterkriege geführt. Wann immer Konflikte in Gruppen anhand verzerrender Feindbilder ausgetragen werden, dürfen wir als Coach davon ausgehen, dass dahinter auch ein Schattenkampf im Inneren der Streitparteien steht. Solange dieser nicht bewusst wird, fällt es schwer, den zwischenmenschlichen Konflikt zu lösen (s. Kapitel 6.3.4).

Heimatgebiet und Zielpool

Die Ziele, die ein Mensch in einer Gruppe verfolgt, stehen in direkter Beziehung zu seiner Charakterstruktur:

(1) Wir können das Heimatgebiet eines Gruppenmitgliedes anhand der von ihm in einer Gruppe verfolgten Ziele umreißen.
(2) Wir können Prognosen über die verfolgten Ziele abgeben, wenn wir vorab die Charakterstruktur eines Gruppenmitgliedes kennen.

Schließlich lässt sich anhand der beiden Dimensionen auch der Charakter eines Ziels (oder eines ganzen Pools) beschreiben: Man untersucht das konkrete Ziel daraufhin, in welchem Maße es welche Qualität (Nähe oder Distanz, Dauer oder Wechsel) im Miteinander erfordern bzw. herstellen würde, wenn es erreicht wäre und weist ihm eine entsprechende Position im Achsenkreuz zu.[71] Anschließend kann diese Position mit der von anderen Zielen oder ganzen Zielpools verglichen werden. So gewinnt man einen Eindruck von der Ähnlichkeit bzw. Gegensätzlichkeit von Zielen. So lässt sich erwarten, dass Robert in seinen Gruppen einen Zustand anstrebt, in dem sich Beziehungen eher abgegrenzt und unverbindlich gestalten. Er wird wahrscheinlich die Ziele verfolgen

▸ nicht bloßgestellt zu werden,
▸ nicht festgenagelt zu werden,
▸ nicht vereinnahmt zu werden,
▸ individuellen Bewegungsspielraum zu haben,
▸ sich abgrenzen zu dürfen etc.

Umgekehrt wird Robert Widerstand entwickeln, wenn von seinen Mitstreitern in Gruppen Ziele verfolgt werden, wie „sich gegenseitig Schwächen eingestehen", „das Gemeinsame betonen", „sich verbindlich festlegen" etc. (s. Abb. 17).

Im Riemann-Thomann-Kreuz können wir also persönliche Ziele und Zielpools positionieren und auf diese Weise eine Aussage über ihre Ähnlichkeit bzw. Gegensätzlichkeit machen. Wenn wir (wie in Abb. 17) zusätzlich die Lage von seelischem Heimat- und Schattengebiet der beteiligten Menschen berücksichtigen, wird darüber hinaus deutlich, ob ein Ziel für sie heimatlichen, fremden oder schattenhaften Charakter hat. Dieses Wissen gestattet es dem Coach, angesichts festgefahrener vermeintlicher Sachkonflikte Hypothesen über das seelische bzw. zwischenmenschliche Konfliktpotential der aktuellen Auseinandersetzung aufzustellen: Wenn jene Ziele, die dem einen aufgrund seines Heimatgebietes als „selbstverständlich" und „unabdingbar" erscheinen, ausgerechnet

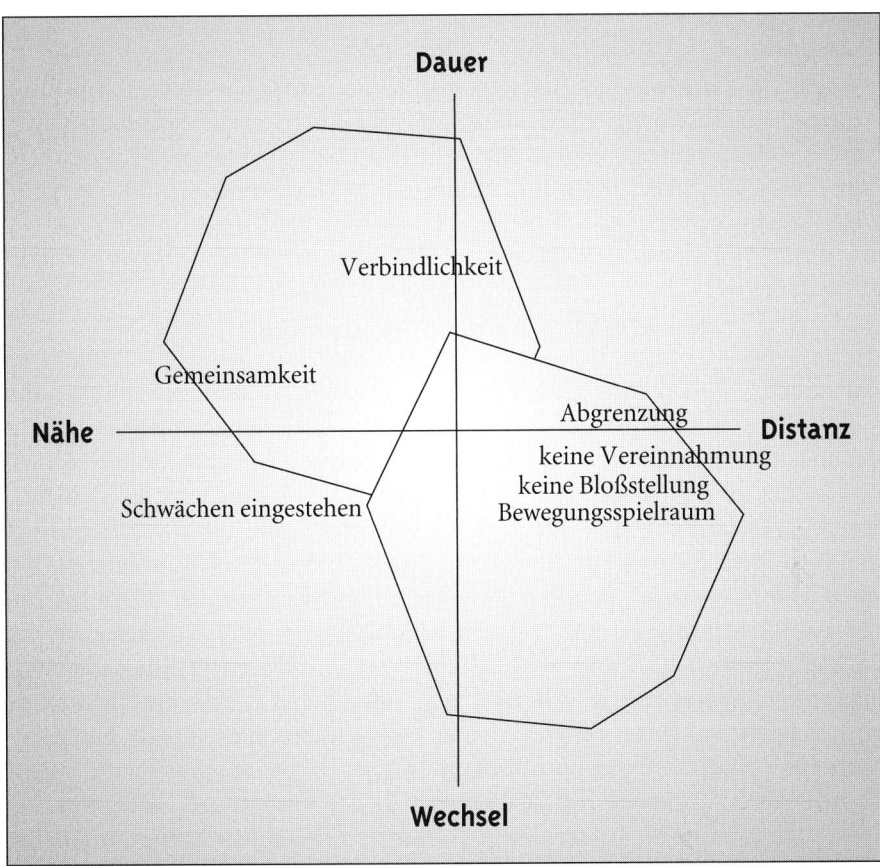

Abbildung 17. Der Charakter von Zielen. Ziele, die in Gruppen verfolgt werden, lassen sich in das Riemann-Thomann-Kreuz einordnen. Dazu werden für jedes Ziel die Anteile an Nähe-Distanz bzw. Dauer-Wechsel bestimmt. Weiterhin kann für Ziele bestimmt werden, ob sie heimatlichen, fremden oder schattenhaften Charakter haben

im Schatten des anderen liegen, wird dieser sich durch die aus seiner Sicht „außergewöhnlichen" und „bedenklichen" Ziele rasch bedroht und herausgefordert fühlen. Der Zielkonflikt wurzelt dann nicht ausschließlich in rein sachlichen Differenzen. Es sind auch unterschiedliche Bedürfnisse und Bewertungsmaßstäbe beteiligt, die sich aus der Unterschiedlichkeit der seelischen Heimatgebiete der Beteiligten erklären. Die Storming-Phase kann in diesem Fall nur dann konstruktiv verlaufen, wenn es gelingt, diese Unterschiede jenseits von „richtig" und „falsch" deutlich werden zu lassen (s. Kapitel 6.3.3). Gleichzeitig muss in der Norming-Phase beachtet werden, dass die entstehenden Regeln für die Beteiligten je nach Lage ihrer seelischen Heimatgebiete unterschiedlich große Zumutungen bedeuten. Hier gilt: Eine Lösung, die einen Beteiligten seelisch dauerhaft überfordert, ist auf lange Sicht nicht tragfähig.

Tragen Sie Ihr seelisches Heimatgebiet ins Riemann-Thomann-Kreuz ein. Bitten Sie Freunde und Kollegen um Rückmeldung, falls Ihnen eine Selbsteinschätzung schwer fällt. Für welche Ziele in Gruppen treten Sie aufgrund Ihres Heimatgebietes besonders häufig ein? Mit welchen Zielen tun Sie sich häufig schwer? Welche Ziele bringen Sie geradezu „auf die Palme"?

10.3 Beziehungsstruktur und -dynamik

Sobald ich Mitglied einer Gruppe werde und dabei auf andere Menschen mit anderen Zielen treffe, gerate ich aller Wahrscheinlichkeit nach mehr oder minder aus meinem seelischen Gleichgewicht. Die anderen Gruppenmitglieder haben ja meistens auch solche Zielvorstellungen, die jenseits meines Heimatgebietes liegen und mir deswegen abwegig erscheinen. Gleichzeitig halten einige der Beteiligten die von mir verfolgten Ziele unter Umständen für eine Zumutung. Mithin stellen die anderen Gruppenmitglieder für mich durch ihr Anderssein nicht nur eine potentielle Bereicherung dar, sondern sie verkörpern auch eine potentielle Störung. Ob ich das Fremde ertragen, ja ihm sogar etwas abgewinnen kann, oder ob ich mich aufgerufen fühle, es zu kontrollieren und zu beschneiden, das hängt von meiner charakterlich und situativ bedingten Stimmung ab: Im entspannten Zustand, wenn ich im Miteinander auf meine Kosten komme und mein Leben außerhalb der Gruppe mir leicht von der Hand geht, kann ich Andersartigkeit eher tolerieren. Im umgekehrten Fall empfinde ich sie als unangenehme Irritation und reagiere entsprechend.

10.3.1 Komplementäre Gegenbewegung

Wie die Reaktion auf die Andersartigkeit von Menschen und deren Zielen aussehen kann, betrachten wir anhand von vier Beziehungen unseres Beispielfalls „Robert" (s. Abb. 18).

Wenn Robert am Wochenende mit seiner Mutter telefoniert, trägt diese eher Dauer- und Nähe-Impulse ins Gespräch hinein, indem sie eine Haltung von Fürsorglichkeit und Besorgnis einnimmt. Das lässt den Sohn in der Regel kalt, manchmal nervt es ihn und gelegentlich bringt es ihn „auf die Palme". In jedem Fall weckt Roberts Mutter mit ihrer warmherzig-kontrollierenden Art seine Wechsel- und Distanz-Bedürfnisse. Ein solches Gespräch könnte folgendermaßen ablaufen. „Na, Sohnemann, hast du denn darauf geachtet, bei der vielen Arbeit auch genug Schlaf zu bekommen. Wann gehst du denn abends ins Bett?" – „Mama, erstens führe ich darüber kein Tagebuch, zweitens habe ich keine feste Schlafenszeit wie du und drittens sind die Schlafbedürfnisse erwiesenermaßen sehr unterschiedlich."

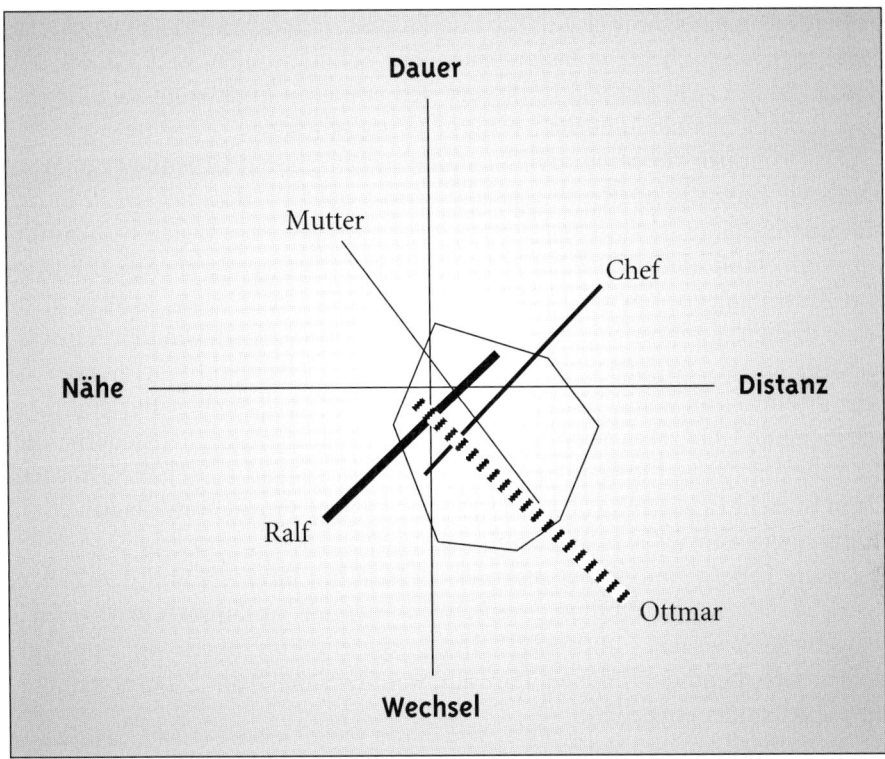

Abbildung 18. Komplementäre Gegenbewegung: Innerhalb des seelischen Heimatgebietes bewegt sich der einzelne („Robert") in Reaktion auf seine Umwelt. Die Namen von Roberts jeweiligen Kontaktpartnern stehen im Riemann-Thomann-Kreuz an jener Stelle, die dem Charakter ihres Verhaltens gegenüber Robert entspricht. Von hier aus läuft eine Verbindungslinie zu jener Stelle in Roberts seelischem Heimatgebiet (umrandete Fläche), die dieser im Kontakt mit dem jeweiligen Gegenüber im Dienste des Ausgleichs aufsucht.

Ganz anders verhält sich Robert, wenn er mit seinem Kollegen Ottmar zusammenarbeitet. Der trägt seinerseits soviel an Wechsel- und Distanz-Qualität ins Miteinander, dass Roberts diesbezügliche Bedürfnisse gesättigt sind und er plötzlich im Namen von Nähe und Dauer spricht. „Na Ottmar, wie geht's zu Hause?" „Geht so, bin viel unterwegs gewesen am Wochenende, war mir zu eng daheim." „Was sagt deine Frau dazu?" „Ich hab ihr keine Gelegenheit gegeben, es mir zu erzählen!" „Mensch, Ottmar, so kannst du doch keine Ehe führen – da muss man sich Zeit füreinander nehmen!"

Auf ähnliche Art anders ergeht es Robert, wenn er mit seinem von Dauer und Distanz geprägten Chef zu tun hat: Plötzlich vertritt Robert auf nonchalante Art und Weise die Werte und Position der Nähe und des Wechsels. Werden letztere nun aber bereits von Roberts Freund Ralf ins Miteinander eingespeist, bewegt sich Robert innerhalb seines Heimatgebietes wiederum in die entgegengesetzte Richtung und balanciert das Beziehungsklima auf diese Weise aus.

Wenn man Chef, Mutter, Kollege und Freund zu Robert befragen würde, erhielte man vier scheinbar widersprüchliche Schilderungen, weil Robert sich eben nicht „an sich" verhält. Er bewegt sich immer in Ergänzung zum Gegenüber (komplementär) innerhalb seines Heimatgebietes.

Das Grundprinzip der komplementären (ergänzenden) Gegenbewegung arbeitet wie eine Mischbatterie: Wenn wir uns vorstellen, dass Robert in Beziehungen eine ganz spezifische Wassertemperatur braucht, um sich wohlzufühlen, dann empfindet er die Beiträge seiner Gegenüber jeweils als Abkühlungen bzw. Aufheizungen, denen häufig entgegengewirkt werden muss: Andere Menschen drehen mit ihren Wechsel-Distanzanteilen gewissermaßen den Kaltwasserhahn auf, so dass man sich gezwungen sieht, seinerseits für Warmwasserzufuhr in Form von Dauer-Näheanteilen zu sorgen. In manchen Beziehungen, wie hier zum Chef, ist es gelegentlich nicht möglich, offen gegenzusteuern, sondern die unerwünschte Temperatur muss vorübergehend ausgehalten werden. Dann braucht es allerdings im Nachhinein eine ordentliche Aufwärmung bzw. Abkühlung, um wieder zu sich zu finden.

Unsere Lebens- und Arbeitspartner nehmen mit ihrer Art und den Zielen, die sie verfolgen, also Einfluss darauf, wohin wir uns im Rahmen unseres Heimatgebietes bewegen – und umgekehrt. In diesem Sinn führen wir einen filigranen zwischenmenschlichen Tanz auf, wenn wir uns beim Zusammenkommen aufeinander einstellen.

10.3.2 Polarisierung und Teufelskreis

Je stärker wir innerlich durch die zu bewältigende Aufgabe, private Sorgen und ungünstige Umweltbedingungen angespannt sind, desto intoleranter werden wir gegenüber uns fremden Zielvorstellungen unserer Beziehungspartner. Wir erleben den anderen dann als Störfaktor, dem nur durch sofortige und kompromisslose Gegenmaßnahmen beizukommen ist. Schon geringe Abweichungen, die andere in unser Leben tragen, werden unter Stress als Bedrohung, Verirrung oder Fehler betrachtet, die kontrolliert und korrigiert gehören.

Dies ist in vielen Beziehungen die Ausgangslage eines Teufelskreises (s. Thomann und Schulz von Thun, 1988, S. 226 ff), der dazu führt, dass Menschen sich wechselseitig polarisieren und einander in den seelischen Extremismus treiben. In der Befürchtung, der andere werde sie andernfalls dominieren, drängen die Beteiligten einander mit gespenstischer Unaufhaltsamkeit bis an die extremen Ränder ihrer Heimatgebiete, wobei sie sich wechselseitig immer fremder und bizarrer erscheinen. Die Grundlagen ihrer Beziehung werden dabei zerstört (s. Abb. 19).

Um einen Teufelskreis auszulösen, braucht es nicht mehr als eine „wirksame Differenz" und positive Rückkoppelung. Egal wie ähnlich sich zwei Menschen bzgl. ihrer Heimatgebiete sind, es gibt zwischen ihnen immer geringfügige Unterschiede in der Ausprägung der beiden Dimensionen „Abgegrenztheit" und

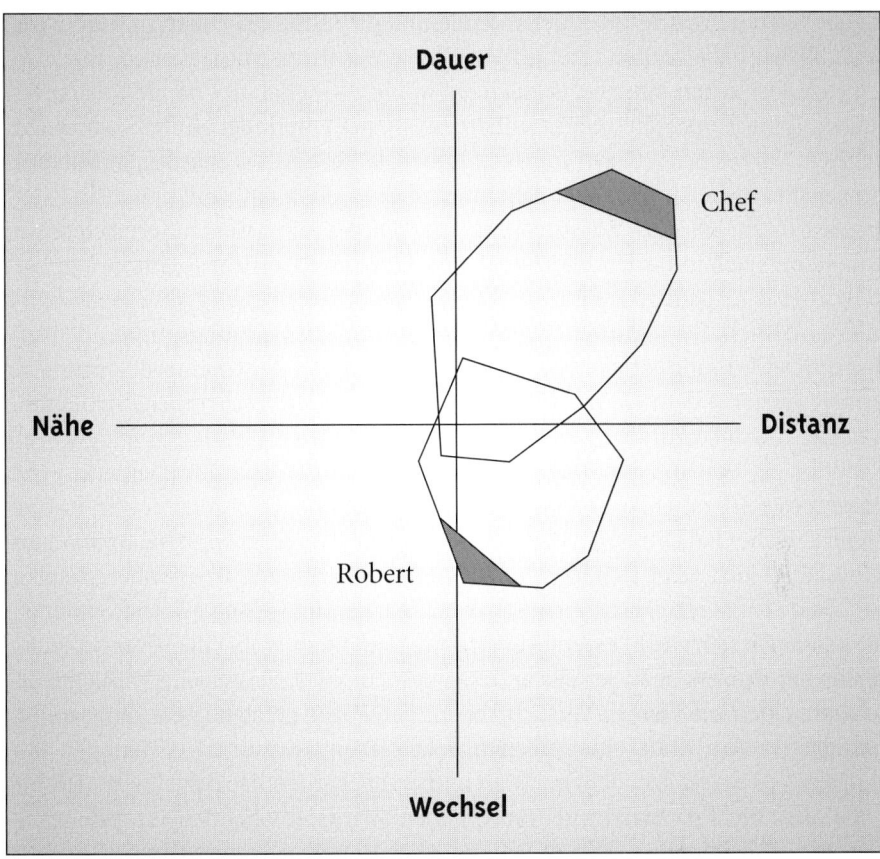

Abbildung 19. Polarisierung: Zwei Personen („Robert" und „Chef") haben einander überschneidende seelische Heimatgebiete (umgrenzte Flächen). Unter Belastungsdruck wird die Andersartigkeit des Gegenübers durch wechselseitige Gegenbewegungen „korrigiert": Robert verstärkt seine Nähe- und Wechseltendenzen, der Chef die Dauer- und Distanztendenzen. Verläuft eine solche Entwicklung ungebremst, entsteht ein Teufelskreis: Man zeigt einander nur noch Verhalten, das jenem Ausschnitt des seelischen Heimatgebietes entstammt, der dem wahrgenommenen Heimatgebiet des Gegenübers diametral entgegengesetzt erscheint (schwarze Flächen)

„Berechenbarkeit". Diese Differenz der Heimatgebiete wird wirksam, wenn sich Zielkonflikte formieren. So kann es zwischen Robert und seinem Chef, die beide einen eher distanzierten Umgang pflegen, sich aber hinsichtlich Dauer-Wechsel unterscheiden, irgendwann einen Konflikt über Ordnungsfragen geben.

Zu Beginn steht vielleicht eine geringfügige Meinungsverschiedenheit darüber, in welchen Abständen der Aktenordnerbestand durchforstet werden sollte. Robert ist der Meinung, man solle sie durchforsten, wenn sie voll seien, während sein Chef einen monatlichen Turnus favorisiert. Wenn beide im Stress eines wichtigen und schwierigen Projektes stecken, wächst bei beiden das Gefühl, nur die eigene Form der Büroordnung sei zuträglich. In diesem Moment entstehen Zweifel an der Vertrauenswürdigkeit des anderen und die minimale Differenz wird wirksam: „Bisher habe ich den Chef ja für einen vernünftigen Mitstreiter gehalten; wie ich jetzt aber sehen muss, ist er doch ein wenig zwanghaft auf meine Kosten. Ich muss auf ihn aufpassen", denkt Robert. Sein Chef empfindet ähnlich mit umgekehrtem Vorzeichen: „Bisher habe ich Robert ja für einen vernünftigen Mitstreiter gehalten; wie ich jetzt aber sehen muss, ist er doch ein wenig nachlässig auf meine Kosten. Ich muss auf ihn aufpassen." Dieses Aufpassen äußert sich darin, dass Robert sich in Beziehung zum Chef ein klein wenig mehr Richtung Wechsel bewegt (z.B. ungefragt Statements zum Unsinn von Ordnungssystemen abgibt oder anlässlich der Mitarbeiterbesprechung den Tagesordnungspunkt „Zeitverlust durch Ordnungstätigkeiten" vorschlägt), während der Chef in Beziehung zu Robert verstärkt dem Dauerpol entgegenstrebt (z.B. eine schriftliche Arbeitsanweisung „Ordnerordnung" erlässt). Beide erleben ihre Aktivitäten lediglich als Reaktion auf den anderen. Wenn diese Reaktion vom Gegenüber bemerkt wird, kommt es beiderseits zu Irritation und Enttäuschung: „Jetzt zeigt er sein wahres Gesicht. Bisher hat er mich in dem Glauben gewiegt, er sei zuverlässig bzw. anpassungsfähig. Jetzt zeigt sich, dass er im Grunde starrsinnig bzw. unberechenbar ist." Beide reagieren erneut gegensteuernd aufeinander (positive Rückkopplung). Sie schaukeln sich wie in einem Rüstungswettlauf hoch, wobei die Verantwortung für diesen Prozess beim jeweils anderen gesucht wird. Das eigene Verhalten erscheint beiden lediglich als Versuch, die aus den Fugen geratene Beziehung auszubalancieren. Am Ende einer solchen Polarisierung stehen die Beteiligten fassungslos vor sich selbst, dem anderen und den Scherben der Beziehung: „Ich bin doch sonst nicht so engstirnig und verbissen", wird der Chef denken, „aber es ist ja auch wirklich unglaublich, als wie chaotisch Robert sich entpuppt hat".

Die Tendenz zur Polarisierung ist in allen Beziehungen angelegt – egal, wie ähnlich oder unähnlich man sich anfangs erscheint. Je enger die Beziehung ist und je belasteter die Beteiligten sich fühlen, desto wahrscheinlicher kommt die Tendenz zur Polarisierung zur Entfaltung. Wenn ich mich hingegen gleichzeitig in verschiedenen lebendigen Beziehungen bewege, kann ich mich in der einen von der anderen erholen und immer wieder seelisch ausbalancieren. Deshalb erweisen sich exklusive Zweierbeziehungen am anfälligsten für Polarisierungstendenzen. Allerdings sind auch größere Gruppen zu ausgeprägten Polarisierungen fähig, wenn sich die Gruppe anhand eines Zielkonfliktes entzweit und anschließend zwei Fraktionen einander bekriegen.

10.3.3 Die Antriebs-Dynamik

Die Polarisierungsdynamik zerstört Beziehungen, in denen sie die Oberhand gewinnt. Es erscheint den Beteiligten zunehmend unmöglich, das Rad anzuhalten. Dieser Eindruck entsteht, weil sowohl die Dynamik der Beziehung wie auch die seelische Dynamik der Beteiligten teufelskreisantreibend wirkt:

Passivität. Das Empfinden, durch den anderen zur Reaktion gezwungen zu werden, und die durch das Verhalten des anderen bedingte Irritation, Angst und Verunsicherung verhindern ein Bewusstsein der eigenen aktiven Miturheberschaft. Den Teufelskreis anhalten kann aber nur, wer sich selbst als aktiv beteiligt erlebt.

Intoleranz. Der Teufelskreis ist seinerseits ein Stressproduzent und nährt sich damit selbst: Wer sich im Prozess der Polarisierung befindet, fühlt sich zunehmend bedroht. Aus diesem Erleben heraus ist die Toleranz für Andersartiges nur schwer aufzubringen. Diese ist jedoch nötig, um aus dem Teufelskreis auszusteigen.

Feindbild. Um dem anderen einen Schritt entgegen gehen zu können, muss ich darauf vertrauen können, dass er meine Gutmütigkeit nicht ausnutzt. Je weiter die Polarisierung aber fortgeschritten ist, desto bizarrer und damit vertrauensunwürdiger erscheint mir mein Gegenüber. Ich bin nicht mehr fähig, anderes als Böswilligkeiten vom anderen zu erwarten.

Beziehungsgewinn. Die Polarisierung bringt der Beziehung auch einen Gewinn: Solange wir uns nämlich im Teufelskreis bewegen, können und müssen wir nicht zu abschließenden Regelungen und Kompromissen kommen. Die Polarisierung gleicht einem Dauerstorming (Streitphase), das immer weiter eskaliert, ohne je in ein Norming überzugehen. Das hat den (teuer erkauften) Vorteil, dass wir – solange wir uns in den Haaren liegen – den zugrundeliegenden Zielkonflikt nicht auf den Punkt bringen und regeln müssen. In diesem Sinn erspart die Polarisierung als Schrecken ohne Ende den Beteiligten ein gefürchtetes Ende mit Schrecken (s. Kapitel 6.3).

Seelischer Gewinn. Schließlich erbringt die Polarisierung trotz der Belastung, die sie für jeden der Beteiligten bedeutet, immer auch einen seelischen Gewinn: In der Auseinandersetzung mit meinem Gegenpol kann ich meine eigenen Schattenanteile auf den anderen projizieren („Er ist so, wie ich es mir – aus guten Gründen – nie gestatten würde!") und sie dort in dem schönen Gefühl seelischer Ungebrochenheit bekämpfen: Ich bin dann nicht länger ein Mensch, der selbst voll widersprüchlicher Strebungen steckt und dem es nicht immer leicht fällt, die eigenen Ambivalenzen zu ertragen (s. Kapitel 7.3). Im Konflikt mit meinem Gegenpol habe ich die Gelegenheit, meine eigenen Ambivalenzen aufzuspalten: Die heimattreuen Impulse lebe ich und die schattenhaften Sehnsüchte bekämpfe ich in verzerrter Form beim anderen. Diese scheinbare seelische Eindeutigkeit vermittelt ein paradoxes Gefühl von „Sicherheit durch Bedrohung" – je bedrohter ich mich fühle, desto sicherer bin ich mir meiner selbst. Dieses Gefühl wird von Konfliktparteien nur ungern aufgegeben. (s. Kapitel 6.3: Ambivalenzexternalisierung).

Aufgrund der beschriebenen Eigendynamik und des erheblichen Gewinnes der Polarisierung sind Teufelskreise nur schwer auflösbar.

> **!** Je länger ein Teufelskreis sein Unwesen treibt, desto schwerer ist er auf-
> zulösen, weil
> ▸ sich die Polarisierungsreaktionen eingeschliffen haben und die Partner
> geradezu allergisch aufeinander reagieren,
> ▸ wechselseitiges Misstrauen und Übelwollen aufgrund langer und schmerz-
> voller Erfahrungen miteinander ein Ausmaß erreicht haben, das einen
> Neuanfang unmöglich erscheinen lässt.
> ▸ die einzelnen Beteiligten sich seelisch in der Polarisierung so dauerhaft
> eingerichtet haben, dass jede Entpolarisierung unmittelbar zu seelischen
> Erschütterungen und Krisen führt, denen durch Flucht in den Teufels-
> kreis zu entkommen gesucht wird.

10.3.4 Entpolarisierung

Grundsätzlich stehen dem Ausscheren aus dem Teufelskreis drei Ausgänge offen, auf die sich der Interventionsansatz eines zu Hilfe gerufenen Coaches hin
orientieren kann:
(1) Trennung,
(2) Einsicht und
(3) Öffnung.

Trennung
Manchmal ist das Ende mit Schrecken dem Schrecken ohne Ende vorzuziehen.
Das gilt natürlich vor allem dann, wenn andere Lösungsversuche bereits gescheitert sind und das Beziehungssystem ineffizient arbeitet. Dabei wird ein
Großteil der Energien für den internen Konflikt verbraucht, und für jene Ziele,
die dem Zusammensein Sinn geben, ist kaum noch Aufmerksamkeit vorhanden. Allerdings wehren sich gerade diejenigen häufig heftig gegen eine Trennung, die am meisten unter der eskalierten Polarisierung zu leiden scheinen.
Sie fürchten die mit einer Trennung einhergehenden Empfindungen von Scheitern, Reue, Selbstentfremdung und Orientierungslosigkeit. Wer immer sich aus
einer polarisierten Beziehung löst, muss sich ja zunächst einmal eingestehen,
dass seine Versuche, den Teufelskreis anzuhalten, gescheitert sind. Wer diesem
Scheitern ins Auge sieht, wird von Reuegefühlen heimgesucht: Reue angesichts
der eigenen Fehler und der vertanen Zeit und Liebesmüh. Sobald der Polarisie-
rungspartner fehlt, verändert sich die Selbstwahrnehmung: Der eigene Extremismus, die eigene Unlebendigkeit, die bisher als Reaktion auf den anderen erlebt wurden, erscheinen nun als Charaktereigenschaften, die sich mit dem
Fortgang des Konfliktpartners nicht einfach auflösen. „Was ist nur aus mir ge-

worden?" und „Wie kann ich jemals wieder normal mit anderen zusammen-sein?" sind Fragen, die dieses Gefühl der Selbstentfremdung begleiten. Schließ-lich kann es zu Identitätskrisen im Anschluss an den Verlust des ungeliebten Gegenübers kommen: Man spürt, dass man angesichts des eigenen Extremis-mus und der eigenen seelischen Unbeweglichkeit den anderen als Belebung ge-radezu braucht, um nicht zu veröden.

Wer als Coach in verfahrenen Beziehungen eine Trennung vorschlägt, darf aufgrund der beschriebenen Trennungsdynamik nur selten mit Beifall rech-nen. Viel wahrscheinlicher ist es, dass sich die verfeindeten Lager zum ersten Mal seit langem wieder solidarisieren – gegen den Coach.

Einsicht

Teufelskreise werden nicht absichtlich und aus Böswilligkeit initiiert, sondern entwickeln sich mit der ihnen innewohnenden Eigendynamik auf dem Hinter-grund des unbewussten inneren Konfliktgeschehens zum Erschrecken der Be-teiligten. Wenn die Konfliktparteien guten Willens sind, lohnt sich der Versuch, aus Teufelskreisopfern handlungsfähige Mittäter zu machen. Das geschieht, in-dem der Coach zusammen mit den Beteiligten die Dynamik der Beziehung und die mit ihr verstrickte seelische Dynamik der Beteiligten herausarbeitet (s. Thomann und Schulz von Thun, 1988, S. 232 ff). Ziel des Gespräches ist es, den Beteiligten Folgendes zu verdeutlichen:

▶ Sie sind beide gleichzeitig Täter und Opfer. Das kann sie dazu motivieren, von sich aus die Deeskalation einzuleiten und untergräbt die Ideologie „Wer nachgibt, gesteht seine Schuld ein".

▶ Der jeweils andere hat aus seiner Sicht gute und nachvollziehbare Gründe für sein Verhalten. Dadurch wird die aus der Dämonisierung des Gegen-übers geborene Antipathie in eine aus dem Einblick in dessen persönliche Situation erwachsende Empathie verwandelt: „Ich bin zwar nicht deiner Meinung, aber ich begreife, worum es dir geht." Das ist die „rechte Haltung", auf die wir als Coach im konstruktiven Storming (Streitphase) hinarbeiten (s. Kapitel 6.3.3).

▶ Es gibt zwar die Möglichkeit zum Ausstieg, dem stehen allerdings die starke Eigendynamik des Teufelskreises und dessen erheblicher neurotischer Ge-winn entgegen. Dadurch wird der Rückfall in die Eskalation diskreditiert und erschwert.

Wann immer es gelingt, diese Einsichten zu vermitteln, stehen die Chancen auf ein Ende der Polarisierung nicht schlecht: Zum ersten Mal seit langer Zeit gibt es ein gemeinsames Projekt – den Teufelskreis zu unterbrechen – und oben-drein einen gemeinsamen Gegner – die Eigendynamik des Konfliktes. So kann die Entpolarisierung zu einem Spiel mit zwei Siegern werden. Dann kann es ge-schehen, dass die Beziehung gekräftigt aus ihrer Krise hervorgeht: „Nachdem wir dieses tiefe Tal gemeinsam durchschritten und gesehen haben, dass selbst nach abgrundtiefer Entfremdung ein Aufeinanderzugehen möglich ist – was soll uns eigentlich noch passieren?"

Öffnung des Systems

Eine weitere Interventionsmöglichkeit besteht darin, eine dritte (vierte, fünfte...) Partei ins Spiel zu bringen. Damit wird der Spielplan verändert und ein „Weiter so!" verhindert.[72] Im Fall von Robert und seinem Chef hieße das, einen oder mehrere andere Kollegen in ihr Arbeitsgebiet einzuschleusen, die nun ihrerseits völlig neue Aspekte und Konfliktpotentiale in das Beziehungssystem hineintragen und dadurch die Streithähne auseinanderbringen. Würde nämlich Roberts Freund Ralf als zusätzlicher Kollege hinzukommen, gäbe es ein neues, gemeinsames Problem für Robert und seinen Chef: „Wie gehen wir bloß mit Ralfs übertriebenem Bedürfnis nach Kontakt und Zuwendung um?"

11   Das Gruppenfeld

> ▶ Wir nutzen das Riemann-Thomann-Kreuz zunächst als Kompass, um damit die Struktur des Miteinanders in den Dimensionen „Abgegrenztheit" und „Berechenbarkeit" zu erfassen. Das sich ergebende **Gruppenfeld** informiert uns über die für eine Gruppe richtunggebenden Werte, Prinzipien, Umgangsformen und Weltsichten. Gemeinsam mit dem Wissen um die seelischen Heimatgebiete der Gruppenmitglieder ermöglicht uns die Diagnose des Gruppenfeldes Aussagen und Prognosen darüber, wie sich die einzelnen Ichs zum entstehenden Wir stellen und verhalten.
> ▶ Dann stellen wir **vier idealtypische Gruppenfelder** – Gemeinschaft, Truppe, Team und Haufen – mit ihren Stärken, Schwächen, Widerstandsformen und Entwicklungsrichtungen vor. Diese Gruppentypen sollen uns helfen, konkrete Gruppen vergleichend einordnen zu können.
> ▶ Um die **Güte eines konkreten Gruppenfeldes** bewerten zu können, erfassen wir die sich der Gruppe stellenden Aufgaben anhand des Riemann-Thomann-Kreuzes: Wir erhalten einen Eindruck vom vorliegende „**Aufgabenprofil**".
> ▶ Passen Gruppenfeld und Aufgabenprofil weniger gut zusammen, gerät die Gruppe unter **Anpassungsdruck**. Wir stellen mit Verleugnung, Assimilation und Akkomodation drei wesentliche **Bewältigungsformen** für diesen Anpassungsdruck vor.
> ▶ Wir beschreiben die **Rolle des Coaches** im Prozess der Feldveränderung als die eines „Notars", der die Gruppe mit dem auf ihr liegenden Veränderungsdruck konfrontiert, ohne sie zu einer ihm günstig erscheinenden Anpassungsstrategie zu drängen.

11.1   Gruppenvertrag und Gruppenfeld

11.1.1   Das Riemann-Thomann-Kreuz als Gruppenkompass

Gruppenspezifische Werte und Prinzipien
In jeder Gruppe treffen Menschen mit unterschiedlichen seelischen Heimatgebieten und dementsprechend breit gestreuten Bedürfnissen, Werten und Prinzipien aufeinander.

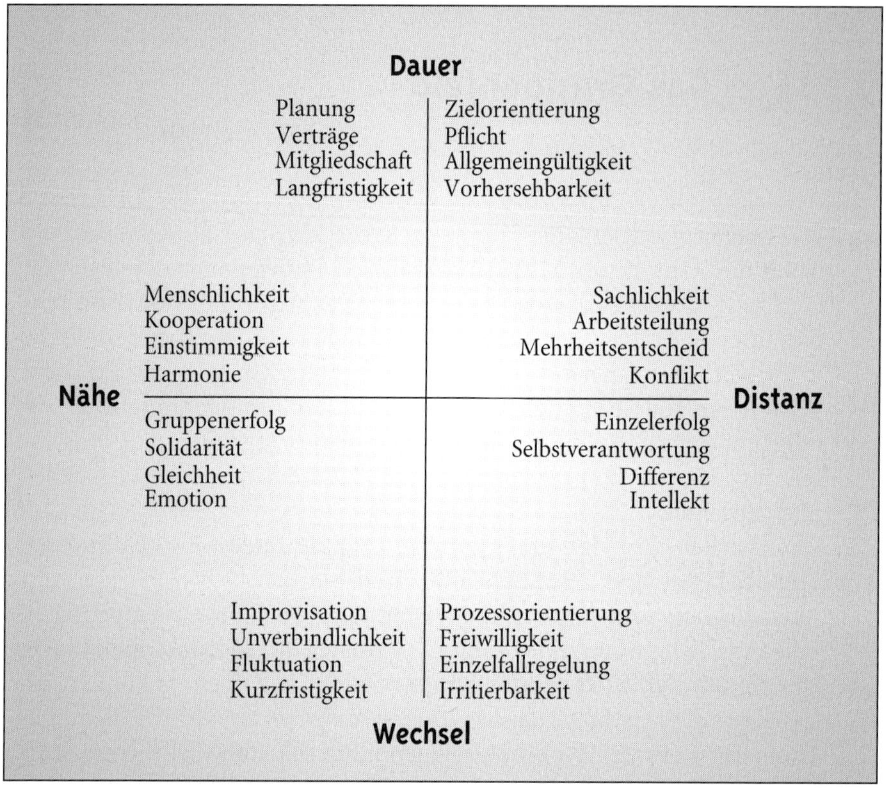

```
                        Dauer

              Planung    │  Zielorientierung
              Verträge   │  Pflicht
           Mitgliedschaft │  Allgemeingültigkeit
           Langfristigkeit │  Vorhersehbarkeit


        Menschlichkeit              Sachlichkeit
        Kooperation                Arbeitsteilung
        Einstimmigkeit           Mehrheitsentscheid
        Harmonie                       Konflikt
 Nähe  ─────────────────────┼─────────────────── Distanz
        Gruppenerfolg               Einzelerfolg
        Solidarität            Selbstverantwortung
        Gleichheit                     Differenz
        Emotion                        Intellekt


             Improvisation   │  Prozessorientierung
             Unverbindlichkeit │  Freiwilligkeit
             Fluktuation     │  Einzelfallregelung
             Kurzfristigkeit │  Irritierbarkeit

                        Wechsel
```

Abbildung 20. Die Grundströmungen (Dauer, Distanz, Wechsel und Nähe) als Gruppen-Kompass. Im Riemann-Thomann-Kreuz sind den vier Grundströmungen gruppenspezifische Werte und Prinzipien zugeordnet

Indem die einzelnen Mitglieder sich im Sinne ihrer persönlichen Ziele einsetzen, kommt es in jeder Gruppe zu Auseinandersetzungen über den Kurs im Miteinander, deren Ausgang darüber entscheidet, in welche Richtung sich der Gruppenvertrag entwickelt.

Diese Richtung können wir hinsichtlich des grundlegenden zwischenmenschlichen Klimas wiederum anhand des Riemann-Thomann-Kreuzes beschreiben. In Abbildung 20 sind den vier Polen (Nähe, Distanz, Dauer, Wechsel) gruppenspezifische Werte und Prinzipien zugeordnet, so dass wir das Kreuz nun als Gruppenkompass nutzen können: Welche Werte und Prinzipien sind prägend für das Miteinander?

Kommunikationsstile

Jeder der vier Pole des Kompasses steht auch für einen spezifischen Kommunikationsstil innerhalb der Gruppe. Die folgende unvollständige Übersicht vermittelt einen Eindruck von diesen polspezifischen Umgangsformen:

Nähe

- Befehle werden als Wünsche deklariert („Ich würde mich freuen,..."),
- Ablehnung wird als „ich kann nicht" statt „ich will nicht" formuliert,
- Forderungen werden nicht oder per „Wir" geäußert: „Wir brauchen jetzt mal frische Luft ..." statt: „Ich will, dass das Fenster geöffnet wird!"
- Konflikte werden selten so weit auf die Spitze getrieben, dass die Gefahr der Entsolidarisierung bestünde,
- Dissidenten werden wie „verirrte Schafe" behandelt, d.h. durch sanften Druck und die Vermittlung von Schuldgefühlen zur Ordnung gerufen.

Distanz

- Persönliche Empfindungen und Wertungen werden unpersönlich formuliert: „Es wäre wünschenswert, ...", „Man könnte sich vorstellen, ...",
- Gefühle werden zurückgehalten: „Bitte bleiben Sie sachlich ...",
- Hilfe und Unterstützung bei Bedürftigkeit wird nicht oder nur sehr vorsichtig erbeten und gewährt: „Ich möchte Ihnen ja nicht zu nahe treten, aber...",
- mit Lob und Zuneigung wird sehr sparsam umgegangen,
- es wird streng zwischen Privatleben und Berufsleben unterschieden: „Das gehört nicht hierher...",

Dauer

- Es geht häufig darum, wer Recht hat,
- Argumente sind durch Prinzipien ersetzbar: „Es gehört sich...", „Grundsätzlich gilt bei uns...",
- Umgangsformen und Hierarchien werden streng beachtet,
- man entschuldigt sich, wenn Regeln, Prinzipien oder Zeiten nicht eingehalten wurden: „Verzeihung, wenn ich zu spät komme...",
- Prinzipienverletzungen werden wie Ketzerei behandelt: „Das gehört sich nicht, richtig wäre...".

Wechsel

- Regelbrüche gelten als Verlebendigungen und Bereicherungen: „Ich hab' da eine tolle Idee...",
- Ideen werden in die Tat umgesetzt, ohne die Zustimmung der anderen abzuwarten: „Ich mach' schon mal gerade...!"
- Ablehnung wird selten offen und konfrontativ kommuniziert, sondern dadurch, dass das Thema gewechselt oder ein neuer Vorschlag gemacht wird: „Tolle Idee von dir..., ich hätte da auch noch eine: ...",
- Spannungen werden vorschnell entladen: „Nun sei doch nicht so ernst/traurig/nachtragend/böse!",
- Regelverstöße werden augenzwinkernd hingenommen: „Er hat's nicht so gemeint".

Das Streichquartett im Richtungsstreit. Um die Arbeitsweise des Kompasses zu erläutern, greifen wir wieder das Beispiel des Streichquartetts von Kapitel 1.2.1 auf. Frau Niemeyer an der Bratsche findet, dass die Proben zu geschäftsmäßig ablaufen und sorgt sich, dass „wir so nie eine echte Gruppe werden". Darum schlägt sie vor, die Proben um eine Viertelstunde vorzuverlegen, um in der gewonnenen Zeit einen Tee trinken zu können und sich über Dinge auszutauschen, die jenseits der Musik liegen. Dieser Vorschlag würde den Gruppenvertrag Richtung Nähe (persönlicher Austausch) und Dauer (jedes Mal) verändern.

Herr Napp an der zweiten Violine hält das Ganze für überflüssig: „Ich wollte eigentlich musizieren; Kaffeekränzchen liegen mir nicht so." Er wehrt sich vor allem gegen die Nähe-Tendenz in Frau Niemeyers Vorschlag und diskreditiert sie.

Herr Deng ist begeistert von der Idee, nicht zuletzt „weil wir dann einen kleinen Zeitpuffer haben, so dass ich mich nicht immer so abhetzen muss!" „Nein, nein", verwahrt sich Frau Niemeyer, „nicht, dass dann jeder kommt, wann er mag. Wenn schon, denn schon!" Der Streit zwischen den beiden geht vor allem um die Dauer/Wechsel-Tendenz in Frau Niemeyers Vorschlag.

Herr Weimer als Cellist und Quartettgründer findet zwar, dass „uns ein bisschen Kennenlernen gar nicht schlecht täte", befürchtet aber, dass „wir dann rumschluren und den Probenbeginn immer weiter nach hinten verschieben." Auch das eine Sorge, die sich eher aus der Dauerströmung und der Sorge vor zuviel Wechseleinflüssen speist.

Frau Niemeyer versucht einen Kompromiss um ihren Vorschlag gegen Wechseltendenzen abzusichern: „Dann hängen wir einfach eine Viertelstunde an die Proben dran und der von uns, bei dem geprobt wird, stellt Kaffee und Kekse."

Das ruft bei Herrn Napp Schreckensphantasien wach: „Dann sitzen die alle auf meinem Sofa, inspizieren meine Wohnung und finden kein Ende!" Er fürchtet ein Abdriften in Verschmelzung und Chaos – eine von der Distanzströmung getragene Angst vor zuviel Nähe.

Schließlich meint Herr Weimer: „Wir sollten das Ganze noch mal sacken lassen. Es scheint schwieriger zu sein, als man erwarten sollte, sich über eine Tasse Tee zu einigen. Jetzt aber: Haydn. Kaiserquartett. Zweiter Satz. Bitte ein A, Herr Deng!"

Durch die gescheiterten Reformbemühungen von Frau Niemeyer ist das eher geschäftsmäßige und sachorientierte Miteinander vorerst bestätigt worden. Die Regel: „Wir musizieren und sonst nichts!" gilt weiterhin.

II.1.2 Das Feld der Gruppe

Der Gruppenvertrag mit seiner Vielzahl unausgesprochener Regeln lässt sich mit Hilfe des Kompasses grob umreißen: Wie viel Nähe oder Distanz, wieviel Dauer oder Wechsel darf man in dieser Gruppe einfordern und ausleben, ohne in Konflikte zu geraten oder seine Mitgliedschaft zu gefährden?

Wenn wir diese Spannbreiten graphisch umsetzen, erhalten wir – analog zum seelischen Heimatgebiet des Einzelnen – das Feld[73] der Gruppe: Eine umgrenzte Fläche, die Möglichkeiten und Grenzen des in dieser Gruppe gelebten Miteinanders darstellt. Innerhalb des Gruppenfeldes sind Ziele und Verhaltensweisen angesiedelt, die aufgrund ihrer Ausprägung in den beiden Dimensionen für gruppenfähig gelten. Jenseits der Grenzen liegen all jene Ziele und Verhaltensweisen, die aufgrund des aktuellen Gruppenvertrages als „daneben" liegend gelten.[74]

Die Einzelnen im Feld

Wenn wir die persönlichen Heimatgebiete der Gruppenmitglieder mit ins Spiel bringen, bekommen wir einen Eindruck von der Stellung der Einzelnen im Gesamtgefüge und können die Struktur der Gruppe veranschaulichen. Dazu tragen wir im Riemann-Thomann-Kreuz zusätzlich zum Gruppenfeld die Schwerpunkte der Heimatgebiete aller Beteiligten als Punkte ein. Die graphische Darstellung eines achtköpfigen Projektteams sähe vielleicht aus wie in Abbildung 21.

Das Gruppenfeld (grauer Bereich) ist vor allem durch die stärkere Ausprägung von „Distanz" gegenüber „Nähe" und der in beide Richtungen moderaten Ausprägung von Erwartungssicherheit („Dauer" und „Wechsel") bestimmt. Das bedeutet, dass Interaktionen in dieser Gruppe eher distanziert ablaufen. Das größtmögliche Extrem an Vertraulichkeit wäre immer noch vergleichsweise wenig nah. Gleichzeitig sind in dieser Gruppe keine exzentrischen Eskapaden in Richtung Dauer oder Wechsel möglich: Beamtenmentalität würde ebenso auf Ablehnung stoßen wie Spontitum.

Bis auf drei Mitglieder befinden sich alle Beteiligten mit den Schwerpunkten ihrer Heimatgebiete im Gruppenfeld. Sie können sich in der Gruppe fühlen wie der Fisch im Wasser und müssen sich nicht verbiegen, um sich feldgemäß verhalten zu können. Da ihr Heimatgebiet großflächig mit dem Gruppenfeld überlappt, müssen sie sich auch nicht ständig am Riemen reißen, um ein ihnen zwar mögliches, aber weniger geläufiges – weil am Rand des eigenen Heimatgebietes liegendes – Verhalten zu zeigen.

Drei Personen (3,4,x) fallen heraus: 3 und 4 liegen mit ihren Schwerpunkten außerhalb, aber in der Nähe des Gruppenfeldes. Sie müssen sich zwar nicht verbiegen, aber am Riemen reißen: Das in der Gruppe tolerierte Verhalten ist ihnen nicht fremd, umfasst aber nur einen kleinen Teil ihre Heimatgebietes. Sie würden des Öfteren unangenehm auffallen, wenn sie sich einfach gehen ließen.

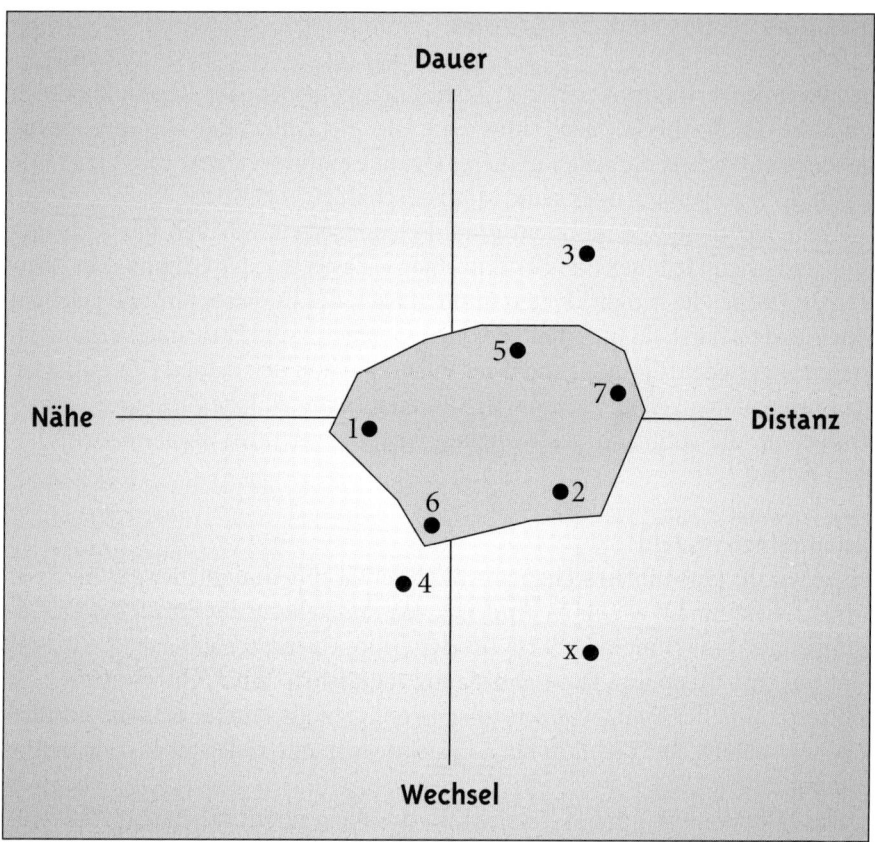

Abbildung 21. Die Schwerpunkte der seelischen Heimatgebiete der Gruppenmitglieder sind als Punkte im Riemann-Thomann-Kreuz abgetragen. Die Mitglieder können mit ihren Schwerpunkten innerhalb und außerhalb des Gruppenfeldes (graue Fläche) liegen

Die mit „x" markierte Person liegt mit ihrem Schwerpunkt so weit außerhalb des Gruppenfeldes, dass es für sie nur um den Preis der Selbstverleugnung und Selbstbeherrschung möglich ist dazuzugehören. Entweder gelingt es ihr, durch entsprechende Auseinandersetzungen den Gruppenvertrag in ihrem Sinne zu verändern und dadurch das Gruppenfeld näher an sich heranzuführen oder sie verändert sich selbst in Richtung auf das Gruppenfeld oder sie wird zum Außenseiter. Je randständiger ein Mitglied sich sieht, um so schneller kann bei ihm der Entschluss reifen, die Gruppe zu verlassen.

Wie entsteht das Gruppenfeld?
Zu Beginn des Gruppenprozesses, im Forming (Gründungsphase), hat die Gruppe noch kein Feld. Es gibt lediglich individuelle Phantasien über das (aufgrund der Vorgeschichte und Aufgabenstellung) in dieser Gruppe wahrscheinlich zu erwartende Feld.

Die Zurückhaltung der Beteiligten in der Formingphase erklärt sich aus der Unsicherheit hinsichtlich der Feldgrenzen: Solange ich nicht weiß, wo das Feld liegt und inwiefern es sich mit meinem Heimatgebiet überschneidet, halte ich mich zurück, um nicht gleich zu Beginn einen Fehler zu begehen. Diese Vorsicht drückt sich darin aus, dass die Beteiligten sich an offiziellen Zielen und sicheren Konventionen orientieren (s. Kapitel 5.1.2 und 5.1.3). Die unsicheren Gruppenmitglieder bewegen sich innerhalb ihres Heimatgebietes möglichst nahe auf das Zentrum des von ihnen vermuteten Gruppenfeldes zu. Das hat meistens zur Folge, dass sich alle mehr oder minder zusammenreißen und in der Nähe des Nullpunktes unseres Modells zusammentreffen.

Das Gruppenfeld ist vom kleinsten gemeinsamen Nenner bestimmt und gering in seinen Ausmaßen. Um optimal arbeitsfähig zu werden, muss die Gruppe ihr Feld im weiteren Verlauf des Prozesses über die Forminggrenzen hinweg erweitern und ausdifferenzieren. Das geschieht vor allem in der Stormingphase (Streitphase), indem Grenzüberschreitungen gewagt und Auseinandersetzungen geführt werden.

11.2   Vier Gruppenfeldtypen

Jede Gruppe ist einzigartig und entwickelt ihr ganz eigenes Feld. Gleichzeitig ähneln sich Gruppen insofern, als es Gruppenfelder gibt, die im Riemann-Thomann-Kreuz eine vergleichbare Ausrichtung haben.

Wann immer wir als Coach auf eine Gruppe treffen, müssen wir sie daher einerseits in ihrer Einzigartigkeit begreifen und würdigen. Gleichzeitig brauchen wir aber den verallgemeinernden Vergleich mit anderen Gruppen. Er sagt uns, wie wir die aktuelle Konstellation auf unserem Erfahrungshintergrund einzuordnen haben. Er hilft uns, das Regelhafte im Besonderen zu erkennen. Dies gibt dem Coach die Möglichkeit, seine in vergleichbaren Situationen gewonnene Berufserfahrung für den aktuellen Fall zu nutzen.

Zur Veranschaulichung stellen wir deshalb an dieser Stelle eine kleine Typologie der Gruppenfelder vor – Klischeegruppen, die ebenso holzschnittartig daherkommen wie die Charaktertypen im letzten Kapitel (s. Kapitel 10.2.2). Es ist nicht zu erwarten, dass wir in der Realität diese Feldtypen in Reinkultur antreffen werden. Sie sollen als plastische Typisierungen dienen, anhand derer sich die Ausrichtung einer wirklichen Gruppe vergleichend beschreiben lässt.

Typologie der Gruppenfelder. Ausgehend von den beiden Dimensionen des Riemann-Thomann-Kreuzes bietet es sich an, vier Feldtypen zu unterscheiden, die sich durch spezifische Ausprägungen von Nähe-Distanz bzw. Dauer-Wechsel auszeichnen (Abbildung 22). Wir nennen sie „Gemeinschaft", „Truppe", „Team" und „Haufen". Auf diese Weise ist jeder Quadrant des Kreuzes durch einen Feldtyp besetzt.

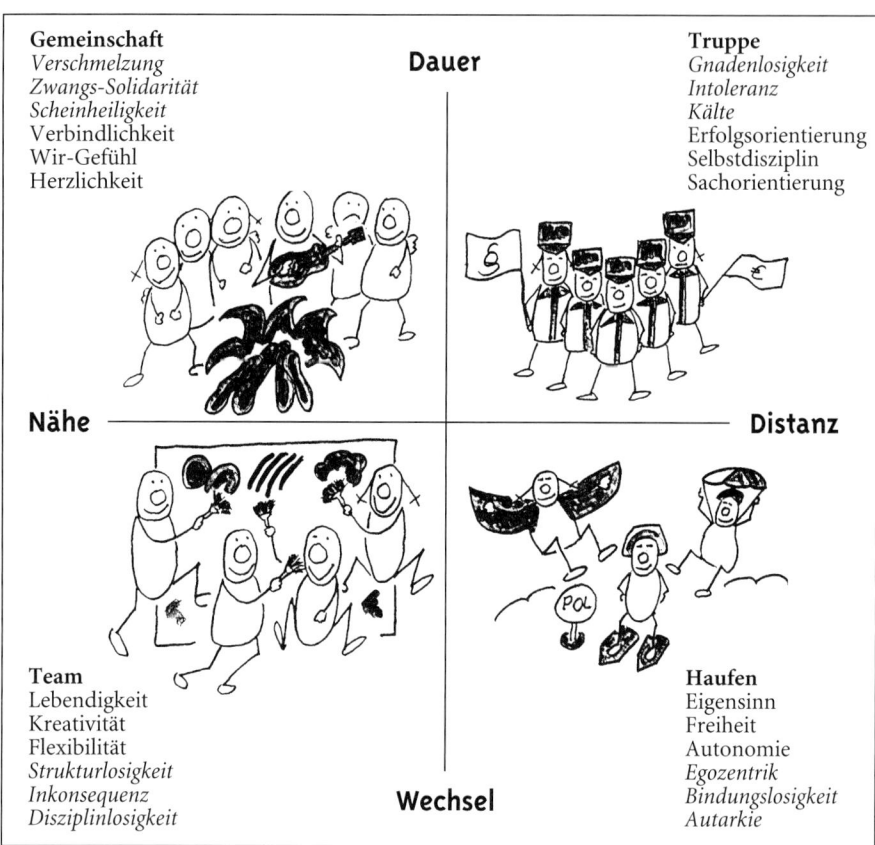

Abbildung 22. Für jeden der vier Feldtypen (Gemeinschaft – Truppe – Team – Haufen) lassen sich Stärken bestimmen. Werden diese einseitig übersteigert, werden sie zu Entgleisungstendenzen *(kursiv)*

II.2.1 „Gemeinschaft"

Charakterisierung. Diese von Dauer- und Nähe-Anteilen geprägte Gruppe hat ein starkes Zusammengehörigkeitsgefühl. Zuverlässigkeit, Berechenbarkeit und Prinzipientreue verbindet sie mit Solidarität, wechselseitiger Umsorgung und emotionaler Wärme. Hier kann man sich geborgen, behütet und aufgehoben fühlen wie in einer Familie. Zugehörigkeit ist etwas Gegebenes, das man sich nicht erst durch Leistung verdienen muss. Die persönlichen Beziehungen sind wichtiger als Hierarchie oder Rollenbewusstsein: „Hier bin ich Mensch, hier darf ich sein!"

Individualistische und exzentrische Verhaltensweisen gelten als Bedrohung, weil sie zu unerwünschter Konkurrenz, als bedrohlich erlebten Konflikten und ungewollter Verunsicherung führen könnten, die die Zusammengehörigkeit in Frage stellen würden.

Gruppen vom Gemeinschaftstyp bieten ihren Mitgliedern viel Sicherheit auf Kosten von Freiheit: Man ist eingebunden ins Wir und die bewährten Abläufe. Übersteigert verkommt das Wir-Gefühl zum Harmoniediktat, das keine Unterschiede duldet; und die Beständigkeit entartet zur Rigidität, der jede Abweichung vom Plan suspekt ist.

Verhalten des Coaches. Im Hinblick auf die Phasen des Gruppenprozesses brauchen Gruppen vom Typ „Gemeinschaft" vor allem Unterstützung im Storming (Streitphase), weil sie das Zulassen und Austragen von Konflikten als besonders bedrohlich erleben. Zusätzlich muss ein Coach im Re-Forming (Orientierungsphase) die kritischen und dissidentischen Geister besonders sorgfältig und vertrauenserweckend ermuntern. Im Norming (Vertragsphase) sind solche Gruppen gelegentlich zu leicht für einen faulen, vernebelnden Kompromiss zu haben und brauchen einen Coach, der die bestehenden Unterschiede hochhält.

Will man die Gemeinschaft zu mehr Wechsel- und Distanztoleranz bewegen, so muss das nach dem „Verkraftbarkeitsprinzip" geschehen. Fordert man sie einfach auf, sich in Richtung Distanz und Wechsel umzuorientieren (beispielsweise wenn in einer Abteilung Zuständigkeiten, Arbeitsgebiete und Kooperationspartnerschaften neu verteilt werden sollen), wird man nur Widerstand ernten. Spontaneität, Improvisation und Flexibilität sind für die Gemeinschaft im Kleinen dann verkraftbar, wenn dahinter eine überzeugende Grobplanung und überschaubare Etappenpläne stehen. Konkurrenz, Unterschiedlichkeit, Eigensinn und Abstraktheit sind verkraftbar, wenn ersichtlich wird, wie sie letztlich gemeinschaftsdienlich wirken können.

Vorbild. Die Gemeinschaft ist in unseren Breitengraden das vorherrschende gesellschaftliche Gruppenideal im Privat- und Sozialbereich: Der Sportverein, die Theatergruppe, der Betriebsrat, die Selbsthilfegruppe finden nach dem Mustervertrag des Gemeinschaftstyps zusammen – und natürlich die Familie.

11.2.2   „Truppe"

Charakterisierung. Die Truppe wird von Dauer- und Distanz-Strömungen geprägt. Sie besitzt eine klare Hierarchie und pflegt einen sachlich-förmlichen Umgangsstil. Das Miteinander zielt auf Korrektheit (dafür steht in Abb. 22 das Paragraphenzeichen) und messbaren materiellen Erfolg (dafür das Euro-Symbol) ab. Hier verbinden sich Leistungsbereitschaft, Rollenbewusstsein und Abgrenzungsfähigkeit mit Prinzipientreue, Pflichtgefühl und Traditionsbewusstsein. Man weiß, wo man steht und was man zu tun hat. Das gute Funktionieren steht im Vordergrund und zählt im Zweifelsfall mehr als zwischenmenschliche „Sentimentalitäten".

In der Truppe sind emotionale Töne – vor allem als Zeichen von Schwäche oder Bedürftigkeit – verpönt, weil sie Sachlichkeit und Funktionalität untergraben. Gleiches gilt für unkonventionelles oder willkürliches Handeln, das den geregelten Ablauf durcheinander bringen würde.

Die Truppe bietet ihren Mitgliedern Sicherheit im Ablauf und zwischenmenschliche Freiheit: Man hält sich an den Dienstweg und das Dienstrecht. Gefühle, Gedanken und Empfindungen werden als Privatsache behandelt, die niemanden etwas angeht.

Übersteigert droht der Truppe ein Klima von Gnadenlosigkeit gegenüber den Schwachen, zwischenmenschlicher Kälte, Intoleranz gegenüber Neuerungen und Bürokratismus.

Verhalten des Coaches. Gruppen dieses Typs brauchen Unterstützung vor allem im Re-Forming (Orientierungsphase) und Storming (Streitphase). Aufgrund ihrer ausgeprägten Sach- und Prinzipienorientierung drängen sie individuelle Befindlichkeiten und Minderheitsmeinungen rasch zurück und streiten sich ausschließlich um Sachfragen. Beziehungskonflikte können so nur unterschwellig ausgetragen werden.

Auch die Truppe kann man nicht einfach umkrempeln: Wer sie in ein sachliches und zwischenmenschliches Experimentierfeld mit Nähe-Wechsel-Charakter ummodeln möchte, wird sich „die Zähne ausbeißen". Zwischenmenschliche Vertraulichkeit, Intimität, Gefühlsausdruck und Offenherzigkeit können nur Wurzeln schlagen, wenn sich ihre Notwendigkeit aus der Sache heraus begründen lässt und wenn garantiert werden kann, dass niemand sein Gesicht verliert. Veränderungsbereitschaft wächst in dem Maße, wie Sinn und Ziel angestrebter Veränderungen transparent wird.

Vorbild. Die Truppe war (und ist) die Schablone, anhand derer sich in unserer Kultur vor allem männlich dominierte Gruppen in der Arbeitswelt (Militär, Bankenwesen, Verwaltung) zusammenfinden.

11.2.3   „Team"

Charakterisierung. Das Team speist sich aus der Wechsel- und Näheströmung und pflegt einen lockeren, herzlichen und lebendigen Umgang. Hier ist kein Platz für Einzelkämpfer und Betonköpfe: Im Mittelpunkt steht die Mannschaft, die sich flexibel auf immer neue Aufgaben einstellen kann und will. Lebendigkeit, Kreativität und Flexibilität verbinden sich mit Warmherzigkeit, Offenheit und Teamgeist. In Teams hat „Intensität" einen hohen Stellenwert. Wenn an einer Aufgabe gebastelt wird, stürzen sich die Beteiligten mit Haut und Haaren hinein und vergessen darüber Essen, Trinken und die Arbeitszeiten. Ebenso ist zwischenmenschliche Intensität gewünscht: Privates und Berufliches darf sich gern vermischen und es darf hoch hergehen – Hauptsache es kommt keine Langeweile auf. Dabei gerät das sachliche Ziel bisweilen aus den Augen, was aber kein Anlass für Traurigkeit ist: „Na ja, das Ziel haben wir zwar nicht ganz erreicht – aber es hat großen Spaß gemacht!"

Verlässlichkeit, Prinzipientreue und Pflichtbewusstsein haben in Teams keinen Wert an sich („Sekundärtugenden!"). Gleiches gilt für Abgegrenztheit, Rollenbewusstsein und Profilierungsstreben („Die Mannschaft ist der Star!").

Das Team bietet den Einzelnen viel Freiheit und Spielraum, sich auszuprobieren und gibt Sicherheit im Dazugehören. Wenn Teams ihre Tugenden einseitig übertreiben, laufen sie Gefahr, in Beliebigkeit, Hektik, Überschwang und Gleichmacherei abzugleiten.

Verhalten des Coaches. Teams versäumen hinsichtlich des Gruppenprozesses mit Vorliebe die Normingphase (Vertragsphase), weil sie sich durch verbindliche Regeln eingeengt fühlen. Sie hegen die Grundüberzeugung, dass sich alles schon irgendwie zurechtläuft. Im Re-Forming (Orientierungsphase) sind Teams verführbar für Schönfärberei und Konformismus, so dass man als Coach die Unterschiedlichkeiten zwischen den Beteiligten herausarbeiten muss. Im Storming (Streitphase) tendieren sie dazu, das „rechte Thema" zu verfehlen und zwischenmenschliche Dramen zu inszenieren. Hier hat ein Coach gelegentlich Schwerstarbeit zu leisten und muss die Intensität und Emotionalität zugunsten thematischer Klarheit bremsen.

Auch das Team kann sich im Sinne der Verkraftbarkeit zu mehr Distanz und Dauer hin entwickeln – solange das Gruppenfeld dadurch nicht grundsätzlich überfordert oder in Frage gestellt wird.

Vorbild. Heutzutage wird das Team häufig als Gruppenideal im Bereich der Wirtschaft gesehen, weil es den dortigen Anforderungen entgegenkommt: Hohe Identifikation mit der Gruppe und Verfügbarkeit für sie, gepaart mit maximaler Flexibilität und Einsatzbereitschaft.

11.2.4 „Haufen"

Das Gruppenfeld des Haufens wird von Distanz und Wechsel dominiert. Der Umgang miteinander ist ebenso distanziert wie unverbindlich. Das wesentliche Ziel besteht darin, den Mitgliedern viel Freiheit und individuellen Spielraum zu sichern. Regeln dienen weniger der guten Kooperation als vielmehr der Absicherung von Territorien.

Unabhängigkeit der Einzelnen, Effizienzdenken und Sachorientierung verbinden sich mit Nonkonformismus, Flexibilität und einer Mentalität, die Veränderungsdruck als Herausforderung begreift. Der Haufen ist eine Interessengemeinschaft im Hinblick auf ein klar definiertes und in absehbarer Zeit erreichbares Ziel. Deshalb wird auch kaum Zeit für „gruppendynamische Spielchen" gewährt. Ist das Ziel erreicht, löst sich die Gruppe auf.[75]

Solidaritätsappelle sind im Haufen ebenso ehrenrührig wie Vertraulichkeiten oder Gefühlsäußerungen. Langfristige Pläne, Bürokratenmentalität und hierarchisches Denken werden kopfschüttelnd zur Kenntnis genommen.

Der Haufen bietet seinen Mitgliedern kaum Sicherheiten, dafür ein Höchstmaß an Freiheit. Das macht solche Gruppen anfällig für Auflösungserscheinungen. Im Extremfall verkehren sich die Stärken dieser Konstellation dann in Schwachpunkte: Der Eigensinn gerät zur Egozentrik, das Freiheitsdenken endet in Bindungslosigkeit und das Autonomiestreben der Einzelnen verkommt zur Autarkie: Jeder macht alles selbst, ohne links und rechts zu schauen und verhindert dadurch Synergieeffekte.

Verhalten des Coaches. Die Truppe lässt Forming (Gründungsphase) und Re-Forming (Orientierungsphase) als vermeintlich unproduktive Phasen des Miteinanders gern ausfallen. Hinzu kommt eine Normingscheu in der Vertragsphase, da Regeln immer eine Beschneidung des Handlungsspielraumes der Beteiligten bedeuten und deswegen unbeliebt sind.

Das Verkraftbarkeitsprinzip gilt auch für den Haufen: Wer einer solchen Gruppe mit einer Gemeinschaftsideologie gegenübertritt, hat keine Aussicht auf Erfolg. Die Einbindung in feste Regeln und der Versuch, mehr Nähe herzustellen, werden nur toleriert, wenn der Grundwert des Haufens – die Freiheit – dabei unangetastet bleibt.

Vorbild. Vielleicht ist der Haufen die Gruppenform der Zukunft im beruflichen Bereich. Je höher die Anforderungen an sachliche und zwischenmenschliche Flexibilität werden, desto mehr bestechen die Stärken des Haufens. Hier findet der von dem amerikanischen Soziologen Richard Sennet (2000) beschriebene „flexible Mensch" die ihm gemäße Heimat. Wir treffen auf vergleichbare Strukturen in vielen interdisziplinären Projektgruppen, die sich ebenso rasch wieder auflösen, wie sie zusammengekommen sind.

11.2.5 Übergänge und Mischtypen

In Kapitel 4.2 haben wir die Phasen des Gruppenprozesses mit den Jahreszeiten verglichen. Entsprechend können wir die Feldtypen als Klimazonen begreifen, die sich deutlich voneinander unterscheiden, dabei aber sanft ineinander übergehen. Das mitteleuropäische Festlandsklima unterscheidet sich im Mittel deutlich vom mediterranen Klima. Das schließt aber die Möglichkeit von sommerlichen Hitzewellen in Norddeutschland ebensowenig aus wie gelegentlichen Schneefall an der Adriaküste. Entsprechend gilt für die vier Feldtypen: Selbstverständlich kommt es im Alltag zu Mischformen mit fließenden Übergängen und zu typfremden Episoden. So kann es auch in Gruppen vom Typ „Truppe" zu bewegenden zwischenmenschlichen Begegnungen kommen, die eigentlich eher in der „Gemeinschaft" oder im „Team" zu Hause wären. In der „Truppe" sind sie gelegentlich möglich, werden dann aber als außerordentlich, wenn nicht als befremdend oder gar bedrohlich empfunden.

Stabilität und Widerstand

Gemeinsame Ziele, Verhaltensnormen und Regeln zu finden ist ein gutes Stück Arbeit. Die meisten Gruppen haben daher die Tendenz, ihr einmal entwickeltes Feld zu stabilisieren. Wer ihren Konsens in Frage stellt, findet sich deshalb rasch in der Rolle des Eindringlings, Ketzers oder Feindes wieder. Das gilt für Gruppenmitglieder, im Besonderen aber für all jene, die in ihrer Rolle als Chef, Lehrer oder Teamentwickler Dinge von der Gruppe erwarten (müssen), die feldfremd sind. Sie üben durch die von ihnen gesetzten Ziele einen als unangenehm empfundenen Anpassungsdruck auf die Gruppe aus. Dies fordert den Widerstand der Gruppe heraus, wenn der Druck das „Verkraftbarkeitsprinzip" verletzt. Der Widerstand gegen Feldfremdes dient zwar immer dem Schutz des Gruppenfeldes, er tönt aber sehr unterschiedlich, je nachdem welchen Typs die fragliche Gruppe ist. Die vier Grundakkorde des Widerstandes, die sich dann je nach aktuell vorliegender Gruppenstruktur vermischen, klingen so:

▶ **Gemeinschaft:** „Wir lassen uns unsere schöne Harmonie nicht kaputtmachen von dir kaltem Chaoten!"
▶ **Truppe:** „Wir lassen uns von sentimentalen Zeitverschwendern nicht in unserer effizienten Sachlichkeit beschneiden!"
▶ **Team:** „Wir lassen uns von keinem toten Bürokraten die kleinkarierten Ärmelschoner der Sachzwangmentalität überstreifen!"
▶ **Haufen:** „Wir lassen uns von dir idealistischem Polizisten doch nicht in einen Vielharmoniker-Club zwingen!"

> **!** Der aus einer Gruppe kommende Widerstand sagt immer etwas darüber, wo sich die Gruppe beheimatet sieht und aus welcher Richtung sie sich vom Coach und durch dessen Vorgehen bedroht fühlt.

Wann immer beispielsweise ein Trainer in der Erwachsenenbildung einen entsprechenden Verweis seitens der „Truppe" erhält („Zeitverschwendung, Gefühlsduselei"), weiß er, dass er viel Informations- und Begründungsarbeit leisten muss, bevor er eine Lerneinheit mit Selbsterfahrungscharakter vorschlagen oder eine ausführliche Morgenrunde durchführen kann. Das „Team" kann bei der gleichen Aufgabe auf diese der feldgemäßen Verkraftbarkeit dienenden Vorarbeiten gut verzichten.

Nehmen Sie vier Gruppen aus Ihrem Alltagsleben und versuchen Sie, deren Felder zu umreißen. Welchem der vier Feldtypen entsprechen die Gruppen jeweils am ehesten? Stellen Sie für jede der vier Gruppen eine Übersicht über „Stärken-Schwächen-Entwicklungsbedarf" auf.

11.3 Das Aufgabenprofil

11.3.1 Die Güte des Gruppenfeldes

Es gibt keine „guten" oder „schlechten" Gruppenfelder – auch wenn in manchen Kontexten gelegentlich ein solcher Anschein erweckt wird. („Wir sind keine echte/gute/wirkliche Gruppe", heißt es dann.) Die Qualität eines Feldes lässt sich immer nur im Hinblick auf die von der Gruppe in Angriff genommene Aufgabe bestimmen.

> **!** Ein gutes Gruppenfeld zeichnet sich nicht durch eine bestimmte Rezeptur (von Dauer-Wechsel und Nähe-Distanz) aus, sondern durch die Übereinstimmung (Kompatibilität) seiner Struktur mit den zu bewältigenden Aufgaben.

Für jedes Gruppenfeld gibt es Aufgaben, die wie maßgeschneidert sitzen (weil man zu ihrer Bewältigung genau jene Fähigkeiten und Qualitäten braucht, über die die Gruppe verfügt) und solche, die die Gruppe vor erhebliche Anpassungsprobleme stellen (weil sie nur mit Hilfe von unterentwickelten, verbotenen oder tabuisierten Fertigkeiten und Qualitäten gelöst werden können). Bevor wir also unser Urteil über die Güte eines konkretes Gruppenfeldes sprechen, brauchen wir Informationen darüber, was die Gruppe sich vorgenommen hat bzw. welche Herausforderungen von außen an sie herangetragen werden.

Die Finanzplanungsgruppe. Eine Arbeitsgruppe, die ein kompliziertes Budget erstellen und dessen exakte Einhaltung überwachen soll, kommt ohne Prinzipienorientierung (erhöhte Dauerausprägung) und den Verzicht auf allzu spontane Eingebungen (also Verzicht auf Wechseltendenzen) kaum zurecht. Menschen mit ausgeprägten Nähe-Wechseltendenzen werden in eine solche Arbeitsgruppe selten berufen oder fühlen sich nicht wohl.
Dieselbe Gruppe wäre nach Jahren der effizienten und differenzierten Finanzplanung vielleicht überfordert, wenn sie plötzlich kreative Vorschläge zur Vereinfachung des Steuersystems entwickeln sollte. Der lange Aufenthalt

in einem von Dauer geprägten Feld hat wahrscheinlich dazu geführt, dass ungenaues Denken verlernt wurde und die Bereitschaft zur Tolerierung „unseriöser" Ideen verloren gegangen ist.

11.3.2 Die Anforderungen der Aufgabe

Wenn wir eine Aussage darüber machen wollen, welche Aufgaben einer Gruppe innerhalb ihres Feldes leicht von der Hand gehen bzw. welche Aufgaben nicht mit dem Feld kompatibel sind, brauchen wir neben Informationen über das Gruppenfeld auch eine Vorstellung davon, von welcher Art die Aufgabe ist.

Nähe. Es gibt Aufgaben, die von den Gruppenmitgliedern fordern, dass sie bereit und in der Lage sind, vorwiegend warmherzig, solidarisch, unterstützend und einfühlsam miteinander umzugehen. Das ist beispielsweise der Fall, wenn
▷ die Tätigkeit der Gruppe große seelische Belastungen mit sich bringt,
▷ die Gruppenmitglieder auf gegenseitigen Rat angewiesen sind,
▷ bei der Problemlösung Intuition und Gefühl eine große Rolle spielen,
▷ nur das gemeinsame Gruppenergebnis zählt oder
▷ es sich um eine Aufgabe handelt, bei der die Persönlichkeit der Beteiligten ein wesentliches Arbeitsinstrument darstellt (z.B. psychotherapeutische Supervisionsgruppen).

Um derartigen Aufgaben gewachsen zu sein, muss die Gruppe ein von Nähe geprägtes Feld haben. Zuviel Distanz, Förmlichkeit, Konkurrenz und Abgegrenztheit stünde dem effektiven Arbeiten im Wege.

Distanz. Es gibt Aufgaben, die von den Gruppenmitgliedern fordern, dass sie bereit und in der Lage sind, vorwiegend sachlich, kühl, zweckorientiert, konkurrierend und abgegrenzt miteinander umzugehen. Das ist beispielsweise dann der Fall, wenn
▷ die Gruppe an rigiden Leistungskriterien gemessen wird (die die Rücksichtnahme auf Befindlichkeiten einzelner verbieten),
▷ die Bewältigung der Aufgabe schonungslose wechselseitige Kritik erfordert,
▷ die Ausbildung einer internen Rangfolge unabdingbar ist oder
▷ die Gruppe zum Zweck ihrer Selbstoptimierung über den Ausschluss von Mitgliedern verhandeln können muss.

Solchen Anforderungen (die vor allem im Wirtschaftsleben gestellt werden), sind nur Gruppen gewachsen, die ein gutes Maß an Distanz ertragen können. Zuviel Nähe, Rücksichtnahme, Gefühlsseligkeit und Gemeinsinn würde den Erfolg und damit die Existenz der Gruppe gefährden.

Dauer. Es gibt Aufgaben, die von den Gruppenmitgliedern fordern, dass sie bereit und in der Lage sind, vorwiegend strukturiert, beherrscht, termintreu, sorgfältig und unnachgiebig miteinander umzugehen. Das ist u. a. immer dann gefordert, wenn

▶ Arbeitsschritte genau aufeinander abgestimmt werden müssen,
▶ langfristig angelegte Projekte bearbeitet werden,
▶ kleine Fehler schwerwiegende Konsequenzen nach sich ziehen,
▶ Verantwortlichkeiten klar zurechenbar sein müssen oder
▶ nach außen hin ein solider Eindruck gemacht werden muss.

In solchen Fällen braucht die Gruppe ein von Dauereinflüssen getragenes Feld. Zuviel Spontaneität, Nonkonformismus, Lockerheit und Unverbindlichkeit wären dem Erfolg abträglich.

Wechsel. Schließlich gibt es Aufgaben, die von den Gruppenmitgliedern fordern, dass sie bereit und in der Lage sind, vorwiegend unkonventionell, flexibel, lebhaft und kreativ vorzugehen. Die Gruppe muss sich Regeln geben, die den Wechsel erleichtern, wann immer

▶ in chaotischen Umwelten gearbeitet wird,
▶ Lösungswege und -prinzipien rasch veralten,
▶ Kooperationspartnerschaften ständig wechseln und
▶ die Gruppe vom Erfindungsreichtum und Improvisationstalent ihrer Mitglieder lebt.

Zuviel Prinzipientreue, Detailversessenheit, Formalismus und Perfektionismus stünde dem Erfolg der Gruppe im Wege.

> **!** Die zur Lösung der Aufgabe erforderlichen Fähigkeiten prägen das Aufgabenprofil. Wir können es wiederum anhand der beiden Dimensionen „Abgegrenztheit" und „Berechenbarkeit" darstellen.

BEISPIEL

Kundenorientierung. Schaffner der Deutschen Bahn hatten über Jahrzehnte hinweg eine hoheitliche Aufgabe wahrzunehmen. In deren Mittelpunkt stand die Kontrolle und Disziplinierung der Fahrgäste als potentielle Schwarzfahrer. Dabei war eine klare „Dienstwegorientierung" einzuhalten, alles ging nach Vorschrift, Ausnahmen wurden nicht gemacht. Diese Aufgabe prägte auch das Miteinander der korrekt uniformierten und mit Dienstgraden versehenen Mitglieder der „Zugbegleiter-Gruppe": Jeder hatte seine Aufgabe und es war klar, wer wem was zu sagen hatte. Die Gruppe trat als „Truppe" auf und war in diesem Feld ihrer Aufgabe gewachsen. ▶

Mit der Privatisierung der Bahn wurden aus Schaffnern „Zugbegleiter" im ICE-Team, deren neues Ziel „Kundenorientierung" hieß. Das impliziert ein aufgeschlosseneres, freundlicheres, kulanteres, gleichberechtigtes und einzelfallorientiertes Verhalten – nicht nur gegenüber dem Reisenden, sondern auch untereinander. Man muss füreinander einspringen und miteinander Unmögliches möglich machen und sich gegenseitig bei Bedarf unter die Arme greifen, um sich den Ruf eines echten Dienstleistungteams zu verdienen.

Die Veränderung der Aufgabe fordert von jedem einzelnen neue Verhaltensweisen, die ihm je nach Heimatgebiet leichter oder schwerer fallen. Und sie fordert ein Miteinander, das diese neuen Verhaltensweisen ermöglicht und unterstützt. Das Gruppenfeld muss sich entsprechend der neuen Aufgabe anpassen.

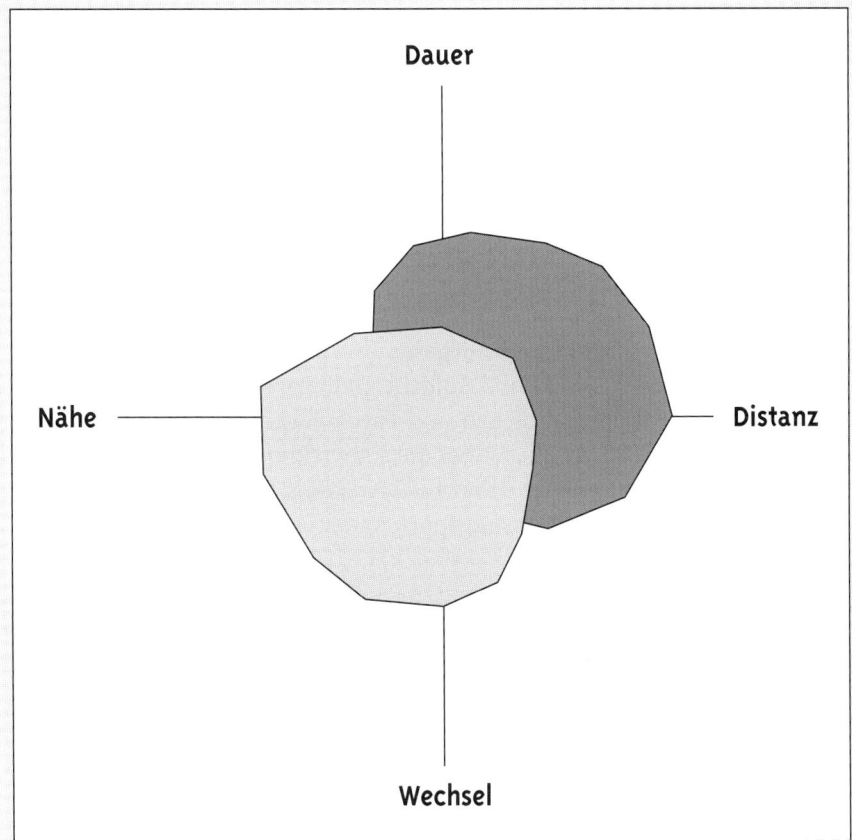

Abbildung 22. Die Veränderung der Aufgabenprofile von „Dienstwegorientierung" (dunkel) hin zu „Kundenorientierung" (hell) impliziert die Verlagerung des Gruppenfeldes im Riemann-Thomann-Kreuz. Dadurch werden für die Gruppenmitglieder neue Verhaltensweisen erforderlich, die jedem Einzelnen je nach Heimatgebiet leichter oder schwerer fallen

Skizzieren Sie für die folgenden Gruppenaufgaben das vermutete Aufgabenprofil:

1. Entwickeln Sie zwecks Aufführung bei der nächsten Weihnachtsfeier eines Kinderkrankenhauses in Ihrer Nähe ein lustiges und anrührendes Theaterstück!
2. Sorgen Sie durch geeignete Maßnahmen dafür, dass die Vermittlungsquote beim Arbeitsamt Ihrer Stadt innerhalb von drei Monaten spürbar steigt!
3. Entwickeln und vermitteln Sie ein Verfahren, mit dem Familien, die Sozialhilfe beziehen, ihr Budget planen und verwalten können!

11.4   Anpassung

Je besser die Gruppe durch ihr bestehendes Feld für ein Aufgabenprofil gerüstet ist, desto effizienter kann sie arbeiten. Gruppen, die sich mit feldfremden Zielen konfrontiert sehen, geraten unter Anpassungsdruck. Dieser Anpassungsdruck kann durch gesetzte Ziele entstehen, wie beim ICE-Team. Er kann auch aus der Gruppe heraus entstehen, wenn eine sachorientiert arbeitende Gruppe wie das Streichquartett sich mit Nähe-Wünschen einiger Mitglieder konfrontiert sieht.

11.4.1   Umgang mit Anpassungsdruck

Die Kompatibilität von Feld und Aufgabe. Zur Beschreibung des Spannungsverhältnisses von Gruppenfeld und Aufgabe greifen wir auf das begriffliche Repertoire des französischen Biologen und Psychologen Jean Piaget (1983) zurück (s. auch Kapitel 8.1.4). Piaget hat die Entwicklung kognitiver Strukturen bei Kindern untersucht und ist dabei auf Mechanismen gestoßen, die ihre Parallelen im evolutionären Anpassungsprozess der Gruppe haben.

Schema und Anpassungsdruck
Alle Menschen entwickeln Wahrnehmungs- oder Denkgewohnheiten, die ihnen helfen, neue Eindrücke zu schon bekannten in Beziehung zu setzen, im Neuen das Alte wiederzuerkennen. Diese Gewohnheiten nennt Piaget „Schemata". Ohne ihren ordnenden Einfluss (z.B. den der vier Feldtypen) würden wir in der Fülle der Eindrücke untergehen.

Nehmen wir als einfaches Beispiel ein „Kreis-Dreieck-Schema": Ein Kind ordnet alle geometrischen Formen, die es wahrnimmt, einer von zwei ihm bekannte Kategorien zu: Kreise oder Dreiecke. Wenn es nun mit einem Viereck konfrontiert wird, erweist sich dieses Schema als unzulänglich, da keine der beiden Kategorien dem neuen Ding entspricht. In diesem Fall gerät die kognitive Struktur des Kindes unter Anpassungsdruck.

Dem Anpassungsdruck muss das Kind sich stellen. Das kann auf drei verschiedene Arten und Weisen geschehen:

(1) **Verleugnung.** Der Anpassungsdruck wird einfach ignoriert. (Das Kind „übersieht" das Viereck.)

(2) **Assimilation.** Das Problem wird mit dem vorhandenen Schema bearbeitet. (Das Kind identifiziert das Viereck als „Doppeldreieck".)

(3) **Akkomodation.** Das Schema wird so verändert, dass es neuen Eindrücken und Anforderungen gerecht werden kann. (Das Kind übernimmt die Kategorie „Viereck" in sein Schema.)

Übertragen auf die Gruppe finden wir das wahrnehmungs- und handlungsleitende Schema in Gestalt des Gruppenvertrages wieder, dessen Charakter wir durch das Feld umreißen. Er entscheidet, wie die Gruppe ihre Interaktionen und den Kontakt mit der Außenwelt wahrnimmt, begreift, bewertet und gestaltet. Unter Anpassungsdruck gerät eine Gruppe immer dann, wenn sie sich vor Aufgaben und Herausforderungen mit feldfremdem Aufgabenprofil gestellt sieht.

Verleugnung

Die kurzfristig einfachste Variante ist die Vogel-Strauß-Politik.

 Der Anpassungsdruck wird ignoriert in der Hoffnung, dass er sich in Luft auflösen möge.

Die Anpassungsleistung besteht dann darin, so zu tun, als wäre nichts geschehen.

Diese Verleugnung hat in Gruppen die Gestalt des „business as usual": Es wird so getan, als sei nichts passiert. Die Anforderung wird als vorübergehender Irrtum betrachtet. Besteht die Anforderung aber fort, bekommt die Gruppe Probleme, da sie sich „in der Welt von gestern" bewegt und durch die „Welt von heute", die sie nicht wahrhaben will, zunehmend überrollt und überfordert wird. Sollte die feldfremde Anforderung sich allerdings tatsächlich als unwesentlich oder vorübergehend erweisen, dann ist das Verleugnen eine sehr effiziente Anpassungsstrategie, denn sie erspart der Gruppe den Aufwand einer Feldveränderung.

Assimilation

Wenn Verleugnen den Anpassungsdruck nicht mindern kann, bietet sich als nächste Reaktionsmöglichkeit die Assimilation an.

 Bei der Assimilation wird das neuartige Problem als Sonderfall des Bekannten verstanden und mit bewährten Mitteln gelöst.

Die Anpassungsleistung besteht darin, das widerspenstige Problem zu „bändigen" und es mit den bereits vorhandenen Lösungsmöglichkeiten zu bearbeiten. Assimilation hat den Vorteil, dass ein bestehendes Schema nicht verändert werden muss. Hier trifft das geflügelte Wort zu, dass demjenigen, der nur über einen Hammer verfügt, jedes Problem als Nagel erscheint.

Auf die Gruppe bezogen, bedeutet Assimilation die Anpassung einer Aufgabe an das bestehende Gruppenfeld. Die Gruppe verfolgt ein feldfremdes Ziel dann im Rahmen ihrer bestehenden Möglichkeiten. Fordert man die Mitglieder einer Gruppe vom Typ „Truppe" im Rahmen eines Anti-Stress-Kurses dazu auf, sich gegenseitig den Rücken zu massieren (Vorsicht, Nähe!), dann werden sie diese Aufgabe vielleicht durch ein betont robustes Vorgehen, gepaart mit einigen derben Witzen in ihr eher distanziertes Feld überführen. Dadurch kann die Gruppe ohne Umstrukturierung des Feldes in die Auseinandersetzung mit der Aufgabe eintreten.

Bei der Umstrukturierung können zwei Probleme auftreten:

(1) Die Assimilation der Aufgabe kann diese bis zur Unkenntlichkeit entstellen, was die Gruppe zwangsläufig zu Scheinlösungen führen muss (an die Stelle der sensibilisierenden und entspannenden Massage tritt ein rustikales und aktivierendes Abklopfen).

(2) Die zur Assimilation notwendige Umdefinition des Problems kann so aufwändig geraten, dass sie die Kosten einer Feldveränderung bei weitem übersteigt.[76]

Akkomodation

Wenn Verleugnen und Assimilation den Anpassungsdruck nicht aus der Welt schaffen können, muss das Schema an die Aufgabe akkomodiert werden.

> Bei der Akkomodation werden die bestehenden Strukturen so umgebaut, dass sie dem Neuen gerecht werden.

Dieser aufwändige Umstrukturierungsprozess kann zunächst von Verwirrung und Orientierungslosigkeit begleitet sein, führt langfristig aber zu einer verbesserten Kompatibilität von Schema und Aufgabe.

Bei der Akkomodation wird das Gruppenfeld an das Aufgabenprofil angepasst. Dies bedeutet die Veränderung oder Ergänzung des bestehenden Gruppenvertrages mit dem Ziel, all jene Interaktionen, Verhaltensweisen und Ziele freizugeben, die für die Aufgabenbewältigung notwendig oder förderlich sind. Da der bestehende Gruppenvertrag aber Ausdruck des geltenden und funktionierenden komplexen Kompromisses zwischen den Mitgliedern ist, bringt eine Feldveränderung das bestehende Gleichgewicht ins Kippen. Akkomodationen des Gruppenfeldes gehen in der Regel mit Irritationen, Ängsten und Konflikten einher, da die bisherige Struktur verlassen wird und die im neuen Gruppenfeld geltenden Regeln erst noch erstritten werden müssen. Insofern ist Akkomodation eine effiziente Strategie bei dauerhaftem Anpassungsdruck. Wenn der Druck zur Anpassung aber unwesentlich oder vorübergehend ist, kann es erfolgversprechender sein, die Störung assimilativ oder verleugnend auszusitzen, nach dem Motto: „Die Hunde bellen, die Karawane zieht weiter."

BEISPIEL

Das Pädagogen-Team. Um die Begriffe für unseren Zusammenhang lebendig werden zu lassen, greife ich auf eine Erfahrung aus meiner beruflichen Praxis zurück: Vor einigen Jahren wurde ich als Supervisor für eine Arbeitsgruppe (drei Männer und vier Frauen) angefragt. Alle sieben Mitglieder waren Angestellte einer Weiterbildungsstätte. Gemeinsam und gleichberechtigt – als Gruppe vom Typ „Team" – gestalteten sie das Programm und den Ablauf für eine sich selbst verwaltende Außenstelle der übergeordneten Dachorganisation. Letztere war nun durch verknappte Finanzmittel unter Druck geraten und hatte beschlossen, Zentrale und Außenstellen stärker miteinander zu vernetzen und die Gesamtorganisation zu straffen. An das fragliche „Team" erging daher die Aufforderung, einen Sprecher zu benennen, der die Gruppe in einer Reformkommission vertreten und deren Beschlüsse im Team umsetzen helfen sollte. Ohne das Kind beim Namen zu nennen, wurde damit eine verkappte Teamleitungsstelle ausgeschrieben.

Das von Gleichheit, Solidarität und Kollegialität geprägte Feld der Gruppe geriet durch diese Anfrage unter Druck. Und obwohl einzelne Mitglieder mit der Effizienz der Zusammenarbeit alles andere als zufrieden waren und das herrschende Einstimmigkeitsprinzip gelegentlich verfluchten, war die im Team veröffentlichte Reaktion aller Beteiligten selbstverständlich: einhellige Entrüstung über das hierarchische Denken und den Entmündigungsversuch der Zentrale („Wir lassen uns von keinem toten Bürokraten...").

Bevor ich als Supervisor angeheuert wurde, hatte das Team sich schon im Verleugnen und Assimilieren versucht: Zunächst wurde die Anforderung der Zentrale ignoriert; niemand ging zu den Sitzungen der Reformkommission. Dadurch wuchs der Anpassungsdruck aber eher: Zum einen tagte die Kommission nun, ohne dass die Gruppenmitglieder Einfluss auf deren Beschlüsse nehmen konnten, zum anderen setzte die Institutionsleitung eine Frist für die Benennung eines Sprechers – andernfalls würde ein Mitarbeiter der Zentrale die Gruppenleitung übernehmen. Hin- und hergerissen zwischen Empörung und der Sorge, den Anschluss zu verlieren, griff die Gruppe zu einer assimilativen List: Die Sprecherrolle wurde im Rotationsverfahren besetzt. Dadurch kam man den Anforderungen von außen entgegen, ohne das Binnenklima in der Gruppe verändern zu müssen. Diese Lösung war aber nur kurzfristig erfolgreich. Zum einen musste im Team viel Zeit dafür aufgewendet werden, sich wechselseitig auf den neuesten Stand zu bringen, zum zweiten hatten die Gruppenvertreter in der Kommission keinen guten Stand („Ständig ein neues Gesicht!"), zum dritten wurde die Kommission lahmgelegt, da die rotierenden Gruppensprecher ihre Stimme immer nur unter Vorbehalt („Erst mal hören, was die anderen in meinem Team dazu sagen!") abgeben wollten. Die Institutionsleitung verlangte schließlich, dass innerhalb kurzer Zeit eine eindeutige Sprecherwahl getroffen werde.

Das Team sah sich mit dem Rücken zur Wand stehen und wählte eine Sprecherin – mit der internen, feldstabilisierenden Absprache, dass diese nichts mitbeschließen durfte, was im Team auf Widerspruch stieß. Diese Absprache erwies sich als nicht haltbar: Die Sprecherin entwickelte als Mitglied der Reformkommission bald Zugehörigkeitsgefühle gegenüber der neuen Gruppe und fühlte sich gestört durch den „kindlichen Trotz", mit dem ihre Mitstreiter den von ihr mitgetragenen Kommissionsbeschlüssen begegneten. Eine Teamkollegin, die sich selbst Chancen auf den Sprecher-Posten ausgerechnet hatte, trat enttäuscht den Rückzug an und drohte damit, die Gruppe zu verlassen. Die anderen fühlten sich durch die Sprecherin verraten und warfen ihr „Starallüren" und „Verrat" vor.

An diesem Punkt kam ich als Supervisor ins Spiel. Meine Arbeit bestand darin, in dem von Nähe und Wechsel geprägten Feld jene von Dauer und Distanz geprägten Themen bearbeitbar zu machen, die sich lange nicht gestellt hatten und nun, unter den neuen Vorzeichen im Verborgenen ihr Unwesen trieben: Hierarchie, Kontrolle, Beurteilung, Misstrauen, Konkurrenz. Mit diesen Themen hatte die Gruppe keine Erfahrung, sie waren teilweise tabuisiert worden und lösten viele Ängste aus. Als sie beim Namen genannt werden konnten und durften, wurden aus den diffusen und unbesprechbaren Ängsten konkrete Sorgen, Befürchtungen und Vorbehalte. Unter deren Berücksichtigung war es dem Team möglich, den geltenden Gruppenvertrag zu akkomodieren und sich neu auszurichten. Dies brachte schmerzhafte persönliche und zwischenmenschliche Enttäuschungen mit sich und die ernüchternde Einsicht, dass die alte Ordnung unter den gegebenen Bedingungen nicht mehr aufrecht zu erhalten war (drei Mitglieder verließen das Team – allerdings im Frieden).

11.4.2   Chancen und Risiken der Akkomodation des Gruppenfeldes

Bewahren oder Verändern? Jede Gruppe steht angesichts ihrer sich fortlaufend verändernden Umwelt immer wieder vor der Frage, welche Anpassungsstrategie sie wählt:

▸ Ist ihr Feld so festgefügt, dass jede Form der Veränderung als Bedrohung wahrgenommen und entsprechend mit Verleugnung oder bestenfalls mit Assimilation beantwortet wird, läuft die Gruppe Gefahr, als „Dinosaurier" ihre Anpassungsfähigkeit einzubüßen.

▸ Ist das Feld hingegen so instabil, dass es bei kleinsten Veränderungen nachgibt, muss die Gruppe als „Eintagsfliege" sich ständig neu strukturieren und kommt gar nicht zum Arbeiten.

Die Wahl der Anpassungsstrategie und die Veränderung des Gruppenfeldes vollzieht sich häufig unbewusst, indem während der Phasen des Gruppenprozesses unterschiedliche diesbezügliche Vorstellungen aufeinander prallen und Zielkonflikte zur Austragung gelangen. Da es kein Patentrezept für den richtigen Umgang mit Anpassungsdruck gibt, muss die Gruppe diesen richtigen Umgang immer wieder neu entwickeln. Dies geschieht anhand von Versuch und Irrtum. Die Gruppe wird dabei zum selbst-lernenden System, das lernt, wie es mit Anpassungsdruck umgehen kann.

Wann immer nun Umweltveränderungen eine Akkomodation des Gruppenfeldes erzwingen, hat die Gruppe die Wahl zwischen zwei Möglichkeiten: Feldverschiebung und Felderweiterung. Beide Möglichkeiten verändern das Gruppenfeld und sorgen für eine verbesserte Kompatibilität mit der zu bewältigenden Aufgabe:

Feldverschiebung

Die erste Möglichkeit der Anpassung des Gruppenfeldes an Umweltveränderungen ist die Feldverschiebung.

> **!** Bei der Feldverschiebung wird die alte Struktur, der bisher gültige Gruppenvertrag, durch eine neue Version ersetzt, die aufgabennäher ist und mit der den Umweltveränderungen begegnet werden kann.

Das hat zur Folge, dass der Feldkontakt einzelner Gruppenmitglieder sich u.U. dramatisch verändert: Wer gestern noch im Zentrum des Gruppenfeldes stand, findet sich heute – im neuen Feld – als Außenseiter wieder und umgekehrt. Nicht alle Betroffenen sind (in der Regel) fähig, ihr persönliches Heimatgebiet kurzfristig so zu verändern, dass sie Kontakt zum neu entstehenden Feld bekommen. Daher geht die Feldverschiebung häufig mit einer Veränderung der Gruppenzusammensetzung einher: Die nicht mehr „Feldgemäßen" nehmen oder bekommen ihren Abschied und an ihrer Stelle werden neue Mitglieder aufgenommen, die kompetenter im Sinne des veränderten Feldes sind.

Die unvermeidliche Härte, die jede Feldverschiebung bedeutet, kann durchaus gute Folgen zeitigen, wenn man sich Auge in Auge gegenüber steht und einander eingestehen kann: „Es geht nicht mehr miteinander."

Kurzfristig ist die Feldverschiebung der -erweiterung meistens überlegen. Der Austausch eines alten gegen einen neuen Gruppenvertrag und eine dementsprechende Umbesetzung der Gruppe können – vor allem wenn sie von oben oder von einer mächtigen Mehrheit durchgesetzt werden – die rasche Handlungsfähigkeit der Gruppe im neuen Feld gewährleisten.

Ideologisierte Feldverschiebung. Weil Feldverschiebungen häufig mit Trennungen und Zumutungen einhergehen, treten bedrückende Themen wie Schuld,

Verrat und Untreue auf den Plan (Kap. 7.3: Trennungstabu). Um diese Themen unterschwellig zu halten, sind Feldverschiebungen gelegentlich von tosender und alle Härten rechtfertigender Fortschrittsideologie getragen: „Die sogenannten guten alten Gruppenzeiten sind vorbei. Jetzt weht ein anderer Wind und wir segeln unter einem neuen und zeitgemäßen Banner. Also spute dich, denn wer zu spät kommt, den bestraft das Leben!" Diese Form der Ideologisierung einer Feldverschiebung erfüllt den (vielfach unbewussten) Zweck, die Veränderungstreiber von ihrer Verantwortung zu entlasten: Solange sie eine „richtige, weil gerechte, weil gute Sache" vertreten, müssen sie nicht als Vertreter eigener Interessen in die Auseinandersetzung mit den Zurückgebliebenen treten. Bei der ideologisierten Feldverschiebungen wird so getan, als seien diejenigen, die nun in die Minderheit geraten, auch und vor allem im Unrecht: Es geht dann scheinbar gar nicht um Interessen und Macht, sondern um Moral, und der andere ist nicht einfach unterlegen, sondern minderwertig. Dann führt die Feldverschiebung nicht zur unvermeidlichen aber respektvollen Trennung alter Weggefährten, sondern gerät zur von Bitterkeit und menschlicher Enttäuschung begleiteten Säuberungsaktion.

Felderweiterung

Die Felderweiterung ist die zweite Möglichkeit zur Akkomodation des Gruppenfeldes.

> **!** Bei der Felderweiterung wird der bestehende Gruppenvertrag so ergänzt, so dass sich das Feld ausdehnt.

Mit der Felderweiterung geht eine Differenzierung der Struktur einher: Wenn sich ein dauergeprägtes Gruppenfeld in Richtung „Wechsel" erweitert, dann braucht es komplexere Regeln. Diese klären, unter welchen Voraussetzungen welche der beiden Tendenzen (Dauer oder Wechsel) verstärkt die Anstrengungen der Gruppe prägen soll.

> **!** Eine Felderweiterung fordert von der Gruppe sehr viel mehr Toleranz und eine differenziertere Streit- und Absprachenkultur als eine Feldverschiebung, da innerhalb des erweiterten Feldes heterogene Ziele verfolgt werden können und dürfen bzw. komplexe Kompromisse erforderlich werden.

Jede Felderweiterung fordert deshalb die Mitglieder zur Persönlichkeitsentwicklung heraus, da die notwendige Toleranz aus eng umgrenzten seelischen Heimatgebieten nicht erwachsen kann. Diese müssen ebenfalls erweitert und differenziert werden.

Ein Theaterintendant will das veränderte Zuschauerinteresse durch frappierende Inszenierungen moderner Stücke bedienen. Sein festes Ensemble hat sich bisher allerdings auf die gelungene Darbietung der Klassiker beschränkt. Für den Intendanten wäre es kurzfristig das Einfachste, einen Großteil der alten Schauspieler und Regisseure durch neue zu ersetzen und damit das Ensemble in die gewünschte Richtung umzukrempeln (Feldverschiebung). Eine Felderweiterung wäre damit verglichen aufwändig. Der Theaterintendant müsste Zeit und Geld in die künstlerische Weiterentwicklung seiner Schauspieler investieren und sich mit deren Widerständen und internen Zankereien auseinandersetzen. Diese Modernisierung eines Klassikerensembles könnte Jahre dauern. Dafür brächte sie allerdings langfristigen Gewinn:

(1) Eine gelungene Felderweiterung, die von vielen Zielkonflikten und Gruppen- wie Persönlichkeitskrisen begleitet wird, führt zu realistischeren und toleranteren, belastungserprobten und damit insgesamt belastbareren und tieferen Beziehungen innerhalb der Gruppe. Diese steigern die Motivation und das Zusammengehörigkeitsgefühl der Mitglieder („Wenn man so viel miteinander durchgestanden hat, wirft einen so leicht nichts um!").

(2) Ein Ensemble mit erweitertem Feld verfügt über eine erweiterte Reaktionspalette. Diese ermöglicht es ihm, viele zukünftige Anforderungen zu assimilieren, die eine Gruppe mit verschobenem Feld in erneute Turbulenzen bringen würden. Nach dem Motto: „Das, was jetzt gefordert ist, steht bei uns derzeit zwar nicht auf dem Spielplan, aber wir haben es im Repertoire! Wenn nun, nachdem die „moderne Welle" abebbt, wieder Klassiker gefragt sind, stellt uns das nicht vor Probleme!"

(3) Das Ensemble macht die Erfahrung, dass und wie es in der Lage ist, Felderweiterungen vorzunehmen. Das setzt die Beteiligten in den Stand, zukünftigem Anpassungsdruck gelassener und kompetenter zu begegnen. Hier lautet das Motto: „Was jetzt gefordert ist, steht weder auf dem Spielplan, noch haben wir es im Repertoire. Aber wir wissen immerhin, wie man sich ein stilistisch neues Stück erarbeitet!" Die gelungene Felderweiterung trägt zu einer verbesserten generellen „Evolutionskompetenz" bei, so dass zukünftige Akkomodationen rascher und zielgerichtet vonstatten gehen können.

Ein Ensemble bzw. ein Intendant, die unter Anpassungsdruck auf Felderweiterung setzen, fallen demnach zwar kurzfristig hinter die Konkurrenz zurück, sind aber langfristig gegen die Wechselfälle der Mode bestens gewappnet.

11.5   Der Coach im Anpassungsprozess

Wann immer Gruppen unter Veränderungsdruck geraten, durchleben sie kleinere oder größere Krisen. Der Übergang von einer alten zu einer neuen Struktur
- lässt viele verbindende Regeln fragwürdig erscheinen,
- wirbelt die Rollen- und Machtverteilung durcheinander,
- bringt Themen, Ziele, Ängste und Konflikte an die Oberfläche, die manche gern tabuisiert sähen,
- kostet den einen oder anderen Beteiligten Einfluss und die Aussicht auf die Verwirklichung angestrebter Ziele und
- lässt einzelne Mitglieder in seelische Krisen geraten, wenn ihre Sicherheiten in Frage gestellt werden und sie durch die Klimaveränderung mit für sie beängstigenden Situationen konfrontiert werden.[78]

Ein konstruktives Storming (Streitphase) (s. Kapitel 6.3) fällt in solchen Krisenzeiten nicht leicht. Aus diesem Grund wird gerade bei anstehenden Feldveränderungen vielfach ein Außenstehender hinzugezogen, der die Gruppe durch die Stromschnellen der Veränderung lotst und hilft, den Umbruch in konstruktive Bahnen zu lenken. Damit der Coach seiner Rolle als Katalysator der Entwicklung in dieser Situation gerecht werden kann, sollte er folgende Punkte bedenken.

11.5.1   Notar, nicht Missionar des Veränderungsdrucks

Ins Konfliktsystem geraten

Natürlich haben auch Coaches ein seelisches Heimatgebiet und entsprechende Idealvorstellungen von einer „richtigen" Gruppe. Außerdem haben auch Coaches ihre Prinzipien und Lebenserfahrungen, die ihnen sagen, wie welchen Herausforderungen des Lebens zu begegnen sei. Diese meine persönliche gruppenideologische Mitgift muss ich mir als Coach angesichts der Krise der von mir betreuten Gruppe bewusst machen – um sie sicher unter Verschluss halten zu können. Ich selbst darf mich angesichts der Frage, wie dem aktuell vorliegenden Anpassungsdruck begegnet werden soll, nicht auf eine Seite schlagen – dann wäre ich Teil der Auseinandersetzung und könnte diese nicht mehr vorantreiben.

BEISPIEL

Ein Coach, der im zuvor vorgestellten Pädagogenteam die Position verträte: „Ihr müsst jetzt einen Teamsprecher benennen, daran führt kein Weg vorbei!", hätte sofort alle Versammelten gegen sich, weil er plötzlich als derjenige dastünde, der den Veränderungsdruck personifiziert.

Ein derartiges Hineinrutschen ins System muss unter allen Umständen vermieden werden – vor allem natürlich in Gruppen, die sich angesichts des Veränderungsdrucks bereits in zwei Lager gespalten haben.

Auseinandersetzung anregen. Gleichzeitig muss ich als Coach die Gruppe mit der Wahrheit der Situation konfrontieren, d.h. sie als Notar des Anpassungsdrucks dazu anhalten, sich mit den Gegebenheiten illusionslos auseinander zu setzen. Hier ist eine Gratwanderung zu bewältigen, indem der bestehende Anpassungsdruck vom Coach mit der schonungslosen Prägnanz und Präzision eines professionellen Berichterstatters benannt wird, ohne dass er dem Verdacht Vorschub leistet, sich dadurch gegen den Status quo und in den Dienst des Anpassungsdruckes stellen zu wollen.

BEISPIEL

Im Beispielfall des Pädagogenteams könnte sich die Berichtserstattung so anhören: „Es hat den Anschein, als würde eure Leitung von der Idee eines Teamsprechers nicht abrücken. Das hätte für euch unliebsame Konsequenzen: Plötzlich wäret ihr nicht mehr eine Gemeinschaft Gleicher. Bisher ungekanntes Konkurrenzdenken, Enttäuschungen, Misstrauen und Angst vor Übervorteilung würden möglicherweise erwachen und ihr müsstet euch damit auseinandersetzen. Eure Alternative wäre es, der Leitung Paroli zu bieten. Dabei droht euch der Verlust eurer Freiheit in Gestalt eines von oben eingesetzten Koordinators. Sind das eure Wahlmöglichkeiten, oder habe ich welche vergessen? Gut. Solange ihr keine dritte Wahlmöglichkeit seht, geht es wahrscheinlich darum, das für euch kleinere Übel zu wählen und seinen unvermeidlichen Folgeerscheinungen so sorgfältig und unerschrocken wie möglich zu begegnen."

Veränderungsgewinne und -verluste bilanzieren

Unter Anpassungsdruck werden jene Gruppenmitglieder eher im Sinne von Verleugnung oder Assimilation argumentieren, die sich im derzeitigen Gruppenfeld wie ein Fisch im Wasser fühlen. Von ihnen darf erwartet werden, dass sie Veränderungen – jenseits sachlicher Gesichtspunkte – Widerstand entgegensetzen, wenn diese sie zur Umsiedlung in „seelisches Ausland" oder ins Schattenreich drängen würden. Sie wären die Verlierer einer Feldveränderung und stehen in der Auseinandersetzung angesichts des Anpassungsdrucks rasch im Verdacht, aus vermeintlich irrationalen (weil persönlichen) Motiven heraus die notwendigen Veränderungen zu blockieren.

Andererseits werden die Befürworter einer akkomodativen Strategie vor allem aus seelischen Heimatgebieten kommen, die sich weitgehend mit dem angestrebten neuen Gruppenfeld decken. Der Anpassungsdruck ist Wasser auf ihre Mühlen. Sie wären die Modernisierungsgewinner. Dementsprechend stehen sie in der gruppeninternen Auseinandersetzung rasch im Verdacht, den Veränderungsdruck im Sinne ihrer bisher unerreichten Ziele zu missbrauchen (s. Kapitel 3.2.3).

In jenen Auseinandersetzungen, die die Gruppe über ihren Anpassungskurs führt, sollten die ganz persönlichen Ängste und Hoffnungen, die die Beteiligten mit anstehenden Veränderungen verbinden, möglichst zum Gegenstand des Gespräches werden. Sie wiegen genau so schwer wie sachliche Überlegungen. Hoffnungen und Ängste sind machtvolle Argumente in einer Debatte. Im ungünstigsten Fall wirken sie im Verborgenen und führen dann dazu, dass Sachliches von Persönlichem nicht mehr zu trennen ist. Die Suche nach der besten Lösung endet in diesem Fall in gegenseitigen Verdächtigungen („Ihr wollt doch nur euer Süppchen kochen!") und moralinsauren Vorwürfen („Ihr stellt euch aus egoistischen Motiven heraus den sachlich gebotenen Reformen in den Weg!"). Die notwendigen Auseinandersetzungen werden unter diesen Voraussetzungen nicht als schmerzliches, aber unumgängliches Aufeinanderprallen gegenläufiger Zielvorstellungen erlebt, wie es in einer sich verändernden Welt zwischen Menschen unterschiedlichster Neigungen unvermeidlich ist. Vielmehr erscheinen sie als allegorischer Kampf des Guten gegen das Böse. Kommt es in Gruppen zu Konflikten in diesen existentiellen Sphären, droht die Polarisierung in „Orthodoxe" und „Reformer", die gegeneinander einen rücksichtslosen Glaubenskrieg führen.

Als Coach ruft man die Gruppe dann nicht zur Sachlichkeit auf – ganz im Gegenteil, man öffnet dem Persönlichen die Pforten:

BEISPIEL

Ein Coach könnte Veränderungsgewinne und -verluste so ansprechen: „Angesichts der Situation, in der Sie stecken, haben Sie verschiedene Wahlmöglichkeiten, jede mit Vor- und Nachteilen. Lassen Sie uns nicht so tun, als wäre eine davon die richtige und die anderen die falschen. Dann ginge es hier ja wie in einer Gerichtsverhandlung nur noch darum, Zeugen zu vernehmen und ein Urteil zu sprechen. Was wir suchen, ist die angemessene Lösung für Sie als Gruppe und die steht nicht bereits im Voraus fest, sondern will erst entwickelt werden. Für jeden Einzelnen von Ihnen bedeuten die in Frage stehenden Alternativen unterschiedliche persönliche Verluste. Und für jeden Einzelnen versprechen sie mehr oder weniger viel Gewinn. Erst wenn wir diese persönlichen Gewinn- und Verlustrechnungen kennen, wissen wir, was die Alternativen für diese Gruppe wirklich bedeuten und können nach einer Lösung suchen, bei der möglichst viele von ihnen auf Ihre Kosten kommen."

Worauf der Coach mit diesen Worten hinarbeitet, ist zweierlei:

(1) Zum einen bereitet er ein in die Breite gehendes Re-Forming (Orientierungsphase) vor. Die unterschiedlichen Sichtweisen und Bedürfnisse sollen auf dem Tisch liegen, bevor man sich darüber auseinandersetzt.

(2) Zum zweiten arbeitet er auf ein konstruktives Storming (Streitphase) hin, in dem die Streitparteien die Beweggründe der anderen Seite verstehen und respektieren können.

Nur auf dieser Grundlage hat die schließlich gewählte Anpassungsstrategie auch eine Chance auf Umsetzung. Andernfalls werden bewahrende Beschlüsse von den blockierten Reformkräften immer wieder sabotiert, und verändernde Beschlüsse scheitern am stummen Boykott der Bewahrer.

11.5.2 Die Idealisierungsfalle

Heilsbringer und Scharlatan

Als Coach in Teams, die unter Anpassungsdruck stehen, müssen wir darauf gefasst sein, als Heilsbringer empfangen und als Scharlatan entlassen zu werden. Erhofft wird vom Coach nämlich nicht weniger als das Wunder, durch einen virtuosen Griff in seine gruppendynamische Trickkiste („Sie sind doch Fachmann?") ein Paradies der Einigkeit und Konfliktfreiheit dort zu schaffen, wo bisher Zwist und Hader herrschten. Die erwartungsvolle Sehnsucht nach einem Erlöser oder Führer erwächst aus der Angst vor jenen Konflikten, die das Selbstverständnis der Gruppe bzw. das Selbstbild der Betroffenen erschüttern würden. Je größer aber die Ängste sind, desto bereitwilliger wird der Coach zum Heilsbringer hochstilisiert. Aber er kann die bestehenden Konflikte und den existierenden Anpassungsdruck selbstverständlich nicht in Luft auflösen – im besten Fall trägt er dazu bei, dass sie benennbar und am rechten Ort austragbar werden. Für diesen Dienst darf er (kurzfristig) nicht mit allzu viel Dankbarkeit rechnen – ganz im Gegenteil: Enttäuschung und Ernüchterung richten sich häufig gegen ihn, der zunächst ja einmal dafür sorgt, dass Konflikte ausgetragen werden. Der Idealisierung des Coaches folgt dann seine Demontage: „Der hat das Ganze ja überhaupt nicht im Griff. Seit er da ist, haben wir mehr Streit als vorher!"

Prophylaktische Desillusionierung

Um Idealisierung wie Demontage zu entgehen, empfiehlt es sich, den Beteiligten gleich zu Beginn der Zusammenarbeit reinen Wein einzuschenken.

BEISPIEL

Eine vorbeugende Desillusionierung könnte sich so anhören: „Wie Sie wissen, bin ich hier, um mit Ihnen die derzeit strittigen und verworrenen Dinge zu klären. Ich werde Sie deshalb nicht dabei unterstützen, Konflikte zu umschiffen, sondern – im Gegenteil – mit Ihnen zusammen Kurs darauf nehmen. Am Ende unserer Zusammenarbeit werden Sie bestimmt nicht sagen: „Jetzt ist es wieder so schön wie früher!". Ich wäre sehr zufrieden, wenn Sie folgende Bilanz ziehen würden: „Jetzt weiß ich, wo alle stehen und auf dieser Grundlage können wir die notwendigen, mehr oder minder schmerzhaften Entscheidungen fällen."

Im Sinne dieser Enttäuschungsprophylaxe kann es – vor allem in sehr harmoniefreudigen Gruppen vom Typ „Gemeinschaft" und „Team" – von Vorteil sein, zu Beginn der Arbeit einen kleinen Theorievortrag (Arbeitstitel: „Der Konflikt als Vater aller Dinge"[79]) zu halten. Dieser soll dazu dienen, Konflikte zu rehabilitieren, falls sie von solchen Gruppen (wie in unserer Kultur mit ihrer Ideologie des Guten Willens üblich) gern als eindeutiges Zeichen katastrophalen Scheiterns gesehen werden.

Konfliktvermeidungsbündnis

All jene von uns, die als Coaches durch das Idealisierungsangebot der Gruppe verführbar sind, sich als Schamane der Gruppendynamik feiern und als Wunderheiler vergöttern zu lassen, stehen angesichts von Gruppenkrisen in der Gefahr, ein unbewusstes Konfliktvermeidungsbündnis mit der Gruppe einzugehen. Indem sie Trennendes manipulativ heruntergespielen, Einheitserlebnisse inszenieren oder durch rhetorische Glanzleistungen Zaudernde mitreißen und der von ihnen favorisierten Lösungsvariante zum Durchbruch verhelfen, gelingt es ihnen scheinbar, vorhandene Gräben zuzuschütten. So hinterlassen sie bei ihrem Abgang eine beeindruckte und scheinbar befriedete Gruppe, die beim Erwachen aus dem Einheitstaumel den unveränderten Anpassungsdruck unangenehm zu spüren bekommt. Denn zwischenzeitlich hat sich weder draußen noch drinnen Substantielles getan. In ihrer Not wird die Gruppe sich wieder um Hilfestellung bemühen („Offensichtlich sind wir nicht in der Lage, ohne IHN unsere Eintracht zu wahren!") und sich schließlich nur noch mit Hilfe des Coaches handlungsfähig fühlen. Das gewährt eine kurzfristige neurotische Entlastung für die Einzelnen (denn es scheint, als sei Konfliktfreiheit kein leerer Wahn), schafft mittelfristig eine gut bezahlte Beschäftigung für den Coach, und garantiert langfristig die völlige Handlungsunfähigkeit der Gruppe. Die letztendlich unvermeidbare Enttäuschung richtet sich in diesem Fall aber nicht gegen den Coach, sondern gegen das Wir: „Wir sind einfach zu blöde, uns SEINEN genialen Einsichten entsprechend zu verhalten."

12 Themen im Gruppenfeld

▶ Wir entwickeln aus dem Riemann-Thomann-Kreuz eine **thematische Landkarte**. Sie tritt als „mittlere" Ebene der Strukturanalyse zwischen die grobe Diagnose des Gruppenfeldes einerseits und die detailreiche Betrachtung einzelner Zielkonflikte andererseits. Wir gelangen zu dieser thematischen Landkarte, indem wir existentielle Gruppenthemen (Sicherheit, Kontrolle, Unabhängigkeit, Mitgefühl usw.) in das Riemann-Thomann-Modell einarbeiten. Sie stellen thematische Gravitationszentren im Gruppengeschehen dar.

▶ Diese Themen setzen wir anhand des **Wertequadrates** von Schulz von Thun zueinander in Beziehung und untersuchen sie auf die mit ihnen einhergehenden Ängste, Abwehrhaltungen und Entwicklungsrichtungen hin.

▶ Ein Coach kann mit Hilfe der thematischen Landkarte eine „**Routenplanung**" für seine Arbeit erstellen und der Gruppe durch die Benennung von Themen, Antithemen, Ängsten, Tabus und Mustern Unterstützung bei der Entwicklung von Selbst-Bewusstheit bieten.

▶ Wir stellen Interventionen vor, mit deren Hilfe ein Coach die in der Gruppe unterschwellig wirksamen Themen so in Schwingung bringen kann, dass sie oberschwellig bearbeitbar werden.

12.1 Die thematische Landkarte

12.1.1 Vom Kompass zur Landkarte

Anhand der beiden Dimensionen des Gruppenfeldes – Abgegrenztheit und Berechenbarkeit – lassen sich das Gruppenklima und der „Sinn und Geist" des Gruppenvertrages umreißen, sowie der Charakter einer bestehenden Aufgabe beschreiben. Diesem groben Kompass mit seinen vier Himmelsrichtungen Nähe-Distanz, Dauer und Wechsel stellen wir nun eine differenziertere Landkarte an die Seite. Sie soll uns im Gruppenalltag helfen, die jeweils umstrittenen zwischenmenschlichen Themen zu erkennen und zu formulieren.

Um Konflikte in Gruppen fruchtbar bearbeiten zu können, reicht es ja häufig nicht aus, allein den aktuellen Zielkonflikt auf den Punkt zu bringen. Vielfach hat der Streit tieferliegende Wurzeln (s. Kapitel 6.3.2: Rechtes Thema), wenn nämlich grundlegende Gruppenthemen stellvertretend an einem für sich betrachtet banalen Vorfall oder an einem zur Symbolfigur erkorenen Gruppenmitglied abgearbeitet werden.

In unserem Beispielfall „Streichquartett" ging es anlässlich der Diskussion bezüglich des Teetrinkens auch um Grundsätzliches: Sollen die Proben zum eher kühlen und straffen Treffen von Instrumentalisten geraten oder eher zum warmen und lockeren Beisammensein von musikalischen Menschen? Hätte das Streichquartett einen Coach, wäre es dessen Aufgabe, dieses Oberthema zu formulieren und den Beteiligten so den Streit übers rechte Thema zu ermöglichen.

Um zwischen der unüberschaubaren Vielfalt aktueller Konfliktanlässe und der monolithischen Grundsätzlichkeit unserer existentiellen Feld-Dimensionen eine Zwischenstufe zu gewinnen, ergänzen wir das Riemann-Thomann-Kreuz um eine Auswahl grundsätzlicher zwischenmenschlicher Themen, denen sich jede Gruppe stellen muss. So erhalten wir eine thematische Landkarte (s. Abb. 24).

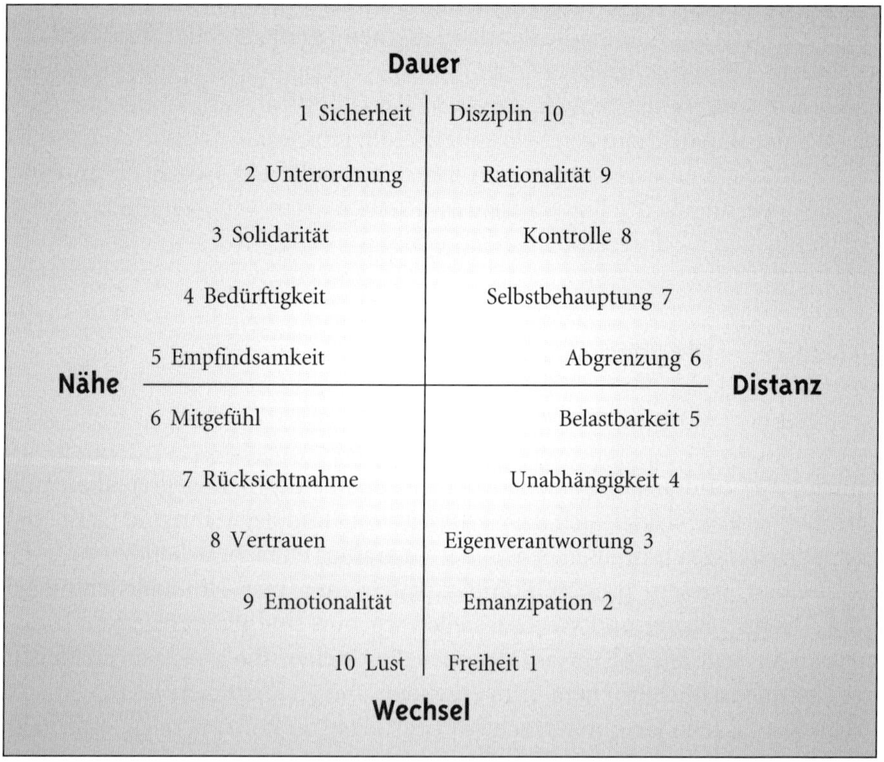

Dauer

Nähe		Distanz
1 Sicherheit	Disziplin 10	
2 Unterordnung	Rationalität 9	
3 Solidarität	Kontrolle 8	
4 Bedürftigkeit	Selbstbehauptung 7	
5 Empfindsamkeit	Abgrenzung 6	
6 Mitgefühl	Belastbarkeit 5	
7 Rücksichtnahme	Unabhängigkeit 4	
8 Vertrauen	Eigenverantwortung 3	
9 Emotionalität	Emanzipation 2	
10 Lust	Freiheit 1	

Wechsel

Abbildung 24. Die thematische Landkarte. In das Riemann-Thomann-Kreuz sind grundsätzliche zwischenmenschliche Themen eingetragen. Je nach ihrer Sättigung hinsichtlich der Dimensionen Nähe-Distanz und Dauer-Wechsel sind die Grundthemen in unterschiedlichen Quadranten eingetragen. Gruppenthemen mit der gleichen Ziffer ergänzen einander und stehen sich als Antipoden bzw. dialektische Ergänzungen gegenüber

Über die exakte Einordnung der Themen im Kreuz lässt sich ebenso streiten wie über den vorgestellten Themenkanon. Beides entspringt meinem Erfahrungshintergrund und es wäre sehr im Sinne dieses Buches, wenn Sie als Leser diese Landkarte weiterentwickeln würden.

12.1.2 Themen als Zwickmühlen

Je zwei der auf der Karte eingetragenen Themen ergänzen einander und stehen sich als Antipoden bzw. dialektische Ergänzungen gegenüber. Mitgefühl und Abgrenzung sind zwei Seiten einer Medaille und spannen so einen Entscheidungsraum auf, innerhalb dessen die Gruppe in der Auseinandersetzung mit ihren Zielen eine Wahl zu treffen hat. Diese thematischen Zwillinge liegen im Kreuz einander gegenüber und sind mit der gleichen Nummer („6") versehen. Sie stellen eine existentielle Zwickmühle dar, zu der sich jede Gruppe stellen muss.

In diesem Sinne finden wir in der Landkarte insgesamt zwanzig Themen, die zehn existentielle Zwickmühlen im Gruppenraum aufspannen.

(1) Sicherheit versus Freiheit. Jede Gruppe muss von ihren Mitgliedern die Einhaltung gegebener Zusagen einfordern können und diesen umgekehrt eine verlässliche Orientierung an längerfristig geltenden Regeln ermöglichen. Gleichzeitig muss jede Gruppe von ihren Mitgliedern Flexibilität einfordern dürfen und dabei den einzelnen Bewegungs- und Veränderungsspielraum gewähren. Die Gruppe muss sich entscheiden, ob es im Miteinander eher „zuverlässig" oder „spontan" zugehen soll. Diese Entscheidung wirkt sich z.B. auf folgende Fragen aus:
- Wie wörtlich sind Absprachen zu nehmen? Dürfen sie aufgrund momentaner Befindlichkeiten „angepasst" werden?
- Wie verbindlich ist die Teilnahme an der Gruppe? Wo bewegen wir uns auf dem Grad zwischen Anwesenheitspflicht und Besuch nach Lust und Laune?

(2) Unterordnung versus Emanzipation. Sobald Gruppen sich mit Vorgaben, Traditionen, Konventionen oder Vorgesetzten auseinanderzusetzen haben, tun sich zwei Möglichkeiten auf: Anpassung und Aufbegehren. Jede Gruppe muss sich entscheiden, inwieweit sie Vorgaben akzeptiert oder in Frage stellt. Diese Entscheidung betrifft Fragen wie:
- Verhalten wir uns entsprechend der Dienstanweisung oder lassen wir sie links liegen, weil wir sie für unsinnig halten?
- Nehmen wir uns die Freiheit, in Konflikte mit dem Chef zu geraten oder vermeiden wir jedes Anecken?

(3) Solidarität versus Eigenverantwortung. Jede Gruppe steht im Spannungsfeld von „Wir" und „Ich" und muss wählen, wie viel Gemeinsinn sie einfordert und gewährt bzw. wie viel Eigensinn sie zulässt und zumutet. Diese Wahl betrifft Fragen wie:

▸ Fallen Erfolge und Misserfolge auf die Einzelnen zurück oder gilt das Prinzip gemeinsamer Teilhabe an Siegen und Niederlagen?

▸ Dürfen die Einzelnen im Verhältnis zu Außenstehenden ihre eigene Meinung vertreten, auch wenn diese vom gemeinsamen Nenner der Gruppe abweicht?

(4) Bedürftigkeit versus Unabhängigkeit. Gruppen können ein „Förderklima" entwickeln, in dem es erlaubt und erwünscht ist, andere bei Bedarf um Hilfe zu bitten, oder sie können ein „Forderklima" schaffen, das es den Einzelnen nahelegt, Schwächen in Eigenverantwortung auszumerzen. Wie viel Autonomie will die Gruppe vom Einzelnen fordern und wie viel Abhängigkeit von den anderen billigt sie ihm zu? Diese Entscheidung betrifft Fragen wie:

▸ Darf man andere Gruppenmitglieder offen um Hilfe bitten?

▸ Darf man Hilfersuchen anderer Gruppenmitglieder offen zurückweisen?

(5) Empfindsamkeit versus Belastbarkeit. Gruppen müssen im Dienste des inneren Zusammenhalts die Grenzen der seelischen und körperlichen Belastbarkeit ihrer Mitglieder erkennen und respektieren. Gleichzeitig müssen sie im Dienste der Leistungsfähigkeit in der Lage sein, den Einzelnen etwas zuzumuten und von ihnen eine gewisse Robustheit einzufordern. Welcher Tendenz räumt die Gruppe im Zweifelsfall den Vorrang ein? Das zeigt sich u.a. angesichts folgender Fragen:

▸ Darf man in Zeiten großer Arbeitsbelastung voneinander den Verzicht auf Pausen, Feierabend, Wochenenden oder Urlaub fordern oder gilt das als „unmenschlich"?

▸ Darf man sich durch einen rauhen Umgangston oder persönliche Kritik gekränkt fühlen oder gilt das als „zimperlich"?

(6) Mitgefühl versus Abgrenzung. Für jede Gruppe ist das einzelne Mitglied einerseits ein einzigartiger Mensch, der Anteilnahme an seiner Innenwelt und Rücksichtnahme auf sein persönliches Schicksal verdient. Gleichzeitig ist jeder Einzelne auch nur ein mehr oder minder austauschbarer Teil des Ganzen, der vor allem funktionieren soll, ohne die Gruppe mit seinen „privaten" Sorgen allzu sehr zu belasten. Die Gruppe muss sich entscheiden, wie viel Mitgefühl bzw. Abgrenzungsfähigkeit sie ihren Mitgliedern zugesteht und abfordert, und dabei z.B. folgende Fragen beantworten:

▸ Gelten familiäre Probleme als respektable Begründung für nicht erbrachte Leistungen oder hat jeder dafür zu sorgen, dass die Gruppe durch seine privaten Sorgen nicht beeinträchtigt wird?

▸ Haben persönliche Befindlichkeiten einen hohen Stellenwert innerhalb der Gruppenkommunikation oder ist diese rein aufgabenorientiert?

(7) Rücksichtnahme versus Selbstbehauptung. Jede Gruppe muss regeln, wie sie damit umgehen will, dass ihre Mitglieder unterschiedlich dominant sind. Sollen die eher Starken, Schnellen, Lauten altruistisch zurückstehen, damit auch die eher Schwachen, Langsamen und Leisen auf ihre Kosten kommen, oder sind letztere aufgerufen, im Getümmel der Egoismen ihre Durchsetzungsfähigkeit zu beweisen? Hier geht es um Fragen wie:

▶ Gilt eine Frage als geklärt, wenn die ersten sie verstanden haben, oder wird solange gewartet, bis auch die letzten ihr Verständnis signalisieren?

▶ Darf es in Auseinandersetzungen Gewinner und Verlierer geben, oder muss stets nach einem für alle tragbaren Ergebnis gesucht werden?

(8) Vertrauen versus Kontrolle. Jede Gruppe muss sicher stellen, dass ihre Mitglieder die geltenden Regeln respektieren, übernommene Aufgaben vereinbarungsgemäß ausführen und gemachte Zusagen einhalten. Dazu kann die Gruppe auf die Ehrlichkeit und Kompetenz ihrer Mitglieder setzen und diesen einen Vertrauensvorschuss gewähren oder das Verhalten und die Arbeit ihrer Mitglieder kontrollieren. Je nachdem, wie hier der Schwerpunkt gewählt wird, fällt die Antwort auf Fragen wie folgende aus:

▶ Müssen erbrachte Leistungen belegt werden oder gilt das gegebene Wort?

▶ Darf Misstrauen hinsichtlich Regeltreue, Kompetenz und Zuverlässigkeit Einzelner offen angesprochen werden?

(9) Emotionalität versus Rationalität. Gruppen können den Gefühlen ihrer Mitglieder mehr oder weniger viel Spielraum gewähren: Sie können zur Expressivität ermutigen oder Zurückhaltung zur Tugend erklären. Und sie können sich bei Entscheidungen eher von emotionalen oder stärker von rationalen Bewertungen leiten lassen. Jede Gruppe muss entscheiden, welchen Stellenwert Gefühlsausdruck und -kontrolle im Miteinander haben sollen und welches Gewicht der rationalen Argumentation bei Auseinandersetzungen zukommt. Diese Entscheidung wirkt sich u.a. auf die folgenden Fragen aus:

▶ Darf (oder muss) man im Miteinander starke Gefühle zeigen?

▶ Darf (oder muss) man in Auseinandersetzungen mit den eigenen Gefühlen argumentieren?

(10) Lust versus Disziplin. Der Erfolg einer Gruppe hängt vom Erreichen ihrer langfristigen Ziele ebenso ab wie vom Erleben beglückender Momente auf dem Weg zu diesen Zielen. Gruppen dürfen ihren Mitgliedern nicht unbegrenzt Disziplin und Opferbereitschaft im Dienste der großen Ziele abfordern, sondern müssen auch ermöglichen, dass die gemeinsame Arbeit an sich als bereichernd und belebend erfahren wird. Je nachdem, wie die Gruppe sich angesichts dieser Zwickmühle entscheidet, werden z.B. folgende Fragen beantwortet:

▶ Darf der Arbeitsplan zugunsten unvorhergesehener Überraschungen abgeändert werden oder gilt „Erst die Arbeit und dann das Vergnügen"?

▶ Gilt „Spaß" als Argument in Fragen der Arbeitsverteilung innerhalb der Gruppe?

BEISPIEL

Streichquartett. Wenn sich Herr Deng als Mitglied des Streichquartetts ständig verspätet und dafür stets einleuchtende, ja sogar bewegende Begründungen vorbringt („Mutter im Krankenhaus! Wasserrohrbruch! Beziehungskrise! Überstunden!"), muss innerhalb der Gruppe grundsätzlich und fallweise geklärt werden, ob seine Unpünktlichkeit im Sinne des Mitfühlens akzeptiert („Du hast es wirklich schwer, mein Lieber. Schön, dass du überhaupt gekommen bist!") oder im Sinne der Abgrenzung getadelt wird („Wir haben alle genug um die Ohren. Sieh zu, dass du dich besser organisierst!"). Die Gruppe kann nicht nicht reagieren.

ÜBUNG

Ergänzen Sie die thematische Landkarte aus Abb. 24 um zwei thematische Paare, die Ihnen wichtig erscheinen! Wo genau ordnen Sie Ihre Begriffe ein?

12.1.3 Themen im Wertequadrat

Um die mit den thematischen Zwillingen einhergehende Dynamik zu beschreiben, greifen wir auf das von Schulz von Thun (1989) in Anlehnung an Helwig (1967) entwickelte Wertequadrat zurück.

Spannungsverhältnisse und einseitige Überbetonung. Danach sind thematische Zwillinge wie Mitgefühl und Abgrenzung Geschwistertugenden, die in einem dialektischen Spannungsverhältnis zueinander stehen. Werden sie einseitig vertreten, entarten sie zu Untugenden. Das ausschließlich gelebte Mitgefühl verkommt zur Verschmelzung, während die ausschließlich gelebte Abgrenzung zur Kälte degeneriert (s. Abb. 25).

Entwicklungsrichtung. Die diagonal verlaufenden hellen Pfeile in der Abbildung bezeichnen von unten nach oben gesehen die Entwicklungsrichtung. Im Fall einer Felderweiterung müsste eine Gruppe, die zur Verschmelzung neigt, sich in Richtung Abgrenzung entwickeln. Umgekehrt stünde für eine „kalte" Gruppe die Eroberung des Mitgefühls auf dem Lehrplan.

Abwehrhaltung. Von oben nach unten gesehen verweisen die gleichen Pfeile auf jene Ängste, die einer Abwehrhaltung zu Grunde liegen. Gruppen, die

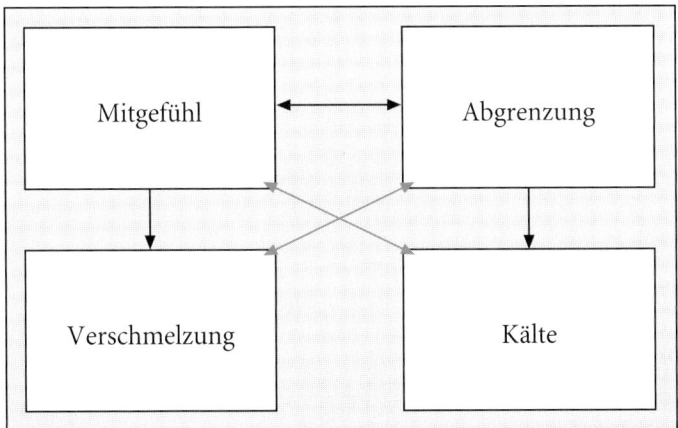

Abbildung 25. Themen im Wertequadrat. Thematische Zwillinge stehen in einem dialektischen Spannungsverhältnis (symbolisiert durch den horizontalen Gegenpfeil). Durch einseitige Überbetonung werden aus Tugenden Untugenden (Pfeile nach unten). Die diagonal verlaufenden hellen Pfeile bezeichnen von unten nach oben gesehen die Entwicklungsrichtung; von oben nach unten gesehen verweisen sie auf die einer Abwehrhaltung zugrunde liegenden Ängste

eher auf Abgrenzung denn Mitgefühl setzen (die „Truppe" und der „Haufen"), tendieren dazu, den vernachlässigten Zwilling „Mitgefühl" im Sinne seiner Entartung (Verschmelzung) zu dämonisieren: „Was heißt hier Mitgefühl? Sollen wir uns jetzt mit jedem Wehwehchen stundenlang beschäftigen? Wir sind hier doch nicht bei der Caritas!" Umgekehrt würden Gruppen, die das Mitgefühl einseitig in den Mittelpunkt stellen, Abgrenzungstendenzen als Zeichen „unmenschlicher Kälte" verdammen. (s. Kapitel 11.2.5: Stabilität und Widerstand)

Dynamik. Die thematische Ausrichtung einer Gruppe und damit das Gruppenfeld werden stabilisiert, indem die nicht gewählte Möglichkeit zur nicht wählbaren Unmöglichkeit entstellt wird. Der zum gegebenen Zeitpunkt unberücksichtigt bleibende thematische Zwilling wird überzeichnet und als nicht akzeptabel verdammt. Damit einher geht die Sorge, im Falle der Abkehr vom gewählten Gruppenschwerpunkt sofort ins Gegenextrem zu verfallen und diesem dann hilflos ausgeliefert zu sein. Mit dieser Angst und diesem Widerstand bekommen wir es bei Feldveränderungen zu tun. Nur wenn die Gruppe sicher sein kann, dass sie nicht zum Extrem (z.B. zur Verschmelzung) verführt werden soll, wird sie bereit sein, Schritte in die Entwicklungsrichtung (z.B. Mitgefühl) zu riskieren.

In diesem Sinne zeigt Abb. 26 die thematische Landkarte aus der „Abwehr-Perspektive". Wir erhalten so einen Überblick über die aus dem Widerstand geborenen Entwertungen.

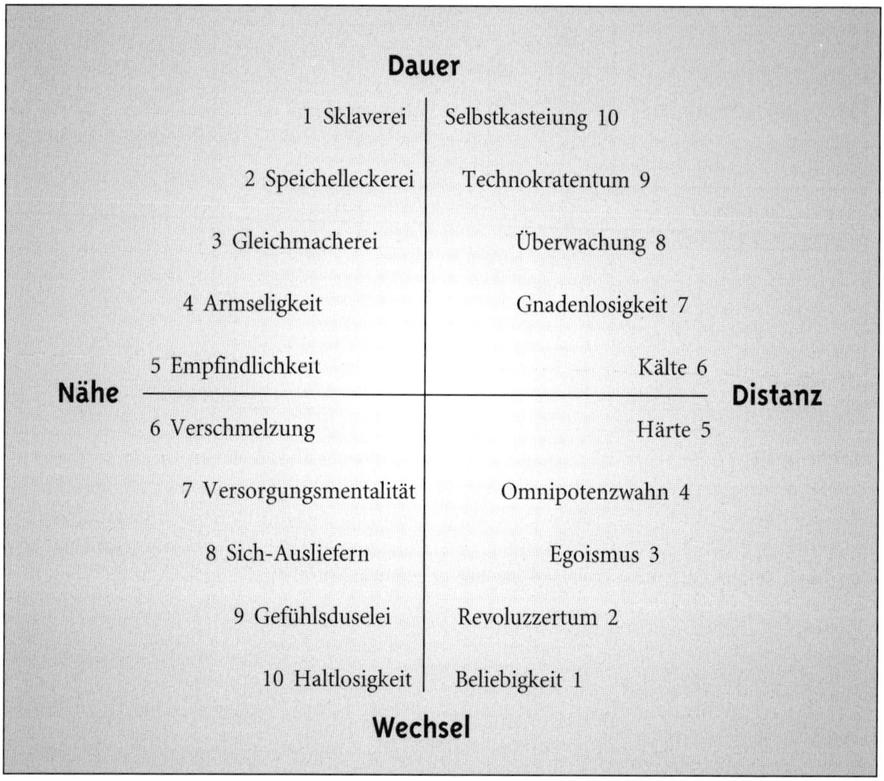

Dauer

Nähe		Distanz
1 Sklaverei	Selbstkasteiung 10	
2 Speichelleckerei	Technokratentum 9	
3 Gleichmacherei	Überwachung 8	
4 Armseligkeit	Gnadenlosigkeit 7	
5 Empfindlichkeit	Kälte 6	
6 Verschmelzung	Härte 5	
7 Versorgungsmentalität	Omnipotenzwahn 4	
8 Sich-Ausliefern	Egoismus 3	
9 Gefühlsduselei	Revoluzzertum 2	
10 Haltlosigkeit	Beliebigkeit 1	

Wechsel

Abbildung 26. Thematische Landkarte der Entwertungen. Jedem Gruppenthema der thematischen Landkarte lässt sich eine Entwertung zuordnen. Diese entsteht durch einseitige Überbetonung des Themas. Entwertungen mit den gleichen Ziffern stellen Antipoden dar. Aus der thematischen Landkarte und der ihrer Entwertungen können die Wertequadrate konstruiert werden, indem die vier Begriffe der gleichen Ziffer einander zugeordnet werden

---

BEISPIEL

Das Wohnprojekt – Themen und Zielkonflikte. Dieses Beispiel veranschaulicht, wie

(1) das Gruppenfeld als allgemeine Grobbeschreibung,

(2) die thematische Ausrichtung als spezifischere Feinstrukturierung und

(3) aktuelle Zielkonflikte als Einzelereignisse

zusammenhängen.[80]

Drei Männer und fünf Frauen, die sich gut kennen, wollen heraus aus der Stadt und dem Mief der Kleinfamilie bzw. der isolierten Singleexistenz. Zu diesem Zweck suchen sie ein ebenso preisgünstiges wie großes Haus, um dort zusammen zu leben. Ihr Feld gleicht entsprechend den verfolgten Hauptzielen (Miteinander und aus dem Trott heraus) dem des Teams: Empfindsamkeit, Mitgefühl, Rücksichtnahme, Vertrauen, Emotionalität, Lust und Freiheit sind thematische Pole, mit denen die Gruppe sich leicht tut. Während das Projekt anläuft, stellen sich allerdings Probleme, die dieses Feld unter Druck setzen. Zwei davon nehmen wir unter die Lupe:

Zum einen sind die finanziellen Ressourcen im Team sehr ungleich verteilt. Einige haben Beträchtliches gespart oder geerbt, andere leben von der Hand in den Mund. Da die Banken einen Kredit nur gesamtschuldnerisch vergeben wollen, müssten die Wohlhabenderen das Risiko der weniger Betuchten mittragen. Das lässt einige Mitglieder um ihre Spargroschen fürchten. Wie aber soll dieses heiße Eisen angefasst werden, ohne dass man gleich als misstrauisch, kaltherzig und rücksichtslos dasteht? Jeder Versuch, einander zu kontrollieren, kann im bestehenden Gruppenfeld nur als Angriff verstanden werden. Schließlich fordert eines der finanzstärkeren Mitglieder von einem der finanzschwächeren, es möge eine Kalkulation vorlegen: „Ich sehe noch nicht, wie du deinen Teil finanzieren willst…" Dieser Antrag stößt auf einhellige Empörung, die von der Angst getragen ist, in den Sog einer grenzenlosen Überwachungsmentalität zu geraten, wenn die Tür für Kontrollwünsche auch nur einen Spaltbreit geöffnet wird: „Mit so was wollen wir hier gar nicht erst anfangen." Das thematische Spannungsfeld „Vertrauen versus Kontrolle" ist in der Gruppe nicht bearbeitbar, da Misstrauen als nicht gruppenfähig gilt. Vorhandenes Misstrauen muss dann in den Untergrund wandern und gefährdet dort den Zusammenhalt und die Leistungsfähigkeit des Teams.

Das zweite Problem betrifft die Projekttreffen. Sie verlaufen hektisch, spaßig und ineffizient. Kein Thema wird wirklich zu Ende besprochen, alle reden durcheinander, es kommt nie zu verbindlichen Beschlüssen. Als eine der Frauen daraufhin vorschlägt, das nächste Treffen anhand einer Tagesordnung zu moderieren, stößt dies auf Belustigung: „Wenn du meinst, dass uns eine Oberlehrerin fehlt, die ein bisschen Zug in das Ganze bringt – probier's doch aus!" Gesagt, getan: beim nächsten Mal wird eine Themenliste erstellt und abgearbeitet. Durch das konzentriertere Vorgehen gelingt es, einige unangenehme thematische Dauerbrenner (z.B. „Wie viel Quadratmeter können wir wirklich bezahlen?") auf den Punkt zu bringen. Schlussendlich ist inhaltlich vieles bewältigt und einige Illusionen sind zerstoben. Das wird nun der Moderatorin angelastet: „Beim nächsten Mal lassen wir dieses kleinkarierte Moderieren lieber wieder bleiben. Es ist ja offenkundig, dass die Stimmung ganz schlecht geworden und der Schwung dahin ist!" Das Thema „Lust-Disziplin" ist in der Gruppe nicht bearbeitbar. Disziplin kann nur als alles erstickende Selbstkasteiung wahrgenommen werden. Die Gruppe hat nicht die Freiheit, sich so viel Disziplin zuzumuten, wie zur Aufgabenbewältigung erforderlich wäre. Dementsprechend kommt es in zentralen Fragen nicht zu Entscidungen. Die Unzufriedenheit mit der Ineffizienz der Treffen arbeitet im Untergrund jedoch weiter, wo sie zu Lustlosigkeit und dem Gefühl „Wir schaffen nichts!" führt.

Analyse. Die Unfähigkeit der Wohnprojektgruppe, diese und andere benachbarte Themen kontrovers auszustreiten und ihr Feld im Bewusstsein der sich stellenden Zwickmühlen den Herausforderungen der Situation anzupassen, führte im realen Fall letztendlich zum Scheitern des Projektes in Zwietracht. Die Beteiligten scheuten die feldfremden Einsichten, dass ein Immobilienerwerb Absprachen, Absicherungen, Verlässlichkeiten und Planungen braucht und dass Misstrauen thematisierbar sein muss, wenn Vertrauen sich entwickeln soll.

12.1.4   Routenplanung

Wenn ich als Coach (aber auch als Vorgesetzter oder als Gruppenmitglied) einen Eindruck vom Gruppenfeld gewonnen habe, dann kann ich begründete Vermutungen darüber anstellen, welche Aktivitäten einer Gruppe liegen und welche dahinterstehenden Themen mit ihr leicht zu bearbeiten sein werden. Ich weiß dann auch, welche Themen eher allergische Reaktionen hervorrufen werden und mit welchen Abwehrhaltungen in Form von Entwertungen ich zu rechnen habe. Das hilft mir dabei, meine Vorgehensweise im Sinne des „Verkraftbarkeitsprinzips" zu gestalten, Konflikte sehenden Auges einzugehen und nicht jeden Widerstand persönlich zu nehmen.

> **!** Wenn ich darüber hinaus weiß, wie sich das Profil der Aufgabe gestaltet, die die Gruppe sich gewählt oder vorgesetzt bekommen hat, dann kann ich anhand der thematischen Landkarte eine teamentwicklerische Routenplanung vornehmen. Die Wohnprojekt-Gruppe aus dem Nähe-Wechsel-Bereich wird sich wohl oder übel mit den ihr fernstehenden Themen (Disziplin, Kontrolle, Selbstbehauptung, Abgrenzung, Belastbarkeit, Eigenverantwortung, Sicherheit) auseinandersetzen müssen. Dabei wird sie Widerstand entwickeln, der sich als Entwertung der thematischen Herausforderungen (Selbstkasteiung, Überwachung, Gnadenlosigkeit, Kälte, Omnipotenzwahn, Egozentrismus, Sklaverei) äußert.

Nur wenn es gelingt, anstehende Themen jenseits von „Gut" und „Böse" zu bearbeiten, wird sich das Miteinander entwickeln können. Die Gruppe muss sich vom „entweder – oder" fortbewegen und die thematischen Zwillinge als solche begreifen lernen, sonst ist sie nicht reif, die angesichts ihres Zielpools passende thematische Mischung zu finden.

12.2 Themenbearbeitung

12.2.1 Themen als Gravitationszentren

Themen sind Gravitationszentren im Gruppenleben. In ihrem Einzugsbereich siedeln viele Einzelphänomene, die für sich betrachtet unsinnig und unverständlich erscheinen: Gebote, Tabus, Ängste, Sehnsüchte, Handlungen und Unterlassungen, Konflikte und Bündnisse. Diese Einzelphänomene erhalten ihren Sinn dadurch, dass das sie verbindende Thema benannt werden kann.

BEISPIEL

▶ Wenn wir als Coach in einer Arbeitsgruppe beobachten, dass Mitglieder sich anlässlich einer Sachdebatte scheuen, angesichts unverständlicher Fremdworttiraden nachzufragen;

▶ wenn wir feststellen, dass kleinste Anzeichen von Versagen mit zynischer Witzigkeit durch den Kakao gezogen werden („Du hast dein Abitur wohl auf der Kirmes geschossen!");

▶ wenn wir erleben, wie es zwischen Einzelnen zu eskalierenden Konflikten kommt, in denen verbittert darum gerungen wird, selbst fehlerlos da zu stehen und die Gegenseite durch den Nachweis von Fehlern bloß zu stellen („Du wirst doch nicht allen Ernstes behaupten wollen,...!");

▶ wenn wir den Eindruck gewinnen, dass die Einzelnen sich kaputtarbeiten und ständig ihre Leistungsgrenze überschreiten und nur der Zusammenbruch als Grenze akzeptiert wird;

▶ wenn wir hören, wie voller Verachtung über frühere Mitglieder gesprochen wird, die „es nicht gepackt haben";

▶ wenn wir bemerken, dass kritische Rückmeldungen ausschließlich wie Angriffe bewertet und mit Gegenattacken beantwortet werden;

▶ wenn wir an uns selbst und unserer Qualifikation und Belastbarkeit zu zweifeln beginnen und uns unzulänglich fühlen –

▶ wenn all das zusammenkommt, ahnen wir, dass in der betreffenden Gruppe das Thema „Selbstbehauptung" unter Vernachlässigung seines tabuisierten Zwillings „Rücksichtnahme" so einseitig gelebt wird, dass nur tadelloses Funktionieren die Zugehörigkeit gewährleistet und jede Form des Versagens es gefährdet.

Selbstbewusstheit. Durch die Entdeckung und Formulierung des hintergründigen Themas wird es möglich, Einzelphänomene im Zusammenhang zu begreifen und dadurch vorübergehend Distanz zum Geschehen zu gewinnen. Der thematische Blickwinkel hilft den Gruppenmitgliedern, die derzeit gelebte Art des Miteinanders als eine gewählte unter vielen nicht gewählten Möglichkeiten zu begreifen und sie auf ihre aktuelle Zweckmäßigkeit hin zu überprüfen. Auf der thematischen Ebene können wir so unser Gewordensein als Gruppe erkennen und uns unserer Begrenztheit und Veränderbarkeit bewusst werden. Dadurch wird der Blick frei für eine klare Einschätzung der Chancen und Risiken des derzeitigen Gruppenvertrages – für das, was er bietet und für das, was er kostet. Mit anderen Worten: indem das Thema hinter den Phänomenen deutlich wird, verliert unsere Art, miteinander umzugehen, ihre manchmal quälende und ausweglose Selbstverständlichkeit („Ist halt so...“). An ihre Stelle tritt ein Bewusstsein für die von uns getroffenen Entscheidungen und ihre Konsequenzen. Diese Selbstbewusstheit ist gefragt, wenn Gruppen in ihrem Feld festgefahren sind und sich umorientieren müssen. Wir bearbeiten daher Themen in und mit Gruppen, damit die Gruppe sich ihrer Muster bewusst werden und sie dann hinterfragen kann. Diese Selbstbewusstheit ließe sich auf der Ebene der Einzelphänomene nicht erreichen.

12.2.2 Bewusstheit herstellen

Wenn wir mit einer Gruppe ein Thema bearbeiten, ist es unser Ziel als Coach, den Beteiligten die „Phänomene im Gravitationszentrum“ und ihren inneren Zusammenhang bewusst zu machen, damit sie wieder zum Herrn ihres eigenen Schicksals werden können, statt sich als Opfer einer scheinbar sinnlos waltenden Gruppendynamik zu erleben. Die Bewusstheit, auf die wir hinarbeiten, umfasst verschiedene Aspekte:

Thema. Die gelungene Benennung des Themas ist an sich eine sehr kraftvolle Intervention. Sie stiftet Sinn und ermöglicht Konzentration auf das Wesentliche: Das im Kapitel über das Storming geforderte „rechte Thema“ (s. Kapitel 6.3.2) gewinnt Gestalt. Die Einsicht, dass man sich als Gruppe mit einer übergeordneten Thematik herumschlägt, lässt die unerklärlich heftigen Kriege um Kleinigkeiten in anderem Licht erscheinen und zurücktreten. Indem die Gruppe sich ihres Themas bewusst wird, findet sie gewissermaßen zu sich. Dementsprechend ist die Formulierung des Themas häufig mit einem kollektiven Aufatmen der Erleichterung verbunden: „Endlich sind wir beim Eigentlichen!“

Antithema. Die Beschäftigung mit einem Thema kann die Gruppe nur dann weiterbringen, wenn Thema und Antithema als siamesische Zwillinge im Sinne des Wertequadrates gemeinsam in den Blick geraten. Das Aufzeigen des thematischen Spannungsfeldes hilft, die Debatte zu entmoralisieren und den Entscheidungsspielraum der Gruppe aufzuzeigen.

Einer Gruppe, die „Selbstbehauptung" einseitig lebt, nur das Thema „Rücksichtnahme" anzubieten, wäre unfruchtbar. Ihr muss – vielleicht mit folgenden Worten – deutlich gemacht werden, dass sie in einem thematischen Spannungsverhältnis zwischen Selbstbehauptung und Rücksichtnahme steht: „In jeder Gruppe ist immer wieder aufs Neue zu klären: Wie viel Rücksicht darf ich einfordern und wie viel muss ich gewähren? Und wie viel Selbstbehauptungskraft wird von mir erwartet bzw. darf ich von anderen erwarten? Beides ist für eine Gruppe wichtig und wie das ausgewogene Verhältnis der beiden Tugenden jeweils auszusehen hat, das entscheiden Sie allein. Derzeit scheint Selbstbehauptung bei Ihnen sehr hoch im Kurs zu stehen, während Rücksichtnahme ein Schattendasein fristet, ja geradezu in Verruf steht. Sie haben dadurch einen Gewinn: Ihre Gruppe ist leistungsorientiert und holt aus jedem das Letzte heraus. Aber Sie zahlen auch einen Preis: Das Klima ist kalt, Sie fügen sich gegenseitig erhebliche Verletzungen zu und Warnsignale wie Fehler oder Überarbeitung können gar nicht angesprochen werden."

Ängste. Mit jedem thematischen Pol gehen Ängste einher, die mit der unteren Zeile des Wertequadrats in Zusammenhang stehen (s. Kapitel 12.1.3). Diese Ängste und Befürchtungen sind machtvoll und müssen besprechbar sein, bevor sie ausgehalten werden können. Und nur, wenn die Beteiligten bereit sind, sie auszuhalten, kann die Gruppe sich einen bislang vernachlässigten thematischen Pol erobern, ohne daran zu zerbrechen. Dann gewinnt sie hinsichtlich der in Rede stehenden thematischen Zwickmühle eine bislang unbekannte Entscheidungsfreiheit und Flexibilität.

In einer Gruppe, die Selbstbehauptung als Wert überbetont, sind Versagen, Fehlerhaftigkeit, Unwissenheit und Überforderung angstbesetzt. Gleichzeitig wird gefürchtet, dass ein Mehr an Rücksichtnahme unweigerlich zu Jämmerlichkeit, Leistungsverfall und Bequemlichkeit führen würde. Sobald über diese Befürchtungen gesprochen werden kann, kommt die Gruppe in die Lage, sich die damit einhergehenden Fragen bewusster und differenzierter zu stellen: Was wäre ein wirklich bedrohliches Versagen? Wann darf man sich hier überfordert fühlen? Welche Fehler kann man verzeihen, welche nicht?

Tabus. Die themenbezogenen Ängste gebären in vielen Gruppen Tabus, die nicht hinterfragbar, gelegentlich noch nicht einmal benennbar sind (s. Kapitel 7.3.4).

In der selbstbehauptungsorientierten Gruppe könnten folgende Dinge tabuisiert sein: uninformiert sein, auf geregelten Arbeitszeiten bestehen, familiäre Belange über betriebliche stellen, einen schlechten Tag haben, keinen unbedingten Aufstiegswillen besitzen, um Hilfe bitten usw.

Solche Tabus schützen das Selbstbild der Gruppe und ihr Feld gegen feldfremde Einflüsse. Sie verhindern allerdings nur, dass Tabuisiertes zum Inhalt des Gruppengespräches wird. Dass jedes der Mitglieder für sich und im Stillen tabuisierte Ziele verfolgt, können sie nicht unterbinden. Deshalb geht mit Tabus immer die Gefahr einer Doppelmoral einher, die zur Entfremdung der Gruppe von sich selbst führt: „Das, was bei uns besprochen wird, hat nichts mit dem zu tun, was uns wirklich bewegt." Ziel der Themenbearbeitung ist es, diese Tabus benennbar und diskutierbar zu machen und dadurch die Gruppe mit ihrer Wirklichkeit in Kontakt zu bringen. Andernfalls würde ihr das Scheitern drohen.

Muster. Entsprechend ihrer thematischen Ausrichtung entwickelt jede Gruppe Verhaltensmuster, die unbemerkt und unhinterfragt wirksam werden. Diese Muster gewährleisten zum einen das Funktionieren im Sinne des Gruppenvertrages und drängen gleichzeitig die Antithemen zurück. Für den Coach gilt es, solche Muster bewusst zu machen, damit die Gruppe sie auf ihren Sinn und ihre Zweckhaftigkeit hin überprüfen kann. Sobald Muster bewusst werden, kann gezielt daran gearbeitet werden, sie auszuhebeln.

Die Bewusstmachung und Bearbeitung kann in der selbstbehauptungsorientierten Gruppe mit folgenden Worten geschehen:
„Bei Ihnen ist es üblich, dass jeder Vorschlag sofort auf seine Schwachpunkte hin regelrecht auseinandergenommen wird. Sie gewährleisten dadurch einerseits, dass Fehler schnell erkannt und damit korrigierbar werden. Gleichzeitig bewirken Sie, dass ein jeder seine Beiträge genau durchdenkt und absichert, bevor er sie ausspricht. Andererseits entmutigen Sie dadurch die Träger spontaner Ideen und bringen sich um die Chance, von noch nicht perfekt durchdachten kreativen Anregungen zu profitieren. Wollen Sie das? Falls Sie Ihr Kritikmuster verändern wollen, habe ich eine Idee: Machen Sie es sich zu Angewohnheit, dass die erste Wortmeldung, die in Ihrem Kreis auf einen neuen Vorschlag folgt, unbedingt und ausschließlich dessen Vorteile zu würdigen hat. Erst anschließend darf kritisiert werden. Das wird Ihnen zunächst komisch vorkommen und Ihre Sorge, dass Sie zum 'Hätschelverein' degenerieren, wachrufen. Probieren Sie es aus und schauen Sie, ob Sie von diesem Ihnen fremden Vorgehen profitieren können. Ob Sie es dann beibehalten, liegt allein in Ihrem Ermessen."

Neuausrichtung. Wenn Thema und Antithema sowie die damit einhergehenden Ängste, Tabus und Muster sich entfaltet haben, ist die Gruppe in der Lage, sich entsprechend den anstehenden Aufgaben bewusst neu auszurichten.

Natürlich kann die Bearbeitung auch zu Konflikten in der Gruppe führen, genauso wie umgekehrt Konflikte der Ausgangspunkt einer Themenbearbeitung sein können. Die Aufgabe des Coaches besteht dann darin, dieses Storming (Streitphase) nach allen Regeln der Kunst in konstruktive Bahnen zu lenken.

Den Abschluss der Themenbearbeitung bildet schließlich ein themenspezifisches Norming (Vertragsphase), in dem die Gruppe sich auf dem Hintergrund der Themenbearbeitung im thematischen Spannungsfeld neu positioniert.

Auf der Grundlage dieser thematisch ausdifferenzierten Vereinbarungsstruktur kann schließlich im nächsten Performing (Arbeitsphase) mit guten Erfolgsaussichten weitergearbeitet werden.

Vom Coach verlangt die Bearbeitung eines Themas einen klaren Kopf, viel Einfühlungsvermögen, ein Wissen um die anstehenden Themen und die Fähigkeit, Abwehr und Entwertung vorübergehend zu ertragen, ohne beleidigt oder gekränkt zu reagieren. Hilfreich sind dabei psychotherapeutische Ausbildung und Erfahrung.

Der richtige Zeitpunkt. Der Druck zur Themenbearbeitung entsteht immer dann, wenn die Gruppe sich mit einer feldfernen Aufgabe konfrontiert sieht und dieser durch Verleugnen oder Assimilation nicht beizukommen ist.

Die vorzeitige bzw. aufgesetzte Bearbeitung von Themen, die ohne Anliegen der Gruppe aufgrund eines bestimmten Wertekanons des Coaches stattfindet, verschwendet Kraft und Zeit, ohne zu einem guten Ende zu führen: Jedes feldferne Thema mobilisiert Angst und Widerstand. Diese bremsenden Kräfte lassen sich nur dann überwinden, wenn ihnen als Triebkraft der Wunsch gegenübersteht, eine lohnende Aufgabe zu lösen.

Das zu bearbeitende Thema muss also „anstehen". Die Gruppe muss erlebt haben, dass sie mit ihrer derzeitigen Ausrichtung in einer Sackgasse steckt. Es braucht in der Gruppe Mitglieder, die durch ihr Verhalten oder ihre Ziele ein feldfernes Thema in die Gruppe hineintragen. Es muss ein gewisser Leidens- und Veränderungsdruck vorliegen, durch den das Thema jenen Schub erhält, der die Unannehmlichkeiten der Themenbearbeitung (Auseinandersetzung mit Ängsten, Tabus, Verhaltensmustern) erträglich erscheinen lässt. Andernfalls wird das Thema auf Desinteresse oder massiven Widerstand stoßen.

> **!** Für den Coach heißt das: Er muss sich selbst und seine thematischen Lieblinge und Stiefkinder, seine Sehnsüchte und Ängste in Gruppen gut kennen. Nur dann ist er dagegen gefeit, der Gruppe aus eigener Bedürftigkeit heraus seine Lieblingsthemen aufzudrängen. Und nur dann wird er sich gemeinsam mit der Gruppe an drängende Themen heranarbeiten, die auch ihn selbst Überwindung kosten.

12.2.3   Ein Thema anregen

Wenn Themen im Gruppenprozess anliegen, werden sie sich im Verlauf des Re-Formings (Orientierungsphase) in den Vordergrund drängen, falls die Gruppe nicht aktiv dagegen an arbeitet. Unterstützt durch die phasenspezifischen Interventionen des Coaches (s. Kapitel 9.5) entsteht aus den Beiträgen der Einzelnen ein thematisches Gravitationsfeld. Dem Coach bleibt dann nur noch die Aufgabe, dem Kind einen Namen zu geben.

Haben Coach und Gruppe nicht die Zeit, auf das organische Reifen eines Themas zu warten, kann der Coach ein anstehendes Thema in Wallung bringen. Dazu stehen ihm verschiedene Wege offen:

Zwischenfälle aufgreifen. Wenn ich als Coach weiß, welche Themen ich anregen soll, muss oder möchte, steuert dieses Wissen meine Wahrnehmung des Gruppengeschehens. Ich kann darauf vertrauen, dass die Gruppe mir ungefragt Situationen bietet, hinter denen sich die betreffenden Themen verbergen. Ich muss dann nur noch Einhalt gebieten („Stop!") und das scheinbar Selbstverständliche in Frage stellen („Warum macht Ihr das so und nicht anders?") und schon steht das Thema im Raum.

BEISPIEL

Wenn ich vermute, dass eine Gruppe sich dem Thema „Mitgefühl, Emotionalität" annähern muss, werde ich meine Aufmerksamkeit auf thematische Anklänge richten. Wenn ich beobachte, wie ein sichtlich gerührtes Mitglied, dem die Tränen in die Augen steigen, durch aufmunternde Worte, nette Witze und robusten Körperkontakt (Schulterklopfen) wieder „auf Vordermann" gebracht wird, dann ist die Gelegenheit gekommen, mich einzumischen: „Mir fällt auf, dass ihr bei der kleinsten Gefühlsregung sofort den „emotionalen Löschtrupp" losschickt. Erlebt ihr das auch so? Und wie empfindest du, der du dich empfindsam gezeigt hast, das, wenn du auf diese Art und Weise „stabilisiert" wirst? Sieht so euer Umgang mit Empfindungen üblicherweise aus? Was hab ihr davon, was kostet es euch und was bedeutet das angesichts der auf euch zukommenden Aufgabe?"

Beim Aufgreifen von Zwischenfällen geht es nicht darum, die Beteiligten auf die Sünderbank zu drücken oder sich moralisch zu empören („Wie könnt ihr nur, ihr Barbaren!"). Worum es geht, ist der Gruppe feldspezifische Verhaltensautomatismen ins Bewusstsein zu bringen, d.h. sie darauf aufmerksam zu machen, wie sie durch ihre Rituale das Feld stabilisiert und damit bestimmte Themen, Verhaltensweisen und Ängste auf Abstand hält.

Lehnt die Gruppe diese thematische Anregung ab, indem der Zwischenfall unisono heruntergespielt oder die Sichtweise des Coaches als unzutreffend zurückgewiesen wird, ist das Thema zunächst vom Tisch. Entweder lag der Coach mit seiner Einschätzung daneben oder das Thema braucht noch ein wenig Zeit zum Gären. Rechthaberei seitens des Coaches („Ihr wollt es nur nicht wahrhaben!") hilft nicht weiter.

Vorträge. Wenn ich als Coach Gruppen dazu ermuntern will, sich mit notwendigen Themen auseinanderzusetzen, mir aber unsicher bin, ob das Thema schon Resonanz findet, kann ich dazu einen kurzen Fachvortrag halten. Dieser gestattet es den Zuhörern dank des distanzierten und sachlichen Charakters der Vortragssituation, das Thema unverbindlich an sich heranzulassen und sich darauf einzuschwingen. Findet das Thema Resonanz, gerät die anschließende Diskussion nicht selten zur Themenbearbeitung.

> **BEISPIEL**
>
> Ein kurzer Fachvortrag könnte „Der Arzt im Spannungsfeld von Abgrenzung und Mitgefühl" heißen und zu Beginn einer ärztlichen Supervisionsgruppe dafür sorgen, dass die entstehende Gruppe Klarheit darüber gewinnt, ob man sich lediglich mit „Fällen" oder aber auch mit den dahinterstehenden Menschen auseinandersetzen möchte.

Kennt sich der Coach mit der Gruppe und der von ihr zu bewältigenden Aufgabe gut aus, kann er in seinem Vortrag – im Sinne der Routenplanung – einen Ausblick auf jene Themen geben, die sich der Gruppe wahrscheinlich stellen werden.

> **BEISPIEL**
>
> Bei den Gründern eines Wohnprojekts (Kapitel 12.1.3) hätte eine kleine Einführung zum Thema „Immobilienerwerb im Spannungsfeld von Solidarität und Eigenverantwortung" vielleicht einen guten Dienst getan. Der Vortrag hätte die Unvermeidlichkeit der entstehenden Konflikte zwischen Finanzstärkeren und -schwächeren aufgezeigt und dadurch der Dämonisierung der damit einhergehenden Themen wie Misstrauen und Kontrolle vorgebeugt.

Übungen. Sogenannte „gruppendynamische" Übungen und Spiele (Entwickeln Sie gemeinsam eine Eierwurfmaschine! Legen Sie mit verbundenen Augen aus einem langen Seil ein Quadrat! Bauen Sie gemeinsam eine tragfähige Brücke über einen Fluss![81]) können die Gruppe auf elegante und spielerische Weise dazu zwingen, sich mit anstehenden Themen auseinanderzusetzen.

Meist geht es bei solchen Übungen darum, entweder Ängste abzubauen („War gar nicht so schlimm, wie ich dachte!"), Tabus offenzulegen („Ich hätte mich nie getraut, Herrn Meiers Vorschlag zu kritisieren – schließlich ist er der Chef!") oder durch ein sanftes Scheitern die Einsicht in die Unzulänglichkeit des feldgemäßen Lösungsansatzes zu fördern („Vielleicht wäre es ja günstiger gewesen, bei dieser Aufgabe im Team zu arbeiten, aber wir Einzelkämpfer sind gar nicht darauf gekommen!").

Voraussetzung für die erfolgreiche Themenbearbeitung durch gruppendynamische Übungen ist allerdings, dass ihnen eine sorgfältige Diagnose sowohl des Gruppenfeldes wie auch des Profils der tatsächlich anstehenden Aufgaben vorausgeht. Zu einer erfolgreichen Themenbearbeitung führt die Übung nur, wenn

▶ sie der anstehenden Aufgabe in wesentlichen Aspekten ähnlich ist,
▶ sie durch ihren Charakter keine massive Überforderung des Feldes darstellt und
▶ sie anschließend themenspezifisch ausgewertet wird.

Andernfalls bedeutet der Einsatz von Übungen bestenfalls Zeitverschwendung („War ganz nett..."). Im ungünstigeren Fall führt die Übung dazu, dass die Gruppe sich zu Recht gegen den Leiter stellt („Was sollte das – wir haben doch ganz andere Probleme!"). Schlimmstenfalls kommt es während oder im Anschluss an die Übung zu destruktiven Auseinandersetzungen, die für die Weiterentwicklung der Gruppe entbehrlich oder gar schädlich sind.

ÜBUNG

Im Rahmen einer Teamentwicklungsmaßnahme für die Mitarbeiter einer Eheberatungsstelle soll das Thema „Konkurrenz" im Team bearbeitet werden. Entwickeln Sie drei verschiedene Einstiege ins Thema!

---

13 Rollen im Gruppenfeld

▶ Wir untersuchen, wie in Gruppen Rollenverteilungen entstehen. Zunächst geht es um die **Funktion von Rollen** für das System „Gruppe". Wir sehen, wie die Verteilung von Rollen an Einzelne das Gesamtsystem entlastet; die Rollenverteilung hilft, die Komplexität des Miteinanders in verschiedenen Bereichen (Identität, Kommunikation, Konflikte, Gruppenfeld) zu begrenzen und schafft für alle Beteiligten Erwartungssicherheit.

▶ Aus der Vielzahl denkbarer Rollenkategorien greifen wir zwei heraus: **Psychologische Rollen,** die den Beitrag eines Mitglieds zum Gruppenfeld beschreiben und **gruppendynamische Rollen,** die das Maß an Einfluss erfassen, das einem Gruppenmitglied im Gruppengeschehen eingeräumt wird.

▶ Das Konzept der psychologischen Rollen wird anhand der **Rollenverteilung in einer Schulklasse** beispielhaft ausgeführt. Wir sehen, wie die Verteilung psychologischer Rollen es Gruppen ermöglicht, abstrakte Themen zu personalisieren und dadurch bestreitbar zu machen.

▶ Abschließend unterscheiden wir vier gruppendynamische Rollen „Führer", „Mitläufer", „Außenseiter", „Sündenbock" und beschreiben ihren Einfluss auf das Gruppengeschehen. Über die Verteilung von Einfluss regelt die Gruppe ihren thematischen Fluss im Dienste der Feldstabilisierung oder -veränderung.

▶ Die bestehende Rollenverteilung in einer Gruppe informiert den Coach nicht nur über die Charaktere der beteiligten Rollenträger, sondern auch über die Lage des Gruppenfeldes und die vorherrschenden thematischen Schwerpunkte und Tabus im Miteinander. Die **Aufgabe des Coachs** besteht im Wesentlichen darin, eskalierende Konflikte um grundlegende Gruppenthemen zu entpersonalisieren und neurotische Rollenwahlen ins Bewusstsein der Beteiligten zu bringen.

13.1 Rollen vereinfachen das Geschehen

Ein wesentlicher Abschnitt jedes Gruppenvertrages regelt die Rollenverteilung im Miteinander. Rollen vereinfachen das Gruppengeschehen, indem sie Verhaltenswahrscheinlichkeiten festlegen und dadurch das im Miteinander vorhandene Überraschungsmoment begrenzen: Der „Chef" ist kompetent, trägt im Zweifelsfall die Verantwortung und trifft anstehende Entscheidungen. Die „Ulknudel" hat immer einen Scherz parat. Der „Betriebsrat" hat stets ein offenes Ohr für die Sorgen und Nöte der Kollegen. Auf diese drei kann man sich verlassen. Wenn aber der Chef sich als inkompetent erweist, die Ulknudel in Depressivität versinkt und der Betriebsrat den Kollegen mit Entlassung droht, dann kommt Verwirrung auf.

Indem Menschen in Gruppen Rollen übernehmen, geben sie gewissermaßen eine Beständigkeitserklärung ab. „Natürlich bin ich wie ihr alle ein Mensch mit vielen Facetten. Dementsprechend habe ich viele unterschiedliche, teilweise einander widerstrebende Ziele, die ich hier gerne verfolgen würde, und ich verfüge über viele Möglichkeiten, mich hier in der Gruppe zu verhalten, die ich – auch in Abhängigkeit von Situation und Tagesform – zeigen könnte. Um es mir und euch leichter zu machen, erkläre ich mich aber bereit, in dieser Gruppe den 'Skeptiker' zu spielen. Ihr könnt euch darauf verlassen, dass ich alles und jedes in Frage stellen werde. Ihr dürft darauf vertrauen, dass ich unrealistische Pläne hinterfrage, Scheinheiligkeit geißle und Selbstbetrug entlarven werde. Dementsprechend muss ich mich natürlich distanziert und zurückhaltend benehmen. Und natürlich werden Ironie und Zynismus mein Handwerkszeug sein. Andererseits könnt ihr versichert sein, dass von meiner Seite her kein Überschwang, keine Sentimentalität und keine Rücksichtnahme auf Befindlichkeiten zu erwarten sind."

Wer eine Rolle übernimmt, trägt dadurch dazu bei, Erwartungssicherheit zu schaffen und die Komplexität des Gruppengeschehens für sich selbst und alle anderen zu reduzieren. Durch Rollenverteilung wird das Miteinander einerseits überschaubarer, stabiler, berechenbarer und andererseits beengter, ritualisierter und langweiliger.

Rollenverteilung vermindert die Komplexität[82] des Gruppengeschehens auf mehreren Ebenen gleichzeitig:
▸ sie verleiht den Einzelnen eine personale Identität,
▸ sie macht die Kommunikation untereinander berechenbarer,
▸ sie sorgt für die Stabilität des Gruppenfeldes,
▸ sie ermöglicht es, abstrakte Gruppenthemen zu personalisieren.

13.1.1 Rollen stiften Identität

Eine Rolle zu besetzen, bedeutet zu wissen, wer ich (in dieser Gruppe) bin. Das entlastet den Einzelnen von Selbstunsicherheit und macht ihn für sich selbst kalkulierbar: „Ich bin halt der Spaßvogel." Diese Kalkulierbarkeit ist natürlich erzwungen und einengend: Auch dem Spaßvogel wird gelegentlich zum Heulen zumute sein und er verbaut sich durch die Übernahme der Rolle die Möglichkeit des Andersseins. Er opfert sozusagen auf dem Altar der Rolle seine eigene Vielschichtigkeit. Der Lohn der Rolle besteht in der Angstverminderung, die durch den Identitätsgewinn erzielt wird: Ich bin mir meiner selbst in der Rolle gewiss, weiß, was ich im Rahmen der Rolle leisten muss und fordern darf und brauche mich nicht mehr vor zwischenmenschlichen Unwägbarkeiten zu fürchten. Jede Rolle ist für den Einzelnen auch eine Gefängniszelle; und trotzdem kehrt er – vor allem in belastenden Situationen – immer wieder in sie zurück. In stürmischen Zeiten ist eine Zelle, egal wie beengend sie sein mag, doch immerhin noch ein Dach überm Kopf.

Arbeit mit Rollenträgern. Wir sollten als Coach nicht auf uneingeschränkte Dankbarkeit hoffen, wenn wir einem Mitglied dabei helfen wollen, aus dem Rollengefängnis zu schlüpfen. Dem Gewinn an seelischer Bewegungsfreiheit geht immer große Unsicherheit voraus, sobald die Sicherheit spendende Rolle aufgegeben werden soll. Zudem wird der Moment der Enttarnung, in dem ich damit konfrontiert werde, dass ich eine Rolle spiele, häufig als bloßstellend und beschämend erlebt. Dementsprechend setzen Mitglieder solchen Interventionen, die auf eine Überwindung des enggefassten Rollenverhaltens abzielen, in der Regel erheblichen Widerstand entgegen. Sie sind beleidigt, empört und gekränkt, wenn sie sich enttarnt fühlen.

13.1.2   Rollen machen die Kommunikation berechenbar

Würden wir uns im Miteinander nicht selbst beschränken und einengen, stünden wir im Umgang mit anderen immer wieder vor neuer Ungewissheit hinsichtlich der geltenden Beziehungsdefinitionen: „Wie ist mein Gegenüber gerade gestimmt? Und wie wird er aus dieser Stimmung heraus jetzt auf mich reagieren, der ich ganz anders gelaunt bin als gestern? Über welche Themen können wir heute miteinander sprechen? Welche Nähe wird heute stimmig sein?" Diese Unsicherheit wird durch rollenkonformes Verhalten absorbiert, da die Kommunikation zwischen Rollenträgern in weiten Teilen ritualisiert verläuft: Zwischen Betriebsrat und Vorstand sind die möglichen Themen begrenzt, der Umgangston festgelegt und die Konfliktfelder absehbar.

BEISPIEL

Egal, worum es in der Kommunikation zwischen Rollenträgern inhaltlich geht, auf der Beziehungsebene wird unterschwellig ständig daran gearbeitet, die Rollenverteilung aufrecht zu erhalten, wie der folgende morgendliche Dialog im Büro zeigt:
Erwin: „Morgen, Ernst!"
Ernst: „Morgen, Erwin!"
Erwin: „Ernst, frag mich mal, wie's mir geht!"
Ernst: „Wie geht's'n dir, Erwin?"
Erwin (mit verkniffener Mine): „Oh Mann, Ernst, frag mich nicht!"
Ernst: „Hahaha, alter Spaßvogel!"

Zu einer unkalkulierbaren zwischenmenschlichen Begegnung kommt es zwischen Rollenträgern deshalb nicht – und darin liegt ja gerade der Nutzen der Rollenvergabe. Daraus folgt für die Arbeit mit Rollenträgern in Gruppen zweierlei:

(1) ein Gruppengefüge mit deutlich (holzschnittartig) ausgeprägten Rollen legt die Vermutung nahe, dass es viele unterschwellige Berührungsängste und Unsicherheiten – kurzum: störungsanfällige Beziehungsdefinitionen – unter den Mitgliedern gibt. Diese werden durch die Rollenvergabe im Sinne zwischenmenschlicher Nichtangriffspakte zurückgehalten.

(2) Wenn unser Auftrag als Coach darin besteht, mehr Wahrhaftigkeit, Unmittelbarkeit und Authentizität im Miteinander zu ermöglichen, müssen wir zunächst die herrschenden rollenverhafteten, ritualisierten Umgangsformen außer Kraft setzen, die wie unbewusste Kontaktvermeidungsbündnisse wirken.

BEISPIEL

Das Klassentreffen. Die Macht eingefahrener Rollenverteilungen habe ich selbst anlässlich eines Klassentreffens erlebt. Nach fünfzehn Jahren der Trennung, in denen jeder von uns persönliche Entwicklungen durchgemacht hatte und in vielen neuen Gruppen neue Rollen übernommen hatte, dauerte es nur wenige Minuten der aufgeregten Orientierungslosigkeit, bis alles und alle wieder so waren wie früher: Schon als ich den Raum betrat, in dem das Treffen stattfand, brandete mir eine Woge des Gelächters entgegen, die Martin Kirsten (alle Namen geändert) umbrandete, der als „Klassenkasper" an alte Zeiten anknüpfte. In einer Ecke saß, die Pfeife im Mund und betont bedachtsam altkluge Wichtigkeiten von sich gebend, Ralf Miller, der schon vor fünfzehn Jahren in seiner Rolle als „Einsichtiger" den Vorsitz bei der „Schüler-Union" geführt und dabei stets wie sein eigener Vater argumentiert hatte. Als „Betriebsnudel" fungierte Connie Eckberts, die aufgeregt von Tisch zu Tisch zog, ganz so als gelte die Feier ihrem Geburtstag. Und ich selbst merkte, wie ich, der sich nun wirklich weit, weit weg von seiner Rolle als „skeptischer Individualist" fühlte, innerhalb kürzester Zeit in eben diese Rolle hineinrutschte. Bei mir (und wohl auch bei den anderen) entstand dieser Rückfall in längst abgelegt gewähnte Rollen wohl aufgrund einer Mischung aus Neigung und Nötigung: Das Gefühl von Unsicherheit in der verwirrenden Situation gepaart mit der Tatsache, dass man von den anderen einfach so angesprochen wurde, als wäre man ganz der Alte, ließen die bewährte Rolle als Zufluchtsstätte für diesen nostalgischen Abend recht attraktiv erscheinen.

13.1.3   Rollen stabilisieren das Gruppenfeld

Über die Rollenverteilung erreicht die Gruppe eine gewisse strukturelle Beständigkeit, indem jeder Rollenträger die Gruppe zuverlässig mit den seiner Rolle entsprechenden Themen und dem damit einher gehenden Maß an Nähe-Distanz und Dauer-Wechsel versorgt. Durch ihre relative Positionszuverlässigkeit stabilisieren alle Rollenträger gemeinsam das Gruppenfeld, so wie die einzelnen Bestandteile eines Mobiles sich wechselseitig im Gleichgewicht halten. Aus einem derart delikaten Gleichgewichtszustand kann sich kein Einzelner lösen, ohne dass alle mitgerissen würden: Sobald ein Rollenträger mit unerwartetem Verhalten „aus der Rolle fällt", gewichtet er dadurch seinen Beitrag zur bislang gültigen feldspezifischen Balance von Nähe-Distanz und Dauer-Wechsel neu – das Mobile gerät aus der Balance. Will die Gruppe ihr Feld stabilisieren, müssten nach dem Positionswechsel des einen alle anderen ihre Positionen so gegeneinander verschieben, dass die erfolgte Veränderung der feldspezifischen Balance kompensiert wird. Andernfalls würde sich der Schwerpunkt des Gruppenfeldes dauerhaft verschieben. So kann die Rollenuntreue eines Mitgliedes für viel Aufruhr im Gesamtsystem sorgen.

BEISPIEL

Wenn in einer Gruppe vom „Team"-Typus ein Mitglied die Rolle des „Bürokraten" übernimmt, versorgt er das Gruppenfeld auf seine Art (Bedächtigkeit, Planung, Rationalität, Abgegrenztheit, etc.) mit Distanz- und Dauerimpulsen. Wenn der Bürokrat aber urplötzlich seine Bedürftigkeit und Unberechenbarkeit entdecken und ausleben würde, geriete das Feld aus dem Gleichgewicht. Entweder verändern andere Gruppenmitglieder ihr Verhalten so (in Richtung Bedächtigkeit, Planung, Rationaliät, Abgegrenztheit,...), dass der durch das „Umkippen" des „Bürokraten" eingetretene Feldverschiebung (in Richtung Nähe und Wechsel) entgegengewirkt wird, oder die Gesamtstatik des Gruppenfeldes bleibt dauerhaft verändert.

Im Sinne der Feldstabilität ist die Rollenverteilung ein durchaus ökonomischer Vorgang. Er erspart der Gruppe jene Reibungsverluste, die entstünden, wenn das Feld angesichts nicht rollengebundener und daher unkalkulierbarer Verhaltensweisen aller Beteiligten ständig neu ausbalanciert werden müsste. Auf diesem Hintergrund wird verständlich, mit wieviel Energie Gruppen ihre Rollenverteilungen gelegentlich gegen Auflösungstendenzen verteidigen.

13.1.4   Rollenträger geben thematische Orientierung

Im Verlauf ihres Prozesses gilt es für die Gruppe immer wieder aufs Neue, sich durch Vertrags- und Feldveränderungen an den sich verändernden Zielpool anzupassen und die anstehenden Themen zu bearbeiten. Rollenverteilung gestattet es nun, die dabei auszutragenden Konflikte zu personalisieren. Indem die für die jeweiligen Themen stehenden Rolleninhaber als Protagonisten des Konflikts zum Träger der Auseinandersetzung werden, kann man sich im Kontakt mit ihnen eine Position zum betreffenden Thema erarbeiten. Für uns Menschen scheint es einfacher zu sein, uns mit Personen als Thementrägern auseinander zu setzen, denn mit den Themen selbst.[83] Die durch Personalisierung erzielte Vereinfachung erleichtert es uns, Konfliktlinien zu erkennen und uns zu ihnen zu stellen. Darüber hinaus bietet die Personalisierung unseren Gefühlen einen Anknüpfungspunkt. Der Satz „Peter mit seinem ständigen Kleinjungengetue geht mir furchtbar auf den Geist!" wirkt emotionaler als sein thematisches Pendant: „Ich glaube in unserer jetzigen Situation sollten wir mehr auf Abgrenzung als auf Bedürftigkeit setzen."

Arbeit in Gruppen. Für das konstruktive Storming (Streitphase) in Gruppen stellt die Personalisierung ein gelegentlich notwendiges und hilfreiches Entwicklungsstadium dar. Gerade für jene Menschen und Gruppen, die sich schwer tun, Konflikte überhaupt aufkommen zu lassen, ist es ein Schritt voran, wenn sich zunächst Rolleninhaber als thematische Bannerträger in die Haare geraten. Wenn deren personalisierte Konflikte allerdings nicht zu einem Ende gebracht werden können bzw. eskalieren, muss der Coach eingreifen. Es ist dann seine Aufgabe, die Gruppe von der personen- bzw. rollenbezogenen Auseinandersetzung weg zu führen und ihr den Streit um die dahinter liegenden „rechten Themen" zu ermöglichen (s. Kapitel 6.3.2).

13.2 Rollenverteilung im Gruppenfeld

13.2.1 Zwei Aspekte des Rollengeschehens

Wenn wir von Rollen sprechen, kann damit vielerlei gemeint sein: Geschlechtsrollen (Mann, Frau), Familienrollen (Vater, Kind), Berufsrollen (Friseur, Polizist), kulturelle Rollen (Deutscher, Däne), psychologische Rollen (Geiziger, Bonvivant), hierarchische Rollen (Vorstand, Abteilungsleiter), gruppendynamische Rollen (Anführer, Mitläufer) usw.

Jedes Mitglied einer Gruppe nimmt im Miteinander meist gleich ein ganzes Bündel von Rollen ein: Herr Napp besetzt im Streichquartett (s. Kapitel 11.1.1) die Rollen Mann, Violinist, Hanseat, Arroganter und Außenseiter.

Wir beschränken uns darauf, psychologische und gruppendynamische Rollen genauer zu untersuchen, weil sie die für das Gruppenfeld wesentlichen Leistungen erbringen.

Psychologische Rollen. Wenn wir das Verhalten eines Gruppenmitgliedes situationsübergreifend daraufhin untersuchen, von welcher Art (qualitativ) seine Beiträge zum Gruppengeschehen gemessen an den Dimensionen des Riemann-Thomann-Kreuzes typischer Weise sind, dann fragen wir nach der psychologischen Rolle, die dieses Gruppenmitglied im Miteinander übernimmt.

> **!** Psychologische Rollen sind Rollen, bei denen das mit ihnen in Verbin-
> dung gebrachte Verhaltensrepertoire aus einer psychologischen Veranla-
> gung heraus erklärt und verstanden wird: Streber, Clown, Hans im Glück,
> Prinzessin, Nesthäkchen usw.

Einerseits verleiht die Vergabe psychologischer Rollen den Rollenträgern eine bestimmte Identität („Ich bin der, der hier als 'Paragraphenreiter' für den korrekten Ablauf eintritt."). Andererseits gewährleistet sie, dass das Feld der Gruppe durch das rollengemäße Verhalten der Betreffenden zuverlässig und berechenbar mit einer bestimmten klimatischen und thematischen Mischung der vier Grundströmungen versorgt wird. In Anlehnung an das Vokabular des Theaters könnte man diese Rollen als Charakterrollen bezeichnen.

Gruppendynamische Rollen. Wenn wir das Verhalten eines Gruppenmitgliedes situationsübergreifend daraufhin untersuchen, in welchem Ausmaß (quantitativ) es typischerweise Einfluss auf den Gruppenvertrag und dessen Entwicklung nehmen kann, fragen wir nach der gruppendynamischen Rolle dieses Menschen.

> **!** Gruppendynamische Rollen sind Rollen, die durch ihren Einfluss auf
> das sachliche und zwischenmenschliche Gruppengeschehen, ihre grup-
> pendynamische Macht, beschrieben werden: Führer, Mitläufer, Sünden-
> bock, graue Eminenz usw.

Gruppendynamische Rollen werden im Verlauf des Gruppenprozesses auf der Basis der Charakterrollen themenbezogen vergeben. Sie werden neuverteilt je nachdem, wie viel Einfluss einer Charakterrolle angesichts der im Prozess anstehenden Themen eingeräumt wird. Entwickelt sich eine Gruppe beispielsweise verstärkt in Richtung Solidarität statt Konkurrenz, dann wird jenen Mitgliedern, die durch ihre Charakterrolle Nähe, Wärme und Solidarität in die Gruppe hineintragen (z.B. der „Sich Aufopfernden") mehr Einfluss zuwachsen, während ihre Gegenpole (z.B. der „Streber") an Einfluss verlieren und zum Außenseiter oder Sündenbock avancieren. In der Theaterwelt würde man hier vielleicht von „dramaturgischen Rollen" sprechen.

13.2.2 Rollenverteilung als Symptomatik

Wenn wir als Coach auf eine Gruppe treffen und einen Eindruck von ihrer Rollenverteilung gewinnen, können wir diese als Symptomatik verstehen, die uns eine Diagnose des Feldes und der thematischen Vorlieben einer Gruppe erleichtert.

Rolle und Feld. Indem ein Coach beobachtet, welches Verhalten mit welcher Rollenzuschreibung einhergeht, gewinnt er Hinweise auf das Gruppenfeld: Wie und auf welche Art kann, darf und muss man exaltiert sein, um in einer konkreten Gruppe beispielsweise die psychologische Rolle des Clowns besetzen zu können? Reichen kleine, harmlose, abgedroschene Witzigkeiten, um zum „Dummen August" zu werden, dann dürfen wir annehmen, dass das Gruppenfeld seinen Schwerpunkt im Dauerbereich hat und ein wenig Unernsthaftigkeit bereits als urkomisch empfunden wird. Sind aber brillante, atemberaubende, scharfzüngige und verletzende Zynismen vonnöten, um die Rolle des „Bajazzo" übernehmen zu können, dann dürfen wir das Gruppenfeld eher im Distanz-Wechsel-Bereich vermuten. (s. auch Kapitel 13.3.3: Die Relativität der Rolle)

Vergleichbare Leitfragen für andere psychologische Rollen wären:

▶ Welches Ausmaß an konkurrierendem Verhalten reicht in dieser Runde, um zum „Streber" zu werden?
▶ Welches Maß an Abgegrenztheit geht in dieser Gruppe mit der Zuschreibung „Eigenbrötler" einher?
▶ Wie viel Verletzlichkeit muss in dieser Gruppe gezeigt werden, um in die Rolle des „Weicheis" zu geraten?

Rolle und Themen. Wenn wir gruppendynamische und psychologische Rollen gemeinsam betrachten, erfahren wir, welche Themen derzeit in der Gruppe protegiert, vermieden oder tabuisiert werden. Wenn der „Barmherzige Samariter" drangsaliert und gequält wird, während sein Pendant, der „Eiskalte Technokrat", sich großer Beliebtheit erfreut, dann dürfen wir vermuten, dass die Gruppe die Themen Abgrenzung, Belastbarkeit, Selbstbehauptung zur Zeit hoch im Kurs hält, während Mitgefühl, Bedürftigkeit und Solidarität geradezu verdammt werden.

Diese diagnostischen Erkenntnisse können uns dabei unterstützen, Fähigkeiten, Grenzen und Entwicklungsrichtungen einer Gruppe zu bestimmen und personalisierte Konflikte auf ihren thematischen Kern zu bringen.

13.3 Psychologische Rollen

Um das Wirken psychologischer Rollen (s. Kapitel 13.2.1) lebendig werden zu lassen, betrachten wir beispielhaft die Rollenverteilung in einer Schulklasse. Klassenverbände eignen sich besonders gut zur Veranschaulichung von Rollenverteilungen: Zum einen bestehen sie lange genug, um eine plastische Rollenverteilung zu ermöglichen. Zum zweiten ist die Jugend eine Lebensphase, in der Menschen aktiv auf der Suche nach ihrer Identität, einem persönlichen Wiedererkennungswert, sind und regelrecht nach Rollen streben. Zum dritten wird in der Schulzeit für die meisten von uns ein Grundstein für unser späteres

Rollenrepertoire gelegt. Die ausführliche Schilderung von 11 psychologischen Rollen im Rahmen des folgenden Beispiels verdeutlicht

▶ die „Strömungsträger"-Funktion psychologischer Rollen,

▶ die Personalisierung von Themen im Gruppenfeld durch Rollenvergabe,

▶ die Leistung von Rollenträgern bei der Feldausrichtung und -stabilisierung einer Gruppe angesichts konkreter Anforderungen innerhalb ihres institutionellen Umfeldes.

13.3.1 Rollen in einer Schulklasse

In unserem Beispiel haben wir es mit der Quinta (6. Klasse) eines Jungengymnasiums im Jahr 1969 zu tun. Einer von den zweiundvierzig Schülern war ich selbst.

Meine Schule verstand sich damals als Mischung aus Lehr- und Kadettenanstalt: Die Lehrer (ausschließlich Männer) traten als Feldwebel auf; der Umgangston war militärisch („Müller, wo hast du deine Hausaufgaben?"), die Umgangsformen und der Leistungsdruck ebenfalls („Wer hier nicht mitkommt, kann gleich zur Realschule gehen!"). Den meisten meiner Klassenkameraden erging es damals ähnlich: Wir waren seit dem Tag der Einschulung geschockt und verängstigt. Unsere beiden Hauptziele hießen: Nicht Auffallen und Durchkommen.

Das Gruppenfeld, das wir als Klasse bildeten, entsprach dem einer Solidaritäts- und Leidensgemeinschaft, mit Schwerpunkten im Dauer- und Nähe-Quadranten des Riemann-Thomann-Kreuzes (s. Abb. 27).

Die seitens der Institution gesetzten Ziele (Gehorsam, Disziplin und Leistung) prägten das Anforderungsprofil, mit dem wir uns auseinander zu setzen hatten; es war im Dauer-Distanz-Bereich beheimatet. Worauf es ankam, waren Disziplin, Selbstbehauptung, Belastbarkeit, Abgegrenztheit und Selbstkontrolle. Das Gruppenfeld kann dementsprechend auch als schützende Wagenburg angesichts des Anforderungsprofils verstanden werden.

Nachdem wir die Sexta durchstanden und die Quinta größtenteils erreicht hatten (einige waren sitzen geblieben), hatten sich in unserer Gruppe erste psychologische Rollen herausgebildet.

Jede der nun vorgestellten Rollen ist an sich weder gut noch schlecht. Wenn die Beschreibungen streckenweise tendenziös geraten sind, dann liegt das an meiner wertenden Betrachtungsweise. Als ehemaliges Gruppenmitglied fehlt es mir natürlich an der nötigen Objektivität. Schauen wir uns die Rollen nacheinander an:

Der Kleine. Zu dieser Rolle gehört es, mit großen Augen in die Welt zu schauen, die Fähigkeiten anderer neidlos staunend zu bewundern und sie auf herzerweichende und schmeichelhafte Art und Weise um Hilfe zu bitten, ohne lästig zu fallen: „Ich hab' diese Hausaufgabe überhaupt nicht verstanden; wenn ich nur deine Auffassungsgabe hätte! Erklärst du sie mir wohl noch einmal?"

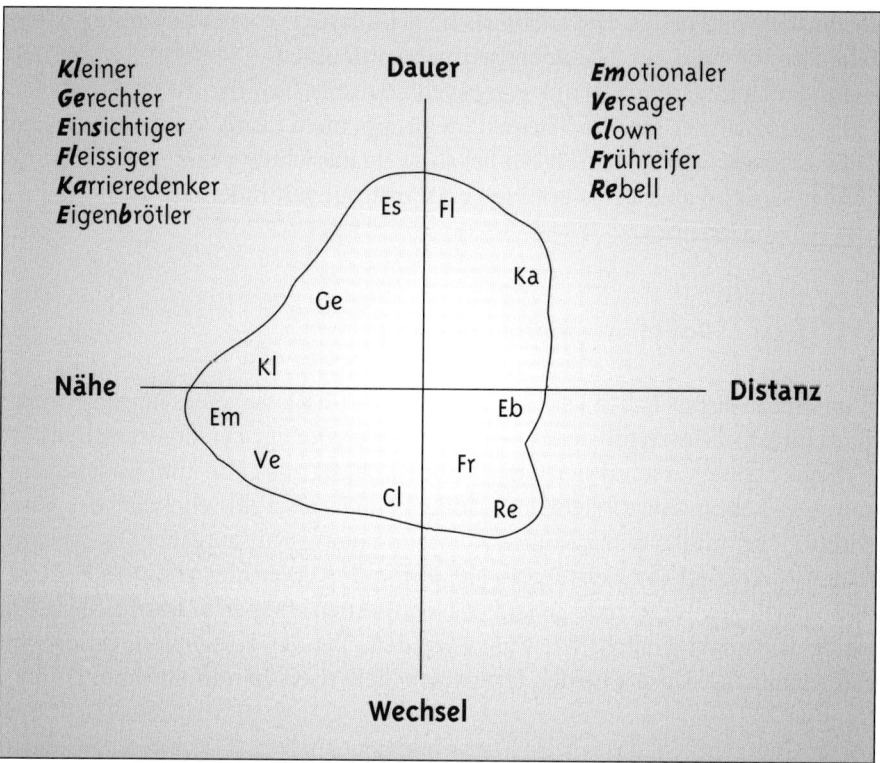

Abbildung 27. Rollenverteilung der Quintaner. Das Gruppenfeld liegt schwerpunktmäßig im Nähe-Dauer-Bereich. Statt der seelischen Heimatgebiete der Rollenträger sind nur deren ungefähre Schwerpunkte durch das entsprechende Rollenkürzel (Es = Einsichtiger) eingezeichnet. Der Realitätsverlust, der mit dieser Vereinfachung einhergeht, ist allerdings vergleichsweise gering: Psychologische Rollen decken ohnehin nur einen sehr begrenzten Ausschnitt aus dem umfangreicheren Verhaltensrepertoire jener Mensch ab, die sie übernehmen

---

BEISPIEL

In meiner Schulklasse spielte Bernd Langenhügel (alle Namen geändert) den Kleinen. Im Umgang mit ihm, der tatsächlich klein gewachsen war, konnten wir unsere fürsorgliche, kollegiale und kompetente Seite nach vorne kehren, ohne dass Leistungsdruck und Konkurrenzdenken eine Rolle spielten: Neben ihm konnte man sich stark fühlen. Er war ein harmloser, netter Kerl, und es war klar, dass die Klasse ihn mit durchbringen würde.

Der Kleine versorgt das Gruppenfeld mit den kindlichen Qualitäten, Werten und Themen der Nähe: Bedürftigkeit, Fürsorglichkeit, Verbundenheit, Hilfsbereitschaft etc. Diese Rolle wird aufgrund der geschlechtsspezifischen Sozialisation häufig an Frauen vergeben und von ihnen übernommen (Das Nesthäkchen).

Der Kleine trägt in Gruppen, die unter starkem Druck zur Individualisierung (Konkurrenz), Professionalisierung (Erwachsenwerden) und Eigenverantwortlichkeit (Leistungsprinzip) stehen, zu Entspannung und Solidarität bei. Ist der Druck allerdings so groß, dass die Gruppe meint, sich diese Qualitäten nicht leisten zu können und die einzelnen Angst vor dem Kleinsein entwickeln, wird der Kleine als Träger nicht tolerabler Eigenschaften („Schmarotzer", „Baby") abgelehnt und drangsaliert.

Der Gerechte. Er passt auf, dass niemand aus der Gruppe herausfällt und dass gleichzeitig die Werte von Solidarität und Gerechtigkeit bewahrt werden. Dadurch versorgt er die Gruppe ebenso mit Dauer- wie mit Nähethemen: Gemeinschaftlichkeit, Rechtstaatlichkeit, Sozialstaatlichkeit.

> **BEISPIEL**
>
> In der Quinta spielte Robert Kuhstraß den Gerechten: Obwohl erst elf Jahre alt, hatte er den Habitus eines fünfzigjährigen Kommunalpolitikers, sprach langsam mit sorgsam abgewogenen Worten und war immer mit beruhigender Vernunft zur Stelle, wenn es Streit gab – er selbst stritt sich nie. Wenn die Zeugnisnoten mitgeteilt wurden, trat er unerschrocken für die Rechte der weniger Glücklichen ein – er selbst war ein guter, wenn auch kein brillanter Schüler. „Wenn ich mündlich eine „Zwei" bekomme, dann muss der Müller aber mindestens eine „Drei" kriegen. Oder ich muss die „Drei" haben, wenn er nur eine „Vier" bekommt."

Man kann sich vorstellen, dass ein Gerechter gerade in einem Klima, das durch Druck von außen auf Dauer und Distanz getrimmt wird, eine wahre Labsal darstellt. Die Träger dieser Rolle tun viel für die Gemeinschaft und die Sicherheit gegenüber Autoritäten. Sie bewahren die Gruppe davor, sich durch Konkurrenz und Vorteilsdenken selbst zu zerfleischen. Deshalb werden sie gerade im streng hierarchischen und konkurrenzfreundlichen Schulalltag gerne zu Klassen- bzw. Gruppensprechern gewählt. Ist das Klima in der Gruppe extrem konkurrierend und die Angst der Einzelnen vor dem Nichterfüllen der gesetzten Aufgaben stark ausgeprägt, kann der Gerechte als „ewiggestrige Mutter Theresa" gebrandmarkt werden: „Wir können alle gut für uns selbst einstehen und brauchen keinen Sozialarbeiter wie dich."[84]

Der Einsichtige. Er trägt vor allem Dauerthemen und -strömungen ins Miteinander, indem er sich stets einsichtsvoll den unausweichlichen Sachzwängen bzw. den Weisheiten der Autoritäten unterordnet. Sein thematischer Hauptbeitrag besteht in Unterordnung und Anpassung, im Verzicht auf Spontaneität und individuelle Vorlieben und der Einnahme einer konservativen Grundhaltung gegenüber den bestehenden Regeln. Sein Verhältnis zu Macht ist pragmatisch: „Wenn die anderen schon am langen Hebel sitzen, tun wir gut daran, uns mit ihnen zu arrangieren." Vor allem in autoritär geführten Gruppen bieten Einsichtige sich als ausgleichender Pol gegen stets virulente Aufstandsbewegungen an und erscheinen als natürliche Bündnispartner des Gruppenleiters.

Wenn das Klima in der Gruppe allerdings emanzipatorische oder gar rebellische Züge annimmt, werden die Einsichtigen zu Trägern der Antithemen und geraten als „Speichellecker" oder „Opportunisten" in Verruf.

BEISPIEL

Holger Czonka spielte unter den Quintanern den Einsichtigen. Er saß in der ersten Reihe direkt neben der Tür, war stets aufmerksam und nickte bei den Ausführungen der Lehrer häufig so, als wolle er sagen: „Ich danke Ihnen für diese klärenden Worte, die uns neue Horizonte eröffnen." Holger war immer adrett gekleidet und von einer Aura makelloser Sauberkeit umgeben. Er hatte die ehrenvolle Aufgabe, wie ein britischer Butler die Klassenzimmertür hinter den Lehrern zu schließen. Holger Czonka war dabei ein durchschnittlicher Schüler (sonst wäre er wahrscheinlich zum Karrieredenker avanciert) und hatte keinen wirklichen Freund in der Klasse. Seine Freunde waren die Lehrer.

Der Fleißige. Er trägt vor allem Dauerqualitäten ins Miteinander, indem er die gestellten Aufgaben nicht kritisch hinterfragt, sondern sie durch (Über-)Erfüllung in ihrer Gültigkeit bestätigt. Durch sein überdurchschnittliches Engagement tut sich der Fleißige auch als Individuum hervor und bringt damit eine Prise Distanz in die Gruppe.

BEISPIEL

Der dicke Frieder Leber war in der Klasse der Fleißige: Wenn wir im Geschichtsunterricht als Hausaufgabe Neandertaler zeichnen sollten, brachte Frieder am folgenden Tag eine zwei Meter lange Raufaserrolle mit einem Riesenhöhlenmensch darauf mit. Wenn der Kunstlehrer darum bat, alte Zeitschriften mitzubringen, aus denen er Druckerschwärze gewinnen wollte, schleppte Frieder Leber gleich einen ganzen Jahrgang an.

Vom Streber unterscheidet ihn das fehlende Konkurrenzdenken: „Sollen die anderen ruhig auch fleißig sein! Mir geht es nicht darum, aufzufallen, sondern ich will nur sicher sein, es recht gemacht zu haben." Der Fleißige trägt Themen wie Sollerfüllung, Gehorsam und Pflichtbewusstsein in die Gruppe. Das sichert ihm in Gruppen, die diese Werte hochhalten, Ansehen und Respekt.

Wann immer die Gruppe aber dazu tendiert, sich in Opposition zu diesen Sekundärtugenden zu stellen und gegen tradierte Werte aufbegehrt, gerät der Fleißige als unkritischer Verteidiger des Bestehenden in Verruf.[85]

Der Karrieredenker. Er übernimmt eine schillernde Rolle, indem er das Wohlgefallen der höheren Stellen sowohl durch Leistung als auch durch Willfährigkeit zu gewinnen sucht. Damit leistet er einen soliden Dauer-Distanz-Beitrag zum Gruppenfeld. Seine thematische Mitgift besteht aus Leistung, Konkurrenz, Ehrgeiz und Anpassung. Er ist der Sendbote der Strebsamkeit in der Gruppe. Während ihm die anderen mit einer Mischung aus Neid („Er kommt in diesem System wunderbar zurecht!") und Abscheu („Kollaborateur!") begegnen, wird er von den vorgesetzten Stellen (sofern diese Leistungsstreben und Subordination wertschätzen) als Vorbild hingestellt.

BEISPIEL

Der streng gescheitelte und mit Bügelfalte ausgestattete Robert Feldstück war der Karrieredenker. Altklug und wichtigtuerisch redete er den Lehrern nach dem Mund und wirkte eher wie ihr verlängerter Arm, denn wie ihr Untergebener. Natürlich führte er das Klassenbuch. Seine Schulleistungen waren wirklich gut und er bestand stets darauf, dass sie herausgestrichen wurden und zwar möglichst so, dass kein Licht neben dem seinen leuchtete. Gegenüber den Mitschülern trat er mit herrschaftlicher Vernunft auf, die sich u.a. darin zeigte, daß er Missetaten und Missetäter häufig mit der Miene eines besorgten Vaters beim Klassenlehrer anzeigte.

In Gruppen, die starkem Anpassungs- und Leistungsdruck unterworfen sind, kann der Karrieredenker zur Leitfigur oder zum Subjekt der Verachtung werden, je nachdem, wie sich die Gruppe zum bestehenden Druck stellt. Umgekehrt rutscht in solchen Gruppen, die sich den Themen Leistung und Konkurrenz hermetisch verschließen, jeder, der Ehrgeiz entwickeln möchte, rasch in die Rolle des Karrieredenkers und wird als „Streber" bekämpft.

Der Eigenbrötler. Er versteht es, sich seine Eigenheit und Unverwechselbarkeit zu erhalten, indem er den Konformitätsdruck der Gruppe schlichtweg zu ignorieren scheint. Egal, ob die Eigenbrötelei aus der Not der Kontaktlosigkeit oder aus echtem Eigensinn geboren wurde, sie führt dazu, dass ihr Vertreter als Gruppenmitglied scheinbar außerhalb des Regelwerkes der Gruppe steht. Er kümmert sich nicht darum, was die anderen tun und denken und wie sie ihn beurteilen. Er scheint die Gruppe nicht zu brauchen, es sei denn als Hintergrund für sein Anderssein. Er wird somit zum fehlenden Glied in der Kette des Wirgefühls, das er durch sein Auftreten durchbricht. Dadurch trägt er die Distanzthemen Individualität, Non-Konformismus und Unabhängigkeit in die Gruppe hinein.

Unter den Quintanern spielte Manfred Russ den Eigenbrötler: Er kam morgens in die Klasse und verließ diese mittags wieder, ohne ein einziges Wort gesagt zu haben. In den Pausen stand er mit dem ein wenig krummen Rücken und seinem blassen Gesicht, das von stets fettigem blonden Haar umrahmt wurde, abseits über sein Brot gebeugt und schaute sich das Treiben der anderen an, ohne jemals einzugreifen. Er hatte keine Gegner, aber Freunde hatte er ebenso wenig. Er lief einfach unscheinbar nebenher, tat niemandem etwas zu Leide und wurde kaum bemerkt. Als er einmal längere Zeit wegen einer Leistenoperation fehlte, hinterließ er keine Lücke.

Je nach Differenztoleranz und -bedürfnis des Gruppenfeldes wird der Eigenbrötler toleriert („Den ziehen wir mit durch!"), idealisiert („Unser genialischer Professor...") oder dämonisiert („Volksfeind!"). Fühlt sich die Gruppe durch einen übermächtigen und erstickenden Zwang zur Gleichheit und zum „Wir" behindert, wächst den Eigenbrötlern als „Individualisten" ungeahnte Popularität zu, während sie von Gruppen, die ein hohes Maß an Identifikation fordern, als „Querköpfe" angefeindet werden.

Der Emotionale. Die Aufgabe des Emotionalen besteht darin, „weiche" Gefühle von Schwäche, Überforderung und Verletztheit deutlich und gelegentlich tränenreich auszudrücken. Damit bringt er die Themen Emotionalität (Nähe) und Kontrollverlust (Wechsel) ins Spiel. In Gruppen, die diesen Themen aufgeschlossen begegnen, wird der Emotionale eher mit respektvollen Bezeichnungen („der Sensible" oder „der Empfindsame") bedacht. Sieht sich die Gruppe einem so großen Druck zu Selbstkontrolle und Belastbarkeit ausgesetzt, dass sie meint, sich Emotionalität nicht leisten zu können, erscheint ihr der Emotionale als „Heulsuse" oder „Weichei".

Wir Schüler standen unserer eigenen Emotionalität zwiespältig gegenüber. Einerseits erlebten wir angesichts des alltäglichen Drills überfordernde und verletzende Momente, die innerlich die Tränen fließen ließen. Andererseits war uns klar, dass wir seitens der Lehrer nicht auf Gnade rechnen konnten. In diesem Klima war Jürgen Hausmann der „Emotionale": Er weinte, wenn er die Spannung nicht mehr aushalten konnte und obwohl sich öffentlich keine Hand regte, um ihn zu trösten, wurde er immer wieder verstohlen angeschaut, denn er vergoss seine Tränen auch stellvertretend für die anderen.

Der Versager. Er trägt die Themen des Scheiterns und des Sich-Blamierens (der Schande mithin) in die Gruppe und bringt dadurch Wechselhaftigkeit und Nähe ins Miteinander: Dem Normen- bzw. Leistungsdruck hält er eben nicht stand, sondern er erliegt ihm und appelliert durch sein Scheitern an Mitgefühl, Solidarität und Gnade. Dieser Appell wird je nach Ausrichtung des Gruppenfeldes mit Zuwendung oder Verachtung beantwortet. Egal, wie die Antwort ausfällt, die Gruppe wird den Versager gern in seiner Rolle belassen und ihm den Ausstieg gelegentlich sauer werden lassen. Denn solange es einen eindeutig klassifizierten Versager gibt, steht immer einer – nämlich er – zwischen den Versagensängsten der anderen und dem drohenden Abgrund: „Ich mag hier zwar keine gute Leistung gebracht haben, aber besser als unser Versager war ich allemal". Das hat etwas Beruhigendes.

> **BEISPIEL**
>
> Bei dem herrschenden Leistungsdruck schrie die Rolle des „Versagers" in unserer Klasse geradezu nach Besetzung. Wir fanden den Versager in Peter Geldmacher. Zunächst einmal war er vom Äußeren her auffällig. Extrem hellhäutig, dünn und schwächlich, mit beinahe weißem Haar, das sich nach dem Schwimmunterricht zu unserer Freude regelmäßig grün verfärbte, gab Geldmacher eine angreifbare Figur ab. Außerdem war er ein uneheliches Kind, was in der damaligen Zeit einem Geburtsfehler gleichkam und ihn von vornherein ins Abseits stellte. Die Lehrer führten ihn vor: Beim TH-Drill („Three mice slipped through the hole"), war der als „moneymaker" humorig angesprochene Peter stets die Lachnummer, weil seine Zunge sich einfach nicht seinem Willen fügen wollte.

Für einen öffentlich gedemütigten Versager ist es unendlich schwer, die einmal besetzte Rolle loszuwerden. Die anderen werden ihn nicht nur deswegen in seiner Rolle halten, weil sie ihre eigenen Ängste an ihm abarbeiten können, sondern zusätzlich, weil sie im Laufe der Zeit ihm gegenüber die Schuld des Zuschauens auf sich geladen haben.

Der Clown. Seine Aufgabe besteht darin, Konfliktspannung (Distanz) und Leistungsdruck (Dauer-Distanz) zu neutralisieren, bevor sie ihren Höhepunkt erreichen. Die Rolle verlangt dementsprechend gleichzeitig eine hohe Sensibilität und eine geringe Toleranz für beide Strömungen. Während der „Zyniker" oder der „Bajazzo" durch beißenden Witz die bestehenden Differenzen zuspitzen und der „versöhnliche Alte" die Wogen durch Humor im Nachhinein glättet, trägt der „Clown" durch Ablenkung eher zur Vermeidung bei. Je ernster und gnadenloser es im Miteinander zugeht, desto wichtiger wird sein Wechsel (Spannungsentladung und Spontaneität) und Nähe (über ihn lacht man gemeinsam) bringender, entlastender Beitrag. Die entsprechende weibliche Rolle ist die der „Ulknudel".

Paul Erhards hieß der Clown in der Quinta. Zu seiner wechselhaften Grundausstattung gehörten eine beeindruckende körperliche Unruhe – er konnte kaum still sitzen – und ein großes Talent als Alleinunterhalter, das er durch hektisch vorgetragene Witze und Anekdoten während der Pausen unter Beweis stellte. Wann immer die ängstliche Anspannung im Klassenzimmer unerträgliche Ausmaße erreichte, war in der Regel auf Paul Erhards Verlass: Plötzlich lief ihm der Füllhalter aus und unter beifälligem Gelächter mimte er angesichts seiner blauen Hände den Entsetzten. Oder er ließ kleine Zeichnungen kursieren, die dank seines großen Talents unterschwellige Heiterkeit hervorriefen.

Als Coach kann man mit den Clowns seine liebe Not haben, weil sie ja darauf spezialisiert sind, Spannung zu entladen, bevor sie ihren Höhepunkt erreicht hat. In diesem Sinn können sie dem Coach immer dann, wenn es gilt, Konflikte auszutragen, sabotierend in die Parade fahren, indem sie durch einen gelungenen Witz das ernste, geladene und damit für den Konflikt produktive Klima frühzeitig entladen.

Der Frühreife. Er zeichnet sich dadurch aus, dass er der Gruppe bei Entwicklungen, die allen bevorstehen, vorauseilt. Egal, ob es der als „Entwicklungshelfer" eingesetzte Wessi-Jurist in einer ostdeutschen Verwaltung nach der Wiedervereinigung ist oder das für eine vorzeitige Einschulung vorgesehene Kind in der Kindergartenbande: Der Frühreife ist den anderen voraus, wird dadurch etwas Besonderes und konfrontiert die Gruppe mit Themen, die ihr noch bevorstehen. Dadurch trägt er distanziert-wechselhafte Strömungen in die Gruppe, die je nach Entwicklungsdrang der anderen neid- bzw. lustvoll begrüßt (der „Große") oder angstvoll und abwehrend gegeißelt werden (der „Angeber").

In der Quinta besetzte Niko Jäger den Part des Frühreifen. Er hatte zuvor ein Jahr in einem Internat (also jenseits des schützenden Elternhauses) verbracht und war den Mitschülern inhaltlich voraus, da er die sechste Klasse wiederholte. Er enteilte uns in der Entwicklung, indem er bereits ernsthaft mit Mädchen flirtete, während wir uns vor ihnen fürchteten. Vor allem aber war er souverän im Umgang mit den Lehrern, denen er wie ein Partner begegnete, der auch vor kritischen Fragen nicht zurückscheute. Er war nie wirklich einer von uns, aber er war unantastbar.

Obwohl der Rollenname sehr eng mit dem Thema Sexualität assoziiert ist, kann sich die frühe Reife auf viele andere Bereiche beziehen: musikalische Fähigkeiten, das Beherrschen eines Wissensgebietes, die Herausbildung beruflicher Professionalität. Am Frühreifen lassen sich die Zukunftsthemen, -ängste und -hoffnungen abarbeiten.

Der Rebell. Seine Aufgabe ist es, gegen die bestehende Ordnung aufzubegehren, d.h. die der Gruppe vorgegebenen oder von ihr entwickelten Regeln und Prinzipien zu verletzen. Damit geht nicht notwendig die Entwicklung eigener neuer Regeln einher – das Rebellische erschöpft sich oft genug im Dagegensein. Dadurch wird der Rebell zum Träger emanzipatorischer Themen (Erwachsen- und Unabhängigwerden) und zum natürlichen Gegner der Machthaber. Er ermöglicht es der Gruppe, gegenüber unerwünschten Herrschern in Opposition zu gehen und verdeckte, überkommene Machtstrukturen, Dogmen und Tabus innerhalb der Gruppe zu hinterfragen. So trägt er Umbruch (Wechsel) und Konflikt (Distanz) ins Miteinander. Je nachdem, wie willkommen diese Tendenzen sind, wird der Rebell entweder zum bewunderten „Helden" oder zum gefürchteten „Revoluzzer" hochstilisiert. Diese stark polarisierte Bewertung des wechsel- und distanzbringenden Rebellen gedeiht besonders gut in einem durch Dauerstreben und scheinheilige Konfliktfreiheit geprägten Klima des ideologisch zementierten „Wir" und „Weiter so!".[86]

BEISPIEL

In der Quinta hieß der Rebell Peter Pauke: groß, blond, ungeschlacht, rotgesichtig, mit polternder Stimme. Er stieß im Verlauf des Schuljahres zur Klasse, weil seine Familie umgezogen war. Zunächst fiel er nicht weiter auf, saß hinten links in der letzten Bank und wurde kaum wahrgenommen. Seinen großen Auftritt hatte er im Musikunterricht, der vor allem darin bestand, im Spielen der C-Blockflöte gedrillt zu werden. Als Hinzugezogener besaß Pauke noch kein Instrument und musste deswegen während seiner ersten Musikstunden allein in der letzten Reihe sitzen. Als er nach zwei Wochen immer noch flötenlos dort saß, sprach der Musiklehrer ihn an: „Pauke, wo ist deine Flöte?" Die Antwort kam aufreizend unterkühlt und phlegmatisch: „Ich hab' noch keine." „Dann wird's aber langsam Zeit." Dieser Dialog wiederholte sich nach weiteren vierzehn Tagen. Der Lehrer fragte hartnäckig nochmals nach dem Grund für das Fehlen der Flöte und erhielt schließlich die unglaubliche Antwort, die jeder von uns hörte und doch keiner so recht glauben mochte: „Weil ich keine Lust habe." Danach herrschte Grabesstille. Der erbleichte Musiklehrer rang sichtlich mit sich und wir anderen waren uns sicher, dass es Pauke jetzt an den Kragen gehen müsse. Aber es geschah nichts. Der Musiklehrer war angesichts eines solch unerhörten Fehlverhaltens einfach am Ende seines Lateins. Peter Pauke saß den Rest des Schuljahres demonstrativ desinteressiert in der letzten Reihe, bekam eine „Fünf" in Musik und war für uns anderen plötzlich zum Helden geworden: er hatte das Unaussprechliche gewagt und überlebt.

Damit schließen wir das Rollenbuch der Quintaner, ohne den Anspruch zu erheben, hiermit einen verbindlichen Kanon vorgelegt zu haben, der in jeder Gruppe zur Anwendung kommen muss. Selbstverständlich gibt es in anderen Gruppen auch andere psychologische Rollen und die Bezeichnungen und Besonderheiten der Rollen variieren mit dem kulturellen Gruppenumfeld.

ÜBUNG

Vielleicht sind in Ihnen beim Lesen Erinnerungen an eigene Gruppenerfahrungen aufgestiegen und Sie können den hier vorgestellten Rollenkanon anhand Ihrer Erlebnisse aufstocken.

13.3.2 Psychologische Rollen als Thementräger

Für welche Strömungen und Themen ein Rollenträger steht und verantwortlich zeichnet, lässt sich nicht durch eindeutige Zuordnung allgemeinverbindlich festlegen. Diese Frage will für jede konkrete Gruppe mit ihrem individuellen Feld, ihrem einzigartigen Rollengemisch, ihren jeweiligen Aufgaben und deren speziellen Profilen immer wieder neu beantwortet werden. Aber natürlich gibt es thematische Schwerpunkte, die mit bestimmten Rollen assoziiert sind – Rollen-Themenkopplungen (Der „Clown" wird wohl in keiner Gruppe zum Träger von Themen wie Disziplin, Leistung, Prinzipientreue etc.). In diesem Sinn verbindet Abbildung 28 den Rollenplan der Quintaner mit der weiter oben entwickelten thematischen Landkarte und gibt Hinweise auf Rollen-Themen-Kopplungen. Den vier Quadranten des Riemann-Thomann-Kreuzes wird dabei jeweils eine thematische Überschrift zugeordnet.

Hypothesen über die Thementrägerschaft von Rollenspielern sind für den Coach hilfreich, wenn es im Falle von zwischenmenschlichen Auseinandersetzungen gilt, für ein konstruktives Storming zu sorgen. Immer, wenn ich als Leiter den Eindruck habe, dass die Hitze der Auseinandersetzung um einen Rollenträger aus dem aktuellen Anlass heraus kaum zu erklären wäre, tue ich gut daran, die im sichtbaren Zielkonflikt durchscheinenden Gruppenthemen auf den Tisch zu bringen.

ÜBUNG

Vielleicht üben Sie sich ein wenig in der Erschließung des Beitrages von Rollen zum Feld, indem Sie einige aus Ihrem vergangenen oder gegenwärtigen Alltag – vielleicht auch Rollen, die Sie selbst getragen haben – auf ihren klimatischen Gehalt (Nähe-Distanz, Dauer-Wechsel) und die durch die Rolle ins Gruppengeschehen getragenen Themen hin untersuchen.

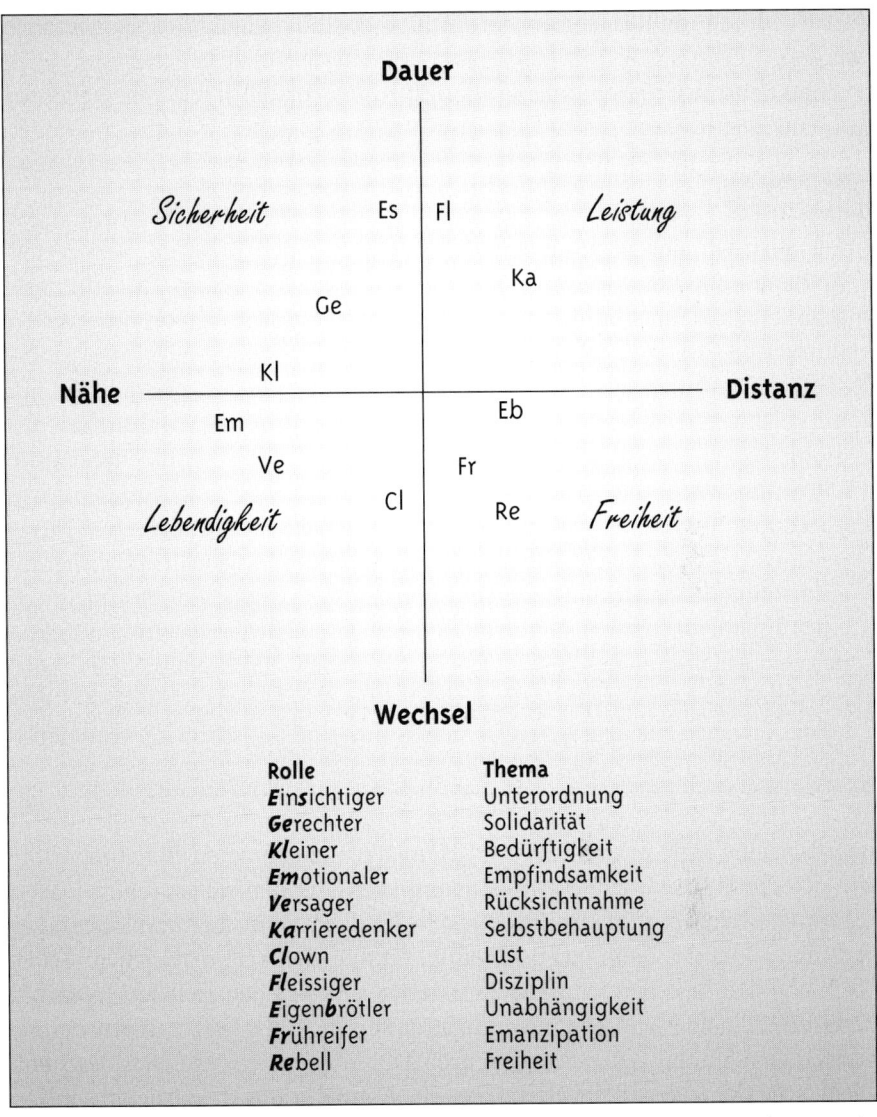

Abbildung 28. Rollen als Thementräger: Den psychologischen Rollen sind jene zwischenmenschlichen Themen zugeordnet, die sie repräsentieren. Die entstehenden Rollen-Themenkopplungen erscheinen im Riemann-Thomann-Kreuz (durch Rollenkürzel vertreten) entsprechend ihres klimatischen Beitrages zum Gruppenfeld. Die vier Quadranten des Riemann-Thomann-Kreuzes erhalten jeweils eine thematische Überschrift

13.3.3 Wie werden psychologische Rollen vergeben?

Die Vergabe psychologischer Rollen in Gruppen richtet sich nach Angebot und Nachfrage. Die einzelnen Mitglieder begeben sich in jene Bereiche des Gruppenfeldes, die sie mit ihrem seelischen Heimatgebiet abdecken können und werden durch die Reaktionen der Gruppe dorthin gelenkt, wo sie gebraucht werden.

Man kann sich diesen Rollenfindungsprozess vorstellen wie eine Stellenvergabe im Berufsleben.

BEISPIEL

Erinnern wir uns noch einmal an Peter Pauke, den Rebellen. Sein erstes Auftreten als Neuankömmling in der Klasse glich einem Bewerbungsschreiben, indem er durch sein Verhalten einen Eindruck davon vermittelte, für welche Rollen er in Frage kommen könnte: „Großgewachsener, grobschlächtiger Elfjähriger, mit Selbstbehauptungsvermögen, eigenständig und mit reichlich Trotz sucht Anschluss an eine Gruppe. Habe Erfahrungen als 'böser Bube', 'Rebell' und 'Kritiker'." Diesem „Bewerberprofil" stand jene „Stellenannonce" gegenüber, die die Klasse als bereits bestehende Gruppe durch ihre Ausstrahlung aufgab: „Verängstigte und eingeschüchterte Gruppe braver Schüler, unter hohem Leistungs- und Versagensdruck stehend, autoritär geführt, sucht zwecks Veränderung des Gruppenklimas im Sinne einer Emanzipation von Autoritäten einen selbstbewussten und konfliktbereiten Mitstreiter, der in der Lage ist, als 'Rebell', 'Frühreifer', 'Individualist' o.ä. das Gruppenfeld im Bereich Distanz-Wechsel zu verstärken. Bitte keine Anfragen aus dem Bereich Dauer – hier sind wir schon hervorragend besetzt."

Der Einzelne trifft mit seinem vom Heimatgebiet geprägten Rollenrepertoire auf den durch das bestehende oder angestrebte Gruppenfeld geprägten Rollenkanon der Gruppe. Er übernimmt jene Rolle, die ihm spielbar und lohnend erscheint, wobei der Lohn in Zuwendung, Aufmerksamkeit, materiellem Erfolg, Duldung u.a. bestehen kann. Nicht jede Rolle bringt den gleichen Lohn und unterschiedliche Menschen bevorzugen unterschiedliche Währungen der Belohnung: Während der eine sich durch Duldung bereits reichlich beschenkt sieht, ruht der andere nicht eher, als er alle Aufmerksamkeit auf sich hat ziehen können.

Die Relativität der Rolle. Jedem Menschen steht aufgrund seines Heimatgebietes ein breiteres Verhaltensrepertoire offen, aus dem er stimmungs- und situationsgemäß auswählen kann. Diese Bandbreite versetzt uns grundsätzlich in die Lage, angesichts eines spezifischen Gruppenzusammenhangs unterschiedliche Rollen zu spielen.

Unsere Rollenwahl hängt aber nicht nur vom eigenen Heimatgebiet ab, sondern ebenso sehr von dem Gruppenfeld, auf dessen Hintergrund es wirksam wird. So kann beispielsweise ein mäßig nähebedürftiger Mensch in einer Gruppe, deren Feld stark distanzgeprägt ist, mit seiner aufgeschlossenen Art in die Nähe des „Softies" geraten, während er in einer anderen Gruppe, die sich eher ein warmes Nest bereitet, als „kühler Kopf" gilt. Mit seinem großzügig ausfallenden Vorstellungen von Struktur und Ordnung mag er in einem dauergeprägten Umfeld zur „Sponti"-Rolle prädestiniert sein, während er mit einem ganz ähnlichen Verhalten in einer eher chaotischen Gruppe den „Ordnungshüter" spielen kann. (s. Kapitel 13.2.2: Rolle und Feld)

Die Rollenvergabe in einer Gruppe liefert dem Coach immer zwei Informationen – eine über den Spieler und eine zweite über das Gruppenfeld. „So ist er also gestrickt, dass er dieses Verhalten zeigen kann" und „so sieht also das Gruppenfeld aus, dass man mit einem solchen Verhalten diese Rolle einnehmen kann."

Neurotische Besetzung von psychologischen Rollen. Mitunter ist das Verhaltensrepertoire eines Menschen in Gruppen so eingeschränkt, dass er sich – im Extremfall – nur in einer einzigen Beziehungskonstellation (z.B. „Versager unter Könnern") sicher fühlt. So, als müsse ein vorgegebenes Drehbuch immer wieder neu inszeniert werden, schafft der Einzelne dann beinahe zwanghaft immer wieder die gleichen Beziehungsmuster. Dazu besetzt er selbst die entsprechende Rolle und drängt seine Mitspieler einseitig in die komplementären (ergänzenden) Rollen: Wenn ich den Versager spielen will, muss jemand anderes den „Könner", den „Einpeitscher" oder den „Fordernden" übernehmen, sonst macht mein Verhalten keinen Sinn. Wie Wiederholungstäter suchen Menschen mit einem sehr eingeengten Rollenrepertoire immer wieder das gleiche Beziehungsklima, den gleichen Beziehungsvertrag, die gleichen zwischenmenschlichen Konstellationen auf: „Schon komisch, ich bin immer das „Opfer" (der „Böse Bube", die „Stimmungskanone", etc.), egal, an wen ich gerate", wäre vielleicht der innere Begleittext zu diesem Geschehen.

Ein solch starres, situationsunangepasstes Verhalten bei der Rollenvergabe hat in der Regel neurotischen Charakter, d.h. es steht im Dienste der Abwehr unbewusster Ängste. Gerade wegen seines unbewussten Hintergrundes ist es durch Lernerfahrungen nur in begrenztem Umfang beeinflussbar. Die verborgene seelische Wahrheit hinter neurotischem Rollenverhalten lautet: „Nur so, in dieser Rollenkonstellation fühle ich mich sicher. Vielleicht ist das, was ich in dieser Rolle immer wieder erlebe, nicht sehr erfreulich, aber zumindest weiß ich, was mich erwartet. Jenseits dieses Rollengefängnisses fühle ich mich haltlos, orientierungslos und unsicher. Insgeheim wünsche ich mir manchmal etwas anderes – ich weiß aber nicht, wie ich das anstellen soll."

Menschen mit neurotischem Rollenverhalten behindern die Gruppe gelegentlich in ihrer Entwicklung. Sie zwingen die anderen immer wieder dazu, sich mit den hinter ihrem Verhalten liegenden Themen zu beschäftigen – egal, ob das für die Gruppe ansteht oder nicht.

Der Stinkstiefel. Im Rahmen einer über einige Jahre laufenden Weiterbildungsreihe für Führungskräfte eines Konzerns hatten ein Kollege und ich es vor einigen Jahren mit einem Teilnehmer in den Fünfzigern zu tun, der in jedem Seminar, das er besuchte, den „rebellischen Stinkstiefel" gab: Herbert Hertz (Name geändert). Er maulte herum, griff uns Leiter massiv an, stellte die Wahrhaftigkeit aller Beteiligten ironisch in Frage und durchtränkte die Atmosphäre mit Skepsis, Übellaune, beißendem Zynismus und bis zu Verachtung gehender Geringschätzung. Das Unbegreifliche war, dass er ohne Not immer wieder kam, obwohl er nach außen signalisierte, dass er unsere Art der Fortbildung und die gesamte humanistische Psychologie für einen schlechten Witz hielt. Jenseits des Aufgebens schien er von der Teilnahme zu profitieren, ohne dass das hätte deutlich werden dürfen. Durch seine Art wuchs ihm zu Beginn der Seminarreihe die Rolle des „Rebellen" zu, und er diente der Gruppe, indem er es ihr durch seine Auseinandersetzungen mit uns Leitern ermöglichte, eine kritische und emanzipierte Haltung uns gegenüber zu entwickeln. Je öfter er aber als Teilnehmer anwesend war, desto weniger wurde Herbert Hertz als „Rebell" gebraucht, da die emanzipatorischen Themen längst abgearbeitet waren. Er wurde schließlich zum zähneknirschend geduldeten „rebellischen Stinkstiefel", der sich dem Richtung „Nähe" entschwindenden Gruppenfeld mit seiner distanzierten Kälte kaum mehr anschließen konnte und den Ärger aller Beteiligten auf sich zog.

In einem solchen Fall hängt das Fortschreiten der Gruppe davon ab, ob es gelingt, im Storming (Streitphase) als rechtes Thema die Rollenwahl des Betreffenden zu behandeln. Die Konfliktenergie zwischen der Gruppe und dem Rollenträger entspringt hier weder einem aktuellen Zielkonflikt („Herr Hertz nimmt zuviel Raum ein" – das hätte in jedem Seminar aufs Neue zur Debatte gestanden), noch einem darunter liegenden Gruppenthema („Wie viel Platz für Kritik ist in dieser Gruppe?" – dieses Thema war erledigt), sondern der individuellen Problematik des Betreffenden. Diese gilt es zu beleuchten.

Auflösung einer neurotischen Rollenübernahme. Für Herbert Hertz kam die Stunde der Wahrheit in einem Seminar zum Thema „Dynamik in Gruppen", das ich zusammen mit einem Kollegen leitete. Als wir uns am Nachmittag des zweiten Seminartages in Halbgruppen aufteilten, um dort Praxissituationen und -fragen der Teilnehmer durchzusprechen und zu -spielen, hatte Herr Hertz sich in der Stinkstiefel-Rolle bereits wunderbar eingerichtet: Wann immer er das Wort ergriff, verdrehten die anderen die Augen. In seiner Halbgruppe brachte er als Thema die Frage ein „Spielen

wir hier nicht alle eine Rolle, statt uns gegenseitig die Meinung zu sagen?"
Allein diese Frage bzw. die ihr inne wohnende Unterstellung führte dazu,
dass er sich den Unmut der Halbgruppe verdiente. Um nun aber die fünfte
Aufführung des Dramas „Herbert Hertz zieht sich den Zorn der Gruppe
zu" abzuwenden, packte mein Kollege als Halbgruppenleiter den Stier bei
den Hörnern: „Herr Hertz, ich glaube, Sie müssten ein anderes Thema bearbeiten. Ihre Frage müsste lauten: 'Welche Rolle habe ich in dieser Gruppe
und wie kommt es dazu?' Sind Sie bereit, einmal zu schauen, warum ausgerechnet Sie immer wieder zum Bärbeiß werden?" Zur allgemeinen Überraschung ließ der alte Haudegen sich darauf ein und entpuppte sich bei der
Erkundung seines situationsspezifischen Inneren Teams (s. Schulz von
Thun, 1998) als empfindsamer und feinsinniger Mensch, der sich in der
rauen Luft seines Berufslebens angesichts vieler Verletzungen eine Rüstung
zugelegt hatte, die er nur mühsam und unter Ängsten abstreifen konnte. Im
Anschluss an diese Arbeit übernahm er in der Gruppe die Rolle des „Kritischen Warners", in der er geschätzt wurde. Der Stinkstiefel war gestorben.

13.4   Gruppendynamische Rollen

Psychologische Rollen sagen etwas über den qualitativen, klimatischen Beitrag
ihres Trägers zum Gruppenfeld aus: „Welche Art von Zielen und Werten, welche Themen, Umgangsformen und Argumentationsweisen personifiziert dieser Mensch in seiner Gruppe, indem er das einer psychologischen Rolle entsprechende Verhalten zeigt?

Demgegenüber beschreiben gruppendynamische Rollen (Führer, Mitläufer,
Außenseiter, Sündenbock) quantitativ das Ausmaß, in dem ein Mitglied die in
der Gruppe durchsetzbaren Ziele und Werte, Themen, Umgangsformen und
Argumentationsweisen prägt. Hier stellt sich also die Machtfrage: „Wie viel
Einfluss hat dieser Mensch und haben dadurch die von ihm verkörperten The-
men derzeit im Gruppengeschehen?

13.4.1   Gruppendynamische und materielle Macht

Der einem Gruppengmitglied gewährte Einfluss ist gruppendynamisch begründet, wenn er ihm dank seiner persönlichen „Art", als Vertreter der von ihm
personifizierten Themen, eingeräumt wird. Demgegenüber kann Einfluss auch
materiell begründet sein, wenn er einem Gruppenmitglied aufgrund von dessen Verfügungsgewalt über Positionen oder Ressourcen zugestanden wird.

Gruppendynamische Macht durch Thementrägerschaft. Wie viel Aufmerksamkeit, Zustimmung und Unterstützung Menschen in ihren Gruppen erfah-

ren, ob ihnen eine Position im Mittelpunkt oder am Rande des Geschehens zuwächst, das hängt weitgehend davon ab,

▶ für welche Themen und Qualitäten sie mit ihrer Art bzw. der von ihnen verkörperten psychologischen Rolle stehen und

▶ welcher Stellenwert diesen Themen und Qualitäten im Gruppenfeld angesichts der gegebenen Aufgaben aktuell zukommt.

Wer für Themen steht, die „im Trend" der Gruppe liegen und ihrem Selbstverständnis entsprechen, kann mehr Einfluss nehmen als ein thematischer Außenseiter. Anders ausgedrückt: Wenn ich als Coach weiß, wessen Stempel sich die Gruppe derzeit aufdrücken lässt, kann ich begründete Annahmen darüber anstellen, welchem (thematischen) Stempel sie gerade Farbe gibt. Der gruppendynamischen Einflussverteilung ist die Gruppe demnach nicht passiv unterworfen. Im Gegenteil, sie sitzt am Verteilerkasten. Indem Mitgliedern gruppendynamischer Einfluss gewährt bzw. entzogen wird, steuert die Gruppe ihren internen „Themenmischer". In diesem Sinn trägt die Verteilung von Einfluss gruppendynamisch zur Personalisierung des thematischen Universums bei und hilft ihrerseits, die Komplexität des Geschehens zu reduzieren.

Materielle Macht durch Verfügung über Positionen oder Ressourcen. Neben der Macht durch Thementrägerschaft, die quasi mit Einverständnis und im Auftrag der Gruppe ausgeübt wird, existiert noch die durch die Verfügungsgewalt über knappe Ressourcen (Geld, Kraft, Wissen, Beförderungsmöglichkeiten, Gewalt etc.) gespeiste Macht Einzelner. Ihre Einflussnahme wird von der Gruppe geduldet, solange sie auf die betreffenden „Rohstoffe" angewiesen ist.

Wer als Chef einer Arbeitsgruppe vorsteht, mag in diesem Sinne zwar über eine hierarchisch begründete Machtposition verfügen – zum natürlichen Anführer der Gruppe wird er dadurch noch lange nicht. Der materielle Einfluss ist ihm gegeben, den gruppendynamischen muss er sich erarbeiten. Und wer sich als Mitglied eines Amateur-Fußballvereins materiell unentbehrlich macht, weil er als Besitzer eines Kleinbusses die Kosten von Auswärtsspielen in Grenzen halten hilft, kann gleichzeitig gruppendynamisch einflusslos bleiben. Den Unterschied zwischen gruppendynamischem und materiellem Einfluss erleben all jene bitter, die ihre materielle Macht in Gruppen einbüßen: Der zum einfachen Kollegen degradierte Chef, der Kleinbusbesitzer nach Anschaffung eines Mannschaftsbusses.

13.4.2   Vier gruppendynamische Hauptrollen

Hinsichtlich der Frage nach dem thematischen Einfluss eines Mitgliedes auf das Miteinander unterscheiden wir vier wesentliche Rollen: Führer, Mitläufer, Außenseiter und Sündenbock.

Der inoffizielle Führer. Er verdankt seinen Einfluss der Tatsache, dass die von ihm verkörperten Themen von der Gruppe „gewünscht" werden und hoch im Kurs stehen. Er drückt aus und lebt vor, was in der Gruppe gerade thematisch favorisiert wird. Sein seelisches Heimatgebiet befindet sich im Zentrum des vorhandenen Gruppenfeldes, falls die Gruppe im Feld verharrt. Ist die Gruppe in Aufbruchstimmung, verschiebt sich die Führerschaft meist auf jene Mitglieder, die am Rand des Gruppenfeldes in Richtung auf die anvisierten Qualitäten siedeln. Der inoffizielle Führer ist weniger derjenige, der der Gruppe seinen Willen aufzwingt, als vielmehr derjenige, der den Willen der Gruppe personifiziert und daher als ihr Sprecher fungieren kann. Dieser Zusammenhang ist gerade und immer dann zu beachten, wenn ich es als hierarchisch legitimierter Vorgesetzter der Gruppe (Chef, Lehrer, ...) schwer habe mit ihrem inoffiziellen Führer: Wenn ich den inoffiziellen Führer attackiere, fühlt sich die gesamte Gruppe angegriffen. Und wenn ich ihn durch Bestrafung, Versetzung oder Demontage entmachte, habe ich meistens nichts gewonnen, da der thematische Strom, der ihn getragen hat, weiterströmt und mit großer Wahrscheinlichkeit einen neuen Themenführer gebären wird. Umgekehrt könnte ich als Vorgesetzter natürlich versuchen, ein mir genehmes Gruppenmitglied zum inoffiziellen Führer aufzubauen. Will ich aber einen Vasallen installieren, der thematisch gegen den Strom der Gruppe schwimmt, sind meine Erfolgsaussichten gering, da es ihm an gruppendynamischem Einfluss fehlen wird. Er wird vielleicht den Gehorsam, niemals aber die Gefolgschaft der Gruppe gewinnen. Erfolgversprechender ist es, den inoffiziellen Führer als thematischen Sprecher der Gruppe zu akzeptieren und mit ihm unter Einbeziehung der anderen die Auseinandersetzung über strittige Ziele und Themen zu führen. Dann besteht die Chance für ein konstruktives Storming zwischen Gruppe und Vorgesetztem.

Ist in Gruppen ein siamesischer Themenzwilling (z.B. Leistung vs. Solidarität) umstritten, kommt es häufig zur Fraktionsbildung mit zwei inoffiziellen Führern, die den thematischen Konflikt dann in ihrer persönlichen Gegnerschaft verkörpern.[87]

Der Mitläufer. Er lässt sich vom thematischen Strom treiben und tritt hinter den inoffiziellen Führer zurück. Sein Einfluss manifestiert sich vor allem in seiner Zurückhaltung. Er verzichtet darauf, der Gruppe eigene Impulse zu geben und verkörpert seinerseits keine zusätzlichen markanten Themen. Sein Hauptziel in der Gruppe ist nicht die Schaffung eines von ihm geprägten Klimas, sondern das Dazugehören. Mitläufer üben das passive Wahlrecht aus, ohne sich selbst zur Wahl zu stellen und verhalten sich dabei ähnlich wie Wechselwähler: Wenn der thematische Wind in der Gruppe dreht, schließen sie sich einem neuen Führer an. Durch ihr Mitlaufen entscheiden sie über die Besetzung der Führungsrolle. Da Mitläufer das Geschäft der Einflussreichen betreiben, ohne im eigenen Namen zu sprechen und ihre eigenen Interessen offen zu benennen, ist es schwer, mit ihnen in einen differenzierten Austausch (Re-Forming) oder eine konstruktive Auseinandersetzung (Storming) zu geraten: Sie sind wankelmütig, solange die Machtverhältnisse ungeklärt sind und neigen eher zur unterschwelligen Stimmungsmache als zur differenzierten Argumentation, wenn sie sich auf eine Seite schlagen. Dadurch behindern sie ihre Gruppen häufig bei der Entwicklung eines den äußeren Umständen und den widerstreitenden Interessen gemäßen Gruppenvertrages. Als Coach muss man Mitläufern in diesem Fall mit schonungsloser Geduld und konfrontativem Verständnis begegnen: Indem man sie immer wieder freundlich darauf hinweist, dass ihre persönliche Meinung von Interesse wäre, aber noch nicht greifbar geworden ist, unterstützt man sie bei der Formulierung eigener Standpunkte und erschwert ihnen dadurch das Mitlaufen (s. Kapitel 6.5.1: „Dem Raum geben, was im Raum ist").

Der Außenseiter. Er ist ein Vertreter geduldeter randständiger oder feldferner Themen. Er hält sich wortwörtlich an der Außenseite des Gruppenfeldes auf. Wenn ich als Coach weiß, wer diese gruppendynamische Rolle in einer Gruppe inne hat, kann ich daraus folgern, welche derzeit einflusslosen Themen im Feld mitschwimmen und dort immerhin toleriert werden. Der Außenseiter stellt ein thematisches Reservoir für die Gesamtgruppe dar. Auf ihn kann zurückgegriffen werden, wenn Feldveränderungen Not tun und die durch sie repräsentierten Themen bearbeitet werden müssen. In manchen Gruppen gibt es auch geliebte Außenseiter, die solche Themen und Strömungen vertreten, die die Gruppe sich gern an die Brust heftet, ohne ihnen allzu viel Einfluss einräumen zu wollen.[88]

Als Coach kann man der Gruppe die randständigen Sichtweisen des Außenseiters im Sinne einer Horizonterweiterung und eines Perspektivenwechsels zugänglich machen, indem man diesem Aufmerksamkeit zukommen lässt: „Was vermuten Sie (als Außenseiter), wie es den anderen in der jetzigen Situation zu Mute ist? Haben Sie eine Idee, worum es den Streithähnen wirklich geht? Was glauben Sie, müsste diese Gruppe lernen, um voran zu kommen?" Oder: „Was glauben Sie anderen, wie der Außenseiter über das aktuelle Geschehen denkt?" (s. „Dissidenten unterstützen", „Zirkuläres Fragen" in Kapitel 9.5.4).

Dabei darf es nicht darum gehen, den Außenseiter zum inoffiziellen Führer aufzubauen oder als Vorbild darzustellen – auch und gerade dann nicht, wenn man als Coach glaubt, dass das Gruppenfeld sich in dessen Richtung entwickeln sollte. Den inoffiziellen Führer bestimmt die Gruppe selbst, und man tut keinem Außenseiter einen Gefallen damit, ihn als Verbündeten noch stärker von der Gruppe zu entfernen, als das ohnehin der Fall ist.

Der Sündenbock. Er ist das Gegenstück zum inoffiziellen Führer. An ihn werden die Tabuthemen der Gruppe delegiert. Er trägt gewissermaßen jenen thematischen Sprengstoff mit sich herum, der der Gruppe zu bedrohlich und heikel erscheint, als dass er öffentlich gezündet werden könnte. Bildlich gesprochen steht der Sündenbock außerhalb des Feldes, in dessen Schattenbereich. Zu diesem dunklen Bereich werden die Grenzen des Gruppenfeldes gut bewacht und die Grenzsicherung fällt dann am leichtesten, wenn es einen Buh-mann gibt, einen identifizierten Un-Thementräger, der sie zu bedrohen scheint. Seine Ausgrenzung ist eine Methode, die innere Sicherheit zu stabili-sieren. In diesem Sinn ist die Sündenbockrolle durchaus einflussreich und kann aus einem Gruppenfeld nicht einfach eliminiert werden.

Psychodynamisch ist der Sündenbock vor allem Projektionsleinwand nach dem Motto: „Das, was er tut, denkt und fühlt, ist uns zwar nicht unbekannt aber so unangenehm, dass wir es bei uns nicht dulden könnten. Also werden wir ihn mit genau jener Gnadenlosigkeit verfolgen, mit der wir entsprechende Strebun-gen in uns selbst gewöhnlich zur Strecke bringen." Indem die durch den Sün-denbock vertretenen Themen vom Rest der Gruppe an ihn delegiert und somit aus dem eigenen Selbstbild verdrängt werden können, muss er – anders als der Außenseiter – fortlaufend aufgespürt, gestellt, bekämpft und ausgegrenzt wer-den. Es wäre auch ein Missverständnis anzunehmen, die Gruppe wolle den Sün-denbock loswerden. Das Gegenteil ist der Fall: Sie braucht ihn so dringend wie kaum ein anderes Mitglied, um sich ihres Feldes in Abgrenzung zu den von ihm vertretenen tabuisierten Themen immer wieder versichern zu können.

Als Coach wird man vor allem darauf hinarbeiten, in der Grupe jene tabui-sierten Themen bearbeitbar zu machen, die der Sündenbock vertritt. (s. Kapi-tel 3.2.2 „Wählbare, nicht-öffentliche Ziele", 7.5.3 „Komplikationen bearbei-ten", 13.2 „Rollenverteilung im Gruppenfeld"). Dabei sollte der Rollenträger selbst möglichst wenig im Rampenlicht stehen, um ihm die zusätzliche Belas-tung der Rolle des „Vom Coach als Opfer Titulierten" zu ersparen. Will man dennoch eine Personalisierung der Auseinandersetzung ermöglichen, vertritt man die tabuisierten Themen vorübergehend selbst und arbeitet mit den Re-aktionen der Gruppe darauf weiter.

13.4.3   Neurotische Rollenvergabe durch die Gruppe

Im Verlauf eines längeren Gruppenprozesses werden immer wieder neue Themen anstehen, und so sollte es im Normalfall zu einer natürlichen Fluktuation bei der Besetzung der gruppendynamischen Rollen kommen: Wer heute Themenführer ist, kann sich morgen als Mitläufer und übermorgen als Außenseiter wiederfinden und umgekehrt. Es gibt allerdings neurotische (also unbewusste und im Sinne der Angstabwehr fungierende) Tendenzen innerhalb von Gruppen und bei Individu-en, die einen fälligen Wechsel der dramaturgischen Rollenbesetzung blockieren.

Angst vor Führungslosigkeit. Im Miteinander kann es zu Konstellationen kom-men, die einen Wechsel der inoffiziellen Führerschaft hemmen. Wann immer die Angst vor Führungslosigkeit, Chaos und Zerfall übermächtig wird, gewinnt das Streben nach Sicherheit durch Geführtwerden im Zielpool der Gruppe die Oberhand über alle anderen Strebungen. Dann klammert sich die Gruppe vorbehaltlos an ihren Führer, ohne Rücksicht auf die von ihm vertretenen Themen: „Führer befiehl – wir folgen!"

Die dadurch gewonnene Sicherheit wird mit einem Verlust von Anpassungsfähigkeit und Lebenstüchtigkeit bezahlt. Irgendwann kommt es mit Sicherheit zum bösen Erwachen, wenn unübersehbar deutlich wird, wohin der unbedingte Gehorsam geführt hat: in den Misserfolg, die Isolation, die Selbstentfremdung, den Abgrund.

Sich auf diesen Pfad zu begeben, fällt Gruppen in der Regel leichter, als ihn wieder zu verlassen. Wenn unterwegs die Ahnung aufsteigt, dass der eingeschlagene Weg in die Irre führt, verhindert Angst eine Kurskorrektur. Gerade die unbewusste Angst vor Chaos, Zerfall und Führungslosigkeit und die mit ihr einhergehende Unfähigkeit, sich einen Irrtum eingestehen zu können, lassen den Griff um die rettende Hand des Führers nur noch fester werden: Ein Teufelskreis aus Angst und blinder Gefolgschaft kommt in Gang. Gruppen in dieser Situation scheuen das Re-Forming (Orientierungsphase) und Storming (Streitphase): „Bloß keine Bilanz ziehen, denn sie könnte ernüchternd ausfallen und ein Potential an Zielkonfliktsprengstoff enthüllen, das uns alle in die Luft jagen wird." Der Coach hat es mit solchen Gruppen schwer: Er muss sie zum Re-Forming (Orientierungsphase) anregen und mit den bislang vermiedenen heiklen Themen und Ängsten vorsichtig vertraut machen (s. „Widerstand einbinden" und „Das thematische Netz auswerfen" in Kapitel 9.5.2). Dabei läuft er Gefahr, zum Sündenbock der Gruppe zu werden und sich in heillose Auseinandersetzungen mit dem durch die verdrängten Themen bedrohten inoffiziellen Führer zu verstricken. Häufig ist mit derartig verstrickten Gruppen erst dann wieder fruchtbar zu arbeiten, wenn sie zuvor im Performing (Arbeitsphase) eindeutig, unübersehbar und schmerzhaft gescheitert sind.

Bezähmung durch Duldung. Auch die Vergabe der Außenseiterrolle durch die Gruppe kann neurotische Züge tragen. Wie wir bereits festgestellt haben, versorgt der Außenseiter die Gruppe mit randständigen Themen und garantiert durch seinen abseitigen Status gleichzeitig, dass diese Themen im Zaum gehalten werden können. So kann er das Gewissen der Gruppe beruhigen und ihr Selbstbild schönen und vervollständigen, ohne dass sie sich dem fraglichen Thema wirklich stellen müsste. Auch in dieser Feigenblattfunktion liegt natürlich ein Stück Angstabwehr. Je unentbehrlicher das Außenseiterthema erscheint und je größer die Furcht davor ausgeprägt ist, dass es tatsächlichen Einfluss gewinnen könnte, desto nachhaltiger wird der Außenseiter in seiner Rolle festgeschrieben.[89] Als Coach kann man diese Abwehr thematisieren, indem man ganz „naiv" fragt: „Wie würde sich euer Selbstverständnis verändern, wenn der Außenseiter die Gruppe verließe? Und wie würde sich euer Miteinander entwickeln, wenn er das Sagen hätte? Welche guten Dienste leistet er euch als 'Randfigur'?"

Konformitätsdruck. Die Förderung des Mitläufertums in Gruppen kann ebenfalls im Dienste der Angstabwehr stehen: Wann immer Mitläufer sich zu Wortführern in eigener Sache aufschwingen, drohen innere Zwistigkeiten und Spaltungen – der Zielpool wird komplexer. Umgekehrt herrschen Frieden und Eintracht, solange sich alle um den einen gerade akzeptierten Führer scharen. Je stärker die Konfliktangst in Gruppen entwickelt ist, je geringer die Toleranz für Unterschiedlichkeiten ausgeprägt ist, desto machtvoller wird in der Regel die Ablehnung sein, die jenen entgegenschlägt, die sich aus der Mitläuferrolle heraus zur eigenen Meinung emanzipieren möchten. Treffen wir als Coach auf eine Gruppe mit vielen Mitläufern, liegt die Vermutung nahe, dass Eigenständigkeit für gefährlich gehalten und deshalb vermieden wird. Diese Vermutung gilt es dann zu thematisieren.

Kampf gegen das Abgespaltene. Die Vergabe der Sündenbockrolle schließlich ist immer neurotisch unterfüttert. Solange der Umgang innerhalb einer Gruppe rational ist, würde mit jenen Mitgliedern, die feldfremde Ziele verfolgen und für dementsprechende Themen stehen, in einem konstruktiven Storming geklärt, in wie weit und unter welchen Voraussetzungen ihre Mitgliedschaft für alle Beteiligten Sinn macht. Danach könnte man in Frieden und Toleranz miteinander leben oder sich trennen. Der Sündenbock hingegen soll und darf gar nicht gehen, weil die von ihm vertretenen Themen nicht einfach außerhalb des Feldes liegen, sondern in dessen Schattenreich beheimatet sind. Das lässt die Beziehung zu ihm, der für etwas Verbotenes steht, zwiespältig geraten: „Wir brauchen dich, um uns selbst immer wieder beweisen zu können, dass wir mit dir nichts, aber auch gar nichts gemein haben!“

BEISPIEL

Sündenbock im Betriebsrat. Betrachten wir die Betriebsratsgruppe der „ERGO-Tech“, einem mittelständischen Unternehmen der Metallbranche. Die neu bestellte Geschäftsführung will zwecks Sanierung des Unternehmens mit dem Betriebsrat nicht nur über Lohnkürzungen, ein leistungsorientiertes Entlohnungssystem und die Einführung eines ertragsabhängigen Urlaubs- und Weihnachtsgeldes verhandeln, sondern auch über eine radikale Flexibilisierung der Arbeitszeiten aller Mitarbeiter ins Gespräch kommen. Das Arbeitsklima im Unternehmen würde sich durch dementsprechende Veränderungen auf Kosten der bestehenden Nähe-Dauer-Qualität in Richtung Distanz-Wechsel verändern: Die Solidarität der Beschäftigten müsste zugunsten von mehr Konkurrenz zurücktreten; verglichen mit der bislang herrschenden Planungssicherheit hinsichtlich Arbeitszeiten, Arbeitsgruppenzugehörigkeit und Entlohnung müssten zukünftig mehr Unkalkulierbarkeit ertragen und mehr Flexibilität aufgebracht werden.
Jeder der Anträge der Geschäftsführung für sich würde unter „normalen“ Bedingungen sofort die unmittelbare, einhellige und entrüstete Empörung des Betriebsrats hervorrufen, der sich als Wächter des bestehenden Unter-

nehmensklimas (Solidarität, Sicherheit, zuverlässige Versorgung) versteht. In der vorliegenden Situation sieht ein Teil der Beteiligten aber die Alternative „Verhandeln und Nachgeben oder durch Konkurs sämtliche Arbeitsplätze gefährden" heraufdämmern und ist deswegen bereit, auch „heilige Kühe" zu opfern. Dadurch gerät das bislang für die Gruppe prägende und Sicherheit spendende Selbstverständnis ins Wanken.

Dem empfundenen Veränderungsdruck entzieht die Gruppe sich nun vorübergehend, indem sie eines der veränderungsbereiten Mitglieder, den jungen Harry Mühlendorf, in die Rolle des „Chaoten", „Kollaborateurs" und „ideologischen Ketzers" drängt und mit ihm stellvertretend ihre Schlacht um die Bewahrung der alten Ordnung führt: „Wenn Leute wie du hier das Sagen hätten, Harry, – Leute, die bereit wären, bei Bedarf ihre eigene Großmutter zu Markte zu tragen – dann bleibt von hundertfünfzig Jahren Arbeiterbewegung bald nichts mehr übrig." Harry Mühlendorf weiß zunächst gar nicht so recht, wie ihm geschieht und bemüht sich nach Kräften, aus der für ihn unangenehmen Rolle zu entkommen – allein, die Gruppe lässt ihn nicht. Während die inhaltliche Diskussion in der Betriebsratsgruppe stagniert und die Geschäftsführung verzweifelt auf eine Stellungnahme wartet, beschäftigen sich die Belegschaftsvertreter mit internen Auseinandersetzungen, die um Harry Mühlendorf kreisen und um die Frage, ob er noch tragbar sei.

Als der Sündenbock schließlich kapituliert und die Gruppe entnervt verlässt, tritt – entgegen aller Erwartungen – nicht eitel Frieden und Sonnenschein ein, sondern es findet sich nach kurzer Zeit ein anderes Gruppenmitglied – die bislang eher zurückhaltende Frau Graßhoff – in der Rolle des Sündenbocks wieder.

Die Vergabe der Sündenbock-Rolle behindert die Entwicklung der Gruppe. Indem scheinbar aktuelle Zielkonflikte zwischen Gruppe und Sündenbock ausgetragen werden oder die Person des Rollenträgers zum Zielpunkt von Kritik und Umerziehungsversuchen wird („Warum bist du nur so uneinsichtig?"), vermeidet die Gruppe angstvoll das hinter den Zielkonflikten verborgene Gruppenthema (Umgang mit drohender Individualisierung und Destabilisierung im Beispiel „ERGO-Tech") und kommt in ihrer Auseinandersetzung mit den neuen Anforderungen keinen Schritt voran.

Die Aufgabe des Coaches. Jede im Dienste der Angstabwehr stehende Vergabe von Einfluss behindert Gruppen auf Dauer dabei, sich ihrer Umwelt erfolgreich anzupassen. Wenn die Vermeidung wesentlicher Themen (unbewusst) zum vorherrschenden gemeinsamen Ziel der Gruppe wird, entwickelt sich eine Wagenburgmentalität, die die Schaffenskraft der Gruppe erlahmen lässt. In solchen Fällen besteht die Aufgabe des Coaches zunächst darin, die treibende Angst hinter der ungünstigen Einflussverteilung bewusst, ausdrückbar, besprechbar und überprüfbar zu machen. Sodann muss er die Beteiligten dabei unterstützen, sich den angstbesetzten Themen in verkraftbarer Dosierung anzunähern. (s. Kapitel 12.2). Wann immer das gelingt, lockert sich mit dem Würgegriff der Angst auch die neurotische Festschreibung der gruppendynamischen Rollen.

BEISPIEL

Um im Falle des ERGO-Tech-Betriebsrates die Weichen auf Weiterentwicklung zu stellen, müsste der Coach im Dienste eines konstruktiven Stormings (Streitphase) den Sündenbock Harry Mühlendorf aus der Schusslinie ziehen und statt seiner das vermiedene Gruppenthema in den Mittelpunkt stellen. Das ließe sich mit folgenden Fragen einleiten: „Wie stellen Sie sich, mal unabhängig von Herrn Mühlendorf, zu den Anträgen der Geschäftsführung angesichts der Lage des Betriebes? Welche Befürchtungen hegen Sie, welche Chancen sehen Sie? Wenn der von Ihnen kritisierte Herr Mühlendorf nicht mehr hier wäre, wären dann alle Zwistigkeiten ausgeräumt oder würde dann vielleicht ein anderes Gruppenmitglied – wer? – zum Zielpunkt der Angriffe?"

13.4.4 Neurotische Rollenübernahme durch Einzelne

Thematische Einflussnahme durch die Träger gruppendynamischer Rollen gerät immer dann zum Hemmschuh für die Entwicklung der Gruppe, wenn es den Rollenträgern allein um die Übernahme der betreffenden gruppendynamischen Rolle geht und die damit einhergehenden Ziele und Themen bedeutungslos werden: „Ich muss immer der Gruppenführer sein – egal, ob ich dazu als Clown, Streber, Gerechter oder Einfühlsamer auftreten muss!" Im individuellen Zielpool der Betreffenden wird dann das Ziel, Gruppenführer (Außenseiter, Mitläufer, Sündenbock) zu sein, überwertig, so dass sie alles daran setzen, diese Rolle zu übernehmen – ungeachtet des jeweiligen Gruppenfeldes und ohne Rücksicht auf die einflussverleihende Thematik. Man könnte geradezu von einem thematischen Opportunismus sprechen: „Ich trete für jedes beliebige Thema ein, wenn mir dadurch nur die gewünschte Rolle zuwächst!" Der Verzicht auf die Verwirklichung anderer persönlicher Ziele wird dabei in Kauf genommen, weil die Angst vor unbekannten zwischenmenschlichen Konstellationen so groß ist, dass die Flucht in bekannte, bewährte und zuverlässige gruppendynamische Rollenmuster als einzige Rettung erscheint. Der Hintergrund dieser Rollenfestlegung ist – ähnlich wie bei der neurotischen Besetzung von psychologischen Rollen – in prägenden lebensgeschichtlichen Erfahrungen (hier: mit Einflussnahme) zu suchen.

Motive. Die hinter einer neurotisch geprägten Übernahme gruppendynamischer Rollen wirkende Psychodynamik können wir an dieser Stelle nicht genauer untersuchen. Um dennoch einen – sehr vereinfachenden – Eindruck davon zu vermitteln, wie eine scheinbar unsinnige Rollenübernahme auf dem Hintergrund der persönlichen Psycho-Logik der Beteiligten durchaus Sinn macht, ordnen wir jeder der vier gruppendynamischen Rollen zwei „neurotische Glaubensbekenntnisse" zu, die den inneren Antrieb neurotisch geprägter Rollenübernahme in Worte fassen: Das eine Glaubensbekenntnis erwächst aus einer passiven Grundhaltung und erlebt die Rolle als auferlegtes Schicksal. Das zweite begreift die Rolle aus einer eher aktiven Grundhaltung heraus als gesuchte Nische.

ÜBERSICHT

Glaubensbekenntnisse bei neurotisch geprägter Übernahme gruppendynamischer Rollen

„Wenn ich nicht der Chef bin, werde ich untergehn. Beliebt war ich noch nie. Als Gleicher unter Gleichen hätte ich keine Chance!"

Der Führer

„Solange ich das Ruder in der Hand halte, kann niemand etwas gegen meine Interessen durchziehen. Nur wer steuert, hat alles im Griff. Bloß nicht auf andere verlassen!"

„Ich bringe nie die Mehrheit hinter mich. Wenn ich etwas bewegen will, dann nur im Windschatten Stärkerer. Es wäre mir auch zu peinlich, Werbung zu machen und am Ende im Regen zu stehen."

Der Mitläufer

„Als Mitläufer lebe ich ganz bequem. Andere legen sich für meine Ziele ins Zeug, und ich kann abtauchen, wenn's brenzlig wird."

„Ich bin immer der Außenseiter. Besser, ich übernehme diesen Part gleich freiwillig, als dass ich erst schmerzhaft erleben muss, wie ich an den Rand gedrängt werde."

Der Außenseiter

„Der Verantwortung und dem Leistungsdruck, die mit Führerschaft einhergehen, fühle ich mich nicht gewachsen. Ich vertrete meine Meinungen lieber als geachteter Außenseiter. Dann laufe ich nicht Gefahr, mich den schmutzigen, korrumpierenden und enttäuschenden Beschwerlichkeiten der Politik auszuliefern. Wer keinen Einfluss hat, der kann auch nicht scheitern und behält eine weiße Weste!"

„Ich bin sowieso immer der Dumme. Ich gehöre nie dazu und will es auch gar nicht mehr versuchen. Schlagt ruhig auf mich ein. Ihr werdet schon sehen, was ihr davon habt, ein armes Opfer zu prügeln. Selig sind, die Verfolgung leiden um der Gerechtigkeit willen!"

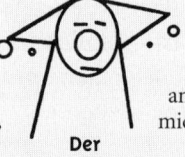

Der Sündenbock

„Als Sündenbock brauche ich selbst Gottseidank nie zum Täter zu werden und in der Auseinandersetzung mit anderen Schuld auf mich zu laden."

Das jeweilige Selbstverständnis konkreter Rollenträger in lebendigen Gruppenzusammenhängen wird meist aus einer individuellen Mischung beider Grundhaltungen erwachsen. Es gehört zum Wesen neurotischen Verhaltens, dass sich in ihm ein passiv-vermeidendes und ein aktiv-gestaltendes Element zu einer kreativen Neuschöpfung verbinden.

Bearbeitung. Der lebensgeschichtlich geprägten Vorliebe für bestimmte gruppendynamische Rollen ist durch die Bearbeitung der von ihnen getragenen Gruppenthemen nicht beizukommen. Das macht ja gerade den Charakter der neurotischen Rollenwahl des Einzelnen aus – dass das Thema nur ein auswechselbares Transportmittel ist, um eine vielleicht nicht wohltuende, aber immerhin bekannte und damit berechenbare Konstellation im Miteinander zu etablieren.

Günstiger sind die Aussichten auf eine Beendigung endloser und unfruchtbarer Auseinandersetzungen zwischen Gruppe und Rollenträger, wenn es dem Coach gelingt, dem Betreffenden seine fragwürdige Rollenübernahme auf gesichtswahrende Art und Weise als aktiven Wahlakt und gezielte Selbstbeschränkung (statt eines passiv erlittenen Schicksalsschlages) bewusst und begreiflich zu machen. Dabei würde das rechte Thema der (innerseelischen statt zwischenmenschlichen) Konfliktbearbeitung vielleicht lauten: „Was motiviert mich, immer wieder diese Rolle zu übernehmen – auch wenn ich dabei manches einstecken muss?" Durch die Bearbeitung dieser Fragestellung würde sich der Horizont der dem Einzelnen verfügbaren Verhaltensmöglichkeiten unmittelbar weiten. Hier gilt nämlich der Grundsatz: Sobald mir die willkürlich erzeugte Enge meiner derzeit gelebten Automatismen zu Bewusstsein kommt, tun sich Möglichkeiten zur persönlichen Weiterentwicklung auf, indem ich bislang unbewusst gemiedene Ängste und Irritationen („Wer bin ich unter euch außerhalb meiner altbekannten Rolle?") als bewusst gewählte Herausforderung akzeptieren und durchleben kann. Ein solcher Prozess würde ganz ähnlich verlaufen wie die Bearbeitung der neurotisch geprägten Übernahme psychologischer Rollen (s. Kapitel 13.3.3). Er hat allerdings nicht nur einen kunstfertigen, möglichst psychotherapeutisch ausgebildeten Coach zur Voraussetzung. Entscheidender ist die grundsätzliche Erkenntnis- und Veränderungsbereitschaft des betreffenden Gruppenmitgliedes und die Offenheit der Gruppe für die Bearbeitung persönlicher Themen.

Teil IV
Die Praxis

Statt einer Zusammenfassung schließen nun zwei Falldarstellungen das Buch ab. Wir lernen die Geschichten einer Projektgruppe (Kapitel 15) und einer Seminargruppe (Kapitel 16) kennen und nutzen das bislang erarbeitete Handwerkszeug, um diese Geschichten zu interpretieren. Dabei vereinigen wir die Gedanken zum Zielpool, den Prozessphasen und zum Gruppenfeld zu einer sinnstiftenden Gesamtschau. Die Suche nach einem inneren Zusammenhang zwischen den vielfältigen beobachtbaren Einzelereignissen in Gruppen war ja der Ausgangspunkt aller Überlegungen.

Eher heikle und schwierige Gruppenverläufe. Beide hier beschriebenen Beispielfälle habe ich aus der Perspektive des Beobachters bzw. Betroffenen selbst erlebt.* Es handelt sich nicht um Sternstunden der Zusammenarbeit in Gruppen. Zur Erprobung unseres begrifflichen Handwerkszeugs habe ich absichtlich eher heikle und schwierige Gruppen-Verläufe ausgewählt, um an ihnen verdeutlichen zu können, wie mehr Klarsicht vielleicht zu weniger Komplikationen hätte führen können.

Beide Fälle werden zunächst in Form einer Fallgeschichte vorgestellt und dann anhand der bisher entwickelten Modelle unter die Lupe genommen. Das verlangt vom Leser, dass er während der Analyse beider Fälle die jeweilige Fallgeschichte „im Hinterkopf" behält bzw. immer wieder zu ihr zurückblättert, um sie innerlich präsent zu haben. Alternativ zu diesem „ganzheitlichen" Vorgehen könnten wir „schrittweise" vorgehen und jeweils kurze Abschnitte aus den Fallbeispielen betrachten und diese umgehend analysieren. Wir wählen den ganzheitlichen Ansatz, weil es günstig ist, möglichst viel vom Gesamtzusammenhang zu kennen, bevor mit der Interpretation einzelner Episoden begonnen wird. Die einzelnen Episoden des Gruppenverlaufes sind wie Puzzleteile, die für sich betrachtet gelegentlich sinnlos und beliebig wirken. Der Sinn vieler Teile erhellt sich erst im Gesamtzusammenhang und einzelne Phänomene werden häufig erst im Rückblick verständlich. Gruppenprozesse und -strukturen gewinnen ihre Konturen am besten aus der Gesamtsicht.

Wenn Sie mögen, können Sie sich selbst als Diagnostiker üben, indem Sie als ersten Schritt nur die Falldarstellungen lesen und anschließend Ihre eigene In-

---

* Namen und Details wurden so verändert, dass nicht auf die wirklichen Personen geschlossen werden kann

terpretation des Geschehens entwickeln, bevor Sie sich mit dem Reim beschäftigen, den ich mir auf das Geschehen mache.

Wenn Sie dabei zu anderen Erklärungen und Schlüssen gelangen als ich, wäre das im Sinne des Erfinders: Dass es für ein so komplexes Geschehen wie Gruppenprozesse nur eine gültige, orthodoxe Lesart geben sollte, erscheint unwahrscheinlich. Allerdings möchte ich Sie gleichzeitig anspornen, Ihre abweichende Sichtweise unter Anwendung der hier vorgestellten Modelle zu begründen und der meinen differenziert gegenüberzustellen, denn: Beliebig ist die Interpretation des Gruppengeschehens wiederum auch nicht.

ÜBERSICHT

Die folgenden Fragen können Ihnen dabei helfen, die wesentlichen Aspekte in den Blick zu bekommen:

Diagnostische Leitfragen

Ziele
▶ Welche sachlichen und zwischenmenschlichen Ziele tummeln sich im Pool der Gruppe?
▶ Sind diese Ziele transparent oder intransparent?
▶ Welche gesetzten Ziele sind der Gruppe vorgegeben oder werden ihr durch die äußere Umwelt aufgedrängt? Sind diese Ziele transparent?
▶ Welche Zielkonflikte sind von vornherein angelegt bzw. werden im Laufe der Zeit vordringlich?

Prozessphasen
▶ Wie durchläuft die Gruppe die Prozessphasen?
▶ Gelingt das Forming (Gründungsphase), so dass sich ein gemeinsames Grundverständnis der Ausgangssituation und der geltenden Konventionen entwickelt?
▶ Gelingt ein konstruktives Storming, so dass die wesentlichen Zielkonflikte von den zuständigen Personen rechtzeitig und mit wechselseitigem Respekt geklärt werden?
▶ Gelingt das Norming, so dass die bestehenden Zielkonflikte verbindlich und tragfähig geregelt werden?
▶ Gelingt das Performing, so dass die Gruppe konzentriert am Erreichen ihrer Ziele arbeitet, ohne dass unterschwellige Störungen das Miteinander belasten?
▶ Gelingt ein gutes Re-Forming, so dass die Erfahrungen und Bilanzen der Beteiligten rechtzeitig ausgetauscht werden und die Gruppe sich neu ausrichtet?
▶ Welche Phase müsste noch einmal angesteuert werden?

Gruppenfeld

▶ Welchem der 4 Feldtypen (Gemeinschaft, Truppe, Team, Haufen) ähnelt die Gruppe am ehesten?

▶ Welche Stärken, Schwächen und welcher Entwicklungsbedarf dürfen aufgrund dessen erwartet werden?

▶ Wie lassen sich die einzelnen Mitglieder und ihr Verhältnis zueinander innerhalb des Gruppenfeldes einordnen? Wer vertritt im Verlauf des Miteinanders welche Grundströmungen?

▶ Wie lassen sich die Anforderungen, denen sich die Gruppe gegenüber sieht, ins Riemann-Thomann-Kreuz einordnen?

▶ Mit welchen Themen tut sich die Gruppe leicht? Welche sind ihr schwer zugänglich? Welche müssten bearbeitet werden?

▶ Welche psychologischen und gruppendynamischen Rollen werden vergeben? Kommt es zu personalisierten Auseinandersetzungen um grundlegende Themen?

Interventionen

Gibt es Punkte, an denen ein Coach hätte intervenieren sollen? Welches Vorgehen würden Sie vorschlagen?

14   Gründung und Entwicklung einer Familienberatungsstelle

14.1   Falldarstellung

14.1.1   Die Beteiligten

Während ihres Psychologiestudiums lernen sich drei Studenten und vier Studentinnen in einem Seminar zur Psychoanalyse kennen: Anna, Bernd, Christian, Doris, Edmund, Franziska und Gudrun.

Anna. Sie ist offenherzig, kontaktfreudig und lebendig. Sie kann in Gruppen gut für sich sorgen, ihre Position vertreten und anderen Grenzen aufzeigen. Sie hat bereits ein Praktikum in der Personalentwicklung eines Unternehmens absolviert. Dort ist sie dank ihrer Lebendigkeit und Direktheit gut angekommen und arbeitet nun gelegentlich als Trainerin. Um sich persönlich weiter zu entwickeln, macht sie eine Einzeltherapie bei einem Gestalttherapeuten.

Bernd. Er ist ein ruhiger, bedächtiger, ein wenig farblos wirkender Typ. Eigentlich wollte er Medizin studieren, ist aber knapp am Numerus Clausus gescheitert. Jetzt möchte er Psychotherapeut werden. Bernd ist ein Mensch, der die Dinge lieber erst begreift, bevor er sich aktiv mit ihnen auseinandersetzt. Er liest viel und verfügt über ein gutes Fachwissen. Bernd ist anpassungsfähig und geht Konflikten gern aus dem Weg. Im Studium konnte er erste Erfahrungen mit der Gesprächspsychotherapie nach Carl Rogers machen und ist davon sehr angetan.

Christian. Er ist ein lebhafter und bunter „Hans Dampf". Neben dem Studium arbeitet er als Kabelschlepper beim Rundfunk und ist Sänger in einer Soul-Band. Er hat schon an mehreren Selbsterfahrungsgruppen teilgenommen und macht derzeit eine bioenergetische Einzeltherapie. Er ist ein gewinnender Mensch, der schnell tiefgehende Kontakte schließt, sich aber ungern festlegt.

Doris. Sie ist eher zurückhaltend und immer sehr korrekt. Sie wohnt noch bei ihren Eltern – beides Ärzte – und ist dank ihres hervorragenden Schulabschlusses Stipendiatin der „Studienstiftung". Dank ihres Organisationstalents und ihrer Zuverlässigkeit hat sie einen Hiwi-Job am Fachbereich bekommen. Sie sieht sich selbst als „Pragmatikerin" und ist abgestoßen von den am Fachbereich stattfindenden Auseinandersetzungen zwischen sich bekämpfenden psychologischen und psychotherapeutischen Lehrmeinungen.

Edmund. Er wollte eigentlich Philosophie studieren, sah dort aber keine berufliche Perspektive. Als brillanter und gelegentlich wilder Theoretiker fühlt er sich dem Existentialismus verbunden. Mit ihm kann man über Gott und die Welt spekulieren; er tut sich allerdings schwer damit, von sich selbst zu sprechen. Er spielt in einer Laien-Theatergruppe mit, die in Anlehnung an Boals „Theater der Unterdrückten" arbeitet. Psychotherapie ist ihm bislang nur aus Büchern vertraut. Ihn fasziniert der „radikale Konstruktivismus", wie er sich beispielsweise in den Büchern von Bandler und Grinder, den Begründern des Neurolinguistischen Programmierens (NLP), findet.

Franziska. Sie ist die jüngste der sieben. Sie ist lebhaft, begeisterungsfähig und einfühlsam. Eigentlich will sie Schriftstellerin werden und hält Psychologie für eine gute Vorbereitung. Sie spielt mit Edmund zusammen Theater und hält die Schauspielerei für eine ihr gemäße Art der Selbsterfahrung.

Gudrun. Sie ist die älteste in der Gruppe. Sie hat bereits als Erzieherin gearbeitet, bevor sie sich zum Studium entschloss. Gudrun wirkt träge, ist aber sehr beharrlich. Sie engagiert sich in der evangelischen Kirche, u.a. indem sie bei der Telefonseelsorge mitarbeitet. Sie hat eine Tochter.

14.1.2 Die Arbeitsgemeinschaft

Alle sieben sind im sechsten oder siebten Semester. Ihnen gemeinsam ist der Überdruss an der akademischen, menschenfernen Psychologie, die sie tagein, tagaus erleben: Statistiken, Testverfahren, Experimentiermentalität und abgehobene Theorien – davon haben sie die Nase voll. Sie gründen auf eigene Faust eine Arbeitsgemeinschaft, die sich jenseits des offiziellen Lehrangebotes mit humanistischen Psychotherapieverfahren (Gesprächstherapie, Gestalttherapie, Psychodrama, etc.) beschäftigen soll, da diese in der Uni nur am Rande behandelt werden. Als Leitsatz schlägt Christian einen von allen akzeptierten Slogan vor: „Leben, lernen, lieben – das woll'n wir nicht verschieben!".

Sie treffen sich wöchentlich bei einem der Sieben daheim und erarbeiten sich zunächst einen Überblick über die verschiedenen therapeutischen Ansätze. In den Arbeitssitzungen werden Übungen der verschiedenen Therapieschulen anhand aktueller Themen wie Zukunftsangst, Beziehungsprobleme, Konflikte mit den Eltern usw. am eigenen Leib ausprobiert. Dadurch lernen die Sieben im Laufe der Zeit nicht nur die Methoden, sondern zwangsläufig auch einander besser kennen. Es entsteht eine wachsende Vertrautheit. Diese Form des Studiums empfinden sie als ihnen gemäß und zutiefst befriedigend: Gefühlvoll, persönlichkeitsnah, beziehungs- und erlebnisreich: Ein derartiges Lernen entspricht genau den Zielvorstellungen, die alle mit dem Fach Psychologie einmal verbunden hatten.

Im Gegensatz zu vielen anderen studentischen Projekten bleibt ihre AG keine Eintagsfliege: Die Treffen werden von allen zuverlässig besucht, auch wenn es zeitlich mal eng wird oder inhaltlich Flaute herrscht.

Bei jedem Treffen hat der Gastgeber die inhaltliche Federführung, indem er ein Thema durch Kurzreferate und Übungen einführt. Für den Fall, dass doch mal jemand verhindert ist, fertigen sie reihum Kurzprotokolle der Sitzungen an. Diese Arbeitsform ergibt sich wie von selbst, lediglich in der Protokollfrage kommt es zu Diskussionen, weil Anna sie zunächst als lästige Pflicht empfindet, sich schließlich aber bereit erklärt „bei der Gelegenheit mal meine Bürokratie-Phobie abzubauen."

Am Ende des ersten AG-Semesters verbringen sie ein gemeinsames Arbeits- und Urlaubswochenende auf dem Land in einem Haus, das Gudruns Tante gehört. Bei dieser Gelegenheit ziehen sie Bilanz, und es kommt erstmals zu größeren Auseinandersetzungen:

Es wird darüber gestritten, unter welchen Voraussetzungen in Zukunft eine Sitzung versäumt werden darf, weil Bernd im nächsten Semester einen Job hat und keine festen Terminzusagen machen kann. (Ergebnis: Persönliche Gründe gelten als akzeptable Entschuldigung, universitäre Veranstaltungen dagegen nicht).

Es wird gestritten, ob Sexualität ein Thema in der Gruppe sein soll. (Ergebnis: Ja, aber keiner darf sich genötigt fühlen).

Franziska wirft Edmund vor, dass er durch den inflationären Gebrauch von Fremdwörtern immer wieder überflüssigen Leistungsdruck in die Gruppe hineintrage. Aus diesem Anlass kommt es zu einer Auseinandersetzung über Leistungsansprüche, Versagensängste und diesbezügliche Unterschiede zwischen Männern und Frauen. (Ergebnis: Edmund verspricht, sich verständlicher auszudrücken und es gilt die wechselseitige Verpflichtung, sich auf Leistungsdruck hinzuweisen).

Nachdem diese Konflikte fürs Erste geklärt werden konnten, fühlen sich die Sieben erleichtert und verbundener denn je: Sie beschließen, gemeinsam weiterzuarbeiten. Jeder von ihnen will sich bis zum Beginn des nächsten Semesters um externe Fortbildungsmöglichkeiten in einem der so genannten „humanistischen" Therapieverfahren bemühen. Anhand des jeweils Gelernten soll der inhaltliche und persönliche Austausch intensiviert werden. Während der Semesterferien sollen zumindest zweiwöchentliche Treffen der Daheimgebliebenen stattfinden, um die Verbindung miteinander aufrechtzuerhalten. Darüber hinaus beschließen sie, sich zum „Studienkollektiv" weiterzuentwickeln und möglichst viele Seminare gemeinsam zu besuchen.

14.1.3   Das Studienkollektiv

Nachdem die Arbeit während der Semesterferien wie geplant locker weitergelaufen und die gemeinsame Belegung von Seminaren bei Semesterbeginn zur Zufriedenheit aller gelungen ist, kommt es nach wenigen Wochen des neuen Semesters anlässlich der ins Auge gefassten außeruniversitären Therapieausbildungen zu einem ersten Knall: Doris will eine Verhaltenstherapieausbildung machen („Dann kann ich später mit der Kasse abrechnen!"), während Edmund sich für eine Ausbildung in NLP (Neurolinguistisches Programmieren) entschieden hat – beides Verfahren, die nicht unter die „humanistischen" fallen. Anna (sie lernt Gestalttherapie), Bernd (Gesprächstherapie), Christian (Bioenergetik), Gudrun (humanistische Familientherapie) und Franziska (Psychodrama) machen dagegen Front: „Wenn es nun mal so ist, dass bloß diese mechanistische Verhaltenstherapie abrechnungsfähig ist, dann ist das ein politischer Skandal – und kein Grund da mitzumischen. Und NLP, da waren wir uns einmal einig, ist nichts als ein zynisches Manipulationsverfahren für Technokratennaturen." Diese Auseinandersetzung zieht sich über das Semester hin, wobei sich die Fronten zusehends verhärten. Schließlich gibt Doris auf: „Ihr seid doch wie der Fuchs, der die Trauben sauer redet, die ihm zu hoch hängen. Ihr habt doch nur Angst, dass ihr mit euren Methoden keine müde Mark verdienen könnt und lasst das an mir aus – ich gehe!". Kurze Zeit später verabschiedet sich auch Edmund: „Wenigstens hättet ihr mal klipp und klar sagen können, dass ihr mich nicht mehr dabei haben wollt. Stattdessen herrscht immer nur frostiges Schweigen, sobald ich den Mund aufmache und ihr tratscht im stillen Kämmerlein über mich – das nenne ich wirklichen Humanismus!"

Die verbleibenden fünf aber machen weiter und überstehen als Studienkollektiv auch die Diplomarbeits- und Prüfungsphase. Die Arbeiten schreiben sie in Teams (Anna, Bernd und Gudrun bzw. Christian und Franziska), in die mündlichen Prüfungen gehen sie als Fünfergruppe. Als es während der Prüfungsvorbereitungen zu Auseinandersetzungen kommt, weil Anna und Franziska sich von den anderen unter Leistungsdruck gesetzt fühlen, buchen sie einen Termin bei einer Supervisorin. Dabei wird deutlich, dass sie unterschiedliche Ansprüche an das Prüfungsergebnis stellen: Anna und Bernd waren schon in der Schule „Einser-Kandidaten" und wollen unter ihrem Diplom ein „Sehr gut" wiederfinden. Franziska wäre mit einer „Zwei" zufrieden. Christian und Gudrun sind überzeugt, „dass uns später nie jemand nach der Note fragen wird" und wollen nur das Nötigste tun, um durchzukommen. Es zeigt sich, dass Annas Leistungsdruck hausgemacht ist, sie fordert sich selbst. Franziska fühlt sich von Bernd und Anna unter Druck gesetzt; sie glaubt, dass die beiden von ihr erwarten, sich genau so anzustrengen, wie sie selbst es tun. Nachdem die bestehenden Unterschiede an- und ausgesprochen worden sind, zeigt sich, dass eigentlich keiner der Sieben darauf besteht, seinen Anspruch zur Messlatte der Gruppe zu erheben. Die insgesamt sehr positive Erfahrung mit der Supervisorin bringt sie dazu, regelmäßige Supervision als feste Institution einzuführen.

Alle Sieben bestehen die Prüfung und erhalten ihr Diplom.

14.1.4 Die Projektgruppe

Da ihre Aussichten auf eine Anstellung als Therapeuten im klinischen oder als Berater im sozialen Bereich alles andere als rosig erscheinen und gleichzeitig alle fünf nicht gleichzeitig mit dem Einstieg ins Berufsleben der Vereinzelung anheim fallen möchten, haben sie schon während des Prüfungssemesters damit begonnen, in eigener Regie und auf eigene Rechnung eine „Familienberatungsstelle" zu gründen. Dort wollen sie Einzelnen, Paaren und Familien gegen vergleichsweise soziale Honorare Beratung und Therapie anbieten.

Sie mieten Räume, die gemeinsam mit Freunden renoviert werden und eröffnen dort die als gemeinnützig anerkannte „Familienhilfe e.V." Aus vereinsrechtlichen Gründen muss nun ein Vorstand gewählt werden, der offiziell das Sagen hat, die Verantwortung fürs Ganze trägt und beispielsweise gegenüber dem Vermieter für die finanziellen Risiken gerade steht. Um zu verhindern, dass einer in die Chefrolle hineingerät, beschließen sie, den Vorstandsposten rotierend zu besetzen – jedes Jahr übernimmt ein anderer die Position.

Ihr Projekt wird ein Erfolg: Es kommen – nicht zuletzt wegen der durch Mundpropaganda bekannt werdenden guten Arbeit der fünf – immerhin so viele Klienten, dass die Unkosten gedeckt werden und sie sich zu Beginn ihrer Berufstätigkeit auch noch ein kleines Gehalt auszahlen können, das von den Einzelnen durch Nebenjobs aufgebessert wird. Alle Einnahmen der Beratungsstelle wandern in eine gemeinsame Kasse, aus der jeder am Monatsende ein Fünftel des Überschusses ausgezahlt bekommt. Damit wollen sie dem aufkommenden Konkurrenz- und Leistungsdruck entgegenwirken, der sich zu regen beginnt, als deutlich wird, dass einige (Anna, Franziska, Christian) mehr und andere (Bernd und Gudrun) weniger Klienten haben.

14.1.5   Die freien Stellen

Nach zähen Verhandlungen mit der Behörde, die von Christian als Vereinsvorsitzendem geführt werden, werden der Familienhilfe zwei sogenannte ABM-Stellen zugestanden. Dadurch eröffnet sich für zwei der fünf die Möglichkeit, über zwei Jahre hinweg eine aus öffentlichen Geldern tariflich bezahlte Psychologenstelle zu besetzen. Der erfolgreiche Verhandlungsabschluss wird zunächst euphorisch gefeiert („Jetzt sind wir nicht mehr irgendein Projekt, sondern eine richtige Beratungsstelle!") und führt anschließend zu Verwirrung, Angst und Auseinandersetzungen, denn: Wer soll die beiden Stellen bekommen? Anna verzichtet freiwillig; sie macht neben der Beratungsarbeit Fortbildungen in der Wirtschaft und ist dadurch finanziell saniert. Christian kommt – wie ihm erst jetzt klar wird – nicht in Frage, weil er als Vereinsvorsitzender nicht gleichzeitig Angestellter sein kann. Die anderen drei drucksen herum; jeder möchte gerne eine Stelle haben und keiner will sich selbst gegen die anderen durchsetzen. Für kurze Zeit entsteht eine bedrückende Stimmung. Alle sind innerlich damit zu Gange, sich ihre Argumente zurechtzulegen, keiner rückt damit heraus und jeder beäugt misstrauisch die anderen, damit diese sich nicht klammheimlich einen Startvorteil verschaffen können.

Schließlich ist es Anna, der der Kragen platzt. Sie trägt das Thema in die weiterhin stattfindende Supervision: „Es ist hier nicht mehr auszuhalten, seit diese beiden Stellen über uns schweben wie ein Damoklesschwert; alle lecken sich die Finger danach, aber keiner traut sich, offen danach zu greifen. Entweder klären wir das heute oder wir lassen diese dämlichen Stellen sausen!" Anna erntet zunächst Unverständnis und Empörung: „Du hast es leicht, dich da rauszuhalten und uns anzuschwärzen; dank deiner blöden Industriejobs hast du es ja nicht mehr nötig, dir die Finger schmutzig zu machen." (Gudrun). „Was regst du dich so auf, bis jetzt haben wir doch noch gar nichts besprochen!" (Bernd). „Ich 'lecke mir nicht die Finger', aber es muss ja wohl erlaubt sein, sich mal Gedanken zu machen." (Franziska). Bevor die Auseinandersetzung in moralische Tiefen entgleitet, greift die Supervisorin ein: „Jeder von euch soll innerhalb der nächsten Stunde einen Vorschlag für die Stellenbesetzung entwickeln. Niemand darf sich daran vorbeimogeln, Namen zu nennen, denn wenn nur zwei Stellen zu besetzen sind, dann muss einer von den drei Kandidaten leer ausgehen – daran führt kein Weg vorbei. Egoistische Motive sind willkommen, müssen aber als solche benannt werden. Anschließend soll jeder von euch seinen Vorschlag mit möglichst viel Überzeugungskraft und ohne taktische Winkelzüge vorstellen." Die Begeisterung der fünf für dieses Vorgehen hält sich in Grenzen, aber sie machen mit. Franziska schlägt Christian und Gudrun vor („Ich brauche diese Sicherheit nicht so dringend!"), was ihr skeptische Blicke von allen einträgt: das ist fast zuviel der Selbstlosigkeit. Bernd schlägt sich und Gudrun vor („Wir haben die wenigsten Klienten und würden durch die Stellen besser ins Projekt eingebunden."), was Franziska zu verstimmen scheint. Gudrun plädiert für sich und Franziska („Ich fände es ein gutes Zeichen, diese Stellen mit zwei Frauen zu besetzen."), was Bernd und Christian kopfschüttelnd quittieren. Anna schlägt vor, auf die Stellen zu verzichten, was außer ihr niemanden beigeistert, und schließlich hat Christian die rettende Idee: „Wir besetzen die beiden Stellen nur pro forma und lassen die Gehälter einfach in den gemeinsamen Topf fließen." Dieser Vorschlag verändert schlagartig die Atmosphäre im Raum – die Konflikte verpuffen und alle sind sich rasch einig, dass dies die optimale Lösung sei. Am begeistertsten sind Christian und Anna, während die drei „Kandidaten" zwar erleichtert zustimmen, gleichzeitig aber ein wenig enttäuscht wirken. Gesagt, getan: Franziska und Gudrun stellen sich als Pappkameraden zur Verfügung, ihr Gehalt wird sozialisiert und die Atmosphäre im Team ist besser denn je, da die Beratungsstelle jetzt auch finanziell erfolgreich arbeitet.

Nach einem Vierteljahr kommt es in der Supervision noch einmal zu einer kleinen Auseinandersetzung, weil Bernd „erst jetzt" auffällt, „dass Franziska und Gudrun dank ihres Angestelltenstatus ja auch kostenlos kranken- und rentenversichert sind." Gudrun ist beleidigt: „Bernd, seit wir diese Stellen haben, stellst du mich immer als Schmarotzerin hin – was soll das?" Christian versteht die Welt nicht mehr: „Müssen wir uns wirklich ständig um solchen bürokratischen Kleinkram kümmern?" Als die Supervisorin Bernd bittet, den Vorteil, den er auf Franziskas und Gudruns Seite sieht, in Mark und Pfennig auszudrücken, verändert sich die Stimmung. Franziska ist peinlich berührt: „Tut mir leid, aber das habe ich gar nicht gewusst. Ich will natürlich nicht auf eure Kosten reich werden." Die Ungleichbehandlung wird umgehend durch eine monatliche „Freiberuflerentschädigung" kompensiert, die Anna, Christian und Bernd ausgezahlt wird, bevor der Überschuss durch fünf geteilt wird.

14.1.6   Das Kollegium in der Blüte

Während die Beratungsstelle in den folgenden zwei Jahren prosperiert, etablieren sich die Fünf als berufstätige Psychologen: Anna lebt größtenteils von ihren Industrietrainings, ist aber auch eine gefragte Beraterin in der Familienhilfe, wo sie allerdings nur jede zweite Woche arbeitet. Christian und Franziska arbeiten ausschließlich in der Familienhilfe und sind dank eines sich entwickelnden guten Rufes ausgebucht. Beide leiten auch Therapiegruppen, jeweils mit Bernd bzw. Gudrun zusammen, die weniger nachgefragt werden und allein keine Gruppe voll bekämen. Bernd wäre durch seine Klienten nur zur Hälfte ausgelastet, er erledigt aber die Buchführung und den ganzen Papierkram des Vereins und verdient sich dadurch seinen fünften Teil vom Überschuss. Gudrun, die ebenfalls nur halbtags ausgelastet ist, bietet an, als Ausgleich für die weniger geleistete Arbeit zwanzig Prozent ihres Anteils in einen Fonds für Anschaffungen zu spenden und genießt es, Zeit für ihre Tochter zu haben.

Alle fünf haben ihre Therapieausbildungen mittlerweile beendet.

Anna, Christian und Franziska wären wirtschaftlich nicht mehr auf die Familienhilfe angewiesen. Anna verdient gut durch ihre Trainings, Christian und Franziska haben so viele Klienten, dass sie mehr in die gemeinsame Kasse hineingeben, als sie daraus am Monatsende erhalten. Weil die Fünf bereits beruflich viel miteinander zu tun haben, nimmt die gemeinsam gestaltete Freizeit kontinuierlich ab, ohne dass das Betriebsklima darunter leiden würde.

14.1.7   Die Krise

Als die ABM-Stellen nach zwei Jahren auslaufen, stehen die Fünf vor einer schwierigen Situation: Die nun fehlenden Einkünfte müssten durch eine Erhöhung der Beratungssätze und durch mehr Beratungsarbeit von Bernd und Gudrun kompensiert werden, wenn der Überschuss nicht sinken soll. Christian und Franziska sind optimistisch, dass ihre Arbeit auch zu höheren Preisen Nachfrage findet; Anna will nicht mehr in der Beratungsstelle arbeiten als bisher, ist aber bereit, entsprechend weniger zu verdienen: „Ich lebe ohnehin hauptsächlich von der Industrie." Gudrun und Bernd sind skeptisch, was sich bei Bernd so anhört: „Erstens wollten wir ja gerade nicht die üblichen Preise verlangen. Und zweitens finde ich es schwer erträglich, wenn Gudrun und ich jetzt unter Druck gesetzt werden."

Zum Knall kommt es schließlich, als Gudrun in der Supervision eröffnet, dass sie das Arbeitslosengeld, das ihr aufgrund der zweijährigen Anstellung nun gezahlt wird, für sich behalten will: „Das gehört nun wirklich mir. Außerdem verdiene ich am wenigsten von uns allen und brauche einfach einen Zuschuss." „Dass du so wenig verdienst", entgegnet ihr Anna, „hat doch wohl auch damit zu tun, wie und wie viel du arbeitest und du hast in den letzten Jahren nichts dafür getan, daran etwas zu verbessern." Es ist, als hätte eine Bombe eingeschlagen: Bernd wirft Anna vor, sie sei durch ihre Industriearbeit völlig korrumpiert. Anna kontert damit, dass sie es leid sei, seine bürokratische Zeitverschwendung mitzufinanzieren. Christian wirft Gudrun vor, sie verhalte sich unsolidarisch, nachdem er sie als Coleiterin der Therapiegruppe zwei Jahre lang mit durchgeschleppt habe. Franziska will ihr Arbeitslosengeld unter diesen Voraussetzungen ebenfalls behalten – „sonst mache ich mich hier ja zum Sozialesel!" Innerhalb von einer Stunde ist ein solcher Berg an Konfliktmaterial aufgeschichtet, dass alle zum Abschluss der Supervision nicht nur zornig, sondern entsetzt sind, „was für ein Dreck hier nach oben kommt" (Bernd).

Eine Woche später teilt Gudrun den anderen mit, dass sie sich vor drei Wochen in einer staatlichen Beratungsstelle beworben und nun eine Zusage erhalten habe: „Ich habe es satt, mich hier wie eine Hilfskraft zu fühlen! Mich braucht hier niemand mehr mit durchzufüttern!" Gudrun wird durch Ilse ersetzt, eine junge, gelegentlich sehr direkte Psychologin, die vor einem Jahr in der Familienhilfe ihr Praktikum gemacht hatte. Damit ist die Erosion aber nicht mehr aufzuhalten: Wenig später teilt Anna ihr Ausscheiden mit: „Ich will erst mal mit Therapie aufhören ; in der Industrie verdien' ich einfach mehr und eine Pause tut mal ganz gut." Als sich dann Bernd entschließt, doch noch das immer wieder beiseite geschobene Medizinstudium anzufangen, „weil ich mich wirklich nicht als Vollzeittherapeut sehe", geben auch Franziska und Christian die Familienhilfe auf: Sie mieten sich neue Räume und gründen eine Gemeinschaftspraxis.

14.1.8 Die Erben

Übrig bleibt Ilse, die keineswegs verzagt, sondern den Verein mit drei anderen Kolleginnen weiterführt, mit denen sie zwar nicht befreundet ist, die aber aufgrund ihrer Kompetenz einen wirtschaftlichen Erfolg erwarten lassen. (Gudruns Kommentar dazu: „Dass die unter unserem Segel weiterfahren, ist doch Etikettenschwindel. Die sind kein Projekt mehr, sondern eigentlich eine stinknormale Praxengemeinschaft.") Innerhalb von sechs Monaten ist keines der Gründungsmitglieder mehr an Bord, obwohl das Schiff auf solidem Kurs weitersegelt.

Was ist da geschehen?

14.2 Die Interpretation

14.2.1 Die Vorgeschichte

Die sieben gründen ihre studentische Arbeitsgruppe als Gegenbündnis zum Wissenschaftsbetrieb am Fachbereich Psychologie. Der von Dauer und Distanz geprägte Universitätsalltag lässt jede und jeden der Sieben angesichts ihrer seelischen Heimatgebiete mehr oder minder verkümmern (s. Abb. 29).

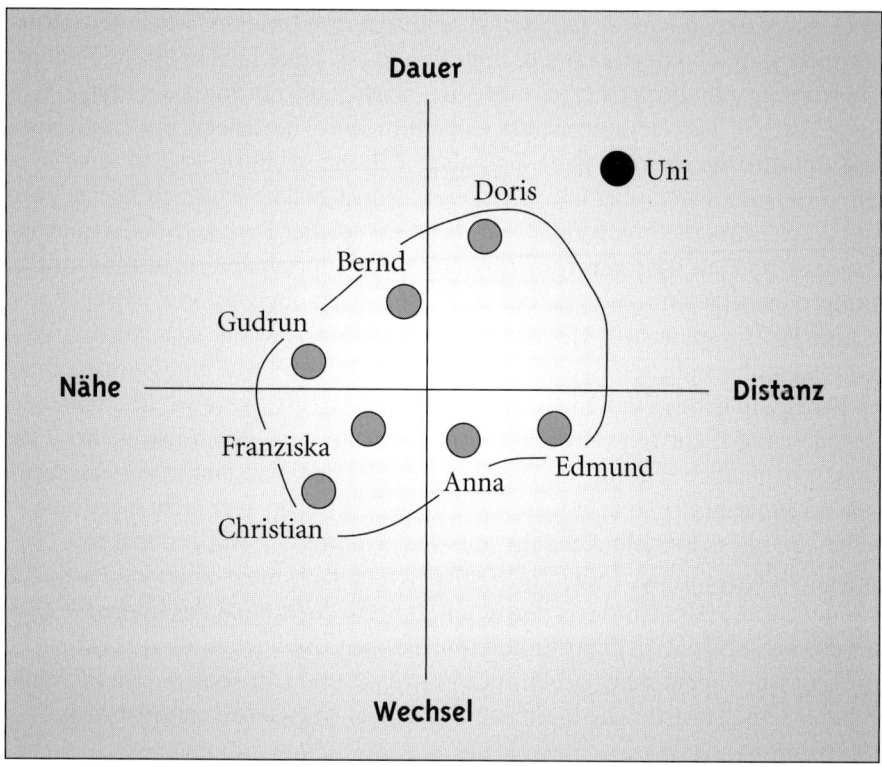

Abbildung 29. Das Gruppenfeld der Arbeitsgemeinschaft. Die Schwerpunkte der mutmaßlichen seelischen Heimatgebiete der Beteiligten sind als graue Punkte im Gruppenfeld markiert. Das Anforderungsprofil des universitären Lehrbetriebs ist als schwarzer Punkt eingetragen

14.2.2 Das Forming: Protest

Die „Antihaltung" ist zunächst ein sehr mächtiges Gründungsmotiv: Das allen gemeinsame Ziel, „anders" als bisher zu arbeiten und der allen gemeinsame „Gegner" (Uni) stehen zunächst deutlich im Vordergrund. Alle anderen möglichen Ziele und Zielkonflikte sind damit verglichen zweitrangig. Das gibt der Gruppe ausreichend Homogenität für ein gelingendes Forming. Der gemeinsame Gegner macht es leicht, rasch einen gemeinsamen Nenner zu definieren.[90]

Protestgruppen handeln sich als Preis für die leichte Abgrenzung im Forming allerdings meist ein kompliziertes Storming ein: Zum einen verdeckt die alles überschattende Protesthaltung interne Differenzen, zum anderen muss das „Dafür-Sein" (als Opportunismus oder Kollaboration) tabuisiert werden, weil es den Zusammenhalt der Gruppe gefährden würde. Jene Qualitäten, die der Universitätsalltag fordert und fördert (Selbstbehauptung, Belastbarkeit, Disziplin, Kontrolle etc.), sind von vornherein verpönt und dürfen nicht offen gezeigt oder eingefordert werden. Diese Ausgangssituation lässt erwarten, dass die „Dissidentenfrage" in der Gruppe stets virulent sein wird: Wo Themen tabuisiert werden, wird meist ein Gruppenmitglied als Thementräger identifiziert und als Sündenbock bekämpft.

14.2.3   Das Feld: Team-Gemeinschaft

Das sich zunächst entwickelnde Gruppenfeld hat seinen Schwerpunkt im Nähebereich, wobei Dauer und Wechseltendenzen sich die Waage halten. Im Rückgriff auf die entwickelten Gruppentypen könnte man von einer „Team-Gemeinschaft" sprechen.

Verglichen mit den universitären Strukturen entwickelt die Gruppe ein gemäßigtes Antifeld, das weit weniger rigide und wesentlich „wärmer" als jenes der Institution ist.

Keiner der Beteiligten ist vom Schwerpunkt so weit entfernt, dass es Außenseiter gäbe. Allerdings sind Doris und Edmund dem „gegnerischen" System Universität am nächsten – sie böten sich für die Dissidentenrolle an (s. Abb. 29).

Die gemeinsame Arbeit (Erproben von therapeutischen Ansätzen am eigenen Leib) ist in diesem Feld gut leistbar und stärkt es: Feld und Aufgabe sind kompatibel. Wäre das Gruppenfeld stärker von Wechseltendenzen (Spontaneität, Unverbindlichkeit) geprägt, liefe die Gruppe Gefahr, sich mangels Verbindlichkeit rasch aufzulösen.

Beinahe symbolisch für die Frage nach dem tolerablen Ausmaß an Dauertendenzen steht die Diskussion darüber, ob das Ergebnis der Arbeitssitzungen in einem Protokoll festgehalten werden soll. Das Protokollieren wäre für jene Gruppenmitglieder ein Gewinn, die auf Sicherung der Arbeitserträge, verlässliche Absprachen und die Möglichkeit zur Nacharbeit setzen. Für alle jene, denen Spontaneität, Lebendigkeit und Ungezwungenheit des Arbeitens ein Anliegen sind, würde es eine Zumutung bedeuten. Dementsprechend kommt es zum ersten kleinen Konflikt in der Runde, in dem Anna als Vertreterin der Wechsel-Strömung auftritt.

Auf der Grundlage ihres im Forming geschlossenen Grundlagenvertrages leistet die Gruppe ihre erste Arbeitsphase (Arbeitsgemeinschaft) mit gutem Ergebnis.

14.2.4   Re-Forming, Storming, Norming

Zum Ende des ersten Semesters leistet sich die Gruppe ein Re-Forming: Das gemeinsame Wochenende ist wie geschaffen dafür, Bilanz-Stimmung aufkommen zu lassen. Einige der anstehenden Zielkonflikte schälen sich heraus:

Anhand des Themas „Verbindlichkeit" kann die Gruppe sich hinsichtlich der Frage justieren, ob sie eher ein Team (Wechsel) oder eine Gemeinschaft

(Dauer) zu werden anstrebt. Die im Norming gefundene Regel ist geprägt von der Protesthaltung der Beteiligten (universitäre Veranstaltungen gelten nicht als Entschuldigung) und gewährleistet jene Verbindlichkeit, die die Gruppe auch in Zukunft arbeitsfähig erhält.

Das Thema „Sexualität" bietet sich an, um das Ausmaß der zumutbaren Nähe zu steuern. Dass hierüber überhaupt – jenseits von Zoten – gesprochen werden kann, bestätigt die „Nähe"-Ausrichtung der Gruppe.

Das Thema „Leistungsdruck" schließlich berührt Tabuzonen der Gruppe. Edmunds Gebrauch von Fremdwörtern trägt einen Hauch von „Verrat" ins Miteinander und wird dementsprechend für nicht salonfähig erklärt. Er wird allerdings nicht wie ein Überläufer, sondern wie ein „Verirrter" behandelt. Diese Sichtweise, die den Tabuverletzer zunächst eher als krank denn als böse erscheinen lässt, findet sich vor allem in von Nähe geprägten Gruppen. Obwohl wir nichts über den Charakter der Auseinandersetzungen erfahren, dürfen wir annehmen, dass sie feldgemäß durchgeführt werden (s. Kapitel 11.2.1): In von Nähe geprägten Gruppen vom Gemeinschaftstyp werden Appelle gern als Wünsche deklariert, Ablehnung als „ich kann nicht" formuliert. Forderungen werden nicht offensiv vertreten, sondern mit der „Macht der Schwäche" oder Appellen an die „Gemeinschaft" und die „Menschlichkeit" vorgebracht, und selten wird ein Konflikt so weit auf die Spitze getrieben, dass die Gefahr der Entsolidarisierung bestünde (s. „Kommunikationsstile" in Kapitel 11.1.1).

Die Gefahr für solche Gruppen liegt oft darin, dass aus Schuldgefühlen, Angst oder Scham heraus Unterschiedlichkeiten abgewiegelt und notwendige Zielkonflikte nicht rechtzeitig formuliert und ausgetragen werden. („Ich verzichte lieber auf das, was mir am Herzen liegt, als einen egoistischen Verstoß gegen die Gemeinschaft zu begehen.")

Nachdem die strittigen Themen bearbeitet und geregelt worden sind, fühlt sich die Gruppe arbeitsfähig und schmiedet Zukunftspläne.

14.2.5   Ein verschlepptes Storming

Wie sich zeigt, müssen die Sieben aber zunächst ins Storming zurück: Während der relativ gruppenfreien Zeit (in den Semesterferien) haben Doris und Edmund die Freiheit genutzt, um feldfremde Ziele anzuvisieren, die sich in Übereinstimmung mit ihren jeweiligen Heimatgebieten befinden: Die „dauerfreundliche" Doris möchte u.a. aus wirtschaftlichen Überlegungen heraus eine Verhaltenstherapieausbildung machen, und der „distanzfreundliche" Edmund hat sich für eine NLP-Ausbildung entschieden. Wie so häufig holen sich die Dissidenten den Schwung für feldfremde Ziele in den gruppenfreien Zeiten, wenn der Konformitätsdruck der Gruppe weniger spürbar ist.

Verhaltenstherapie und NLP als eher intellektuell und instrumentell denn emotional und empathisch ausgerichtete Verfahren tragen einen für die anderen Gruppenmitglieder nicht tolerablen Hauch von professioneller Distanz und Instrumentalisierung in die Gruppe hinein. Die Auseinandersetzung erfolgt feldtypisch:

Die Abweichler werden vor allem mit moralischen Argumenten in Bedrängnis gebracht, ohne wirklich vor die Alternative „anpassen oder gehen" gestellt zu werden. Eine solche öffentlich gezeigte Härte wäre mit dem Selbstverständnis einer Nähe-geprägten Gruppe nicht vereinbar. Dadurch zieht sich der Trennungsprozess quälend lange (über ein Semester) hin. Den Abschied (und damit die öffentliche Verantwortung für die Trennung) müssen schließlich die Ausgegrenzten selbst übernehmen.

Die beiden Abtrünnigen haben mit ihren Abschiedsvorwürfen wahrscheinlich nicht ganz unrecht: Die von Doris aufgeworfene Frage der professionellen Verwertbarkeit der Therapieausbildungen ist als sicherheits- und konkurrenzhaltiges Thema in der Gruppe tatsächlich kaum zu bearbeiten („Trauben sauer reden") und wird deshalb tabuisiert. Falls die Gruppe eine offene und ehrliche Kündigung Edmunds tatsächlich vermeidet, würde auch dieses Verhalten zum bestehenden Gemeinschaftsgruppenfeld passen. Gekündigt wird hier durch Liebesentzug („frostiges Schweigen"). Vielleicht hätte die Gruppe sich den Ausschluss der beiden ersparen können, wenn es gelungen wäre, die anstehenden Themen zu bearbeiten und das Feld auf professionelle Distanz hin zu erweitern. Da die Mehrheit sich aber immer noch über den Protest definiert und die Abgrenzung zur institutionalisierten Psychologie ein Hauptziel bleibt, entscheidet sich die Gruppe, im Norming ihr Feld zu bestätigen und mit verringerter und linientreuer Mannschaft weiterzufahren. Diese Säuberung ist zweischneidig: Zum einen gewährleistet sie die Homogenität des Feldes und garantiert damit vorübergehende Konfliktfreiheit. Zum anderen bekräftigt sie das Nischendasein der Gruppe und beschneidet ihre Anpassungsfähigkeit angesichts sich unausweichlich stellender Professionalisierungstendenzen. Hier begegnet die Gruppe sich abzeichnendem Anpassungsdruck mit Verleugnung (s. Kapitel 11.4.1). Darin liegt die Quelle der mittelfristigen Leistungsfähigkeit der Gruppe ebenso wie der Ursprung ihres langfristigen Scheiterns.

14.2.6 Performing

Die ausgedünnte Gruppe erlebt nun eine ertragreiche Arbeitsphase: Sowohl der Studienabschluss (in Gruppen) wie auch der Aufbau der Beratungsstelle (als eines nach innen und außen „sozialen" Projektes) können ohne große Komplikationen erfolgreich bewältigt werden: Aufgabenstruktur und Feld passen zu einander.

Während der Prüfungsvorbereitung wird die Gruppe allerdings wieder von ihrem Antithema „Leistung" eingeholt. Hier leistet die konsultierte Supervisorin gute Arbeit, indem sie dafür sorgt, dass die Konflikte am „rechten Ort" ausgetragen werden (s. Kapitel 6.3.4). Es zeigt sich, dass der aufkeimende Leistungsdruck vor allem „hausgemacht" ist, also durch die Verlagerung seelischer Konflikte ins Zwischenmenschliche entsteht (s. „Projektion" in Kapitel 8.3.2). Es gelingt der Gruppe – und das ist eine erhebliche Leistung – unterschiedliche individuelle Ansprüche an das Prüfungsergebnis auszuhalten.

Die Einführung regelmäßiger Supervisionstermine gewährleistet, dass neben der im Vordergrund stehenden Produktivität auch Phasen der Reflexion ihren Platz haben.

14.2.7 Assimilation

Mit dem Erfolg gerät die Gruppe unter Anpassungsdruck: Zum einen erfordern die (erfolgreiche) Institutionalisierung als Verein und der (erfolgreiche) Kontakt mit der Institution „Behörde" eine feldfremde Organisationsstruktur. Es braucht einen Vorstand für den Verein und zwei Auserwählte für die Besetzung der ABM-Stellen. Beides zwingt die Gruppe zur Differenzierung, zum Aushalten von Ungleichheit und zur Festschreibung von institutionellen Rollen.

Zum anderen sind die Einzelnen in der Beratungsarbeit unterschiedlich erfolgreich. Auch hier müssen Ungleichheit und die damit einhergehenden Gefühle von Stolz, Neid und Scham ertragen werden.

Angesichts dieses Anpassungsdrucks entscheidet sich die Gruppe immer wieder dafür, neue Aufgaben im Sinne von Solidarität und Gleichheit „misszuverstehen" und an ihr unverändertes Feld zu assimilieren: Der Vorstand rotiert, die ABM-Stellen werden nur pro forma besetzt, die unterschiedliche Leistungsfähigkeit wird durch eine gemeinsame Kasse entschärft. Die Auseinandersetzung um die ABM-Stellen hätte Gelegenheit geboten, den Gruppenvertrag so anzupassen, dass das Thema „Geld" und die damit einhergehenden Themen „Leistungsfähigkeit", „Konkurrenz", „Selbstverantwortlichkeit" besprechbar geworden wären. Indem das nicht geleistet wird, müssen alle mit diesen Themen einhergehenden („egoistischen") Ziele der Beteiligten unveröffentlicht und unbestreitbar bleiben. Das kann in einer Gruppe, zu deren Zielen das Geldverdienen gehört, nicht lange gut gehen.

Die Naivität, mit der der Berufswelt begegnet wird, ist typisch für das von Nähe geprägtes Feld der Gruppe: Christian hat „gar nicht daran gedacht", dass er als Vorstand keine ABM-Stelle besetzen kann. Bernd „fällt erst jetzt" auf, dass Gudrun und Franziska als Stelleninhaberinnen kostenfrei sozialversichert sind. Franziska hat „gar nicht gewusst", wie viel Geld sie dadurch spart. Und keiner der Beteiligten verschwendet auch nur einen (öffentlichen) Gedanken daran, was mit dem in absehbarer Zeit anfallenden Arbeitslosengeld geschehen soll. Diese Naivität kann als Schutz gegen aufkeimende Selbstbehauptungstendenzen verstanden werden: „Stell dir vor, es gibt etwas auf Kosten der anderen zu gewinnen, und keinem fällt's auf ... dann brauchen wir uns auch um nichts zu streiten." Unter dieses Motto fällt auch Gudruns Milchmädchenrechnung: Fünfzig Prozent weniger arbeiten und dafür zwanzig Prozent weniger verdienen. Eine derartig eklatante Schieflage muss frühzeitig angesprochen werden – hier wäre die Supervisorin gefordert gewesen – um ein verspätetes destruktives Storming zu verhindern.

In dieser Phase versäumt es die Gruppe, zu Regelungen zu kommen, die den sich entwickelnden Ungleichheiten Rechnung tragen könnten. Obwohl die Supervisorin sie dazu drängt, sich mit „egoistischen" Motiven und Zielen auseinander zu setzen, verweigern sie die Akkomodation ihres Gruppenfeldes an die sich verändernde Umwelt (Institutionalisierung und Professionalisierung) und flüchten sich in aufgesetzte Naivität und unangemessene Solidarität. Hier hätte man der Supervisorin mehr Hartnäckigkeit gewünscht. Die Restlaufzeit des auf diese Weise verlängerten Gruppenvertrages ist absehbar.

Für jede erfolgreiche Gruppe stellt der Übergang vom (idealistisch) betriebenen Projekt zum professionell betriebenen Geschäft eine ebenso unerwünschte wie (im Erfolgsfall) unvermeidliche Hürde dar – der Erfolg hat seine Eigendynamik. Wird die Veränderung des Aufgabenprofils über längere Zeit ignoriert oder lediglich mit assimilativer Vereinnahmung der Aufgabe und nicht mit Felderweiterung beantwortet, läuft die Gruppe Gefahr, irgendwann vom Anpassungsdruck erschlagen zu werden. Aus den genannten Gründen legen Gruppen aus dem Nähe- und Wechselbereich nicht selten eine Erfolgsscheu an den Tag, d.h. sie behindern sich selbst in der Ahnung, dass mit dem Erfolg auch die Vertreibung aus dem Paradies kommen wird.[91]

14.2.8 Destruktives Storming und Auflösung

Diese Vertreibung findet für die Familienhilfe spätestens bei Ablauf der ABM-Stellen statt. Plötzlich und unerwartet steht die Gruppe unter jenem wirtschaftlichem Druck, der eine Auseinandersetzung über das Leistungsvermögen der Einzelnen und über die Angemessenheit der Vorteilsgewährung für die Privilegierten (Arbeitslosengeld) unabweisbar erscheinen lässt.

Diese Auseinandersetzung findet nun viel zu spät, stark polarisiert („korrumpiert", „bürokratische Zeitverschwendung", „mitdurchgeschleppt", „Sozialesel") und in wechselseitiger Anklagehaltung statt. Die über lange Zeit vernebelten Ungereimtheiten des Miteinanders werden als „Dreck" an die Oberfläche gewirbelt und niemand in der Gruppe scheint in der Lage zu sein, die sich nun stellenden Themen auszuhalten.

Wie so häufig, wenn Gruppen sich durch Assimilation ein ums andere Mal um die Veröffentlichung heikler Ziele und die notwendigen Auseinandersetzungen drücken, sind die Einzelnen in ihrem stillen Kämmerlein längst nicht so ahnungslos, wie sie sich in der Gruppe geben. Die Geschwindigkeit, mit der die Mannschaft nach dem Eklat das Schiff verlässt, zeigt, dass die Beteiligten sich zwischenzeitlich bereits Rettungsboote gezimmert haben, in denen sie nun das Weite suchen. Anscheinend haben alle das sich verändernde Aufgabenprofil und die sich abzeichnenden Zielkonflikte wahrgenommen, ohne ihre Einschätzungen und die sich daraus ergebenden Drehbücher für den weiteren Verlauf der Gruppe im Re-Forming mitzuteilen. Statt dessen hat jeder der Fünf privat eine differenzierte Bilanz gezogen und seinen Zielpool – die eigene Lebens- und Berufsplanung – klammheimlich auf das Scheitern der Gruppe abgestellt, ohne die anderen darüber zu informieren (s. Kapitel 9.1.3). Das Miteinander gerät zum „Business as usual" während die inneren Kündigungen längst erfolgt sind. Die Einzelnen – das zeigt sich im Auflösungsprozess – sind jeder für sich bereit, jenen Schritt Richtung Distanz und Dauer zu tun, der in der Gruppe undenkbar erschien.

Der plötzliche Zerfall mag aber auch damit zusammenhängen, dass nach langen Jahren des Miteinanders in allen das Ziel „zur Gruppe gehören" durch den unveröffentlichten Wunsch „mal auf eigenen Füßen stehen", verdrängt worden ist. Wann immer solche Emanzipations- und Trennungsabsichten in einem Gemeinschaftsklima nicht öffentlich werden dürfen, weil sie als Verrat gebrandmarkt würden, müssen die Betreffenden geradezu auf einen Eklat in der Gruppe und deren Zerfall hinarbeiten, um sich befreien zu können. In diesem Fall hätte die Supervisorin weiter helfen können, wenn sie frühzeitig ein Re-Forming mit der Überschrift „Wie sehe ich meine berufliche Zukunft und welche Rolle spielt die Gruppe in meinen Visionen?" eingeleitet hätte. Dann wäre es den Fünfen vielleicht möglich gewesen, in dem Gefühl auseinander zu gehen: „Die Gruppe hat uns viel gebracht, aber jetzt hat sich ihr Sinn erfüllt und wir gehen in Dankbarkeit auseinander, weil sich unsere Wege trennen."

Letztlich ist die Gruppe an sich selbst gescheitert. Genau jene Ausgrenzungen (von Konkurrenz, Leistungsdenken, Institutionalisierung), die die Gruppe anfangs ans Laufen gebracht haben, führen schließlich zu ihrer unfriedlichen Auflösung. Die Umweltveränderungen, die sich zwischenzeitlich ereignet haben, hat die Gruppe zu einem Gutteil durch ihren Erfolg selbst bewirkt: Das Gelingen hat zum Scheitern geführt.

Die Beratungsstelle und der sie tragende Verein werden schließlich von einer neuen Gruppe übernommen, deren Feld mit der aktuellen Aufgabenlage besser übereinstimmt.

14.2.9   Fazit

Wie soll man die Gesamtleistung der Fünf nun beurteilen?

Ich meine, sie waren sehr erfolgreich: Die Beteiligten haben es geschafft, sich ein Umfeld aufzubauen, in dem sie das Studium für sich interessant und lehrreich gestalten, den Studienabschluss erfolgreich bewältigen und durch gegenseitige Unterstützung den Berufsstart abfedern konnten. Dass es schließlich nicht zur „Professionalisierung" gereicht hat, fällt gegenüber all diesen Erfolgen und angesichts der Tatsache, dass alle Gruppen endlich sind, kaum ins Gewicht. Zumal die fünf – vielleicht gegen ihre eigene Intention – einen institutionellen Rahmen geschaffen haben, der das Projekt auch nach dem Ende der Gruppe fortbestehen lässt. Vielleicht wäre die Gruppe zu erhalten gewesen, wenn sie sich frühzeitig den durch den eigenen Erfolg veränderten Umweltbedingungen gestellt hätte. Vielleicht hätten rechtzeitig ausgetragene Zielkonflikte aber auch „nur" dazu geführt, dass die Auflösung der Gruppe weniger dramatisch und strittig verlaufen wäre.

15 Das Kommunikationstraining

Bei der zweiten Gruppe, die wir näher betrachten, handelt es sich um die Runde der Bereichsleiter eines Kreditunternehmens. Wir betrachten ihre Gruppenentwicklung im Verlauf eines dreitägigen Seminars zum Thema „Kommunikation und Führung".

15.1 Falldarstellung

15.1.1 Der Auftrag

Alles beginnt damit, dass die freiberuflichen Diplom-Psychologen und Trainer Horst Wacker und Ute Herberts von Herrn Gisbert, dem Leiter des Bereiches „Personal" von ALL-FINANZ, eines Kreditunternehmens für den Mittelstand, folgende Anfrage erhalten:

„Unser Unternehmen, das sich zur Zeit sowohl wirtschaftlich wie auch organisatorisch in gesichertem und ruhigem Fahrwasser bewegt, treibt in den nächsten Monaten auf eine einschneidende Veränderung zu. Unser langgedienter Geschäftsführer, Dr. Schmidt-Siems, der das Unternehmen in den zurückliegenden fünfundzwanzig Jahren durch seinen zentralistischen, militärischen und patriarchalischen Führungsstil geprägt hat, wird in einem Jahr in den Ruhestand gehen. Wir wissen noch nicht, wer seine Nachfolge antreten soll. Sicher ist nur, dass es ein Externer sein wird – keiner aus dem Kreis der Bereichsleiter. Eins lässt sich allerdings schon jetzt voraussehen: Das Führungsklima in unserem Hause wird und muss sich ändern.

Zum einen werden wir derzeitigen Bereichsleiter, die wir alle von Dr. Schmidt-Siems berufen worden sind, einem neuen Geschäftsführer nicht so blind ergeben sein wie unserem derzeitigen Chef und Mentor.

Zum zweiten lässt sich ein Unternehmen wie das unsere in der heutigen Zeit und vor allem in der Zukunft kaum noch so zentralistisch führen, wie das jetzt der Fall ist. Kein Mensch ist in unserer Zeit noch in der Lage, alle Geschäftsfelder vollständig zu durchdringen. Der sich ständig verändernde und globalisierende Markt erfordert eher eine von Teamarbeit und Kommunikationsfähigkeit geprägte mannschaftliche Führung als Gehorsam und Dienst nach Vorschrift.

Zum dritten wird die neue Geschäftsführung im Sinne eines geregelten Überganges während ihrer Einarbeitszeit auf eine funktionierende und kooperierende Bereichsleitung angewiesen sein, die den Kahn zumindest so lange in mannschaftlicher Geschlossenheit auf Kurs hält, bis der neue Steuermann sich kundig gemacht hat.

Das alles bedeutet für mich und meine Kollegen in der Bereichsleitung, dass wir im Interesse unseres Unternehmens unseren Kooperationsstil weg vom Althergebrachten und hin auf ein dialogisches Miteinander entwickeln müssen.

Die Qualität des derzeit im Hause herrschenden Klimas wird vielleicht deutlich, wenn ich Ihnen den für den Bereichsleiterkreis obligatorischen monatlichen 'social event' schildere: Auf Initiative des Geschäftsführers treffen wir uns zum Kegeln, das der Pflege des Miteinanders dienen soll. Dabei hat jeder Beteiligte ein bestimmtes, ihm von Dr. Schmidt-Siems fest zugewiesenes Amt auszufüllen: Es gibt einen Buchungsbeauftragten, der die Kegelbahntermine sicherstellt. Der Schwammverantwortliche sorgt dafür, dass der Schwamm, mit dem die Kugeln im Dienste der Griffigkeit befeuchtet werden können, jederzeit funktionsfähig ist. Der einzigen Dame in unserem Kreis fällt das Amt der Notarin zu – sie muss die Tafel mit den Ergebnissen führen. Ein anderer gibt den Linienrichter, der darauf zu achten hat, dass niemand die Wurfmarke übertritt und damit einen Fußfehler begeht. Und so weiter.

Außerdem ist es für Sie vielleicht interessant zu wissen, dass in den oberen Etagen des Unternehmens bislang grundsätzlich nur Männer eingestellt worden sind, die eine militärische Grundausbildung vorzuweisen hatten.

Wir haben uns entschlossen, die anstehende Weiterentwicklung unserer Unternehmenskultur durch ein Kommunikationstraining in Gang zu setzen, an dem alle zehn Bereichsleiter einschließlich mir teilnehmen sollen. Herr Dr. Schmidt-Siems hat diese Idee begrüßt und von sich aus erklärt, daran nicht teilnehmen zu wollen, damit wir Bereichsleiter 'unter uns' bleiben. Wir versprechen uns von einem Kommunikationstraining, den Umgang untereinander besprechen und verbessern zu können und Anregungen für unseren Führungsalltag zu bekommen."

Ute und Horst nehmen den Auftrag an. Herrn Gisberts Anliegen erscheint ihnen schlüssig, schmeichelt ihren eigenen missionarischen Tendenzen („Jetzt lernen auch die hohen Tiere endlich, richtig miteinander umzugehen – und zwar von uns!") und ist gut dotiert. Sie verabreden ein dreitägiges Training, das neben grundlegenden Vorträgen zum Thema Kommunikation die erlebnisaktivierende Bearbeitung von Praxissituationen der Teilnehmer umfassen soll.

15.1.2 Die Seminar-Gruppe

Zu Seminarbeginn treffen Ute und Horst auf 7 Bereichsleiter und eine Bereichsleiterin. Zwei Bereichsleiter haben kurzfristig wegen dringender Termine abgesagt.

Patrick Eilfert
IB

Rolf Gisbert
PE

Dr. Führhorst
RA

Ralf Chlodwig
IM

Hans-Herbert
Balthus
PK

Hanno Jagielski
ST

Karin Alsung
EDV

Udo Hauenschmidt
GK

Rolf Gisbert. Er ist 48 Jahre alt, leitet den Bereich „Personal" (PE). Herr Gisbert ist ein langer schlaksiger Mann mit hoher Stirn und wirkt ein wenig farblos. Er bemüht sich sehr um druckreife Formulierungen und spricht betont unerregt, so dass er gelegentlich wie sein eigener Pressesprecher wirkt. Ihm ist an einer „lebendigen Kommunikationskultur" im Unternehmen gelegen, ohne dass er diese selbst besonders eindrücklich verkörpern könnte.

Dr. Führhorst. Er spart bei der Vorstellung seinen Vornamen zugunsten seines Titels aus. Er ist 51 Jahre alt und leitet den Bereich „Recht" (RA). Seine bullige Erscheinung geht einher mit einem hochfahrenden und selbstgewissen Tonfall, sowie einer von Latinismen geprägten Sprache. Der Jurist Führhorst hat die Ausstrahlung eines Primus inter pares, der sich die Unzulänglichkeiten seiner Kollegen missmutig bieten lässt und es für eine Zumutung bzw. Schande hält, „dass erwachsene Menschen sich noch einmal mit dem kleinen Einmaleins des zwischenmenschlichen Umgangs auseinandersetzen müssen."

Ralf Chlodwig. Er ist 42 Jahre alt und Leiter des Bereichs „Immobilien-Management" (IM). Obwohl er den anderen gleichgestellt ist, verhält er sich wie ein Untergeordneter: überfreundlich, unsicher und ohne eigenen Standpunkt. Dem Seminar steht er aufgeschlossen gegenüber, ist aber skeptisch, „ob man uns alte Hasen noch umerziehen kann und sollte."

Udo Hauenschmidt. Er ist 39 Jahre alt und leitet den Bereich „Geschäftskunden" (GK), den er offensichtlich für den bedeutendsten hält. Herr Hauenschmidt gibt sich gewitzt und zynisch und macht sich einen Spaß daraus, die Schwächen anderer genussvoll aufzudecken und vorzuführen. „Ein bisschen Nachhilfe in Sachen Kommunikation kann unserem erlauchten Kreis bestimmt nicht schaden", lautet sein Eingangsstatement. Er selbst habe allerdings schon diverse Schulungen absolviert und den nötigen Feinschliff erhalten.

Karin Alsung. Sie ist 37 Jahre alt und leitet den Bereich „Datenverarbeitung" (EDV). Die gelernte Informatikerin hat eine unauffällige, betont unweibliche Ausstrahlung und ist ungeheuer strukturiert und beherrscht. Sie spricht sehr leise und mit zu Boden gerichtetem Blick. Frau Alsung sieht „einigen Entwicklungsbedarf in unserem Kreis, was das vorgesehene Thema angeht."

Hanno Jagielski. Er ist 35 Jahre alt und nimmt insofern eine Sonderstellung ein, als er keinem eigenen Bereich vorsteht, sondern die der Geschäftsführung zugeordnete Stabsstelle „Strategische Planung" (ST) besetzt. Er ist ein schneller Denker, dessen scharfsinnige Analysen nie einen Schluss auf den persönlichen Standpunkt des Verfassers gestatten. Er bedankt sich bei Seminarbeginn ausdrücklich bei Herrn Gisbert dafür, dass er die Zeichen der Zeit erkannt habe: „Wenn wir uns zu einem Unternehmen entwickeln wollen, das internen und externen Kunden kompetent, aufgeschlossen und unterstützend begegnen will, dann müssen wir unseren Leuten das vorleben. Dazu müssen wir uns als Team verstehen, das miteinander und nicht gegeneinander oder aneinander vorbei zum Erfolg kommt."

Hans-Herbert Balthus. Er ist 55 Jahre alt und leitet den weniger renditeträchtigen Bereich „Privatkunden" (PK). Herr Balthus hat die Ausstrahlung eines Auslaufmodells, indem er seine Ansichten stets im Vorhinein als Minderheitenmeinung etikettiert und in leicht vorwurfsvollem Tonfall gegenüber den anderen von „meiner Wenigkeit" spricht. „Ich bin Herrn Gisberts Einladung gerne gefolgt. Ein bisschen Menschlichkeit könnte uns sicher nicht schaden. Aber der Alltag sieht dann doch ganz anders aus, als dieser seminaristische Schonraum, wenn ich das mal so sagen darf."

Patrick Eilfert. Er ist mit 34 Jahren der Jüngste. Er leitet den Bereich „Investment-Banking" (IB) und gibt sich als „der kommende Mann". Er ist flink, scharfzüngig, hellwach und geht keinem Streit aus dem Weg. Herr Eilfert glaubt, „dass es wichtigere Themen für unseren Kreis gibt, als die Frage, wie wir es uns nett machen können miteinander. In den nächsten fünf Jahren kommt der Markt mit Entwicklungen auf uns zu, die hier einige Stühle ins Wackeln bringen werden."

15.1.3 Der Seminarbeginn

Zu Beginn des Seminars sitzen die Beteiligten im Viereck an Konferenztischen. Nachdem Ute und Horst sich vorgestellt haben, beginnen sie das Seminar mit einer kurzen Einführungsrunde, in der alle Beteiligten sich selbst, ihren Tätigkeitsbereich und ihren Bezug zum Thema vorstellen sollen. Die Atmosphäre während der Vorstellungsrunde ist zurückhaltend-wortkarg bis mürrisch-skeptisch. Dann erläutert Ute den detaillierten Seminarfahrplan.

Während Horsts anschließendem Einführungsvortrag über „Grundlagen der Kommunikation" kippt diese Atmosphäre ins Aggressiv-Eisige um. Horst hat noch kaum den ersten Satz gesprochen, als sich Herr Eilfert mit jener Frage zu Wort meldet, die den Grundakkord für den gesamten ersten Vormittag anschlägt: „Ist das, was Sie da behaupten, eigentlich wissenschaftlich belegt?"

Obwohl ihm das Wörtchen „eigentlich" eindeutig signalisiert, dass es sich hier nicht vorrangig um eine kritisch-interessierte Sachfrage handelt, sondern um einen ersten Versuch, die Inhalte, den Referenten und womöglich das gesamte Seminar in Frage zu stellen, ist Horst durch den aggressiven Unterton der Frage zu eingeschüchtert, um klaren Kopfes gerade dieses „eigentlich" zum Thema zu machen. (Das wäre natürlich ein Glücksgriff gewesen, denn das Thema Kommunikation hätte sich daran wunderbar entwickeln und live demonstrieren lassen.) Horst hat statt dessen unmittelbar das Empfinden, auf dem Prüfstand zu stehen und mit einer sofortigen Attacke rechnen zu müssen, falls er den Hieb nicht kunstfertig parieren sollte. Also erläutert er betont gelassen und in unverständlichem Fachchinesisch den wissenschaftlichen Hintergrund seines Themas, ohne dass dies an der Atmosphäre und an Herrn Eilferts Skepsis etwas ändern würde.

Im Gegenteil, jetzt steigen auch noch Dr. Führhorst, Herr Hauenschmidt und Herr Jagielski ein und wollen zunächst einmal überzeugt werden, dass „wir es hier mit Fakten und nicht mit Meinungen, Ahnungen und Vermutungen zu tun bekommen" (Dr. Führhorst). Angesichts vieler pfeilschnell abgeschossener Fragen, die sich im betont kritischen Unterton und der skeptisch-bissigen Grundhaltung zu überbieten trachten, kommt Horst kaum noch dazu, das Thema im Zusammenhang darzustellen, so dass ihm Herr Hauenschmidt nach einiger Zeit den berechtigten Vorwurf machen kann: „Bisher habe ich noch nicht allzu viel gelernt, Herr Wacker!" Horst muss ihm innerlich Recht geben und beginnt, sich als Versager zu fühlen.

Zwar erhält er aktive Schützenhilfe von Frau Alsung („Ich würde das Ganze gern erst mal im Zusammenhang hören, bevor wir ins Detail gehen!") und darüber hinaus zumindest moralische Unterstützung durch Herrn Gisbert, der ihn immer wieder halb entschuldigend, halb prüfend („Na, hältst du durch?") anschaut. Aber das ändert nichts an Horsts prekärer Lage: Er sieht sich mit dem Rücken an der Wand einer Meute gegenüber, die es – warum auch immer – auf ihn abgesehen zu haben scheint, ohne ihn oder das von ihm vertretene Thema überhaupt kennengelernt zu haben. Und je länger diese Belagerung andauert, desto armseliger fühlt er sich, desto sinnloser und unhaltbarer kommen ihm die von ihm vertretenen Inhalte vor. Kurz und gut: Horst schwimmen die Felle davon und er rettet sich mit Mühe und Not in die Kaffeepause.

15.1.4 Festgefahren

Bis zum Wiederbeginn bleiben Ute und Horst fünfzehn Minuten, in denen sie sich gerade eben hinsichtlich ihrer Bestürzung austauschen können: Einen solchen Empfang haben sie nicht erwartet, auch noch nie erlebt und sie sind ratlos, womit sie sich diese Resonanz verdient haben könnten. Weil ihnen Besseres nicht einfällt, beschließen sie, nach der Pause weiter zu machen wie geplant („Jetzt bloß nicht ins Wanken geraten!"). Ute wird die Federführung übernehmen und über Störungen und Entstörungshilfen in der Kommunikation sprechen.

Die Resonanz auf diesen inhaltlichen Rettungsversuch ist entsetzlich. Während die Wortführer Horst immerhin noch ihrer Bissigkeit für würdig befunden hatten, schlägt das Klima jetzt ins Mitleidig-Herablassende um. Obwohl Ute das Thema im Griff hat und es anhand passgenauer Beispiele lebendig werden lässt, bekommt sie keinen Fuß in die Tür.

Herr Hauenschmidt meldet sich gleich zu Beginn betont nonchalant und will wissen, „ob Sie über Führungserfahrung verfügen." Als Ute das verneint (sie hatte bereits bei ihrer Vorstellung darauf verwiesen), lehnt er sich mit einem geseufzten „Na denn,..." in seinen Stuhl zurück. Herr Eilfert bittet um „Kopien der Bildchen" – gemeint sind Utes Overheadfolien, die die Inhalte illustrieren. Seine Kinder würden sich freuen, wenn er etwas zum Ausmalen mit nach Hause brächte. Herr Dr. Führhorst findet es „ganz hervorragend, dass Sie sich schon in Ihrem Alter mit solchen Fragen beschäftigen. Ob das allerdings unsere Situation trifft, wage ich zu bezweifeln."

Als Horst den Eindruck gewinnt, dass Ute gleich in Tränen ausbrechen wird, stürzt er sich wieder ins Geschehen, liefert sich mit Herrn Hauenschmidt und Dr. Führhorst einen kleinen, scheinbar sachlichen Schlagabtausch und verwickelt sie dabei so in Widersprüche, dass er nach eigener Einschätzung einen knappen Punktsieg erringt. Auf diese Art und Weise retten die Trainer sich in die Mittagspause.

Nach dem sich dahinschleppenden gemeinsamen Mittagessen, das von Herrn Hauenschmidt durch einige freundlich belachte Psychologenwitze garniert wird, bleibt Ute und Horst noch ein wenig Zeit für einen kleinen Spaziergang. Wie sich dabei herausstellt, ist Ute außer sich, dass Horst ihr in die Parade gefahren ist: „Wie stehe ich denn jetzt da vor denen: Das Dummchen, das ohne den starken Helden an seiner Seite hilflos herumstottert." Horst hatte eigentlich ein paar Worte der Dankbarkeit erwartet und wird nun seinerseits ungehalten: „Was soll ich denn machen, wenn du dich der Situation einfach nicht gewachsen zeigst? Soll ich mit ansehen, wie das Ganze den Bach runter geht?" Nachdem sie sich den Ärger von der Seele geredet haben, finden sie zu ihren Gemeinsamkeiten zurück: Sie stehen beide unter enormem Druck, fühlen sich als Versager und wissen nicht, was hier zu tun wäre. Bei den beiden macht sich eine rachsüchtige Stimmung breit: „Den zeigen wir's! Denen soll ihre Selbstherrlichkeit vergehen! Die sollen bloß nicht denken, Psychologen wären wehrlos!" Sie nehmen sich vor, die Pappenheimer bei der als nächstes anstehenden Arbeit an praktischen Fällen schonungslos mit ihren Unvollkommenheiten zu konfrontieren: „Wenn die erst mal sehen, was sie alles nicht können, spielen sie sich nicht mehr derartig auf!"

15.1.5   Nichts geht mehr!

Zurück im Seminarraum, stoßen Ute und Horst zunächst einmal auf angenehmere Resonanz („Na endlich!"), als sie ankündigen, nun an praktischen Fragen des konkreten Führungsalltages arbeiten zu wollen.

Zunächst legen sie eine kurze Besinnungsphase ein, die es den Teilnehmern erleichtern soll, eine für sie relevante Fragestellung zu finden und zu konkretisieren. Herr Dr. Führhorst stellt zwar den Sinn dieses Vorgehens in Frage („Wer erst eine Besinnung braucht, um zu wissen wo der Schuh drückt, hat ja wohl keine ernsthaften Probleme"), aber als Herr Chlodwig dagegen hält („Mir würde es helfen") fügt er sich. Horst fordert die Teilnehmer auf, die Augen zu schließen und – unterstützt durch eine vielfach erprobte Anleitung – ihren Alltag auf interessante Situationen hin zu durchstöbern. Bis auf Frau Alsung halten alle die Augen offen. Die meisten blicken gelangweilt im Raum herum.

Anschließend bittet Ute alle, sich für eine Viertelstunde zurückzuziehen und die ihrer Frage zu Grunde liegende Situation mit einfachen Mitteln in ein Bild umzusetzen. Herr Eilfert und Herr Hauenschmidt meinen, ein Bild brächte keinen zusätzlichen Gewinn und wollen zunächst einmal vom didaktischen Nutzen des Malens überzeugt werden. Gott sei Dank wirft sich an dieser Stelle Herr Gisbert in die Bresche und beendet das kleine Scharmützel mit der Aufforderung, es doch einfach mal zu probieren „Ich glaube nicht, dass für irgendjemand akute Lebensgefahr besteht".

Als die zehn mit ihren Bildern zurückkommen – diejenigen von Herrn Eilfert, Herrn Hauenschmidt und Dr. Führhorst sind demonstrativ armselig gehalten – stellt Ute die Frage, mit wessen Anliegen man beginnen solle. Nach einer längeren Phase betretenen Schweigens meldet sich Frau Alsung mit den Worten „Also, wenn sonst keiner will...".

Ihre Fragestellung, bei deren Bearbeitung Ute die Federführung übernimmt, hat es weiß Gott in sich: „Wie kann ich mich beim Mittagessen im

Casino in der Runde meiner Bereichsleiterkollegen verhalten, wenn Witze erzählt werden, durch die ich mich als Frau bedrängt fühle?" Wie sich rasch herausstellt, sind die betreffenden Kollegen vor allem Herr Eilfert, Herr Chlodwig und Herr Hauenschmidt. Alle drei verwehren sich gegen Frau Alsungs Darstellung der Tischsituation und etikettieren sie als Missverständnis bzw. als Überempfindlichkeit. Lediglich Herr Ingbert, Herr Jagielski und natürlich Ute bemühen sich, genauer zu verstehen, wie Frau Alsung die Situation erlebt. Herr Balthus kämpft mit dem Schlaf, die drei Witzeerzähler kämpfen mit Frau Alsung und Herr Dr. Führhorst kämpft mit dem Thema: „Also wenn das unsere drängendsten Probleme sind, dann frage ich mich, ob wir unsere Zeit nicht besser nutzen könnten…" Horst kämpft innerlich mit einer Gefühlsmischung aus abgrundtiefem Ärger und Panik: „Das Seminar entgleitet uns …!".

Ute macht einen letzten Versuch, die Situation zu retten „Ich will mal was Grundsätzliches sagen: Hier kommt eine Stimmung auf, die einer Gerichtsverhandlung angemessen wäre: Anklagen werden verlesen, Plädoyers werden gehalten und die Beweispflicht liegt bei der Klägerin. Fehlt nur noch, dass am Ende ein Urteil gesprochen wird. So kommen wir nicht weiter. Hier geht es nicht um die Frage, ob Frau Alsung zimperlich oder die Witzeerzähler unverschämt sind. Die Frage ist, wie Sie damit umgehen, dass anscheinend harmlos gemeinte Witze offensichtlich nicht von allen gut geheißen werden. Man braucht hier niemandem böse Absichten oder krankhafte Sensibilität zu unterstellen, um feststellen zu können: So, wie es läuft, leidet das Miteinander. Wenn Sie sich wechselseitig die Zurechnungsfähigkeit absprechen, kommen wir nicht weiter. Lösen Sie sich mal von der Frage, wer Recht hat und lassen Sie uns überlegen, wie Sie das Miteinander verbessern können."

Herr Chlodwig zeigt sich nun kompromissbereiter: „Also gut, dass Sie unsere Witze nicht witzig finden, Frau Alsung, das nehme ich mal hin. Vielleicht sind wir in der Hinsicht auch ein bisschen unbedarft in unserer Männerrunde. Die Witze finde ich zwar nach wie vor harmlos, aber dass Sie sich dadurch gekränkt fühlen, tut mir leid." Demgegenüber geben sich Herr Eilfert und Herr Hauenschmidt absolut unversöhnlich, und es gelingt weder Ute noch Horst, sie zurück ins Boot zu holen. Im Gegenteil, Herr Hauenschmidt legt sich noch mit Ute an: „Ich glaube, Sie sehen das Ganze doch zu sehr aus der Sicht einer Frau, die sich im Geschäftsalltag noch wenig umgesehen hat." So geht die erste Fallarbeit zu Ende.

In der Pause sind Ute und Horst verzweifelt: Nach dem missglückten Vormittag nun eine unbefriedigende Fallarbeit, die die Gruppe nicht nur unzufrieden, sondern obendrein zerstritten zurücklässt. Beide haben das Gefühl, auf der ganzen Linie versagt zu haben und der Gruppe aus unerfindlichen Gründen nicht gewachsen zu sein. Schließlich fassen sie den Entschluss, das Seminar notfalls abzubrechen, um sich und den Teilnehmern eine Fortsetzung der Quälerei zu ersparen.

15.1.6 Der Eklat

Unmittelbar nach Wiederbeginn schießt Herr Eilfert im Rückblick auf die vorausgegangene Fallarbeit einen seiner Giftpfeile ab „Soll das jetzt so weiter gehen, dass jeder sich einmal auskotzen darf und die anderen miesmacht? Nur, dass ich weiß, worauf ich mich hier einzustellen habe…" Horst antwortet ihm mit zitternder Stimme „Herr Eilfert, so wie Sie mit uns sprechen, spüre ich nur Ablehnung, Kälte und unterschwelligen Ärger. Ich weiß nicht, womit wir uns Ihre Attacken verdient haben, aber sie treffen und sie sitzen. Ich bin nicht mehr in der Lage, das regungslos und scheinbar ungerührt zu ertragen, weil ich mir immer armseliger vorkomme. Ich kann so nicht arbeiten. Was ist los?"

Horst schlägt das Herz bei diesen Worten bis zum Hals. Zum einen erleichtert es ihn, sich Luft zu machen; zum andern ist er sich sicher, jetzt nicht nur den gut bezahlten Auftrag zu verlieren, sondern darüber hinaus von allen Seiten angegriffen zu werden.

Das Gegenteil tritt ein: Herr Eilfert wird bleich und sagt nach einer Schweigepause: „Ich weiß zwar überhaupt nicht, was Sie meinen, aber Sie sind nicht der erste, der mir so was sagt." Nach einer weiteren Pause fragt er: „Sehen mich die anderen ähnlich?".

Darauf erhält er nach einigem Zögern tatsächlich von allen Rückmeldungen, die ihm – vom entsetzten „Killer" bis zum bewundernden „knallharter Bursche" – attestieren, dass er eher aggressiv und bisweilen verletzend und zerstörerisch erlebt wird. Ute und Horst sind völlig verblüfft von diesen offenen und kritischen Rückmeldungen, denn sie haben Herrn Eilfert bislang als unumstrittenen „Leithengst" einer Gruppe „eiskalter Engel" gesehen.

An diesem Punkt kippt das Seminarklima: Herr Eilfert möchte herausfinden, wie er die ihm attestierte Art zu Stande bringt und was diese bei anderen anrichtet. Daran anschließend geht es in der Gruppe um die Frage, welche Blößen man sich im Miteinander denn geben dürfe, was man sich gefallen lassen müsse und wo man Nerven zeigen dürfe. Ute und Horst haben es urplötzlich mit einer kritisch-interessierten und beinahe aufgeschlossenen Gruppe zu tun, in der es nun auch möglich ist, weitere Praxisfragen mit (begrenztem) Tiefgang zu bearbeiten. Selbst der Fall von Frau Alsung wird noch einmal aufgerollt und in kollegialer Atmosphäre nachträglich abgerundet. Die Trainer haben einen sehr viel leichteren Stand und die verbleibende zweitägige Seminarzeit verläuft zwar nicht in glückseliger Harmonie, wohl aber auf einer Basis wechselseitiger Akzeptanz.

Alle Beteiligten sprechen in der Seminarschlussrunde davon, sich selbst und vor allem die anderen neu, besser und persönlicher kennengelernt zu haben. Auch die Trainer sind mit dem weiteren Verlauf zufrieden: Sie haben die Bereichsleiter für die von ihnen vertretenen Themen gewinnen können.

Was ist passiert?

15.2 Die Interpretation

15.2.1 Diadochenkämpfe im Schatten des Re-Formings

Zum Zeitpunkt des Seminars befindet sich die Runde der Bereichsleiter – wie das gesamte Unternehmen – in einer Performingphase (Arbeitsphase), deren Ende absehbar ist: Die Geschäfte gehen gut, die Zusammenarbeit funktioniert reibungslos und gleichzeitig wissen alle, dass es mit dem Ausscheiden des alten Geschäftsführers zu Veränderungen kommen muss. Das zu erwartende Re-Forming (Orientierungsphase) wirft seinen Schatten voraus. Der alte „General" wird bei seinem Ausscheiden ein Machtvakuum von noch nicht abzuschätzendem Umfang hinterlassen und es ist absehbar, dass dann viele der im Miteinander geltenden Verträge auslaufen und zur Neuverhandlung anstehen werden.

Bewahrer, Verunsicherte und Veränderer. In einer solchen Umbruchphase nehmen Gruppenmitglieder erfahrungsgemäß eine der folgenden drei Haltungen ein, um der zu erwartenden Unsicherheit zu begegnen:

Die „Bewahrer" sind mit den bislang von oben gesetzten Regeln einverstanden und wehren sich daher gegen jede voreilige Destabilisierung.

Die „Verunsicherten" sind orientierungslos, vertrauen der alten Ordnung nicht länger und suchen ängstlich nach Hinweisen auf die Richtung der zukünftigen Entwicklung.

Die „Veränderer" sehen Chancen für solche Umbrüche, die ihnen gerade recht kämen und sind deshalb bemüht, den neu zu formulierenden Gruppenvertrag vorzeitig in ihrem Sinne festzuklopfen.

Innerhalb der Gruppe der Bereichsleiter scheinen sich angesichts der heraufdämmernden Veränderungen alle drei Strömungen zu zeigen. Die Gruppe steht zum Zeitpunkt des Führungstrainings vor der Aufgabe, in Abwesenheit des Chefs ihr eigenes Selbstverständnis für die Zeit nach dessen Ausscheiden zu entwickeln: Wollen sie sich als Nachlassverwalter des alten Geschäftsführers verstehen und den von diesem weitgehend geprägten Gruppenvertrag bzw. das von ihm geprägte Unternehmensklima treuhänderisch verwalten bis ein Neuer kommt? Oder verstehen sie sich als nachrückende Generation, die nach dem Abgang des „Alten" nun das Miteinander im Kreis und im Unternehmen nach eigenen Vorstellungen neu gestalten will, um dem „Neuen" mit klaren Vorstellungen gegenübertreten zu können?

Ein Vorreiter. Herr Gisbert, der Leiter des Bereichs „Personal", begreift sich eindeutig als Veränderer und Vertreter der neuen Generation. Er sieht die Notwendigkeit, frühzeitig eine neue Art des Umgangs zu entwickeln und treibt eine entsprechende Entwicklung voran. Sein Auftrag zum Kommunikationstraining greift dem Klärungsprozess innerhalb der Bereichsleiterrunde allerdings um einiges vor. Herr Gisbert meint annehmen zu dürfen, dass alle Kollegen seine Einschätzung des Entwicklungsbedarfs teilen. Durch die Einladung zum Kommunikationstraining läutet er eine neue Ära der Zusammenarbeit unter veränderten Vorzeichen („Wir gehen jetzt anders miteinander um!") ein, ohne dass die Gruppe die Phasen des Re-Formings (Wo stehen wir, wenn Dr. Schmidt-Siems in Pension geht?), Stormings (Welche unterschiedlichen Auffassungen gibt es darüber, wie es weitergehen könnte?) und Normings (Welche gemeinsame Grundlage finden wir für eine Neuausrichtung?) schon durchlaufen hätte. Durch die Auftragsvergabe maßt sich Herr Gisbert implizit eine Führungsrolle im Bereichsleitungsteam an, die ihm nicht zusteht – er ist lediglich der Schnellste, wenn es um die Neuausrichtung geht und die anderen – egal, ob es sich um Bewahrer, Verunsicherte oder Veränderer handelt – müssen sich durch ihn und die von ihm bestellten Trainer überrumpelt und herausgefordert fühlen.

15.2.2 Das Forming: Die (Un-)Wahrheit der Situation

Angesichts von Herrn Gisberts Einladung zum Führungstraining müssen spätestens zu Seminarbeginn (Gründungsphase) bei allen anderen Bereichsleitern zwei Fragen wach werden:

(1) „Teile ich die inhaltliche Einschätzung des Kollegen Gisbert? Halte auch ich eine andere Art des Umgangs für zukunftsweisend und glaube ich, dass uns ein Training diesem Ziel näher bringt?"

(2) „Kann und will ich es dem Kollegen Gisbert bzw. den vom ihm ‚eingekauften' Trainern zugestehen, sich in dieser Zeit des Übergangs als Weichensteller zu betätigen?"

Diese beiden Fragen sind im Vorfeld unzureichend geklärt worden und müssten daher zu Beginn des Seminars thematisierbar werden, um einen der Wahrheit der Situation angemessenen Start zu gewährleisten. Zwei der eingeladenen Bereichsleiter haben diese Fragen durch ihre Abwesenheit vielleicht schon mit „Nein" beantwortet.

Ein Leiterversäumnis. Ute und Horst als Seminarleiter haben zwar Herrn Gisberts Auftrag, können aber nur erahnen, wie der Rest der Bereichsleitung zu dessen Vorhaben steht. Indem sie sich durch Herrn Gisbert als Seminarleiter inthronisieren lassen, ohne dazu die Zustimmung der anderen explizit einzuholen, akzeptieren und bestätigen sie gewissermaßen Herrn Gisberts Versuch, die Rolle des (selbst ernannten) Gruppenführers zu übernehmen. Dass nicht alle Anwesenden dieses Manöver tolerieren und die vom Personalleiter eingesetzten Statthalter akzeptieren wollen, kann nicht überraschen.

Indem es die Trainer versäumen, von sich aus die Wahrheit von Situation und Auftragslage offen anzusprechen, verhindern sie ein sauberes Forming. Die Basis für ein destruktives Storming ist damit gelegt.

15.2.3 Das Feld

Nach allem, was Ute und Horst durch Herrn Gisbert vorab erfahren haben, erwarten sie eine Gruppe vom „Truppentyp" mit von Distanz und Dauer geprägtem Feld.

Sämtliche Bereichsleiter sind persönlich durch Dr. Schmidt-Siems eingestellt und für tauglich befunden worden. Sie sind seit Jahren darin geübt, in einem Klima rauer, männlicher Herzlichkeit seriös und vorschriftsmäßig zu funktionieren, Anweisungen von oben zu erhalten und sie ohne langes Zögern nach unten weiterzuleiten.

Dauer-Distanz. Die Stärken einer Gruppe mit Dauer-Distanz-Schwerpunkt lassen sich umschreiben mit Stichwörtern wie Zuverlässigkeit, Verantwortungsbereitschaft, Genauigkeit, Beharrlichkeit, Leistungsorientierung, Konkurrenzbereitschaft, Intellektualität, Abgrenzungsfähigkeit, Sachlichkeit. Dem stehen als zu erwartende Schwachpunkte Unflexibilität, Autoritätsgläubigkeit, Kälte, Unsicherheit im Umgang mit Gefühlen, sachlich verpackte Aggressivität und Zurückhaltung gegenüber. Als klassische Tabuthemen für eine solche Gruppe wären zu erwarten: Versagen, Überforderung, zarte und weiche Gefühle. Diese Themen kommen – wenn überhaupt – dann nur in abgewehrter und entwerteter Form zum Vorschein, z.B. indem sie der Lächerlichkeit preisgegeben werden.

Einer an autoritäre Führung gewöhnten Truppe droht in besonderem Maße der Zerfall, mindestens aber eine Phase der Irritation, wann immer der Führer abtritt. Solche Gruppen erwarten die Regelung von Zielkonflikten durch das Eingreifen der „starken Hand" und sind deshalb zunächst überfordert, wenn sie sich selbst steuern müssen (s. „Angst vor Führungslosigkeit" in Kapitel 13.4.3).

Die Positionierung der einzelnen Mitglieder im Gruppenfeld lässt sich mit Hilfe des Riemann-Thomann-Kreuzes veranschaulichen (s. Abb. 30).

15.2.4 Eine feldfremde Aufgabe

Das Anforderungsprofil des Kommunikationstrainings ist im Nähe-Wechsel-Quadranten einzuordnen (s. Abb. 30). Das Vorhaben, die zwischenmenschliche Kommunikation der Beteiligten im Rahmen eines psychologisch fundierten Seminars als ein Phänomen mit seelischen Begleiterscheinungen begreiflich und erfahrbar zu machen und die Absicht, persönliche Praxisfragen vertrauensvoll zu besprechen, fordern von allen Gruppenmitgliedern Fähigkeiten und Belastbarkeit in solchen Regionen der thematischen Landkarte, die durch den bestehenden Vertrag ihrer Gruppe noch gar nicht erschlossen sind (Einfühlungsvermögen, Empfindungsfähigkeit, Risikobereitschaft, Ausdrucksvermögen). Vorsicht, Zurückhaltung, Befremden und Widerstand sind mithin zu erwartende Reaktionen der Bereichsleiter auf das geplante Training. Umso un-

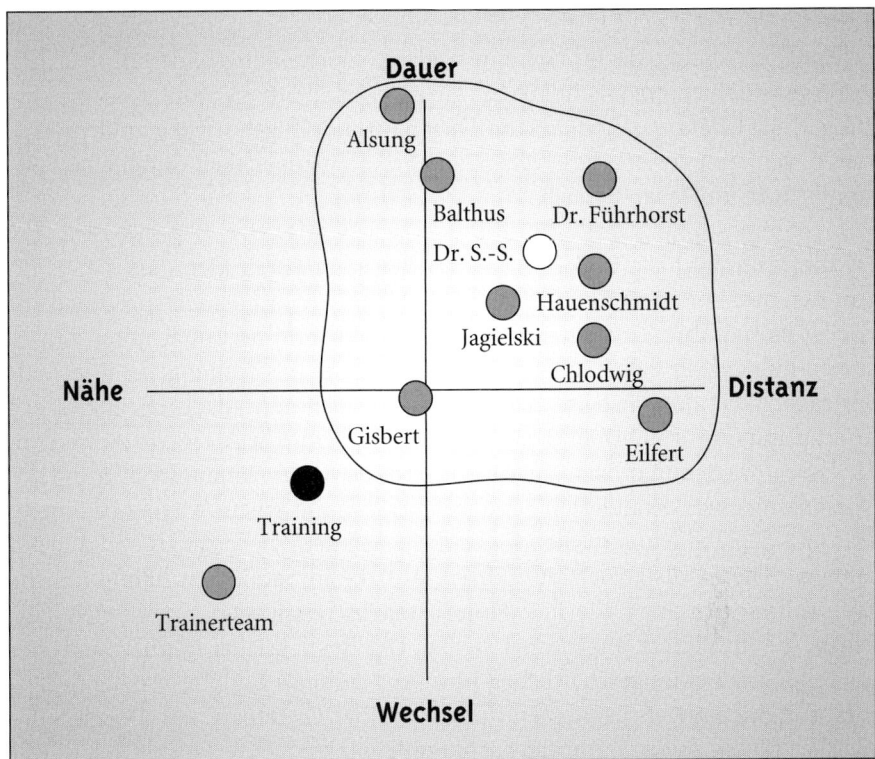

Abbildung 30. Die Schwerpunkte der mutmaßlichen seelischen Heimatgebiete der Bereichsleiter (**grau**) und des Geschäftsführers (**weiß**) sind als Punkte im Gruppenfeld markiert. Das Anforderungsprofil des Trainings (**schwarz**) liegt in dem dem Gruppenfeld entgegengesetzten Nähe-Wechsel-Quadranten

günstiger erscheint die Tatsache, dass die beiden Trainer mit den von ihnen
vertretenen Themen so identifiziert sind, dass sie ihnen als „an sich richtig" erscheinen („Jetzt lernen auch die hohen Tiere endlich, richtig miteinander umzugehen – und zwar von uns!").

Auch das Trainerteam selbst wirkt feldfern: Als Psychologen (und Ute als Frau)
rufen sie vermutlich gerade bei Gruppen vom Truppentyp Assoziationen wach,
die mit Nähe und Wechsel einhergehen („spontan, gefühlsorientiert, verspielt,
intuitiv, akzeptierend") und im Dienste einer „allergischen" Abwehr mit ihren
jeweiligen Entwertungen gleichgesetzt und wie diese bekämpft werden („Chaoten, Weichlinge, Sensibelchen, Kindergartenmentalitäten, Gutmenschen").

Interessant ist die Frage, wie es Frau Alsung überhaupt hatte gelingen können, in dieser Männerriege Aufnahme zu finden und sich dort zu behaupten.
Gruppen vom Truppen-Typ sind meist durch betont männliche Werte und
Umgangsformen geprägt, während Frauen häufig einfach dank ihres Ge-
schlechts als „nähe-wechsel-verdächtig" gelten. Frau Alsung verdankt ihre (be-

grenzte) Akzeptanz wohl ihrer überdurchschnittlichen Strukturiertheit und Selbstbeherrschung, die ihr (auch im äußeren Erscheinungsbild) eine maskuline Note verleihen. Im „männlichen" Gruppenfeld hätte sie wohl von vornherein geringe Chancen, auf der Nähe-Distanz-Achse Zugehörigkeit zu demonstrieren; sie kompensiert diese vermeintliche Unzulänglichkeit durch eine Spitzenposition im Dauer-Bereich.

Feldbestätigung. Ute und Horst ist anscheinend vorab klar, dass sie es mit Ängsten und Vorurteilen zu tun bekommen werden und dementsprechend zunächst einmal ihre Zuverlässigkeit, Belastbarkeit und Seriosität unter Beweis stellen müssen. Sie gehen mit einer Strukturidee in das Training, die ihre Feldverträglichkeit demonstriert und es den Teilnehmern dadurch erleichtern könnte, mit den Trainern und der Thematik auf feldnahe Art warm zu werden. Sie lassen das Seminar nach einer streng strukturierten Anfangsrunde und der Vorstellung eines detaillierten Seminarfahrplans mit einem Vortrag beginnen. Das gibt den Teilnehmern die Möglichkeit, sich dem vielleicht als bedrängend erlebten Thema distanziert zu nähern. Auf die in Seminaren häufig übliche Stuhlrunde verzichten Ute und Horst zunächst zugunsten von Konferenztischen, die im Viereck angeordnet stehen. Die Bereichsleiter können sich eher als Teilnehmer eines geschäftlichen Meetings denn als Mitglieder einer Selbsterfahrungsgruppe angesprochen fühlen. Auf der Grundlage des so geschaffenen Vertrauens in die Seriosität, Sachkompetenz und Zuverlässigkeit der Trainer (wichtige Leitungstugenden im Dauer-Distanz-Bereich) könnte es dann möglich sein, verkraftbaren Veränderungsdruck (durch Bearbeitung persönlicher Praxisfragen) auf das Feld auszuüben.

15.2.5 Destruktives Storming

Alle Gruppen setzen sich aus eigener Initiative nur dann mit feldfremden Aufgaben bzw. mit anstehenden Feldveränderungen auseinander, wenn diese besonders verlockend oder absolut unvermeidlich erscheinen. Im Fall der Bereichsleitergruppe ist weder das eine noch das andere gegeben.

Gesetzte Ziele. Deshalb werden die Trainer wie Eindringlinge behandelt, die versuchen, feldfremde Ziele gegen den Willen der Gruppe durchzusetzen und dadurch die Autonomie des Systems bedrohen. Sie werden zunächst einmal hinsichtlich ihrer Durchsetzungsfähigkeit getestet.

Bei Trainingsbeginn erleben Ute und Horst daher eine Gruppe, die sich gegen die Ziele setzende Autorität mit feldverträglichen Mitteln („spitze", scheinbar sachliche Kritik – Eilfert: „Ist das, was Sie da behaupten, eigentlich wissenschaftlich belegt?") abgrenzt. Vorreiter sind dabei jene Gruppenmitglieder, die sich in ihrer Art am deutlichsten von den Trainern bzw. den von ihnen verkörperten Themen abheben (Eilfert, Führhorst, Hauenschmidt). Sie werden zu inoffiziellen Führern der Gruppe.

Nach nicht bestandenem Test stehen Ute und Horst dann als machtlose Außenseiter, ja beinahe als geächtete Sündenböcke da, die der Gruppe als personifizierte thematische Zumutung und menschliche Anmaßung zugleich erscheinen müssen: „Wer und was gibt denen eigentlich das Recht, derartige Anforderungen an uns zu stellen?"

Den Trainern gelingt es weder, durch eine entsprechende Seminareröffnung im Forming die Wahrheit der Situation vorab zu klären, noch schaffen sie es angesichts des sich durch „Testballons" ankündigenden unterschwelligen Stormings die rechten Themen akzeptabel zu formulieren. Auf dieser Basis entwickelt sich eine anhand der falschen Themen (z.B. wissenschaftliche Grundlage der vorgestellten Modelle, „Richtigkeit" der von Frau Alsung vorgebrachten Kritik) und mit ungünstiger Haltung („Denen werden wir's zeigen!") geführte Kontroverse. Das Storming gerät destruktiv.

Zwei „rechte" Themen hätten statt dessen auf den Tisch gehört – zunächst ein aktueller Zielkonflikt und nach dessen Klärung ein hintergründig abgewehrtes Gruppenthema.

Legitimität. Das vordringliche rechte Thema des Stormings wäre der aktuelle Zielkonflikt innerhalb der Gruppe (und nicht zwischen Gruppe und Trainern) um die Frage „Soll dieses Training angesichts unserer Situation überhaupt stattfinden?" gewesen. Solange diese Frage nicht klar mit „Ja" beantwortet wird, haben die Trainer keinen wirklichen Auftrag und können deshalb auch nicht die Leitung der Gruppe im Seminar übernehmen.

Diese entscheidende Frage wird allerdings tabuisiert – nicht zuletzt durch die Trainer selbst, die den Seminarabbruch als denkbare „rechte Konsequenz" fürchten.

Dabei geben die Teilnehmer den Trainern durchaus Ansatzpunkte (Testballons), an denen sich dieses rechte Thema hätte entfalten können:

▶ „Ist das, was Sie da behaupten, eigentlich wissenschaftlich belegt?". Hinter diesem Einwurf von Herrn Eilfert steht neben einem vielleicht tatsächlich vorhandenen wissenschaftlichen Interesse und dem Wunsch, den Vortragenden ein wenig unter Leistungsdruck zu setzen, natürlich auch die Frage: „Sind das unabweisbare Wahrheiten, an denen wir nicht vorbeikommen oder sind das Themen, die man umschiffen kann?". Hieraus spricht auch die Sorge, im Dienste unausgesprochener fremder Interessen manipuliert zu werden. Genauso lässt sich Dr. Führhorsts Satz „Haben wir es hier mit Fakten zu tun oder mit Meinungen, Ahnungen und Vermutungen?" begreifen.

▶ „Verfügen Sie über Führungserfahrung?". Auch hinter diesem Satz von Herrn Hauenschmidt kann man neben der auf Bloßstellung angelegten Gemeinheit durchaus den konstruktiven Zweifel heraushören: „Ob das, was Ihr

Psychologen vertretet, in unserem Führungsalltag überhaupt Relevanz hat, muss erst noch geklärt werden! Vorher übernehme ich gar nichts!".

▶ „Ob das hier unsere Situation trifft, wage ich zu bezweifeln". Auch hier klingt nicht nur Herablassung an, sondern auch nachvollziehbare Sorge: „Steht das hier verhandelte Thema überhaupt auf unserer Tagesordnung?".

Jeder dieser Sätze hätte ein offeneres Ohr seitens der Trainer gehabt. Durch Aktives Zuhören wäre vielleicht die Skepsis hinter der Attacke zu Tage gefördert worden.

Versagen. Selbst unter der Voraussetzung einer geklärten Legitimität des Seminars wäre das Kommunikationstraining für die Gruppenmitglieder eine seelisch und zwischenmenschlich heikle Veranstaltung geblieben. Das Thema „Kommunikation" im Kollegen- (und Konkurrenten)Kreis – auch anhand eigener Praxisbeispiele – zu bearbeiten, weckt in der Bereichsleitertruppe mit großer Wahrscheinlichkeit Verunsicherung („Wie macht man's richtig? Womit kann man sich rasch blamieren?") und Angst vor Bloßstellung („Welche Blößen darf ich mir geben? Welche Fehler werden mir angelastet?").

Die Sorge, angesichts des fremden Themas eigene, als Versagen empfundene Schwächen fühlen und ansprechen zu müssen bzw. vorgehalten zu bekommen, steht dem Sich-Einlassen auf die eher „weichen" Aspekte zwischenmenschlicher Kommunikation im Wege. Dieser Sorge begegnen die Protagonisten des Truppencharakters mit feldgemäßer Abwehr in Gestalt distanzierter, kühl, schnell und spitz vorgetragener sachlich-fachlicher Fundamentalkritik, die hier gepaart mit der Herabwürdigung aller feldfernen Themen auftritt. Emotionalität wird als Gefühlsduselei entwertet, Sensibilität als Zimperlichkeit diskreditiert. Auf so einen „Quatsch" muss man sich dann nicht mehr einlassen (s. „Stabilität und Widerstand" in Kapitel 11.2.5).

Das gefürchtete und abgewehrte Thema „Versagen" wird gleichzeitig an die feldfremden Trainer delegiert, die sich durch die fortgesetzten Angriffe zunehmend verunsichert und versagend fühlen (s. „Der Export seelischer Konflikte" in Kapitel 6.3.4). Indem die „Harten Hunde" der Gruppe (Eilfert, Hauenschmidt, Führhorst) den Leitern zunächst ordentlich Kontra geben und dadurch verhindern, dass Ute und Horst das Gruppenklima dominieren, bringen sie die beiden in die Nähe von Versagen und Gesichtsverlust und sorgen gleichzeitig dafür, dass sie selbst sich auf dem für sie sicheren Terrain der Selbstbehauptung tummeln können, nach dem Motto: „Wenn hier jemand versagt, dann ja wohl die Trainer!"

Ute und Horst wiederum gehen mit ihrer Verunsicherung ungünstig, nämlich feldgemäß um: In der Angst, andernfalls verstoßen zu werden, halten sie durch, behalten ihre Versagensgefühle mit zusammengebissenen Zähnen für sich und treten selbst als Gegenangreifer auf. Auch sie behandeln Versagensempfindungen im Sinne der Truppenlogik wie eine heiße Kartoffel: Bloß weg damit – am bes-

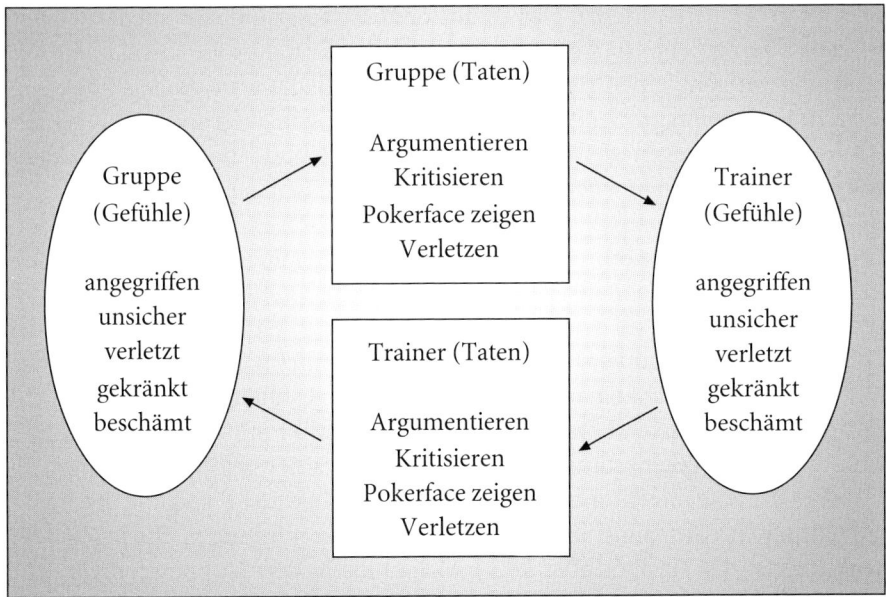

Abbildung 31. Versagensteufelskreis. Dieser zwischenmenschliche Teufelskreis besteht (in Anlehnung an Thomann & Schulz von Thun, 1988, S. 226 ff.) aus vier Stationen: Den beobachtbaren Verhaltensweisen der beiden Parteien (**in den Rechtecken**) und ihren nicht veröffentlichten Innenwelten (**im Oval**). Dabei versteht jede Partei ihr eigenes Verhalten lediglich als defensiv („Reaktion"), während das Verhalten der Gegenpartei als aggressiv (**Tat**) begriffen wird. Solange lediglich die eigene Selbstbehauptungsbereitschaft (Rechtecke) kommuniziert wird, eskaliert das Geschehen. Erst die Mitteilung der geheimgehaltenen Empfindungen (**Gefühle**) könnte die Wogen glätten

ten, die anderen haben sie zu fassen! So kommt es zwischen den Protagonisten der Truppe und den Trainern zu einem Teufelskreis (s. Kapitel 10.3.2), der auf beiden Seiten von innerlich erlebter aber verschwiegener Versagensangst und äußerlich gezeigter standfester Selbstbehauptung angetrieben wird (s. Abb. 31).

Der Teufelskreis dient in unserem Fall beiderseits der Personalisierung und Abwehr von Versagensangst. Als Versager sollen sich jeweils die anderen fühlen. Gelingt es, sie als Sündenböcke in die Knie zu zwingen, dann kann das Versagensthema unter Kontrolle gehalten werden. Diese Entwicklung ist für Gruppen vom Truppentyp durchaus nicht ungewöhnlich. Dass die Trainer sich dieser Dynamik anschließen, wirkt sich ungünstig aus.

15.2.6 Performing ohne Norming

Anlässlich der Erhebung von Praxisfragen gibt es wiederum (sachlich verbrämten) Widerstand gegen die Besinnung und das Malen als Methoden der Anliegenfindung und -aufbereitung (Methodendiskussion mit Herrn Eilfert und Herrn Hauenschmidt). Das ist auf dem Hintergrund der unbearbeiteten rechten Themen ebenso wenig verwunderlich wie die große Zurückhaltung, als es darum geht, einen freiwilligen Vorreiter für die erste Anliegenbearbeitung zu finden. Ein großer Teil der Gruppe sperrt sich aufgrund der ungeklärten Auftragslage gegen die Veranstaltung als solche und – bedingt durch Angst vor feldfernen Themen – gegen das konkrete Vorgehen der Trainer.

Ein Thema als Zankapfel. Das von Frau Alsung eingebrachte persönlichkeitsnahe, explosive, vielschichtige und chancenreiche Thema „Bedrängende Witze im Casino" hätte zu seiner Bearbeitung eine geklärtere Situation in der Gruppe erfordert und verdient. Frau Alsung berührt nicht nur das Tabu der weiblichen Verletzlichkeit angesichts männlicher Rohheit, sie eröffnet gleichzeitig einen handfesten aktuellen Beziehungskonflikt mit den Herren Eilfert, Chlodwig und Hauenschmidt. Hier wären die Trainer gefordert gewesen, als Coaches für jene metakommunikatorische Offenheit zu sorgen, die die „rechte Haltung" im Storming ausmacht und deren Vermittlung auch ein Ziel des Trainings ist. Da sie aber über keine Akzeptanz in der Gruppe verfügen und längst selbst in ein destruktives Storming verwickelt sind, versagen sie vor dieser Anforderung.

So, wie die Dinge stehen, verkommt Frau Alsungs Anliegen einerseits zum Austragungsort für die überfällige Auseinandersetzung um Sinn und Ziel der gesamten Veranstaltung. Andererseits missrät die Fallbearbeitung inhaltlich zu einer Gerichtsverhandlung, bei der – mit Unterstützung der Trainer – um Recht und Versagen prozessiert wird. Die Performingphase (Arbeitsphase) des Seminars wird durch unbearbeitete Storming-Überhänge gestört. Der thematische Zwilling „Empfindsamkeit-Robustheit" wird dabei durch Frau Alsung („zimperliche Zicke") und die Witzemacher („unsensible Primitivlinge") in seinen unausgesprochenen, aber deutlich gemeinten Entwertungen personalisiert, ohne dass die seelischen Beweggründe hinter den verhärteten Haltungen zum Vorschein kämen. Dadurch entgleitet der Konflikt.

15.2.7   Ein rechtes Thema

Der Entschluss der Trainer, das Seminar notfalls zu beenden, um allen Beteiligten eine endlose Quälerei zu ersparen, befindet sich ungewollt und unbewusst auf der Höhe der Situation: „Herr Eilfert, so wie Sie mit uns sprechen, spüre ich nur Ablehnung, Kälte und unterschwelligen Ärger. Ich weiß nicht, womit wir uns Ihre Attacken verdient haben, aber sie treffen und sie sitzen. Ich bin nicht mehr in der Lage, das regungslos und scheinbar ungerührt zu ertragen, weil ich mir immer armseliger vorkomme. Ich kann so nicht arbeiten." Diese Worte leiten eine Wende im Verhältnis zwischen Gruppe und Trainern ein. Indem Horst sich kränkbar und aufgabebereit zeigt, findet das unterschwellige destruktive Storming (Streitphase) ein jähes Ende. Die Fraktion der „Harten" hat nun scheinbar gewonnen, die umkämpfte Blöße liegt offen, das Versagen als bislang vermiedenes Thema ist eindeutig auf Seiten der Leiter.

Ein Ende ohne Schrecken. Aber es kommt nicht zu jener Vernichtung, die in der Phantasie der Betroffenen meist mit dem Durchbruch des abgewehrten Themas einhergeht. Horst steht als Leiter (sicher zur eigenen Überraschung und wohl zu der aller Beteiligten) keineswegs wehrlos und gedemütigt da, sondern kann aus dem Versagen heraus neue Themen vorgeben („Was ist hier los?") und Bedingungen stellen („So kann ich nicht arbeiten."). Das offene Übernehmen des abgewehrten Themas und damit das Heraustreten aus der Vermeidungslogik des Gruppenfeldes hat eine befreiende Wirkung, die es dann auch den anderen – allen voran Herrn Eilfert – ermöglicht, sich den Themen und Umgangsformen des Nähe-Wechsel-Bereiches aufgeschlossener und vertrauensvoller zu nähern.

Eine solche Entwicklung hat Horst wahrscheinlich nicht bewusst angesteuert. Ihm stand einfach das Wasser bis zum Hals und er kam notgedrungen und unbeabsichtigt Ruth Cohns Rat nach: „Wenn's schwierig wird, sag' was mit dir ist." Er war wohl eher darauf eingerichtet, unter Hohn und Spott von dannen gejagt zu werden – und auch das hätte eben so gut passieren können. Wann immer ein abgewehrtes Thema offen übernommen wird, steht der Chance des befreienden Tabubruchs gleichgewichtig das Risiko der Ausgrenzung gegenüber.

Thematische Öffnung. So, wie es dann läuft, werden durch das Aufgeben der Leiter die rechten Themen zugänglich:

Zum einen stellt diese Wende die Veranstaltung bzw. die Trainer zur Disposition und bricht damit endlich das Gründungstabu der Seminargruppe: „Du sollst nicht öffentlich zweifeln am Sinn dieser Veranstaltung!" Nun könnte angesichts der Möglichkeit eines Abbruchs offener darüber gesprochen werden, welche Chancen und Risiken die Beteiligten darin sehen, sich in dieser Runde mit dem eigenen Kommunikationsverhalten auseinander zu setzen.

Zum anderen beendet Horsts offenes und öffentliches „Die-Waffen-Strecken" jene untergründig eskalierende Vermeidung des Versagensthemas, die der Gruppe den Zugang zum Nähe-Wechsel-Quadranten versperrt hat.

Angesichts dieser beiden Themen entscheiden sich die Beteiligten für die Bearbeitung der Frage, welche Blößen man sich im Miteinander geben könne, was man wie lange ertragen müsse und wo man Nerven zeigen dürfe. Die vermeintlichen Untugenden der Nähe und des Wechsels (Blöße, Nerven, Versagen) werden plötzlich als bedingt salonfähig betrachtet und die Bereichsleiter leisten sich den Luxus, nach den vertretbaren Grenzen ihrer Belastbarkeit zu fragen – das Gruppenfeld gerät in Bewegung.

Der zweite Schritt zuerst. Dass die Gruppe nicht zunächst die Auseinandersetzung um die Veranstaltung bzw. um die Trainer wählt, sondern inhaltlich einsteigt, erscheint als ungünstig, wenn auch nachvollziehbar.

Ungünstig, weil die vertiefte inhaltliche Arbeit vor einem weiterhin ungeklärten organisationalen und zwischenmenschlichen Hintergrund stattfindet. Das kann zu später Reue („Hätte ich mich bloß zurückgehalten!") und mangelhaftem Transfer („So wie im Seminar gehen wir in Wirklichkeit nie miteinander um!") führen.

Nachvollziehbar ist dieser Schwenk der Gruppe, weil sich mit Herrn Eilfert ja unerwartet ein starker Vertreter des Widerstandes nach kurzer Ansprache durch den Trainer „erschütterbar" und „reumütig" zeigt. Das mindert einerseits die Konfliktbereitschaft der Gruppe gegenüber den Trainern („Wenn jetzt sogar unser Vorreiter Eilfert wegknickt, dann fügen wir uns lieber!") und senkt gleichzeitig die Schwelle für feldfremde Themen ungemein („Wenn sogar Herr Eilfert Nerven zeigt, dann darf ich es auch!"). Die Trainer erscheinen nach dem „Einknicken" des bisherigen inoffiziellen Gruppenführers innerhalb kürzester Zeit als legitime Gruppenführer in einem sich verändernden Feld. Hier wäre es der Gruppe und den Trainern zu wünschen gewesen, dass sie die bestehende Führungs- und Orientierungslosigkeit länger ausgehalten hätten.

Das Thema „Versagen" ist zwar ein rechtes Thema, das für die Bereichsleitertruppe anstehen muss, sobald es um einen persönlicheren Austausch gehen soll. Insofern ist die Bearbeitung dieses Themas ein Meilenstein, der die Dinge auch zum Guten wenden hilft. Allerdings: das wesentlichere, weil grundlegendere Thema „Wollen und müssen wir überhaupt persönlicher miteinander umgehen?" wird wiederum nicht zum Gegenstand der Diskussion. Den Trainern wäre zu empfehlen gewesen, die Gelegenheit beim Schopfe zu ergreifen, im Rahmen eines umfassenden Re-Formings (Orientierungsphase) die Auftragslage zu klären und damit eine Neugründung der Seminargruppe in die Wege zu leiten, bevor es inhaltlich in die Tiefe geht.

15.2.8 Ein mäßig gelungenes Performing

Auf das lange destruktive und kurze konstruktive Storming (Streitphase) entlang des Versagensthemas folgt ein rasches unausgesprochenes Norming (Vertragsphase): Gruppe und Trainer einigen sich erleichtert darauf, dass man einander vertrauen dürfe, dass es auch gewinnbringend und belebend sein könne, im zeitlich begrenzten Rahmen eines Trainings Persönliches in dieser beruflichen Gruppe zu besprechen und dass die Frage, ob das alles im Alltag Relevanz habe, hier nicht zu klären sei. Für das Miteinander im Seminar ist dieses mit der heißen Nadel gestrickte Norming offensichtlich hinreichend, um anschließend – wie geschehen – ein angenehmes, produktives und bereicherndes Performing (Arbeitsphase) zu gewährleisten. Für das Miteinander im beruflichen Alltag ist allerdings noch längst keine Arbeitsgrundlage geschaffen, da entscheidende Fragen noch gar nicht gestellt, geschweige denn beantwortet worden sind.

15.2.9 Prognose

Ein derartiges Abkoppeln der Seminarwirklichkeit vom Alltagsleben der Gruppe führt in vielen Fällen zum Erleben kurzfristiger Gruppeneuphorie angesichts eigentlich nicht für möglich gehaltener Veränderungen. So auch hier: Während der folgenden Tagen erlebt die Seminargruppe schöne, bewegende und lehrreiche Augenblicke. Das Gruppenfeld verschiebt sich während des Seminars – ganz im Sinne des ursprünglichen Auftrages – in Richtung Nähe-Wechsel.

Die Dauerhaftigkeit dieser Veränderungen unter Alltagsbedingungen muss allerdings als äußerst unsicher gelten: Die Frage, wie es in Zukunft im beruflichen Miteinander zugehen soll und wird, ist nach wie vor ungeklärt – das anstehende Re-Forming hat noch nicht stattgefunden. Ob die Beteiligten daher die Aufbruchstimmung des Seminars in den Alltag werden hinüberretten können, darf bezweifelt werden.

Wie ich später erfahren habe, verkündete Dr. Schmidt-Siems nicht lange nach Seminarende, dass er nun doch noch einige Jahre dranhängen werde. Damit war das Verbleiben der Bereichsleitung im Performing und im bewährten Feld gesichert und alle Entwicklungsspekulationen hatten sich ohnehin erübrigt. Das Kommunikationstraining war zu einer exotischen Episode geworden.

Anhang

Fragen zur Diagnose des Gruppenfeldes

Die folgenden Fragen liefern Aufschluss über die Lage des Gruppenfeldes im Riemann-Thomann-Kreuz (s. Kap. 11.1.1). Zu jeder Frage ist aufgeführt, welche thematischen Zwickmühlen der thematischen Landkarte durch sie berührt werden (s. Kap. 12.1.1). Weiterhin wird orientierungshalber je eine „Musterantwort" zu jedem der vier Gruppenfeldtypen vorgestellt (s. Kap. 11.2).
Der Fragenkatalog wurde aufgrund praktischer Erfahrungen zuammengestellt. Empirische Studien hierzu liegen nicht vor.

Frage	Thema (s. Landkarte)	Antwort 'Gemeinschaft' (Nähe-Dauer)	Antwort 'Team' (Nähe-Wechsel)	Antwort 'Truppe' (Distanz-Dauer)	Antwort 'Haufen' (Distanz-Wechsel)
1. „Wie gut sind Sie über das Privatleben der anderen im Bilde?"	Nähe-Distanz Emotionalität- Rationalität Mitgefühl-Abgrenzung	„Ich weiß bei allen, wie es im Grunde aussieht und was die einzelnen umtreibt."	„Wir tauschen darüber viel und intensiv aus – vor allem natürlich über Krisen und Höhepunkte."	„Tut bei uns nicht viel zur Sache. Oberflächlich und rein an den Fakten orientiert."	„Von den meisten weiß ich nichts."
2. „Wie schwer muss man hier krank sein, um guten Gewissens krank feiern zu können?"	Belastbarkeit- Empfindsamkeit Lust-Disziplin	„So, dass die eigene Arbeitsfähigkeit für alle nachvollziehbar eingeschränkt ist."	„Wenn man nicht mehr kann, dann kann man eben nicht mehr. Das ist schon in Ordnung."	„So, dass ein amtsärztliches Attest vorliegt oder vorliegen könnte."	„Solange jeder seinen Job hinkriegt, interessiert das keinen. Wenn der Job darunter leidet, braucht's schon einen sehr guten Grund."
3. „Welche Entschuldigung für zu spätes Kommen/ zu frühes Gehen ist bei Ihnen akzeptiert?"	Lust-Disziplin Solidarität- Eigenverantwortung	„Krankheitsfälle in der Familie, verspätete Verkehrsmittel."	„Behördengänge, Verschlafen, Verabredungen, Handwerker,..."	„Stau, noch wichtigere berufliche Termine, Todesfälle."	„Solange jeder seinen Job hinkriegt, interessiert das keinen."
4. „Wie klar ist bei Ihnen geregelt, wer wem was zu sagen hat?"	Nähe-Distanz Solidarität- Eigenverantwortung Unterordnung- Emanzipation	„Natürlich haben einige mehr Verantwortung als andere zu tragen. Das hängt hier aber niemand an die große Glocke."	„Es gibt wahrscheinlich irgendwo eine Vorgabe, aber die kennt hier keiner. Wir ziehen alle an einem Strang."	„Ich kann Ihnen gerne das Organigramm zeigen!"	„Sehr klar: keiner hat niemandem irgendetwas vorzuschreiben! Jeder ist sein eigener Herr!"

Frage	Thema (s. Landkarte)	Antwort 'Gemeinschaft' (Nähe-Dauer)	Antwort 'Team' (Nähe-Wechsel)	Antwort 'Truppe' (Distanz-Dauer)	Antwort 'Haufen' (Distanz-Wechsel)
5. „Wie klar ist bei Ihnen geregelt, wer wann für was zuständig ist?"	Dauer-Wechsel Sicherheit-Freiheit Kontrolle-Vertrauen	„Da gibt es eine klare Aufgabenteilung. Wer aber allein nicht klar kommt, kann jederzeit um Unterstützung bitten."	„Das brauchen wir nicht. Hier hilft jeder jedem und wir teilen die Arbeit spontan ein."	„Ich kann Ihnen gerne die Arbeitsplatzbeschreibungen zeigen!"	„Jeder tut, was er für richtig hält. Nur entlang der Schnittstellen gibt es Zuordnungen, um Überschneidungen zu verhindern."
6. „Wie werden Geburtstage bei Ihnen gefeiert?"	Nähe-Distanz Mitgefühl-Abgrenzung	„Jeweils mit einem Geschenk aus der Gemeinschaftskasse und Kaffee und Kuchen ab 15:00 Uhr."	„Wenn wir dran denken – dann gerne mit Überraschungen, ausgelassen und sehr persönlich."	„Gratulation mit Handschlag."	„Welche Geburtstage?"
7. „Wie sieht Ihre Weihnachtsfeier in der Regel aus?"	Emotionalität-Rationalität Solidarität-Eigenverantwortung	„Wir treffen uns jeweils am 16.12. zum Essen beim Portugiesen und führen einen Julklapp durch."	„Jedes Jahr eine andere, verrückte Idee – mit viel Herz und Geschenken."	„Wir haben aus Kostengründen darauf verzichtet. Der Chef hält am letzten Arbeitstag eine kleine Rede."	„Um Gottes Willen!"
8. „Wie sorgen Sie für eine gerechte Verteilung der Arbeitsbelastung?"	Vertrauen-Kontrolle Disziplin-Lust	„Wir haben eine klare Aufgabenverteilung und tauschen uns regelmäßig über deren Zweckmäßigkeit aus."	„Das ergibt sich bei uns, indem jeder auf jeden Rücksicht nimmt."	„Das regelt der Chef" bzw. „Dafür gibt es Arbeitsplatzbeschreibungen" bzw. „Durch ein Erfassungssystem..."	„Indem jeder seinen Job tut. Wem es zuviel wird, der meldet sich schon."
9. „Wie bestimmen Sie, wer in Ihrer Runde der/die Beste, Fleißigste, Erfolgreichste...ist?"	Selbstbehauptung-Rücksichtnahme Solidarität-Eigenverantwortung	„Bei uns soll sich jeder um optimale Leistungen bemühen - ob die besser sind als die der anderen, interessiert nicht."	„Das spielt bei uns keine Rolle - das Teamergebnis zählt."	„Das klärt der Chef in Einzelgesprächen. Aber natürlich weiß man aufgrund von Positions- und Privilegienverteilung in etwa, wo man in der Hackordnung steht."	„Wir scheuen weder Auseinandersetzungen noch Vergleiche – wenn sie sich ergeben. Eine Rangliste führen wir nicht, hätten aber auch nichts dagegen."

Frage	Thema (s. Landkarte)	Antwort 'Gemeinschaft' (Nähe-Dauer)	Antwort 'Team' (Nähe-Wechsel)	Antwort 'Truppe' (Distanz-Dauer)	Antwort 'Haufen' (Distanz-Wechsel)
10. „Was muss ein Neuankömmling tun, um sich möglichst rasch Sympathien zu erwerben?"	ohne Vorgabe	„Er/sie sollte sich rücksichtsvoll, bescheiden, fleißig und hilfsbereit in den Dienst der gemeinsamen Sache stellen."	„Er/sie sollte aus sich herausgehen, kreativ und kontaktfreudig auftreten und ein ausgesprochener Team-Player sein."	„Man sollte sich beherrscht, sachlich, kompetent, belastbar und mit guten Manieren in den bestehenden Rahmen einfügen."	„Er sollte seine Aufgaben eigenverantwortlich in bester Qualität lösen und die anderen nicht unnötig belästigen."
11. „Was blüht einem hier, wenn man getroffene Absprachen nicht einhält?"	Disziplin-Lust Abgrenzung-Mitgefühl	„Das wird genau registriert. Die Kritik wird selten offen, dafür untergründig-vorwurfsvoll geäußert."	„So genau überprüfen wir uns hier gegenseitig nicht. Wenn einer was vergisst, macht's halt ein anderer oder es knallt mal kurz, aber ohne große Folgen."	„Die Benachteiligten gehen zum Chef oder sprechen das Fehlverhalten – seltener – direkt gegenüber dem Unzuverlässigen an."	„Solange keine anderen geschädigt werden, ist hier jeder für sich verantwortlich. Wer anderen auf die Füße tritt, muss mit einer Abreibung rechnen."
12. „Wie kommen Sie in strittigen Fragen zu Entscheidungen?"	Solidarität-Eigenverantwortung Emotionalität-Rationalität	„Wir reden lange und versuchen eine Lösung zu finden, in die alle Interessen eingebunden werden."	„Wir versuchen rasch eine für alle akzeptable Lösung zu finden, ohne lange ins Detail zu gehen."	„Entweder der Chef entscheidet oder die Mehrheit bestimmt nach Diskussion die Richtung."	„Wir lassen möglichst verschiedene Ansätze nebeneinander gelten. Im Notfall entscheidet die Mehrheit – Hauptsache rasch."
13. „Wie wichtig sind informelle Kontakte für den Zusammenhalt Ihrer Gruppe?"	Mitgefühl-Abgrenzung	„Entscheidend – wir tauschen uns intensiv über Höhen und Tiefen im Privaten aus, unternehmen häufiger etwas zusammen und es gibt Freundschaften unter uns."	„Bei uns gibt es keine Trennlinie Privat/Beruflich. Man unterhält sich intensiv über alles, unternimmt abends gerne noch etwas gemeinsam und lädt die anderen nach Hause ein."	„Im Mittelpunkt steht natürlich der Job. Aber einen gemeinsamen Kegelabend alle drei Monate lassen wir uns nicht nehmen. Private Themen sind dabei zweitrangig. Aber über Freizeitthemen (Fußball) wird dann geredet."	„Irrelevant - vielleicht mit Ausnahme des gemeinsamen Survival-Camps vor drei Jahren."

Frage	Thema (s. Landkarte)	Antwort 'Gemeinschaft' (Nähe-Dauer)	Antwort 'Team' (Nähe-Wechsel)	Antwort 'Truppe' (Distanz-Dauer)	Antwort 'Haufen' (Distanz-Wechsel)
14. „Was muss ein Neuankömmling tun, um sich möglichst rasch alle Sympathien zu verscherzen?"	ohne Vorgabe	„Wer käme, um zu zeigen, dass er alles besser kann und alles anders machen will, der hätte es schwer."	„Unbeliebt machen könnte er sich durch Arroganz, Phantasielosigkeit und Kleinkariertheit."	„Wer sich anbiedern und/oder die geltenden Regeln missachten würde – der hätte es schwer."	„Wer immer hier den Taktstock schwingen und uns dirigieren wollte – der würde sich die Zähne ausbeißen."
15. „Inwieweit ist es bei Ihnen erlaubt, auf eine Bitte um Unterstützung mit 'Nein' zu antworten?"	Mitgefühl-Abgrenzung Solidarität-Eigenverantwortung	„Das sollte man im Dienste eines guten Miteinanders nicht tun. Hat man keine Zeit, bietet man einen anderen Zeitpunkt oder andere Ansprechpartner an."	„Ich wüsste nicht, dass es verboten wäre – aber das macht keiner. Wenn einer Hilfe braucht, kümmern wir uns alle sofort, auch wenn das den Laden manchmal aufhält."	„Sobald die Bitte unsachgemäß ist oder zu einer nicht vertretbaren Verzögerung der eigenen Arbeit führen würde, ist sie abzulehnen."	„Kein Problem: Erstens fragt kaum jemals jemand um Hilfe. Zweitens wäre niemand nachtragend, wenn der andere keine Zeit hätte – wir haben alle viel zu tun."
16. „Welche Gefühle sollte man in Ihrer Gruppe besser nicht haben/ausdrücken?"	ohne Vorgabe	„Bei uns ist Platz für alles – nur laut, egoistisch und aggressiv sollte es dabei nicht zugehen. Und es sollte im Rahmen bleiben."	„Bei uns darf man sich gehen lassen, solange man andere nicht attackiert oder einschüchtert."	„Man sollte sich schon im Griff haben, ohne zu weinen, ängstlich und eingeschüchtert zu sein oder „auszurasten"."	„Welche Gefühle jeder hat, ist seine Sache. Im Miteinander haben die eigentlich keinen Platz."
17. „Wie werden Absprachen in Ihrer Gruppe festgehalten?"	Vertrauen-Kontrolle	„Durch Protokolle und ggf. Merkzettel an unserer gemeinsamen Info-Wand."	„Die merken wir uns – manchmal schreiben wir Wichtiges in großen Buchstaben auf unsere Info-Wand."	„Durch Protokolle, die jedem ausgehändigt werden und bei Nicht-Reklamation innerhalb von drei Tagen als genehmigt gelten."	„Die paar, die wir brauchen, merken wir uns. Protokolle würden ohnehin nicht gelesen."

18. – ??

Anmerkungen

[1] „Der Versuch, die Dynamik sozialer Gruppen zu verstehen oder zumindest aufzuzeichnen, erfordert außergewöhnlich aufwändige Methoden und umfangreiches Material...Man rechnet im Schnitt mit 40 (!) Stunden allein an Kodierzeit für Gruppenprozesse, die sich über eine Stunde erstrecken." (Gehm 1997, S. 5)

[2] Indem wir von Zielen sprechen, argumentieren wir *final* oder *teleologisch*. Man könnte mit gleicher Berechtigung *kausal* von „Bedürfnissen", „Motiven" oder „Trieben" reden. Ich halte es in dieser Frage mit Rupert Riedl (1987, S.92), der festhält: „Kräfte und Zwecke...scheinen nur aufgrund unserer angeborenen Anschauungsformen als völlig zu trennende Qualitäten." Ohne Ziele gäbe es keine Bedürfnisse bzw. Motive und umgekehrt – entscheidend und bewegend ist die Differenz , das Gefälle zwischen beiden Polen: Unerreichte Ziele wecken Bedürfnisse und unbefriedigte Bedürfnisse lassen Ziele entstehen. Für unsere Darstellung entscheiden wir uns für den einen Pol und sind uns bewusst, dass Ziele erst in Kombination mit Bedürfnissen und Motiven wirksam werden können.

[3] Ähnlich formuliert bei Doise 1976, S. 190: „Eine Gruppe bildet sich, wenn die Einzelpersonen dazu gebracht werden, ein Ziel durch gegenseitig voneinander abhängige Akte anzustreben..."

[4] Für eine Diskussion des Gruppenbegriffs und einen diesbzgl. Literaturüberblick s. Antoni 1996, S. 7ff

[5] Zur Berechnung der Anzahl von Beziehungen, die innerhalb einer Gruppe bestehen, gibt es die recht einfache Formel: N x (N-1)/2. Demnach gibt es in einer Acht-Personen-Gruppe 28 Beziehungsfäden, während es in einer nur doppelt so großen Sechzehn-Personen-Gruppe bereits 120 sind – die Komplexität von Beziehungsgeflechten wächst exponentiell.

[6] Wobei für Organisationen m.E. die gleichen Prinzipien der Selbstorganisation zum Tragen kommen, wie sie hier für Gruppen beschrieben werden.

[7] Der Grundgedanke, dass Gruppenmitglieder vor allem im Dienste von Zielen aktiv werden, liegt auch dem in der Kleingruppenforschung verwendeten Konzept des „interaktionellen Plans" und der darauf aufbauenden Methode der „sequentiellen Plananalyse" zu Grunde (s. Schiepek et al. 1997). „Etwas verkürzt könnte man solche Pläne als (beobachtbare) Ziele der Beziehungs-

gestaltung bzw. als verbal und nonverbal vermittelte Selbstdarstellungsab-
sichten einer Person in sozialen Situationen bezeichnen...Solche Pläne (erlangen) nicht immer Bewusstheit. Beispiele für interaktionelle Pläne sind
etwa 'Demonstriere Stärken und Kompetenzen', 'Vermeide aggressives Verhalten', 'Versuche, die Kontrolle zu behalten'." (ebd. S. 42) Indem jedes auf einen solchen Plan verweisende Verhalten aller Beteiligten im Verlauf der Zeit
registriert wird, entsteht eine Partitur der zielorientierten Aktivitäten in der
Gruppe – sozusagen eine Notation des Gruppengeschehens. „Ein sozialer In-
teraktionsprozess wird unter dieser Perspektive als selbstreferentielles, dyna-
misches System von Planaktivierungen interpretierbar." (ebd., S. 43)

8 Diese Unterscheidung geht zurück auf Watzlawick (1969), der die Inhalte
von Kommunikation nach diesen beiden Kategorien unterschieden hat.

9 Diese Unterscheidung geht zurück auf die psychoanalytische Theorie, (s. Freud
1977, S. 226ff)

10 Auch dies von Freud (1977, S. 226ff) entwickelte Begriffe.

11 Dies in Anlehung an den soziologischen Begriff des Gesellschaftsvertrages.
Zu dessen Diskussion s. Luhmann (1997, S. 26f)

12 „Nur ein ziemlich kleiner Teil der Normen in...Gruppen ist explizit und für alle sichtbar ausformuliert. Die bei weitem meisten Normen sind lediglich implizit und bleiben zumeist unthematisch, undiskutiert und werden als nicht be-
zweifelbare Selbstverständlichkeiten erlebt. Viele werden erst bei Übertretun-
gen überhaupt sichtbar. Soweit sie benannt werden, können sie Regeln oder
Vorschriften heißen, aber auch Bräuche, Zeremonien, Konventionen, Etikette,
Mode. Oft haben sie überhaupt keine Namen und sind einfach 'selbstverständlich' oder 'immer so gewesen'...Die bei weitem meisten Normen sind lediglich
phänomenale Sachverhalte, sie sind nirgendwo objektiviert oder schriftlich
festgehalten. Das bedeutet auch, dass die (erlebten) Normen hinsichtlich eines
Sachverhaltes in einer konkreten Situation bei den beteiligten Personen inter-
individuell und auch intraindividuell variieren können." (Sader 2000, S. 199)

13 In der Literatur wird dieser Begriff unscharf benutzt (Zu Herkunft und Bedeutung des Begriffs s. Däumling und Fengler 1978, S. 2796f): Zum einen
wird er im Wortsinn gebraucht zur Bezeichnung der „Lehre von den in
Gruppen wirksamen Kräften" . Zum anderen dient er zur Bezeichnung der
sogenannten „Gruppendynamischen Methode": Bei dieser Form der Selbsterfahrung werden Menschen ohne regelnde Vorgaben unter den Augen eines
sich weitgehend passiv verhaltenden Leiters zu einer Gruppe zusammenge-
führt. Die Verhaltensweisen, die die einzelnen in dieser vermeintlich „ur-

sprünglichen", unklaren und damit belastenden Situation zeigen, gelten als besonders aussagekräftig bezüglich ihrer „wahren" Charaktereigenschaften. Zur Kritik der gruppendynamischen Methode s. Teil II, Kapitel 5.3.2.

[14] In der Selbstorganisationsforschung spricht man von „Kontingenz".

[15] „Die Chaostheorie beschäftigt sich mit deterministischem Chaos, also (teil-) deterministischen Zusammenhängen, die aufgrund kontingenter (nichtlinearer) Einflüsse im Ergebnis nicht oder nur noch partiell vorhersagbar sind." (Mussmann 1995, S. 166, Fußnote 6)

[16] „Emergenz" ist der Terminus, mit dem in der Sprache der Selbstorganisationsforschung eine solche prozesshafte Strukturbildung bezeichnet wird.

[17] Die Selbstorganisationsforschung beschäftigt sich „ganz allgemein mit der Strukturentstehung in dynamischen Systemen ... Allgemein wird davon ausgegangen, dass 'Selbstorganisation' (oder: spontane Strukturbildung) unter bestimmten Voraussetzungen eine natürliche Eigenschaft von komplexen dynamischen Systemen ist." (Mussmann 1995, S. 166) Jean Piaget (1992) hat bereits in den Sechziger Jahren zur Beschreibung der komplexen genetischen und kognitiven Systeme den verwandten Begriff der Autoregulation verwendet.

[18] Mit dieser Metapher hatte der Wirtschaftstheoretiker Adam Smith im 18. Jahrhundert die Selbstorganisation der Wirtschaft beschrieben. (zitiert nach Galbraith 1988)

[19] In der einschlägigen Literatur wird meistens unterschieden zwischen der inneren und äußeren Umwelt von Gruppen – also den Teilnehmern einerseits und der sozialen Umwelt andererseits. (s. Fabian 1997, S. 198)

[20] In der Terminologie der systemischen Sichtweise ließe sich die Gruppe mithin als ein „operational geschlossenes" bzw. „halboffenes" System bezeichnen. (Mußmann 1995, Luhmann 1997)

[21] Das hier zu Grunde liegende Evolutionsverständnis ist angeregt durch Niklas Luhmann (1997, S. 413ff)

[22] Schattenhofers Leitungsverständnis „geht davon aus, dass eine Gruppe zwar ohne Leitungsperson, aber nicht ohne Leitungsfunktionen auskommt." (ders. 1997, S. 176)

[23] Dies in Anlehnung an Paul Watzlawicks (1969) Unterscheidung von Ebenen der Kommunikation

²⁴ Von dieser „Krankheit" sind in unserer Gesellschaft vor allem die politischen Parteien bedroht, von denen in der Öffentlichkeit erwartet wird, dass sie eine Position vertreten, ohne sie sich vorher erstreiten zu müssen. Darüber hinaus sind alle Institutionen gefährdet, die ein Erkenntnismonopol beanspruchen (Die kommunistischen Parteien im früheren Ostblock, die katholische Kirche,...)

²⁵ Die Einteilung von Beziehungsmustern in die drei Kategorien „symmetrisch", „komplementär" und „metakomplementär" geht zurück auf den amerikanischen Familientherapeuten Jay Haley (s. Schulz von Thun 1981, S. 181ff)

²⁶ Eine gute Beschreibung des Tuckman'schen Modells findet sich bei Volker Tschuschke (1997, S. 183ff), der schreibt: „Das *linear-progressive Modell* war erstmals von Tuckman propagiert worden, nachdem er über 50 Studien bezüglich Gruppenentwicklung in der Literatur durchgesehen hatte...Man kann mit Sicherheit behaupten, dass Tuckman das Essentielle aller wesentlichen linear-progressiven Modelle zur Gruppenentwicklung in seinem resultierenden 4-Stufen-Modell erfasst und formuliert hat."

²⁷ Sigmund Freud als Entdecker der seelischen Verdrängungs-Mechanismen beschreibt den Vorgang so: „Es muss sich ein heftiges Sträuben dagegen erhoben haben, dass der fragliche seelische Vorgang bis zum Bewusstsein vordringe; er blieb darum unbewusst. Als Unbewusstes hatte er die Macht, ein Symptom zu bilden. Dasselbe Sträuben widersetzt sich ... dem Bemühen, das Unbewusste ins Bewusste überzuführen ...Dies verspüren wir als Widerstand. Der pathogene Vorgang, der uns durch den Widerstand erwiesen wird, soll den Namen Verdrängung erhalten." (Freud 1977, S.232)
Im Sprachgebrauch der Systemtheorie können wir „unbewusst" als „der systeminternen Kommunikation entzogen" begreifen (Ähnlich argumentiert Schattenhofer 1997, S 176, Fußnote). Dann lässt sich die Freud'sche Terminologie auch auf Gruppen anwenden: Verdrängung ist dort jener Vorgang, der Themen unterhalb der Schwelle des Benennens hält. Dies geschieht u.a. dadurch, dass jene Phasen des Gruppenprozesses, in denen das Verschwiegene überdeutlich werden müsste, umfahren werden.

²⁸ In diesem Sinne schreibt Manfred Sader (2000) über das ursprüngliche Modell Tuckmans: „Wir sollten...nicht erwarten, dass ein faktisch sich ereignender Gruppenprozess in vier sauber zu trennende Phasen mit definierbaren Wendepunkten zerfällt, aber es ist eine vernünftige Heuristik, dass alle diese vier Phasen sinnvoll und notwendig sind." (ebd. S. 136)

²⁹ Karl Schattenhofer unterscheidet in diesem Sinn zwei Ebenen der Selbstorganisation: Die Ebene des unbewussten „Das, was passiert" und jene der bewussten Selbststeuerung und -thematisierung (1997, S. 175)

30 In der Mathematik spricht man von „Fraktalen Strukturen" (Binning 1989, S. 143 ff)

31 Diese Frage nach der Herkunft der Ursprungsstruktur begegnet uns stets, wenn wir es mit sich-selbst-erzeugenden (autopoietischen) Systemen zu tun haben.

32 Schulz von Thun (1981) unterscheidet Sachinformation, Selbstkundgabe, Beziehungsbotschaft und Appell als vier Aspekte des kommunikativen Geschehens.

33 Es geht mit anderen Worten darum, wie innerhalb eines sozialen Systems Inklusion und Exklusion geregelt werden. (Luhmann 1997, S. 618ff)

34 Auch dies ein psychoanalytischer Begriff, s. Beckmann (1978), S. 1242 ff

35 Der Begriff geht auf Cronbach zurück, s. Herkner (1975), S. 338ff

36 Die Unterscheidung von Leitungsperson und Leitungsfunktion erfolgt hier in Anlehnung an Schattenhofer (1997). Demnach kann eine Gruppe sich nur dann bewusst thematisieren und steuern, wenn die dazu notwendigen Leitungsfunktionen (z.B. durch Moderation) wahrgenommen werden. Dies kann durch einen hierarchisch höherstehenden Führer geschehen, ebenso gut aber auch durch ein Gruppenmitglied oder einen externen Coach. Umgekehrt gewährleistet die Besetzung der Leitungsposition durch einen Führer nicht automatisch die Wahrnehmung der Leitungsfunktionen. Wie schwer sich selbstbestimmte Gruppen häufig damit tun, unter Gleichheitsdruck Leitungsfunktionen zu besetzen, umschreibt Schattenhofer mit der paradoxen Formel: „Um...Leitungsfunktionen ausfüllen zu können, muss Leitung aussehen wie 'keine Leitung'." (ebd., S. 178) Wer immer versucht hat, in sogenannten „alternativen" Kontexten Leitungsfunktionen wahrzunehmen, wird dieses Paradoxon erfahren haben.

37 In der Sozialpsychologie spricht man bei diesen Vorgängen von „Deindividuierung" (Herkner 1975, S. 517ff)

38 Im ungünstigeren Fall entwickeln sich die Bereitschaft zu Sadismus und Masochismus, eine Identifikation mit dem Aggressor bzw. eine Verdrängung eigener Schuldgefühle und Schmerzempfindungen.

39 Verbreitete Tabuthemen sind Attraktivität/Unattraktivität, Konkurrenz, Geld, Krankheit,... Hinzu kommen die jeweiligen gruppenspezifischen Themen: Es darf im Unternehmen während der Umstrukturierung nicht von

Personalabbau gesprochen werden; statt dessen wird von „strukturellen An-passungsvorhaben" geredet.

40 Die Metapher vom Inneren Team, in dem die Persönlichkeitsanteile eines Menschen um Einfluss auf dessen Gefühlsleben und Verhalten ringen, bietet ein griffiges Modell zur Beschreibung innerer Pluralität. Konfliktlagen inner-halb der Person und ihre Verzahnung mit der Dynamik der externen Grup-pe lassen sich mit seiner Hilfe nachvollziehbar beschreiben.

41 Diesen Überlegungen liegen psychoanalytische Gedanken zum sog. „Krank-heitsgewinn" zugrunde.(Freud 1977, S. 301 f)

42 Da wir hier die Grenzen unseres Themas erreichen, sei auf weiterführende Literatur verwiesen: Schulz von Thun (1998) und Schwartz (1997) geben ei-ne fundierte und anschauliche Einführung in die Grundlagen der Psychody-namik – das „Innere Team" (Schulz von Thun) bzw. die „Innere Familie" (Schwartz). Buchinger (1997) beschreibt sehr plastisch die Schnittstellen zwischen Gruppe und Organisation.

43 Die Erörterung der handwerklichen Aspekte der Konflikt-Klärungshilfe würde den Rahmen dieses Buches sprengen und ist zudem an anderer Stelle bereits meisterhaft geleistet worden (Thomann und Schulz von Thun 1988 und Thomann 1998).

44 Der hier vertretene Zusammenhang zwischen Aufregung und Angst geht zu-rück auf Wilhelm Reich (1971): „Die klinische Beobachtung lehrt, dass Angst zunächst nichts anderes ist als die Empfindung einer Enge, eines Stau-ungsvorganges (Angst = *angustiae*), dass Befürchtungen (vorgestellte Gefah-ren) zu Angstaffekten nur unter der Bedingung werden, dass eine solche spe-zifische Stauung hinzukommt." (ebd. S. 286f)

45 Petra Badke-Schaub (1997) hat das Problemlösungsverhalten in Kleingrup-pen beforscht und berichtet u.a. folgendes Ergebnis: „In unserer Untersu-chung wurde deutlich, dass Gruppen erhebliche Schwierigkeiten bei der Zielkonkretisierung hatten, insbesondere dann, wenn sie bemüht waren, ein gutes Gruppenklima aufrechtzuerhalten, d.h. Konflikte innerhalb der Grup-pe zu vermeiden." (ebd., S. 234)

46 Aktives Zuhören, Doppeln und andere Werkzeuge der Klärungshilfe werden detaillierter beschrieben in Thomann und Schulz von Thun 1988

47 Wie schwierig es ist, die Regeln 2. Ordnung zu verändern, erleben wir derzeit auf politischer Ebene, wenn die Europäische Union darauf hinarbeitet, das

Einstimmigkeits-Prinzip für Gemeinschaftsentscheidungen einzuschränken. Einstimmigkeit als Regel 2. Ordnung dient dem Schutz von Minderheiten und der internen Harmonie. Gleichzeitig schränkt diese Regel die Handlungsfähigkeit von Gruppen und Organisationen enorm ein. Um nun zu einer neuen Regel 2. Ordnung zu kommen, muss diese – solange Einstimmigkeit als Prinzip gilt – im Konsens gefunden und verabredet werden. Die Einstimmigkeits-Regel kann nur einstimmig abgeschafft oder eingeschränkt werden.

48 Man erinnere sich daran, wie das Parlament während der Weimarer Republik angesichts durchsetzungsschwacher Regierungen in den Augen vieler Bürger zur „Quasselbude der Nation" verkam und was darauf folgte.

49 Wie dieser Mechanismus im einzelnen abläuft dazu s. Doise 1976

50 „Das Problem aller Geheimnisse ist, dass sie nicht konstruiert, sondern nur dekonstruiert werden können. Sie können nicht in die Kommunikation eingehen, ohne die Verlockung zu erzeugen, das Verschlossene zu öffnen und nachzusehen. Das mag mit Verboten belegt werden, die aber auch als Hinweis auf die Möglichkeit einer Übertretung aufgefasst werden können." (Luhmann 1997, S. 242f)

51 Ins Absurde übersteigert wird diese Dynamik in Loriots Sketch vom „Kosakenzipfel": Hier ist es beim gemeinsamen Paar-Essen unvorstellbar, dass einer den letzten erhältlichen Nachtisch („Kosakenzipfel") für sich behält: Egoismus ist tabu. Es muss geteilt werden und erst dadurch nimmt die Angst, zu kurz zu kommen, plötzlich groteske Züge an: Keine Partei will sich vorwerfen lassen, das lächerliche Tabu zuerst gebrochen zu haben.

52 Der so genannte „Feme-Mord" der Terror-Gruppe „Bewegung 2. Juni" an ihrem vermeintlich „verräterischen" Mitglied Ulrich Schmücker vom 04.06.1974 bietet ein abschreckendes Beispiel.

53 „Jeder Individuationsfortschritt bedingt neue Versöhnungs- und Kommunikationsleistungen...Für-sich-Sein musste mit Zusammensein, Unterschiedlichkeit mit Gemeinsamkeit, Unabhängigkeit mit Abhängigkeit in Einklang gebracht werden. Solche Versöhnungsleistungen spiegelten sich in Beziehungsstrukturen und Prozessen wider, die bezogene Individuation sowohl ermöglichten wie ausdrückten. Wir erkennen ein Prinzip, demzufolge ein höheres Niveau der Individuation mit einem höheren Niveau der Beziehung einhergehen muss." (Stierlin, 1982, S. 122 f.)

54 Manfred Sader schlägt eine für diesen Zusammenhang nützliche Unterscheidung von deskriptiven und präskriptiven Normen vor. Deskriptive Normen

beschreiben „eine faktische Verhaltens- oder Denkweise: zum Beispiel: es ist üblich, dass meist ungefähr die Hälfte der Gruppenmitglieder zu spät kommt. Die präskriptive Norm beschreibt die gesetzte, erwartete, vereinbarte, sachlich sinnvolle Norm: Wir können nur gemeinsam arbeiten, wenn alle Teilnehmer pünktlich sind." (Sader 2000, S. 199)

[55] Wie ineffizient Systeme werden können, die die Grenzen ihrer Assimilationsfähigkeit überschritten haben, zeigt sich am derzeitigen Steuersystem in Deutschland, das sich vornehmlich aus Ausführungsbestimmugen, Erlassen und Aktualisierungen zusammensetzt. Wie schwierig es gleichzeitig sein kann, im Dienste der Effizienz eine Neuordnung vorzunehmen, erleben wir anlässlich der unendlichen Debatte um eine Steuerreform: Die Unübersichtlichkeit des bestehenden Regelwerks hat eben immer auch eine befriedende und stabilisierende Wirkung, indem sie durch „Einzelfallregelungen" all jene grundsätzlicheren Widersprüche und Konfliktpotentiale vernebelt, die im Re-Forming deutlich werden müssten.

[56] „In systemtheoretischer Terminologie nennt man den relativ raschen Übergang eines Systems zu einem anderen Prinzip der Stabilität eine Katastrophe". (Luhmann 1997, S. 655)

[57] Man denke nur an das Schicksal der politischen Parteien, die in einem Dauerperforming stecken, sobald sie Regierungsverantwortung übernehmen. Wenn sie sich dann dem in unserer Gesellschaft vorherrschenden Widerwillen gegen „internes Gezänk" anpassen und sich keine zwischenzeitliche Neuorientierung erlauben, sind sie nach langer Regierungszeit geradezu ausgehöhlt, wenn ihnen der Wähler nicht rechtzeitig ein Re-Forming in der Opposition gönnt.

[58] Der Zusammenhang zwischen Umwelt, Einzelbilanz und Gruppenbilanz lässt sich auch in Begriffen beschreiben, die wir aus der Evolutionsbiologie kennen: Umweltveränderungen wirken *mutagen* auf die Zielpools der einzelnen Gruppenmitglieder. Manche Ziele destabilisieren – sie sind veränderungsbereit – und einige davon *mutieren* – sie verändern sich. Die Veränderungen liegen zunächst einmal *genotypisch* in Form subjektiver Bilanzen vor, d.h. sie wirken im Verborgenen, ohne sich direkt auf die Struktur der Gruppe auszuwirken. *Phänotypisch* wirksam werden sie erst, wenn sie sich im Miteinander der Gruppenmitglieder niederschlagen. Ob die Veränderungen miteinander harmonieren, hängt davon ab, ob es rechtzeitig zu einer *Äquilibration* (s. Piaget 1992, S. 11ff) des Zielpools kommt, bevor die Gruppe sich ans Werk macht.

[59] Diesen Begriff hat Janis für eine pathologische Entartung von Entscheidungsprozessen in Gruppen geprägt. Sie äußert sich darin, „dass es zu einem voreiligen Druck auf Entscheidungen, Aussparung wichtiger Alternativen

und Ausblendung der Diskussion von Risiken kommt." (Sader 2000, S. 218 ff) Wie die sozialpsychologische Forschung zu den Themenbereichen „Gehorsam" und „Konformität" zeigt, steigt die Wahrscheinlichkeit für autonomes und nonkonformes Verhalten von Gruppenmitgliedern, wenn sie Gelegenheit erhalten, inneren Abstand zum Geschehen zu gewinnen (ebd. S. 175f).

[60] Dies nicht zuletzt deshalb, weil es empirische Hinweise auf einen Zusammenhang zwischen Zeitdruck und unreflektiertem Gehorsam gibt. (s. Sader 2000, S. 181)

[61] Dass eine einzige veröffentlichte „Dissidentenmeinung" häufig schon reicht, um bestehenden Konformitätsdruck erheblich zu mindern, legen einschlägige Forschungsergebnisse nahe. (s. dazu Sader 2000, S. 163). Gegen welche Kräfte dabei allerdings anzugehen ist, beschreibt Petra Badke-Schaub (1997, S. 236) „Untersuchungen zur Informationsverarbeitung in Gruppen ... zeigen, dass Gruppen wesentlich stärker dazu neigen, widersprüchliche Informationen nicht aktiv aufzusuchen oder gar aktiv auszublenden...Mitunter werden dann Teilaspekte des Problems bearbeitet, die in der Gruppe zwar Konsens finden, jedoch für die Problembearbeitung völlig irrelevant sind."

[62] Wie stark die Tendenz zur Versachlichung auch und gerade in auf Freiwilligkeit gegründeten Gruppen sein kann, beschreibt Karl Schattenhofer, der selbstbestimmt arbeitende Gruppen untersucht hat: „Alles, was die Sachaufgabe betrifft, wird am ehesten besprochen...Die Gruppe selbst, die Zufriedenheit oder Unzufriedenheit damit kommen in aller Regel nicht zur Sprache...Eine Ausnahme von diesem gruppenbezogenen Feld der Nicht-Thematisierung gibt es allerdings: Wenn sich der angestaute Druck oft auf Anstoß von außen in einem großen Krach entlädt, ermöglicht der Konflikt eventuell eine Auseinandersetzung und Klärung des Selbstverständnisses (Dampfkesselprinzip)...Wie einzelne mitarbeiten, ob und wie sie ihre Aufgaben erfüllen, wie zufrieden die anderen damit sind, das ist kein Thema. ...Die sogenannte private Seite der Beziehungen untereinander bleibt außerhalb, ähnlich wie in formalen Organisationen. Was man gemacht hat, ist besprechbar, wie es gemacht wurde, nicht. Die thematischen Grenzen der Gruppen schließen den Kontext 'Gruppe' und die gegenseitige Bewertung und Rückmeldung eindeutig aus." (Schattenhofer 1997, S. 178f)

[63] Im Sinne von Grinder und Bandler (1984) wird durch diese Einstimmung ein kleiner Trance-Zustand hergestellt: Den Gruppenmitgliedern wird durch das Auswerfen des thematischen Netzes eine Form angeboten, in die sie nun ihre ganz persönlichen Inhalte füllen können – und müssen. Wenn ich Sie als Leser dieses Buches anspreche: „Manches auf den zurückliegenden Seiten mag Ihnen einleuchtend erschienen sein, anderes mag Ihnen zweifelhaft er-

scheinen", dann können Sie kaum anders, als diese offene Form mit Ihren persönlichen Erlebnissen zu füllen.

[64] Alexander Redlich (1997, S. 106ff) vom Fachbereich Psychologie in Hamburg hat parallel dazu ein Modell der „Sozialen Architektur" von Gruppen entwickelt, das auf ähnliche Dimensionen zurückgeht.

[65] Niklas Luhmann (1984) verwendet bei seiner Beschreibung sozialer Systeme den Begriff der „Erwartungssicherheit" (S. 421 ff), der sehr schön verdeutlicht, welche Funktion Berechenbarkeit (auch in Gruppen) hat: Dass man handlungsleitende Erwartungen entwickeln kann, ohne die man gelähmt wäre.

[66] Die graphische Darstellung suggeriert, dass es sich um zwei in sich konsistente, voneinander unabhängige, lineare und stetige Merkmalsdimensionen handelt, die exakt gemessen werden können. All diese Vorannahmen sind meines Wissens bisher nicht überprüft bzw. empirisch bestätigt worden. Da es sich bei beiden Dimensionen um Dichotomien auf hohem Abstraktionsniveau handelt, dürfte allein die einer Überprüfung vorangehende Operationalisierung große Probleme aufwerfen. Das Modell ist demnach nicht empirisch abgesichert und vorläufig lediglich als erfahrungsgeleitete Heuristik zu begreifen, die es ermöglicht, Komplexität erheblich zu reduzieren.

[67] Immanuel Kant sah in Raum (Nähe-Distanz) und Zeit (Dauer-Wechsel) die dem menschlichen Erkenntnisvermögen vorgegebenen Anschauungsformen (Jaspers 1988, S. 418ff). Fritz Riemann leitet seine vier „Grundformen der Angst" nicht aus dieser psychologischen Vorbedingung der menschlichen Erkenntnis ab, sondern bleibt eher vage hinsichtlich des Ursprungs seiner Überlegungen. Die explizite Verknüpfung der vier Riemannschen Pole mit Kants erkenntnistheoretischen Überlegungen nehme ich vor, weil sie mir schlüssig und befriedigend erscheinen.

[68] Riemann war nicht der erste, der mit diesen Polen arbeitete. Karl Jaspers kommt in seiner Untersuchung zur „Psychologie der Weltanschauungen" (1985, S. 346ff und S. 432) zu dem Ergebnis, dass die philosophischen Schulen der zurückliegenden dreitausend Jahre durch ein gemeinsames Bezugssystem verbunden sind und sieht den menschlichen Geist darin mit zwei existentiellen Gegensätzen ringen: „Chaos und Form" bzw. „Vereinzelung und Allgemeinheit".
Von einem aktuellen Versuch, anhand vergleichbarer Dimensionen das Instrumentarium der menschlichen Sinnlichkeit zu beschreiben, berichtet der Hannoversche Pädagoge Horst Rumpf (1994). Er unterscheidet zwei Modi der Welterfahrung, die „sich einlassende" und die „instrumentelle" Sinnlichkeit und sieht zweierlei „Interessen, die die beiden Arten, sich der Welt sinn-

lich zuzuwenden, infiltrieren...: Im einen Fall geht es darum, die Weltvielfalt...irgendwie unter Kontrolle zu bringen." (ebd. S. 4) Als Gegenkraft sieht er „die Fasziniertheit durch das hier und jetzt Spürbare." (ebd. S. 4)

69 Wer sich mit der Psychodynamik dieser Entwicklung detaillierter auseinandersetzen möchte, sei an dieser Stelle auf Riemanns Buch (1989) verwiesen.

70 In Ermangelung eines gesicherten Testverfahrens zur Bestimmung des Heimatgebietes greifen wir auf den subjektiven Eindruck von Beobachtern zurück. Das Riemann-Thomann-Kreuz dient dabei als Schätzskala bzw. zweidimensionales Polaritätsprofil (Klapprott 1975, S. 117 ff), das diese Eindrücke fassbar und vergleichbar macht.

71 Hier wird das Riemann-Thomann-Kreuz wieder wie eine Schätzskala bzw. als zweidimensionales Polaritätsprofil (Klapprott 1975, S. 117 ff) eingesetzt.

72 Eine solche Veränderung des „Spielplans" geht auf Überlegungen der sogenannten „strategischen Familientherapie" zurück (für einen Kurzüberblick s. Schwartz 1997, S. 19ff) Natürlich können durch die Veränderung des Beziehungssystems neue Probleme entstehen – die alten sind aber mit hoher Wahrscheinlichkeit behoben.

73 Der Begriff des Feldes ist der Physik entliehen: „Eine Gesamtheit gleichzeitig bestehender Tatsachen, die als gegenseitig voneinander abhängig begriffen werden, nennt man ein Feld." (Albert Einstein, zitiert nach Metzger 1986, S. 220). Der Gestaltpsychologe Kurt Lewin hat den Feldbegriff in die Sozialpsychologie eingeführt. Er stellt fest, „dass ein soziales Ereignis als die Auswirkung einer Gesamtheit von gleichzeitig bestehenden sozialen Gegebenheiten...betrachtet wird. Eine der Haupteigenschaften dieses Feldes sind die Lagebeziehungen der Gegebenheiten, die Teile des Feldes sind...Die relative Lage stellt die Struktur der Gruppe und ihre ökologischen Bedingungen dar. Außerdem drückt sie die grundlegenden Möglichkeiten für die Fortbewegung innerhalb des Feldes aus." (zitiert nach Metzger 1986, S. 220f)

74 Mit dem Vokabular der Synergetik ließe sich das Gruppenfeld als Makroebene bezeichnen, „auf der Muster bzw. Ordnungszustände als 'kollektives Verhalten' der Komponenten beobachtbar sind...Solche (zumindest vorübergehend) stabilen Ordnungszustände werden *Attraktoren* genannt." (Schiepek et al. 1997:2, S. 122f)

75 Ich hatte immer Schwierigkeiten, ein wirklichkeitsnahes Beispiel für diese Gruppenkonstellation zu finden: Der Zusammenschluss von Individualisten ist ja eine paradoxe Sache. In meiner Not habe ich bei Vorträgen zum Thema

immer auf eine Fiktion zurückgegriffen – den Globetrotter-Verein. Nun habe ich erfahren (Grefe 1999), dass es tatsächlich einen Deutschen Globetrotter-Club gibt (Zugangsvoraussetzung: sechs Monate selbst organisiertes Reisen am Stück außerhalb Europas). Obligatorisch in diesem Verein ist die Teilnahme an zwei Versammlungen im Jahr, wobei Fernreisen als Abwesenheitsentschuldigung gelten. Die Zusammenkünfte stehen vor allem im Zeichen des Austausches über die bestandenen Abenteuer.

[76] Ich erinnere mich daran, welche hanebüchenen theoretischen Haken meine Studien-Kollegen vom der DKP nahe stehenden MSB Spartakus in den 80er Jahren schlugen, um mir (und sich selbst) zu erklären, warum Atomkraftwerke in sozialistischen Staaten ungefährlicher seien als solche in kapitalistischen. Mit der Katastrophe von Tschernobyl fanden diese Assimilationsversuche ihr jähes Ende. Hierzu schreibt Jean Piaget (1983): „Wenn die Assimilation die Akkomodation übertrifft (d.h. wenn die Merkmale des Objekts nur insoweit berücksichtigt werden, wie sie mit den gegenwärtigen Interessen des Subjekts übereinstimmen), entwickelt sich das Denken in egozentrische oder sogar autistische Richtung." (ebd. S. 35)

[77] Siehe auch hierzu Piaget (1983).

[78] Mit diesen Mitgliedern ist dann u.U. nicht gut Kirschen essen, denn – so schreibt der Psychoanalytiker Erik H. Erikson (1973, S. 204) – „wenn bestehende Identitäten fadenscheinig werden oder im Entstehen begriffene sich in ihrer Entwicklung bedroht fühlen, kommt es zu besonderen Krisen, die Menschen dazu veranlassen können, mit grausamsten Mitteln Kreuzzüge zu führen gegen jene, die ihre unsicheren ideologischen Grundfesten zu bedrohen oder zu erschüttern scheinen."

[79] In Anlehnung an Heraklits Satz „Der Krieg ist der Vater aller Dinge, aller Dinge König." (Jaspers 1988, S. 632f)

[80] Die Fokussierung von Feld, Thema und Zielkonflikt verändert sozusagen die Brennweite unserer Gruppenbetrachtung. In Anlehnung an U. Bronfenbrenner (nach Sader 2000, S. 133) könnte man diese drei Brennweiten auch als Makro-, Meso- und Mikro-Ebene bezeichnen.

[81] Einen umfangreichen Überblick über gruppendynamische Übungen bietet Weber 1986.

[82] Der Begriff „Komplexitätsreduktion" geht auf Niklas Luhmann (1984, S. 48ff) zurück. „Von Reduktion der Komplexität sollte man ... in einem engeren Sinne immer dann sprechen, wenn das Relationsgefüge eines komplexen

Zusammenhanges durch einen zweiten Zusammenhang mit weniger Relationen rekonstruiert wird."

83 In diesem Sinn gewährleistet die Personalisierung eine Komplexitätsreduktion für alle Beteiligten. Das gleiche Grundprinzip zeigt sich auch in der politischen Auseinandersetzung, die zum Kampf zweier Kontrahenten stilisiert wird, wo es doch meist um differenzierte und vielschichtige Meinungsverschiedenheiten (und -übereinstimmungen!) in der Sache geht. Die thematische Fleißarbeit unzähliger Programmkommissionen zählt in der Öffentlichkeit nichts im Vergleich zu der Frage nach dem Kandidaten.

84 Diese Erfahrung machen derzeit in allen politischen Parteien die früher hoch angesehenen Sozialpolitiker. Angesichts der sogenannten Globalisierung, die als alles Schwache gnadenlos ausmerzender Moloch gezeichnet wird, verkommen sie zu Gralshütern scheinbar längst überholter Ideale, die man sich nicht mehr leisten zu können meint.

85 Diese Erfahrung machte der frühere Bundeskanzler Helmut Schmidt, der sich durch Kompetenz, Sachkunde und Pragmatismus einen Ruf erwarb, bei seiner Partei aber in Ungnade fiel, da ihr seine Stärken als visionsloses Kleben an „Sekundärtugenden" erschien.

86 Man denke nur daran, mit welcher Vehemenz der so genannte „Studentenführer" Rudi Dutschke in den Sechziger Jahren von Anhängern und Gegnern in die Rolle des Rebellen gedrängt und in ihr festgehalten wurde: Für die einen war er der Messias, für die andern Staatsfeind Nummer Eins. Diese Polarisierung ist nur auf dem Hintergrund des damaligen gesellschaftlichen Klimas („Keine Experimente!" – damit warb die regierende CDU im Wahlkampf) verständlich.

87 So geschehen in der Sozialdemokratischen Partei Deutschlands am Ende des vergangenen Jahrhunderts: Zwei Führer (Kanzler Schröder und Finanzminister Lafontaine) personifizieren die konkurrierenden Grundthemen „Leistung" und „Gerechtigkeit". Indem sie nach außen als „Männerfreunde" auftreten, wecken sie bei der Gefolgschaft die Hoffnung, beide Prinzipien seien konfliktfrei miteinander vereinbar und stärken so vorübergehend die Schlagkraft der Partei. Gleichzeitig wird so ein konstruktives Storming innerhalb der Partei verhindert, in dem ein tragfähiger gemeinsamer Nenner im Spannungsfeld der Prinzipien gefunden werden könnte. Nachdem das gemeinsame Ziel des Sieges über den politischen Gegner erreicht ist, treten die ungeklärten Gegensätze in den Vordergrund – es kommt zum (absehbaren) Bruch der Männerfreundschaft. Nun stehen sich die Prinzipien innerhalb der Partei unversöhnt gegenüber und der verbliebene Vertreter der einen Richtung

(Schröder) sieht sich vor der Aufgabe, nach dem Weggang seines Kontrahenten beide Prinzipien bzw. die Integration der Gegensätze personifizieren zu müssen, wenn er nicht die Hälfte der Gefolgschaft verlieren will.

[88] Ein schönes Beispiel dafür ist Charlie Watts, Schlagzeuger der Band „The Rolling-Stones". Er spielt im von wechselhafter Exzentrik geprägten Feld der Band den ruhenden Dauer-Pol, der für Zurückhaltung, Treue, handwerkliche und menschliche Solidität und Bescheidenheit steht. Das macht ihn für das Erscheinungsbild der Gruppe bedeutsam, solange dabei völlig klar bleibt, dass andere als er den Stil der Band prägen.

[89] Für einen derartigen Umgang mit Außenseitern ist vielleicht Herbert Marcuses (1966) Begriff der „repressiven Toleranz" angemessen: „Wir tolerieren dich, um dich (und deine Themen) im Griff behalten zu können."
Im Deutschland der Siebziger Jahre traten sogenannte „linke" Schriftsteller häufig in der Rolle des gewünschten Außenseiters auf: Heinrich Böll, Günther Grass, Siegfried Lenz u. a. durften als „Gewissen der Nation" bei festlichen Anlässen und Gedenktagen die Nähe/Wechsel geprägten Themen „Freiheit, Gleichheit, Brüderlichkeit" intonieren und die belastende Vergangenheit thematisieren. Dass der Außenseiter im Dienste der Feldstabilisierung rasch zum Sündenbock werden kann, wenn sich die Gruppe bedroht fühlt und ihre Grenzen stabilisiert, haben diese Schriftsteller erlebt, als sie in den 70er Jahren zu „Terroristen-Sympathisanten" gestempelt wurden.

[90] Hier kommt die empirisch belegte Tendenz von Menschen zum Tragen, Differenzen innerhalb der eigenen Gruppe in der Regel geringer einzuschätzen als solche zwischen der eigenen und einer anderen Gruppe. Diese Tendenz stärkt die Wahrnehmung von Homogenität innerhalb der Gruppe und die Abgrenzung nach außen. Das klassische sozialpsychologische Experiment zu dieser Fragestellung ist das von Sherif (s. Doise 1976, S. 187ff) durchgeführte „Experiment der Räuberhöhle", in dem die Entwicklung von Gruppenstrukturen (Abgrenzung nach außen, Identitätsbildung nach Innen, Rivalität gegenüber anderen Gruppen) anhand der Prozesse während eines Jugendferienlagers beforscht wurde.

[91] Als großangelegten Feldversuch kann man auf diesem Hintergrund die Entwicklung der Partei der „Grünen" in der Bundesrepublik verstehen: Die Ende der Siebziger Jahre als (nähe-wechsel-geprägter) Gegenentwurf zum herrschenden (dauer-distanz-lastigen) Politikbetrieb entstandene „Bewegung" (das Wort dient vor allem der selbstversichernden Abgrenzung gegen die als Erstarrung empfundene Insitutionalisierung) hat bis zum heutigen Tag auf dem Weg zur funktionierenden Regierungs-Partei einen krisenreichen Weg zurückgelegt, auf dem nicht selten der eigene Wahlerfolg sabotiert wurde.

Literatur

Antoni, Conny (1996), Teilautonome Arbeitsgruppen. Psychologie Verlags Union: Weinheim

Badke-Schaub, Petra (1997), Kleingruppen und die Bearbeitung komplexer Szenarien. in: Langthaler, W. & Schiepek, G. (1997), S. 229–241

Beckmann, Dieter (1978), Übertragungsforschung. in: Pongratz (1978) S. 1242–1256

Binning, Gerd (1989), Aus dem Nichts. Über die Kreativität von Natur und Mensch. Piper, München

Bönsch, Marion & Poplutz, Kathrin (1998), Vom Umgang mit schwierigen Situationen in Seminarkontexten. Unveröffentl. Diplomarbeit, FB Psychologie der Universität Hamburg

Buchinger, Kurt (1997), Supervision in Organisationen. Den Wandel begleiten. Carl-Auer-Verlag: Heidelberg

Cohn, Ruth(1980[4]), Von der Psychoanalyse zur themenzentrierten Interaktion. Von der Behandlung einzelner zu einer Pädagogik für alle. Klett-Cotta, Stuttgart.

Däumling, Adolf Martin & Fengler, Jörg (1978), Gruppendynamische Methoden. in: Pongratz (1978)

Doise, Willem (1976), Beziehungen und Vorstellungen zwischen Gruppen. in: Moscovici (1976) S. 185–212

Erikson, Erik H. (1973), Identität und Lebenszyklus. Suhrkamp Taschenbuch, Frankfurt/M

Fabian, Jürgen (1997), Überlegungen zu einem Konzept von Gruppengrenzen. in: Langthaler, W. & Schiepek, G. (1997), S. 197–214

Fisher, Roger et al (1995[14]) Das Harvard-Konzept. Sachgerecht verhandeln – erfolgreich verhandeln. Campus-Verlag, Frankfurt/M

Freud, Sigmund (1977), Vorlesungen zur Einführung in die Psychoanalyse. Fischer Taschenbuch Verlag, Frankfurt/M

Galbraith, John Kenneth (1988), Die Entmythologisierung der Wirtschaft. Zsolnay: Wien und Darmstadt

Gehm, Theo (1997), Selbstorganisierte Untersuchungsdesigns in der Kleingruppenforschung. in: Langthaler, W. & Schiepek, G. (1997) S. 3–35

Gordon, Thomas (1977), Die Lehrer-Schüler-Konferenz. Wie man Konflikte in der Schule löst. Hoffmann & Campe, Hamburg

Grefe, Christiane (1999), Weg und hin. in: Die Zeit, Nr. 35/99, Hamburg

Grinder, J. & Bandler, R. (1984), Therapie in Trance. Klett-Cotta, Stuttgart

Helwig, P. (1967), Charakterologie. Freiburg im Breisgau

Herkner, Werner (1975), Einführung in die Sozialpsychologie. Huber, Bern

Jaspers, Karl (1985), Psychologie der Weltanschauungen. Piper: München

Jaspers, Karl (1988), Die großen Philosophen. Piper: München

Kiener, F. (1978), Empirische Kontrolle psychoanalytischer Thesen. in: Pongratz (1978)

Klapprott, Jürgen (1975), Einführung in die psychologische Methodik. Kohlhammer, Stuttgart

Klebert, Karin, Schrader, E. & Straub, W.G.(1985), KurzModeration. Windmühle, Hamburg

Laing, R.D. (1977), Das Selbst und die anderen. Rowohlt, Reinbek

Langmaack, Barbara & Braune-Krickau, Michael (2000), Wie die Gruppe laufen lernt. (6. Auflage) Psychologie-Verlags-Union, Weinheim

Langthaler, W. & Schiepek, G. (1997), Selbstorganisation und Dynamik in Gruppen. 2. Auflage. Lit Verlag, Münster

Luhmann, Niklas (1984), Soziale Systeme. Grundriß einer allgemeinen Theorie. Suhrkamp, Frankfurt/M

Luhmann, Niklas (1997), Die Gesellschaft der Gesellschaft. Suhrkamp, Frankfurt/M

Marcuse, Herbert (1966), Repressive Toleranz. Suhrkamp, Frankfurt/M

Metzger, Wolfgang (1986), Gestaltpsychologie. Waldemar Kramer, Frankfurt/M

Moscovici, Serge (1976), Forschungsgebiete der Sozialpsychologie, Bd. 2. Athenäum, Kronberg

Mussmann, Frank (1995), Komplexe Natur – Komplexe Wissenschaft. Selbstorganisation, Chaos, Komplexität und der Durchbruch des Systemdenkens in den Naturwissenschaften. Leske & Budrich, Opladen

Piaget, Jean (1983), Meine Theorie der geistigen Entwicklung. Fischer, Frankfurt/M

Piaget, Jean (1992), Biologie und Erkenntnis. Über die Beziehungen zwischen organischen Regulationen und kognitiven Prozessen. Fischer, Frankfurt/M

Pongratz, L. J. (1977 und 1978) (Hrsg.), Handbuch der Psychologie, Band 8: Klinische Psychologie. (2 Halbbände) Hogrefe: Göttingen, Toronto, Zürich

Redlich, Alexander (1997), Konflikt-Moderation. Windmuhle-Verlag, Hamburg

Reich, Wilhelm (1971), Charakteranalyse. Kiepenheuer & Witsch, Köln

Riedl, Rupert (1987), Kultur – Spätzündung der Evolution? Antworten auf Fragen an die Evolutions- und Erkenntnistheorie. Piper, München

Riemann, Fritz (1989), Grundformen der Angst. Reinhardt, München

Rumpf, Horst (1994), „Mit allen Sinnen lernen". Unveröffentlichtes Vortragsmanuskript, Norddeutscher Rundfunk 1994

Sader, Manfred (2000), Psychologie der Gruppe. 7. Aufl. Juventa, Weinheim

Schattenhofer, Karl (1997), Selbstorganisation und Gruppe. in: Langthaler, W. & Schiepek, G. (1997), S.173–181

Schiepek, Günter; Kowalik, Z.J.; Gees, C.; Welter, T. & Strunk, G. (1997), Chaos in Gruppen? In: Langthaler, W. & Schiepek, G. (1997), S. 37–63

Schiepek, Günter; Manteufel, A.; Strunk, G. & Reicherts, M. (1997: 2), Kooperationsdynamik in Systemspielen. In: Langthaler, W. & Schiepek, G. (1997), S. 119–153

Schlippe, A. von & J. Kriz (1993), Skulpturarbeit und zirkuläres Fragen. In: Integrative Therapie 3/93, S.222–241 , Junfermann, Paderborn

Schulz von Thun, Friedemann (1981), Miteinander reden, Band 1: Störungen und Klärungen. Psychologie der zwischenmenschlichen Kommunikation. Rowohlt, Reinbek

Schulz von Thun, Friedemann (1989), Miteinander reden, Band 2: Stile, Werte und Persönlichkeitsentwicklung. Rowohlt, Reinbek

Schulz von Thun, Friedemann (1990), Rehabilitation der Du-Botschaft. In: „Konzepte", Das Magazin der Gerrit-Hoberg-Konzepte GmbH, Bonn 1990

Schulz von Thun, Friedemann (1998), Miteinander reden, Band 3. Rowohlt, Reinbek

Schwartz, Richard C. (1997), Systemische Therapie mit der inneren Familie. J. Pfeiffer, München

Sennet, Richard (2000), Der flexible Mensch. Goldmann/Siedler Taschenbücher

Stierlin, Helm (1982), Delegation und Familie. Beiträge zum Heidelberger familiendynamischen Konzept. Suhrkamp, Frankfurt/M

Thomann, Christoph & Schulz von Thun, Friedemann (1988), Klärungshilfe. Handbuch für Therapeuten, Gesprächshelfer und Moderatoren in schwierigen Gesprächen. Rowohlt, Reinbek

Thomann, Christoph (1998), Klärungshilfe: Konflikte im Beruf. Rowohlt, Reinbek

Tschuschke, Volker (1997), Gruppenentwicklung – unverzichtbar für gruppentherapeutische Effekte? In: Langthaler, W. & Schiepek, G. (1997), S. 183–196

Tuckman, B.W. (1965), Developmental Sequence in Small Groups. Psychological Bulletin (63,6), S. 384–399

Watzlawick, P., Beavin, J. & Jackson, D.D.(1969), Menschliche Kommunikation. Huber: Bern

Weber, Hermann (1986), Arbeitskatalog der Übungen und Spiele. Ein Verzeichnis von über 800 Gruppenübungen und Rollenspielen. Windmühle, Hamburg

Yalom, Irvin D. (2000), Die Reise mit Paula. Goldmann, München

Stichwortregister

Leistungsdruck 344
Leistungsfähigkeit 346
Leistungsnormen 162
Leistungsstandard 163
Leiter
– als Moderator 144
– Rolle eines Notars 150
Leitfragen, diagnostische 330f
Leitung 70
– vs. Führung 24
Leitungsfunktionen 88

M

Macht
– gruppendynamische 301, 317f
– materielle 317f
– Missbrauch 81
Machtwort 133
Manipulationsverdacht 32, 35, 118
Menschenkenntnis 74
Metakommunikation 18, 27, 100, 200
– Dosierung von 195
Metakommunikatorische Runden 190, 209
Metaphern 198
Metaregeln 132, 133, 136, 147
Mitgefühl 280, 292
Mitläufer 319, 323, 326
Moderatorenzwickmühle 144
Modernisierungsgewinner 273
Moralische Unterstützung bieten 118
Morgenrunde 208ff
– als Störungsprophylaxe 212
– Inhalte der 210
Musik 197
Muster 290

N

Nabelschau 24
Nähe 223ff, 227f
Nestflüchter 82, 83
Nesthocker 82, 84
Nettigkeit 87
Netz, thematisches 196, 210
Neuausrichtung des Zielpools 170
Non-Konformismus 307
Norming 49, 52, 127ff, 343f, 345
– Abwehr 113
– Check 112
– Komplikationen im 131ff
– Phase 237
– Tabus 139ff, 148

– Überhänge 162
– vorschnelles 184
Norming, themenspezifisches 291
Nostalgie 180, 186
Nützlichkeit, wechselseitige 161

O

Oberflächlichkeit 181
Öffnung
– des Systems 246
– thematische 369
Opportunismus 81, 342
– thematischer 325
Organisation 4
Organisationsstruktur, feldfremde 346
Orientierung, thematische 299f
Orientierungsphase 53, 169ff

P

Passivität 243
Performing 49, 53, 88, 153ff, 177, 322, 345, 360, 370
– im Forming 95
– ohne Norming 367
Personalisierung 300, 321, 367
– des thematischen Universums 318
– von Themen 303
persönlicher Zielpool 4ff
– Zusammensetzung 5
Persönlichkeitsentwicklung 270
Persönlichkeitstheorien, implizite 74
Perspektive, egozentrische 107
Pflichtbewusstsein 306
Phantasien 105
Phasen des Gruppenprozesses 49ff
Phasenprüfung, Teamentwicklung als 58f
Phasenübergänge, fließende 61
Platzwahl 70
Polarisierung 240ff
Position, unhaltbare 79
Präzisieren 203
Präzisierungshilfe leisten 119
Professionalisierung 345, 349
Projektgruppen 77
Projektion 110, 164, 321, 346
Protestgruppen 342
Prozessdefizite 161f

R

Rationalität 281
Reaktion, psychotische 81